Dictionary of Alaskan Haida

Dictionary of Alaskan Haida

Dr. Jordan Lachler

Sealaska Heritage Institute

Juneau, Alaska

ISBN: 978-0-9825786-5-0
Library of Congress Control Number: 2008939134

Sealaska Heritage Institute
One Sealaska Plaza, Suite 301
Juneau, Alaska 99801
907-463-4844
www.sealaskaheritage.org

Printing History: First Edition, April 2010
Printing: Create Space, Scotts Valley, CA, U.S.A.
Front Cover Design: Kathy Dye
Front Cover Artwork: Robert Hoffmann
Book design and computational lexicography: Sean M. Burke
Copy editing: Suzanne G. Fox, Red Bird Publishing, Inc., Bozeman, MT

Table of Contents

Acknowledgments

It is important to recognize the elders who contributed to the creation of this dictionary—Erma Lawrence, originally from Kasaan and now living in Ketchikan; Claude Morrison of Hydaburg; the late Woodrow Morrison of Hydaburg; and the late Anna Peele of Hydaburg, all devoted hundreds of hours to this project. Their remarkable knowledge of the Haida language and dedication to seeing the language live on inspired us all. Without all their steadfast efforts, this dictionary would not have been possible. Daláng ’wáadluwaan an Hl kíl ’láa áwyaagang!

Thanks are also due to our intrepid group of intermediate Haida language students—Skíl Jáadei (Linda Schrack), ’Wáahlaal Gíidaak (Starla Agoney), Patrick Garza, Eliasica Timmerman, and Cara Wallace—for the hard work they have invested in learning the language. I look forward to the day when we all will know every word in this dictionary.

Thanks to Sean M. Burke for his many hours of technical assistance in creating the database and writing the custom rendering engines for the dictionary.

Thanks are also due to the Administration for Native Americans for funding this project, and to the Sealaska Corporation for their ongoing support of all the efforts of Sealaska Heritage Institute.

Jordan Lachler, Ph.D.
Ketchikan, Alaska
April 10, 2010

Introduction

This dictionary has been written primarily for beginning and intermediate students of Alaskan Haida. In this first edition, we have included approximately 5,500 main entries, covering many of the most frequently used words in the language. This represents, however, only a fraction of all Haida words. In future editions, we aim to include more words for intermediate and advanced language students.

X̱aad Kíl

The Haida language, or X̱aad Kíl, is the traditional language of the Haida people. In earlier times, X̱aad Kíl was spoken in villages throughout X̱aadláa Gwáayaay, the islands we now call Haida Gwaii. Over time, some people from the northern areas of X̱aadláa Gwáayaay migrated across the fifty-mile-wide Dixon Entrance, and settled in villages on the southern shores of Prince of Wales Island. These people were known as K̲'íis X̱aat'áay, and their descendants are the Haida people of Alaska.

Today, X̱aad Kíl is one of the world's most endangered languages—only about 50 speakers remain in all of the Haida communities. None of these speakers is younger than sixty, and most of the very best speakers are in their eighties and nineties.

As with most languages spoken over such a wide territory, the way that X̱aad Kíl is spoken varies from community to community. We can divide the language into two main dialects: Southern Haida and Northern Haida. Southern Haida is currently spoken in Skidegate, where the language is known as X̱aayda Kil. Northern Haida is spoken in Old Massett, as well as in Hydaburg, Kasaan, and other communities in Alaska.

Even within each dialect area, pronunciation, vocabulary, and grammar sometimes vary from community to community. In fact, it's possible to find differences between individual speakers living in the same community, but none of the differences have much effect on speakers' ability to understand one another. All speakers of Southern Haida can understand other speakers of Southern Haida, and all speakers of Northern Haida can understand other speakers of Northern Haida.

When speakers of Northern Haida and Southern Haida talk with one another, however, the situation is more complex. Some elders report that they understand the other dialect just fine. Others say that they can follow the general flow of a conversation in the other dialect, but they don't necessarily catch every word. Still other elders tell us that they find it very difficult to understand much of the other dialect.

The most likely reason for these differing opinions is the degree of exposure that speakers have had to the other dialect. Most speakers who heard the other dialect frequently when they were younger say that they have little trouble understanding it. On the other hand, those elders who didn't hear the other dialect as much earlier now find it more difficult to understand.

Northern and Southern Haida

There are important differences between Northern and Southern Haida in terms of vocabulary and grammar, but the most noticeable differences are in pronunciation. Of these, the most striking result from the loss of certain consonants in Northern Haida.

To understand this, consider the English words "light," "night," and "might." These words all have a silent "gh." Although the "gh" is silent in Modern English, in earlier times it was pronounced just like the Haida letter "x"—in fact, that pronunciation survives in the German versions of these words, "Licht," "Nacht," and "Macht." By comparing the English and German pronunciations, we can see that English speakers have dropped the "gh" sound from these words, though the English spellings retain the silent letters.

A similar type of change has occurred in Northern Haida, except that instead of applying to just one sound, it applied to three different sounds: the "g̱" sound, the "x̱" sound, and the "x" sound.

In cases in which these sounds occurred in the middle of a word, they were dropped in the Northern dialect, but retained in the Southern dialect. In some words, the sounds were dropped completely, while in other words they were replaced by sounds such as "’" or "w" or "y."

Here are some words in which the sound "g̱" has been dropped in the Northern dialect.

Southern	Northern	
gyaag̱aang	gyáa'ang	totem pole
g̱alg̱un	g̱álun	wild currant
ḵwiig̱agaay	ḵwiigáay	mass of clouds
g̱aag̱allng	g̱aaláng	to fry O
sgwaag̱u	sgwáawa	to face away from X

Here are some words in which the sound "x" has been dropped.

Southern	Northern	
t'a skaaxunang	t'a skaawnang	to ride a bike
giixida	giida	to shake O
dllxyaang	dliyaang	to be single

hlkuuxida	hlkwiida	to be in a hurry
g̲aaxunang	g̲aawnáng	to V off and on

And here are some words in which the sound "x̲" has been dropped.

Southern	Northern	
x̲aax̲a	x̲aa	mallard duck
st'iix̲agang	st'iigáng	to be angry at X
tl'aadx̲asg̲ahlda	tl'áasahlda	to splash
'waadax̲a	'waadaa	to shop for X
g̲aax̲agaa	g̲aagáa	to be weak

As a result, words in the Southern dialect are usually a little longer than the corresponding words in the Northern dialect.

Northern Haida

Within the Northern Haida dialect, there are several subdialects or "accents." There are many fewer differences between the subdialects of Northern Haida than between Northern and Southern Haida, and the differences are often quite subtle.

One of the main differences involves vowel contraction. To understand how this works, we can again look at an English example. Consider the word "memory." Some people pronounce this word with three syllables ("me-muh-ree"), while others pronounce it with just two syllables ("mem-ree"). The difference lies in whether the short vowel (the "uh" sound) in the middle is kept or dropped. We say that the pronunciation with three syllables is the "extended pronunciation," while the pronunciation with just two syllables is the "contracted pronunciation."

A very similar pattern occurs among the subdialects of Northern Haida. Some subdialects show extended pronunciation of various words, while other subdialects show contracted pronunciation for those same words. Compare the following words, which come from different subdialects of Northern Haida.

"Extended"	"Contracted"	
isdagán	isdgán	took O
díi ga	díig	to me
tl'a	tl'	they
tiyagán	tiigán	killed O
kuwagán	kuugán	slid
da g̲asdlagán	da g̲ashlgán	opened O
háwisan	háwsan	again
tlagu	tlagw	such

The examples show that certain short vowels that occur in words in some subdialects are dropped in other subdialects. Generally speaking, the subdialects that have vowel contraction are more common in Alaska, while the subdialects that do not have vowel contraction are more common in Old Massett.

There are other differences between the subdialects of Northern Haida besides vowel contraction, but they are all quite minor, and should pose little trouble for the beginning and intermediate language student.

In compiling this dictionary, we focused on the subdialects of Northern Haida that are spoken in what is now Alaska. This is what we mean by "Alaskan Haida," or, as some people prefer, "Kaigani Haida." In calling them Alaskan Haida, we don't mean that these subdialects are more similar to one another than to the subdialects in Old Massett.

Sources of Information

As mentioned in the acknowledgments, the primary sources of information for this dictionary are the four fluent elders Erma Lawrence, Claude Morrison, Woodrow Morrison, and Anna Peele. In addition to their work, this dictionary also draws on several earlier sources.

The first is the *Haida Dictionary* compiled by Erma Lawrence and published in 1977 by the Alaska Native Language Center. Fluent speakers Robert Cogo and Nora Cogo also served as consultants for that dictionary.

Second are the notes of Dr. Jeef Leer and his Haida consultant Nat Edenso of Hydaburg, compiled in the early 1980s.

Third is the comprehensive *Haida Dictionary* compiled by Dr. John Enrico, and co-published by Sealaska Heritage Institute and the Alaska Native Language Center in 2005. Enrico lists several Alaskan speakers as his consultants: Donald Bell, Robert Cogo, Christine Edenso, James Edenso, Victor Haldane, George Hamilton, Alice Kitkoon, Louis Kitkoon, Claude Morrison, Gladys Morrison, Jessie Natkong, Esther Nix, Anna Peele, David Peele, Sylvester Peele, and Helen Sanderson.

Whenever possible, we attempted to recheck and reconfirm words and phrases from the printed sources with the four fluent elders on the project.

Since this work draws on the knowledge of many speakers, including many who have passed on, it represents a range of different subdialects. That is to say, the dictionary does not represent the speech of any one Haida elder, but is instead a composite of the speech of the many different elders who have helped document the language over the years.

We should note that there are several words in this dictionary that refer to particular body parts or biological functions, which some people may object to seeing in print. After consulting with elders and language students in several communities, the majority opinion was in favor of including these words, so that knowledge of them would not be lost. We apologize to anyone who may take offense at seeing any of these words in the dictionary, and encourage all learners to follow the example of the elders and use such words only in the most careful and respectful manner.

Spelling System

The spelling system used in this dictionary reflects the current usage in the Sealaska Heritage Haida language program as of the end of 2008. The system used here differs in small ways from the one used in earlier Alaskan Haida publications, as well as the one in Dr. Enrico's dictionary. The differences, however, are fairly minor, and users who are familiar with either of the other systems should have little trouble getting used to this one.

The current system uses the following letters.

a aa b ch d dl e ee g ɢ̲ ĝ h hl i ii j k k' k̲ k̲'
l 'l m n ng p' s t t' tl tl' ts' u uu w x x̲ x̂ y '

Other letters, such as "p" and "r," may be found in words borrowed from English, but are not considered a normal part of the X̲aad Kíl alphabet.

As has been done in Alaska since the early 1970s, we write an accent over the vowel that receives the highest pitch in the word. For example, in the word táanaay (the black bear), the pitch of the voice is high on the first syllable of the word (táa), and low on the second syllable (naay).

The vast majority of words have exactly one accent on them, but some words have no accent; that is, they are pronounced with only a low pitch. In some cases, we find that the accent is the only difference between a pair of words. For example, the word X̲aad, with no accent, means "Haida." The word x̲áad, with an accent, means "a girl's father." The two words are pronounced identically, except for the pitch of the voice.

The most noticeable change from earlier versions of the spelling system concerns the following pairs of sounds:

"p" and "b"
"t" and "d"
"k" and "g"
"kw" and "gw"

"tl" and "dl"
"ts" and "j"

At the beginning of a word, it is very easy to tell these sounds apart. For example, the word táa (to eat [O])' clearly starts with a "t" sound, while the word dáa (brother of a woman) clearly starts with a "d" sound.

At the ends of words, however, we find a sound that is halfway between a "t" sound and a "d" sound. For example, the word for "net" starts with a long "aa" sound, and ends with a sound that's not exactly a "t" sound, but also not exactly a "d" sound. Because of this, some people have spelled that word as "aat," some as "aad," and some as "aadt."

As part of the ongoing effort to create a unified writing system for all Haida communities, we have chosen to use the spelling "aad" in this dictionary. The primary reason is that when we look at other words that are related to "aad," we find that those words clearly have a "d" sound in them. For example: aadáay (the net), aada (to fish with a net), aadáa (to have a net). None of the other "net" words have a clear "t" sound in them.

The basic rule can be summarized like this:

> The letters "t," "k," "kw," and "tl" are always pronounced in the expected way.
>
> The letters "b", "d," "g," "gw," "dl," and "j" each have two pronunciations. At the beginning of a syllable, they have the regular "strong" pronunciation that we expect. At the end of a syllable, however, they have a "weak" pronunciation, so that the letter "b" is pronounced halfway between a "b" sound and a "p" sound, the letter "d" is pronounced halfway between a "d" sound and a "t" sound, and so forth, for each of the other pairs.

For those who are more familiar with earlier versions of the writing system, here are some words that demonstrate these types of changes.

Older System	Newer System	
dapjúu	dabjúu	to be rolly-polly
cháanuut	cháanuud	fall time
sg̲it	sg̲id	to be red
sg̲it-'ánggang	sg̲id'ánggang	is not red
'láak	'láag	to him, to her
dlakw	dlagw	digging stick
g̲ántl	g̲ándl	water
k̲ats	k̲aj	head
dlatsgáaw	dlajgáaw	belt

Verb Entries

There are three main types of entries in the Haida-to-English section of the dictionary: verb entries, noun entries, and other entries.

For verb entries, the top line shows the verb in its basic form. The second line begins with an abbreviation showing the type of verb it is:

VB.	simple verb
V-RFX.	reflexive verb
V-SEC.	secondary verb

Reflexive verbs are those that take the reflexive pronoun án ~ agán (oneself). These verbs all describe actions that, from the X̱aad Kíl perspective, one does to oneself. Oftentimes, the reflexive pronoun is not used in the English translation, even though it is required in the X̱aad Kíl sentence.

Án hal sáanjuudaang.	He is resting.
Án hal t'asgiidan.	He jumped.
Án hal dánggidan.	She smiled.

Secondary verbs cannot be used by themselves in a sentence; instead, they must occur with another primary verb that completes their meaning. Secondary verbs are discussed in more detail below.

The next part of a verb entry is the English translation of the meaning of the X̱aad Kíl verb. In these translations, we frequently use these three abbreviations:

O	direct object
X	indirect object
V	verb

To understand what these mean, let's look at some examples. In X̱aad Kíl, there are two verbs, gatáa and táa, both of which we could translate into English as "eat." There is an important difference between these two verbs, however, that the simple translation "eat" doesn't encompass. The verb gatáa refers simply to the act of eating. It describes the activity itself, and nothing more. We can use it in a simple sentence:

Hal gatáagang.	He is eating.
Gatáa hlaa.	Eat!

The verb táa, on the other hand, describes the action of eating, but it also includes the idea that something in particular is being eaten. We can use táa in sentences like these:

Chíin hal táagang.	He or she is eating fish.
Sablíi hl táa.	Eat some bread!

Although we use the same verb "eat" in translating all of these sentences, it is clear that in X̲aad Kíl, there are two different types of activities going on—a simple activity, conceived of as a whole unto itself (gatáa), and another activity that is directed at a particular object (táa).

To capture this difference, we translate gatáa as "to eat," and táa as "to eat O," where "O" stands for the direct object—that is, the thing that is being eaten. In other words, gatáa just means "to eat," but táa means "to eat something."

We see this same "O" used with many verbs that involve an action directed at some particular person or object.

k̲íng	to see O
níihl	to drink O
da'a	to have O
tlaawhla	to make O
k'wáayanda	to count O

There are many pairs of verbs in X̲aad Kíl that only differ in whether or not they require a direct object. For instance:

táa	to eat O
gatáa	to eat
tl'íi	to sew O
ta tl'íi	to sew
sk'áldada	to boil O
sk'álda	to boil

We can see the difference between these pairs in sentences such as these:

Chíin hal táagang.	She is eating fish.
Hal gatáagang.	She is eating.
Gínt'ajaay hal tl'íigan.	He sewed the blanket.
Hal ta tl'íigan.	He sewed.
G̲ándlaay hal sk'áldadgan.	He boiled the water.
G̲ándlaay sk'áldgan.	The water boiled.

Many other verbs in X̲aad Kíl require an indirect object, which we symbolize with an "X" in the English translation. An indirect object is someone or something that is affected by an action, but typically in a less immediate way.

gyúuwulaang <aa>	to listen to X
ḵehsda <g>	to be tired of looking at X
ḵ'uláada <an>	to lay the blame on X
sginanáng <iig>	to chop X to pieces

In each case, the indirect object for a verb is followed by an indirect object marker, shown in angle brackets above. There are about a half dozen of these in X̱aad Kíl, and it is necessary to memorize which one occurs with any particular verb. For example:

Díi aa hal gyúuwulaanggang.	He's listening to me.
Dángg díi ḵehsdáang.	I'm tired of looking at you.
Díi an hal ḵ'uláadgan.	She blamed me.
Kug íig hal sginanánggang.	He's chopping the firewood.

The abbreviation "V" used in the English translations stands for "verb." It is used in the English translations of secondary verbs. These verbs modify the meanings of the primary verbs they are used with. For example:

jahlíi	to V exceedingly, too much
sdáng	to V twice
'láa	to V well
g̱áayaa	to know how to V

In each case, the secondary verb immediately follows the primary verb, adding extra information about the action.

Dáng gúusuu jahlíigang.	You talk too much.
Hal ḵ'usáang sdánggan.	He coughed twice.
Sgúusadaay hal g̱aaláng 'láagan.	She fried the potatoes well.
Dáa gw k'ajáaw g̱áayaa?	Do you know how to sing?

After the English translation, the next three lines of a verb entry show different forms of the verb, beginning with the present tense form (PRES), then the direct past form (DPAST) and then the indirect past form (IPAST). For each form, we use a pipe symbol (|) to separate the verb stem and the tense ending. This pipe is not part of the normal spelling of the word; it is simply there to help learners recognize how the different parts of the word fit together.

Following this, whenever available, we have examples of the verb in use, with the Haida sentence first, followed by its English translation.

Noun Entries

Noun entries have a similar type of structure. They begin, on the top line, with the noun in its basic form. On the line below that, an abbreviation tells what kind of noun it is. There are several possibilities:

NN.	simple noun
N-CPD.	noun compound
N-PHR.	noun phrase
N-POSS.	possessive noun phrase
N-NOM.	nominalized verb

Noun compounds are made up of two or more words which are put together to create a new noun. For example:

g̱ándl ts'asláangwaay	tea kettle (*lit.*, water boiler)
ḵ'úd gisáaw	napkin (*lit.*, mouth wiper)
kagan sḵamáay	mousetrap (*lit.*, mouse trap)
k'ah náay	theater (*lit.*, laugh house)
ḵ'áas g̱udáaw	lamp (*lit.*, pitch burner)

Noun compounds make their definite forms by adding the definite ending to the last word in the compound.

Noun phrases are composed of a noun followed by a verb that modifies or describes the noun.

gid íihlangaas	son (*lit.*, male child)
g̱u hlga'áangw jáng	sofa (*lit.*, long chair)
hlk'yáan ḵ'ats'áa	Douglas fir (*lit.*, hard wood)
jagw k'ujúu	pistol (*lit.*, cute little gun)
sablíi k'anáa	flour (*lit.*, raw bread)

Noun phrases make their definite form by adding "s" to the end of the phrase.

Possessive noun phrases are made up of two nouns, in which the second noun belongs to, or is part of, the first noun.

g̱ándl t'áay	mouth of a river (*lit.*, river mouth)
kwáay skuj	one's pelvis bone (*lit.*, hip bone)
na ts'ée'ii	a household (*lit.*, house crew)
skuj ḵáahlii	marrow (*lit.*, bone insides)
x̱úud ki'íi	seal meat (*lit.*, seal meat)

Possessive noun phrases make their definite form by attaching the definite ending to the first word in the phrase.

Nominalized verbs are verbs that have been turned into nouns, often through the addition of the ending -w (thing used for doing an action).

gatáaw	fork (*lit.*, thing for eating)
isdáaw	tool (*lit.*, thing for doing)
k'udláanw	paint (*lit.*, thing for painting)
sgidáangw	drumstick (*lit.*, thing for beating)
tal k'ajáaw	stereo (*lit.*, thing for making sing)

In some cases, a second abbreviation will follow the first. These are:

IP.	inalienably possessed
IP/AP.	inalienably or alienably possessed
RP.	reflexively possessed

Most nouns in X̲aad Kíl are alienably possessed, which means they use the gyáagan set of possessive markers. For example:

gyáagan náay	my house(s)
dáng gyaa náay	your house(s)
'láa gyaa náay	his/her house(s)
íitl' gyaa náay	our house(s)
daláng gyaa náay	your folks' house(s)
tl'áa gyaa náay	their house(s)

Some nouns, including those that refer to relatives or parts of the body, are inalienably possessed, and use the "díi" set of possessive markers.

díi aw	my mother
dáng aw	your mother
hal aw	his/her mother
íitl' aw	our mother
daláng aw	your folks' mother
tl' aw	their mother

These same nouns also have special reflexively possessed forms meaning "one's own," which are used in sentences such as:

Awáng Hl k̲ínggang.	I see my (own) mother.
Awángg Hl isdgán.	I gave it to my (own) mother.
Awáng an Hl hlg̲ánggulaang.	I work for my (own) mother.

Following this information, for many nouns we list their basic classifier in <angle brackets>. The classifier is used in a variety of constructions, and has no real counterpart in English. For example, the noun hldáan (blueberry) uses the classifier "skáa." We can see the classifier used in sentences such as:

Hldáan skáasdang Hl da'áang.	I have two blueberries.
Hldáanaay hl díig skáasdlaa.	Hand me the blueberries.
Hldáanaay Hl skáa'aats'gan.	I swallowed the blueberry.

Compare that with the noun "bíid" (dime), which uses the classifier "gu."

Bíid gusdáng Hl da'áang.	I have two dimes.
Bíidgaay hl díig gusdláa.	Hand me the dimes.
Bíidgaay Hl gwa'áats'gan.	I swallowed the dime.

In the noun entry, the classifier is followed by a translation of the Haida noun into English. The next line shows the definite (DEF) form of the noun, when this is known. Following that, we have example sentences showing how the noun is used.

Other Entries

For other types of entries, the X̲aad Kíl word appears on the top line, the part of speech and the English gloss on the second line, followed by any example sentences. This includes the following types of entries:

ADV	adverb	CONJ	conjunction
DEM	demonstrative	INTERJ	interjection
INTERR	interrogative	NUM	number
PART	particle	PP	postposition
PRO	pronoun	QUANT	quantifier
VOC	vocative		

Haida to English

• A/Á •

a ~ áa dem. *this*

NOTE: This demonstrative typically has the form a, but changes to áa when followed by a focus marker such as uu or gw.

·Áa gw is? Is this it?

aa part. *fragment marker*

·G̲áanaay k̲wáan-gang; satáw hánsan aa. The berries are plentiful. Grease too. ·Tlíi dáng k̲ehjgad 'láas aa! How beautiful you look! ·K'áaws Tláay aa Hl is sdánggan, adaahl aa. I went to Craig twice yesterday.

áa

1. interj. *amazing! incredible!*
2. poss pro. *one's own*

NOTE: Varies with áangaa. This pronoun only occurs inside the pronoun zone. It is not used with kinterms and body parts, which have their own reflexive forms.

·Dáalaay aa áangaa hal k̲'íigadalgan. She didn't want to part with her money. ·Dáa k'udáan hl áa isdáa. Do yours yourself. ·Hal x̲aat'áas áangaa hal k̲'ahl k̲íiyaayaan. He found out she was an Indian.

-âa vb2. *to go V*

SP: -âa | gang DP: -âa | gan IP: -âa | gaan

·Adaahl hl k̲áajaawaa. Go hunting tomorrow. ·'Láag hal tla'áaydaagaan. She went to help him. ·Hal k̲áagaalaagang. He's going to the bathroom.

âa pp. *to, toward, in, at*

·G̲áa Hl tlagánggan. I vomited there. ·Dáalaay aa tl' k̲áahliyaagang. Be sure to be careful with the money. ·Git'áang aa gyáak̲'id tl' st'agíidang. Reprimand your child once in a while.

aad nn. <t'a> *net, netting, web, lace*

DEF: aadáay.

·Aadgyáa uu íijang. This is a net. ·Aadáay iig ts'ahlíidan. The net fell apart. ·Awáahl tl' aadáas dluu, stláang eehl aadáay tl' dáng'iidaan. Long ago when they were seining, they pulled the nets in by hand.

aada vb. *to seine*

SP: aadáa | ng DP: aad | gán IP: aadáa | yaan

·Dáng dáa aadáang. Your brother is seining. ·Íitl’ k̲áalang isgyáan íitl’ dáalang aadáang. Our uncles and our brothers are seining. ·Tláan díi dáa aadáang. My brother doesn't seine anymore.

aadáadaan n-cpd. *seining spot*
DEF: aadáadanaay.

aadáa tluwáay n-cpd. *seine boat*
·Anáasd Hl k̲íng’waas dluu, aadáa tluwáay Hl k̲ínggang. When I look out the window, I see a seine boat.

aadáa ’la’áay n-cpd. *seine fisherman*

aadáa ’la’áaygaa vb. *to be a seine fisherman*
SP: aadáa ’la’áaygaa | gang DP: aadáa ’la’áaygaa | gan IP: aadáa ’la’áaygaa | gaan
·Díi san aadáa ’la’áaygaagang. I'm a seine fisherman too.

aad dángiit’uwaay n-cpd. *net block, net reel*

aad g̲íi t’agáng n-phr. *gill net*

aad g̲agyáaw ts’ahláay n-cpd. *net sinker*

aad g̲ahlán n-phr. *grid-type fish trap*

aad k’yáay k̲wáayaay n-cpd. *lead line (for attaching sinkers to a net)*

aad stlíinaay n-cpd. <tl’a> *net needle*

aad x̲ánggaay n-poss. *the mesh of a net*

aad x̲ángii k’wíidaawaay n-cpd. *net gauge (used to make net mesh a uniform size)*

áahlgang vb2. *to V fairly, somewhat*
SP: áahlgang | gang DP: áahlgang | gan IP: áahlgaang | aan
·Díi ’láa áahlganggang. I'm doing fairly well.

áahljuwaay n-nom. *style, manner, appearance, looks*

áajádíyáa interj. *oh! dear me!*

áajgwaa adv. *around here*

áajii dem. *this, this one near me*

·Áajii k̲wa'áay k̲ináang. This rock is heavy. ·Gám Hl yahd'ánggang. Áajii táawaay Hl táa g̲ujúugan. I don't believe it. I ate all this food. ·Áajii k'uk'aláagang. It's shallow here.

áajii salíid pp phrase. *after this, from now on*

·Áajii salíid uu X̲aadas kíl t'aláng sk̲'at'gán. Afterwards we learned the Haida language. ·Áajii salíid, st'áang tl' skúndaang. After this, be sure to keep your feet clean. ·Áajii salíid, dámaan án hl k̲íng. From now on, take care of yourself.

áal (1)

1. nn. <sk̲'a> *oar, paddle*

   DEF: áalaay.

·Yáalaayg áalaay iig k̲'áalang níijangaagang. The raven is drawn on the paddle.

2. nn. <hlga> *propeller*

   DEF: áalaay.

áal (2) n-ip. *price of something*

áalaa vb. *to have certain traits, peculiarities, characteristics; to have a certain price*

SP: áalaa|gang DP: áalaa|gan IP: áalaa|gaan

·Gíisdluu áalaagang? How much does it cost? ·Díi gid g̲ahl áalaagang. My child was born with her spoiled disposition. ·Gínt'ajaay sg̲wáansang k̲'áysk'w dluu áalaagang. The blanket costs about $1.

áalaangw

1. n-nom. <sk̲'a> *oar*

   DEF: áalaangwaay.

·Áalaangw uu íijang. This is a oar. ·Áalaangw í'waan uu íijang. It's a big oar. ·Díi x̲áad áalaangwaay tlaawhlgán. My father made the oar.

2. n-nom. <hlga> *propeller*

   DEF: áalaangwaay.

áalang vb. *to paddle*

SP: áalang|gang DP: áalang|gan IP: áalaang|aan

·Áalang hlaa! Row! ·Hl áalanggang. I'm paddling.

áalgaay n-nom-ip. *a habit*

áal g̲adáang g̲a hlgajuuláangs n-phr. *propeller*

áal k̲'áay n-poss. *paddle blade*

áalsaa nn. *ulcer*

áanaa nn. *next door, in the next room*
·Díi áanaa nag náas díig tla'íidan. My neighbor helped me. ·Áanaag Hl ts'aagáasaang. I'll move into the other room.

áang part. *yes*
·Áang, áayaad t'a'áaw gwa'áawgang. Yes, it is snowing today. ·Dáng eehl tl' kyáanangs dluu, "Áang!" hín tl' súugang. When they ask you, you better say "Yes!" ·Daláng eehl tl' kyáanangs dluu, "Áang!" hín tl' súu'waang. When they ask you folks, you folks better say "Yes!".

aang'aang'ii nn. *old squaw duck*
DEF: aang'aang'iigaay.

áanii

1. n-ip. *edible scrap parts of a fish (e.g. head, tail, collarbone, etc.)*
2. n-ip. *one's body part (often private parts)*

áaniigaay n-ip. *the parts or pieces of sth., kit, gear or materials for sth.*

áaniyaas nn. <skáa> *onion*
DEF: áaniyaasgaay.

áanjans nn. <skáa> *orange*
DEF: áanjansgaay.

áapalkaj nn. *apricot*
DEF: áapalkajgaay.

áa sánggwaays dluu adv. *later on*
·Áasanggwaays dluu hal sdíihlsaang. She'll be back later.

áa sánggweehls dlaa adv. *after a while, later on*

áasdluu adv. *this much; at this time*
·Áasdluu dáng dabgéehlsaang. You'll eat big!

áatl'an adv. *here, right here*
NOTE: Varies with áatl'anaan, which is somewhat more emphatic, "right here".

·Sáa Nang Íitl'aagdáas k̲áaygaay áatl'an íijang. Christmas is here. Christ's birth is here. ·T'aláng 'wáadluwaan áatl'an dáng an g̲íidang. We're all here for you. ·Áatl'anaan t'aláng tl'uwáangsaang. We'll just sit right here.

áatl'daas dem. *these people*
·Áatl'daas gúusd uu díi k̲'wáalaagang. I belong to these people's moiety. ·Áatl'daas uu anáa isáang. These people will stay at home. ·Áatl'daas k'úug skúnaang. These people hearts are clean.

aawáay interj. *shame on you!*

áay interj. *yes? what?*

áayaad adv. *today*
·Áayaad k̲áay sangáay díinaa íijang. Today is my birthday. ·Áayaad tajuwáay tadáang. The wind is cold today. ·Áayaad díi k̲aj i hlkujúugang. Today my hair is messy.

áayóo interj. *the fish are jumping!*

adaahl

1. adv. *tomorrow*

·Adaahl hal k̲áajuu'waasaang. Tomorrow they will hunt. ·Adaahl hal náan k'ajúu gayéedsaang. His grandmother might sing tomorrow. ·Dáa gw adaahl K'áaws Tláay aa isáa'us? Are you going to Craig tomorrow?

2. adv. *yesterday*

·Adaahl díi dladahldgán. I fell yesterday. ·K'áaws Tláay aa adaahl díi gud k̲áawgan. I wanted to go to Craig yesterday. ·Gíisd uu adaahl K'áaws Tláay aa dáng isdáayaa? Who took you to Craig yesterday?

adaahl daaléesd adv. *the day before yesterday*
·Adaahl daalíigw díi chan st'igán. My grandfather was sick the day before yesterday.

adaahl daalíigw adv. *day after tomorrow*
·Adaahl daalíigw dalángg Hl dúusaang. I'll invite you folks the day after tomorrow. ·Adaahl daalíigw hal k̲'a sg̲wáananggan. The day before yesterday he was asleep be for a long time.

ad daayíi nn. *birch (tree or wood)*

adíid adv. *away from the beach and towards the woods, away from the water and towards shore*
·Sg̲ahláang adíid k̲wáan-gang. There is a lot of yellow cedar in the woods. ·Adíid g̲agwíi, k̲íidaay k̲áahlii aa hal gáawaan. She was lost way up in the woods. ·Adíid án t'aláng gya'áasaang. We will flee into the woods.

adíideed adv. *up in the woods*
·Adíideed g̱áanaay ḵwáan-gang. There's lots of berries in the woods. ·Adíideed ḵíid gun-gáa ḵwáan-gang. There's a lot of rotten trees up in the woods. ·Adíideed ḵíid hlg̱wáay ináashlganggang. Saplings grow up in the woods.

adíidg pp phrase. *away from the beach and towards the woods, away from the water and towards shore*
·Adíidg t'aláng ist'i'íidang. We're going up into the woods. ·Áajii sg̱áanaay uu adíidg íinangaay kúnsgaddaalaan. The killer whales pushed the herring along towards shore.

adíidsii nn. *woods, forest*

agán tlaawhláa sg̱alangáay n-cpd. *dressing song*

ahláng vb. *to be sound, in good shape*
SP: ahláng|gang DP: ahláng|gan IP: ahláang|aan

ahlgaháal nn. *alcohol*
DEF: ahlgaháalgaay.

ahljíi nn. *that, that one*
·Ahljíi hal guláasaang. She'll like that. ·Ahljíi g̱idéed uu gin-g tl' hálgan. That's what the celebration was about. ·Ahljíi g̱ánaagang. That's hoodoo/forbidden.

ahljíihl pp phrase. *therefore, because of that*
NOTE: This phrase is composed of the noun ahljíi "that, that one" and the postposition eehl "with". It literally means "with that", but it is used in the sense of "therefore" or "because of that".
·Ahljíihl uu wáayaad hal hlg̱álgang. That's why today he is black. ·Ahljíihl uu gám 'láa aa Hl stáwjuu'anggang. That's why I don't visit her. ·Ahljíihl uu 'láa hal ḵuyáadaang. That's why she loves him.

ahl'áanaa nn. *so-and-so, what's-his-name*

akyáa nn. *outside*
NOTE: Varies with kyáa.
·Akyáa dáng st'aalángsaang. Your feet will be cold outside. ·Kyáa hal gyáa'anggang. She's standing outside. ·Kyáa hal sáan'waang. They are relaxing outside.

akyáag pp phrase. *to the outside*
NOTE: Varies with kyáag.

·Akyáag hl k̲íng'waa. Look outside. ·Akyáag hal k̲áagalgan. She went outside.

akyáasii nn. *the area outside, the yard*
NOTE: Varies with kyáasii.

·Akyáasii hal tla skúnaang. He's cleaning the yard. ·Akyáasii k̲'aláangadaang. It's frosty outside.

ak'aanáa vb. *to be a free citizen, person*
SP: ak'aanáa | gang DP: ak'aanáa | gan IP: ak'aanáa | gaan

ak'aayáa vb. *to be a stranger, strange, odd, queer*
SP: ak'aayáa | gang DP: ak'aayáa | gan IP: ak'aayáa | gaan

·Tl'áa suud hal ak'aayáagang. She is a stranger amongst them. ·Hlanggwáay tlagáay ak'aayáagang. The world is going crazy.

ak'aayáada vb. *to signal to X with one's hands*
SP: ak'aayáadaa | ng DP: ak'aayáat | gan IP: ak'aayáadaa | yaan

ak̲'ín-gahl adv. *last summer*

amahl amahl interj. *don't do that*

·Amahl amahl, dagwáang, g̲ánaagang. Don't do that dear, it's taboo.

amiyáa interj. *expression of fright*

ámts'uwaan adv. *presently, soon, after a little while*

an (1) pp. *for, to*

·Díi an dáng hlg̲ánggulaas dluu, dángg Hl gyáa sg̲áwsaang. When you work for me, I'll pay you. ·Tl'ánuwaay daláng an íijang. The milk is for you folks. ·Gíist uu tlagw dáng an 'wáagaa? Who did that for you?

an (2) nn. *year*

án pro. *oneself*
NOTE: Varies with agán. Not to be confused with the postposition an "for", which has low tone.

anáa adv. *inside a house or building, at home*
NOTE: Varies with náa.

·Anáa uu x̲áay íijang. The dog is inside. ·Tajuwáaysd anáa hal k̲'áwaang. He's sitting inside out of the wind. ·Anáa tl' sk'úul áwyaagang. There's a big crowd of people inside.

anáag adv. *into, to the inside, (to) home*
NOTE: Varies with náag.
·Anáag k̲álg ts'úujuu isgyáan tl'ánuwaay hal dúuts'aayaan. She went in the house to get a small bottle and the milk. ·Awáan g̲íidan dáan, anáag t'aláng íijiinii. After a while, we used to go home. ·Dáng stlaalángs dluu, anáag tl' k̲ats'áang. When your hands are cold, you better come inside.

anáanaa adv. *nearby, close by*
·'Wáadaa náay uu anáanaa íijang. The store is nearby. ·Íik'waan anáanaa díi chan íijang. However my grandfather is close by.

anáasd adv. *from inside, from home, outward*
·Anáasd uu Hl k̲áaydang. I'm leaving from home. ·Anáasd Hl k̲íng'waas dluu, aadáa tluwáay Hl k̲ínggang. When I look out the window, I see a seine boat.

anáasii n-dem. *the area inside a house or building*
NOTE: Varies with náasii.
·Anáasii k'íinaang. It's warm inside (the house). ·Náasii k̲áwsd áwyaagang. The house is nice and warm inside. ·Náasii k̲áwsd'eelgang. The house is warming up inside.

ananiyáa interj. *expression of pain, mourning*

ánas pronoun. *this one*
NOTE: This word is used to pick out one from a group of similar or identical objects. Varies with hánas.
·Hánas k̲'ayáa jahlíigang. This one is too old. ·Ánas tl'áa k̲'u k̲'íisdleelgang. This guy is outeating everyone. ·Ánas k̲aj hlg̲álgang. This person's hair is black.

ándaal vb. *to turn slowly (of a boat)*
SP: ándaal|gang DP: ándaal|gan IP: ándaal|aan

angaangíi nn. *pintail duck*

angasgidée interj. *poor thing!*

ánjuu vb. *to have one's head turned toward X; to ignore, not pay any attention to X (w/ neg).*
SP: ánjuu|gang DP: ánjuu|gan IP: ánjaaw|aan

án sáal náay n-cpd. *sweathouse*
DEF: án sáal nagáay.

án sáanjuudaa náay nn. *rest home*
·Án sáanjuudaa náay aa 'láa tl' isdgán. They put her in a rest home.

Án Sáanjuudaa Sangáay nn. *Sunday*
·Adaahl Án Sáanjuudaa Sangáay íijang. Tomorrow is Sunday.

ánsgad vb. *to bump one's head*
SP: ánsgiid | ang DP: ánsgiid | an IP: ánsgad | aan

ánst'ahla vb. *to raise, lift one's head*
SP: ánst'ahlaa | ng DP: ánst'ahl | gan IP: ánst'ahlaa | yaan

ánt'as vb. *to bow one's head*
SP: ánt'iij | ang DP: ánt'iij | an IP: ánt'aj | aan

anuu nn. *last year*
DEF: anuugáay.

án xudáaw n-cpd. *draft on a stove*
DEF: án xudáawaay.

asáa nn. *up above, high, in the sky, in the air*
NOTE: Varies with sáa.
·Sáa tl' gudangáay g̱id g̱ujúugang. Everyone is high-minded. ·Wáayaad asáa guud tl' xíidang. Nowadays people travel in the air. ·Dáa uu asáa guud xíidang. You are travelling through the air (on a plane).

asáasii n-dem. *the area above, upstairs*
NOTE: Varies with sáasii.
·Sáasii díinaa i jahjúugang. My upstairs is messy.

asangáa adv. *last winter*

asgáay dem. *this, these*
·Asgáay núud cháaj náay tl' tlaahlgán. At this time they built the church. ·Áasgaay x̱aat'áayg hl dúu! Invite those people! ·Áasgaay ḵungáay aa uu X̱aadas xyáalaa t'aláng isdáa hlangaang. We can have an Indian dance this month.

asgáaygw adv. *there (at the place previously mentioned)*
·Asgáaygw sgúul náay íijan. There was a school there. ·Asgáaygw uu díi x̱áad x̱áwgiinii. My father used to troll there. ·Asgáaygw uu gin 'láa dáng ḵíngsaang. You'll see some good things there.

asgáaysd adv. *afterwards, after that*
·Asgáaysd án hal sáanjuudgang'waang. Afterwards they always take a rest. ·Díi aw stla kingáangs gyaan, asgáaysd t'aláng k̲'ashlgíinii. My mother played the piano and afterwards we would go to bed. ·Asgáaysd hal saagáagan. Then next she fainted.

asíis part. *also, in addition, as well*
NOTE: Varies with asíisan.
·Wáayaad asíis tl' k̲'áalanggang. Nowadays they write it as well. ·Asíisan gu ta k'áawsdaang. It's too hot there, too. ·Asíisan, kíilang hl k̲'áalang'uu. Also, write (pl) your language.

aw n-ip-sg. *one's mother, one's maternal aunt (mother's sister), wife of one's paternal uncle (father's brother)*
PLU: áwlang. RFX: awáng.
·Dáng aw táaw isdáa g̲áayaagang. Your mother knows how to gather food. ·K̲'adéed hal aw k̲áa'unggwaanggang. His mother is walking around down on the beach. ·Hal aw náay k'udláan an g̲íihlgiigang. Her mother is ready to paint the house.

awáa

1. voc. *mother! maternal aunt (mother's sister)! wife of my paternal uncle (father's brother)!*
   NOTE: Some speakers, particularly from Masset, use awíi instead.
2. vb. *to be a mother, maternal aunt (mother's sister), wife of one's paternal uncle (father's brother) (to X)*
   SP: awáa | gang DP: awáa | gan IP: awáa | gaan

·Nang awáas dlaajáagang. The mother is slow-moving.

awáahl adv. *long ago*
·Awáahl tl' 'wáahlahls dluu, g̲áa tl' tlúu isdáalgaangaan. Long ago when they potlatched, they used to go there by canoe. ·Awáahl g̲agwíi áatl'an tl' g̲aayhldáayaan. A long time ago they fought here. ·Awáahl g̲agwíi díi i xajúugan dluu, X̲aad kihl uu nang lableedgáas gyaahlándgiinii. A long time ago when I was small, the preacher used to tell stories in Haida.

awáng n-rp. *one's own mother, maternal aunt (mother's sister), wife of one's paternal uncle (father's brother)*
NOTE: This is the reflexive form of aw.

awda vb. *to have O as one's mother, maternal aunt (mother's sister), wife of one's paternal uncle (father's brother)*
SP: awdáa | ng DP: awd | gán IP: awdáa | yaan

aw da'a vb. *to have a mother, maternal aunt (mother's sister), wife of one's paternal uncle (father's brother)*
SP: aw da'áa | ng DP: aw daa | gán IP: aw da'áa | yaan

awéehl vb. *to become a mother, maternal aunt (mother's sister), wife of one's paternal uncle (father's brother)*
SP: awéel | gang DP: awéel | gan IP: awéel | aan

áwyaa vb2. *to V a lot, to be very V*
SP: áwyaa | gang DP: áwyaa | gan IP: áwyaa | gaan

·Hal sg̲áyhl áwyaagang'waang. They always cry a lot. ·Anáa tl' sk'úul áwyaagang. There's a big crowd of people inside. ·G̲áalgwaa g̲at'uwáa áwyaagan. It was very stormy last night.

áyaa interj. *I don't know*

a'aaníi nn. *small springtime ducks*

• B •

báadaa táawaay n-cpd. <g̲a> *butter dish*

bálbad nn. *velvet, corduroy*
DEF: bálbadgaay.

bén kílaa nn. *pain killer*
DEF: bén kílaagaay.

bihhíns nn. <skáa> *bean*
DEF: bihhínsgaay.

bíid nn. <gu> *dime*
DEF: bíidgaay.

bíid in'wáay n-phr. *nickle (coin)*

bíiyaa nn. *beer*
DEF: bíiyagaay.

blig nn. *brick*

búud nn. <skáa (small), k̲'ii (large)> *boat (other than canoes)*
DEF: búudgaay.

búud ján n-cpd. *a boat's gunwale (the top edge of the side of the boat)*

búud k̲'awáay n-cpd. *boat planking*

búud náay n-cpd. *boat house, boat shed*
DEF: búud nagáay.

búud sangíinaay n-cpd. *boat nail*

búud stl'áng n-poss. *bottom surface of a boat (inside or outside)*

búud tlaawhláa 'la'áay n-cpd-sg. *boatbuilder*
PLU: búud tlaawhláa 'la'áaylang.

búud tlaawhláa 'la'áaygaa vb. *to be a boatbuilder*
SP: búud tlaawhláa 'la'áaygaa | gang DP: búud tlaawhláa 'la'áaygaa | gan IP: búud tlaawhláa 'la'áaygaa | gaan

búud ts'ée'ii n-poss. *boatcrew*

• Ch •

cha (1) nn. <skáa (one egg), sk'a (skein)> *fish eggs, fish roe*
DEF: cháay.
·Chagyáa san Hl tlaahláasaang. I'll make some salmon eggs too.

cha (2) nn. *bare threads of material after the nap has worn off*
DEF: cháay.

cháagaas nn. *checkers*
DEF: cháagaasgaay.

chaagáay n-nom. *one's living conditions, financial status*

chaagáay 'láa vb. *to be well-off, live comfortably*
SP: chaagáay 'láa|gang DP: chaagáay 'láa|gan IP: chaagáay 'láa|gaan
·Díi yáalang chaagáay 'láagaan. My parents were well-off. ·Díi git'aláng chaagáay 'láagang. My children are well-off. ·Ahljíihl íitl' chaagée 'láagang. That's why we're well-off.

chaagut'áang vb. *to have hardship, hard times, be destitute*
SP: chaagut'áang|gang DP: chaagut'áang|gan
IP: chaagut'áang|aan
·Dáng chaagut'áangsaang. You'll have a hard time. ·Nang juuhlán-gaa uu awáahl chaagut'áanggiinii. A widow used to have a hard time back in the old days. ·Gám íitl' chaagut'áang'anggang. We're not having a hard time.

cháaj náay n-cpd. <tíi> *church building*
·Asgáay núud cháaj náay tl' tlaahlgán. At this time they built the church. ·Asgáaygw uu cháaj náay íijan. There was a church there. ·Tlíits'aanan tl' na'áangs dluu, cháaj náay tl' tlaahlgáangaan. Wherever they lived, they would build a church.

Cháalamaan nn. *Chinese people*
DEF: Cháalamaan.gaay, ~Cháalaman.gaay.

Cháalamaan k'úug n-cpd. <k̲'ii> *demijohn, carboy (a large bottle with a narrow neck, often encased in wicker)*
DEF: Cháalamaan k'úugaay.

Cháalamaan k'úunaay n-cpd. <tl'a> *(a pair of) jeans*

cháaliis nn. <skáa> *cherry*
DEF: cháaliisgaay.

chaan adv. *in the ocean near shore, in water*
·Chaan daláng náangsaang. You guys will play in the water. ·Chaansd hal k̲agán-gan. He was saved from the water. ·Chaansd 'láa tl' k̲agándaayaan. They saved him from the water.

cháan nn. *mud, soil*
DEF: cháanaay.
·K̲'íntl'eehls dluu, cháanaay iig t'aláng hlg̲ánggulaang. We work the soil in the springtime. ·Cháanaay san xílgalgang. The soil has dried up too. ·Cháanaay hal sk̲u tíidaalgang. He's pushing the mud.

cháanaang nn. *black cottonwood (tree or wood)*
DEF: cháanangaay.

chaan gin-gáay n-cpd. *sea organism, sea creature, or the remains thereof*

chaan gyáay n-cpd. *ambergris (substance produced in the digestive tract of whales)*

chaan k̲áw n-cpd. *species of sea squirt*

chaan sg̲áanuwaay nn. *sea monster*

chaansíi nn. *area in the ocean near shore*
·Chaansíi sg̲únggaagang. The sea is milky (as when herring are spawning). ·Chaansíi sg̲uluwáa áwyaagang. The sea is very foamy, bubbly.

chaan sk'aawáay n-cpd. *water-soaked wood lying underwater*

chaan sk'áawaay nn. *water-logged wood which becomes very hard and is used for spears*

chaan sk'a'áangwaay n-cpd. *water-soaked wood lying underwater*

chaan táayaay n-cpd. *species of rockfish (probably canary rockfish)*

chaan tangáay n-cpd. *seawater, saltwater*

cháantl'adaang n-cpd. *a muddy place*

chaan tl'ánts'uud n-cpd. *horned grebe*

cháanuud n-cpd. <sg̲a> *fall, autumn (lit. mud season)*
DEF: cháanuudgaay.

·Cháanuud sk'ag k̲wáan-gang. There are lots of dog salmon in the Fall.

cháanuudgaa vb. *to be fall, autumn*

cháanuudgeehl vb. *to become fall, autumn*
SP: cháanuudgeel | gang DP: cháanuudgeel | gan
IP: cháanuudgeel | aan

·Cháanuudgeehls dluu chíin t'aláng xiláadaasaang. When it is Fall time we will dry some fish.

chaan xúujaay n-cpd. *sea grizzly bear (mythical creature)*

chaan x̲áay n-cpd. *sea dog (mythical creature)*

chaasdla vb. *to become shallow*

chaatl' nn. <sk̲'a> *sword, lance, lance point, bayonet*
DEF: chaatl'áay.

chaaw

1. nn. *seafood gathered from the intertidal zone*
   DEF: chaawáay.
2. nn. <g̲a> *tide, beach exposed by the outgoing tide*
   DEF: chaawáay.

·Gíisdluu chawáay sáa g̲íidang? How high is the tide? ·Chaawáay í'waan-gang. The tide is big. ·Chaawáay gáak' gin t'aláng isdgíinii. We used to do things by the tide.

chaawáa vb. *for the tide to be low or out*
SP: chaawáa | gang DP: chaawáa | gan IP: chaawáa | gaan

·Chaawáas dluu táaw k̲wáan t'aláng isdgánggang. We always get lots of food when the tide is out. ·Chaaw áwyaagang. It's very shallow. ·Chaawée í'waan-gang. It's a big run out.

chaaw an ináas n-phr. *the high tide on the full moon in May*

chaawéehl vb. *for the tide to get low, go out*
SP: chaawéel | gang DP: chaawéel | gan IP: chaawéel | aan

·Chaawéelgang. The tide is going out. ·Weed uu chaawéelgang. The tide is going out now.

chaaw k̲'áahlaandaay n-cpd. *the smell of the beach at low tide*

chaaw k̲'áal n-cpd. *empty shellfish shell*
  DEF: chaaw k̲'áalgaay.

chaaw salíi n-cpd. *beach, intertidal zone, beach area that is exposed at low tide*
  NOTE: Varies with chaaw salíid.
  ·Chaaw salíi hal k̲áa'unggang. She's walking along the beach. ·Chaaw salíi aa múulaagaay íijan. There was a sawmill down on the beach. ·Chaaw salíid kugáay k̲'ats'galáagang. The logs are jammed together on the beach.

cháay n-ip. *one's kidney*
  RFX: cháayang.

cháayang n-rp. *one's own kidney*
  NOTE: This is the reflexive form of cháay.

chada vb. *to soak O*
  SP: chadáa|ng DP: chad|gán IP: chadáa|yaan
  ·K̲'áaw k̲wáan hal chadgán. She soaked a lot of fish eggs.

chagánsaan
  1. n-ip. *amniotic fluid*
  2. nn. <ts'as> *chamber pot, peepot*
    DEF: the chamber pot.
  3. nn. *male urine; stale urine*
    DEF: chagánsanaay.

chagánsaanaa n-ip. *one's stale urine*

chagánsaan x̲áw n-cpd. *stale urine*

chagúu nn. *monkey*

chah k̲'íid vb. *to sink (of a boat)*
  SP: chah k̲'íid|ang DP: chah k̲'íid|an IP: chah k̲'íid|aan
  ·Hal tlúu k̲áagan dáan, tluwáay 'láa chahk̲'íidan While he was rowing along, his boat sank.

chaj n-ip. <sk̲'a> *one's penis*
  RFX: chajáng.

chajáng n-rp. <sk̲'a> *one's own penis*

chaj x̲awáa xayáang x̲it'adáay n-cpd. *fox sparrow*

cha k'adáang n-cpd. *Indian cheese, stink eggs (dog salmon eggs smoked in the skein, mashed, packed tightly in a wooden box or seal stomach, and aged)*
DEF: cha k'adangáay.

chan n-ip-sg. *one's grandfather*
PLU: chánlang. RFX: chíinang.
NOTE: This term can be used with either a maternal or paternal grandfather.
·Hal chan gw dladahldáa'ujaa? Did her grandfather fall? ·Díi chan gáwjaawaay sgidánggang. My grandfather is beating the drum. ·Díi eehl díi chan ta líidadaang. My grandftaher is reading with me.

chanáa
1. voc. *grandfather!*
NOTE: Some speakers, particularly from Masset, will use chaníi instead.
2. vb. *to be a grandfather (to X)*
SP: chanáa|gang DP: chanáa|gan IP: chanáa|gaan

chánaang nn. *the first day of a 'Wáahlaal potlatch*
DEF: chánangaay.

chanda vb. *to have O as one's grandfather*
SP: chandáa|ng DP: chand|gán IP: chandáa|yaan

chan da'a vb. *to have a grandfather*
SP: chan da'áa|ng DP: chan daa|gán IP: chan da'áa|yaan

chanéehl vb. *to become a grandfather*

chan hlgijúu vb. *to move in a large group through the air or water*
SP: chan hlgijúu|gang DP: chan hlgijúu|gan IP: chan hlgijáaw|aan
·Chíinaay chan hlgijúudaalgang. The fish are moving along in a mass.

chánhlk'aa tl'úwaan nn. *tunnel-type fish trap (below falls)*

chanhúus nn. *snow, ooligan grease and sugar mixed with aged smoked salmon eggs*
DEF: chanhúusgaay.

chánsgwaan n-cpd. *the smell of stale urine*
DEF: chánsgunaay.

chán x̱aa nn. *fertilizer*
DEF: chán x̱aagáay.
·Sk̲'áam uu chan x̱áa an t'aláng gya'áandgiinii. We used to get starfish for fertilizer.

cha sgunáa n-phr. *loose aged salmon eggs*

cha skáangandaa n-phr. *loose aged salmon eggs*

chask'w nn. *moose, moosehide*
DEF: chask'wáay.

chatl'a vb. *to dip for O with a net*
SP: chatl'áa | ng DP: chatl' | gán IP: chatl'áa | yaan
·Íinangaay hal chatl'gán. He dipped the herring.

chat'as vb. *to wear X on the upper body*
SP: chat'íij | ang DP: chat'íij | an IP: chat'aj | áan
·K'uudáats' aa hal chat'íijang. He is wearing a coat.

chat'íisk'w n-nom. <cha> *hide body armor*
DEF: chat'íisk'waay.

cha'a vb. *to be shallow [water]*
SP: cha'áa | ng DP: chaa | gán IP: cha'áa | yaan

chéen nn. <t'a (short), sg̲a (long)> *chain*
DEF: chéen.gaay.

chiidáaw nn. *rain water catcher*

chíigang
1. vb. *to spawn*
2. vb. *to urinate (typically of a male)*
SP: chíigang | gang DP: chíigang | gan IP: chíigaang | aan

chíigang x̱áw n-ip/ap. *fresh urine*

chíihluu nn. *the half that was next to the tree after cedar bark is split*

chíin nn. *fish, particularly salmon*
DEF: chíinaay.

·Kyáa hl chíinaay k'yáadaa! Hang the fish up outside! ·Gíisdluu chíin dáng isdáa'ang sa'aang? How many fish are you going to get? ·Sáng 'wáadluwaan chíin sdáng hal táagang. He eats two fish everyday.

chíinang n-rp. *one's own grandfather*
NOTE: This is the reflexive form of chan.

chíin danáay n-cpd. *place where one easily catches salmon*

chíin dáng gyaat'áawaay n-cpd. *fish brailer*

chíin gíit'ii n-cpd. *salmon fry*
DEF: chíin gíit'iigaay, ~chíin gíit'ii.

chíin g̱asdlats'áawaay n-cpd. *broiling pan*

chíin ki dáangwaay n-cpd. <sḵ'a> *fish pitch*

chíin kínhlaawaay n-cpd. *salmon spear*

chíin kit'íisk'waay n-cpd. <sḵ'a> *small stick poked through split fish (two sticks per fish) to keep it straight*

chíin kit'uwáay n-cpd. <sḵ'a> *salmon harpoon*

chíin kún nn. *grizzle, fish nose*
·Chíinaay kún x̱áwlaang. The grizzle is delicious.

chíin núud n-cpd. <sg̱a> *salmon season, spring*
DEF: chíin núudgaay.

chíin sḵam nn. *fish trap*
DEF: chíin sḵamáay.

chíin táawaay nn. *fish flesh*

chíin tangáa sk'ats'áangwaay n-cpd. *barrel for salted salmon*
NOTE: Varies with chíin sk'ats'áangwaay.

chíin tluwáa n-cpd. *unidentified species of salmon*

chíin ts'álawaay n-cpd. *scrap of salmon*
DEF: chíin ts'álawaay ~ chíin ts'álawaaygaay.

chíin ts'uu'unáa nn. *fish dressed with the spine out*

chíin xiláa nn. *dried fish*
·Chíin xiláa hal ts'áldajaanggang. He's chewing on some (hard) dry fish.

chiis nn. *cheese*
DEF: chiisgáay.

chiya vb. *for water to drip*
SP: chiyáa | ng DP: chii | gán IP: chiyáa | yaan

chiyáa da'áawaay
1. n-cpd. <sk'a> *eavetrough*
DEF: chiyáa da'áawaay.
2. n-cpd. <hlgi> *rain barrel*
DEF: chiyáa da'áawaay.

chiyáa x̲áw n-cpd. *rainwater (dripping from the roof)*
DEF: chiyáa x̲áwgaay.
·Chiyáa x̲áw díig isdáa. Give me some rain water. ·Chiyáa x̲áw 'láagang. Rain water is good.

Christmas gin-gáay n-cpd. *Christmas decorations*

chúu n-ip. <ja> *one's vulva*
DEF: chuwáay.
RFX: chuwáng.

chúu t'áangal n-phr. *one's clitoris*

chuwáng n-rp. <ja> *one's own vulva*
NOTE: This is the reflexive form of chúu.

• D •

-d pp. *to*

dáa poss pro. *your, yours (singular)*
NOTE: Varies with dáangaa. This possessive pronoun is only used in the pronoun zone, and not within the noun phrase.
·Dámaan uu chíinaay dáa x̲áwlaang. Your fish is really delicious. ·Chíinaay 'wáadluwaan uu dáa Hl táagan. I ate all of your fish. ·Dáng st'áay dáangaa k'ut'aláagang. Your foot is paralyzed.

dáa (1) n-ip-sg. *one's brother, one's male parallel cousin*
PLU: dáalang. RFX: dáa'ang.
NOTE: This term is only used in reference to a female's relatives. It can refer to (1) her brother, or (2) her mother's sister's son, or (3) her father's brother's son.
·Dáng dáa aadáang. Your brother is seining. ·Íitl' k̲áalang isgyáan íitl' dáalang aadáang. Our uncles and our brothers are seining. ·Tláan díi dáa aadáang. My brother doesn't seine anymore.

dáa (2) pronoun. *you (singular)*
NOTE: This pronoun occurs as the subject of an active verb, in a focus position. For use in the pronoun zone, see dáng. .
·Dáa gw 'wáagaa? Did you do it?. ·Dáa gw isdáa gudaa? Do you want to do it? ·Dáa gw adaahl K'áaws Tláay aa isáa'us? Are you going to Craig tomorrow?

dáada vb. *to have O as one's brother, male parallel cousin*
SP: dáadaa|ng DP: dáad|gan IP: dáadaa|yaan
NOTE: This term is only used in reference to a female's relatives. It can refer to (1) her brother, or (2) her mother's sister's son, or (3) her father's brother's son.

dáa da'a vb. *to have a brother, male parallel cousin*
SP: dáa da'áa|ng DP: dáa daa|gán IP: dáa da'áa|yaan
NOTE: This term is only used in reference to a female's relatives. It can refer to (1) her brother, or (2) her mother's sister's son, or (3) her father's brother's son.

dáagal

1. nn. *bivalve mantle (a thin membrane that surrounds the body of the bivalve), kelp stipe*

2. n-ip. <sg̲a> *cord, string, rope attached to something*

dáagda xiláay n-cpd. *western buttercup*

dáag̲angad vb. *to go bad, spoil, break down, get worse*
SP: dáag̲angiid | ang DP: dáag̲angiid | an IP: dáag̲angad | aan
·Táawaay 'wáadluwaan dáag̲ang'iidang. All the food is spoiled.

daahlgáaw k̲'áay n-poss. *drill bit*

dáal (1) vb2. *to almost, nearly do sth.*
·X̲aadas kíl yíiluu dáalgang. The Haida language is almost gone.
·Sántajeehl dáalgang. It's almost 12 noon. ·Gwa'áaw dáalgang. It's almost raining.

dáal (2) adv. *with the tide*

dáalaa nn. <k̲'ii> *dollar, money, silver*
DEF: dáalaay.
·Dáalaa k̲wáan hal daa'wáang. They have a lot of money. ·Dáalaay 'láa sg̲áalgaagang. His money is hidden. ·Gíisdluu dáalaay díinaa dáng da'áang? How much of my money do you have?

dáalaa gwaaláay

1. n-cpd. <cha> *purse, handbag*

2. n-cpd. <tl'a> *wallet*

dáalaa in'wáay n-phr. <k̲'ii> *half-dollar, fifty cent piece*
·Awáahl sg̲wáagaan dáalaa in'wáay eehl tl' sg̲áwgiinii. A long time ago, people used to pay 50 cents for a sockeye.

dáalaa náay n-cpd. *bank*
DEF: dáalaa nagáay.

dáalaa stlagáa n-cpd. <sda, sga> *silver bracelet*
DEF: dáalaa stlagáay.

dáalaa stliihl'wáay n-cpd. <sga, sda> *silver ring*

dáalaa 'la'áay n-cpd-sg. *banker, treasurer*
PLU: dáalaa 'la'áaylang.

dáalaa 'la'áaygaa vb. *to be a banker, treasurer*
SP: dáalaa 'la'áaygaa | gang DP: dáalaa 'la'áaygaa | gan
IP: dáalaa 'la'áaygaa | gaan

dáal g̱ad vb. *to drift fast*
SP: dáal g̱áyd | ang DP: dáal g̱áyd | an IP: dáal g̱ad | áan
·Tluwáay díisd dáal g̱áydan. The boat drifted away from me.

daalíigw pp. *after, the next day*
·'Wáa daalíigw Hl ḵáa'unggan. I was walking around the next day. ·'Wáa daalíigw hal k'ut'álgan. 'Wáadluu hal gudangáay st'i g̱ujúu'ugan. He died the next day. Then they were all saddened. ·'Wáa daalíigw 'láa tl' tlasdgán. They let him out the next day.

dáalt'iis'uu n-nom. <xa, g̱a> *strainer, filter*
DEF: dáalt'iis'uwaay.

dáan part. *while*
NOTE: This particle occurs at the end of a clause, after the verb.
·Awáan íitl' guláagan dáan uu Gijx̱̂áan eehl íitl' g̱idatl'aagán. We were still having a good time when we arrived in Ketchikan. ·Hal gúusuugan dáan, hal ts'a ḵ'áysgiidan. While he was talking, he forgot (what he was going to say). ·Hl ḵáagan dáan, díi ḵ'ulúu hlgálgan. While I was walking my legs cramped up.

dáang vb. *to throw O away; leave, divorce O*
SP: dáang | gang DP: dáang | gan IP: dáang | aan
·Daláng gw gu dáangsaa'us? Are you guys getting a divorce? ·Hal sg̱wáan tláalang dáanggan. One of them divorced her husband. ·Tluwáay hal dáanggan. He threw away the boat.

dáas nn. <stl'a> *ember, burning coal, spark*
DEF: dáajaay.
·Dáas díi gwíi íijang. Sparks are coming towards me. ·Dáas uu ts'áanuwaaysd íijang. Sparks are coming from the fire.

dáats' nn. *winter wren*

dáaw nn. *the working edge of an item that is being woven*

daawa vb. *to buy O (in plural transactions)*

dáawgaay

1. n-nom. *a dinner, a feast*
2. n-nom. *an invitation*

dáaw tl'ahl n-cpd. *pestle*

dáayaangw nn. <gi> *flag*
DEF: dáayaangwaay.
·Dáayaangwaay hal dagiislánggan. He was waving a flag.
·Dáayaangwaay san gud iláa íitl'aa g̲iidang. Our flags are different from each other's too.

dáayaangwaa nn. <gi> *the flag of X*

daayáats' nn. *(brown) weasel, ermine*
DEF: daayáats'gaay.

dáayang vb. *to serve food, to have a party*
SP: dáayang|gang DP: dáayang|gan IP: dáayaang|aan
·Dáng sdiihls dluu, dáng eehl Hl dáayangsaang. When you return, I'll have a party for you. ·'Leehl Hl dáayanggang. I'm serving her food.

dáayang náay nn. *dining room*
·Dáayang náay k̲ehjgad 'láagan. The dining room was pretty.

dáayuw nn. <sk̲'a (pole), g̲a (board)> *board or pole for skidding a canoe over in order to ease friction while transporting it over land*
DEF: dáaywaay.

dáa'aa

1. nn. <sda, sga> *ledge around a housepit*
   DEF: dáa'aay.
2. vb. *to be a brother, male parallel cousin (to X)*
   SP: dáa'aa|gang DP: dáa'aa|gan IP: dáa'aa|gaan
   NOTE: This term is only used in reference to a female's relatives. It can refer to (1) her brother, or (2) her mother's sister's son, or (3) her father's brother's son.

dáa'aay voc. *brother! male parallel cousin!*
NOTE: This term is only used by females. It can be used to address (1) her brother, or (2) her mother's sister's son, or (3) her father's brother's son. Some speakers may use dáayaa instead.

dáa'ang n-rp. *one's own brother, one's own male parallel cousin*
NOTE: This is the reflexive form of dáa (1). This term is only used in reference to a female's relatives. It can refer to (1) her brother, or (2) her mother's sister's son, or (3) her father's brother's son.

dabdala vb2. *to be big and fat, pudgy (pl)*
SP: dabdaláa | ng DP: dabdal | gán IP: dabdaláa | yaan

dabjúu vb2. *to be big and fat, pudgy (sg)*
SP: dabjúu | gang DP: dabjúu | gan IP: dabjáaw | aan
·Hal i dabjúugang. He is large, fat. ·Hal sk'áljaa dabjúugang. His wrinkles are round (like a fat chin).

da chanáan vb. *to rub O (bag-like)*
SP: da chanáan | -gang DP: da chanáan | -gan IP: da chanáan | aan
·Gwáalaay hal da chanáan-gang. She is rubbing the sack together.

dadga vb. *to taste bitter*
SP: dadgáa | ng DP: dadg(a) | gán IP: dadgáa | yaan
·Táawaay dadgáang. The food tastes bitter.

dadgayáay (1) nn. *blizzard*

dadgayáay (2) n-nom-ip. *a bitter or acrid taste*

da dlajuuhlda v-rfx. *to turn around (sg)*
SP: da dlajuuhldáa | ng DP: da dlajuuhld | gán IP: da dlajuuhldáa | yaan
·Án hl da dlajuuhldáa. Turn yourself around.

dag nn. <xa> *shrimp*
DEF: dagáay.
·Áayaag daggyáa Hl táagan. I ate shrimp today.

dagáangg rfx pp phrase. *to oneself*
NOTE: This is the reflexive form of the postposition -g.
·Dagáangg hal tlagdánggang. She is primping up, making herself look nice.
·Dagáangg hl tlaayd. Help yourself. ·Dagáangg hal k̲'íisgadaan. He fainted.

dagdag nn. *woodpecker*
DEF: dagdagáay.
·Dagdagáay xíidan. The woodpecker flew away.

dagdagdiyáa nn. *rufous hummingbird*
DEF: dagdagdiyáagaay.
·Dagdagdiyáagaay ts'úujuugang. The hummingbird is tiny.

da giisdláng vb. *to wave O*
SP: da giisdláng | gang DP: da giisdláng | gan IP: da giisdláang | aan
·Stláang hl da giisdláng! Wave your hands! ·Dáayaangwaay hal dagiislánggan. He was waving a flag.

daguyáa vb. *to be physically strong*
SP: daguyáa | gang DP: daguyáa | gan IP: daguyáa | gaan
·Díi kíl daguyáagang. My voice is strong. ·Adaahl hal daguyáagan. Yesterday he was strong. ·K'yáal k̲áw 'láangaa daguyáagang. His calf muscle is strong.

daguyéehl vb. *to become strong*
·Asgáaysd dáng daguyéehlsaang. Afterwards you will get strong. ·Dáng 'lagahls dluu, dáng dagwéehlsaang. When you get well, you'll be strong.

dagw n-ip. *strength*

dagwáang interj. *dear*

dagwg̲íihlda vb. *to work hard and finish, complete O*

dagwíi nn. *one's strength*

dagwiig
1. n-ip. *Holy spirit*
2. n-ip. *shamanic spirit, power or familiar*

dagwiigáang n-nom-rp. *one's own strength*
NOTE: This is the reflexive form of dagwiigáay.

dagwiigáay
1. n-nom-ip. *one's strength*
RFX: dagwiigáang.
2. n-nom. *permission, authority*

da g̲adáa vb. *to push O (sg) out*
SP: da g̲adáa | gang DP: da g̲adáa | gan IP: da g̲adáa | gaan
·Git'áang hal da g̲adáagan. She pushed her child out.

daga̲nga vb. *to be bad, evil*
SP: daga̲ngáa | ng DP: daga̲ng | gán IP: daga̲ngáa | yaan
·X̲íid Tlagáay daga̲ngáang. Hell is a bad place. ·Sangáay san daga̲ngáang. The weather is bad too. ·Hal k̲áa náay áangaa k'udlán daga̲ngáang. His uncles is painting his house poorly.

da g̲asdla vb. *to open O (sg)*
SP: da g̲asdláa | ng DP: da g̲ashl | gán IP: da g̲asdláa | yaan

da g̲asdláaw nn. *hinge*

da g̲asgad vb. *to close O (door-like)*
SP: da g̲asgíid | ang DP: da g̲asgíid | an IP: da g̲asgad | áan
·K'yuwáay hl da g̲asgad! Close the door. ·Tajuwáay uu 'wáa aa da g̲asgíidan. The wind blew the door closed. ·'Láa k'yúusd k'yuwáay 'wáa aa Hl da g̲asgíidan. I closed the door for her.

da g̲asúu vb. *to open O (pl)*
SP: da g̲asúu | gang DP: da g̲asúu | gan IP: da g̲asáaw | aan
NOTE: This verb applies to opening plural g̲a-class objects, such as doors, windows and box lids.

dah (1) nn. *cranberry*

dah (2) vb. *to buy O (in a single transaction)*
SP: dah | gáng DP: dah | gán IP: dah | gáan
·Awáa an hlk'idgáa Hl dahsáang. I'll buy a dress for mother. ·Sgúusiidgyaa hl dah. Buy some potatoes. ·Gin dah hlangáayg uu t'aláng diyínggang. We're looking for something to buy. We're shopping.

dahlgáng vb. *to carry a child in one's arms, to be pregnant*
SP: dahlgáng | gang DP: dahlgáng | gan IP: dahlgáang | aan
·Hal dahlgánggang. She's carrying a child.

dahlgiyáa vb. *to be pregnant*
SP: dahlgiyáa | gang DP: dahlgiyáa | gan IP: dahlgiyáa | gaan
·Díi gid dahlgiyáagang. My daughter is pregnant. ·Hal dahlgiyáagang. She is pregnant.

dahljuwáng n-nom. *one's own stomach*

dahl k̲wa'áay n-ip. *upper part of one's stomach*

dahl k̲'ál n-ip. *the skin of one's abdomen*

dahl sg̲a’áay n-cpd-ip/ap. *(one's) stomach worm, intestinal worm*

dajáng nn. <gu> *hat, cap, hood*
DEF: dajangáay.
·Hláas k̲inángan dajáng dahsáang. I too will buy myself a hat. ·Jimmy dajangáay áa gut’íijang. Jimmy is wearing his hat. ·Jíingaa dajangáayg hal diyíng’ugan. They looked for the hat for a long time.

dajáng kid yaagaláa n-phr. <gu> *umbrella*
DEF: dajáng kid yaagaláagaay.

dajáng ki k̲’íiyaawaay n-cpd. *weaving support stand for hats and baskets (consisting of a horizontal disk supported on a vertical stick)*

dajáng k’ud kijuwáa n-phr. *baseball cap*

dajáng k̲’áajaa n-phr. *rain hat, slicker hat*

dajáng sgabjúu n-phr. *bowler hat*

dajáng sgíilaa n-phr. *spruce root hat with one or more potlatch rings*

dajáng stl’áng n-poss. *crown of a hat (inside or outside)*

dajuuláang v-rfx. *to turn around (pl)*

da kúnhlaaw nn. <sk̲’a (one), tl’a (book)> *match*
DEF: da kúnhlaawaay.

da k’absgad vb. *to slam O shut*
SP: da k’absgiid | ang DP: da k’absgiid | an IP: da k’absgad | áan
·K’yuwáay ’wáa aa hal da k’absgíidan. She slammed the door.

da k̲áljuuhlda v-rfx. *to turn around (of someone large) (sg)*
·Án hl da k̲áljuuhldaa. Turn around (said to a large person).

dal nn. *sandhill crane*
DEF: daláay.

dál (1) n-ip. <cha> *one's abdomen, belly, stomach (organ)*

dál (2) nn. *rain, drizzle*
DEF: daláay.

daláa poss pro. *your (plural), yours (plural), you folks', you guys'*
NOTE: Varies with daláangaa, dláa, dláangaa. This pronoun only occurs in the pronoun zone. .
·St'a hlk'únk'aay dláangaa ts'úudal jahlíigang. Your folks' mocassins are too small.

daláng
1. pro. *you (plural), you guys, you folks*
NOTE: Varies with dláng. This pronoun can be used as the subject or object of verbs, as well as the object of a postposition. It is used both in the pronoun zone as well as in focus positions.
2. poss pro. *your (plural), yours (plural)*

daláng gyaa poss pro. *your (plural), you folks', you guys', yours (plural)*
NOTE: This possessive pronoun only occurs inside the noun phrase. For use in the pronoun zone, see daláng ~ daláangaa. This possessive pronoun is not used with kinterms and body parts. For those, see daláng (2). notice that this possessive pronoun refers specifically to something that belongs to two or more people. For something that belongs to just one person -- "your" as opposed to "you folks'" -- see dáng gyaa.

dál x̲aw n-cpd. <sk̲'a> *species of horsetail*
DEF: dál x̲awgáay.

dámaan adv. *well, carefully, properly, correctly*
·Dámaan hl k̲áyhlgaay k̲íng! Take good care of the dishes! ·Dámaan hl isdáa. Do it right. ·Sg̲áal náay dasd hl dámaan án k̲íng. Keep away from the beehive.

damáay n-ip. *one's ankle bone bump*

dámdga vb. *to be noisy*
SP: dámdgaa|ng DP: dámdg(a)|gan IP: dámdgaa|yaan
·Tlíi hal dámdg'waas aa! They are so noisy! ·Hal dámdgang'waang. They're noisy.

dámtl' nn. *burl*

dáng

1. poss pro. *your, yours (singular)*

   NOTE: This possessive pronoun occurs only inside the noun phrase. This possessive pronoun is only used with kinterms and body parts.

2. pronoun. *you (singular)*

   NOTE: This pronoun can be used as the subject of both stative and active verbs, and as the object of both verbs and postpositions. As the subject of a stative verb or as the object of a verb, it can occur in the pronoun zone as well as in focus positions. However, as the subject of an active verb, it only occurs in the pronoun zone.

·Sán uu dáng juunáan kya'áang? What is your mother-in-law's name?
·Hlk'idgáay k̲'ún dáng k'úntl'iyaagang. The hem of the dress has ruffles.

dángahl pp. *together with*
NOTE: Varies with dánhl.

·Asgáaysd uu gu dánhl tl' gatáa gíiganggang. Afterwards they always eat together. ·Gu dánhl t'aláng sg̲adáalts'aasaang. We will process in together. ·Sahlgáang tl'ahl isgyáan sangíin isgyáan kug dánhl hal k̲áatl'aagaan. He came back with a hammer, some nails and some wood.

dangahlda vb. *to sweat*
SP: dangahldáa|ng DP: dangahld|gán IP: dangahldáa|yaan

·Hl hlg̲ánggulgan dluu, díi dangahldgán. I sweated when I worked.

dangáldgaa n-nom. <sk̲'a> *thimbleberry shoot*
DEF: dangáldgaay.

dangáldgaang n-rp. *one's own sweat*
NOTE: This is the reflexive form of dangáldgaay.

dangáldgaay n-ip. *one's sweat*
RFX: dangáldgaang.

dáng ánsdlagaangw n-nom. <t'a> *reins*
DEF: dáng ánsdlagaangwaay.

dánggad v-rfx. *to smile*
SP: dánggiid|ang DP: dánggiid|an IP: dánggad|aan

dáng gust'áaw n-nom. <ts'as> *drawer*
DEF: dáng gust'áawaay.

dáng gwaaytl’a’áaw n-nom. <ts’as> *bureau, chest of drawers*
DEF: dáng gwaaytl’a’áawaay.

dáng gyaa poss pro. *your, yours (singular)*
NOTE: This possessive pronoun only occurs inside the noun phrase. For use in the pronoun zone, see dáa ~ dáangaa. this possessive pronoun is not used with kinterms and body parts. For those, see dáng (2).

dáng g̲áydang vb. *to run dragging O along, jerk O around*
SP: dáng g̲áydang|gang DP: dáng g̲áydang|gan IP: dáng g̲áydaang|aan

dáng hlgijuuláangw n-nom. <sk̲’a> *peavey (a tool used in logging operations to move timber)*
DEF: dáng hlgijuuláangwaay.

dáng hlg̲aawnáangw nn. *hand-drawn wagon*
DEF: dáng hlg̲aawnáangwaay.

dáng kingáangw n-nom. <ts’as> *accordion, concertina*
DEF: dáng kináangwaay.

dáng k’áat’a vb. *to jerk O away*
SP: dang k’áat’aa|ng DP: dáng k’áat’|gan IP: dáng k’áat’aa|yaan

dáng k’ugáa n-nom. <k’u> *handbag*
DEF: dáng k’ugáay.

dáng k’úntl’iyaa vb. *to be ruffled*
SP: dáng k’úntl’iyaa|gang DP: dáng k’úntl’iyaa|gan IP: dáng k’úntl’iyaa|gaan
·Hlk’idgáay k̲’ún dáng k’úntl’iyaagang. The hem of the dress has ruffles.

dáng k̲’íihlaalw n-nom. <k̲’ii> *block, pulley*
DEF: dáng k̲’íihlaalwaay.

dáng skáajuulaangw n-nom. <skáa> *handmade wooden trolling reel used on a rowboat*
DEF: dáng skáajuulaangwaay.

dáng sk’ahláalw n-nom. <tl’a> *corset*
DEF: dáng sk’ahláalwaay.

dáng súus iláa conj. *by the way*

dáng tl'anáanw n-cpd. <tl'a> *leather thumb protector for handtrolling*
DEF: dáng tl'anáanuwaay.

dáng ts'asdlatl'a'áaw n-nom. <ts'as> *drawer*
DEF: dáng ts'asdlatl'a'áawaay.

dángwii vb. *to pull O down*

dángwuldang vb. *to throb in pain*
SP: dángwuldang | gang DP: dángwuldang | gan
IP: dángwuldaang | aan
·Díi stláay dángwuldanggang. My hand is throbbing. ·Áang, díi stláay dángwuldanggang. Yes, my hands are throbbing. ·Díi hlúu dángwaldanggang. My body is aching.

dángyaang vb. *to be ashamed, embarrassed*
SP: dángyaang | gang DP: dángyaang | gan IP: dángyaang | aan
·Awáng eehl hal dángyaanggan. She was embarassed by her mother. ·G̲ahl hal dángyaanggang. She's embarassed by it.

dánhla vb. *to swell up*
SP: dánhlaa | ng DP: dánhl | gan IP: dánhlaa | yaan
·Díi stláay dánhl sánsdlaang. My hand is trying to swell. ·Díi k̲'ánts'ad dánhlaang. The side of my face is swollen.

dánhlaalw n-nom. *scriber used in making canoes*
DEF: dánhlaalwaay.

dánhlaaw n-nom. *stick used in skinning spruce roots*

dánhlaa xiláay n-cpd. *unknown species of plant*

dánhliyaa vb. *to be swollen up*
SP: dánhliyaa | gang DP: dánhliyaa | gan IP: dánhliyaa | gaan
·Díi st'áay dánhliyaagang. My foot is swollen. ·Hal stláay dánhliyaa g̲usdláang. His hand is really swollen up. ·Ge'é, díi k̲'ulúu dánhliyaagang. No, my legs are swollen

dánjaaw n-nom. <hlga> *gaff hook*
DEF: dánjaawaay.

dánjaaw sk̲'áangwaay n-cpd. <sk̲'a> *long-handled gaff hook*

dánjuu vb. *to pull on O (e.g. rope)*
SP: dánjuu | gang DP: dánjuu | gan IP: dánjaaw | aan
·Dánjuu áwyaa hlaa! Pull hard (on the rope)! ·Hal dánjuu g̱ujúu'waang. They're all pulling hard. ·Dánjuu hlaa! Pull!

dánsda vb. *to pull O out*
SP: dánsdaa | ng DP: dánsd | gán IP: dánsdaa | yaan
·Díi ts'áng 'wáasd tl' dánsdgan. My tooth got pulled. ·Gíijgwaa tl'aa gám dáng gyaa tl' dánsd'anggang. Hopefully yours (teeth) won't get pulled.

dánst'aaw n-nom. *ball puller (used to remove a ball from the barrel of a muzzle-loading firearm)*
DEF: dánst'aawaay.

dántl'a vb. *to tear O off*
SP: dántl'aa | ng DP: dántl' | gan IP: dántl'aa | yaan
·Gya'áangwaay 'wáasd hal dántl'gan. She tore off the cloth.

dasd pp-phrase. *from (there), away from (there)*
·Awáahl g̱agwíi dasd t'aláng ts'aaggán. We left from there a long time ago. ·Náay únggwsii x̱íilaas dasd g̱ayuwáay istl'aagán. The smoke came out of the hole in the roof. ·Sg̱áal náay dasd hl dámaan án ḵíng. Keep away from the beehive.

dasĝaa nn. *red squirrel*
DEF: dasĝaagáay.

da sḵ'asgad n-nom. *yard, fathom (of measurement)*

da tleed n-nom. *help, aid, assistance*

da tleed stlagáay n-cpd. *medic alert bracelet*

dawaakúu nn. *snuff*
DEF: dawaakúugaay.

dawúlsii nn. *side of sth.*

dawúnggahl vb. *to be easy to get, to be nearby, to be close at hand*
SP: dawúnggal | gang DP: dawúnggal | gan IP: dawúnggaal | aan
·G̱áanaay da'únggalgan. There was easy access to the berries.

da xanáan vb. *to rub small O (on X)*
SP: da xanáan- | gang DP: da xanáan- | gan IP: da xanáan | aan
·Gud gúud hl da xanáan. Rub it together (the tea leaves).

da xáwsd'waa vb. *to push O (pl) out*
SP: da xáwsd'waa | gang DP: da xáwsd'waa | gan IP: da xáwsd'waa | gaan

da'a vb. *to have, own O*
SP: da'áa | ng DP: daa | gán IP: da'áa | yaan
·Sgyáal san t'aláng da'áang. We also have some cockles. ·Gíisdluu chíin dáng da'áa'ujaa? How many fish did you have? ·Gíisdluu dáalaay díinaa dáng da'áang? How much of my money do you have?

da'áang nn. *design, figure, representation of something*
DEF: daangáay.

da'áaw n-nom. *a keeper, holder (for something)*
DEF: da'áawaay.

da'áaw náay n-cpd. *storehouse*
DEF: da'áaw nagáay.

da'éehl vb. *to acquire, come to own O*
SP: da'éel | gang DP: da'éel | gan IP: da'éel | aan
·Tlagáay hal da'éelaan. She acquired the place.

didgw pp. *up in the woods from, farther up the beach from, towards shore from*

Didgwáa Gwáayaay n-cpd. *Haida Gwaii*

didgwéed adv. *around up in the woods*
·Didgwéed hl k̲áa'ung. Walk around up in the woods.

didgwíi adv. *up towards the woods*
·Didgwíi hal g̲éedang. He's running up towards the woods.

didgwsíi nn. *area back towards the woods*

díi

1. pronoun. *I, me*
   NOTE: This pronoun can be used as the subject of a stative verb, as the object of an active verb, or as the object of a postposition. It occurs both in the pronoun zone and in focus positions.

·Díi xílgalaagang. I'm dehydrated.

2. poss pro. *my*

NOTE: This possessive pronoun is used with kinterms and body parts. For use with other objects, see gyáagan. This pronoun is only used inside a noun phrase.

díid adv. *up into the wood*
·Díid hl k̲ak'ahl. Walk into the woods. ·Díid hl isdáalk'ahl'uu. Walk into the woods, you folks.

díidaan nn. *bluefly, bluebottle fly, blowfly*
DEF: díidanaay.
·Díidaan k̲wáan-gang. There are a lot of blueflies.

díideed k'yuwáay n-cpd. *trail in the woods (parallel to the beach)*

díi gwaa t'amíi n-cpd. *dragonfly*
DEF: díi gwaa t'amíigaay.

díin nn. *cave, rock tunnel*
DEF: díinaay.

díinaa pronoun. *my, mine*
·Kugáay díinaa k̲wáan-gang. I have plenty of wood. ·Gíisdluu chíinaay díinaa dáng táagaa? How many of my fish did you eat? ·Gíisdluu dáalaay díinaa dáng da'áang? How much of my money do you have?

díinang adv. *closer to shore*

díin x̲íilaa nn. *cave*

dinax̂ nn. *kinnikinnick berry*

diyáng vb. *to search, look (for X)*

dlá interj. *<expression of belittlement of someone who is showing off; also of admiration, depending on how it is said>*

dlaa pp. *behind, after, following (esp. in a row)*
·Daláng dlaa Hl isáang. I will go after you guys. ·Díi dlaa hl isdáal'uu. Walk behind me, you folks. ·Díi dlaa hl súu! Repeat after me!

dláad nn. <tl'ad (small skein), tl'áam (big skein)> *halibut eggs, red snapper eggs*
DEF: dláadaay.

dlaa gut'a vb. *to be naughty*
SP: dlaa gut'áa | ng DP: dlaa gut' | gán IP: dlaa gut'áa | yaan
·Hal dlaa gut'áang. He is active. ·Ahljíihl uu hal git'aláng dlaa gut'áang. That's why her children are over-active.

dlaajáa vb. *to be slow-moving, awkward, clumsy, unsteady on one's feet*
SP: dlaajáa | gang DP: dlaajáa | gan IP: dlaajáa | gaan
·Dáng dlaajáagang. You are clumsy, unsteady. ·Nang awáas dlaajáagang. The mother is slow-moving.

dláajaa vb. *to be pale*
SP: dláajaa | gang DP: dláajaa | gan IP: dláajaa | gaan
·Hal istl'aagán dluu, hal x̲áng dláajaagan. When she came, she was pale.

dlaajéehl vb. *to get clumsy, awkward*
SP: dlaajéel | gang DP: dlaajéel | gan IP: dlaajéel | aan
·Díi san dlaajéelgang. I'm getting clumsy too.

dlaajúu vb. *to sway, be unsteady*
SP: dlaajúu | gang DP: dlaajúu | gan IP: dlaajáaw | aan
·Hal dlaajúugang. She sways, is not steady on her feet.

dláamaal nn. <hlk̲'a (frond), k̲'uhl, hlk̲'uhl (plant)> *licorice fern*
DEF: dláamalaay.
·Dláamaal Hl táagan. I ate some licorice fern. ·Dláamaal adíideed k̲wáan-gang. There's a lot of licorice fern in the woods. ·Dláamaal san Hl táagan. I ate some licorice fern, too.

dláay nn. *body*

dláaya vb. *to be peaceful, calm*
SP: dláayaa | ng DP: dláay | gan IP: dláayaa | yaan
·Áayaad dláayaang. It's calm today. ·Gíijgwaa tl'aa dláay sg̲wáananggang. I hope it's always calm.

dláayeehl vb. *to die down, become calm (of wind, weather)*
SP: dláayeel | gang DP: dláayeel | gan IP: dláayeel | aan
·Tajuwáay dláayeelgang. The wind is dying down, getting calm.

dláay 'láa vb. *to be young, adolescent*
SP: dláay 'láa | gang DP: dláay 'láa | gan IP: dláay 'láa | gaan

dláay 'lagáay n-nom. *the young people*

dladáal vb. *to walk slowly, stroll (sg)*
SP: dladáal | gang DP: dladáal | gan IP: dladáal | aan
·Hal dladáalgan dáan hal g̲idatl'aagán. He finally arrived after walking slowly.

dladahlda vb. *to fall down from a standing position (sg)*
SP: dladahldáa | ng DP: dladahld | gán IP: dladahldáa | yaan
·K̲álgaay únggw díi dladahldgán. I fell on the ice. ·Dáng dladahld gayéedsaang. You might fall down. ·Dáng hlkwiidgán eehl uu dáng dladahldgán. You fell because you were in a hurry.

dlagadáal vb. *to swim along, move along the surface of the water (sg)*
SP: dlagadáal | gang DP: dlagadáal | gan IP: dlagadáal | aan

dlagándaal vb. *to swim along, move along the surface of the water (sg)*
SP: dlagándaal | gang DP: dlagándaal | gan IP: dlagándaal | aan
·Dlagándaal hlaa! Swim!

dlagáng
1. vb. *to float*
SP: dlagáng | gang DP: dlagáng | gan IP: dlagáang | aan
2. vb. *to hold, carry O (sg) (person) (sg subj)*
SP: dlagáng | gang DP: dlagáng | gan IP: dlagáang | aan
NOTE: This verb describes one person holding or carrying one other person.
·Git'áang hal dlagánggang. She's packing her baby.

dlagánggwaang vb. *to swim around, move around on the surface of the water (sg)*
SP: dlagánggwaang | gang DP: dlagánggwaang | gan
IP: dlagánggwaang | aan

dlagw nn. <sk̲'a> *digging stick, spade*
DEF: dlagwáay.
·Dlagw uu Hl gya'ándaang. I'm using a pick. ·Dlagw eehl uu Hl táwk'aang. I'm gardening with a spade.

dlajgáaw n-nom. <t'a> *belt*
DEF: dlajgáawaay.
·Dlajgáawaay 'láa k'aayst'áang. His belt is elastic. ·Dlajgáawaay hal dáng k'aayst'gán. She stretched the belt.

dlajguwáa vb. *to have a belt on, be wearing a belt*

dlajúu vb. *to act, behave in a certain way (sg)*
SP: dlajúu | gang DP: dlajúu | gan IP: dlajáaw | aan
·Hal dlajáaw k̲'aláang. She doesn't know how to act. ·Dáng súus gingáan uu Hl dlajúusaang. I'll do like you said.

dla k̲ida vb. *to be grown up, adult (pl)*
SP: dla k̲idáa | ng DP: dla k̲id | gán IP: dla k̲idáa | yaan
·Tla'ii hal dla k̲id'ugán. They were much older boys and girls. ·Íitl' dla k̲idgán dluu, t'aláng sgúulgaagan. When we were older, we went to school.

dla k̲id'iihl vb. *to grow up, become grown ups, adults (pl)*
SP: dla k̲id'íl | gang DP: dla k̲id'íl | gan IP: dla k̲id'éel | aan

dla k̲úunaa vb. *to be grown up, adult (sg)*
SP: dla k̲úunaa | gang DP: dla k̲úunaa | gan IP: dla k̲úunaa | gaan
·Wáayaad dáng dla k̲úunaagang. Now you're all grown up. ·Díi dla k̲úunaagan dluu, Hl sgúulgaagan. When I was older, I went to school.

dla k̲úuneehl vb. *to grow up, become a grown up, adult (sg)*
SP: dla k̲úuneel | gang DP: dla k̲úuneel | gan IP: dla k̲úuneel | aan
·Dáng dla k̲úuneehls dluu, dáng k̲áajuusaang. When you get older you will go hunting. ·Díi dla k̲úuneehls dluu, hláas g̲áa hlg̲ánggulaasaang. When I grow up, I'll work there too. ·Dáng dla k̲úuneehls dluu, st'íi náay aa dáng hlg̲ánggulaasaang. When you grow up, you'll work in a hospital.

dlán (1) n-ip. <sg̲a> *arm or tentacle of an octopus*

dlán (2) vb. *to wash O*
SP: dlán. | gang DP: dlán. | gan IP: dláan | aan
·X̲ahláang hl dlán! Wash your mouth! ·Aadáay hl áangaa dlán. Wash your net! ·X̲ánjaangwaay san tl' dlán-gang. Wash the windows, too.

dlánggalang vb. *to pet, play with, show affection for O (e.g. baby, animal)*

dlánjang vb. *to ache all over*
SP: dlánjang | gang DP: dlánjang | gan IP: dlánjaang | aan
·Díi dlánjanggang. I'm aching all over.

dlánsda vb. *to get hurt, injured (sg)*
SP: dlánsdaa | ng DP: dlánsd | gan IP: dlánsdaa | yaan
·Hal hlg̲ánggulaas dluu, hal dlánsdaayaan. When he was working he got hurt. ·Hal dlánsd áwyaagang. She has terrible sharp pains.

dlánsdayaa vb. *to have gotten hurt, injured*
SP: dlánsdayaa | gang DP: dlánsdayaa | gan
IP: dlánsdayaa | gaan
·Dúujaay dlánsdayaagang. The cat is injured

dlasdla v-rfx. *to turn and face in some direction*

dlask'w quantifier. *whole, entire (of bodies)*
NOTE: Varies with dlask'wáan.
·Hal hlúu dlask'wa'áan dliidgán. Her whole body was shaking.

dlats'aláng vb. *to show off, strut (sg)*
SP: dlats'aláng | gang DP: dlats'aláng | gan IP: dlats'aláang | aan
·Dáng gid gw dlats'alánggang'us? Does your child always show off?

dlawíi vb. *to fall (sg person)*
SP: dlawíi | gang DP: dlawíi | gan IP: dlawáa | yaan
·K'yuwáaysd díi dlawíigan. I fell off the sidewalk. ·Náay únsd hal dlawíit'eelgan. He fell down off the house.

dlawíiga vb. *to fall overboard*
SP: dlawíigaa | ng DP: dlawíig(a) | gan IP: dlawíigaa | yaan
·Hal dlawíiggan gyaan hal g̱a ḵ'íidiijan. He fell overboard and drowned.

dlayáandaal vb. *to run (sg)*
SP: dlayáandaal | gang DP: dlayáandaal | gan
IP: dlayáandaal | aan
·Nang íihlangaas dlayáandaalgang. The man is running. ·Dick dlayáandaals hl ḵíng. See Dick run. ·Dlayáandaal hlaa, Awáa! Run, Mother!

dla'áaw vb. *to lie down (sg)*
SP: dla'áaw | gang DP: dla'áaw | gan IP: dla'aaw | aan
·Hl gatáa g̱íihlgiis dluu, Hl dla'áawsaang. When I get through eating, I'll lie down.

dliida vb. *to shake, tremble, shiver (sg)*
SP: dliidáa | ng DP: dliid | gán IP: dliidáa | yaan
·Hal hlúu dlask'wa'áan dliidgán. Her whole body was shaking.

dliidasdla vb. *to begin to shake, tremble, shiver (sg)*
SP: dliidasdláa | ng DP: dliidashl | gán IP: dliidasdláa | yaan

dliisláng vb. *to work a long time, toil (sg)*
SP: dliisláng | gang DP: dliisláng | gan IP: dliisláang | aan

dlíi'aa nn. *flint*

dliyáa nn. *fringe*
DEF: dliyáay.

dliyáang vb. *to be single, unmarried*
SP: dliyáang | gang DP: dliyáang | gan IP: dliyáang | aan
·Díi dáa dliyáanggang. My brother is single.

dluu conj. *so then, when, if*
·Díi git'aláng tla'únhl dluu g̲íidang. I have about 6 children. ·Háwsan hldáan-g dáng skáadaangs dluu, dáng-g Hl tlaadsáang. I'll help you when you pick blueberries again. ·Hal k̲'uds dluu uu 'wáagaan Hl gudánggang. I think he did it because he was hungry.

dlúu pp. *the same as, equal to, even with*
·Díi dlúu dáng x̲aat'áagang. You're as old as I am. ·Gu dlúu tl' jándaang. They are the same length as each other. ·Gu dlúu hl g̲iddáa! Make them even!

dluuda vb. *to be lying down*
SP: dluudáa | ng DP: dluud | gán IP: dluudáa | yaan
·Dluud hlaa! Lie down! ·Hl dluudáas dluu, díi aw k̲ats'gán. My mother came in when I was lying down. ·Húutl'an hal k̲'úud dluudgán. His body was lying over there.

dluuhla vb. *to starve*
SP: dluuhláa | ng DP: dluuhl | gán IP: dluuhláa | yaan
·Dáa gw dluuhláa'us? Are you starving? ·Gúus g̲áagw díi dluuhlgán. I almost starved. ·Gúusgaang hal náas dluu, hal dluuhláayaan. When she lived alone she starved to death.

dúu

1. vb. *to go and get O; to shake O's hand*
SP: dúu | gang DP: dúu | gan IP: dáaw | aan
·Tlúu gwaa táawaay hal dúugan. He got the food on board a canoe. ·'Láa hl dúu g̲ad! Run go get him! ·'Láa hl stláay dúu'uu! Shake her hand, you guys!
2. vb. *to invite X*
SP: dúu | gang DP: dúu | gan IP: dáaw | aan
·'Láag Hl dúusaang. I will invite her. ·'Láa x̲ánhlaa ga k̲'wáalaasgaayg háns hal dúugaangaan. He would also invite the members of the opposite clan. ·Díig hal dúugang. She's inviting me.

dúuduu'aayaangaa nn. *dragonfly*
DEF: dúuduu'aayaangaagaay.

dúun n-ip-sg. *one's younger same-sex sibling, one's younger same-sex parallel cousin*

PLU: dúunlang. RFX: dúunang.

NOTE: For a male, this term refers to (1) his younger brother, or (2) a younger cousin who is the son of his mother's sister, or (3) a younger cousin who is the son of his father's brother. For a female, this term refers to (1) her younger sister, or (2) a younger cousin who is the daughter of her mother's sister, or (3) a younger cousin who is the daughter of her father's brother.

·Díi dúun ta k'íinaan-gang. My younger sister is ironing clothes. ·Kíidaay káahlii aa dúunang eehl náanggee hal guláagang. He likes to play with his little brother in the woods. ·Hal dúun káajuu ín-gan. His little brother went hunting.

dúunaa

1. vb. *to be a younger same-sex sibling, younger same-sex parallel cousin (to X)*

SP: dúunaa|gang DP: dúunaa|gan IP: dúunaa|gaan

NOTE: For a male, this term refers to (1) his younger brother, or (2) a younger cousin who is the son of his mother's sister, or (3) a younger cousin who is the son of his father's brother. For a female, this term refers to (1) her younger sister, or (2) a younger cousin who is the daughter of her mother's sister, or (3) a younger cousin who is the daughter of her father's brother.

2. vb. *to be the youngest one of a group of siblings or parallel cousins*

dúunaay Vocative. *younger same-sex sibling! younger same-sex parallel cousin!*

NOTE: For a male, this term is used to address (1) his younger brother, or (2) a younger cousin who is the son of his mother's sister, or (3) a younger cousin who is the son of his father's brother. For a female, this term is used to address (1) her younger sister, or (2) a younger cousin who is the daughter of her mother's sister, or (3) a younger cousin who is the daughter of her father's brother.

dúunang n-rp. *one's own younger same-sex sibling, one's own younger same-sex parallel cousin*

NOTE: This is the reflexive form of dúun. For a male, this term refers to (1) his younger brother, or (2) a younger cousin who is the son of his mother's sister, or (3) a younger cousin who is the son of his father's brother. For a female, this term refers to (1) her younger sister, or (2) a younger cousin who is the daughter of her mother's sister, or (3) a younger cousin who is the daughter of her father's brother.

dúunda vb. *to have O as one's younger same-sex sibling, younger same-sex parallel cousin*
SP: dúundaa|ng DP: dúund|gan IP: dúundaa|yaan
NOTE: For a male, this term refers to (1) his younger brother, or (2) a younger cousin who is the son of his mother's sister, or (3) a younger cousin who is the son of his father's brother. For a female, this term refers to (1) her younger sister, or (2) a younger cousin who is the daughter of her mother's sister, or (3) a younger cousin who is the daughter of her father's brother.

dúun da'a Verb. *to have a younger same-sex sibling, younger same-sex parallel cousin*
SP: dúun da'áa|ng DP: dúun daa|gán IP: dúun da'áa|yaan
NOTE: For a male, this term refers to (1) his younger brother, or (2) a younger cousin who is the son of his mother's sister, or (3) a younger cousin who is the son of his father's brother. For a female, this term refers to (1) her younger sister, or (2) a younger cousin who is the daughter of her mother's sister, or (3) a younger cousin who is the daughter of her father's brother.

duungáa vb. *to be nearvt, close by, handy, easily accessible*
SP: duungáa|gang DP: duungáa|gan IP: duungáa|gaan
·Chíinaay íitl' an duungáagang. The fish is available to us. ·S<u>g</u>íiwaay duungáagang. The black seaweed is easily accessible.

duungéehl vb. *to become close, draw near, approach, become accessible*

dúus nn. *cat*
DEF: dúujaay.
·Tl'áan uu dúujaay íijang? Where is the cat? ·Nang dáagtaagaas aa dúujaay Hl isdáasaang. I will take the cat to the doctor. ·Dúujaay <u>k</u>'adíigaan. The cat went to sleep.

dúus gíit'ii nn. *kitten*
DEF: dúujaay gíit'ii(gaay).
·Dúujaay gíit'ii skyáanaang. The kitten is awake. ·Dáa hl áatl'an dúujaay gíit'ii <u>k</u>'uhl is. You stay here by the kittens. ·«Dúujaay gíit'ii aa Hl tla'áandaasaang,» hín uu hal sáawaan. "I'll take care of the kittens," she said.

dúutl'aa vb. *to come to get O*
SP: dúutl'aa | gang ~ dúutl'a'aa | ng DP: dúutl'aa | gan
IP: dúutl'aa | gaan ~ dúutl'a'aa | yaan
ETYMOLOGY: dúu "get" + -tl'aa directional suffix "come, arrive".
·Táawaay hal dúutl'aagan. She came to get the food.

duwúng vb. *to be easy to get, nearby, close at hand*
SP: duwúng | gang DP: duwúng | gan IP: duwúung | aan
·Sk̲'áwanaay duu'únggang. The salmonberries are easy to get to. ·Íitl' t'áahl k̲'algáay duu'únggan. The swamp was easy to get to behind our house.

• E/É •

eehl pp. *with, because of*
·Dáng sdíihls dluu, dáng eehl Hl dáayangsaang. When you return, I'll have a party for you. ·Ahl eehl uu Hl 'wáagan. I had to do it. ·Ben eehl uu K'áaws Tláay aa Hl íijan. I went to Craig with Ben.

• G •

-g pp. *to*
·Díi an dáng hlg̱ánggulaas dluu, dángg Hl gyáa sg̱áwsaang. When you work for me, I'll pay you. ·Sg̱íwg hal sdahl'wáang. They want some seaweed. ·Táaw san gudg tl' isdgíinii. They also used to give each other food.

ga pro. *some, any, ones, things, people*
NOTE: This pronoun refers to part of a group of people (some of them) or part of a mass of objects (some of it) . When referring to people, it is always plural in meaning, and is typically plural even when referring to animals and objects. For the singular, compare nang.
·Gíijgwaa 'láag ga ḵ'ánggang! Hopefully he has good luck! ·Ga at'án ináasgaay uu wáayaad k'adangáagang. The young people are smart nowadays. ·Tl'áa x̱ánhlaa ga ḵ'wáalaas uu g̱ii hlg̱ánggulgiinii. The members of the opposite moiety used to do the work on it.

ga áahljaaw n-nom. *a time of death*

gáadas nn. <sk'a> *garter*
DEF: gáadasgaay.

gáagaa voc. *maternal uncle (mother's brother)!*
NOTE: Some speakers may say gáagaay or gáagii instead.

gáak' pp. *according to*
·Gám k'asgad gáak' gin tl' isd'ánggiinii. They never used to do things by the clock. ·Hal x̱ángii gáak', hal ḵúunanggalaas an díi únsiidan. By the look in her eyes, I knew she was crazy. ·Chaawáay gáak' gin t'aláng isdgíinii. We used to do things by the tide.

gáalaang nn. *fight, feud, war*
DEF: gáalangaay.

gaambúuds nn. *boots*
·Gaambúuj iig áa t'aláng t'aláanggan. We put on our boots.

gáats' nn. *house post*
DEF: gáats'aay.

gáawaan adv. *not yet*
·Gáawaan tlagws gin g̲id'áng! It's an amazement! What a terrible thing to happen!

gáawgaa vb. *to be lost, absent, missing*

gáawx̂ nn. *species of scoter*

gáayaang nn. <ts'as> *oil or grease typically stored in a large storage box*
DEF: gáayangaay.

gáayang vb. *to be anchored (as a boat)*
SP: gáayang | gang DP: gáayang | gan IP: gáayaang | aan
·Tlúu k̲'iiswaansang g̲awáay aa gáayanggang. One boat is anchored in the bay.

gáayangaay n-nom. *the edge of the sea*

gáa'anuu interj. *no!*
·Gáa'anuu, awáan t'aláng aadáang. No, we're still seining. ·Gáa'anuu, sangáay dag̲angáang. No, the weather's bad.

gab nn. *spcies of seaweed*

gabée nn. <k̲'ii> *gaint Pacific scallop*
DEF: gabéegaay.

ga chíisd nn. <cha> *large float used in halibut fishing*
DEF: ga chíisdgaay.

gagiid nn. *wild man*
DEF: gagiidáay.
·Gagiid díi dlaa íijang. A gagiid is following me. ·Gagiid awáahl tl'áa suud ijáan. Wild men were among the people long ago. ·Gagiid dáng isdáasaang. Wild men will get you.

gahld nn. *outer bark of a large old red cedar*

gahldanúu vb. *to eat*
SP: gahldanúu | gang DP: gahldanúu | gan IP: gahldanáaw | aan
·Daláng gw gahldanúu'ujaa? Did you folks eat?

gahlts'áagw nn. *red squirrel*
DEF: gahlts'áagwaay.

gajíi vb. *to fetch water*
SP: gajii | gang DP: gajíi | gan IP: gajíi | gaan
·Hl gajíi áagang. I am going to fetch water.

gakílhla vb. *to plan, make a plan, discuss future actions*
SP: gakílhlaa | ng DP: gakílhl | gan IP: gakílhlaa | yaan
·Díi eehl hal gakílhlgan. She made plans with me.

galaada vb. *to make up (with X), make peace (with X), forgive (X)*
SP: galaadáa | ng DP: galaad | gán IP: galaadáa | yaan
·Asgáay salíid uu tl' galáadgan. After that, they made peace. ·Díi an hal galaadgán. She made up with me.

galíibs nn. <skáa (one), hlk̲'uhl (bunch)> *grape*
DEF: galíibsgaay.

gám part. *not*
NOTE: Gám is the usual negative marker, while gé or géh is more emphatic. Both require the verb in the sentence to carry the negative suffix.
·Gám díi k̲aj hlg̲ahl'ánggang. My hair isn't black. ·Dáng gáws dluu, gé íitl' 'láa hlangáa'anggang. If it wasn't for you, we would be nothing. ·Gé díi tláal gin xatl'iid'ánggan. My husband got skunked.

gám gin tl'aa nn. *nothing*
·Gám gin tl'aa k̲íihlaa da'áawaay aa k̲éenk'aa'anggang. There's nothing in the cupboard. ·Gám gin tl'aa g̲áa daláng jagíiyaa hlangáa'anggang. There's nothing you folks can't do.

gám hlangáan adv. *not at all*

gám nang tl'aa nn. *no one, nobody*
·Gám nang tl'aa 'láag táaw isd'ángsaang. No one will give her food.

gándga vb. *to mutter, speak softly*
SP: gándgaa | ng DP: gándg(a) | gan IP: gándgaa | yaan

gangáa vb. *to be thick (either in dimension, or quantity, as hair)*
SP: gangáa | gang DP: gangáa | gan IP: gangáa | gaan
·Gínt'ajaay gangáagang. The blankets are thick. ·K'áawaay gangáagang. The herring eggs are thick. ·Hal k̲aj 'láa gangáagang. His hair is thick.

gánt'uuga vb. *to mutter, speak softly*
SP: gánt'uugaa | ng DP: gánt'uug(a) | gan IP: gánt'uugaa | yaan
·Hal hlg̲ánggulaas t'áahl, hal gánt'uuggan. While he was working, he was muttering.

Gasa'áan nn. *Kasaan*
·Gasa'áan eehl uu díi tl' gín ináagan. I was raised in Kasaan. ·Gasa'áan eehl tl' gáw xajúugan. There were very few people in Kasaan. ·Gasa'áan eehl uu X̲aadas na'áangiinii. The Haidas used to live in (Old) Kasaan.

Gasa'áan G̲áwtlaa nn. *New Kasaan*
·Asgáaysd uu Gasa'áan G̲áwtlaa aa tl' ts'aaggán. Afterwards they moved to New Kasaan.

gasg̲wáansang adv. *alone*

ga sk̲ál k'ats'aláasgaay n-phr. *the sailors*

Gask̲úu nn. *Forrester Island*
·Sdagwaanáa Gask̲úu eehl k̲wáan-gang. There are a lot of yellow-beaked seabirds on Forrester Island.

Gask̲úu sg̲alangáay n-cpd. *Forrester Island song*

ga st'igagáa aa ga tla'ándaas nn. *nurse*
·Ga st'igagáa aa ga tla'ándaas uu Hl sk̲'at'áasaang. I will train to be a nurse.

gatáa vb. *to eat*
SP: gatáa | gang DP: gatáa | gan IP: gatáa | gaan
·Asgáaysd hal gatáa'waasaang. Afterwards they'll eat. ·T'aláng 'wáadluwaan akyáa gatáasaang. We will all eat outside. ·Sáng yahgw t'aláng gatáasaang. We'll eat in the middle of the day.

gatáada vb. *to feed O*
SP: gatáadaa | ng DP: gatáad | gan IP: gatáadaa | yaan
·'Láa hal gatáadaang. She's feeding him.

gatáadaan n-cpd. <hlg̲a> *table*
DEF: gatáadanaay.

gatáa k̲'wáal n-cpd. *fruit course served at a feast*
DEF: gatáa k̲'wáalgaay.

gatáa náay n-cpd. *restaurant, mess hall*
DEF: gatáa nagáay.
·Gatáa náay gu k̲wáan-gang. There are lots of restaurants there.

gatáa saa xyáahl n-cpd. *entertainment dance for those eating during a potlatch*

gatáa sg̲alangáay n-cpd. *song sung as food is served to guests at a potlatch*

gatáaw n-nom. <hlga> *fork*
DEF: gatáawaay.
·K̲íihlgaa isgyáan gatáaw Hl dahgán. I bought dishes and silverware.
·Gatáawaay t'aláng tla xahldáang. We are shining the silverware.

gatáaw tla xahldáawaay n-cpd. *silver polish*

gáwad vb. *to be lacking, insufficient, not enough*
SP: gáwiid | ang DP: gáwiid | an IP: gáwad | aan
·Dáalaay gáwiidan. The money was not enough. ·G̲áa díi gáwiidang. I don't have enough for it. ·Díi aa táawaay gawíidan. There was not enough food for me.

gáwadaa vb. *to be lacking, insufficient, not enough*
SP: gáwadaa | gang DP: gáwadaa | gan IP: gáwadaa | gaan
·K̲'awáay 'wáa aa gúwadaagang. There is not enough lumber for it.

gáwdga vb. *to make a loud, thumping, clanging noise*
SP: gáwdgaa | ng DP: gáwdg(a) | gan IP: gáwdgaa | yaan

gawíid nn. <skáa (round), sk'a (cylindrical)> *bead*
DEF: gawadáay.

gawíid stlíinaay nn. *beading needle*

gáwjaaw
1. nn. <ts'as (box drum)> *drum*
DEF: gáwjuwaay, ~gáwjaawaay.
·Gáwjawaay hl dámaan áangaa k̲íng! Take good care of your drum!
·Gáwjaawaay ínggw ts'áak'g Hl k'udlán níijangsaang. I will paint an eagle on the drum. ·Gáwjaawaay hal sgidgáang. He's beating the drum fast.
2. nn. <k̲'ii> *drum skin*
DEF: gáwjuwaay, ~gáwjaawaay.

gáwjaawaay g̲aduyáay n-cpd. *beat (of a song)*

gáwjaaw sgidáangwaay n-cpd. <sk̲'a> *drumstick*

gayéed vb2. *might*
·Dáng g̲at'uu gayéedsaang. You might get hurt. ·Hal isd gayéedsaang. She might do it. ·Adaahl hal náan k'ajúu gayéedsaang. His grandmother might sing tomorrow.

ga 'la'áa tluwáay n-cpd. *peace-making canoe*

ge'é part. *no*

NOTE: Varies with gée , which is perhaps slightly more emphatic than ge'é. See also gáa'anuu.

·Ge'é, gám dúujaay gatáa'anggan. No, the cat didn't eat. ·Gée, xayáagang. No, it's sunny. ·Gée, gám ga díi sdahl'ánggang. No, I don't want any.

gid

1. nn. *doll*

DEF: gidáay.

2. n-ip-sg. <dla> *one's child, one's same-sex sibling's child*

PLU: git'aláng. RFX: git'áang.

NOTE: For both males and females, this term refers to a person's child (son or daughter). For a male, it can also refer to his brother's child (his niece or nephew). For a female, it can also refer to her sister's child (her niece or nephew).

·Díi git'aláng díi k̲íntl'aagan. My children came to see me. ·K̲'adéed hal git'aláng isdáalganggang. His kids take walks on the beach. ·Hal git'aláng x̲ats'aláng'waang. Their children are showing off.

gidáa vb. *to be a child, a same-sex sibling's child (to X)*

SP: gidáa | gang DP: gidáa | gan IP: gidáa | gaan

NOTE: For both males and females, this term refers to a person's child (son or daughter). For a male, it can also refer to his brother's child (his niece or nephew). For a female, it can also refer to her sister's child (her niece or nephew).

gidaag nn. *goods, property, gifts given away at a potlatch*

DEF: gidaagáay.

·Gidaag díi an k̲wáan-gang. I have a lot of valuables.

gidaag sg̲alangáay n-cpd. *property song*

gid dlat'íisaa nn. *womb*

Gidg̲áahlaas nn. *Kitkatla people, Southern Tsimshian people*

gid g̲agáan n-cpd. *lullaby*

DEF: gid g̲aganáay.

gid g̲agáanda vb. *to sing a lullaby*

gid g̱agáandaaw nn. *lullaby*
DEF: gid g̱agáandaawaay.

gid g̱ut'íisk'w nn. *diaper*

gid íihlangaas n-phr-ip. *son*
·Díi gid íihlangaas 'laahl íijang. My son is with him. ·Dáng gid íihlangaas ḵáajaaw g̱áayaagang. Your son knows how to hunt.

gid in'wáay n-phr. *afterbirth*

gid jáa n-phr-ip. *one's daughter-in-law*

gid jáadaas n-phr-ip. *daughter*
·Hal gid jáadaas náay k'udláan gudáang. His daughter wants to paint the house.

gid ḵagáan n-cpd. *lullaby*
DEF: gid ḵaganáay.

gigáangw n-nom-ip. <skáa> *float or cork of a net*
DEF: gigáangwaay.

gigw nn. <sḵ'a (straight), sda (arc-shaped), hlga (bicycle, scissors), sk'a (pistol grip)> *handle (of any type other than a knob)*
DEF: gigwáay, ~giguláay.
·Hlk'yáawdaalwaay gigwáay sg̱íidang. The broom handle is red.

gigwdáng vb. *to wrestle O*
SP: gigwdáng|gang DP: gigwdáng|gan IP: gigwdáang|aan

gihláaw n-nom. *gunsight*
DEF: gihláawaay.

gihlahlda vb. *to wrap O (sg) around X*

gihlgaláay n-nom. *coil; bun (of hair)*

gíi vb2. *to have already done sth; to always, often do sth.*
·Táawg hal diyáng gíigaangaan. He was always looking for food. ·Nang ḵ'ayáas íitl'g ḵ'íigaang gíigiinii. The elder always used to tell us stories. ·Sáandlaans dluu hal nánts'uldang gíiganggang. He's always crabby everyday.

giid nn. *medium-sized red cedar tree; cambium or inner bark of a medium-sized red cedar tree, typically used for weaving*
DEF: giidáay.

·Giid áayaad Hl dúusaang. I'll get some bark for weaving today. ·Lagúus háns giid íisd tlaawhlgáagang. Cedar mats are made out of cedar bark too. ·Giid uu hal gya'ándgiinii. She used to use cedar bark.

giida vb. *to shake O once, give O a shake, shake O out (rug)*
SP: giidáa | ng DP: giid | gan IP: giidáa | yaan

·T'a gya'áangwaay hal giidgán. He shook out the rug. ·Sasáagaay hal giidáang. He's shaking the rattle.

gíida

1. vb. *to feed O*
SP: gíidaa | ng DP: gíid | gan IP: gíidaa | yaan

·X̱aat'gáay hl gíidaa! Feed the people! ·Awáahl g̱agwíi uu, sg̱áan tl'áa gíidaangaan. A long time ago, killer whales fed the people. ·X̱áay hl áangaa gíidaa. Feed your dog!

2. vb. *to give out food*
SP: gíidaa | ng DP: gíid | gan IP: gíidaa | yaan

·Dángg tl' gíidaas dluu, tl' táagang. When they give you food, you better eat it. ·Díig táaw hal gíidgan. She gave me some food. ·Táaw 'láa san íitl'g tl' gíidgan. They served us some good food too.

giidáandanaay n-cpd. *place for gathering red cedar cambium*

giidáang vb. *to strip bark, pull off bark in long strips*
SP: giidáang | gang DP: giidáang | gan IP: giidáang | aan

·T'aláng giidáanggan. We stripped bark.

giidáaw n-nom. *rattle (for dancing, or as used by traditional doctors)*
DEF: giidáawaay.

·Giidáaw dángg Hl isdáasaang. I'll give you a rattle.

giid dajáangaa nn. *cedar bark hat*

giid dúu n-poss. *cedar bark woof*
DEF: giidáay dúu.

giid hlíing n-cpd. *long, fine roots of a medium-sized red cedar tree*

gíihaang nn. *Haida crest*
DEF: gíihangaay.

gíihliid vb. *to come in, up (of tide)*
SP: gíihliid | ang DP: gíihliid | an IP: gíihliid | aan
·Gíihliidang. The tide is coming in. ·Awáan sg̲íw t'aláng isdgán dáan, íitl' gwíi gíihliidan. The tide came up on us while we were picking seaweed. ·Weed uu gíihliidang. The tide is coming in now.

gíijaaw n-nom. *large float (e.g. halibut float); life preserver, life jacket, lifering*
DEF: gíijaawaay.

gíijgwaa adv. *I hope that..., hopefully*
·Gíijgwaa 'láag ga k̲'ánggang! Hopefully he has good luck! ·Gíijgwaa tl'aa náay 'láa k'íin'waang. I hope their house is warm. ·Gíijgwaa tl'aa gám hal gúu jíingaa'anggang. I hope she doesn't stay away too long.

gíijii nn. *which part? which one?*

gíijiisd interrogative. *from where?*
·Gíijiisd uu dáng íijang? Where do you come from? ·Gíijiisd uu sablíi dáng isdáayaa? Where did you get bread from? ·Gíijiisd uu dáng is'ujaa? Where have you come from?

gíijiitl'aa adv. *too bad, unfortunately*

gíi kályaandaal vb. *to run, walk along quickly*
SP: gíi kályaandaal | gang DP: gíi kályaandaal | gan IP: gíi kályaandaal | aan
NOTE: This verb applies to a large person running or walking along.
·Díi gwíi hal gíi kályaandaalgan. A large person was coming towards me.

gíinaangw n-nom. <sk̲'a> *oar*
DEF: gíinaangwaay.

gíinaangw k'yuusíi n-nom. *oarlock*

gíinang vb. *to row*
SP: gíinang | gang DP: gíinang | gan IP: gíinaang | aan
·Hal gíinang g̲áayaagang. He knows how to row.

gíisand interrogative. *when?*
·Gíisand uu t'aláng xyáahlsaang? When will we dance? ·Gíisand uu tlagw dáng 'wáa'ang sa'aang? When are you going to do it? ·Gíisand uu dáng isdáa gudáang? When do you want to do it?

gíisd interrogative. *who, which one, someone*
·Gíisd uu xyáalgaay íitl' sk̲'at'adáasaang? Who will teach us to dance? ·Gíisd uu tlagw dáng gíng 'wáagaa? Who made you do it? ·Gíisd uu adaahl K'áaws Tláay aa dáng isdáayaa? Who took you to Craig yesterday?

gíisd gyaa interrogative. *whose?*
·Gíisd gyaa x̲áay uu íijang? Whose dog is this? ·Gíisd gyaa táawaay uu dáng táagaa? Whose food did you eat?

gíisdluu interrogative. *how many?, how much?*
·Gíisdluu k'asgad g̲íidang? What time is it? ·Gíisdluu K'áaws Tláay aa daláng íijanggang? How often do you folks go to Craig? ·Gíisdluu sgúusiid dáng táaganggang? How often do you eat potatoes?

gíisgaay interrogative. *which? what kind?*
·Gíisgaayg uu dáng sdahláang? Which ones do you want? ·Gíisgaay gwáayk'angaay uu íijang? Which clan is that? ·Gíisgaay gúusd uu dáng k̲'wáalaagang? What moiety do you belong to?

gíi tíigad n-nom. *line of debris left by the high tide*
DEF: gíi tíigadaay.

gíi tl'agáng vb. *to be anchored (as fleet of boats)*
SP: gíi tl'agáng|gang DP: gíi tl'agáng|gan IP: gíi tl'agáang|aan
·Tluwáay g̲awáay aa gíi tl'agánggang. The boats are anchored in the bay.

gíitl'daas interrogative. *who (plural)?*

gíits'aad nn. *servant, disciple, crew*
DEF: gíits'adaay.
·Hal gíits'adaay uu tláahl 'wáag sdáangaan. He had 12 disciples. His disciples were 12 in number.

gíit'aang n-rp. *an animal's own offspring, young*
NOTE: This is the reflexive form of gíit'ii.

gíit'ii n-ip. *an animal's offspring, young*
RFX: gíit'aang.

gíiyaa nn. *dry, dead spruce branch*

gíiyaaw n-nom. *large triangular or square fish trap*
DEF: gíiyuwaay.

gíiyaaw sk̲'áangwaay n-cpd. *horizontal poles making up the frame of a large fish trap*

gijáawaang n-nom. *one's own giving out of food*

gijgad (1) nn. *knob, grip*

gijgad (2) vb. *to hold O*
SP: gijgíid | ang DP: gijgíid | an IP: gijgad | áan
·Díi stláay hal gijgíidan. She held my hand.

gijgíihlda vb. *to catch, grab, snag O*
SP: gijgíihldaa | ng DP: gijgíihld | gan IP: gijgíihldaa | yaan
·Gúus g̲áagw k̲wáayaay Hl gijgíihldgan. I almost caught the rope. ·Gúus g̲áagw hal gijgíihldgan. He almost caught it. ·K̲'wa'áas tléehl hal gijgíihldaayaan. He caught 5 old cohos.

gijgíit'uu nn. *knob, grip, handle (of the type on the end of a box or trunk)*
DEF: gijgíit'uwaay.

gijúu vb. *to give O away in a public presentation (esp. lots of food)*
SP: gijúu | gang DP: gijúu | gan IP: gijáaw | aan
·Táawaay hal gijúu'waasaang. They will give out the food. ·Táaw hal gijúugang. She's giving away food. ·T'íij díi aw gijúugiinii. My mother used to give some of it (food) away.

Gijx̂áan nn. *Ketchikan*
·Awáan íitl' guláagan dáan uu Gijx̂áan eehl íitl' g̲idatl'aagán. We were still having a good time when we arrived in Ketchikan. ·Gijx̂áan eehl san gin k̲wáan tl' k̲ínggang. There's lots of things to see in Ketchikan, too. ·Tl' k̲wáan Gijx̂áan aa ts'aaggán. A lot of people moved to Ketchikan.

gíl nn. <g̲a> *deep pool or hole in the bottom of a river*
DEF: gíilaay.

gílg nn. <k̲'ii (large)> *pilot bread, cracker, bracket fungus*
DEF: gílgaay.
·Gílg Hl dahsáang. I'll buy some pilot bread. ·Gílgg díi gudánggang. I'm hungry for pilot bread. ·G̲ángk'an, gílg suwíid díi guláagang. I like coffee with pilot bread.

gílg kún-gadaa n-phr. *square cracker, soda cracker*
·Gílg kún-gadaa t'aláng táasaang. We will eat soda crackers.

gin nn. *something, things (singular or plural)*
DEF: gin-gáay.
·Awáahl g̲agwíi gám gin an íitl' únsad'anggan. A long time ago we didn't know anything. ·Gám gin k̲wáan Hl x̲asgud'ánggang. I don't miss much.

·Gin g̲idéed t'aláng gúusuugan-g díi k̲'iisgad áwyaagan. I totally forgot what we were talking about.

gín n-ip. *sapwood*

gináa n-ip. *one's things, property, possessions, stuff*

ginad nn. <g̲a (screen only)> *smokehole and screen in the roof of a traditional house or smokiehouse*
 DEF: ginadáay.
 ·Ginadáay í'waan-gang. The smokehole is big. ·Ginadgáaysd g̲adgáagang. Light is coming in from the smokehole.

ginad g̲aujuwáay n-cpd. *smokehole windscreen*

ginad k̲'ún n-poss. *the edge of a smokehole*

gináng vb. *to ask for O*
 SP: gináng|gang DP: gináng|gan IP: gináang|aan
 ·Díi eehl táaw hal ginánggan. She asked me for food.

gínas interrogative. *which one?*
 NOTE: This word is used to pick out one from a set of similar or identical objects.
 ·Gínasg uu dáng sdahláang? Which one do you want?

gíndaaw nn. *sapwood*
 DEF: gínduwaay.
 NOTE: Varies with gínduu.

gin dadgáa n-phr. *hard liquor*

gin dángiit'uwaay n-cpd. *gurdie, winch, block and tackle*

gin eehl náanggaa nn. *toy, plaything*

gin-g áahljaaw n-nom. *a doings*

gingáan pp. *like, similar to*
 ·Íitl' gingáan hal gúusuu'waang. They talk like us. ·Dáng gudangáay 'láas gingáan uu agán hl dánggad. Smile like you're happy. ·Húusan hl 'wáa gingáan! Do it again!

gin-gáay nn. *possessions, property*
 ·Gin-gáay sdáajuudaang. There is a huge pile of gifts (possessions) (to give out).

gínggaangaan adv. *in vain, for nothing, over nothing*

gínggud n-ip. <sk̲'a> *one's spine, one's lower back*
RFX: gínggudang.

gínggudang n-rp. <sk̲'a> *one's own spine, one's own lower back*
NOTE: This is the reflexive form of gínggud.

gin gíi hlk'uuwáansdlagangs n-phr. *sponge skeleton*

gin gíits'aa hlangaay n-phr. *not enough, an insufficient amount*

gíng kílislangaay n-nom. *questioning*

gin gya'ándaa hlangaay n-phr. *clothing, article of clothing, clothes*
·Gin gya'ándaa uu íijang. It's clothing.

gín g̲adáa vb. *to chase O out*
SP: gín g̲adáa | gang DP: gín g̲adáa | gan IP: gín g̲adáa | yaan
·Gín g̲adáa hlaa! Chase it out! ·Díi tl' gín g̲adáagan. They chased me out. ·Dúujaay hal gín g̲adáagan. She chased the cat out.

gínhlahl vb. *to mix, stir O together*
SP: gínhlal | gang DP: gínhlal | gan IP: gínhlaal | aan
·G̲áanaay gu suud díi aw gínhlalgan. My mother mixed the berries together.

gín ináa vb. *to raise, bring up O*
SP: gín ináa | gang DP: gín ináa | gan IP: gín ináa | gaan
·Gasa'áan eehl uu díi tl' gín ináagan. I was raised in Kasaan. ·Gám 'láa tl' gín ináa'anggan. They didn't raise him (right). ·Díi aw 'láa gín ináagan. My mother brought him up.

gin ínggws gatáagang n-phr. *table*
·G̲aagáay gin ínggws gatáagangs aa isdáalgan. The children went over to the table.

gin isgyáan uu interj. *my goodness!*
·Gin isgyáan úu! My goodness, you would think!

gin jat'úu hlg̲asdliyáa n-phr. <hlg̲a> *raft*

gín kílslang vb. *to question, interrogate O*
SP: gín kílslang | gang DP: gín kílslang | gan IP: gín kílslaang | aan
·Tláalang hal gín kílslanggan. She questioned her husband.

gin kitl'áawaay n-cpd. *scoop*

gin kiyáa n-phr. *aluminum*

gin k̲án x̲ugangáa nn. *necklace*
·Gin k̲án x̲ugangáas dáng k̲án x̲ugánggang. You are wearing the necklace.

gin k̲'ál g̲awáas n-phr. <skáa> *peach*

gin k̲'ál ki hltánaawaay n-cpd. <g̲a> *hide scraper*

gin k̲'ál sgunáas n-phr. <skáa> *orange*

gin k̲'wa'áa han n-phr. *all kinds of miscellaneous junk*

gin néelgaa n-phr. *hard liquor*

gin néel sg̲áanuwaay n-cpd. *a drunkard, alcoholic*

gín sdaláang v-rfx. *to dare, challenge X*
SP: gín sdaláang | gang DP: gín sdaláang | gan IP: gín sdaláang | aan
·'Láa aa án hal gín sdaláanggan. She dared him.

gín sdíihl vb. *to make O return, turn back*
SP: gín sdíl | gang DP: gín sdíl | gan IP: gín sdyáal | aan
·Díi gwíi 'láa hal gín sdílgan. She made her return to me.

gin sk̲'at'adáa 'la'áay n-cpd-sg. *teacher*
PLU: gin sk̲'at'adáa 'la'áaylang.

gin sk̲'at'adáa 'la'áaygaa vb. *to be a teacher*
SP: gin sk̲'at'adáa 'la'áaygaa | gang DP: gin sk̲'at'adáa 'la'áaygaa | gan IP: gin sk̲'at'adáa 'la'áaygaa | gaan

gin táa hlangaa n-phr. *food*
DEF: gin táa hlangaas, ~gin táa hlangaay.

gin tiigáa n-phr. *animals (esp. land mammals)*
DEF: gin tiigáay.

gin tláng g̲aláang náay n-cpd. *cookhouse*
DEF: gin tláng g̲aláang nagáay.

gin tlánsgwaalwaay n-cpd. <gi> *tarp*

gin ts'áng jándaas n-phr. *elephant*

gin t'adgáa n-phr. *something worn over the shoulders like a cape or shawl*
DEF: gin t'adgagáay.

gínt'as nn. <gi (one), k̲'ii (roll of 200 blankets)> *blanket*
DEF: gínt'ajaay.
·Gínt'ajaay hl k'yáadaa! Hang up the blankets! ·Nang Íitl'aagdáas uu awáahl gínt'ajaay 'láa an k̲wáanaan. A long time ago, a chief had a lot of blankets. ·Áajii gínt'ajaay k̲úljalgan. These blankets have piled up big.

gínt'as gwáalaay n-cpd. *blanket bag*

gínt'as sk'agáas n-phr. *Hudson's Bay blanket with multi-colored stripes*

gín 'wáa vb. *to chase O (pl) out*
SP: gín 'wáa | gang DP: gín 'wáa | gan IP: gín 'wáa | gaan
·Tl' 'wáadluwaan hal gín 'wáagaan. She chased everyone out.

gin 'wáadluwaan nn. *everything*
·Hal git'aláng gin 'wáadluwaan da'áasaang. His children will have everything. ·Gin 'wáadluwaan dáng stláay aa íijang. Everything is in your hands. ·Gin 'wáadluwaan eehl uu íitl'g hal tla'áaydang. He's helping us with everything.

gisáaw
1. n-nom. <gi> *dishtowel, tea towel, other rag or cloth used for wiping*
DEF: gisáawaay.
2. n-nom. *eraser*
DEF: gisáawaay.

gisúu vb. *to wipe O*
SP: gisúu | gang DP: gisúu | gan IP: gisáaw | aan
·Tíibalgaay hl gisúu! Wipe the table! ·K'ud gisáawaay eehl k'udáng hal gisúugan. He wiped his lips with a napkin. ·K̲íihlaa gisáawaay eehl sk'atl'áangwaay hal gisúugan. He wiped the glass with a dish towel.

gits'áaw n-nom. *slanting drying frame or rack for fish fillets in a smokehouse*
DEF: gits'áawaay.

gi ts'ángwaalw n-nom. <sk'a> *eyedropper*
DEF: gi ts'ángwaalwaay.

git'áang n-rp. *one's own child, one's own same-sex sibling's child*
NOTE: This is the reflexive form of gid. For both males and females, this term refers to a person's child (son or daughter). For a male, it can also refer to his brother's child (his niece or nephew). For a female, it can also refer to her sister's child (her niece or nephew).

Git'áwyaas nn. *Kwakiutl, Nootka, Salish*

git'iyáa vb. *to have a child, same-sex sibling's child*
SP: git'iyáa|gang DP: git'iyáa|gan IP: git'iyáa|gaan
NOTE: For both males and females, this term refers to a person's child (son or daughter). For a male, it can also refer to his brother's child (his niece or nephew). For a female, it can also refer to her sister's child (her niece or nephew).

giyée'id vb2. *to V accidentally*

giyíldang vb. *to shake O*
SP: giyíldang|gang DP: giyíldang|gan IP: giyíldaang|aan
·K̲íidaay Hl giyíldanggan. I shook the trees.

gu part. *there*
·Gu Hl is dluu, díi guláagang. When I'm there, I like it. I like it there. ·K'ah náay gu k̲wáan-gang. There are a lot of theaters there. ·Gu sáng tléehl dlúu t'aláng íijan. We stayed there about five days.

gu ~ gud pro. *each other, one another*
NOTE: This pronoun can be used as the object of a verb or postposition. The form gu is used when it is the object of a verb. The form gud is used when it is the object of a postposition, unless the postposition starts with a d, s, t or t', in which case gu is used.
·Gám hl gu t'álg k̲íng'ang'uu! Don't hate each other. ·Dámaan gud áa tl' tla'áand'waang. Be sure to take good care of each other. ·Gud x̲ánhlaa hal k̲íiduu'ugan. They fought against each other.

gud poss pro. *each other's one another's*
NOTE: This possessive pronoun is only used with kinterms and body parts. It only occurs inside the noun phrase.
·Gud kíl aa t'aláng gyúuwulaanggan. We listened to each other's dialects.

gudáagw pp. *as one wishes, wants, desires*
·Dáng gudáagw gin Hl isdáasaang. I'll do my best for you. ·Dáng gudáagw 'wáageeg díi gudánggang. I want to please you. ·Díi gudáagw uu tlagw gin g̲íidang. I'm glad it's happened that way.

gudáagwhlaan adv. *to one's heart's content, as much as one desires*
·Gudáagwhlaan t'aláng táagan. We ate to our hearts' content. ·Gudáagwhlaan tl' táagiinii. They used to eat heartily. ·Awáahl uu gudáaghlaan tl' na'áanggiinii. A long time ago they lived to their hearts' content.

gudáang nn. *mind, thoughts, feelings*
DEF: gudangáay.
·Sáa tl' gudangáay g̲id g̲ujúugang. Everyone is high-minded. ·Díi k̲'ud g̲án Hl gudánggan, 'wáagyaan gudangáang Hl tlajuuhldgán. I thought I was hungry, then I changed my mind. ·Sdúugalgaay Hl gudáanggan, Hl gudánggan. I think I heard the sdúugal.

gudáang st'i n-phr. *sadness*

gudáang 'láa nn. *joy*

gudáang 'láa sg̲alangáay n-cpd. *a happy song*

gu dag̲anga vb. *to dislike O*
SP: gu dag̲angáa | ng DP: gu dag̲ang | gán IP: gu dag̲angáa | yaan
·Náay hal gu dag̲angáang. She dislikes the house.

gudahldiyáay n-nom. *results of an evaluation, considered opinion*

gudáng

1. vb. *to be humble, not think highly of oneself*
2. vb. *to feel pity, feel sorry for X*
SP: gudáng | gang DP: gudáng | gan IP: gudáang | aan
·Íitl' k̲'asánd gudangée aa hal jagíiyaang. She finds it difficult to feel sorry for us.
3. vb. *to listen; to hear, understand O*
SP: gudáng | gang DP: gudáng | gan IP: gudáang | aan
·X̲aad kíl gw dáng gudáng? Do you understand Haida? ·Hl gudánggiinii, díi at'án ináas dluu. I used to hear about it, when I was young. ·Gudáng hlaa! Listen!
4. vb. *to regret X*
SP: gudáng | gang DP: gudáng | gan IP: gudáang | aan
·Sahl díi gudáng áwyaagang. I deeply regret it. ·Sahl dáng gudángsaang. You'll regret it. ·Wáajii táawaay sahl díi gudánggang. I regret that food.

5. vb. *to want, be hungry for X*

·Awáan da díi gudánggang. I still want more. ·X̲aagyáag díi gudánggang. I'm hungry for ducks. ·X̲úudgyaag gw dáng gudáng? Do you want any seal (meat)?

6. vb. *to want to do X*

SP: gudáng|gang DP: gudáng|gan IP: gudáang|aan

·Dáa uu ta ts'áwanaayg uu díi gudánggang. I want you to split fish. ·Uk'ún uu 'wáageeg hawáan díi gudánggang. I still want to do it. ·Gám isdiyéeg hal gudáng'anggang. He doesn't want to do it.

7. vb. *to wish for X*

SP: gudáng|gang DP: gudáng|gan IP: gudáang|aan

NOTE: This verb refers to wishing for some type of food or drink only.

·Chíin x̲ánjgw díi gudánggang. I'm wishing for some fish. ·'Wáadluu chíinaay x̲ánjgw hal gudáangaan. Then he was wishing for the fish. ·Táaw x̲ánjgw hal gudánggang. She's wishing for some food.

gudangáang n-rp. *one's own mind, thoughts, feelings*

NOTE: This is the reflexive form of gudangáay.

gudangáay n-ip. *one's mind, thoughts, feelings*

RFX: gudangáang.

gudasláng vb. *to be worried, concerned (about X)*

SP: gudasláng|gang DP: gudasláng|gan IP: gudasláang|aan

·'Láa gwíi hal gudaslánggang. She is worried about her. ·Dáng gwíi díi gudasdlángsaang. I'll be worried about you. ·'Láa gwíi díi gudasdlánggang, hal k̲'usáangs eehl. I'm worried about her because of her cough.

gudgáng vb. *to keep O in one's mind, take notice of O*

SP: gudgáng|gang DP: gudgáng|gan IP: gudgáang|aan

gudg g̲a gyáawt'ajaay n-nom. *the fit at the edges*

gudguníis nn. *great horned owl*

DEF: gudguníisgaay.

gud g̲aad pp phrase. *in half*

·Gud g̲aad hal k'a t'íidan. He split it in half (e.g. wood). ·Gud g̲aatdhal k̲'it'íidan. He split it in half (e.g. food).

gud g̲a'a vb. *to be unwilling, reluctant to let X go*

SP: gud g̲a'áa|ng DP: gud g̲aa|gán IP: gud g̲a'áa|yaan

·'Láa aa díi gud g̲a'áang. I am reluctant to let her go.

gudjáawsdla v-rfx. *to return to one's senses, regain consciousness, sober up*
SP: gudjáawsdlaa | ng DP: gudjáawshl | gan
IP: gudjáawsdlaa | yaan

gudjúu
1. v-rfx. *to be in one's right mind, conscious, sober*
SP: gudjúu | gang DP: gudjúu | gan IP: gudjáaw | aan
2. vb. *to remember, recall X, keep X in mind*
SP: gudjúu | gang DP: gudjúu | gan IP: gudjáaw | aan

gud k̲áaw vb. *to want to go to X*

gud k̲'ála vb. *to want to stay; to be unwilling, reluctant to leave X alone*
SP: gud k̲'álaa | ng DP: gud k̲'ál | gan IP: gud k̲'álaa | yaan
·Díi eehl hal gud k̲'álgan. She wanted to stay with me.

gudlasdla v-rfx. *to feel slighted, offended by X*
SP: gudlasdláa | ng DP: gudlashl | gán IP: gudlasdláa | yaan
·Díisd án hal gudlashlgán. She felt slighted by me. ·'Láasd án díi gudashlgán I felt slighted by her.

gudúl n-ip. *one's mind, mental ability, wits*

gudúu adv. *somewhat, kind of, partly*
·Hal k̲aj 'láa gudúu i hlkujúugang. His hair is kinda messy. ·Hal k̲aj 'láa gudúu ts'aláagang. Her hair is wavy. ·Hal gudúu sgaajáagang. His hair is thining. He's kinda bald.

gud x̲uláang vb. *to be mentally slow, deliberate*
SP: gut x̲uláang | gang DP: gut x̲uláang | gan IP: gut x̲uláang | aan
·Hal gud x̲uláanggang. He's (mentally) slow.

gug k̲'áaw nn. <skáa> *carbuncle*
DEF: gu ga k̲'áawgaay.

gug stl'ajáaw nn. <skáa> *a boil*
DEF: gu gä stl'ajuwáay.

gug stl'ajúu vb. *to have boils*

gu hláasd pp-phrase. *on both sides*

guhlgadáang nn. <gu> *operculum of the red turban*
DEF: guhlgadangáay.

gu isdáa n-nom. *war, fight, feud*
DEF: gu isdáay.

gu isdáa sg̲alangáay n-cpd. *war song*

gujáanda vb. *to have O as one's daughter, same-sex sibling's daughter*
SP: gujáandaa | ng DP: gujáand | gan IP: gujáandaa | yaan
NOTE: For both males and females, this term refers to one's daughter. For a male, it can also refer to his brother's daughter (his niece). For a female, it can also refer to her sister's daughter (her niece).

gujáangaa

1. n-ip-sg. *one's daughter, one's same-sex sibling's daughter*
   PLU: gujáanglang. RFX: gujáangaang.
   NOTE: For both males and females, this term refers to one's daughter. For a male, it can also refer to his brother's daughter (his niece). For a female, it can also refer to her sister's daughter (her niece).
2. vb. *to be a daughter, same-sex sibling's daughter (to X)*
   SP: gujáangaa | gang DP: gujáangaa | gan IP: gujáangaa | gaan
   NOTE: For both males and females, this term refers to one's daughter. For a male, it can also refer to his brother's daughter (his niece). For a female, it can also refer to her sister's daughter (her niece).

gujáangaang n-rp. *one's own daughter, one's own same-sex sibling's daughter*
NOTE: This is the reflexive form of gujáangaa. For both males and females, this term refers to one's daughter. For a male, it can also refer to his brother's daughter (his niece). For a female, it can also refer to her sister's daughter (her niece).

gujáang da'a vb. *to have a daughter, same-sex sibling's daughter*
SP: gujáang da'áa | ng DP: gujáang daa | gán IP: gujáang da'áa | yaan
NOTE: For both males and females, this term refers to one's daughter. For a male, it can also refer to his brother's daughter (his niece). For a female, it can also refer to her sister's daughter (her niece).

gúl nn. *tobacco*
DEF: guláay.
·Gúl háns Hl dahsáang. I'll buy some tobacco too. ·Gúl hal ts'a k̲'íiganggang. He is chewing tobacco. ·Gúlgyaa hal k'u chajáanggang. She's smoking some tobacco.

guláa vb. *to like, enjoy O*
SP: guláa | gang DP: guláa | gan IP: guláa | gaan
·Gu Hl is dluu, díi guláagang. When I'm there, I like it. I like it there. ·'Wáa t'álg xangalée íitl' guláagang. We like to go faster (than that). ·Sablíi díi guláa áwyaagang. I really like bread a lot.

gúlaa
1. nn. <skáa> *abalone*
DEF: gúlgaay, ~gúlaagaay.
·Gúlaa díi guláagang. I like abalone. ·Gúlaa san t'aláng isdgánggang. We also get abalone. ·Gyúugaay díinaa gúlaagan. My earrings were abalone.
2. nn. <g̲a> *pieces of California (red) abalone shell*
DEF: gúlgaay.

gúlaa sk̲áwaal n-cpd. <k̲'ii> *California abalone shell*
DEF: gúlaa sk̲áwalaay.

gúlaa tl'áanii n-cpd. <sg̲a> *long earrings made from pieces of abalone shell*

gulga vb. *to be willing to work, industrious, ambitious*
SP: gulgáa | ng DP: gulg(a) | gán IP: gulgáa | yaan
·Hal git'aláng gulg g̲ujúugang. Her children are all willing.

gulgáa vb. *to be enjoyable, full of fun*
SP: gulgáa | gang DP: gulgáa | gan IP: gulgáa | gaan
·K'yúug 'wáan-gee gulgáagang. It's fun to dig clams. ·Tlagáay gulgáagang. The place is a lot of fun. ·Gulgáagan! It was fun!

gúl hlk̲'a'áng n-phr. *whole dried plants of native tobacco*

gúl k'adáangw n-cpd. *tobacco pestle*

gúl tla sk'aawnangáa n-phr. *(hand-rolled) cigarette*

gúl ts'a k̲'íigangaa n-phr. *chewing tobacco*

gúl x̲áa'and n-phr. *whole loose leaves of native tobacco, snuff (tobacco mixed with cedar bark ashes and chewed)*

gúl x̲áwlaa n-phr. *chewing tobacco*

gunáa voc. *dear! (older person to a younger boy or man)*

gúnduu nn. *root of the Nootka lupine*

gun-gáa vb. *to be rotten, decayed (of plants and wood)*
SP: gun-gáa | gang DP: gun-gáa | gan IP: gun-gáa | gaan
·Adíideed k̲íid gun-gáa k̲wáan-gang. There's a lot of rotten trees up in the woods.

gúngal nn. *chiton valve*

gun-géehl vb. *to rot, decay*
SP: gun-géel | gang DP: gun-géel | gan IP: gun-géel | aan
·Náay gun-géelgang. The house is rotting away.

gúnsda vb. *to think of X as too old, give up on X because they're taking too long*
SP: gúnsdaa | ng DP: gúnsd | gan IP: gúnsdaa | yaan
·Díig hal gúnsdgan. She gave up on me.

gunsdla vb. *to decay, rot (of plants, wood)*
SP: gunsdláa | ng DP: gunshl | gán IP: gunsdláa | yaan
·K̲íidaay gunsdláayaan. The tree has decayed.

gu sdahla vb. *to be envious, jealous*
SP: gu sdahláa | ng DP: gu sdahl | gán IP: gu sdahláa | yaan
·'Láasd án Hl gusdahl'ugán. I felt slighted by them.

gusguhl vb. *to put on O (hat)*

gu sg̲áanuwaa vb. *to amaze O, fill O with awe, wonder*
SP: gusg̲áanuwaa | gang DP: gu sg̲áanuwaa | gan IP: gu sg̲áanuwaa | gaan
·Gyaahlangáay íitl' gu sg̲áanuwaagan. The story amazed us.

gu st'i v-rfx. *to pretend to be sick, to make oneself sick by thinking that one is sick*
SP: gu st'i | gang DP: gu st'i | gan IP: gu st'i | gaan
·Tláan án gu st'i! Quit pretending to be sick!

gusuwa vb. *to be talkative, a chatterbox*
SP: gusuwáa | ng DP: gusuu | gán IP: gusuwáa | yaan
·Díi git'aláng gusuu g̲ujúugang. All my children are talkative.

gut'as vb. *to wear O (hat)*

·Jimmy dajangáay áa gut'íijang. Jimmy is wearing his hat. ·Nang íitl'aagdáas sakíidgaay gut'íijang. The chief is wearing the chief's hat.

gut'gúng vb. *to think*

SP: gut'gúng | gang DP: gut'gúng | gan IP: gut'gwáang | aan

·Hal gut'gúnggang. She is thinking. ·Díi g̲adúu hal gut'gúnggang. She is thinking about me.

gúu vb. *to be lost, away, gone from one's expected place*

SP: gúu | gang DP: gúu | gan IP: gáaw | aan

·Dáng gúugan t'áahl, dáng tláalg 'wáajaagandgan. While you were gone, your husband had a difficult time. ·Dáng gáws dluu gám 'láa'anggang. It's not good when you are gone. ·Dáng gáws dluu, díi hlg̲wáagaa hlangaang. If you weren't here, I would be scared.

gúud pp. *by way of, along, alongside*

NOTE: Varies with gûud.

·K̲wa'áay x̲úudaay k̲'ál gúud hal da k̲'íinaan-gang. She is rubbing a rock on the seal skin. ·Ts'áanuwaay hal tla g̲awk'alée an uu k̲wáayaay gud gúud hal da skáanaan-gang. He's rubbing the rocks together in order to start the fire. ·Nag̲áa k'úunaay guud 'láangaa íijang. There's poop all over his pants.

gúuda vb. *to lose O*

SP: gúudaa | ng DP: gúud | gan IP: gúudaa | yaan

·Dáalaa hal gúudaang. She lost money.

gúudaangaa nn. *unidentified species of crab*

guudagíi n-nom. <gu> *very large halibut*

gúudiingaay nn. <k̲'ii> *giant purple urchin*

guuga vb. *to be lazy*

SP: guugáa | ng DP: guug(a) | gán IP: guugáa | yaan

·Dáng git'aláng guugáang. Your children are lazy. ·Dáng guugáas dluu, dáng k̲'udsáang. If you are lazy, you will go hungry. ·Ga guugáas uu k̲'wíidaayaan. The lazy ones went hungry.

gúul nn. *gold*

DEF: gúulaay, ~gúulgaay.

guuláangw nn. <gu> *button*

DEF: guuláangwaay.

·Guuláangw áayaad Hl dahgán. I bought some buttons today. ·Guuláangw gínt'as únggw hal isdáang. She's putting buttons on the blanket.

guuláangw gyáat'aad n-cpd. *button robe, button blanket*
DEF: guuláangw gyáat'adaay.
·Guuláangw gyáat'aad hal tlaahláang. She's making a button blanket.

gúul k'anáa n-phr. *nugget gold*

gúul stlagáa n-cpd. <sda, sga> *gold bracelet*
DEF: gúul stlagáay, gúul stlagagáay.

gúul stliihl'wáay n-cpd. <sda, sga> *gold ring*

gúul x̱áw n-cpd. *gold paint, gilt*

gúus interrogative. *what?*
·Gúus g̱idéed uu dúujaay ḵángaang? What is the cat dreaming about? ·Gúus g̱aganáan uu dáng ḵ'ud'ujaa? Why were you hungry? ·Gúus g̱aganáan uu dáng isdáa gudáang? Why do you want to do it?

gúusaaw

1. n-nom. <sk'a> *megaphone*
   DEF: gúusaawaay.
2. n-nom. <ḵ'ii> *word, formal speech, utterance*
   DEF: gúusuwaay.
   NOTE: This word does not have a regular reflexive form. But, see: sáawang.

·Gúusawaay hl sḵ'at'.'úu. You folks learn the word. ·Gúusawaay ín'waay dluu íitl' g̱iidang, St. John aa. We've done about half of the book of John. ·Áa uu tláan gúusuwaay 'láa g̱iidang. This is the end of his story.

gúusd pp. *on the side of, from the same tribe as*
·Tl' x̱áws isgyáan tl' sḵamdáas gúusd uu dáalaa tl' tlaahlgíinii. They used to make money from fishing and trapping. ·Díi aw gúusd díi ḵ'wáalaagang. I belong to my mother's moiety. ·Hal kíl ḵa'álgan dluu, 'láa gúusd Hl súugan. When he lost the case, I spoke up for him.

gúusdgaang ḵ'wáalgaay n-nom. *one's own moiety*

gúusgaang adv. *alone*
·Wáayaad gúusgaang t'aláng gúusuugang. Nowadays we each speak our own language. ·Gúusgaang hal náas dluu, hal dluuhláayaan. When she lived alone she starved to death. ·Hlk'idgáa hlg̱ahls hl gúusgaang k'yáad'uu. Hang the black dresses by themselves.

gúusgyaa interrogative. *what?*
·Gúusgyaa uu nang jáadaas isdáang? What is the girl doing?

gúus g̱áagw adv. *almost*
·Gúus g̱áagw hal st'igálgan. She almost got sick. ·Gúus g̱áagw hal nánts'uhldaang. He's almost gotten mad. ·Gúus g̱áagw hal gijgíihldgan. He almost caught it.

gúustl'aasaan adv. *slowly, softly*
·Gúustl'aasaan Cathy uu k'ajúuganggang. Cathy always sings softly. ·Daláng 'wáadluwaan hl gúustl'aasaan isdáal'uu. All of you, walk slowly. ·Gúustl'aasaan tluwáay ḵáaginggang. The boat is moving slowly.

gúusuu

1. vb. *to pray for X*
SP: gúusuu | gang DP: gúusuu | gan IP: gúusaaw | aan
·Sanhlgáang hl gúusuu! Pray! ·Xayáay gwíi sanhlgáang tl' gúusuugaangaan. They used to pray to the sun for safety. ·Tlat'aawáay gwíi san sanhlgáang tl' gúusuugaangaan. They also used to pray to the mountains
2. vb. *to talk, speak (to X)*
SP: gúusuu | gang DP: gúusuu | gan IP: gúusaaw | aan
·Díi x̱ánhlaa hal gúusuu'waang. They talk back to me. ·Gin g̱idéed t'aláng gúusuugan-g díi ḵ'íisgad áwyaagan. I totally forgot what we were talking about. ·Díi aa Sg̱áan Tlagáa X̱aat'áay gúusuugang. The people of the afterworld are speaking to me.

gúu xajúu vb. *to be not enough, insufficient*
SP: gúu xajúu | gang DP: gúu xajúu | gan IP: gúu xajáaw | aan
·Táawaay 'láangaa gúu xajáawaan. She did not have enough food.

-gw pp. *at*
·Náay ḵ'ulangáaygw hl ḵ'áwaa! Sit on the side of the house! ·Chaaw salíigw k'yúu ḵwáan-gang. There's a lot of clams on the beach. ·Hydaburg isgyáan Gasa'áan-gw san tl' sḵ'at'áang. They are learning it in Hydaburg and Kasaan, too.

gw part. *<yes/no question marker>*
·Dáa gw st'igahl'us? Are you getting sick? ·Húu gw dáng ḵaj hlg̱ahl? Is your hair black? ·Húu gw dáng ḵaj ts'aláa'us? Is your hair curly?

gwaa (1) part. *indeed, even*
·'Láa gwaa k'ajáawaan! Oh, she already sang (I didn't realize that). ·K'áawaay gwaa tl'agáa gíigan. The fish eggs have already been soaked. ·Sg̱íiwaay gwaa xílgaalaan. The seaweed has dried, indeed.

gwaa (2) pp. *on, in, via, by way of (vehicle)*
·Tlúu gwaa táawaay hal dúugan. He got the food on board a canoe.
·Sahlgáang káagaay gwaa hal xál k̲áatl'aagang. She's driving back.
·Káagaay gwaa t'aláng íijan. We went by car.

gwáahl nn. *bag, sack, handbag, purse, wallet*
DEF: gwáalaay.

gwáahlaang adv. *correctly, truly*

gwáahl k̲ugíinaa nn. *paper bag*

gwáalaay n-ip. <cha (full), k'u (small full), tl'a (empty)> *one's pocket*
RFX: gwáalang.

gwáalang n-rp. <cha (full), k'u (small full), tl'a (empty)> *one's own pocket*
NOTE: This is the reflexive form of gwáalaay.

gwáalgaa vb. *to be in love with X*
SP: gwáalgaa | gang DP: gwáalgaa | gan IP: gwáalgaa | gaan
·'Lée'ii hal gwáalgaagang. He has fallen in love with her.

gwáandaaw n-nom. <ts'as> *refrigerator*
DEF: gwáandaawaay.

gwáasaaw nn. *pig, hog*
DEF: gwáasuwaay, ~gwáasaawaay.
·Áajii gwáasuwaay xajúus uu 'wáadaa náay aa ijáan. This little piggy went to market.

gwáasaaw táw n-cpd. *lard*
DEF: gwáasaaw tawáay.

gwaa tl'ánuwaay n-cpd. *water mixed with the dregs of stink eggs*

gwáawa vb. *to be lazy; to refuse X, not want to do X*
SP: gwáawaa | ng DP: gwáaw | gan IP: gwáawaa | yaan
·Nang gwáawaas uu k̲'udsáang. One who is lazy will be hungry. ·'Láag díi gwáawaang. I refuse to have her. ·K'ajuwáayg díi gwáawaang. I don't want to sing.

gwáay nn. *island*
DEF: gwáayaay.

·Gwáayaay k̲wáan-gang. There are a lot of islands. ·Gwáayaay únggw k’áad k̲wáan-giinii. There used to be a lot of deer on the island. ·Áayaad áajii gwáayaay k̲éenggaagang. Today this island is visible (because there's no fog, etc.).

gwáayaay voc. *older same-sex sibling! older same-sex parallel cousin!*
NOTE: For a male, this term is used to address (1) his older brother, or (2) an older cousin who is the son of his mother’s sister, or (3) an older cousin who is the son of his father’s brother. For a female, this term is used to address (1) her older sister, or (2) an older cousin who is the daughter of her mother’s sister, or (3) an older cousin who is the daughter of her father’s brother.

gwáayk’aa nn. <sk’a (root), k̲’uhl, hlk̲’uhl (plant)> *Indian hellebore (root or plant), skukum roots*
DEF: gwáayk’aay.

·Gwáayk’aa uu dáng gín hats’asáasaang. Skookum root will make you sneeze.

gwáayk’aang n-ip/ap. *clan*
DEF: gwáayk’angaay.
RFX: gwáayk’angaang.

·Gíisgaay gwáayk’angaay uu íijang? Which clan is that? ·Íitl’ gyaa gwáayk’angaay an hal k̲ajáagang. He is the head of our clan.

gwáayk’angaang n-rp. *one's own clan*
NOTE: This is the reflexive form of gwáayk’aang.

gwáayts’aa n-cpd. *a group of small islands*

gwa’áaw

1. vb. *to hail*
SP: gwa’áaw | gang DP: gwa’áaw | gan IP: gwa’áaw | aan
NOTE: This verb requires k’ats’aláang "hail" as its subject.

·K’ats’aláang gwa’áaw áwyaagang. It's hailing like crazy.

2. vb. *to rain*
SP: gwa’áaw | gang DP: gwa’áaw | gan IP: gwa’áaw | aan
NOTE: Some speakers say: guwa.

·Adaahl gwa’áawgan. Yesterday it rained. ·Gwa’áaw dáalgang. It's almost raining. ·Gwa’áaws dluu, k’uudáats’ k̲’áajaa hal gya’ándganggang. Whenever it rains, he wears a raincoat.

3. vb. *to rain on X*
SP: gwa’áaw | gang DP: gwa’áaw | gan IP: gwa’áaw | aan

·Díi gwíi gwa'áawgan. It rained on me. ·Díi gwíi gwa'áawgang. It's raining on me. ·T'aawáay gwíi gwa'áawgang. It's raining on the snow.

4. vb. *to snow*

gwée pp. *onto (of ships, boats), aboard*

NOTE: Varies with gwée'ee.

·Tlúu gwée hal isdlíi'waang. They are going on board the boat. ·G̲u chándaal gwée hal k̲áadliigan. He got onboard the sled. ·Tluwáay gwée'ee gin k̲ináa hal isdáang. He's loading something heavy onto the boat.

gwíi pp. *toward*

·Díi gwíi hl sdíihl! Return to me! ·K̲'adsíi gwíi náay tíi'waandgaangaan. The houses always faced seawards. ·Gíijgwaa tl'aa húus íitl' gwíi hal x̲ánjuugang. I hope she returns to us again.

gwíig pp. *toward, in the direction of*

·Sitka gwíig Hl x̲ánjuugang. I'm travelling to Sitka.

gwíigw nn. *groundhog, hoary marmot, raccoon*

DEF: gwíigwaay.

gwíigw tlat'aawáay n-cpd. *marmot mountain (a mountain where marmots live)*

gyaa part. *<possessive marker>*

·Hydaburg gyaa k̲áay sangáay uu ijáan. It was Hydaburg's birthday. ·Saláanaa gyaa gúusawaay iig uu Hl hlg̲ánggulaang. I'm working on (translating) Jesus's words. ·K̲'ad g̲agwíi án hal gyaa'áawaan. They fled way out into the sea.

gyáa (1) nn. *dead spruce branch*

gyáa (2) nn. *tallow, suet*

DEF: gyáay.

gyáa (3) part. *where*

gyaad n-ip. *length, height (of a person)*

gyáa dah vb. *to spend X1, sell, trade away X1 (to X2)*

gyáagaa n-nom. *crest, object with a representation of a crest on it*

DEF: gyáagaay.

gyáagaangw n-nom. *costume*

DEF: gyáagaangwaay.

gyáagan poss pro. *my*

gyáagw pp phrase. *there*
·Gyáagw sáanaa náay aa t'aláng tl'uwáangganggang. We're always sitting there in the living room.

gyáagwaahlaang adv. *might as well*
·Gyáagwaahlaang dáng sdílgang. It's just as well you've returned.
·Gyáagwaahlaang dáng súugang. It's a good thing you said it. It's just as well that you say that. It's right that you said that.

gyaahláang nn. <sg̱a> *story, news, history, background information, context*
DEF: gyaahlangáay.
·Áa uu tláan gyaahlangáay g̱íidang. This is the end of the story.
·Gyaahlangáay íitl' gu sg̱áanuwaagan. The story amazed us.
·Gyaahlangáayg hal ḵ'íigiidang. She doubts the story.

gyaahláang ḵugíinaay n-cpd. <ḵ'ii> *newspaper*

gyaahláang sg̱agads n-phr. *telephone*

gyaahláang ts'áanuwaay n-cpd. *large evening fire around which stories are told*

gyaahlánda vb. *to tell (X1) the news (about X2), tell (X1) a story (about X2), inform (X1) (of X2)*
SP: gyaahlándaa|ng DP: gyaahlánd|gan
IP: gyaahlándaa|yaan
·Hydaburg g̱idéed uu Hl gyaahlándaang. I'm telling a story about Hydaburg.
·Yáahl eehl gyaahlándiyaay jánggiinii. The story of the Raven was very long. ·Awáahl g̱agwíi díi i xajúugan dluu, X̱aad kihl uu nang lableedgáas gyaahlándgiinii. A long time ago when I was small, the preacher used to tell stories in Haida.

gyáahluwaay nn. *a sister*

gyáa isáaw n-nom. *potlatch or doings where formal payment is made to the opposite moiety*
DEF: gyáa isuwáay.

gyáa isdla vb. *to give, bequeath O*
SP: gyáa isdláa|ng DP: gyáa ishl|gán IP: gyáa isdláa|yaan
·Díi ḵáa díi ḵuyáadgan dluu, dáalaa ḵwáan díig hal gyáa ishlgán. Since my uncle loved me, he bequeathed me a great deal of money.

gyáa k'uyáng vb. *to dedicate a song*
SP: gyáa k'uyáng | gang DP: gyáa k'uyáng | gan IP: gyáa k'uyáang | aan
·'Láa aa hal gyáa k'uyánggan. She dedicated a song to her.

gyáak'uyangaay n-nom-ip. *verse of a song*

gyáak̲'id adv. *sometimes, occasionally*
·Gyáak̲'id 'láa Hl sgidánggang'waang. Sometimes I spank them. ·Gyáak̲'id g̲agwii K'áaws Tláay aa Hl íijanggang. I only got to Craig once in a while. ·Gyáak̲'id sg̲únaan uu Hl táaganggang. I only eat it occasionally.

gyáal ts'úu n-cpd. *skewer, stick for roasting fish over an open fire*
DEF: gyáal ts'uwáay.

gyaan conj. *and*
·Dúujaay hlg̲ahls gyaan g̲adáang. The cat is black and white. ·Hal k̲aj 'láa hlg̲ahls gyaan 'láa ts'aláagang. His hair is black and curly. ·Hal k̲aj 'láa sg̲ids gyáan 'láa jándaang. Her hair is red and long.

gyaasdáan adv. *go ahead and do something even though you know better*
·Gyaasdáan gw dáng kílsgudaa'ujaa? Did you go and make a (verbal) mistake?

gyáa sg̲aláang nn. *valuables hidden in the forest*
DEF: gyáa sg̲alangáay.

gyáa sg̲áw vb. *to pay X*
SP: gyáa sg̲áw | gang DP: gyáa sg̲áw | gan IP: gyáa sg̲áaw | aan
·Díi an dáng hlg̲ánggulaas dluu, dángg Hl gyáa sg̲áwsaang. When you work for me, I'll pay you. ·'Láag hal gyáa sg̲áwgang. She's paying her. ·Dángg Hl gyáa sg̲áwsaang. I'll pay you.

gyáasuu nn. <t'a, sg̲a> *leader on a fishline*
DEF: gyáasuwaay.

gyáa tl'áaygaay n-nom. *job of sewing*

gyáat'aad nn. <gi> *ceremonial robe or blanket*
DEF: gyáat'adaay.

gyáaw n-ip. *edge, margin, boundary*

gyáaw dáaw n-cpd. *the side edges of a mat that is being woven*

gyáaw tl'áaygaa nn. *trimming*
DEF: gyáaw tl'áaygaay.

gyáay n-ip. *hard fat around the kidneys and stomach of an animal, used to make tallow*

gyáa'a vb. *to stand up (sg)*
·Gyáagee sángiits'aang. It's difficult to stand up.

gyáa'aang n-nom. <hlgi (large), sk'a (model)> *totem pole, housefront pole*
DEF: gyáa'angaay.
·Gyáa'angaay 'láangaa jáng an tl' súugang. They say his totem pole is tall. ·Gya'áangaay únggw ts'áak' 'láa ijáan. There was an eagle crest on top of his totem pole. ·Gyáa'angaay k̲'uhláalwaay eehl hal k̲'idáan. He carved the totem pole with a curved knife.

gyáa'alaa vb. *to resemble, look like O*
SP: gyáa'alaa | gang DP: gyáa'alaa | gan IP: gyáa'alaa | gaan
·Dáng hal gyáa'alaagang. She takes after you. ·Yáangk'yaan uu 'láa hal gyáa'alaagang. He surely takes after him.

gyáa'ang vb. *to be standing (sg)*
SP: gyáa'ang | gang DP: gyáa'ang | gan IP: gyáa'aang | aan
·Ya'áang hl gyáa'ang! Stand still! ·'Láa g̲aad hal gyáa'anggan. She stood between them. ·Náay skusáls sg̲únaan 'láa gyáa'anggang. Only the fram of his house is standing.

gyáa 'láanuu vb. *to swear, curse*
SP: 'láanuu | gang DP: 'láanuu | gan IP: 'láanaaw | aan
·Díi gid gyáa 'láanuugan. My child swore.

gyahgdáang nn. *young spruce trees growing thickly together*
DEF: gyahgdangáay.

gyahsdla vb. *to pour, dump out O (into X)*

gyahsdláaw n-nom. *gunpowder measure*

gya'áang sg̲agadáay n-nom-sg. *line of standing people*
PLU: gya'áang sg̲agíidangaay.

gya'áangw nn. <gi> *cloth, material, sail*
DEF: gya'áangwaay.
·Gya'áangwaay hlkáak'aagang. The material is like cheesecloth. ·Gya'áangwaay t'íihlaayaan. The canvas was wet. ·Áajii gya'áangwaay

iig Hl k̲'ihlgán. I made a cut in the fabric, I cut through the cloth (either partly or wholly).

gya'áangw da sk̲'asgadáa n-phr. *dress goods*

gya'áangw hlkáak'aa nn. *cheesecloth*

gya'áangw náay n-cpd. *tent*
DEF: gya'áangw nagáay.
·Gya'áangw náay aa t'aláng náagiinii. We used to live in a tent.

gya'áangw nagáay sk̲'áangw n-cpd. <sk̲'a> *tentpole*
DEF: gya'áangw nagáay sk̲'áangwaay.

gya'áangw sk̲'áangwaay n-ip. <sk̲'a> *a ship's mast*

gya'áangw taláay n-cpd. *gooseneck (metal rings) on a mast or spar, through which the sail is laced*

gya'áaw nn. <g̲a> *berry patch that is owned by someone*
DEF: gyaawáay.

gya'ánda vb. *to wear, use O*
SP: gya'ándaa | ng DP: gya'ánd | gan IP: gya'ándaa | yaan
·St'a hlk'únk' hl gya'ándaa! Wear moccasins! ·Saj hal gya'ándgan. He used a club. ·Hlkúnt'ajaaw hl gya'ándaa. Use a handkerchief.

gya'ándaaw n-nom. *clothes, clothing*
DEF: gya'ándaawaay.
·Díi an gya'ándaaw k̲wáan hal dahsáang. She will buy lots of clothes for me. ·Gya'ándaawaay t'íij g̲adáang. Some of the clothes are white. ·Gya'ándaawaay áangaa Hl k'yáadaang. I'm hanging my clothes out to dry.

gya'ánsk'w nn. *clothes, apparel*
DEF: gya'ánsk'waay.

gyúu (1)

1. nn. <g̲a> *fishing bank, fishing ground*
DEF: gyuwáay.

2. nn. *halibut site marking buoy*

gyúu (2)

1. n-ip. *hammer of a firearm*

2. n-ip. <g̲a> *one's ear*

RFX: gyuwáng.

·Gyuwáng hl stl'iit! Pinch your ears! ·Dáng gyúug Hl k'ajúugang. I'm singing for you. ·'Láa gyúug hal skángasdlanggang. He's softly singing, humming to him.

gyuudáan nn. *horse*

DEF: gyuudanáay.

gyúudaanaa n-nom. <k̲'ii> *moonsnail*

DEF: gyúudaanagaay.

gyuudáan dáng ánsdlaawaay n-cpd. <t'a> *reins*

gyuudáan k̲'aláax̂an-gaay nn. *horse corral*

gyuudáan sgidáangwaay n-cpd. <sg̲a> *horsewhip*

gyuudáan st'áay n-cpd. <hlga> *horseshoe*

DEF: gyuudáan st'áaygaay.

gyúudana vb. *to be deaf*

SP: gyúudanaa|ng DP: gyúudan.|gan IP: gyúudanaa|yaan

gyúugaa n-nom. *earring*

DEF: gyúugaay.

·Gyúugaa hl díig isdáa. Give me some earrings. ·Gyúugaa isgyáan hlk'idgáa Hl dahgán. I bought earrings and a dress. ·Gyúugaay díinaa gúlaagan. My earrings were abalone.

gyúugdaagaa n-nom. *horned grebe*

gyúu hlk̲ún n-cpd-ip. *the upper part of one's ear, one's pinna*

gyúujgad 'láa vb. *to sound good*

gyúujuu vb. *to listen (for X), keep an ear out (for X)*

SP: gyúujuu|gang DP: gyúujuu|gan IP: gyúujaaw|aan

·Dáng gwíi Hl gyúujuusaang. I will turn an ear to you. ·'Láa gwíi hl gyúujuugan. I listened for her.

gyúu sdajáaw n-cpd. *earring*

gyúu skáa'awaay n-cpd-ip. *ear-like handles on a baking dish*

gyúu st'áay n-ip. *one's earlobe*
RFX: gyuwáng st'áay.

gyúu ts'ak'ii n-cpd-ip. *the area of one's occipital bone*

gyúuts'iya vb. *to be disobedient, stubborn, bullheaded, obstinate, to not listen*
SP: gyúuts'iyaa | ng DP: gyúuts'ii | gan IP: gyúuts'iyaa | yaan
·Dáng gyúuts'iyaas san gám 'láa'anggang. If you're bull-headed too, that's no good. ·Hal git'aláng gyúuts'ii g̱ujúugang. All her children are disobedient.

gyúuwula vb. *to be clearly audible, loud*

gyúuwulaang vb. *to listen to X*
SP: gyúuwulaang | gang DP: gyúuwulaang | gan
IP: gyúuwulaang | aan
·Tláan 'láa aa Hl gyúuwulaanggang. I don't listen to her any more. ·Dáng aa Hl gyúuwulaanggan. I was listening to you. ·Gud kíl aa t'aláng gyúuwulaanggan. We listened to each other's dialects.

gyúu x̱iilayaay n-cpd-ip. *hole in one's earlobe*
PLU: gyúu x̱iilaangaay.

gyuwáng n-rp. <g̱a> *one's own ear*
NOTE: This is the reflexive form of gyúu.

gyuwáng st'áay n-rp. *one's own earlobe*
NOTE: This is the reflexive form of gyúu st'áay.

• G̱ •

g̱á interj. *<reaction to a strong smell>*

g̱áa pp-phrase. *to it, at it, in it, there*

g̱aad pp. *between*
·Áajii 'lan·gáay g̱aad uu hal náagaan. He lived in the middle of this village. ·Dáalaay gud g̱aad hal tlaadíigan. He divided the money in half. ·'Láa g̱aad hal gyáa'anggan. She stood between them.

g̱áadaan pp. *without*
·'Wáagyaan hl kíl g̱áadaan is. Then don't say anything. ·Hlg̱ánggulaa g̱áadaan, hal tíi kálwudgan. Instead of working, he (a big, tall man) was lying down. ·Dáng g̱áadaan 'láagan. It was good without you.

g̱áadaang náay n-cpd. *bathroom, bath house*
DEF: g̱áadaang nagáay.

g̱áadaangw n-nom. <g̱a> *bathtub*
DEF: g̱áadaangwaay.

g̱áadang vb. *to bathe*
SP: g̱áadang | gang DP: g̱áadang | gan IP: g̱áadaang | aan
·Hal g̱áadang'waasaang. They'll bathe. ·Hal g̱áadangsaang. He will take a bath. ·Hláa uu g̱áadanggang. I am bathing.

g̱aadgáay n-dem. *the one(s) between*

g̱áadii adv. *even*
·Hal dáalang 'wáadluwaan aad ín·gan. G̱áadii nang dúunaas san íijan. His brothers all went seining. Even the youngest brother went.

g̱aagáa vb. *to be weak*
SP: g̱aagáa | gang DP: g̱aagáa | gan IP: g̱aagáa | gaan
·Wáayaad Hl hlg̱ánggulaang, íik'waan awáan díi g̱aagáagang. Now I'm working, even though I'm still weak. ·Ga st'igagáas g̱aagáagang. The sickly ones are weak. ·Áayaad hal g̱aagáagang. Today he is weak.

g̱aagáay n-nom. *the children*
·'Wáadluu g̱aagáay g̱u chándaalsaang. The kids will be sledding then. ·Dáalaay t'íij g̱aagáay gwíi isáang. Some of the money will go to the children.

·G̱aagáay gin ínggws gatáagangs aa isdáalgan. The children went over to the table.

g̱áahlaand nn. *conscious spirit, soul*

g̱áahlaandaang n-rp. *one's own conscious spirit, soul*
NOTE: This is the reflexive form of g̱áahlaandaay.

g̱áahlaandaay n-ip. *one's conscious spirit, soul*
RFX: g̱áahlaandaang.

g̱áahldaaw nn. <gi> *Hudson's Bay blanket*
DEF: g̱áahldaawaay.

g̱áahlii (1) n-ip. *its width, its diameter*

g̱áahlii (2) n-ip. *beam of a boat*

g̱aa íihlangaa vb. *to be a small boy*

g̱áal (1)

1. n-ip. <g̱a> *its deck (of a house), its roof (of a car)*
2. nn. <g̱a> *lid, cover*
   DEF: g̱áalaay.

·'Wáasd g̱áal hal da xashlgán. She turned over the lid. ·G̱áal sg̱ásk'w 'láa ḵ'uhl hal is'ugán. They stayed with her all night.

g̱áal (2) nn. <sg̱a> *night, a 24-hour period of day and night*
DEF: g̱áalaay.

g̱áalaa vb. *to have a lid, be lidded*
SP: g̱áalaa | gang DP: g̱áalaa | gan IP: g̱áalaa | gaan
·Ts'asláangwaay g̱áalaagang. The pot has a lid.

g̱aaláangw n-nom. <g̱a> *frying pan*
DEF: g̱aaláangwaay.
·G̱aaláangwaay hl dlán. Wash the frying pan.

g̱aaláng vb. *to fry O*
SP: g̱aaláng | gang DP: g̱aaláng | gan IP: g̱aaláang | aan
·Ḵáw Hl g̱aalángsang. I'll fry some (bird) eggs. ·Anna chíin g̱aaláang gudáang. Anna wants to fry some fish. ·Sgúusadaay hal g̱aaláng g̱ujúugan. He fried all the potatoes.

G̱áalgaa vb. *to be dark, night, nighttime*
SP: g̱áalgaa | gang DP: g̱áalgaa | gan IP: g̱áalgaa | gaan
·Hlan-gwáay awáahl g̱áalgaagaan. Long ago the world was dark. ·G̱áalgaas dluu hlats’úugganggang. At night there are the Northern Lights. ·Gwa’áaws dluu, náay ḵáahlii g̱áalgaagang. When it rains, it's dark in the house.

G̱áalgaay nn. *the nighttime*
·G̱áalgaay jánggiinii. The nights used to be long.

G̱áalgaaysii nn. *the dark*
·G̱áalgaaysiig hal hlg̱wáagaayaan. She was afraid of the dark.

G̱áalgagaay nn. *darkness*

G̱áalgeehl vb. *to get dark*
SP: g̱áalgeel | gang DP: g̱áalgeel | gan IP: g̱áalgeel | aan
·G̱áalgeehls dluu hal istl’aa’wáasaang. They'll come when it's dark. ·Hl ḵáaydan kunáasd g̱áalgeelgan. It got dark before I left. ·G̱áalgeehls dluu, t’aláng ḵ’asdláa’ang ḵasa’áang. We're going to go to bed when it's dark.

G̱áalgwaa adv. *last night*
·G̱áalgwaa t’a’áaw gwa’áawgan. It snowed last night. ·G̱áalgwaa sg̱i ḵ’ajáanggan. Last night there was lightning. ·G̱áalgwaa g̱at’uwáa áwyaagan. It was very stormy last night.

G̱áal yahgw n-cpd. *midnight*

G̱áam nn. <tl’a> *ribbon, (non-sticky) tape*
DEF: g̱áamaay.

G̱áan

1. nn. <skáa> *berry*
DEF: g̱áanaay.
·G̱áanaay hl tla skúnaa! Clean the berries! ·G̱áanaay g̱alánsdlaang. The berries are getting ripe. ·Gíisdluu g̱áan dáng táagaa? How many berries did you eat?
2. nn. <skáa (small), ḵ’ii (large), sḵ’a (banana)> *fruit*
DEF: g̱áanaay.

G̱áandaandanaay n-cpd. <tíi> *bathroom*

G̱áandaang n-ip. *physical feeling*

G̱áandang vb. *to feel, sense by touch*
SP: g̱áandang | gang DP: g̱áandang | gan IP: g̱áandaang | aan

·Án dáng g̱áandang ’láasaang. You will feel better. ·Gwa’áawsaang Hl g̱áandanggang. I have a feeling it's going to rain. ·Hal ḵáatl’aasaang Hl g̱áandanggang. I have a feeling he's going to arrive.

G̱áandangaay n-nom. *physical feeling*
·Sán g̱ids dlúu, díi g̱áandangaay ’láaganggang. Sometimes I feel good. ·Gyáaḵ’id gám díi g̱áandangaay ’láa’anggang. Sometimes I don't feel good.

G̱áan hláa han táa’ugwaangs n-phr. *bunchberry*

G̱áan hlḵ’a’áay nn. *berry bush*

G̱áan kiyáas n-phr. *bunchberry*

G̱áan ḵayúudaa nn. *Indian ice cream*

G̱áan núud n-cpd. *berry season*

G̱áan táawaay n-cpd. <skáa, ḵ’ii> *fruit bowl, fruit nappy*

G̱áan xiláadaa n-cpd. *dried berries*

G̱áan x̱áw n-poss. *berry juice, fruit juice*
DEF: g̱áanaay x̱áw.
·G̱áanaay x̱áw díi gwíi hal ḵ’ugwaayáanggan. She dropped the fruit juice on me. ·G̱áanaay x̱áw k’ujgad ’láagang. The berry juice tastes good. ·G̱áan x̱áw Hl nílgang. I'm drinking some fruit juice.

G̱áan x̱áwlaa n-phr. *bog blueberry, Saskatoon berry*

G̱áan x̱wáahldaa n-cpd. *boiled berries thickened with salmon eggs or flour*
DEF: g̱áan x̱wáahldaay.

G̱áasil nn. *patch of ground*
DEF: g̱áasilaay.
·Áajii g̱áasilaay ḵehjgad ’láagang. This patch of ground (typically potato patch) is beautiful.

G̱aat’áangaan adv. *eventually, at last, finally*

G̱aawnáangw n-nom. <g̱a> *vinyl record, LP*
DEF: g̱aawnáangwaay.

G̱aawnáng vb. *to roll around (of a bowl-like object)*
SP: g̱aawnáng | gang DP: g̱aawnáng | gan IP: g̱aawnáang | aan
·Ḵíihlgaay anáa guud g̱aawnánggan. The plate rolled around inside the house.

G̱aawsda vb. *to throw, toss O from pan*
SP: g̱aawsdáa | ng DP: g̱aawsd | gán IP: g̱aawsdáa | yaan
·K'áawaay Hl g̱aawsd'wáayaan. I threw out the pan of fish eggs.

G̱aa xadalgáay nn. *the little children*
·G̱aa xadalgáay náanggang. The little children are playing.

G̱aa xadláa n-phr. *little children*
·G̱aa xadláa wáayaad sḵ'at'áang. Nowadays little children are learning it.

G̱aa xajúu n-phr. *little child*
·Nang g̱aa xajúus hal ḵusgadáang. She's knifed the child. ·Nang g̱aa xajúus st'igán dluu, hal sk'álaawgan. When the child was sick she had diarrhea. ·Nang g̱aa xajúus ḵ'ahl g̱unáan nánggang. The little baby is playing naked.

G̱áay

1. nn. *inner bark or cambium of a good-sized cedar*
   DEF: g̱áayaay.
2. n-ip. *one's fat, blubber*
   RFX: g̱áayang.

G̱áayaa (1) vb. *to be stout, fat*
SP: g̱áayaa | gang DP: g̱áayaa | gan IP: g̱áayaa | gaan
·Wáayaad díi g̱áayaagang. I'm stout nowadays.

G̱áayaa (2) vb2. *to know how to V, be able to V, be skilled at V-ing*
SP: g̱áayaa | gang DP: g̱áayaa | gan IP: g̱áayaa | gaan
·Dáng aw táaw isdáa g̱áayaagang. Your mother knows how to gather food. ·Íitl' sḵáan k'ajáaw g̱áayaagang. Our aunt knows how to sing. ·Dáng gid íihlangaas ḵáajaaw g̱áayaagang. Your son knows how to hunt.

G̱áayaaw ún n-poss. *surface of waves*

G̱áayang n-rp. *one's own fat, blubber*
NOTE: This is the reflexive form of g̱áay.

G̱áay chast'áaw n-cpd. *tool made of sea lion rib used to pierce thick sheets of cedar bark*

g̱aayhlda vb. *to fight*
SP: g̱aayhldáa | ng DP: g̱aayhld | gán IP: g̱aayhldáa | yaan
·'Wáadluu gud án tl' g̱aayhldáayaan. People fought with one another (there was a war). ·Hal g̱aayhld'wáas dluu, 'láa tl' kujáan. When they were fighting, he was stabbed. ·Awáahl g̱agwíi áatl'an tl' g̱aayhldáayaan. A long time ago they fought here.

g̱aayhldáa n-nom. *fight, feud, raid, war*
DEF: g̱aayhldáay.

g̱aayhldáa dajangáay n-cpd. *wooden helmet (armor)*

g̱aayhldáa gya'ánsk'waay n-cpd. *fighting clothes, war apparel*

g̱aayhldáa 'la'áay n-cpd-sg. *warrior, soldier*
PLU: g̱aayhldáa 'la'áaylang.

g̱aayhldáa 'la'áaygaa vb. *to be a warrior, soldier*
SP: g̱aayhldáa 'la'áaygaa | gang DP: g̱aayhldáa 'la'áaygaa | gan
IP: g̱aayhldáa 'la'áaygaa | gaan

g̱áay na n-cpd. *shack made of thick cedar bark*
DEF: g̱áay náay.

g̱áay ts'úu n-cpd. *thick cambium for a good-sized red cedar*
DEF: g̱áay ts'uwáay.

g̱aayt'a vb. *to be scarce*
SP: g̱aayt'áa | ng DP: g̱aayt' | gán IP: g̱aayt'áa | yaan
·Chíinaay g̱aayt'áang. The fish are scarce. ·Dáalaa g̱aayt'áang. Money is scarce. ·Táawaay g̱aayt'áang. The food is scarce.

g̱aayt'asdla vb. *to become scarce*
·Táawaay g̱aaydasdláang. The food is getting scarce.

g̱áayuu (1) nn. *smoke*
DEF: g̱áayuwaay.
·Awáahl X̱aadas náay aa g̱áayuu ḵwáan-giinii. Long ago there used to be a lot of smoke in the Haida longhouses.

g̱áayuu (2) nn. <tii> *wave (onshore or offshore), surf, swell*
DEF: g̱áayuwaay.

g̱áayuu ḵ'uk'áldaangaa n-cpd. *northern pharalope*

g̱áayuu ts'ahwáldaangaa n-cpd. *jellyfish*
DEF: g̱áayuu ts'ahwáldaangaa(gaa)y.

g̱áayuwaa vb. *for there to be big waves*
SP: g̱áayuwaa | gang DP: g̱áayuwaa | gan IP: g̱áayuwaa | gaan
·G̱áayuwaagang. There are some big waves.

g̱áay'angwaal nn. *juniper berry*

g̱áa'aa nn. <sk'a> *canoe skid*
DEF: g̱áa'aay.

g̱ad (1) nn. *perch, shiner*

g̱ad (2) vb. *to run, run off (sg)*
SP: g̱áyd | ang DP: g̱áyd | an IP: g̱ad | áan
·Anáag Hl g̱adsáang. I'll run home. ·'Láa hl dúu g̱ad! Run go get him!
·K'áawaay g̱áydang! The herring eggs are running!

g̱ada vb. *to be white*
SP: g̱adáa | ng DP: g̱ad | gán IP: g̱adáa | yaan
·Yáahl uu awáahl g̱adáayaan. Raven was white long ago. ·St'a hlk'únk' g̱adáas uu díi guláagang. I like the white mocassins. ·Díi ḵaj g̱adáang. My hair is white.

g̱adáa vb. *to run out (from somewhere)*
SP: g̱adáa | gang DP: g̱adáa | gan IP: g̱adáa | gaan

g̱adagáal nn. *unidentified species of whale*

g̱adalayáay n-nom. *the bay, the harbor*

g̱adgáa vb. *to be daylight*
SP: g̱adgáa | gang DP: g̱adgáa | gan IP: g̱adgáa | gaan
·G̱adgáas dluu, Hl tlúu ḵáaydsaang. When it's light, I'll row away.
·Ginadgáaysd g̱adgáagang. Light is coming in from the smokehole. ·Awáan g̱adgáagang. It's still daylight.

g̱adgáats'aaw n-nom. <g̱a> *window*
DEF: g̱adgáats'aawaay.

g̱adgáats'aaw t'áahl gya'áangwaay n-cpd. <gi> *curtain, drape*

g̱adgáay nn. *light, daylight*
·G̱adgáay k'wa'áandgan. The daylight was short.

g̲adgahl vb. *to turn white, pale*
SP: g̲adgál | gang DP: g̲adgál | gan IP: g̲adgáal | aan
·Sg̲íiwaay g̲adgáalaan. The seaweed turned white.

g̲adgéehl vb. *to become daylight*
SP: g̲adgéel | gang DP: g̲adgéel | gan IP: gadgéel | aan
·Awáan Hl k̲'adgán dáan uu, g̲adgéelaan. While I was asleep it became daylight. ·Hl skyáan-gan dáan g̲atgéelgan. I was awake until daylight.

g̲adiyáang vb. *to jump up and down (pl)*
SP: g̲adiyáang | gang DP: g̲adiyáang | gan IP: g̲adiyáang | aan
·Hal g̲adiyáang'waang. They're jumping up and down. ·Chaan g̲aagáay g̲adiyáangang. The children are jumping in the water.

g̲adláaw vb. *to shoot at and miss O*
SP: g̲adláaw | gang DP: g̲adláaw | gan IP: g̲adláaw | aan
·K'áad hal ts'agán dluu, hal g̲adláawgan. When he shot at a deer, he missed it.

g̲ad skáadaal n-nom. *loose aged salmon eggs mixed with a few fresh cooked ones*
DEF: g̲ad skáadalaay.

g̲ad skáahlaaw n-nom. *loose aged salmon eggs mixed with a few fresh cooked ones*
DEF: g̲ad skáahluwaay.

g̲ad skáat'iijaa n-phr. *spot*
·G̲ad Skáat'iijaa hín uu hal kya'áang. His name is Spot.

g̲adúu pp. *around*
·Náay g̲adúu k̲'anáagang. There's grass around the house. ·Hal st'igán dluu, 'láa g̲adúu hal x̲ashlgáng'ugan. When she was sick they waited on her. ·K'yáalaaw díi g̲adúu k̲wáan-gan. There were a lot of shags around me.

g̲adúusii n-dem. *area around*
·Náay g̲adúusii áangaa hal tla skúnaang. She's cleaning around her house.

g̲agadáay n-nom. *the coast, stretch of coastline*

g̲aganáan pp. *because of*
·Díi g̲aganáan uu hal g̲a k̲'áyt'iijan. He drowned on account of me. ·Gúus g̲aganáan uu dáng k̲'ud'ujaa? Why were you hungry? ·Gúus g̲aganáan uu dáng isdáa gudáang? Why do you want to do it?

g̱agánjaaw nn. *breath, windpipe*
DEF: g̱agánjuwaay.

g̱agánjuu vb. *to breathe*
SP: g̱agánjuu|gang DP: g̱agánjuu|gan IP: g̱agánjaaw|aan
·Hlangáan hl g̱agánjuu! Just breathe! ·Gám hal g̱agánjuu'anggang. She's not breathing. ·G̱agánjuu hlaa! Breathe!

g̱agán xil n-cpd. *leaves of Labrador tea*

g̱agán xiláay n-cpd. *bitter cress*

g̱agasdláaw (1) n-nom. <hlg̱a> *floating bird snare made of a noose on a wooden frame*

g̱agasdláaw (2)
1. n-nom. <ḵ'ii> *model (e.g. for boat-building)*
DEF: g̱agasdláawaay.

2. n-nom. <g̱a> *template or pattern for traditional design elements (e.g. ovoids)*
DEF: g̱agasdláawaay.

g̱agwíi adv. *very much, extremely, way*
·Adíid g̱agwíi g̱ándlaay aa is íi g̱án tl' únsadgaalaan. They found out that it was way up in the creek. ·Gyáaḵ'id g̱agwíi sgagúud Hl ḵíngganggang. Once in a great while I'll see a fin-back whale. ·Gyáaḵ'id g̱agwíi K'áaws Tláay aa Hl íijanggang. I only got to Craig once in a while.

g̱agwjáang vb. *to toss, throw O from a pan repeatedly*
SP: g̱agwjáang|gang DP: g̱agwjáang|gan IP: g̱agwjáang|aan
·G̱ándlaay 'láa gwíi tl' g̱agwjáanggan. They threw water on her.

g̱ahgahl vb. *to be, become tired*
SP: g̱ahgál|gang DP: g̱ahgál|gan IP: g̱ahgáal|aan
·Hal g̱ahgahl'wáang They're tired.

g̱ahgaléehl vb. *to get tired*
SP: g̱ahgaléel|gang DP: g̱ahgaléel|gan IP: g̱ahgaléel|aan
·Hal g̱ahgaléehls dluu uu tláan hal hlg̱ánggulgan. He quit working when he became tired.

g̱ahl pp-phrase. *with it*

g̱ahla vb. *to scrape, shave O*
SP: g̱ahláa|ng DP: g̱ahl|gán IP: g̱ahláa|yaan

g̲ahláaw n-nom. <g̲a> *scraper*
DEF: g̲ahláawaay.

g̲ahlaláay n-nom. *surrounding fog*

g̲ahlándaaw n-nom. *platform*
DEF: g̲ahlándaawaay.

G̲ahláns Kún n-cpd. *Cape Ball*

g̲ahlda vb. *to scrape O*
SP: g̲ahldáa | ng DP: g̲ahld | gán IP: g̲ahldáa | yaan
·Chíinaay Hl g̲ahld g̲ujúugan. I scraped all the fish.

g̲ahldáaw nn. *razor, scraper*
DEF: g̲ahldáawaay.

g̲a hlg̲ak'adáang sg̲alangáay n-cpd. *shrug-the-shoulders song*

g̲a hlk'ujáaw n-nom. <gi> *white Hudson's Bay blanket or potlatch blanket*
DEF: g̲a hlk'ujáawaay.

g̲ajáaw n-nom. <sda, sga> *handle made from a loop of rope tied around a box, barrel or basket*
DEF: g̲ajáawaay.

g̲ak'áay nn. *tide rip swell*

g̲a k̲'íidas vb. *to drown, suffocate, be unable to breathe (sg)*
SP: g̲a k̲'íidiij | ang DP: g̲a k̲'íidiij | an IP: g̲a k̲'íidaj | aan
·Nang sg̲wáan g̲a k̲'íidiijan. One of them drowned. ·Díi g̲aganáan uu hal g̲a k̲'áyt'iijan. He drowned on account of me. ·Hal g̲a k'íit'as g̲ujúu'ugan. They all drowned.

g̲a k̲'íit'uuga vb. *to drown, suffocate, be unable to breathe (pl)*

g̲ál nn. *blue mussel*
DEF: g̲aláay.

g̲aláang sk̲'áada vb. *to be reluctant to share*
SP: g̲aláang sk̲'áadaa | ng DP: g̲aláang sk̲'áad | gan IP: g̲aláang sk̲'áadaa | yaan
·Díi gid g̲ahláang sk̲'áadaayaan. My child was reluctant to share.

g̱alangáay n-nom. *cooking*

g̱alánsdla vb. *to be cooked, turn ripe*
SP: g̱alánsdlaa | ng DP: g̱alánshl | gan IP: g̱alánsdlaa | yaan
·G̱áanaay tlíits'guusd g̱alánsdlaayaan. The berries got cooked fast. ·Chíinaay g̱alánsdlaang. The fish is cooked. ·G̱áanaay g̱alánsdlaang. The berries are getting ripe.

g̱ál chagáangw n-nom. <cha> *totebag, knapsack*
DEF: g̱ál chagáangwaay.

g̱ál hlg̱aawnáangw n-nom. <hlg̱a> *sled, sleigh, child's wagon*
DEF: g̱ál hlg̱aawnáangwaay.

g̱ál isdáal vb. *to lead O (pl)*

g̱ál ists'a vb. *to lead, bring in O (sg)*
SP: g̱ál ists'áa | ng DP: g̱ál ists' | gán IP: g̱ál ists'áa | yaan

g̱ál ḵáa vb. *to lead O (sg)*
SP: g̱ál ḵáa | gang DP: g̱ál ḵáa | gan IP: g̱ál ḵáa | gaan
·Git'áang hal g̱ál ḵáagang. She is leading her child.

g̱ál ḵáayd vb. *to lead O away*
SP: g̱ál ḵáayd | ang DP: g̱ál ḵáayd | an IP: g̱ál ḵáayd | aan
·G̱áa dáng Hl g̱ál ḵáaydsaang. I'll lead you there.

g̱ál ḵats'a vb. *to lead, bring in O (sg)*
SP: g̱ál ḵats'áa | ng DP: g̱ál ḵats' | gán IP: g̱ál ḵats'áa | yaan
·Hal x̱áad uu 'láa g̱ál ḵats'gán. Her father brought her in.

g̱ál sk'agáangw n-nom. *powder horn*

g̱ál tl'agáa n-nom. *totebag*
DEF: g̱ál tl'agáay.

g̱álun nn. <skáa> *currant (wild or cultivated)*
DEF: g̱álunaay.
·G̱álun díi guláagang. I like grey currants.

g̱ámaal nn. *wood shavings*
DEF: g̱ámalaay.
·G̱ámaal anáa íijang. There's wood shavings in the house.

g̱an

1. nn. <g̱a> *bucket, water bucket, pail*
   DEF: g̱anáay.

·G̱anáay hl da g̱usdláa. Turn the bucket over. ·G̱anáay hl st'ahdáa. Fill the bucket. ·G̱anáay iig hal ḵínts'aayaan. She looked into the bucket.

2. nn. <ts'as> *tea kettle*
   DEF: g̱anáay.

g̱án pp. *for it, about it, to it (a town)*
·Gám hl g̱anáay áangaa tl' ḵind'áng'waang. Don't make your buckets heavy.

g̱ánaa vb. *to be taboo, forbidden*
SP: g̱ánaa | gang DP: g̱ánaa | gan IP: g̱ánaa | gaan
NOTE: Some speakers say g̱anáa.

·Ahljíi g̱ánaagang. That's hoodoo/forbidden. ·Gin ḵwáan awáahl g̱ánaagaangaan. A long time ago a lot of things were taboo. ·Amahl amahl, dagwáang, g̱ánaagang. Don't do that dear, it's taboo.

g̱ándl nn. <sg̱a> *water, stream, river*
DEF: g̱ándlaay.

·G̱ándl hl níihl! Drink some water! ·G̱ándlaay aa sg̱aa ḵwáan-gan. There were a lot of worms in the creek. ·G̱ándlaay salíi sg̱inúu ḵwáan-gang. There's a lot of green algae where the tide went out (in the intertidal zone).

g̱ándlaada vb. *to baptize O*
SP: g̱ándlaadaa | ng DP: g̱ándlaad | gan IP: g̱andlaadaa | yaan

·'Láa t'aláng g̱ándlaadaasaang. We will baptize him. ·Nang lableedgáas uu 'láa g̱ándlaadgan. The minister baptized her.

g̱ándlaay tláay n-poss. *the edge of the water*

g̱ándl dáng kwahyáangwaay n-cpd. *hand pump*

g̱ándl gyaat'áawaay n-cpd. <sk'a> *water pitcher*

g̱ándl hlg̱eeláa n-phr. *well*

g̱ándl kwahyáandaawaay n-cpd. <sk'a, t'a> *(water) hose*

g̱ándl k'íinaa da'áawaay n-cpd. <cha> *hot water bottle*

g̱ándl k'íinaa gwáalaay n-cpd. <cha> *hot water bottle*

g̱ándl k'íinaas nn. *hot springs*

g̱ándl ḵáahlii n-poss. *river valley*

g̱ándl ḵáahlii sg̱a'áay n-cpd. *caddisfly larva*

g̱ándl ḵaj n-poss. *head of a river*

g̱ándl néelwaay n-cpd. <sk'a> *water glass, tumbler*

g̱ándl sk'atl'áangwaay n-cpd. *water dipper*

g̱ándl tla kwahyáangwaay n-cpd. *tap, fawcet*

g̱ándl ts'asláangwaay n-cpd. <ts'as> *tea kettle*
DEF: g̱ándl ts'asláangwaay.

g̱ándl ts'úujuudgaa n-cpd. *mosquito wriggler, dipper, water ouzel*
DEF: g̱ándl ts'úujuudgaagaay.

g̱ándl ts'úuwii n-poss. *middle of a stream of a narrow inlet*

g̱ándl t'áay n-poss. *mouth of a river*
·G̱ándlaay t'áay chíinaay ḵwáan áwyaagang. There are a lot of fish at the mouth of the river.

g̱ándl xyáangs nn. *creek*

g̱ándl x̱íilaa n-phr. *waterhole, spring, well*

g̱ánduu nn. *hair oil*
DEF: g̱ánduwaay.

g̱anéelw n-nom. <sk'a> *water glass, tumbler, dipper*
DEF: g̱anéelwaay.

g̱ángk'an nn. *coffee, tea*
DEF: g̱ángk'anaay.
·G̱ángk'an hl níihl. Drink some tea. ·G̱ángk'an dáng eehl Hl xutl'áasaang. I'll drink tea with you. ·G̱ángk'an-g gw dáng sdahláa? Do you want some coffee?

g̱ángk'an hlk'u'wíi nn. *grounds (for coffee or tea)*

g̱ánguj n-ip/ap. *(one's) dandruff, flake of dried skin*
RFX: g̱ángujang.

g̱ángujang n-rp. *one's own dandruff, flake of dried skin*
NOTE: This is the reflexive form of g̱ánguj.

g̱aníihl vb. *to drink, have a drink (of water)*
SP: g̱aníl | gang DP: g̱aníl | gan IP: g̱anyáal | aan
·Dáa gw g̱aníihl'us? Are you drinking water?

g̱an k'udáa n-phr. <ts'as> *tea kettle*

g̱ánsaal nn. <g̱a> *lot, parcel of land, (land) claim*
DEF: g̱ánsalaay.

g̱ánsd pp. *for the sake of, in place of, instead of*
·Dáng g̱ánsd Hl súusaang. I'll tell on you!

g̱ánsgw nn. *mat cover used on a container when steaming food*

g̱ánts'iid nn. <sḵ'a> *stick on which fish fillets are hung to dry*
DEF: g̱ánts'adaay.

g̱ánts'iid sḵ'áangwaay n-cpd. <sḵ'a> *stick on which fish fillets are hung to dry*

g̱as n-ip. *one's bad background*

g̱asaa nn. *black bass*
DEF: g̱asaagáay.

g̱asáa nn. *deer cabbage*
DEF: g̱asáagaay.

g̱asang nn. *blenny, gunnel, wolf eel, species of prickleback, species of lamprey*
DEF: g̱asangáay.

g̱asdláaw n-nom. <g̱a> *shovel, spade*
DEF: g̱asdláawaay.
·G̱asdláaw Hl gya'ándaang. I'm using a shovel.

g̱asdláaw ḵ'áay n-poss. *shovel blade*

g̱asdlats'áaw n-nom. <g̱a> *baking pan (of any kind, cake pan, cookie sheet, etc.)*
DEF: g̱asdlats'áawaay.

g̲as g̲awíitl'aa n-nom-ip. *the strip of skin along the spine of a salmon having a layer of fat under it; the part of a dried salmon fillet that comes from the back (spine) of the fish*

g̲asíi n-ip. *one's clan crest*

g̲a sk'aaysláangw n-nom. <sk'a> *baby's cradle, baby's hammock*
DEF: g̲a sk'aaysláangwaay.

g̲a sk'at'íisk'w nn. *papoose board*

g̲a sk'ayáangw n-nom. <sk'a> *(baby's) hammock*
DEF: g̲a sk'ayáangwaay.

g̲a sk'a'áangw nn. <sk'a> *cradle*
DEF: g̲a sk'a'áangwaay.

g̲ask'w quantifier. *whole, entire (of flat object)*
·G̲áanaay g̲ask'w ts'ahlt'íijang. The whole pan of berries is sticky.
·'Lan-gáay g̲ask'wa'áan uu íinaang isdáayaan. The whole village got herring.

g̲as'áada vb. *to bring up a past disgrace, taunt X; to throw something in X's face (metaphorically)*
SP: g̲as'áadaa | ng DP: g̲as'áad | gan IP: g̲as'áadaa | yaan
·Gám 'láa an tl' g̲asáad'anggang. Be sure not to bring up her past disgrace.

g̲atl'aa vb. *to come, arrive running (sg)*
SP: g̲atl'aa | gáng DP: g̲atl'aa | gán IP: g̲atl'aa | gáan
·Díi gid g̲atl'aagán. My child came running. ·Hal sdast'aangáa g̲atl'aagáng. He's bumming around and not getting the food that he wants.

g̲a tl'aaláng vb. *to fry flat O*
SP: g̲a tl'aaláng | gang DP: g̲a tl'aaláng | gan IP: g̲a tl'aaláang | aan
·Sablíi hal g̲a tl'aaláangaan. She fried bread.

g̲atl'áang vb. *to watch O*
SP: g̲atl'áang | gang DP: g̲atl'áang | gan IP: g̲atl'áang | aan
·'Láa hl g̲atl'áang! Watch him! ·Wúutl'daas hl g̲atl'áang! Watch those guys! ·Díi hal g̲atl'áanggan. She watched me.

g̲atl'áaw n-nom. *ladle*

g̲a tl’ajáaw n-nom. <tl’a> *tin, sheet metal*
DEF: g̲a tl’ajáawaay.

g̲at’ad vb. *for X to to fall apart, to break*
SP: g̲at’íid | ang DP: g̲at’íid | an IP: g̲at’ad | áan
·Náay ínggwsii iig g̲at’íidang. The roof is falling in. ·Aadáay iig g̲at’íidang. The net is falling apart. ·Tluwáay iig g̲at’íidang. The boat is falling apart.

g̲at’án nn. *bilgewater*

g̲at’án x̲áalaa n-cpd. *bailing hole in a canoe or rowboat*

g̲at’uwa vb. *to strike, bump into, run into, collide with X*

g̲at’uwáa vb. *to be stormy*
SP: g̲at’uwáa | gang DP: g̲at’uwáa | gan IP: g̲at’uwáa | gaan
·Adaahl g̲at’uwáa áwyaagan. It was really stormy yesterday. ·G̲ut’uwáa áwyaagang! It's storming like crazy! ·G̲áalgwaa g̲at’uwáa áwyaagan. It was very stormy last night.

g̲aw nn. *harbor, bay, inlet, channel*
DEF: g̲awáay.
·Tlúu k̲’íiswaansang g̲awáay aa gáayanggang. One boat is anchored in the bay. ·Tluwáay g̲awáay aa gíi tl’agánggang. The boats are anchored in the bay.

g̲áw

1. n-ip/ap. *(one's) fur, body hair, pubic hair, plumage (of a bird)*
   DEF: g̲awáay.
   RFX: g̲awáng.
2. n-ip. *the flesh of a fish or deer*

G̲awaasíi n-dem. *the land at Masset*

g̲awáa sk’ajáaw n-nom. *leaves of Labrador tea*
DEF: g̲awáa sk’ajáawgaay.

g̲awáng n-rp. *one's own fur, body hair, pubic hair, plumage (of a bird)*
NOTE: This is the reflexive form of g̲aw.

G̲awgáay n-nom. *the Masset one(s) (ref. to things, not people)*

g̲áwjaaw nn. *needlefish, sandlance*
DEF: g̲áwjuwaay.

g̱aw ḵ'íw n-poss. *entrance to an inlet*

g̱aw stl'áng n-poss. *head of a bay, inlet*

g̱áwtlaa vb. *to be new, fresh*
SP: g̱áwtlaa | gang DP: g̱áwtlaa | gan IP: g̱áwtlaa | gaan
·Hlk'idgáay g̱áwtlaas áangaa Hl gya'ándaasaang. I will wear my new dress. ·K'ún náaguusii g̱áwtlaa gya'áandiyeeg hal sdahláang. He wants to wear some new, fresh underwear. ·K'ún náaguusii g̱áwtlaa gya'áandiyeeg kílganggang. It is important to wear new underwear.

G̱aw Tlagáay n-cpd. *Masset Village*

g̱áwt'gwaang nn. *barnacle*
DEF: g̱áwt'gungaay.

g̱áwt'un nn. <skáa> *species of acorn barnacle*
DEF: g̱áwt'unaay.

G̱aw X̱aat'áay nn. *the Masset Haida people*
·Íitl' tawláng uu G̱aw X̱aat'áay íijang. Our relatives are the Masset Haida.

g̱áw x̱áng t'álg ts'a sk'asíid n-nom. *pipefish, pinfish, needlefish*

g̱áy (1) n-ip/ap. *one's blood*
RFX: g̱ayáng.
·G̱áygyaa 'wáa aa íijan. There was blood in it. ·Díi g̱áy 'láagang. My blood is good. ·G̱áy hal ḵ'usáang'waang. They are coughing up blood.

g̱áy (2) n-ip/ap. *kidney of a salmon*

g̱ayáa vb. *to be bloody*

g̱ayáa dáaw n-cpd. <sk'a> *chimney, stovepipe*
DEF: g̱ayáa dáawaay.

g̱ayáaw

1. n-nom. <sk'a> *chimney, stovepipe*
   DEF: g̱ayáawaay.
2. n-nom-ip/ap. *smoke*
   DEF: g̱ayuwáay.

·Náay únggwsii x̱íilaas dasd g̱ayuwáay istl'aagán. The smoke came out of the hole in the roof.

g̱ayáaw k'yuusíi nn. *chimney*

g̱ayáng n-rp. *one's own blood*
NOTE: This is the reflexive form of g̱áy.

g̱ayáng sk'i'íi n-ip. <sg̱a> *blood vessel, vein, artery*

g̱ayánsk'yaaw n-ip. <sg̱a> *one' s blood vessel, vein, artery*

g̱ayd n-ip/ap. *(one's) ashes*
DEF: g̱aydáay.

g̱áy ḵ'ats'áa n-phr. *blood clot*

g̱áyn nn. <hlgi> *driftlog, large piece of driftwood*
DEF: g̱áynaay.

g̱ayuwa vb. *to care about X, to think X is important, to be grateful for X*
SP: g̱ayuu'áng | gang DP: g̱ayuu'áng | gan IP: g̱ayuu'áang | aan
NOTE: This verb is only used in negative sentences.

·Gám dáng eehl díi g̱ayuu'ánggang. I am not grateful for you. ·Gám g̱ahl hal g̱ayuu'ánggang. He doesn't care about it.

g̱a'a vb. *to not have the heart to do X*
SP: g̱a'áa | ng DP: g̱aa | gán IP: g̱a'áa | yaan
NOTE: This verb requires k'úug "(someone's) heart" as its subject.

·Húutl'daas x̱ánjuwaay aa díi k'úug g̱a'áang. I don't have the heart to let those folks go.

g̱a'áaw vb. *to disgrace oneself*
SP: g̱a'áaw | gang DP: g̱a'áaw | gan IP: g̱a'áaw | aan

·Án g̱a'áawaay tl'aa g̱id gíiganggang. There is always disgrace. ·Án hal g̱a'áawgan. He disgraced himself

g̱id

1. vb. *for there to be no more, to be all there is, to be all gone*
2. vb. *to be humble; to be of low status*
   SP: g̱íid | ang DP: g̱íid | an IP: g̱id | áan
   NOTE: This verb requires the use of the adverb x̱íid "down".
3. vb. *to be more than X (in degree, quantity, quality, etc.)*
   SP: g̱íid | ang DP: g̱íid | an IP: g̱id | áan

·G̱ándlaay g̱áanaay t'álg g̱íidang. There is more water than berries.

4. vb. *to be (thus)*

SP: g̱íid | ang DP: g̱íid | an IP: g̱iid | áan

·Díi git'aláng tla'únhl dluu g̱íidang. I have about 6 children. ·Sán chíin g̱id uu íijang? What kind of fish is it? ·Gíisdluu chíinaay dáa g̱idaa? How many fish did you have?

5. vb. *to be X's business, to concern, involve X*

SP: g̱íid | ang DP: g̱íid | an IP: g̱id | áan

·Dáng ii gw g̱id'us? Is it any of your business?

6. vb. *to wait for X*

SP: g̱íid | ang DP: g̱íid | an IP: g̱id | áan

·Dáng k'yuu hal g̱íidang. He's waiting for you. ·Dáng náan íitl' k'yuu g̱íidang. Your grandmother is waiting for us. ·Jíingaa 'láa k'yuu t'aláng g̱íidan. We waited for her for a long time.

g̱idanhl interj. *no wonder!*
·G̱idanhl! It's no wonder!

g̱idatl'aa vb. *to arrive (pl)*
SP: g̱idatl'aa | ng DP: g̱idatl'aa | gán IP: g̱idatl'aa | gáan
·Awáan íitl' guláagan dáan uu Gijx̱áan eehl íitl' g̱idatl'aagán. We were still having a good time when we arrived in Ketchikan. ·Awáan g̱íidan dáan, díi git'aláng sdáng g̱idatl'aagán. As time went by, two of my children arrived. ·Tlíiyaan uu K'áaws Tláay aa íitl' g̱idatl'aagán. We finally got to Craig.

g̱idda vb. *to let be*
SP: g̱iddáa | ng DP: g̱idd(a) | gán IP: g̱iddáa | yaan
·Ak'ún an hl g̱iddáa. Let it be as is. ·Gu dlúu hl g̱iddáa! Make them even! ·K'wáa, uk'únan hl g̱iddáa. Please, just let it be!

g̱idéed pp. *about, concerning*
·Hydaburg g̱idéed uu Hl gyaahlándaang. I'm telling a story about Hydaburg. ·Gin g̱idéed hal ḵaagw'ugán. They were discussing something. ·Gin g̱idéed t'aláng gúusuugan-g díi ḵ'íisgad áwyaagan. I totally forgot what we were talking about.

g̱idgáang n-nom. *one's own behavior*

g̱idgáay n-nom. *the part in such-and-such direction*

g̱id gihláalw n-nom. <gi> *finely woven waterproof mat worn around the waist while in a canoe*
DEF: g̱id gihláalwaay.

g̱íi pp-phrase. *through it, in it, into it*

g̱íig pp-phrase. *into it*

g̱íigaang pp. *to oneself*
·G̱íigaang hl gudáng. Think carefully to yourself.

g̱íihl vb. *to become all gone, depleted, used up*
SP: g̱íl | gang DP: g̱íl | gan IP: g̱éel | aan
NOTE: This verb requires the use of the adverb tláan "stop".

g̱íisd pp-phrase. *out of it, out from it*

g̱íit'aang vb. *to be ashamed, embarrassed (of X)*
SP: g̱íit'aang | gang DP: g̱íit'aang | gan IP: g̱íit'aang | aan
·Hal g̱íit'aanggang. She is ashamed. ·Hal jáa 'laahl g̱íit'aanggan. His wife was ashamed of him. ·Awáahl hín nang 'wáas dluu, 'laahl ga ḵ'wáalaas uu g̱ahl g̱íit'aangaan. Long ago when someone did that, they were a disgrace to their tribe.

g̱íliyaa vb. *to be ugly, unattractive*

g̱ínjuu v-rfx. *to strain, struggle to defecate*
SP: g̱ínjuu | gang DP: g̱ínjuu | gan IP: g̱ínjaaw | aan

g̱ínuu n-ip. *bird down*
DEF: g̱ínuwaay.

g̱u vb. *to burn*
SP: g̱u | gáng DP: g̱u | gán IP: g̱u | gáan
·Ts'áanuwaay g̱us t'áahl, Hl 'wáanaa'aasaang. I'll go dig clams while the fire is burning. ·Ḵ'áas g̱udáawaay x̱ugáng. The lamp is burning. ·G̱u 'láa áwyaagang. It's burning bright.

g̱u chándaal vb. *to coast, to sled*
SP: g̱u chándaal | gang DP: g̱u chándaal | gan IP: g̱u chándaal | aan
·'Wáadluu g̱aagáay g̱u chándaalsaang. The kids will be sledding then. ·Hal g̱u chándaal xangaláayaan. He sledded fast. ·Hal g̱u chándaal'iid'ugan. They started sledding.

g̱u cha'áangw nn. <cha> *cushion*
DEF: g̱u cha'áangwaay.

g̱ud

1. nn. <ts'as> *box, trunk, coffin*
DEF: g̱udáay.

·Ḵugíinaay hl g̱udáay iig júugaa! Stack the books in the box. ·G̱udáay iig hl gyaasdláa. Dump it in the box. ·G̱udáay iig hl ḵínts'aa. Look inside the box.

2. n-ip. <ja> *one's buttocks (of a human or bear)*
RFX: g̱udáng.

3. n-ip. *stern of a boat*

4. n-ip. *the part of an island nearest to other land*

g̱uda vb. *to burn O, light O (lamp)*
SP: g̱udáa|ng DP: g̱ud|gán IP: g̱udáa|yaan
·Ḵ'áas g̱udáawaay Hl g̱udáasaang. I'll light the lamp. ·G̱udáay Hl g̱udáang. I'm burning the boxes. ·Ḵ'áas g̱udáawaay hl g̱udáa. Ligt the lamp.

g̱udáng n-rp. <ja> *one's own buttocks*
NOTE: This is the reflexive form of g̱ud.

g̱udángaal nn. *stinging nettle*
DEF: g̱udángalaay.

g̱udángaal aad n-cpd. *net made of nettle fiber*

g̱udáng chaadiyáay n-poss-phr-rp. <ja> *one's own buttocks*
NOTE: This is the reflexive form of g̱ud chaadiyáay.

g̱udáng chiingáay n-poss-phr-rp. <ja> *one of one's own buttocks*
NOTE: This is the reflexive form of g̱ud chiingáay.

g̱udáng skuj n-poss-rp. *one's own pelvic bone*
NOTE: This is the reflexive form of g̱ud skuj.

g̱ud chaadiyáay n-poss-phr-ip. <ja> *one's buttocks*
RFX: g̱udáng chaadiyáay.

g̱ud chiingáay n-poss-phr-ip. <ja> *one of one's buttocks*
RFX: g̱udáng chiingáay.

g̱ud gihláalw n-nom. <gi> *diaper*
DEF: g̱ud gihláalwaay.

g̱ud git'íisk'w n-nom. <gi> *diaper*
DEF: g̱ud git'íisk'waay.

g̱udgwáa g̱agwíi 'láanaa n-cpd. *the very last one*

g̱udgwáa tl'áas n-cpd. *all the people generation after generation*

g̱udgwáa tl'áas x̱aat'áay n-cpd. *the last people on earth, all people forever, generation after generation*

g̱udgwáa 'láanaa n-cpd. *the last (final) one*

g̱ud g̱adúusii n-nom. *diaper*

g̱udíisii nn. *the last (of a food or resource collected from nature)*

g̱ud kún n-cpd. <g̱a> *end (small side) of a rectangular box*

g̱ud ḵáahlii n-poss. *anus*

g̱ud ḵ'áal n-poss. *an empty box*

g̱ud ḵ'ún n-poss. *the rim of a box*

g̱ud sgúnulaas n-phr. *blanket chest made of eucalyptus wood*

g̱ud skáa'alaangwaa n-phr. *old-fashioned Chinese-made trunk with leather and brass trim*
DEF: g̱ud skáa'alaangwaas.

g̱ud skuj n-poss-ip. *one's pelvic bone*
RFX: g̱udáng skuj.

g̱ud stl'áng n-poss. *bottom of a box (inside or outside)*

g̱ugáa vb. *to be lovesick, lonesome*
SP: g̱ugáa | gang DP: g̱ugáa | gan IP: g̱ugáa | gaan
·Náay aa hal g̱ugáagaangaan. She used to be lovesick in the house.

g̱ugahl vb. *to catch on fire, start to burn*
SP: g̱ugál | gang DP: g̱ugál | gan IP: g̱ugáal | aan
·Náay g̱ugálgang. The house is on fire. ·Náay g̱ugálgang. The house is on fire. ·Naay 'láa g̱ugálgang. Her house is on fire.

g̱ugahlda vb. *to light O on fire*
·Ts'áanuwaay hl g̱ugahldáa. Light the fire. ·Ḵ'áas g̱udáawaay hl g̱ugahldáa. Light the kerosene lamp.

g̱ugahldáaw n-nom. *gun powder*
DEF: g̱ugahldáawaay.

g̱uhláal

1. n-nom. *aged loosed salmon eggs mixed with mashed potato soup*
2. n-nom. *traditional blue-green paint*
   DEF: g̱uhlaláay.

g̱uhlahl vb. *to be blue*
SP: g̱uhlál | gang DP: g̱uhlál | gan IP: g̱uhláal | aan
·Hlk’idgáa ḵehjgad ’láas g̱uhlálgang. The pretty dress is blue. ·Hlk’idgáay díinaa g̱uhlálgang. My dress is blue. ·Ḵíihlaa da’áawaay ’láangaa g̱uhlálgang. His cupboards are blue.

g̱u hlgahláanw n-nom. *saddle*

g̱u hlga’áangw

1. nn. <sk’a> *bench*
   DEF: g̱u hlga’áangwaay.
2. nn. <hlga> *chair, stool, chesterfield*
   DEF: g̱u hlga’áangwaay.

·G̱u hlga’áangwaay hl sḵu hlg̱adáal! Push the chair! ·Nang ts’úujuus g̱u hlga’áangwaay ínggw hal tla ḵ’áawgan. She sat the baby down in the chair. ·G̱u hlga’áangwaay g̱áamjuugang. The chair (seat) is wide.

g̱u hlga’áangw g̱u ḵ’aayslangáa n-phr. *rocking chair*

g̱u hlga’áangw hltanáa n-phr. *easy chair*

g̱u hlga’áangw jáng n-phr. <hlga> *sofa, chesterfield*

g̱u hlga’áangw ḵ’áal n-poss. *an empty chair*

g̱u hlga’áangw ḵ’íihlahldaaw nn. *arms of an armchair*

g̱u hlga’áangw ḵ’íihlaldaa n-phr. *armchair, any chair with arms*

g̱u hlga’áangw sk’ángandaa n-phr. <sk’a> *bench*

g̱u hlga’áangw ún n-poss. *surface of a chair's seat*

g̱uhl gijáaw n-nom. <gi> *blue Hudson's Bay blanket*
DEF: g̱uhl gijáawaay.

g̱ujúu vb2. *for all S to V; to V all O*
·Sáa tl’ gudangáay g̱id g̱ujúugang. Everyone is high-minded. ·Hal isd g̱ujúugan. He took all of them. ·Hal sg̱áyg g̱ujúu’ugan. They all cried.

g̱ujúugalaay n-nom. *the part of an island nearest to a larger landmass*

g̱u k'wa'áangw nn. <cha> *cushion*
DEF: g̱u k'wa'áangwaay.

g̱u ḵ'aaysláng vb. *to rock in a rocking chair*
SP: g̱u ḵ'aaysláng | gang DP: g̱u ḵ'aaysláng | gan IP: g̱u ḵ'aaysláang | aan
·G̱u ḵ'aysláng hlaa. Rock (in a rocking chair)!

g̱u ḵ'ajáangw n-nom. <sk'a> *sparkplug*
DEF: g̱u ḵ'ajáangwaay.

g̱uláang n-ip. *the inside front of one's clothes*

g̱uláang ḵáahlii n-poss. *the inside of the front of one's clothes*

g̱únda vb. *to have O as one's father, paternal uncle (father's brother), husband of maternal aunt (mother's sister)*
SP: g̱úndaa | ng DP: g̱únd | gan IP: g̱úndaa | yaan
NOTE: This term is used in reference to the father or uncle of a male. For the father or uncle of a female, see x̱áat'a.

g̱ung n-ip. *one's father, one's paternal uncle (father's brother), husband of one's maternal aunt (mother's sister)*
PLU: g̱ungláng. RFX: g̱úngaang.
NOTE: This term is only used in reference to a male's father or uncle. For a female's father or uncle, see x̱áad.
·'Wáa salíid, daláng g̱ung sḵamd ínsaang. After that, your guys' father will go trapping. ·Tla'áa hal g̱ung gúusuugan. His father spoke for a long time. ·Díi g̱ung x̱áaw g̱áayaagang. My father knows how to fish.

g̱ungáa

1. voc. *father! paternal uncle (father's brother)! husband of maternal aunt (mother's sister)!*
NOTE: This term is only used by males to address their father or uncle. For the corresponding address term used by females, see hadáa.

2. vb. *to be a father, paternal uncle (father's brother), husband of maternal aunt (mother's sister) (to X)*

g̲úngaang n-rp. *one's own father, one's own paternal uncle (father's brother), husband of one's maternal aunt (mother's sister)*
NOTE: This is the reflexive form of g̲ung. This term is only used in reference to a male's own father or uncle. For a female's own father or uncle, see x̲áadang.

g̲ung da'a vb. *to have a father, paternal uncle (father's brother), husband of a maternal aunt (mother's sister)*
SP: g̲ung da'áa | ng DP: g̲ung daa | gán IP: g̲ung da'áa | yaan
NOTE: This term is used in reference to a father or uncle of a male. For the father or uncle of a female, see x̲áad da'a.

g̲ungéehl vb. *to become a father, paternal uncle (father's brother), husband of a maternal aunt (mother's sister)*
SP: g̲ungéel | gang DP: g̲ungéel | gan IP: g̲ungéel | aan
NOTE: This term is used only in reference to a father or uncle of a male. For the father or uncle of a female, see x̲áat'eehl.

g̲úntl'aats'a vb. *to swallow O*
SP: g̲úntl'aats'aa | ng DP: g̲úntl'aats' | gan
IP: g̲úntl'aats'aa | yaan
·G̲úntl'aats' hlaa! Swallow! ·Xiláay hl g̲úntl'aats'aa. Swallow the medicine! ·Skuj hl g̲úntl'aats'gan. I swallowed a bone.

g̲usdla vb2. *to V hard, very much, a lot*
SP: g̲asdláa | ng DP: g̲ashl | gán IP: g̲asdláa | yaan
·Áang, sangáay 'láa g̲usdláang! Yes, the weather is really nice. ·Hal stláay dánhliyaa g̲usdláang. His hand is really swollen up. ·K̲igwáay k̲íit'al g̲usdláang. The basket is very roomy.

g̲usdliyée n-nom. *one that is really V, the very V-est one(s)*
·G̲ándl 'láa g̲usdliyée uu íijang. It's the best kind of water. ·Chíin k̲wáan g̲usdliyée tl' isdáayaan. They got a great deal of fish. ·Tlag 'láa xusdliyée uu íijang. It's a beautiful place.

g̲u sg̲ak'áa vb. *to have aching joint, sharp pains*
SP: g̲u sg̲ak'áa | gang DP: g̲u sg̲ak'áa | gan IP: g̲u sg̲ak'áa | gaan
·'Láa uu g̲u sg̲ak'áagang. He has aching joints.

g̲uts'áng n-cpd. *dentalium shell*
DEF: g̲uts'angáay.

g̱ut'ad vb. *to break X by sitting on it*
SP: g̱ut'íid | ang DP: g̱ut'íid | an IP: g̱ut'ad | áan

·Tíidaa dáangwaay iig hal g̱ut'íidang. He broke the bed by sitting on it. ·G̱u hlga'áangwaay iig Hl g̱ut'íidan. I broke the chair by sitting on it.

g̱ut'íisaa

1. n-nom. *small seat built into the stern of a canoe*
2. n-nom. *spot on the hip that touches the side of the canoe when paddling*

g̱úud nn. *juvenile bald eagle*
DEF: g̱úudaay.

g̱úudangaada v-rfx. *to pay close attention (to X), to act sneaky (around X), to spy (on X)*
SP: g̱úudangaadaa | ng DP: g̱úudangaad | gan
IP: g̱úudangaadaa | yaan

·'Láa an án hal g̱úudangaadaang. She is acting sneaky around her.

g̱úud skáalaa nn. <skáa> *wart, mole*
DEF: g̱úud skáalagaay.

g̱úud t'amíi n-cpd. <skáa> *species of millipede*
DEF: g̱úud t'amíigaay.

g̱úuj nn. *wolf*
DEF: g̱úujaay.

·Gu g̱úuj ḵwáan-gang. There are a lot of wolves there. ·G̱úujaayg hlg̱ugiigáagang. The wolves are scary. ·Akyáa g̱úuj ḵwáan-gang. Jagwgyáa tl' isdáang. There are a lot of wolves outside. Take a gun with you.

g̱waa nn. *common murre*
DEF: g̱wa'áay.

g̱waadúu nn. *loose salmon eggs put in a seal stomach (or skunk cabbage leaves) and allowed to smoke and age*

g̱waagáang n-nom. *an ache*

g̱waagáng vb. *to ache, suffer from aches and pains*
SP: g̱waagáng | gang DP: g̱waagáng | gan IP: g̱waagáang | aan

·Díi k'íij g̱waagánggang. I have a stomach ache. ·Díi ḵ'ahl'úl áayaad g̱waagánggang. My hip joint is aching today. ·Díi stláay k'u'úldaangaa g̱waagánggang. The joints in my hands are aching.

g̲wáang vb. *to break (of a sticklike object)*
SP: g̲wáang | gang DP: g̲wáang | gan IP: g̲wáang | aan

·Díi k̲'ulúu g̲wáanggan. My leg broke ~ I broke my leg. ·Dáng ts'áwii g̲wáanggan. You broke your backbone. ·Dáng k̲'ulúu g̲wáanggan. Your leg broke. You broke your leg.

g̲wáanggaa vb. *to be broken (of a sticklike object)*
SP: g̲wáanggaa | gang DP: g̲wáanggaa | gan IP: g̲wáanggaa | gaan

g̲wáay nn. *whole salmon eggs washed in fresh water until they turn white*
DEF: g̲wáayaay.

g̲wíihlgaalw n-nom. <hlga> *jackscrew, jack, screwdriver*
DEF: g̲wíigaalwaay.

g̲wíiwuhlda vb. *to close one's eyes, blink, wink once*
SP: g̲wíiwuhldaa | ng DP: g̲wíiwahld | gan IP: g̲wíiwahldaa | yaan

·G̲wíiwuhld hlaa. Close your eyes. ·Dáng x̲áng aa hal g̲wíiwuhldgan. He winked at you. ·X̲ángaang hal g̲wíiwuhldaayaan. He kept his eyes closed.

g̲wíiwula vb. *to have one's eyes closed*
SP: g̲wíiwulaa | ng DP: g̲wíiwul | gan IP: g̲wíiwulaa | yaan

·Hal g̲wíiwulaas dluu gwaa gám gin hal k̲íng'aangaan. He couldn't see anything because his eyes were closed.

g̲wíiwulda vb. *to keep one's eyes closed*
SP: g̲wíiwuldaa | ng DP: g̲wíiwuld | gan IP: g̲wíiwuldaa | yaan

g̲wíiwuldang vb. *to wink; to blink repeatedly*
SP: g̲wíiwuldang | gang DP: g̲wíiwuldang | gan
IP: g̲wíiwuldaang | aan

• Ĝ •

ĝálgahl'yaan nn. <skáa> *abalone*
DEF: ĝálgahl'yaan-gaay.

• H •

háabs nn. *hops*
DEF: háabsgaay.

háana vb. *to be beautiful*
SP: háanaa | ng DP: háan. | gan IP: háanaa | yaan
·Hal gid jáadaas háan xajúugan. His little daughter was beautiful.

háaníisgwáa interj. *how beautiful!*
·Háaníisgwáa! Chíinaay k̲ehjgad 'láagang. How beautiful! The fish looks good.

háay interj. *go ahead! start off!*

hadáa vocative. *father! paternal uncle (father's brother)! husband of maternal aunt (mother's sister)!*
NOTE: This term is only used by females to address their father or uncle. For the corresponding address term used by males, see g̲ungáa.

hadáaw interj. *dismay, displeasure*

hágw interj. *listen!*

hágwsdaa interj. *come on! get going! hurry! go ahead! get to it!*

hahéayaa interj. *<expression used to get someone's attention>*

-hahl vb2. *to tell, ask someone to V*

hahlgúusd adv. *at, on, from this side (of)*

hahlgwáa adv. *over this way, nearby, close, here*

hahlgwíi adv. *this way, in this direction*
·Hahlgwíi ts'áak'aay xíidang. The eagle is flying this way. ·Hahlgwíi hl díi aa k̲ahláa! Climb up here to me. ·K̲aníi, hahlgwíi hl k̲áa! Auntie, come this way!

hajáa nn. *Cassin's auklet*
DEF: hajgáay.

hak'ún adv. *thus, like that, in that way*

hak'wáan adv. *anyway, just, nevertheless, even so*
NOTE: Varies with uk'wáan, hak'wáanaan, uk'wáanaan.
·Uk'wáan hl chíin isdáa. You might as well get some fish. ·Uk'wáan hl anáa is. Just stay in the house. ·Uk'wáanaan hl g̲iddáa. Leave it be!

hal
1. pro. *he, she, they*
NOTE: Some speakers use nn instead. This pronoun is used as the subject of stative and active verbs. It occurs in the pronoun zone. For use in focus positions, see 'láa. Notice that hal makes no distinction in gender. The meaning "they" is found only when the verb in the sentence carries the plural suffix.
·Dasd hal ts'aag'ugán. They moved from there. ·Náay áa hal k̲'ajgíidan. He aimed at his house.
2. poss pro. *his, her, their*
NOTE: Some speakers use nn instead.

hála (1) vb. *to give a feast, put on a doing, host a social event*
SP: hálaa|ng DP: hál|gan IP: hálaa|yaan
·Gin k̲wáan-g uu Gasa'áan eehl tl' hálgiinii. They used to have lots of social events in Kasaan. ·Íik'waan gin-g tl' hálaas íitl' guláagiinii. Nevertheless we used to enjoy the doings. ·Ahljíi g̲idéed uu gin-g tl' hálgan. That's what the celebration was about.

hála (2) vb. *to harvest, gather, go after, go and get X*
SP: hálaa|ng DP: hál|gan IP: hálaa|yaan
·Gúusd uu dáng hálaang? What are you going after? ·K'áawg hal hálaa an 'láa tl' súudaang. They say he's getting some fish eggs. ·Díi k̲áa san da hálgiinii. My uncle used to get some too.

hálaa interj. *give it here! give it to me!*

háldajaang vb. *to chew on O (entirely) in one's mouth*

háljang vb. *to chew O*
SP: háljang|gang DP: háljang|gan IP: háljaang|aan
·Wáayaad dámaan gin Hl háljanggang. Nowadays I chew things well.
·Táawaay dámaan tl' háljanggang. Be sure to chew the food well.
·Dámaan hl táawaay áangaa háljang. Chew your food well.

hámdajaang vb. *to gum O, eat O without teeth*

Hamíis nn. *a bogeyman*

hân adv. *even*

·Nang ts'áwii k'wa'áan han uu x̱ánj jánggang. Even a short man casts a long shadow.

hándad nn. *hundred*

háng vb2. *might, must, perhaps*

SP: hánggang DP: -- IP: --

·Hal st'i hánggang. She must be sick. ·Tlíisdluwaan táawaay hal k'áyd'waasaa hánggang. Perhaps someday they will save the food. ·Nang íitl'aagdáas 'wáahlahlsaa hánggang. The chief might give a potlatch.

hánggwaa interrogative. *right?*

·Díi eehl dáng is hlangaang, hánggwaa? You can go with me, right? ·Sáng 'wáadluwaan K'áaws Tláay aa dáng íijanggang, hánggwaa? You go to Craig everyday, don't you?

háns part. *too, also, as well*

NOTE: Varies with hánsan, hánsanan, san, isán, asán, and -s.

·Lagúus háns giid íisd tlaawhlgáagang. Cedar mats are made out of cedar bark too. ·Dáa san g̱a chándaal hlangaang. You can sled too. ·Hláa san dáng an kíl 'láagang. I too thank you.

hats'asáa vb. *to sneeze*

SP: hats'asáa|gang DP: hats'asáa|gan IP: hats'asáa|gaan

·Hat'án uu hal hats'asáagan. He just sneezed a while ago.

hat'án adv. *just now, lately, recently*

NOTE: Varies with at'án.

·T'áagwaa st'ii náaysd at'án hal x̱ánjuutl'aagan. She just arrived from a hospital down south. ·Hlg̱ayúu X̱aat'áay at'án t'aláng ḵínggan. We saw the Skidegate people recently. ·Áang, at'án Hl ḵáygan. Yes, I just had a baby.

hat'án ináa vb. *be young*

SP: hat'án ináa|gang DP: hat'án ináa|gan IP: hat'án ináa|gaan

NOTE: Varies with at'án ináa.

·X̱aat'gáay hat'án ináa g̱ujúugang. All the people are young. ·Hal at'án ináa'ugan. They were young people. ·Nang íihlangaas at'án ináagang. The man is young.

hat'án in-gáay n-nom. *the young people*

NOTE: Varies with at'án in-gáay.

hawáan adv. *still*

NOTE: Varies with awáan.

·Awáan da díi gudánggang. I still want more. ·Awáan hal k'ánggwdanggang. He's still hopeful. ·Uk'ún uu 'wáageeg hawáan díi gudánggang. I still want to do it.

háw gw tlíi interrogative. *that much?*

hawíid interj. *come here! (sg)*

·Hawíid! Come here! ·Hawíid, xyáahl hlaa! Come on, dance! ·Hawíid, st'a hlk'únk'aay hl díinaa k̲íng'uu. Come here and look at my mocassins, you folks.

hawíidaan adv. *quickly, in an hurry*

·Hawíidaan hl g̲agánjuu! Breathe fast! ·Hawíidaan tl' sdíihl'waang. You folks hurry back! ·Hawíidaan tl' tla k'ílgan. They quickly put out the fire.

hawíid'uu interj. *come here! (pl)*

háws adv. *again*

NOTE: Varies with háwsan, húus, húusan, wúus, wúusan, háw háns, háw hánsan, hawáns, hawánsan.

·Gíijgwaa tl'aa, húus 'láa t'aláng k̲íng ín'waasaang. I hope that we will go visit them again. ·Háw háns díi gid k̲áygan. My child gave birth again. ·Háw háns x̲ánjuwaay hal tlat'áang. She's putting off leaving again.

háwsdluwaan interj. *that's enough! quit it! stop!*

·Háwsdluwaan! Stop it! That's enough!

háw tlíisdluu adv. *that much, that far*

háw'aa interj. *thank you*

·Háw'aa, díi gwíi hl sdíihl. Thank you, return to me.

háw'aa'uu interj. *thank you (pl)*

-hid vb2. *to begin, start to V*

hihlda vb. *to stir, move, twitch, fidget*

SP: hihldáa | ng DP: hihld | gán IP: hihldáa | yaan

híik'waan adv. *nevertheless, but, on the contrary*

NOTE: Varies with yíik'waan.

híilaang

1. n-nom. *thunder*
   DEF: híilangaay.
   NOTE: Varies with yíilaang.

·Gyáak̲'id yíilangaay tláats'gaagang. Sometimes the thunder is loud.

2. vb. *to thunder*
   SP: híilaang | gang DP: híilaang | gan IP: híilaang | aan
   NOTE: Varies with yíilaang.

·G̲áalgwaa híilanggan. There was thunder last night. ·G̲áalgwaa híilaanggan. It thundered last night. ·Asíis yíilanggang. There's also thunder.

híilang n-nom. *thunderbird*

híiluu vb. *to vanish, pass out of existence, become all gone, used up, depleted*
SP: híiluu | gang DP: híiluu | gan IP: híilaaw | aan
NOTE: Varies with yíiluu.

·Táawaay híiluugang. There's no more food. The food is all gone. ·Jagw hlg̲áay 'láa yíiluugang. His bullets are all gone. ·K̲'áas g̲udáaw táw yíiluugang. The lamp oil is all gone.

híiluwiid nn. *ulcer on one's skin*
DEF: híiluudaay.

Híinii K'agwáay nn. *bogeyman*

hik'ii adv. *specifically, exactly, just, right*

hildag̲áang nn. <skáa> *strawberry*
DEF: hildag̲angáay.

híldang vb. *to stir, move, twitch, fidget repeatedly; to shake, squirm, writhe*
SP: híldang | gang DP: híldang | gan IP: híldaang | aan

·K̲íid í'waandaa tajuwáay aa híldanggang. Large trees are waving in the wind. ·Hlan-gwáay tlagáay híldanggan. There was an earthquake.

hín adv. *thus, like that, in this way*

·Hal ki'ii uu Gasáawaag hín g̲iidan. His name was Gasáawaak. ·Awáahl hín nang 'wáas dluu, 'laahl ga k̲'wáalaas uu g̲ahl g̲iit'aangaan. Long ago when someone did that, they were a disgrace to their tribe. ·«Dúujaay gíit'ii aa Hl tla'áandaasaang,» hín uu hal sáawaan. "I'll take care of the kittens," she said.

híndaa interj. *scram! beat it! let me see it!*
·Híndaa. Díi hl k̲índaa. Let me see it. Show it to me.

hínd hawíid interj. *come here!*

hingáan adv. *just, simply, nothing but, without doing anything*
NOTE: Varies with yingáan.
·Hingáan hl gu k̲uyáad'uu. Just love one another. ·Yingáang Hl k̲'adíisaang. I'll just go to sleep. ·Yingáan hl isdáa! Leave it alone! Leave it be!

hit'áadaaw n-nom. <hlga> *jack, jackscrew*
DEF: hit'áadaawaay.

Hl pronoun. *I*
NOTE: Current practice is to always write this word with a capital H, no matter where it occurs in the sentence, in order to distinguish it from the command marker hl, which is always written with a lower case h. This pronoun occurs as the subject of active verbs. It occurs only in the pronoun zone. For use in focus positions, see hláa.

hl ~ hlaa part. *<command marker>*

hláa pronoun. *I*
NOTE: This pronoun occurs as the subject of active verbs. It is used only in focus position. For use in the pronoun zone, see Hl.
·Hláa gudángs dluu tl' guugáang. I think people are lazy. ·Hláa uu gudángs dluu, hal sdíihlsaang. I believe he will return. ·Ben isgyáan hláa uu K'áaws Tláay aa íijan. Ben and I went to Craig.

hláaw vb. *to whittle O*

hláawad nn. *wood shavings*
DEF: hláawadaay, hláawgaay.

hláaw g̲ámaal n-cpd. *wood shavings*
DEF: hláaw g̲ámalaay.

hláay nn. <skáa> *high-bush cranberry, squashberry*
DEF: hláayaay.
·Hláay dáng táasaang. You will eat highbush cranberries. ·Wuk'úus hláay san t'aláng isdgán. We also got highbush berries.

hláay gyaawáay n-cpd. *highbush cranberry patch*

hláay k̲ayúudaa n-cpd. *highbush cranberries mixed with ooligan grease*
DEF: hláay k̲ayúudaay.

hlagwáats' nn. *rhinocerous auklet*
DEF: hlagwáats'aay.

hlajáaw nn. *ladder*
DEF: hlajáawaay.
·Hlajáawaay 'láa í'waan-gang. Her ladder is big.

hlamál nn. *elkhide*

hlamál g̲áay n-cpd. *bacon*
DEF: hlamál g̲áaygaay.

hlangaa vb2. *to be able to V, can V, be allowed to V, could V*
·Áasgaay k̲ungáay aa uu X̲aadas xyáalaa t'aláng isdáa hlangaang. We can have an Indian dance this month. ·Gin dah hlangáayg uu t'aláng diyínggang. We're looking for something to buy. We're shopping. ·Áa gin t'aláng táa hlangaay íijang. Here is something we can eat.

hlangáa vb. *to be plenty, plentiful*
SP: hlangáa | gang DP: hlangáa | gan IP: hlangáa | gaan
·Díi an táaw hlangáagang. I have plenty of food.

hlangáan adv. *just, simply, a little bit, a few, somewhat*
·Hlangáan hl g̲agánjuu! Just breathe! ·Hlangáan k̲'ajúugang. There's just a light breeze. ·Hlangáan tajúugang. There's just a light breeze.

hlangáang vb. *to groan, moan*
SP: hlangáang | gang DP: hlangáang | gan IP: hlangáang | aan
·Hal st'igán dluu, án hal hlangáanggan. When she was sick, she was groaning.

Hlanggadáa vb. *to be Tlingit*
SP: Hlanggadáa | gang DP: Hlanggadáa | gan
IP: Hlanggadáa | gaan
·Díi Hlanggadáagang. I'm Tlingit. ·Hal aw Hlanggadáagang. Her mother is Tlingit.

Hlanggadáa kihl pp phrase. *in Tlingit*
·Cháas Tláa hín uu Hlánggadaa kihl díi kya'áang. My name in Tlingit is Cháas Tláa.

Hlanggas nn. *Tlingit people*

Hlanggas X̲aat’áay nn. *the Tlingit people*
·Hlanggas X̲aat’áay san áangaa sk̲’at’áang. The Tlingit people are learning their own (language) too.

hlan-gwáay nn. <k̲’ii> *the world, the earth*
DEF: hlan-gwáay ~ hlan-gwáayaay.
·Hlan-gwáay awáahl g̲áalgaagaan. Long ago the world was dark.

hlan-gwáay tlagáay n-cpd. *the earth*
·Hlan-gwáay tlagáay skáangaaldaang. The world is round. ·Hlanggwáay tlagáay ak’aayáagang. The world is going crazy. ·Hlanggwáay tlagáay uu sg̲áanuwaagang. The world is mysterious.

Hlank̲wa’áan nn. *Klinkwaan*
·Díi chan uu Hlank̲wa’áansd íijan. My grandfather came from Klinkwaan. ·Hlank̲wa’áan eehl ’láa tl’ gín ináagaan. She was raised in the village of Klinkwan. ·Díi chan isgyáan díi náan Hlankwa’áan eehl na’áanggiinii. My grandfather and my grandmother used to live in Klinkwaan.

hlanuu n-ip-sg. *one's same-sex sibling's spouse*
PLU: hlanuuláng. RFX: hlanuwáng.
NOTE: For a male, this term refers to his brother’s wife (his sister-in-law). For a female, it refers to her sister’s husband (her brother-in-law).

hlanuuda vb. *to have O as one's same-sex sibling's spouse*
SP: hlanuudáa|ng DP: hlanuud|gán IP: hlanuudáa|yaan
NOTE: For a male, this term refers to his brother’s wife (his sister-in-law). For a female, it refers to her sister’s husband (her brother-in-law).

hlanuu da’a vb. *to have a same-sex sibling's spouse*
SP: hlanuu da’áa|ng DP: hlanuu daa|gán IP: hlanuu da’áa|yaan
NOTE: For a male, this term refers to his brother’s wife (his sister-in-law). For a female, it refers to her sister’s husband (her brother-in-law).

hlanuwáa vb. *to be a same-sex sibling's spouse (to X)*
SP: hlanuwáa|gang DP: hlanuwáa|gan IP: hlanuwáa|gaan
NOTE: For a male, this term refers to his brother’s wife (his sister-in-law). For a female, it refers to her sister’s husband (her brother-in-law).

hlanuwáay voc. *same-sex sibling's spouse!*
NOTE: For a male, this term can be used to address his brother's wife (his sister-in-law). For a female, it can be used to address her sister's husband (her brother-in-law).

hlanuwáng n-rp. *one's own same-sex sibling's spouse*
NOTE: For a male, this term refers to his brother's wife (his sister-in-law). For a female, it refers to her sister's husband (her brother-in-law).

Hlats'ux̂ nn. *Northern Lights, Aurora Borealis*
DEF: Hlats'ux̂gáay.

hldáamad nn. *ash, soot*
DEF: hldáamadaay.

hldáan nn. <skáa> *blueberry, blue huckleberry*
DEF: hldáanaay.

·Áayaad hldáan Hl skáadaangsaang. I will pick blueberries today. ·Háwsan hldáan-g dáng skáadaangs dluu, dáng-g Hl tlaadsáang. I'll help you when you pick blueberries again. ·Hldáan-g tl' skáadaang áwyaagan. They picked a lot of blueberries.

hldáan g̲adg n-phr. *ovalleaf huckleberry*

hldáan k̲idg n-cpd. *Alaskan huckleberry*
DEF: hldáan k̲idgagáay.

hldaayangáa vb. *to be deep water*
SP: hldaayangáa | gang DP: hldaayangáa | gan
IP: hldaayangáa | gaan

·Hldaayangáas sg̲únaan uu gyáak̲'id sgagwíid tl' istgánggang. Once in a while they'll get a ratfish, but only in deep water.

hldáldgaa vb. *for there to be loud ringing, jingling noise*
SP: hldáldgaa | gang DP: hldáldgaa | gan IP: hldáldgaa | gaan

hldáldgasdla vb. *to make a loud ring (such as a telephone or alarm clock)*
SP: hldáldgasdlaa | ng DP: hldáldgashl | gan
IP: hldáldgasdlaa | yaan

·Awáan Hl k̲'áwgan dáan, phone-gaay hldáldgashlgan. I was still sitting when the phone rang sharply.

hldanáaw nn. *a meal, meal time*
DEF: hldanawáay.

hldanáaw náay n-cpd. *restaurant*
DEF: hladanáaw nagáay.

hldán gut'a

1. vb. *to be upset, ache*
SP: hldán gut'áa | ng DP: hldán gut' | gán IP: hldán gut'áa | yaan
2. vb. *to be upset, troubled*
SP: hldán gut'áa | ng DP: hldán gut' | gáng IP: hldán gut'áa | yaan
NOTE: This verb requires gudangáay "(someone's) mind" as its subject.

·Hal gudangáay hldán gut'áang. She is troubled. ·Díi gudangáay hldán gut'áang. My mind is upset.

hldánhl nn. <hlk̲'a (branch), hlk̲'uhl, k̲'uhl (plant)> *blue huckleberry bush*
DEF: hldánhlaay.

hldánts'iid nn. *rufous hummingbird*
DEF: hldánts'adaay.

hldanúu vb. *to eat O*
SP: hldanúu | gang DP: hldanúu | gan IP: hldanáaw | aan

·Dúujaay hldanúugang. The cat is eating. ·Díi aw hldanúugang. My mother is eating. ·Hl hldanúus dluu, hal k̲ats'gán. She came in when I was eating.

hldanuwáay n-nom. *the eating*

hldíin nn. *cedar bark*
DEF: hldíinaay.

·Hldíinaay k̲uyáagang. K̲igw uu g̲íisd tl' tlaahláang. The cedar bark is expensive. People make baskets out of it. ·Hldíinaay k̲uyáagang. The cedar bark is expensive.

hldiingáa vb. *to be deep [water, hole]*

hlgáamgangaang vb. *to bawl, cry very loudly*

hlgáamjaang vb. *to shout, holler loudly and repeatedly (to X1) (at X2)*
SP: hlgáamjaang | gang DP: hlgáamjaang | gan
IP: hlgáamjaang | aan

hlgáamsda vb. *to give a loud shout, holler loudly (to X1) (at X2)*
SP: hlgáamsdaa | ng DP: hlgáamsd | gan IP: hlgáamsdaa | yaan

hlgáamt'uuga vb. *to speak in a loud booming voice*
SP: hlgáamt'uugaa | ng DP: hlgáamt'uug(a) | gan
IP: hlgáamt'uugaa | yaan

hlgab'áats'a vb. *to gobble down O (sg)*
SP: hlgab'áats'aa | ng DP: hlgab'áats' | gan
IP: hlgab'áats'aa | yaan
·Hl hlgab'áats'gan. I gobbled it down.

hlgahl vb. *to cramp up (of body parts)*
SP: hlgál | gang DP: hlgál | gan IP: hlgáal | gaan
·Hl k̲áagan dáan, díi k̲'ulúu hlgálgan. While I was walking my legs cramped up. ·K'yáal 'láangaa hlgálgang. His calf is cramping.

hlgats'áangw nn. *forked stick used as a support*

hlgáwjuu vb. *to be greedy*
SP: hlgáwjuu | gang DP: hlgáwjuu | gan IP: hlgáwjaaw | aan
NOTE: Some speakers say hlgúujuu.
·Hal hlgáwjuugan dáan uu hal k̲'ayéelgang. She was greedy into old age. ·Daláng hlgáwjuu g̲ujúugang. You are all greedy. ·Dáng git'aláng hlgáwjuugang. Your children are greedy.

hlgit'ún

1. nn. *Canada goose*
DEF: hlgit'unáay.
·Hlgit'unáay Hl kúugaasaang. I'll cook the goose. ·Hlgid'unáay ngáat'i'iidang. The geese have taken off and are flying in a flock. ·Sáng sk̲'áangal iig hlgid'unáay xíidan. The goose flew in the air.

2. nn. *figure in the string game*

3. nn. *figure in the string game*
DEF: hlgit'unáay.

hlgit'ún t'áangal n-cpd. *saltgrass, goosetongue*

hlgit'ún x̲áldaangaa n-cpd. *small species of Canada goose*

hlgún nn. <g̱a (leaf), ḵ'uhl, hlḵ'uhl (plant)> *skunk cabbage (plant or leaf)*
DEF: hlgúunaay ~ hlgunáay.
·Hlgunáay sgunáagang. The skunk cabbage stinks.

hlgún cháay n-cpd. <sk'a> *central stalk of skunk cabbage*
DEF: hlgún cháaygaay.

hlgún ḵ'úl n-poss. *skunk cabbage root*

hlgya'áangw nn. <hlgi> *joist-bearing beam set on foundation posts or blocks*

hlg̱áa k'áldaang n-phr. *gravel*
DEF: hlg̱áa k'áldangaay.

hlg̱áalgaay n-nom-ip. *bruise*

hlg̱áalgahl nn. *dye*

hlg̱áawaandlii n-nom-ip. *ballast*
DEF: hlg̱áawaandliigaay.

hlg̱áay hlḵ'a'áay n-cpd. *squashberry (bush or branch), high-bush cranberry (bush or branch)*

hlg̱agíi n-nom. <hlg̱a> *raft*

hlg̱ahl vb. *to be black, dark*
SP: hlg̱ál | gang DP: hlg̱ál | gan IP: hlg̱áal | aan
·Ahljíihl uu wáayaad hal hlg̱álgang. That's why today he is black. ·Húu gw dáng ḵaj hlg̱ahl? Is your hair black? ·Gám díi ḵaj hlg̱ahl'ánggang. My hair isn't black.

hlg̱ahlda vb. *to turn black*

hlg̱ahldáaw n-nom. *black paint*

hlg̱a hlkyáak' n-cpd. *flint used for starting a fire*

hlg̱a hlḵ'áats' n-phr. *agate, quartz*

hlg̱a hlḵ'áats' gid n-cpd. *doll head carved from limestone or marble*

hlg̲ahlts'iyáa vb. *for X to have a dark complexion*
SP: hlg̲ahlts'iyáa | gang DP: hlg̲ahlts'iyáa | gan
IP: hlg̲ahlts'iyáa | gaan
·Hal g̲ung íig hlg̲ahlts'iyáagaan. His father had a dark complexion.

hlg̲ahluu k̲áa vb. *for there to be a storm, bad weather, squalls*
SP: hlg̲ahluu k̲áa | gang DP: hlg̲ahluu k̲áa | gan IP: hlg̲ahluu k̲áa | gaan
·Áayaad hlg̲ahluu k̲áa sg̲wáananggang. There's continuous squalls today.

hlg̲ajáaw nn. *rack for smoking or drying fish outside*
DEF: hlg̲ajáawaay.
·Hlg̲ajáawaay st'ahgáng. The fish rack is full.

hlg̲ak'úu nn. *collarbone of a salmon (the bone to which the pectoral fins are attached)*

hlg̲álg n-nom. *black dye used for weaving materials*
DEF: hlg̲álgaay.

hlg̲án n-ip. <tl'a, sk̲'a> *whale's dorsal fin*
DEF: hlg̲anáay.

hlg̲ánggula vb. *to work (on X)*
SP: hlg̲ánggulaa | ng DP: hlg̲ánggul | gan IP: hlg̲ánggulaa | yaan
·Díi an dáng hlg̲ánggulaas dluu, dángg Hl gyáa sg̲áwsaang. When you work for me, I'll pay you. ·K̲'ín-galaas dluu chíin iig t'aláng hlg̲ánggulganggang. We work on fish every summer. ·Sáng sg̲ask'w t'aláng hlg̲ánggulgan. We worked all day.

hlg̲ánggulaa n-nom. *work, job*

hlg̲ánggulaa k'úunaay n-cpd. <tl'a> *work pants*

hlg̲ánggulaa 'la'áay nn. *worker*

hlg̲ánggulaa 'la'áaygaa vb. *to be a worker*
SP: hlg̲ánggulaa 'la'áaygaa | gang DP: hlg̲ánggulaa 'la'áaygaa | gan IP: hlg̲ánggulaa 'la'áaygaa | gaan

hlg̲a tl'úu n-cpd. <tíi> *stone ax*
DEF: hlg̲a tl'uwáay.

hlg̲a tl'úu k̲'ún n-poss. *the cutting edge of an adze*

hlg̲ats’a vb. *to watch, observe O, keep an eye on O*

hlg̲ats’áaw nn. *smoking rack*
DEF: hlg̲ats’áawaay.

hlg̲ats’úu n-cpd. <sk̲’a> *cedar tongs for picking up hot rocks*
DEF: hlg̲ats’uwáay.

hlg̲a x̲úus n-cpd. *a type of rock which is easily fragmented, and said to be a potent anti-witch medicine*

hlg̲áy vb. *to dig O up*
SP: hlg̲áy | gang DP: hlg̲áy | gan IP: hlg̲áay | aan

·Nang jáadaas k’yúu hlg̲áygang. The girl is digging clams. ·Sgúusiid k̲wáan t’aláng hlg̲áygiinii. We used to dig up (harvest) lots of potatoes. ·Cháanuudgaas dluu t’aláng hlg̲áygiinii. We used to dig them up in the falltime.

hlg̲aya vb. *to call*
SP: hlg̲ayáa | ng DP: hlg̲ay | gán IP: hlg̲ayáa | yaan

·Awáng an hl hlg̲ayáa! Call your mother! ·Git’aláng an hal hlg̲aygán. She called her children. ·Dáng an hal hlg̲ayáang. She's calling for you.

hlg̲ayk’yúust adv. *in a hurry*
·Hlg̲ayk’yúusd hal ist’iid’ugán. They left in a hurry.

Hlg̲ayúu X̲aat’áay nn. *the Skidegate Haida people*
·Hlg̲ayúu X̲aat’áay at’án t’aláng k̲ínggan. We saw the Skidegate people recently.

hlg̲eeláay n-nom. *the excavated area*

hlg̲idg pp. *against*

hlg̲ig̲íihlda vb. *to finish digging up O*

hlg̲íid

1. nn. <sda, sga> *bow (weapon)*
   DEF: hlg̲íidaay.
2. nn. *yew (tree or wood)*
   DEF: hlg̲íidaay.

hlg̲íid dáagal n-poss. <sg̲a> *bowstring*

hlg̲iiwa vb. *to bury O*

SP: hlg̲iiwáa | ng DP: hlg̲iiw | gán IP: hlg̲iiwáa | yaan

·Kya'áay t'aawáay aa Hl hlg̲iiwáang. I'm burying the meat in the snow. ·K̲waa hal hlg̲iiwáang. She's burying rocks. ·K̲waa k̲uyáas uu hlg̲iiwáas sáa íijang. There's marble atop the burial plot.

hlg̲ínsahlda vb. *to be exhausted, weary, worn out*

SP: hlg̲ínsahldaa | ng DP: hlg̲ínsahld | gan
IP: hlg̲ínsahldaa | yaan

·Díi uu hlg̲ínsahldaang. I'm exhausted. ·Hal hlg̲ínsahldaang. He's exhausted.

hlg̲ist'áa n-nom. *ditch, excavation*

hlg̲ist'áa náay n-cpd. *cellar, storehouse*

DEF: hlg̲ist'áa nagáay.

hlg̲iwáadaan n-cpd. *cemetery, graveyard*

DEF: hlg̲iwáadanaay.

hlg̲iyíl k̲'áal n-cpd. *cellar*

hlg̲u nn. *great blue heron*

DEF: hlg̲ugáay.

·Hlg̲ugáay í'waandaang. Cranes are big.

hlg̲ugiigáa vb. *for X to be fearsome, frightening, scary*

SP: hlg̲ugiigáa | gang DP: hlg̲ugiigáa | gan IP: hlg̲ugiigáa | gaan

·G̲úujaayg hlg̲ugiigáagang. The wolves are scary. ·X̲áayg 'láa hlg̲ugiigáagang. His dog is fearsome.

hlg̲u g̲áanaa n-cpd. *bog blueberry*

hlg̲ún n-ip. *the base of one's spine*

hlg̲únahl

1. number. *three, 3*

·Sáng hlg̲únahl dluu gwaa t'aláng íijan. We were onboard for three days. ·Sáng hlg̲únahl dluu gu hal is'wáasaang. They will stay there for about three days.

2. vb. *to be three*

SP: hlg̲únal | gang DP: hlg̲únal | gan IP: hlg̲únaal | aan

·Díi git'aláng uu hlg̲únalgang. I have 3 children. My children are 3 in number. ·X̲úudaay hlg̲únalgang. There are three seals. ·K̲u tluwáay gwaa tl' hlg̲únalgang. There are three of them onboard the work canoe.

hlg̲wáaga vb. *to be afraid, scared, frightened (of X)*
SP: hlg̲wáagaa | ng DP: hlg̲wáag(a) | gan IP: hlg̲wáagaa | yaan
·'Láag dii hlg̲wáagaang. I'm afraid of him. ·Dáng gáws dluu, dii hlg̲wáagaa hlangaang. If you weren't here, I would be scared. ·Dii git'aláng hlg̲wáagaang. My children are fearful.

hlg̲wáagaa n-nom. *fear*

hlg̲wáa'agaalaa n-nom. <xa> *adipose fin (of a salmon)*

hlíing nn. <sg̲a> *long, fine spruce or evergreen root*
DEF: hlíingaay.
·Hlíing áayaad Hl dúusaang. I'll get some tree roots for weaving today.

hlíing dúu n-poss. *spruce root woof*

hlíing ts'úuwii n-poss. *spruce roots' warp*

hlíing t'anuwáay n-cpd. *scraping of spruce root*

hlkáay n-ip. <ja> *one's chin, one's gill cover (of a fish)*
RFX: hlkáayang.
·Díi hlkáay k'uts'íigaang. My chin is itchy.

hlkáayang n-rp. <ja> *one's own chin*
NOTE: This is the reflexive form of hlkáay.

hlki stl'uwáayuu n-nom. *firedrill*

hlkujíid nn. *seafood spear*

hlkúnsk'un n-ip. *tears running off one's nose*
RFX: hlkúnsk'unang.

hlkúnsk'unang n-rp. *one's own tears running off one's nose*
NOTE: This is the reflexive form of hlkúnsk'un.

hlkúnst'an n-ip. *one's snot, mucus*
RFX: hlkúnst'anang.

hlkúnst'anang n-rp. *one's own snot, mucus*
NOTE: This is the reflexive form of hlkúnst'an.

hlkúnst'an gisáaw n-cpd. <gi> *handkerchief*
DEF: hlkúnst'an gisáawaay, ~hlkún gisáawaay.

hlkúnst'as vb. *to blow one's nose*
SP: hlkúnst'iij | ang DP: hlkúnst'iij | an IP: hlkúnst'aj | aan
·Hlkúnst'as hlaa! Blow your nose!

hlkúnt'ajaaw nn. *handkerchief*
·Hlkúnt'ajaaw hl gya'ándaa. Use a handkerchief.

hlkusgad vb. *to be in a bind, stuck, desperate*
SP: hlkusgíid | ang DP: hlkusgíid | an IP: hlkusgad | áan
·Hal git'aláng hlkusgíidang. Her children are desperate.

hlkuxwíi n-ip. *one's lung*

hlkwiida
1. vb. *to be worried, anxious, agitated, have an uneasy mind (about X)*
2. vb. *to hurry along, be in a hurry*
SP: hlkwiidáa | ng DP: hlkwiid | gán IP: hlkwiidáa | yaan
·Áayaad díi hlkwiidáang. I'm in a hurry today. ·Áayaad hal hlkwiidgán. She was in a hurry today. ·Gám tl' hlk̲wiid'ángaangaan. They were never in a hurry.

hlkyaahlgáaw n-nom. *drill*
DEF: hlkyaahlgáawaay.

hlkyaahlgáaw k̲'áay n-poss. *drill bit*

hlkyáak' nn. <sk̲'a> *firedrill, pushdrill*
DEF: hlkyáak'aay.

hlkyáang k'usk'áay nn. *dipper, water ouzel*

hlk'idgáa n-nom. <cha> *dress*
DEF: hlk'idgáay.
·Awáa an hlk'idgáa Hl dahsáang. I'll buy a dress for mother. ·Hlk'idgáa hlg̲ahls hl gúusgaang k'yáad'uu. Hang the black dresses by themselves. ·'Láa aa hlk'idgáay k'wa'án'iidang. The dress is too short for her.

hlk'idgáa náaguusii n-cpd. <cha> *petticoat, slip*
DEF: hlk'idgáa náaguusiigaay.

hlk'íid nn. <sk̲'a (stalk), k̲'uhl (plant)> *cow parsnip, wild celery*
DEF: hlk'íidaay.

hlk'íid hlk̲áamaay n-cpd. *flower-bearing stem or stalk of a cow parsnip*

hlk'ín-gadaa vb. *to be an orphan*
SP: hlk'ín-gadaa | gang DP: hlk'ín-gadaa | gan
IP: hlk'ín-gadaa | gaan

hlk'ín-gadeehl vb. *to become an orphan*

hlk'ín-giid n-pl. *orphans*

hlk'i tl'agáa n-nom. *breechcloth*
DEF: hlk'i tl'agáay.

hlk'iyíid nn. <hlk̲'a, sk̲'a> *fishing rake (used for herring, ooligans)*
DEF: hlk'iyíidaay.

hlk'unáanw n-nom. <hlk'u> *brush*
DEF: hlk'unáanwaay.

hlk'úngiid nn. *miner's lettuce root*
DEF: hlk'úngadaay.

hlk'únk'aal nn. *clothes brush*
DEF: hlk'únk'alaay.

hlk'únk'aalw nn. *(scrubbing) sponge*
DEF: hlk'únk'aalwaay.

hlk'uwíi n-ip. *pulp, the remains of berries, bast, etc. after the juice has been extracted*

hlk'wáan nn. *core of a boil*

hlk'yáad n-ip. *fluke of a whale, dolphin or porpoise*

hlk'yáan

1. nn. *pole, post (plain, not carved)*
   DEF: hlk'yáanaay.
2. nn. *underbrush, the bush, wilderness*
   DEF: hlk'yáanaay.
3. nn. *wood (material)*
   DEF: hlk'yáanaay.

hlk'yáan gin-gáay n-cpd. *forest creatures*

hlk'yáan gyáa'angaa n-phr. <sk'a (model), hlgi (full-sized)> *wooden carved pole*
DEF: hlk'yáan gyáa'angaas.

hlk'yáan kúnaan n-cpd. *root of an unidentified plant*

hlk'yáan k̲'ats'áa n-phr. *Douglas fir wood*

hlk'yáan k̲'iskáang nn. *sandpiper*

hlk'yáan k̲'ust'áan n-cpd. <hlga> *toad, frog*
DEF: hlk'yáan k̲'ust'anáay.

hlk'yáan sgúnulaas n-phr. *eucalyptus wood*

hlk'yáan sgúusadaay n-cpd. *hemlock-parsley*

hlk'yáanshlganaay nn. *the bushes*
·Hlk'yáanshlganaaysd íitl' hal k̲íng k̲'uhldgán. He's peeking at us from the bushes.

hlk'yáan sk̲áw nn. *ptarmigan*
DEF: hlk'yáan sk̲awáay.

Hlk'yáans X̲aat'áay n-cpd. *the Forest People*

hlk'yáan tl'ahláay n-cpd. *wooden mallet*

hlk'yáants'ganggaay n-nom. *place overgrown with brush, underbrush, thicket*

hlk'yáan x̲áagaa vb. *to be wild, unsociable, not good around people*
SP: hlk'yáan x̲áagaa | gang DP: hlk'yáan x̲áagaa | gan
IP: hlk'yáan x̲áagaa | gaan
NOTE: This verb literally means "to be a forest dog".
·Hal git'aláng hlk'yáan x̲áagaagang. Her children are wild.

hlk'yáawdaal vb. *to sweep O (an area)*
SP: hlk'yáawdaal | gang DP: hlk'yáawdaal | gan
IP: hlk'yáawdaal | aan
·Náay k̲áahlii Hl hlk'yáawdaalsaang. I'll sweep the interior of the house.
·Náay k̲áahlii Hl hlk'yáawdaalgang. I'm sweeping the house. ·Dáng

skínaas dluu, náay k̲áahlii hl hlk'yáawdaal. When you wake up, sweep the (inside of the) house.

hlk'yáawdaalw n-nom. <hlk'u> *broom*
DEF: hlk'yáawdaalwaay.

·Hlk'yáawdaalwaay gigwáay sg̲íidang. The broom handle is red. ·Tl'áan uu hlk'yáawdaalwaay íijang? Where is the broom? ·Hlk'yáawdaalwaay k'i hlk'ujúugang. The broom is bristly.

hlk̲áam nn. <sk'a (top plus bulb)> *bull kelp*
DEF: hlk̲áamaay.

hlk̲áam dáagal n-poss. <sg̲a> *a kelp's stipe*

hlk̲áam kínhluwaay n-cpd. *a game of trying to spear pieces of kelp stipe*

hlk̲áam k̲aj n-cpd. *float of bull kelp*
DEF: hlk̲áam k̲ajgáay.

hlk̲áam sdláan n-poss. <t'a> *kelp stipe*
DEF: hlk̲áamaay sdláan.

hlk̲áam sdláan n-cpd. <t'a> *kelp stipe*
DEF: hlk̲áam sdláan.gaay.

hlk̲áam sg̲íiwaay n-cpd. *unidentified species of seaweed*

hlk̲éelaangw nn. <skáa> *(spinning toy) top, spindle whorl*
DEF: hlk̲élaangwaay.

hlk̲ín vocative. *dear (used by older people toward younger people)*

hlk̲yeewjáa

1. n-nom. *the shade*
2. vb. *to be shady, shaded*
   SP: hlk̲eewjáa | gang DP: hlk̲eewjáa | gan IP: hlk̲eewjáa | gaan

·Náay t'áahlii hlk̲yeewjáagang. It is shady behind the house.

hlk̲'áan-gaay n-nom. *a tangle*

hlk̲’áay nn. <k̲’uhl, hlk̲’uhl> *bush, shrub, branch of a deciduous bush, shrub or tree, stem of berries or blossoms growing on a bush, long stem of a flower*
·G̲áanaay hlk̲’áay k’ánhlahldaang. The berry branches are turning green.
·K̲áydaay hlk̲’áay hl dáng hlk̲’adáal. Pull the tree branch along.

hlk̲’adl nn. *lean-to made of branches laid over a log that had fallen across a stream*

hlk̲’agasgúud nn. <hlk̲’a> *dead evergreen branch that has lost its needles*
DEF: hlk̲’asgúudgaay.

hlk̲’agíid n-nom. *branch shelter*
DEF: hlk̲’agadáay.

hlk̲’ag̲íihlda vb. *to finish combing O*

hlk̲’ámaal nn. <hlk̲’a> *needle-bearing branch of an evergreen tree, attached to a limb but not to the trunk; juniper tree*
DEF: hlk̲’ámalaay.

hlk̲’ámaal gin gyáa’alaas n-phr. *juniper tree*

hlk̲’ámaal k’i n-phr. *needle-bearing spruce branch*

hlk̲’ámaal k̲aj n-cpd. *unidentified species of lichen*

hlk̲’ámaal náay n-cpd. *branch shelter*
DEF: hlk̲’ámaal nagáay.

hlk̲’amáldaaw nn. *spruce needle, pine needle*
DEF: hlk̲’amáldaawaay.

hlk̲’án vb. *to tangle, become tangled*
SP: hlk̲’án- | gang DP: hlk̲’án- | gan IP: hlk̲’áan | aan
·Tl’áayuwaay hlk̲’án-gang. The thread is tangled.

hlk̲’íitl’a vb. *to comb O*
SP: hlk̲’íitl’aa | ng DP: hlk̲’íitl’ | gan IP: hlk̲’íitl’aa | yaan
·Áangaa hal hlk̲’áytl’aasaang. She'll comb her own hair. ·Dáa gw k̲ajáng hlk̲’áytl’aayaa? Did you comb your hair? ·K̲ajáng hl k̲’áytl’aa. Comb your hair!

hlk̲'iitl'aangw nn. <hlk̲'a> *comb*
DEF: hlk̲'iitl'aangwaay.
·Hlk̲'iitl'angwaay ts'áng síidalaang. The comb is fine-toothed.

hlk̲'ínad vb. *to pull, yank on O*
SP: hlk̲'íniid | ang DP: hlk̲'íniid | an IP: hlk̲'ínad | aan
·Hal g̲aayhld'ugán dluu, hal k̲aj hal hlk̲'íniidan. When they were fighting she pulled her hair.

hlk̲'ut'úu nn. *secreted slime (of a fish, octopus, sea cucumber, etc)*
DEF: hlk̲'ut'uwáay.

hlk̲'ut'uwáa vb. *to be slimy*
SP: hlk̲'ut'uwáa | gang DP: hlk̲'ut'uwáa | gan
IP: hlk̲'ut'uwáa | gaan
·Chíinaay 'wáadluwaan hlk̲'ut'uwáagan. All the fish were slimy.

hlk̲'uyáng k̲'ats'áa nn. <skáa (animal), k̲'ii (animal plus shell)> *rock scallop*
DEF: hlk̲'uyáng k̲'ats'áagaay.

hltah vb. *to spit*
SP: hltah | gáng DP: hltah | gán IP: hltah | gáan
·Hltah hlaa! Spit! ·K'yuwáay gwíi hal hltahgán. He spit on the walk.

hltah k'áat'a vb. *to spit out O*

hltálg

1. n-ip. <g̲a> *its nest; its packing material, packaging*
DEF: hltálgaay.
RFX: hltálgaang.
·Sg̲wáagaan k̲aj hltálgaay áangaa tlaawhlgán. A swallow built its nest.
2. nn. *mat used to cover a pit for steaming food*
DEF: hltálgaay.

hltálgaang n-rp. <g̲a> *one's own nest*
NOTE: This is the reflexive form of hltálg.

hltana

1. vb. *to be soft-hearted, tender-hearted*
SP: hltanáa | ng DP: hltan- | gán IP: hltanáa | yaan
NOTE: This verb requires gudangáay "(someone's) mind" as its subject.
·Hal aw gudangáay hltanáayaan. His mother was soft-hearted.

2. vb. *to be soft, tender*

SP: hltanáa | ng DP: hltan- | gán IP: hltanáa | yaan

·K̲awáay hltanáang. The eggs are soft.

hltánhlk'aa nn. *shredded red cedar cambium, objects made from shredded red cedar cambium*

DEF: hltánhlk'aay.

hltánhlk' k̲ahldáa n-cpd. *shredded cedar bark dyed red with alder bark, twisted into cords and made into rings or sashes used for ceremonial purposes*

DEF: hltánhlk' k̲ahldáay.

hltánuu

1. nn. <cha (mattress)> *feather bed, feather mattress*

DEF: hltánuwaay.

2. n-ip. *its small feather, its down (of a bird)*

DEF: hltánuwaay.

hltánuu ki hlk'ujúu n-phr. *plumed heads of cottongrass*

hltánuu ún cháangwaay n-cpd. *feather mattress, feather bed*

hlt'aj n-ip. <t'a, sg̲a> *its curved handle that joins on both sides, its bail handle, its carrying strap, its string, its chain*

DEF: hlt'ajáay.

·K̲igwáay hlt'aj Hl ts'at'íijang. I'm tying the handle on the basket.

hlt'ámaal nn. *plumed heads of cottongrass*

DEF: hlt'ámalaay.

hlt'ánhlk' sgidáangwaay n-cpd. *cedar bark shredder*

hlt'ánuu ts'ahláay n-cpd. *feather pillow*

hlúu

1. n-ip. <k̲'ii> *its hull (of a boat)*

2. n-ip. <dla> *one's whole body, its carcass (of a whale), its foot and body (of a razor clam)*

RFX: hluwáng.

·Díi hlúu dángwaldanggang. My body is aching. ·Hal hlúu g̲waagánggang. His body is aching. ·Díi hlúu k'uts'íigaang. My body is itchy.

hlúu dawúl nn. *side of body*

hlúuyangaay n-nom-ip. *figure, body shape*

hluwáng n-rp. <dla> *one's own whole body*
NOTE: This is the reflexive form of hlúu.

hl'áan n-ip. *one's saliva, spit, phlegm*
RFX: hl'áanang.
·Gám hl'áan Hl daa'ánggang. I have no saliva. ·Díi hl'áan kwaayáanggang. My saliva is running.

hl'áanang n-rp. *one's own saliva, spit, phlegm*
NOTE: This is the reflexive form of hl'áan.
·Hl'áanang aa díi xáahlt'iidan. I choked on my saliva.

hl'áan kwaayáang vb. *to salivate*
SP: hl'áan kwaayáang|gang DP: hl'áan kwaayáang|gan
IP: hl'áan kwaayáang|aan

hl'áansdla vb. *to lose one's life, die*
SP: hl'áansdlaa|ng DP: hl'áanshl|gán IP: hl'áansdlaa|yaan
·Hal sk̲amdgwáangs dluu, án hal hl'áanshlgan. While he was trapping, he lost his life.

hl'án skuj n-cpd-ip. *one's sternum*

hl'yáang k̲'áal n-cpd. *cellar*
DEF: hl'yáang k̲'aláay.

hóhóhó interj. *exclamation said of sth. unusual, e.g. exceptionally big; also used when tired or in pain*

húnas dem. *that one (near you)*
NOTE: This word picks out one from a group of similar or identical objects.

húu adv. *there near you*
NOTE: This word is most often used as a placeholder in yes-no questions. Varies with wúu.
·Húu gw g̲ahl dáng gudangáay 'láa? Now are you happy about it? ·Wúu tla'áa hal st'igáng. That's how long she's been sick. ·Wúu tláan hal hlg̲ánggulaasaang. She will not work anymore.

húugaa nn. *king crab*
DEF: húugaay.
·Húugaad uu Hl hálaang. I'm going after king crab.

húujii dem. *that one (near you)*
NOTE: Varies with wúujii.
·Húujii k'i hlk'ujúujang. That's a bunch of needles. ·Húujii sk'atl'áangwaay iig ts'ahlíidang. That cup is busted up. ·Húujii hl 'wáasd k̲'itl'áa. Cut that (part/piece/thing) off.

húuk'uus nn. *that thing, those things*
NOTE: Varies with wúuk'uus, wuk'úus.
·Wuk'úus hláay san t'aláng isdgán. We also got highbush berries. ·Díi x̲áad uu wuk'úus x̲aa isdgíinii. My dad used to get mallard ducks. ·Wúuk'uus, lagúus uu tl' gya'ándgaangaan. They used woven cedar mats (to sleep on).

húusdluu adv. *that much, that time*
NOTE: Varies with wúusdluu.

húusgaay dem. *that, those (near you)*
NOTE: Varies with wúusgaay.

húutl'an adv. *there (near you)*
NOTE: Varies with húutl'anaan, wúutl'an, wúutl'anaan.
·Húutl'an uu k'ujúutl'aagang. There's a little hill over there. ·Húutl'anaan hl is! Stay right there! ·Úutl'an dáng chan íijang. Your grandfather is over there.

húutl'daas dem. *those people (near you)*
NOTE: Varies with wúutl'daas.
·Húutl'daas x̲ánjuwaay aa díi k'úug g̲a'áang. I don't have the heart to let those folks go. ·Tl'áan uu wúutl'daas gyaa k'uudáats'aay is'waang? Where are those people's coats? ·Wúutl'daas uu k̲'ayáa jahlíigang. These people are too old.

Húuyee nn. *Raven*
·George uu ga Húuyee gúusd k̲'wáalaagang. George is from the Raven side.

• I/Í •

ihlíi quantifier. *some, some of*
·Ihlíi st'igáng. Some are sick.

ihlíidang vb. *to joke (with X); to tease, kid (X)*
SP: ihlíidang | gang DP: ihlíidang | gan IP: ihlíidaang | aan
·Díi eehl hal ihlíidang sánshlgan. She tried to tease me.

îi

1. part. *<change of topic marker>*
NOTE: This particle occurs at the end of a clause, following a verb. If the verb has high tone, then this particle has low tone, ii. If the verb doesn't have high tone, then the particle will have high tone, íi.
·'Wáasd k̲'awads íi hl gwa'ánd'uu! Save what's left over, you guys! ·Táaw 'láa tl' táas eehl uu, tlíi tl' k̲'ayáagaayaan ii. They grew very old because they ate good food. ·Adíid g̲agwíi g̲ándlaay aa is íi g̲án tl' únsadgaalaan. They found out that it was way up in the creek.

2. pp. *into*
NOTE: Varies with îig.
·K̲ugíinaay hl g̲udáay iig júugaa! Stack the books in the box. ·G̲íi án Hl k̲a g̲ahgálgan. I tired myself out walking around. ·Gám k̲ún g̲íi t'aláng gudáa'anggan. We didn't mind it too much.

íidanaay n-cpd. *a long saltwater pond on the beach*

íigdas nn. *things, possessions*
DEF: íigdasgaay.

íihlaang nn. *a man, a male*

íihlaants'daa vb. *to be men, boys, male (pl)*
SP: íihlaants'daa | gang DP: íihlaants'daa | gan
IP: íihlaants'daa | gaan
·Ga íihlaants'daay k'ah áwyaagan. The boys laughed a lot.

íihlaants'daay n-nom. *the men, the boys*
NOTE: Varies with íihlaants'gaay.
·Íihlaants'daay isgyáan jaadgáay suud hal k̲'áwaayaan. She sat among the boys and girls. ·Gyáak̲'id íihlaants'gaay án sáanjuudgiinii. Sometimes

the men would take a rest. ·Íihlants'gaay 'wáadluwaan sáan hlg̱ats'gán. All the men kept a lookout.

íihlaants'deehl vb. *to become men, become male (pl)*
SP: íihlaants'deel | gang DP: íihlaants'deel | gan
IP: íihlaants'deel | aan

íihlangaa vb. *to be a man, boy, male (sg)*
SP: íihlangaa | gang DP: íihlangaa | gan IP: íihlangaa | gaan

·Nang sg̱wáan íihlangaagang. One of them is a boy. ·Nang íihlangaa uu tlaahláayaan. A man built it. ·Nang íihlangaas k'ajáaw an g̱íihlgiigang. The man is ready to sing.

íihlangeehl vb. *to become a man, become male (sg)*
SP: íihlangeel | gang DP: íihlangeel | gan IP: íihlangeel | aan

·Hal gid íihlangeelgang. Her son is becoming a man.

íik'waan adv. *nevertheless*

·Íik'waan gám t'a'áaw gwa'áaw'anggan. However, it didn't snow. ·Íik'waan táawaay yíiluugan. But the food was all gone. ·Íik'waan 'wáa iláa x̱it'íid k̲wáanaan. But there were a lot of other birds.

íinaa vb. *to be married to O, to marry O*

íinaang nn. *herring*
DEF: íinangaay.

·Íinaang Hl xiláadaang. I'm drying herring. ·Íinaang g̱áa dáng isdáasaang. You will put herring in it. ·Íinaang hl díig isdáa! Give me some herring!

íineehl vb. *to get married to O*
SP: íineel | gang DP: íineel | gan IP: íineel | aan

íisaaniyaa n-nom. *poverty*

íisd (1) pp. *out from, from inside of*

íisd (2) nn. *yeast*
DEF: íisdgaay.

íitl'

1. poss pro. *our*

NOTE: This possessive pronoun is only used inside the noun phrase. This possessive pronoun is only used with kinterms and body parts.

2. pro. *we, us*

NOTE: This pronoun can be used as the subject of a stative verb, or as the object of a verb or postposition. It can be used in both the pronoun zone and in focus positions. For use as the subject of an active verb, see t'aláng.

íitl'aa poss pro. *our, ours*

NOTE: Varies with íitl'aangaa. This possessive pronoun is only used in the pronoun zone.

íitl'aagdáa vb. *to be rich, a chief (of a man)*

SP: íitl'aagdáa | gang DP: íitl'aagdáa | gan IP: íitl'aagdáa | gaan

·Díi gid san íitl'aagdáagang. My son is also a chief. ·Nang Íitl'aagdáas 'wáahlahlsaa hánggang. The chief might give a potlatch. ·Nang Íitl'aagdáas sakíidgaay gut'íijang. The chief is wearing the chief's hat.

íitl'aagdáay n-nom-pl. *the rich men, the chiefs*

íitl'aagíid

1. nn. *a rich man, a chief*

2. nn. *riches, wealth*

íitl'aagíid dajáangaa n-cpd. <hlgi> *stovepipe hat, top hat*

DEF: íitl'aagíid dajáangaagaay.

íitl'aagíid xiláay n-cpd. *medicine for getting rich*

íitl'gaay nn. *one who does a favor, a benefactor, member of the nobility*

íitl' gyaa poss pro. *our, ours*

NOTE: This possessive pronoun only occurs inside the noun phrase. For use in the pronoun zone, see íitl'aa ~ íitl'aangaa. This possessive pronoun is not used with kinterms and bodyparts. For those, see íitl' (2).

ij nn. *flu, influenza*

ijdáan n-cpd. *overnight campsite, a stopping place during a journey*

DEF: ijdanáay.

ijgáa vb. *to have the flu*

ijgáang nn. *one's own behavior*

ik’aa quantifier. *only*
·Chíin sdáng ik’aa díig hal isdgán. She gave me only two fish.

íl nn. *whole salmon eggs washed in fresh water till they turn white*
DEF: ílgaay.

iláa pp. *different from, apart from*
·Hlg̱aayúu X̱aat’áay tl’aa hlangáan íitl’ iláa gúusuu’waang. The Skidegate people however speak a little bit different from us. ·K’asgadáay san gud iláa íitl’aa g̱íidang. Our clocks (time zones) are different from each other too. ·’Wáa ilaa san ’láa an gin k̲wáanaan. He also had a great deal of possessions.

im nn. *porcupine quill*

imáa (1) n-ip/ap. <ja, tl’a, k’u> *hind flipper of a seal after it has been removed from the body*

imáa (2) n-ip. *one's ankle*

ín

1. vb2. *to go and V, leave ato V (sg)*
SP: ín- | gang DP: ín- | gan IP: éen | aan
NOTE: This verb can apply to several people going, so long as they go in a single vehicle. If there is more than one vehicle involved, use the plural form ín-ga.
·Awáahl g̱agwii ’láa t’aláng k̲íng ín’ugan. Long ago we went to visit them. ·Díi k’wáay x̱áaw ín-gang. My older brother is going fishing. ·Hal dúun k̲áajuu ín-gan. His little brother went hunting.

2. nn. *weed*
DEF: íinaay.

ináa vb. *to menstruate, have one's period*
SP: ináa | gang DP: ináa | gan IP: ináa | gaan

ináahlgaal n-nom. *natural crook in a tree*
DEF: ináahlgalaay.

ináasdla vb. *to grow, grow up*
SP: ináasdlaa | ng DP: ináashl | gan IP: ináasdlaa | yaan
·Úus hal k̲aj ináasdlaasaang. Her hair will grown back again. ·Hal gid ináasdlaang. Her child is growing. ·Adíideed k̲íid hlg̱wáay ináashlganggang. Saplings grow up in the woods.

ínahlgaal nn. *wooden halibut hook*

ináng vb. *to be many, much, a lot*
SP: ináng | gang DP: ináng | gan IP: ináang | aan
·Chíinaay ináangaan. There was a lot of fish.

índa vb. *to consider, treat as cursed, taboo*
SP: índaa | ng DP: índ | gan IP: índaa | yaan
·Awáahl gin tl' índgiinii. Long ago people believed things to be taboo. ·Gin k̲wáan hal índ'waang. They have a lot of taboos. ·Awáahl gin k̲wáan tl' índgiinii. A lot of things were hoodoo a long time ago.

índgang vb. *to put a curse, spell on O, make O turn bad*

ín-ga vb2. *to go and V, leave to V (pl)*
SP: ín-gaa | ng DP: ín-g(a) | gan IP: ín-gaa | yaan
NOTE: This verb refers to going or leaving in plural vehicles. If several people all leave in a single vehicle, use the singular form ín.

ín-gajuu vb2. *to return from V-ing, to come back from V-ing (pl)*
SP: ín-gajuu | gang DP: ín-gajuu | gan IP: ín-gajaaw | aan
NOTE: This verb refers to returning in plural vehicles. If several people all return in a single vehicle, use the singular form ínjuu.

íngguud pp. *around on top of, over*
NOTE: Varies with úngguud.
·K̲adláay íngguud hal xál k̲áagan. He went over the reef on his boat. ·K'yuwáay únggud hl k̲áa'unggwaang! Walk on the sidewalk! ·K'yuwáay únggud k̲áagee sángiits'aang. It difficult to walk on the road.

ínggw pp. *on the surface of, on the top of,*
NOTE: Varies with únggw.
·K̲'anáay ínggw hl tl'a'áaw'uu! Sit on the grass, you guys! ·Ts'áanuwaay únggw uu tl' kúugaagiinii. They used to cook on top of the fire. ·Gám hl k̲wáay yaats'áas úngkw st'a skas'áng. Don't trip over the cable.

ínggwii pp. *to the other side of something*
NOTE: Varies with únggwii.
·Díi xyáay únggwii gin k̲'áwsdlaas k'uts'íigaang. The thing growing on my arm is itchy.

ínggwsii n-dem. *area on top of something, surface of something*
NOTE: Varies with únggwsii.
·K̲ungáay únggwsii an k̲'aldangáagang. The surface of the moon is mysterious.

ínggw xihláanw n-ip. <hlga> *arm of a chair*
DEF: ínggw xihláanwaay.

íngk'a vb. *to weed O (an area)*
SP: íngk'aa | ng DP: íngk'(a) | gan IP: íngk'aa | yaan
·Táwk'aanaay áangaa hal íngk'aasaang. She will weed her own garden.
·Táwk'aan í'waans uu Hl íngk'aang. I'm weeding the big garden.
·Táwk'aanaay áangaa Hl íngk'aang. I'm weeding my garden.

in-gúu pp. *on the other side of sth.*

in-gúusd pp. *at, on the other side of, across from*
·In-gúusd k̲úugaay íijang. There's a waterfall across the bay. ·In-gúusd hal náagang. He lives across the way. ·'Láa in-gúusd Hl náagang. I live across from her.

in-gúusii n-dem. *the far, opposite shore*
·In-gúusii jíingaagang. The opposite shore is far away.

in-gwéed pp. *around on the other side of, on the far side of*
·Tawúl in-gwéed sdagíidang. A rainbow is streching across (e.g. the bay).
·In-gwéed hal xál k̲áagang. He's going along the far shoreline in a gas boat.

in-gwíi adv. *across to the far, opposite shore*
NOTE: Varie with in-gwíig.
·In-gwíi t'aláng isáang. We will go across the bay. ·In-gwíi hal k̲áat'iijang. She's going across (the room, the bay, etc.). ·In-gwíig Hl íijang k̲asa'áang. I'm going to go across (e.g. the bay).

ínjuu vb2. *to return from V-ing, to come back from V-ing (sg)*
SP: ínjuu | gang DP: ínjuu | gan IP: ínjaaw | aan
NOTE: This verb can apply to several people returning, so long as they return in a single vehicle. If there is more than one vehicle involved, use the plural form ín-gajuu.

íntl'aa vb2. *to come and V (sg)*
SP: íntl'aa | gang ~ íntl'a'aa | ng DP: íntl'aa | gan IP: íntl'aa | gaan ~ íntla'áa | yaan
NOTE: This verb can apply to several people coming, so long as they come in a single vehicle. If there is more than one vehicle involved, use the plural form ín-gatl'aa.
·Yáats' X̲aat'áay k̲íng íntl'aaganggang. The White people always come to see them.

ínt'aask'w n-nom. *sanitary napkin, menstrual cloth*

inúu nn. <k̲'ii> *rutabaga, turnip*
DEF: inuwáay.

·Inúu san hl tlats'.'úu! Plant some rutabagas too, you guys! ·Inúu Hl gijúugang. I'm giving away rutabagas. ·'Wáadluu, sgúusiid isgyáan inúu t'aláng tlats'áang. Then we plant potatoes and rutabagas.

ínuu nn. *cotongrass*

in'wáay nn. *half of sth., one of a pair of sth.*
·Chíinaay in'wáay dángg Hl isdáasaang. I'll give you half of the fish. ·Gúusawaay ín'waay dluu íitl' g̲íidang, St. John aa. We've done about half of the book of John. ·Hal in'wáay k̲'úudangaagang. He's half paralyzed.

in'wáay k'wa'án vb. *to have one leg shorter than the other*
SP: in'wáay k'wa'án.|gang DP: in'wáay k'wa'án.|gan
IP: in'wáay k'wa'áan|aan

·Díi gid ín'waay k'wa'án-gang. My child has one short leg. ·Díi k̲'ulúu in'wáay k'wa'áandaang. I have one short leg. (Lit. Half of my legs are short.)

is

1. vb. *to be, exist*
SP: íij|ang DP: íij|an IP: ij|áan

·Áayaad k̲áay sangáay díinaa íijang. Today is my birthday. ·Sán chíin g̲id uu íijang? What kind of fish is it? ·Tl'áan uu dáng ijaa? Where were you? Where have you been?

2. vb. *to go, come (to X)*
·St'ii náay aa Hl íijan. I went to the hospital. ·Sán uu K'áaws Tláay aa dáng ijaa? How did you get to Craig? ·Káagaay gwaa t'aláng íijan. We went by car.

3. vb. *to separate from X, end a relationship with X, break up with X*
SP: íij|ang DP: íij|an IP: ij|áan

·Daláng gw gudasd isáa'us? Are you guys gonna separate?

ís interj. *dirty!*

isda vb. *to do; to take, put, give, get O*
SP: isdáa|ng DP: isd|gán IP: isdáa|yaan

·K̲'uláng hl sáag isdáa! Lift your leg! ·Tl'áan-g uu díi dáng isdaang? Where are you taking me? ·Gíisd uu adaahl K'áaws Tláay aa dáng isdáayaa? Who took you to Craig yesterday?

isdáal vb. *to walk, go on foot (pl)*
SP: isdáal|gang DP: isdáal|gan IP: isdáal|aan

·Tlagánhlaa aa t'aláng isdáalgang. We're going camping soon. ·Daláng 'wáadluwaan hl gúustl'aasaan isdáal'uu. All of you, walk slowly. ·Hal sdángaa gud eehl isdáalgan. The two of them went together.

isdáaw n-nom. *tool*
DEF: isdáawaay.
·Isdáaw 'láa an k̲wáan-gang. He has a lot of tools.

isdáaw áanii n-cpd. *tool kit, set of tools*
DEF: isdáaw áaniigaay.

isdáaw áaniigaay g̲udáay n-cpd. *tool box*

isdáaw g̲udáay nn. *tool box*
·Isdáaw g̲udáay díig hal isdgán. He gave me the tool box.

isd gut'áang vb. *to abuse, mistreat, do wrong by O*
SP: isd gut'áang|gang DP: isd gut'áang|gan IP: isd gut'áang|aan
·Git'áang hal isdgut'áanggang. She's abusing her child.

isdlíi vb. *to go on board X, to board X (pl subj)*

isgíng vb. *to be going, moving on the water (pl)*
SP: isgíng|gang DP: isgíng|gan IP: isgyáang|aan

isgyáan conj. *and*
·Díi chan isgyáan díi náan Hlankwa'áan eehl na'áanggiinii. My grandfather and my grandmother used to live in Klinkwaan. ·Skíl Jáadei isgyáan T'áaw Kúns sg̲alangáagang. Skíl Jáadei and T'áaw Kúns are song composers. ·Ben isgyáan hláa uu K'áaws Tláay aa íijan. Ben and I went to Craig.

ishla vb. *to go up, climb up, ascend (pl)*
SP: ishláa|ng DP: ishl|gán IP: ishláa|yaan

ishláalw n-nom. *prop in a dance or dramatic performance (e.g. mask, puppet, etc.)*
DEF: ishláalwaay.

istl'aa vb. *to arrive (pl)*
SP: istl'aa|gáng ~ istl'a'áa|ng DP: istl'aa|gán IP: istl'aa|gáan ~ istl'a'áa|yaan
·G̲áalgeehls dluu hal istl'aa'wáasaang. They'll come when it's dark. ·Náay únggwsii x̲íilaas dasd g̲ayuwáay istl'aagán. The smoke came out of the hole in the roof. ·St'a hlk'únk' k̲'íigaas dáng hal istl'aa'ugán. :

ists'a

1. vb. *to go in, come in, enter (pl)*

SP: ists'áa | ng DP: ists' | gán IP: ists'áa | yaan

·Daláng dlaa t'aláng ists'aasáang. We will come in after you folks. ·Díi sk̲áanlang ists'gán. My aunts came in. ·K̲áahlgwii hal ists'ugán. They came into the bay.

2. vb. *to put on X (clothing) (pl subj)*

SP: ists'áa | ng DP: ists' | gán IP: ists'áa | yaan

NOTE: This verb applies to two or more people putting on certain articles of clothing, usually those that cover the torso, such as a coat or shirt.

·K'uudáats'aay iig áa t'aláng ists'gán. We put on our coats.

ist'as vb. *to go across (pl)*

SP: ist'íij | ang DP: ist'íij | an IP: ist'aj | áan

ist'iid vb. *to leave, depart, go, start off (pl)*

SP: ist'i'íid | ang DP: ist'i'íid | an IP: ist'iid | áan

·Hawíid, dagwáang, t'aláng ist'iid ts'an. Come dear, let's leave. ·Sarah isgyáan Mark ist'iidán. Sarah and Mark left. ·'Wáadaagw náay hal ist'iid'ugan. They left for the store.

itl'gajáad n-cpd. *a rich woman*

itl'gajdáa vb. *to be a rich woman*

SP: itl'gatsdáa | gang DP: itl'gatsdáa | gan IP: itl'gatsdáa | gaan

·Hláa gudángs dluu, hal itl'gajdáagang. I believe she's a rich woman. ·Díi náan itl'gajdáagaan. My grandmother was rich.

itl'gajdägáay n-nom. *the rich women*

í'waan

1. vb. *to be large, big (sg)*

SP: í'waan- | gang DP: í'waan- | gan IP: í'waan | aan

·Hal ki'ii í'waansaang. His name will be big. ·X̲áay kún í'waan-gang. The dog's snout is big. ·Hal sgíl 'láa í'waan-gang. His bellybutton is large.

2. vb2. *to V much, a lot, hard*

SP: í'waan- | gang DP: í'waan- | gan IP: í'waan | aan

·K̲áa í'waan hlaa! Walk fast!

í'waanda vb. *to be large, big (pl)*

SP: í'waandaa | ng DP: í'waand | gan IP: í'waandaa | yaan

·Sk'agáay í'waandaang. The dog salmon are big. ·Tlúu í'waandaa gwaa uu tl' ijáan. They went aboard large canoes. ·Ts'áak'aay t'asg í'waandaas hl k̲íng! Look at the eagle's big talons!

• J •

jáa (1) n-ip-sg. *one's wife*
PLU: jáalang. RFX: jáa'ang.
NOTE: led has the very unexpected plural form jáat'alang.
·Hal jáa uu íijang. This is his wife. ·Hal jáa 'laahl g̱íit'aanggan. His wife was ashamed of him. ·Bill jáa isd sánsdlaang. Bill's wife is trying to do it.

jáa (2) interj. *say! you there! hey!*

Jáabnii nn. *Japanese people*
DEF: Jáabniigaay.

jaadáa vb. *to be girls, women, female (pl)*
SP: jaadáa | gang DP: jaadáa | gan IP: jaadáa | gaan
·Ahljíihl uu jaadáa dámaan kihlguléeg kílganggang. That's why women should be careful about what they say. ·Ga jaadáasgaay 'láa an kúugaagaangaan. The women would cook for him.

jáadaa vb. *to be a girl, woman, female (sg)*
SP: jáadaa | gang DP: jáadaa | gan IP: jáadaa | gaan
·Nang jáadaas gatáagang. The woman is eating. ·Ga jaadáasgaay st'a hlk'únk'aay ḵínggan. The girls looked at the mocassins. ·Nang jáadaas ḵig ḵ'aláang. The woman is barren.

jaadáng vb2. *to V around, go about V-ing (of plural)*
·Tlíijiidaan hl x̱ánjuu jaadáng'uu. Travel around all over the place, you folks.

jáadga vb. *to be noisy*
SP: jáadgaa | ng DP: jáadg(a) | gan IP: jáadgaa | yaan
·G̱aagáay jáadgaang. The children are noisy.

jaadgáay n-nom. *the women*
·Jaadgáay uu ḵigw x̱áygaangaan. The women would weave cedar baskets. ·Íik'waan, jaadgáay tl'aa gin x̱áygiinii. Nevertheless the women used to weave things. ·Íihlaants'daay isgyáan jaadgáay suud hal ḵ'áwaayaan. She sat among the boys and girls.

jáagiid nn. <cha> *woman's blouse*
DEF: jáagiidgaay.

jaagúuhl vb. *to fall in love*
SP: jaagúl | gang DP: jaagúl | gan IP: jaagwáal | aan

·Hal jaagúlgan. She fell in love.

jaagúusd adv. *west or seaward side of an island*
·Jaagúusd tajuwáay k̲'ajúugang. The wind is blowing from the southeast. ·Jaagúusd k̲'ajúugang. The wind is blowing from the outside. ·Jaagúusd k̲'ajúugang. The wind is blowing from the southeast.

jaagúusdgaa n-nom. *west wind*
DEF: jaagúusdgaay.

jaagwáalgaa vb. *to be in love*
SP: jaagwáalgaa | gang DP: jaagwáalgaa | gan
IP: jaagwáalgaa | gaan
·Hal jaagwáalgaagaan. She was in love.

jáajii nn. *snowshoes*

jáaluudgaa vb. *to make a noisy racket*
SP: jáaluudgaa | gang DP: jáaluudgaa | gan IP: jáaluudgaa | gaan
·Náay aa tl' jáaluudgaagang. There's a noisy commotion in the house.

jáam nn. *jam*
DEF: jáamgaay.
·Jáam san Hl tlaahláasaang. I'll make some jam too.

jáam táawaay
1. n-cpd. <g̲a> *jam dish*
2. n-cpd. <sk'a> *jam jar*

jáas (1) n-ip-sg. *one's sister, one's female parallel cousin*
PLU: jáaslang. RFX: jáasang.
NOTE: This term is only used in reference to a male's relatives. It can refer to (1) his sister, or (2) his mother's sister's daughter, or (3) his father's brother's daughter.
·Gíisd háns dángg tla'áaydang? Díi tláal jáas. Who else helps you? My husband's sister. ·Hal jáas k'ajúu 'láagang. His sister sings well. ·Dáng jáaslang sdánggang. You have two sisters.

jáas (2) n-ip/ap. <sk'a> *nits*

jáasaa vb. *to be a sister, female parallel cousin (to X)*
SP: jáasaa | gang DP: jáasaa | gan IP: jáasaa | gaan
NOTE: This term is only used in reference to a male's relatives. It can refer to (1) his sister, or (2) his mother's sister's daughter, or (3) his father's brother's daughter.

jáasaay voc. *sister! female parallel cousin!*
NOTE: This term is only used by males. It can be used to address (1) his sister, or (2) his mother's sister's daughter, or (3) his father's brother's daughter.

jáasang n-rp. *one's own sister, one's own female parallel cousin*
NOTE: This is the reflexive form of jáas. This term is only used in reference to a male's relatives. It can refer to (1) his sister, or (2) his mother's sister's daughter, or (3) his father's brother's daughter.
·Jáasang an gin Hl dahsáang. I will buy something for my sister.

jáasda vb. *to have O as one's sister, female parallel cousin*
SP: jáasdaa | ng DP: jáasd | gan IP: jáasdaa | yaan
NOTE: This term is only used in reference to a male's relatives. It can refer to (1) his sister, or (2) his mother's sister's daughter, or (3) his father's brother's daughter.

jáas dáanggaa n-phr. *unidentified species of duck (probably American widgeon)*

jáas da'a vb. *to have a sister, female parallel cousin*
SP: jáas da'áa | ng DP: jáas daa | gán IP: jáas da'áa | yaan
NOTE: This term is only used in reference to a male's relatives. It can refer to (1) his sister, or (2) his mother's sister's daughter, or (3) his father's brother's daughter.

jáaseehl vb. *to become a sister, female parallel cousin*
SP: jáaseel | gang DP: jáaseel | gan IP: jáaseel | aan
NOTE: This term is only used in reference to a male's relatives. It can refer to (1) his sister, or (2) his mother's sister's daughter, or (3) his father's brother's daughter.

jáat'anaa vb. *to be married*
SP: jáat'anaa | gang DP: jáat'anaa | gan IP: jáat'anaa | gaan
·Jáat'anaa an díi g̲íihlgiigang. I'm ready to be married. ·T'íij 'láangaa jáat'anaagaan. Some of his (slaves) were married. ·Dáng gid gw jáat'anaa'us? Is your child married?

jáat'aneehl vb. *to get married*
SP: jáat'aneel | gang DP: jáat'aneel | gan IP: jáat'aneel | aan
·Dáa gw jáat'aneehlsaa'us? Are you going to get married? ·Hal jáat'aneelgan dluu, hal aw sg̲áyhlgan. When she got married, her mother cried. ·Dámaan uu gud eehl daláng jáat'aneehls dluu díi gudangáay 'láa áwyaagan. I was really happy when you folks married each other.

jáaw nn. *species of seaweed*
DEF: jáawgaay.

jáa x̲áldangaay n-nom. *slave wife*

jáa'ang n-rp. *one's own wife*
NOTE: This is the reflexive form of jáa (1).

jadahlgáaw n-nom. <k'u> *cold chisel*
DEF: jadahlgáawaay.

jad hlg̱agán nn. <hlg̱a> *porch, platform extending in front of a traditional house, traditional-style toilet*
DEF: jad hlg̱agán-gaay.

jad hlg̱ahláan nn. *platform around the side of a house used for sleeping, sitting, etc.*

jagáns nn. *chicken*
NOTE: Varies with jagíin.
·'Wáadluu san gám jagáns k̲éengk'aa'aangaan. There were no chickens in those days either.

jagíi nn. *penis (babytalk)*

jagíiya vb. *to be unable to X, can't do X*
SP: jagíiyaa | ng DP: jagíi | gan IP: jagíiyaa | yaan
NOTE: The X-marker âa is in fact optional with this verb.
·K̲'áahluwee aa hal jagíiyaang. He's unable to get up. ·Gám gin tl'aa g̱áa daláng jagíiyaa hlangáa'anggang. There's nothing you folks can't do. ·Díi aa k̲'áahlsgadee aa hal jagíigan. She couldn't get used to me.

jagúl'aw n-cpd. *shrew*
DEF: jagúl'awaay.

jagúu nn. *monkey*

jagúusd adv. *from the west*

jagw nn. <sk'a> *gun, pistol, rifle, shotgun, revolver, firearm of any kind*
DEF: jagwáay.
·Jagw Hl dahgán. I bought a gun. ·Áajii jagwáay k̲'adáalaan. Thsi gun fired, went off. ·Jagwáay 'wáadluwaan k̲'at'úuggan. All of the guns were going off.

jagwaa

1. number. *seven, 7*

·Sáng jagwaa dluu gu t'aláng íijan. We were there for seven days.

2. vb. *to be seven in number*

SP: jagwa'áa | ng DP: jagwaa | gán IP: jagwa'áa | yaan

3. vb2. *to V seven times*

SP: jagwa'áa | ng DP: jagwaa | gán IP: jagwa'áa | yaan

jagwáa adv. *outside of an inlet; west*

jagw dáng skúnaawaay n-cpd. <sk̲'a> *gun-cleaning rod*

jagw hlg̲áay

1. n-cpd. <skáa> *bullet, buckshot, shotgun pellet*

·Jagw hlg̲áay tl' isdáang. Take along some bullets. ·Jagw hlg̲áay 'láa yíiluugang. His bullets are all gone.

2. n-cpd. <sk'a> *loaded shell (of a gun)*

jagw hlg̲áay síidalaa n-phr. *buckshot*

jagw hlg̲áay xálwiidaawaay n-cpd. *bullet mold*

jagw k'ujúu n-phr. <sk'a> *pistol*
DEF: jagw k'ujuwáay.

jagw k'usíi n-cpd. *butt of a gun*

jagw k̲'áal tla'únhl n-phr. *six-chambered revolver*

jagw k̲'áay n-poss. *gun barrel, gun muzzle*

jagw k̲'áay sk'asdáng n-phr. *double-barreled shotgun*

jagw k̲'íigaangaa n-cpd. *flintlock gun*

jagw stlagíit'uwaay n-cpd. *trigger of a firearm*

jagw stla k̲'adáalwaay n-cpd. *trigger of a firearm*

jaĝál nn. *penis (babytalk)*

ja háw'aa interj. *thank you very much*

·Ja háw'aa, xíl k̲agan díi x̲áwldaang. Thanks so much, I love the taste of Hudson Bay tea.

jahlíi vb2. *to V exceedingly, too much*
SP: jahlíi | gang DP: jahlíi | gan IP: jahláay | aan

·Xayáa jahlíis eehl uu hal sdílgan. He came back because it was too hot and sunny. ·Díi an k'yuwáay sdaláa jahlíigang. The road is too steep for me. ·Díi k̲aj jánd jahlíigang. My hair is too long.

jahlk' nn. <gu> *ceremonial headdress*
DEF: jahlk'áay.

jajáad nn. *peregrine falcon*

jál (1) nn. *bait*
DEF: jaláay.

·Jaláayg hl gám k̲'áysgad'ang! Don't forget the bait! ·Jaláay k̲wáan-gang. There's a lot of fish bait.

jál (2) nn. <sk̲'a> *the trump (lucky) stick in the stick game*
DEF: jaláay.

jam nn. *fish chowder*
DEF: jamáay.

jámbas nn. <tl'a> *overalls, jeans*
DEF: jámbasgaay.

ján n-ip. *edge*

janáas nn. *women belonging to a particular group*
NOTE: This word does not get used on its own. It only occurs in compounds that describe particular groups of women.

jánda vb. *to be long (pl)*

jáng vb. *to be long (sg)*
SP: jáng | gang DP: jáng | gan IP: jáang | aan

·Dáng x̲áng hlt'áaguj jánggang. Your eyelashes are long. ·Yáahl eehl gyaahlándiyaay jánggiinii. The story of the Raven was very long. ·K'uudáats' jáng hal gya'ándaang. She is wearing a long jacket.

jan-gáa vb. *to be a woman belonging to a particular group*
NOTE: This word does not get used on its own. It only occurs in compound verbs that describe particular groups of women.

ján-gw pp. *on the edge of it, beside it*
  ·Jim isgyáan Jane táaw kúugaagan gyaan g̲ándlaay ján-gw tl' táagan. Jim and Jane cooked some food and ate it by the river.

Janúug Kíl n-poss. *Chinook Jargon*

Janúug X̲aat'áay n-cpd. *Chinook People*

ja sg̲at'íisk'w n-nom. *caulking cotton, caulking oakum, caulking wedge*
  DEF: ja sg̲at'íisk'waay.

jast'áaw n-nom. <k'u (blade), sk̲'a (whole tool)> *chisel*
  DEF: jast'áawaay.

jatl' nn. <skáa (berry), hlk̲'uhl, k̲'uhl (cluster)> *elderberry*
  DEF: jatl'áay.
  ·Jatl'gyáa Hl dúusaang. I'll get some elderberries.

jatl'a vb. *to cut O off, trim O with scissors*
  ·K̲ajáng hl jatl'áa! Cut your hair! ·K̲ajáng hl 'wáasd jatl'áa. Cut your hair.
  ·Sg̲íilaay 'wáasd hal jatl'gán. He cut the umbilical cord.

jatl'aa vb. *for X to get soaked through*
  SP: jatl'aa|gáng   DP: jatl'aa|gán   IP: jatl'aa|gáan
  ·Hl hlg̲ánggulgan dluu, díi iig jatl'aagán. When I was working I got soaked through.

ja tl'at'ayáagaay n-nom. *bullet wound*

jat'ad vb. *to cut O in two with scissors*
  SP: jat'íid|ang   DP: jat'íid|an   IP: jat'ad|áan

jat'adíi vb. *to cut O repeatedly with scissors*
  SP: jat'adíi|gang   DP: jat'adíi|gan   IP: jat'adáa|yaan

jat'aláng nn. *arrow*
  DEF: jat'alangáay.

jat'gúng vb. *to shoot (at X)*
  SP: jat'gúng|gang   DP: jat'gúng|gan   IP: jat'gwáang|aan
  ·Gúusg uu hal jat'gúnggang? What is he shooting at? ·X̲úudg uu hal jat'gúnggang. He's shooting at a seal. ·X̲úudaayg hl jat'gúng. Shoot at the seal.

jat'íid nn. *pliers, scissors*

jat'íit'uu n-nom. <sk̲'a, k'u> *cold chisel*
DEF: jat'íit'uwaay.

jat'uhl 'la'áaw n-nom. <tl'a> *sewing pattern*
DEF: jat'uhl 'la'áawaay.

jat'uwa vb. *to nail O on*
SP: jat'uwáa | ng DP: jat'uu | gán IP: jat'uwáa | yaan
·Náay 'wáa aa hal jat'uwáayaan. He nailed up the house. ·K'yuwáay Hl jat'uwáasaang. I'll nail the door (shut). ·Sangíin eehl Hl jat'uwáasaang. I'll nail it with some nails.

ja uláang interj. *of course not! no way!*

ja'áang vb. *to be flirty (with X), promiscuous, to try to sleep with X*
·Dáa gw ja'áanggwaang'us? Are you going around flirting?

ja'áang janáas n-cpd. *prostitutes, hookers*

ja'áang jan-gáa vb. *to be a prostitute, hooker*
SP: ja'áang jan-gáa | gang DP: ja'áang jan-gáa | gan IP: ja'áang jan-gáa | gaan

ja'áang náay nn. *brothel*
DEF: ja'áang nagáay.
·Ja'áang náay awáahl áatl'an íijan. There used to be a brothel here long ago.

jíigangaang vb. *to screech, yowl*

jíingaa

1. adv. *a long time*
·Jíingaa 'láa k'yuu t'aláng g̲íidan. We waited for her for a long time.
·Jíingaa dajangáayg hal diyíng'ugan. They looked for the hat for a long time.

2. vb. *to be distant, far away (from X)*
SP: jíingaa | gang DP: jíingaa | gan IP: jíingaa | gaan
NOTE: This verb can be used to refer to distance in either space or time.
·In-gúusii jíingaagang. The opposite shore is far away. ·Kúnsii jíingaagang. The point (of land) is far away. ·K̲úugaay jíingaagang. The falls are a long ways off.

3. vb2. *to V for a long time*
·Hal gid íihlangaas gáw jíingaagang. Her son has been gone for a long time.
·G̲áalgwaa sg̲id k̲'ajáang jíingaagan. Lightning flashed for a long time last

night. ·Dáng tláal k'ajúu jíingaagang. Your husband has been singing for a long time.

jíingeehl vb. *to become distant, far away (from X); for a long time to pass*
SP: jíingeel | gang DP: jíingeel | gan IP: jíingeel | aan

·Jíingeehls dluu tl' tla g̲íihldaang. It takes a long time to get it done. ·'Wáa an jíingeelgang. It's long overdue.

jíiwaal nn. <k̲'a, k̲'uhl> *exposed roots end of an uprooted or blown over tree or stump*
DEF: jíiwalaay.

·Adaahl jíiwalaay k̲'áagan. The windfall happened yesterday. The fallen tree fell over yesterday.

júu nn. *current (tidal or marine)*
DEF: jíiwaay.

·Jiiwáay k̲áahlguud hal tlúu k̲áagang. He's rowing through the rapids.

júug nn. *gut line attached to a harpoon handle*

júuga vb. *to pack, pile O (pl)*
SP: júugaa | ng DP: júug(a) | gan IP: júugaa | yaan

·Ts'asláangwaay hl júugaa! Stack the pots! ·K̲ugíinaay hl g̲udáay iig júugaa. Stack the books in the box. ·K̲igwáay hl júugaa. Stack the baskets (one inside the other).

júuhlalaang nn. <skáa> *eddy*
DEF: júuhlalangaay.

juuhlán-gaa vb. *to be a widow, be widowed*
SP: juuhlán-gaa | gang DP: juuhlán-gaa | gan
IP: juuhlán-gaa | gaan

·Hal jáas juuhlán-gaa hlangaang. His sister must be a widow. ·Nang juuhlán-gaa uu awáahl chaagut'áanggiinii. A widow used to have a hard time back in the old days.

juuhlán-geehl vb. *to become a widow*
SP: juuhlán-geel | gang DP: juuhlán-geel | gan
IP: juuhlán-geel | aan

·Dáng tláal k'ut'álgan dluu, dáng juuhlán-geelgan. When your husband died, you became a widow.

juunáan nn. *one's husband's mother (mother-in-law), one's husband's maternal aunt (aunt-in-law)*
PLU: juunáanlang. RFX: juunáng.
NOTE: This term is only used in reference to a female's relatives.
·Díi juunáan k̲'ayáagang. My mother-in-law is old. ·Díi juunáan uu sg̲ats'gán. My mother-in-law was mean. ·Díi juunáan uu k̲'ánggwdanggan. My mother-in-law was kind.

juunáanaa vb. *to be a husband's mother (mother-in-law), a husband's maternal aunt (aunt-in-law) (to X)*
SP: juunáanaa|gang DP: juunáanaa|gan IP: juunáanaa|gaan
NOTE: This term is only used in reference to a female's relatives.

juunáanda vb. *to have O as one's husband's mother (mother-in-law), one's husband's maternal aunt (aunt-in-law)*
SP: juunáandaa|ng DP: juunáand|gan IP: juunáandaa|yaan
NOTE: This term is only used in reference to a female's relatives.

juunáan da'a vb. *to have a husband's mother (mother-in-law), a husband's maternal aunt (aunt-in-law)*
SP: juunáan da'áa|ng DP: juunáan daa|gán IP: juunáan da'áa|yaan
NOTE: This term is only used in reference to a female's relatives.

juunáng n-rp. *one's own husband's mother (mother-in-law), one's own husband's maternal aunt (aunt-in-law)*
NOTE: This is the reflexive form of juunáan. It is only used in reference to a female's relatives.

Júus K̲áahlii n-poss. *Juskatla Slough*

Júus X̲aat'áay n-cpd. *Jews, Jewish people*

júuts'ags n-nom. *fast current*
DEF: júuts'agsgaay.

juuyáay nn. <k̲'ii> *(the) sun*
·Juuyáay tláats'gaagang. The sun is very hot (lit. strong). ·K'yuwáay aa juuyáay k̲a k̲'íisgiidang. The sun is shining on the road now. ·Juuyáay díi x̲áng aa k̲a k̲'íit'iijang. The sun is shining in my eyes.

juuyáay k̲áatl'aahliyaay n-nom. *sunrise*

juuyáay x̲áng hlt'áaguj n-cpd. <sg̲a, t'áw> *sunbeam, rays of the sun breaking through the clouds*

• K •

káa nn. *car, truck, automobile, motor vehicle*
DEF: káagaay.
NOTE: Borrowed from English. For some speakers, this is a two-syllable word: káa.a.
·Áayaad káa.agaay gwaa Hl xál k̲áaydsaang. I'll drive off in the car today.
·Sahlgáang káagaay gwaa hal xál k̲áatl'aagang. She's driving back.
·Káagaay gwaa t'aláng íijan. We went by car.

káadii nn. <cha> *clam basket, seaweed basket*
DEF: káadiigaay.

káalaa nn. <tl'a> *collar*
DEF: káalagaay.

kaas nn. *Sitka alder (tree or wood)*
DEF: kaasgáay.

kagáanaa n-ip. *one's evil spirit(s)*
RFX: kagáanaang.

kagáanaang n-rp. *one's own evil spirit(s)*
NOTE: This is the reflexive form of kagáanaa.

kagan
1. nn. *evil spirit*
2. nn. *mouse, rat, muskrat*
DEF: kaganáay.
·Kagan k̲wáan-giinii. There used to be a lot of rats.

kagan dajáangaa n-cpd. *mushroom, toadstool*

kagan gáwjaawaa n-cpd. <skáa> *bunchberry*
DEF: kagan gáwjaawaagaay.

kagan jaláay n-cpd. *mouse bait, rat bait*

kagan sk̲amáay n-cpd. *mousetrap, rat trap*

káldajaang vb. *to chew O (kál class)*
SP: káldajaang|gang DP: káldajaang|gan IP: káldajaang|aan
·Ḵi'íi hal káldajaanggan. He ate large pieces of meat.

kámbas nn. <ḵ'íi> *compass*
DEF: kámbasgaay.

kám kam nn. <sḵ'a> *yarrow*

Kanáagaa vb. *to be Hawaiian*

Kanáagaa X̱aat'áay nn. *the Hawaiian people*
·Íitl' gingáan uu Kanáagaa X̱aat'áay gin isdáang. The Hawaiians do things like us.

kángwaay n-nom-ip. *leftover, scrap, crumb of something*

kat'úu ḵ'uhláa n-cpd. *turnip*
DEF: kat'úu ḵ'uhláagaay.

káw n-ip. <ja> *woman's genitals, one's vulva*
RFX: kawáng.
NOTE: Varies with kúu. Considered a vulgar term.

kawáng n-rp. <ja> *woman's own genitals, one's own vulva*
NOTE: This is the reflexive form of káw ~ kúu.

káw stlán n-cpd. *stickleback*

ki chiyáang vb. *to hang down from a peg or stick*

kid
1. vb. *to harpoon, spear, lance O (sg) (in X)*
SP: kíid|ang DP: kíid|an IP: kid|áan
2. vb. *to tattoo O (on X)*
SP: kíid|ang DP: kíid|an IP: kid|áan

kidáa vb. *to have been tattooed (on X), to have a tattoo (on X)*
SP: kidáa|gang DP: kidáa|gan IP: kidáa|gaan

kidáal'unggwaang v-rfx. *to walk around with a cane*
SP: kidáal'unggwaang|gang DP: kidáal'unggwaang|gan
IP: kidáal'unggwaang|aan
·Nang ḵ'ayáa án kidáal'unggang. An old person is walking with a cane.

kidáaw n-nom. <g̲a> *stretching board, tanning frame*
DEF: kidáawaay.

kidahlgáaw n-nom. <k'u> *awl, punch*
DEF: kidahlgáawaay.

kid g̲a'áangw nn. <sk̲'a> *pole for pushing boats*
DEF: kid g̲a'áangwaay.

kid kúnts'aangw nn. *a pair of upright sticks supporting a mat or net while it is being woven*

ki dlajuuláangw n-nom. <sk̲'a> *peavey*
DEF: ki dlajuuláangwaay.

ki dlajuwáa nn. *bow lookout*

kid yaagáalw n-nom. <sk̲'a> *gaff (for extending a sail), yard (for a sail)*
DEF: kid yaagáalwaay.

ki gisúu vb. *to unlock O (pl) with a key*
SP: ki gisúu|gang DP: ki gisúu|gan IP: ki gisáaw|aan

ki giyuwa vb. *to hang down from a peg or stick*
SP: ki giyuwáa|ng DP: ki giyuu|gán IP: ki giyuwáa|yaan
NOTE: This verb applies to gi-class objects, such as sheets and rugs.
·Láal'aay k'yuwáay aa 'láa ki giyuugán. The screen was hanging at the door.

kígs nn. <tl'a (single-layer), k̲'ii (multi-layer)> *cake*
DEF: kígsgaay.

kígs g̲asdlats'áawaay n-cpd. *cake pan*

kígs tlaawhláawaay n-cpd. *electric mixer*

ki gusdla vb. *to unlock O (sg) with a key*
SP: ki gusdláa|ng DP: ki gushl|gán IP: ki gusdláa|yaan

ki gusdláaw n-nom. <hlga> *key; winder on a clock*
DEF: ki gusdláawaay.
·G̲án ki gusdláaw Hl da'áang. I have a key for it.

ki gusdláaw hlkajúu n-phr. *passkey*

kihl pp. *in the language of*
NOTE: Varies with kihlg.

·X̲aad kihl gúusuweeg hal k̲'áysgiidang. She's forgetting how to speak the Haida language.

kihla vb. *to break X apart by giving it a single poke with a stick, to poke X apart with just one poke*
SP: kihláa | ng DP: kihl | gán IP: kihláa | yaan

kihláaw n-nom. <sk̲'a> *marker, pencil, pen, chalk, crayon*
DEF: kihláawaay.

kihldáang k̲'íisgad vb. *to forget what one was going to say*
SP: kihldáang k̲'íisgiid | ang DP: kihldáang k̲'íisgiid | an
IP: kihldáang k̲'íisgad | aan

·Hal gúusuu sánshlgan dluu, hal kihldáang k̲'íisgiidan. When he tried to speak he forgot his speech.

kihlgadáang x̲úuts' n-cpd. *a liar*

kihlgadáang 'la'áay n-cpd-sg. *liar*
PLU: kihlgadáang 'la'áaylang.

kihlgadáang 'la'áaygaa vb. *to be a liar*
SP: kihlgadáang 'la'áaygaa | gang DP: kihlgadáang 'la'áaygaa | gan IP: kihlgadáang 'la'áaygaa | gaan

kihlgadáng vb. *to lie, tell a lie*
SP: kihlgadáng | gang DP: kihlgadáng | gan IP: kihlgadáang | aan

·Dáng kihlgadánggang. You're telling a lie. ·Hal kihlgadángs dluu, gám hal g̲áywuhld'anggang. She doesn't blink an eye when she lies. ·Hal gid kihlgadánggang. Her child is lying.

kihlgadanga vb. *to be a habitual liar*
SP: kihlgadangáa | ng DP: kihlgadang | gán
IP: kihlgadangáa | yaan

·Ahljíihl uu hal kihlgadangáang. That's why she's a liar.

kihlgadangáay n-nom. *lying, telling lies*

ki hlgayáangw n-nom. *clothes hook, coat hook*

ki hlgínjuulaangw n-nom. <sk̲'a> *peavey*
DEF: ki hlgínjuulaangwaay.

kihlgula vb. *to speak, talk (to X)*
SP: kihlguláa | ng DP: kihlgul | gán IP: kihlguláa | yaan
·Ahljíihl uu jaadáa dámaan kihlguléeg kílganggang. That's why women should be careful about what they say.

ki hlg̲aawnáangw n-nom. <hlg̲a> *wheelbarrow, stroller*
DEF: ki hlg̲aawnáangwaay.

ki hlg̲ast'áaw
1. n-nom. *a four-pronged tool like a pitchfork*
2. n-nom. <hlg̲a> *foreshaft of a harpoon*

kihlg̲íihlda
1. vb. *to get X to agree to a plan to do O*
SP: kihlg̲íihldaa | ng DP: kihlg̲íihld | gan IP: kihlg̲íihldaa | yaan
2. vb. *to plan out O*
SP: kihlg̲íihldaa | ng DP: kihlg̲íihld | gan IP: kihlg̲íihldaa | yaan

kihliyáasii n-dem. *line drawn on something*

kihliyáay n-nom. *line, mark written or drawn on something*

kihljúu n-ip. *one's voice, speech*

kihljuuláangw n-nom. <sk̲'a> *peavey*
DEF: kihljuuláangwaay.

kihl k'yuu pp. *waiting for what someone will say, waiting to hear from someone*

kihl náang vb. *to make fun of X, joke around with X*

kihl náanslang vb. *to make fun of X*
SP: kihl náanslang | gang DP: kihl náanslang | gan IP: kihl náanslaang | aan
·Tawíi'lang eehl hal kihl náanslanggang. She's making fun of her relatives.

kihl sg̲agáng vb. *to lead O (song)*
SP: kihl sg̲agáng | gang DP: kihl sg̲agáng | gan IP: kihl sg̲agáang | aan

·Gíisd uu kihl sg̲agángsaang? Who will lead the song? ·Nang xyáahl g̲áayaas uu íitl' an kihl sg̲agángsaang. The one who knows how to dance (the best dancer) will lead us in song.

ki hltána vb. *to soften, tan O with a stick*
SP: ki hltánaa | ng DP: ki hltán- | gan IP: ki hltánaa | yaan
·K'áadaay k̲'ál Hl kihltánaang. I'm tanning the deer skin.

ki hltánaaw n-nom. *hide scraper*
DEF: ki hltánaawaay.

kihl t'álg pp. *in spite of, despite what someone said*

kihl x̲ánj n-ip. *one's echo*
RFX: kíilang x̲ánj.

kihl yahda vb. *to say the right thing*

kíihljaaw n-nom. *mourning song*
DEF: kíihljuwaay.

kíihljaaw k̲agáan n-cpd. *mourning song*
DEF: kíihljaaw k̲aganáay.

kíij nn. *pus, abcess*
DEF: kíijaay.

kíijaa vb. *to be abcessed, have an abcess*
SP: kíijaa | gang DP: kíijaa | gan IP: kíijaa | yaan
·Díi stla kún kíijaagang. My fingertip is abcessed. ·Díi st'a k'ún kíijaagang. My toenail is abcessed. ·Díi stláay kíijaagang. My hand is abcessed.

kíilaa vb. *to be speaking, to be able to speak*
SP: kíilaa | gang DP: kíilaa | gan IP: kíilaa | gaan

kíilang n-rp. *one's own language, voice, speech, words*
NOTE: This is the reflexive form of kíl.

kíilang x̲ánj n-rp. *one's own echo*
NOTE: This is the reflexive form of kihl x̲ánj.

kíisd kit'agúng n-cpd. *poltice made of spruce pitch and salmonberry thorns*

kij nn. *kelp greenling*
DEF: kijáay.

ki k’áat’a vb. *to throw, toss O with a pitchfork, etc.*
SP: ki k’áat’aa|ng DP: ki k ’áat’|gan IP: ki k’áat’aa|yaan
·Chíinaay Hl ki k’áat’gan. I tossed the fish with a pic.

ki k’ajúu vb. *to play O [phonograph, record player]*

ki k’uhláalw nn. *screwdriver*
DEF: ki k’uhláalwaay.

ki k’waanáay n-nom. *shortcut*

ki k̲’adáal n-cpd. *soup made from mashed potatoes and/or turnips with ooligan grease*

ki k̲’adáalw n-nom. <sk̲’a> *masher (for vegetables, fruits, salmon eggs, etc.)*
DEF: ki k̲’adáalwaay.

ki k̲’íidaal vb. *to push O (sg) along slowly with a stick*
SP: ki k̲’íidaal|gang DP: ki k̲’íidaal|gan IP: ki k̲’íidaal|aan
NOTE: This verb applies to pushing along a single k̲’íi-class object.
·K̲wa’áay hal ki k̲’íidaalgan. He pushed the large rock with a stick.

ki k̲’íidlaanw n-nom. <k̲’ii> *mast step (the block in the bottom of a canoe or a boat to hold the heel of the mast)*
DEF: ki k̲’íidlaanwaay.

kíl nn. *language, voice, speech, words*
RFX: kíilang.
·Kílaas hánsan kíilang sk̲’at’áang. The Tsimshians are also learning their own language. ·’Láa kíl hl gudáng. Listen to his voice. ·Gud kíl aa t’aláng gyúuwulaanggan. We listened to each other's dialects.

Kílaad nn. *Tsimshian people*

Kílaad X̲aat’áay n-cpd. *Tsimshian people*

Kiladáay n-nom. *the Tsimshians*

Kíldaa vb. *to be Tsimshian*
SP: Kíladaa | gang ~ Kíldaa | gang DP: Kíladaa | gan ~ Kíldaa | gan IP: Kíladaa | gaan ~ Kíldaa | gaan
NOTE: Varies with Kíladaa.

·Dii Kíladaagang. I'm Tsimshian. ·Hal Kíladaagang. She's a Tsimshian.

kíl dlahláalw n-nom. *slave*

kíl dla'a vb. *to advise O, give advice, direction, supervision to O (about X)*
SP: kíl dla'áa | ng DP: kíl dlaa | gán IP: kíl dla'áa | yaan ~ kíl dlaa | gáan
NOTE: Some speakers say kihl dla'a.

·Hal hlg̱ánggulaas dluu, 'láa hal kihl dlaagán. When she was working, she advised him.

kíl dla'áa n-nom. *advice*
DEF: kíl dlaayáay.

kílgang

1. vb. *for X to be necessary, required, needed, important*
SP: kílgang | gang DP: kílgang | gan IP: kílgaang | aan

·Kiilang sḵ'at'géeg uu kílganggang. We need to learn our own language. (or) One needs to learn one's own language. ·G̱áa dáng ijéeg kílganggang. You need to be there. ·K'ún náaguusii g̱áwtlaa gya'áandiyeeg kílganggang. It is important to wear new underwear.

2. vb. *to need, require X*
SP: kílgang | gang DP: kílgang | gan IP: kílgaang | aan

kíl géehl vb. *to repeatedly annoy O with talk*
SP: kíl géel | gang DP: kíl géel | gan IP: kíl géel | aan

·G̱aagáay dii kíl géelgang. The children annoy me.

kíl gúu vb. *to be mute, unable to speak*
SP: kíl gúu | gang DP: kíl gúu | gan IP: kíl gáaw | aan
NOTE: This verb literally means "to have a missing voice".

kíl gúusuwaa vb. *to argue, have a dispute over O*
SP: kíl gúusuwaa | gang DP: kíl gúusuwaa | gan IP: kíl gúusuwaa | gaan

·Dáalaay ḵ'awads hal kíl gúusuwaa'ugan. They disputed over the money that was left. ·Gin tl' kíl gúusuwaagan dluu, 'wáa aa hal tla hlg̱at'íijan. When there was a dispute, she kept the peace.

kíl gyáa'a vb. *to ask O (sg) to stop as they are walking by*
SP: kíl gyáa'aa | ng DP: kíl gyáa | gan IP: kíl gyáa'aa | yaan ~ kíl gyáa | gaan

kíl gya'áansdla vb. *to ask O (pl) to stop as they are walking by*
SP: kíl gya'áansdlaa | ng DP: kíl gya'áanshl | gan IP: kíl gya'áansdlaa | yaan

kíl g̲isga vb. *to be unable to speak about X*
SP: kíl g̲isgáa | ng DP: kíl g̲isga | gán IP: kíl g̲isgáa | yaan

kílislang sg̲alangáay n-cpd. *speaking-in-a-trance song*

kíl kwáahla vb. *to disappoint, let O down with what one says*

kílk'adaang vb. *to repeatedly charge (amount X1) for O (to buyer X2), to repeatedly set a price (of X1) on O (for X2)*
SP: kílk'adaang | gang DP: kílk'adaang | gan IP: kílk'adaangaan

kíl k̲aahl vb. *to lose O (bet, argument, debate, etc.)*
SP: kíl k̲a'ál | gang DP: kíl k̲a'ál | gan IP: kíl k̲a'áal | aan
·Dáa gw kíl k̲aahlsáa'ang dáng gudáng? Do you think you'll win the debate?
·Hal kíl k̲a'álgan dluu, 'láa gúusd Hl súugan. When he lost the case, I spoke up for him.

kíl míits'angaa vb. *to fuss (at X) over O*
SP: kíl míits'angaa | gang DP: kíl míits'angaa | gan IP: kíl míits'angaa | gaan
·Gin 'wáadluwaan hal kíl míits'angaaganggang. He makes a fuss over everything.

kíl sangáa vb. *to feel offended*
SP: kíl sangáa | gang DP: kíl sangáa | gan IP: kíl sangáa | gaan
·Hal jáa án kíl sangáagan. His wife felt offended.

kíl sángiits'a vb. *to make O sound difficult, hard*
SP: sángiits'aa | ng DP: sángiits' | gan IP: sángiits'aa | yaan
·Gin 'wáadluwaan hal kíl sángiits'aang. She makes everything sound difficult.

kíl sángiits'geehl vb. *to make trouble for O by what one says (usually gossip)*
SP: kíl sángiits'geel | gang DP: kíl sángiits'geel | gan IP: kíl sángiits'geel | aan

·Awáahl uu uk'ún nang jáadaa gin kíl sángiits'geelaan. A long time ago, a woman caused trouble by her gossiping.

kílsda vb. *to be verbally exhausted, to get tired of talking*
SP: kílsdaa | ng DP: kílsd | gan IP: kílsdaa | yaan

·Tlíyaan uu hal kílsdaayaan. She finally got tired of talking.

kílsgad vb. *to charge (amount X1) for O (to buyer X2), to set a price (of X1) on O (for X2)*

kílsguda vb. *to make a verbal mistake, to misspeak*
SP: kílsgudaa | ng DP: kílsgud | gan IP: kílsgudaa | yaan

·Huk'ún hal súugan dluu, hal kílsgudgan. When he said that, he made a mistake. ·Gyaasdáan gw dáng kílsgudaa'ujaa? Did you go and make a (verbal) mistake?

kil sg̱agáangw nn. *dance leader's stick*
DEF: kil sg̱agáangwaay.

kíl sg̱áyga vb. *to make O (pl) cry with what one says*
SP: kíl sg̱áygaa | ng DP: kíl sg̱áyg(a) | gan IP: kíl sg̱áygaa | yaan

kíl sg̱áyhla vb. *to make O (sg) cry with what one says*
SP: kíl sg̱áyhlaa | ng DP: kíl sg̱áyhl | gan IP: kíl sg̱áyhlaa | yaan

kílsiid vb. *to exaggerate X1 (talking to X2), to stretch the truth about X1 (talking to X2)*
SP: kílsiid | ang DP: kílsiid | an IP: kílsiid | aan

kíl stl'agáng v-rfx. *to apologize, make up, try and be nice*
SP: kíl stl'agáng | gang DP: kíl stl'agáng | gan IP: kíl stl'agáang | aan

·Díig án hal kíl stl'agánggan. She tried to make up with me.

kíl st'i vb. *to offend O verbally, make O angry with what one says*
SP: kíl st'i | gáng DP: kíl st'i | gán IP: kíl st'i | gáan

·'Láa Hl ḵinggan dluu, yáangk'yaan díi hal kíl st'igán. When I saw her, she surely offended me.

kíl súu dluunáang vb. *to question O intensely, ask O a lot of questions, to interrogate O, to grill O with questions*
SP: kíl súu dluunáang | gang DP: kíl súu dluunáang | gan IP: kíl súu dluunáang | aan

·Díi hal kíl súu dluunánggan. She questioned me intensively.

kíl t'ímjuu nn. *thin, high-pitched voice*

kíl x̲ángislang v-rfx. *to make up a cover story, tell a tall tale, try to apologize (to X)*
SP: kíl x̲ángislang | gang DP: kíl x̲ángislang | gan IP: kíl x̲ángislaang | aan
NOTE: Some speakers say: kíl x̲ánslang.
·Díig án hal kíl x̲ánslanggan. She tried to apologize to me.

kíl 'láa vb. *to thank, give thanks (to X1) (for X2); to greet, say hello to, say goodbye (to X1)*
SP: kíl 'láa | gang DP: kíl 'láa | gan IP: kíl 'láa | gaan
·G̲án sang t'aláng kíl 'láagang. We are thankful for that. ·Dángg gin tl' isdáas dluu, sang tl' kíl 'láagang. If they give you anything, be sure to say thank you for it. ·Hláa san dáng an kíl 'láagang. I too thank you.

kinanáng vb. *to break X apart by repeatedly poking with a stick, to poke X apart*

kínda vb. *to give, send, bring a message, news, word (of X1) (to X2)*
SP: kíndaa | ng DP: kínd | gan IP: kíndaa | yaan
·Díi gwíi hal kíndgan. She brought a message to me.

kíng nn. *news*
DEF: kingáay.

kingáang vb. *to make a small, high-pitched sound (as small animals), twitter, squeak, chatter, sing (of birds), crow*
SP: kingáang | gang DP: kingáang | gan IP: kingáang | aan
·Ts'ahts'gáay kingáang g̲ujúugang. All the birds are singing. ·K'agwáay kingáanggang. The little owl is hooting.

kínggwdang vb. *to instruct O; to receive a message, get word, hear the news*
SP: kínggwdang | gang DP: kínggwdang | gan
IP: kínggwdaang | aan
·Hl k̲áaydaay kunáasd, díi hal kínggwdanggan. She instructed me before I left.

Kínggwgaang Tláahl n-nom. *the Ten Commandments*

kíng gyaahlánda vb. *to speak critically (to X1) (about X2), tell about (X2's) misbehavior (to X1), tattle (on X2) (to X1)*
SP: kíng gyaahlándaa | ng DP: kíng gyaahlánd | gan IP: kíng gyaahlándaa | yaan

kíngwa vb. *to offer O (to X)*
SP: kíngwaa \| ng DP: kíngu \| gan IP: kíngwaa \| yaan

kínhlaaw n-nom. <sḵ'a> *spear*
DEF: kínhlaawaay.

kínhluu vb. *to poke, spear, stick O repeatedly*
SP: kínhluu \| gang DP: kínhluu \| gan IP: kínhlaaw \| aan
·Chíin ḵwáan hal kínhluugan. He speared a lot of fish.

kínslang vb. *to praise, boast about, say nice things about O*
SP: kínslang \| gang DP: kínslang \| gan IP: kínslaang \| aan
NOTE: Some speakers say: kínsalang.
·Hl k'ajúugan dluu, díi tl' kínslanggan. When I sang they praised me. ·Git'áang hal kínsalanggan. She praised her child. ·Git'aláng hl kínsalang'uu. Praise your children, you folks.

kisa vb. *to get abcessed*
SP: kisáa \| ng DP: kis \| gán IP: kisáa \| yaan
·Hal stláay kisáang. Her hand is abcessed.

ki sdáangw nn. *a game in which two sides compete in trying to catch a ring on sticks*

kisgayáang nn. *snare*

kisgayáaw n-nom. <sga> *snare*
DEF: kisgayáawaay.

ki sg̱at'íisk'w n-nom. <k'u> *flat, pointed bone tool used in weaving to push woof strands together*
DEF: ki sg̱at'íisk'waay.

ki skáagasdlaaw n-nom. <hlga> *drawing compass*
DEF: ki skáagasdlaawaay.

ki skáajaaw nn. *billiard ball, pool ball*

ki skáawnaang sḵ'áangwaay n-cpd. <sḵ'a> *pool cue, pool stick*

ki skáawnang vb. *to shoot pool, play billiards*

ki skáygasdliyaay n-nom. *(drawing of a) circle*

ki sk'ast'áaw n-nom. <k'u (blade), sk̲'a (whole tool)> *a gouge (a type of chisel)*
DEF: ki sk'ast'áawaay.

kisláangw n-nom. <sk̲'a> *(fireplace) poker*
DEF: kisláangwaay.

kist'áaw n-nom. <k'u (blade), sk̲'a (whole tool)> *chisel*
DEF: kist'áawaay.

kis x̲áwgandaay n-phr. *watery pus*

ki tl'ajuuláangw n-nom. <g̲a> *spatula*
DEF: ki tl'ajuuláangwaay.

ki tl'asdlahliyáay n-ip. *cuff, hem*

kits'a vb. *to roast O on a stick, skewer*
SP: kits'áa|ng DP: kits'|gán IP: kits'áa|yaan
·Chíin uu Hl kits'áang. I'm roasting fish on a stick.

kits'áaw nn. *roasting stick*
DEF: kits'áawaay.
NOTE: Varies with kits'áangw, gits'áaw.

kits'gáangw n-nom. <sk̲'a> *ramrod*
DEF: kits'gáangwaay.

kit'áaw n-nom. *spear*
DEF: kit'áawaay.

kit'uu nn. <sk̲'a> *spear, harpoon*
DEF: kit'uwáay.

kit'uu dáagal n-poss. <sg̲a> *a harpoon's lanyard*

kit'uu kún n-cpd. *butt end of a spear*

ki x̲áal n-cpd. *oval doorway through the front of the house and the housefront pole*

ki x̲áay stlíinaay nn. *knitting needle*

kiya vb. *to be light, lightweight*
SP: kiyáa | ng DP: kii | gán IP: kiyáa | yaan
·Gwáalaay 'láangaa kiyáayaan. Her sack was light.

ki'ii

1. n-ip. *one's meat, flesh*

·X̲úud ki'ii t'aláng táasaang. We will eat seal meat. ·Áajii k'áadaay ki'íi k̲úunaawgang. This deer meat is tasteless. ·K'udéik̲' X̲aat'áay x̲úud ki'ii x̲áwld áwyaagang. The Eskimo people love to eat seal meat.

2. n-ip. *one's name, namesake*

RFX: kya'áang.

·Hal ki'ii í'waansaang. His name will be big. ·Hal ki'ii sdánggan. He had two names. ·Hal ki'ii uu Gasáawaag hín g̲íidan. His name was Gasáawaak.

kug nn. *firewood*
DEF: kugáay.
·Kug íig hal sginanánggang'waang. They always split firewood. ·Kug hl dúu. Get some firewood! ·Sahlgáang tl'ahl isgyáan sangíin isgyáan kug dánhl hal k̲áatl'aagaan. He came back with a hammer, some nails and some wood.

kug gílgaay n-cpd. *bracket fungus*

kug gun-gáa n-phr. *dead wood*

kug g̲aláanggaa n-phr. *rotten wood*

kúgiis nn. <skáa> *cookie*
DEF: kúgiisgaay.

kúgiis g̲asdlats'áawaay n-cpd. <g̲a> *cookie sheet*

kug tl'ahláay n-cpd. *sledgehammer for splitting wood*

kún (1) nn. *whale (other than killer whale)*
DEF: kunáay.
·Kunáay ínggw Ryan agán gitsgad dlat'íijang. :

kún (2)

1. nn. *end, tip, point*
2. nn. <ja> *nose, snout, muzzle; beak (of puffin)*

RFX: kunáng.

·Hal kún jánggang. Her nose is long. ·Hlk'idgáay kún 'láa t'a k'únhliyaagang. The hem of her dress is ruffled. ·X̲áay kún í'waan-gang. The dog's snout is big.

3. nn. *point of land, headland, spit, cape*

kunáa vb. *to be the cause of trouble, conflict (over X), to be to blame (for X)*

kúnaa adv. *before, earlier*

·Kúnaa ts'uwúlgw k̲wáan hal isdgán. He got a lot of mink before.

kunáada vb. *to blame O*

SP: kunáadaa | ng DP: kunáad | gan IP: kunáadaa | yaan

·Hal gid tlaagáaygan dluu, díi hal kunáadgan. When her child got hurt, she blamed me. ·Gám hl k̲'álaad kunáad'ang. Don't blame others.

kúnaan nn. *stinging nettle root*

DEF: kúnanaay.

kunáasd pp. *before, preceding*

·Daláng kunáasd Hl isáang. I will go before you guys. ·Díi kunáasd hal istl'aa'ugán. They arrived ahead of me. ·Sántajaa kunáasd Hl k̲'áahluusaang. I'll get up before noon.

kunáasdgaay n-nom-ip. *one's older siblings*

kunáasd 'láanaa n-cpd-ip. *one's older opposite-sex sibling*

kúnaaw

1. n-nom-pl. *points of lands, headlands*

DEF: kúnuwaay.

2. vb. *to end, come to an end, finish at some location (pl)*

SP: kúnaaw | gang DP: kúnaaw | gan IP: kúnaaw | aan

NOTE: This verb typically applies to roads, paths or lines of people.

kunáng n-rp. <ja> *one's own nose, snout, muzzle; (puffin's) own beak*

NOTE: This is the reflexive form of kún.

·Kunáng aa hl tlasgad! Touch your nose! ·Kunáng aa hl tlasgad. Touch your nose.

kúndaal vb. *to move along slowly in a mass (as a school of fish)*

SP: kúndaal | gang DP: kúndaal | gan IP: kúndaal | aan

·Díi aa kúndaals Hl g̲áandanggan. I felt it coming on me (e.g. sickness). ·Íitl' gwíi chíinaay kúndaalgang. The fish are moving toward us.

kunéehl vb. *to be to blame (for X), be the source of trouble (for X)*
SP: kunéel | gang DP: kunéel | gan IP: kunéel | aan
·Gin kunéelaan. There was trouble. ·Náay uu kunéelaan. There was a dispute over the house.

kún-gad n-ip. *inside or outside corner*

kún gisáaw nn. *handkerchief*
DEF: kún gisáawaay.

kún-gw pp. *at the point, end of*

kunhlgijúu vb. *to go, move, rush (of a crowd, group, flock)*
SP: kunhlgijúu | gang DP: kunhlgijúu | gan IP: kunhlgijáaw | aan
·Náay aa tl' kunhlgijúugan. They were rushing to the house.

kun hlgijuuláang vb. *to swim around in a big school*
SP: kun hlgijuuláang | gang DP: kun hlgijuuláang | gan IP: kun hlgijuuláang | aan
NOTE: This verb applies only to fish.

kún hlgits'agahl n-nom. *a large amount of shellfish that has washed ashore*

kún hlk'iwíi

1. n-cpd. *whale blubber*
   DEF: kún hlk'iwíigaay.
2. n-poss. *whale's blubber*

kún hlk̲ún n-cpd-ip. *the bridge of one's nose*

kún hltanagáay n-poss. *new growth on the end of an evergreen branchlet*

kún hlt'aj n-cpd/poss-ip. *one's septum*

kuníisii

1. n-nom-ip. *ancestor*
2. n-nom-ip. *crest*

kúnjaaw n-nom. *a point of land, headland*
DEF: kúnjuwaay.
PLU: kúnaaw.

kún jiingáay n-cpd. <ja> *whole nose*

kúnjuu vb. *to end, come to an end, finish at some location (sg)*
NOTE: This verb typically applies to a road, path, or line of people.

kún k̲áahlii n-ip. *nostril*

kún k̲aj g̲ajáaw n-cpd. *sperm whale*

kún sajáay n-cpd. *whalebone club*

kún sdagáa n-nom. <sda, sga> *nose ring*
DEF: kún sdagáay.

kún sdajáaw n-cpd. *nose ring*

kúnsgad

1. vb. *to bump into X*
   SP: kúnsgiid | ang DP: kúnsgiid | an IP: kúnsgad | aan
   ·Tluwáay iig díinaa hal kúnsgiidan. He bumped into my boat.
2. vb. *to push O, give O a push with one's nose*
   SP: kúnsgiid | ang DP: kúnsgiid | an IP: kúnsgad | aan
   ·Áajii sg̲áanaay uu adíidg íinangaay kúnsgaddaalaan. The killer whales pushed the herring along towards shore.

kún sg̲áay n-poss. <tl'a> *the lower jaw of a whale*

kúnsii nn. *point, beginning of sth.*
·Kúnsii jíingaagang. The point (of land) is far away.

kúnst'a vb. *to begin, start, originate*
SP: kúnst'aa | ng DP: kúnst' | gan IP: kúnst'aa | yaan

kúnst'ayaay n-nom. *the beginning*

kún ts'áng n-cpd. <tl'a> *baleen*
DEF: kún ts'angáay.

kúnts'ul n-ip. <ja> *nostril*
RFX: kúnts'ulang.

kúnts'ulang n-rp. <ja> *one's own nostril*
NOTE: This is the reflexive form of kúnts'ul.

kúnt'gwaang n-nom. *sandhopper, beachhopper, sand fleas*
DEF: kúnt'gungaay, ~kúnt'gwaangaay.
·K̲íidaay x̲idgw kúnt'gwaang k̲waan-gan. There were a lot of jumping fleas under the log.

kún x̲áw nn. *mucus that drips or runs from one's nose*

kún x̲íilaangs n-cpd-ip. *one's nostrils*

kún x̲íilaas n-phr. *a certain part of the large box type of fish trap*

kún x̲íilayaay n-cpd-ip. *hole through one's septum*
PLU: kún x̲íilaangaay.

kus vb. *to stab O once*
SP: kwíij | ang DP: kwíij | an IP: kuj | áan
·Daláng 'wáadluwaan hal k̲usgadsáang. She will knife all of you. ·Hal g̲aayhld'wáas dluu, 'láa tl' kujáan. When they were fighting, he was stabbed.

kusad vb. *to fart, pass gas once*
SP: kusíid | ang DP: kusíid | an IP: kusad | áan
NOTE: This verb describes passing gas in a non-specific sort of way.

kusadáng vb. *to fart, pass gas multiple times*
SP: kusadáng | gang DP: kusadáng | gan IP: kusadáang | aan
NOTE: This verb describes passing gas in a non-specific sort of way.

kusahlgáaw n-nom. *awl, punch*
DEF: kusahlgáawaay.

kusíidaa n-nom-ip. <cha> *land otter scent gland*

kúuda vb. *to make a cursing hand gesture*
SP: kúudaa | ng DP: kúud | gan IP: kúudaa | yaan

kúugaa vb. *to cook (O)*
SP: kúugaa | gang DP: kúugaa | gan IP: kúugaa | yaan
·G̲aagáay an Hl kúugaasaang. I'll cook for the kids. ·Chíinaay dáng kúugaa hlangaang. You can cook the fish. ·Náanang an chíin Hl kúugaagang. I'm cooking some fish for my grandmother.

kwáadaa

1. nn. <gu> *quarter (25 cents)*
   DEF: kwáadaay ~ kwáadgaay.
2. vb. *to be a quarter, be worth a quarter*
   SP: kwáadaa | gang DP: kwáadaa | gan IP: kwáadaa | gaan

·Kwáadaagan. It was 25 cents.

kwáagad vb. *to be confident in, proud of, look up to, count on, admire X*
SP: kwáagiid | ang DP: kwáagiid | an IP: kwáagaad | aan

·Díi eehl hal kwáagiidang. He is proud of me.

kwáagadaa vb. *for X to be reliable, dependable, be able to be counted on*

kwáag chagáa n-nom. <cha> *skirt*
DEF: kwáag chagáay.

kwáag chagáa náaguusii n-cpd. <cha> *petticoat, slip*
DEF: kwáag chagáa náaguusiigaay.

Kwaawáay n-nom. *Honorable Ones*

kwáay

1. n-ip. <ja> *buttocks, behind, rear end, hips*
   RFX: kwáayang.
2. nn. <k̲'ii> *fish tail*

kwaayáang

1. vb. *to bleed, shed blood*
   SP: kwaayáang | gang DP: kwaayáang | gan IP: kwaayáang | aan
   NOTE: This verb requires g̲áy "(someone's) blood" as its subject.
2. vb. *to run, flow (of liquid)*
   SP: kwaayáang | gang DP: kwaayáang | gan IP: kwaayáang | aan

·Dáng x̲áng x̲áw kwaayáanggang. Your tears are falling. ·Yáahl k̲áagan dáan uu, g̲ándl kwáayaangs an hal k̲áatl'aagaan. While Raven was walking, he came to a creek. ·X̲aadas tlagáaygw uu g̲ándl k̲waayáanggaangaan. In the Haida village, the water would flow.

kwáayang n-rp. <ja> *one's buttocks, behind, rear end, hips*
NOTE: This is the reflexive form of kwáay.

kwáayang skuj n-poss-rp. *one's own pelvic bone*
NOTE: This is the reflexive form of kwáay skuj.

kwáay gudg hlg̲at'as n-phr. *pelvis*

kwáay skuj n-poss-ip. *one's pelvic bone*
RFX: kwáayang skuj.

kwáay 'wíi chiingáay n-cpd. *buttock*

kwah chagáng vb. *to wear O (sg) [skirt]*
SP: kwah chagáng | gang DP: kwah chagáng | gan IP: kwah chagáang | aan

kwah chagíi vb. *to put on O (sg) [skirt]*
SP: kwah chagíi | gang DP: kwah chagíi | gan IP: kwah chagáay | aan ~ kwah chagíi | gaan

kwah sk'ajáaw n-nom. *funnel mouth for a large box-type fish trap*

kwahyangáay n-nom. *the current*

kyaa

1. nn. *meat, flesh*
   DEF: kya'áay.
   ·Awáahl g̲agwíi tl' 'wáahlahls dluu, kyaa tl'áag tl' isdgíinii. A long time ago when they gave potlatches, people gave out names to people.
2. n-nom. *name, term*
   ·Awáahl g̲agwíi tl' 'wáahlahls dluu, kyaa tl'áag tl' isdgíinii. A long time ago when they gave potlatches, people gave out names to people.
3. nn. *wooden door hanging inside the doorway theough the housefront pole of a traditional house*
   DEF: kya'áay.

kyaada vb. *to name O, call O (by some name)*
SP: kyaadáa | ng DP: kyaad | gán IP: kyaadáa | yaan
·Hydaburg hín uu tlagáay tl' kyaadáayaan. They named the place Hydaburg. ·Wáasan Janáas hín uu jaadgáay tl' kyaadáayaan. They called the women Wáasan Janáas. ·Sáng Sg̲áanuwaas hín uu tl' kyaadgáangaan. They used to call it The Mysterious One Above.

kyáagaang (1) vb. *to call, call out (to X)*
SP: kyáagaang | gang DP: kyáagaang | gan IP: kyáagaang | aan

·Íitl’g dáng kyáagaangs t’aláng gudánggan. We heard you calling us. ·Díig dáng kyáagaangs Hl gudánggan. I heard you calling me. ·Dángg hal kyáagaanggang. He's calling for you.

kyáagaang (2) n-nom. *wolverine*

kyáaguud adv. *around outside*
·Kyáaguud ’láa hal dáng sguunánggan. She was pulling her around outside. ·K̲wáayaay kyáaguud hal dáng sg̲adáal’unggan. He dragged the rope around outside.

kyáaguusii n-dem. *the area outside; the outside surface*

kyaa íi x̲inanáangwaay n-cpd. *meat grinder*

kyaa k̲íihlgaay n-cpd. *platter*

kyáan (1) nn. <sk’a> *tin can*
DEF: kyáan-gaay.

kyáan (2) nn. *Pacific cod*
DEF: kyáan-gaay.
·Kyáan hl díig isdáa! Give me some cod! ·Gám k̲ún kyáan íitl’ guláa’anggang. We don't like cod fish too much.

kyáanang vb. *to ask (X)*
SP: kyáanang|gang DP: kyáanang|gan IP: kyáanaang|aan
NOTE: The X here refers to the thing that is asked, not the person who is asked. You can specify the person who is asked by adding an eehl phrase.
·’Laahl hl kyáanang. Ask her. ·Dáng eehl tl’ kyáanangs dluu, "Áang!" hín tl’ súugang. When they ask you, you better say "Yes!" ·Daláng eehl tl’ kyáanangs dluu, "Áang!" hín tl’ súu’waang. When they ask you folks, you folks better say "Yes!".

kyáandaaw n-nom. <ts’as> *canning kettle*
DEF: kyáandaawaay.

kyáan kidahlgáawaay n-cpd. <k’u> *punch for tin cans*

kyáan k̲’áal n-cpd. *empty can*
DEF: kyáan k̲’áalgaay.

kyáan k̲’i g̲asdláaw n-nom. <hlga> *can opener*
DEF: kyáan k̲’i g̲asdláawaay.

kyáanlii nn. <tíi> *cannery*
DEF: kyáanliigaay.

kyáan tláng g̲aláangwaay n-cpd. <ts'as> *canning kettle*

kyaa táawaay n-cpd. <g̲a> *platter*

kyáawgaay n-nom. *knot; the tying (of O)*

kyaa x̲igwáay n-cpd. <hlga> *meat saw*

kyaa x̲i'wáay n-cpd. *meat grinder*

kyah k'wíi vb. *to give O (sg) a name, to name O (sg)*
SP: kyah k'wii | gang DP: kyah k'wii | gan IP: kyah k'wáay | aan

kyah k'wíiwa vb. *to give O (pl) a name, to name O (pl)*
SP: kyah k'wíiwaa | ng DP: kyah k'wíiwa | gan IP: kyah k'wíiwaa | yaan

kya'a vb. *to be named*
SP: kya'áa | ng DP: kyaa | gán IP: kya'áa | yaan
·Sán uu dáng náan kya'áang? What's your grandmother's name? ·Díi eehl hal kya'áang. She's named after me. ·Gám tlagw díi kya'áas an díi únsad'anggang. I don't know my name.

kya'áang n-rp. *one's own name*
NOTE: This is the reflexive form of ki'íi.

kyúu vb. *to tie O (to X)*
SP: kyúu | gang DP: kyúu | gan IP: kyáaw | aan
·St'asgáay hl áangaa kyúu. Tie your shoes! ·St'asgáay díinaa hal kyúugang. She is tying my shoes. ·K̲waa t'áahlaay tluwáay t'áang iig hal kyúugan. He tied a stone anchor to the stern of the canoe.

kyúu k̲'íisgadaay n-nom. *a knot*

kyúu k̲'íit'ajaay n-nom. *a knot*

kyúutl'jaaw n-nom. <tl'a> *(steel) ax*
DEF: kyúutl'jaawaay.

kyúutl'jaaw gud íi tl'a'áaw n-phr. *double-bitted ax*

kyúutl'jaaw k̲ámjuu n-phr. *hatchet*
DEF: kyúutl'jáaw k̲ámjuwaay.

kyúutl'jaaw xajúu n-phr. *hatchet*

kyúu x̲áagad n-nom. <sk̲'a> *poles laid front to back across rafter poles to support the roof in a traditional ceader bark shack*
DEF: kyúu x̲áagadaay.

k'aa n-nom. *laughter*

k'áad nn. *deer*
DEF: k'áadaay.
·K'áad ki'ii díi guláagang. I like deer meat. ·K'áadaay sdláan 'wáasd hal isdáayaan. He removed the guts from the deer. He disembowled it. ·Sgánsgwaan eehl k'áadaay k̲'ál hal tlaawhláayaan. He made the deer skin with rotten wood.

k'áad dlajgáaw n-cpd. *club moss*
DEF: k'áad dlajgáawaay.
NOTE: Varies with k'áad dlajgáawaay.

k'áad gyáat'aad n-cpd. *button robe, button blanket*
DEF: k'áad gyáat'adaay.

k'áad ki'ii n-cpd. *deer meat, venison*
DEF: k'áad ki'iigaay.

k'áad k'asíi n-cpd. *deer sinew thread*

k'áad k̲'ál dáng g̲asgíit'uwaay n-cpd. <hlg̲a> *deerksin stretching frame*

k'áagaan nn. <g̲a> *wooden dish (either steamed, bent or carved)*
DEF: k'áaganaay.

k'áal nn. <hlga> *sculpin, bullhead*
DEF: k'áalaay.
·Gám hl k'áal táa'ang! Don't eat bullheads.

k'áalts'adaa nn. *crow*
DEF: k'áalts'adaay.
·K'áalts'adaay k̲íidaay ínggw íijang. The crow is in the tree. ·Sablíigaay k'áalts'adaay díinaa táagang. The crow is eating my bread.

k'áalts'adaa líijaa n-cpd. <hlk'u> *usnea, "old man's beard" lichen on trees*
DEF: k'áalts'adaa líijaagaay.

k'áalts'adaa t'áa n-cpd. *unidentified species of chiton*

k'áalts'adaa x̱úudaa n-cpd. *species of ascidian*

k'áam
1. nn. *unidentified half-inch long orange and black bug that carries its young on its back*
DEF: k'áamaay.
2. nn. *unidentified small white vermin (found on dried fish and cheese)*

k'áangaa interj. *dear! (to younger females)*

k'áank'aan nn. *green fruit, unripe fruit*
DEF: k'áank'anaay.

k'áat'a vb. *to throw, toss O*
SP: k'áat'aa | ng DP: k'áat' | gan IP: k'áat'aay | aan
·Díig dajangáay hal k'áat'gan. She threw the hat at me. ·Dáng k'áat'aas hl dámaan áa ḵíng. Watch your passes! ·'Láa aa hl k'áat'aa! Pass it to him! Throw it to him!

k'áaw nn. *herring eggs*
DEF: k'áawaay.

k'áaw núud n-cpd. <sg̱a> *herring egg season*
DEF: k'áaw núudgaay.

K'áaws Tláay nn. *Craig*
·K'áaws Tláay aa uu díi gud ḵáawgang. I want to go to Craig. ·Tlíiyaan uu K'áaws Tláay aa íitl' g̱idatl'aagán. We finally got to Craig. ·Sán uu K'áaws Tláay aa dáng ijaa? How did you get to Craig?

k'áay nn. *giant kelp (on which herring usually lay their eggs)*
DEF: k'áayaay.

k'aayhlt'áa nn. <sk'a> *star*
DEF: k'aayhlt'gáay.
·K'aayhlt'gáay san hal ḵ'uhldáayaan. He also stole the stars. ·Nang íitl'aagdáa k'aayhlt'gáay da'áayaan. A chief owned the stars. ·K'aayhlt'áa gingáan sḵ'áamaay x̱angáagang. The starfish looks like a star.

k'aayhlt'áa sk'awíi nn. *falling star*
·K'aayhlt'áa sk'awíis hal k̲ínggan. He saw the falling star.

k'aayst'áa

1. n-nom. <t'a, sg̲a> *elastic*
   DEF: k'aayst'gáay.
2. n-nom. <cha> *sweater*
   DEF: k'aayst'gáay.

k'aayst'áa ii x̲íihliyaa n-phr. *turtleneck sweater*

k'aa 'la'áay n-cpd-sg. *comedian*
PLU: k'aa 'la'áaylang.

k'aa 'la'áaygaa vb. *to be a comedian*
SP: k'aa 'la'áaygaa | gang DP: k'aa 'la'áaygaa | gan IP: k'aa 'la'áaygaa | gaan

k'ad vb. *to hit, strike O*
SP: k'áyd | ang DP: k'áyd | an IP: k'ad | áan
·Díi gid hal k'áydan. She hit my child. ·'Láa Hl k'ad gayéedan. I hit wim with a rock by mistake. ·Sangíinaay hal k'ad sg̲wáansanggan. He hit the nail once.

k'adáang nn. *wisdom, intelligence*
DEF: k'adangáay.
RFX: k'adanggáang.

k'adangáa vb. *to be wise, intelligent, smart, clever (at X)*

k'adangéehl vb. *to get smart, become educated, become clever (at X)*
SP: k'adangéel | gang DP: k'adangéel | gan IP: k'adangéel | aan
·G̲aagáay k'adangéelgang. The kids are getting smart. ·Dáng k'adangéehls dluu, dáng Hl k̲íngsaang. When you get smart, I'll see you. ·Wáayaad tl' k'adangéelgang. People are getting educated nowadays.

k'adanggáang n-nom-rp. *one's own wisdom, one's own sense*
NOTE: This is the reflexive form of k'adáang or k'adanggáay.

k'adanggáay

1. n-nom. *the wise ones, wise people*
2. n-nom-ip/ap. *wisdom, sense*
   RFX: k'adanggáang.

k'ad g̲at'íis n-nom. *wall plank, wall board in a traditional house*
NOTE: Varies with k'a g̲at'íis, k'ad g̲at'ajáa, k'a g̲at'ajáa.

k'ad k̲'íit'as n-nom. *brace pounded between two objects, or two parts of one object, to keep them apart*

k'agw nn. *saw-whet owl*
DEF: k'agwáay.
·K'agwáay kingáanggang. The little owl is hooting.

k'agw dajáangaa nn. *toadstool*
·K'agw dajáangaagaay k̲wáan áwyaagang. The toadstools are very plentiful.

k'ah vb. *to laugh*
SP: k'ah | gáng DP: k'ah | gán IP: k'ah | gáan
·Tláan k'ahgáay aa hal jagíiyaang. She can't stop laughing. ·Hláa uu k'ahgáng. I'm laughing. ·Ga íihlaants'daay k'ah áwyaagan. The boys laughed a lot.

k'ah náay n-cpd. *theater*
DEF: k'ah nagáay.
·K'ah náay aa 'láa t'aláng isdáasaang. We will take her the theater. ·K'ah náay gu k̲wáan-gang. There are a lot of theaters there.

k'ajáaw n-nom. *(the act of) singing*
DEF: k'ajuwáay.

k'ajáaw g̲udáay n-cpd. *record player, phonograph, gramophone*
·K'ajáaw g̲udáay hal ki k'ajúugan. She was playing the phonograph.

k'ajáaw 'la'áaygaa vb. *to be a member of a choir (sg subj)*
SP: k'ajáaw 'la'áaygaa | gang DP: k'ajáaw 'la'áaygaa | gan
IP: k'ajáaw 'la'áaygaa | gaan

k'ajáaw 'la'áaylang n-cpd-pl. *choir*

k'ajúu vb. *to sing (X)*
SP: k'ajúu | gang DP: k'ajúu | gan IP: k'ajáaw | aan
·K'ajúu hlaa! Sing! ·Tl' sg̲adáalts'aas dluu, sg̲adáal sg̲alangáay tl' k'ajúugan. They sang an entrance song when they filed in. ·Nang íihlangaas k'ajáaw an g̲íihlgiigang. The man is ready to sing.

k'ajúu kihlgadáng vb. *to sing as if one knows the tune or words, when one actually doesn't*

k'a kingáangw n-nom. <k̲'ii> *bell*
DEF: k'a kingángwaay.

k'ak'adáang vb. *to strike, ring O (e.g. bell) repeatedly*
SP: k'ak'adáang|gang DP: k'ak'adáang|gan
IP: k'ak'adáang|aan
·K'ak'adáangwaay k'ak'adáanggang. The bells are ringing.
·K'ak'adáangwaay hal k'ak'adáanggang. He's ringing the bell.

k'ak'adáangw n-nom. <k̲'ii> *bell*
DEF: k'ak'adáangwaay.
·K'ak'adáangwaay k'ak'adáanggang. The bells are ringing.
·K'ak'adáangwaay hal k'ak'adáanggang. He's ringing the bell.

k'a k'ut'ahl vb. *to kill O with stones, to stone O to death*
SP: k'a k'ut'ál|gang DP: k'a k'ut'ál|gan IP: k'a k'ut'áal|aan
·X̲áay hal k'a k'ut'álgan. He killed the dog with a stone.

k'ak'w
1. nn. *bogeywoman*
DEF: k'ak'wáay.
2. nn. <gu, k̲'ii> *bracket fungus having a face drawn on it*
DEF: k'ak'wáay.

k'ak'w dajáangaa n-cpd. *mushroom, toadstool*

k'a k̲'iidaal nn. *v-shaped rock pile fish trap*

k'a k̲'iiyaaw n-nom. <k̲'ii> *anvil*
DEF: k'a k̲'iiÿaawaay.

k'ámaal
1. nn. *china, ceramicware, enamelware*
DEF: k'ámalaay.
·K'ámaal díi an k̲wáan-gang. I have a lot of china. ·K'amaláay iig sablíigaay hal gyaashlgán. She poured the dough into the bowl. ·Tla k̲ahláaw k'amaláay iig hal gyaashlgán. She poured the baking powder into the bowl.
2. nn. <g̲a> *half of an empty shell of a bivalve*
DEF: k'ámalaay.

k'ámaal da'áawaay n-cpd. <ts'as, hlga, hlg̲a> *china cabinet, standing cupboard*
DEF: k'ámaal da'áawaay.

k'ámaal guuláangw n-cpd. <gu> *cheap shell button*
DEF: k'ámaal guuláangwaay.

k'ámaal guuláangwaa n-phr. <gu> *cheap shell button*

k'ámaal k̲'íijuu n-phr. *stoneware wash basin*

k'anáa vb. *to be raw, fresh, uncooked, unripe, green (of berries, fruit, etc.)*
SP: k'anáa | gang DP: k'anáa | gan IP: k'anáa | gaan
·Chíinaay k'anáagang. The fish is raw. ·Awáan g̲áanaay k'anáagang. The berries are still green. ·Kya'áay awáan k'anáagang. The meat is still raw.

k'ánggwdaang n-nom. *hope*
DEF: k'ánggwdangaay.

k'ánggwdang vb. *to hope (for X), be hopeful*
·Hal k'ánggwdang'waang. They are hopeful. ·Sáng 'láa gwíi hal k'ánggwdanggang. She's hopeful for good weather. ·Dáalaa k̲wáan gwíi Hl k'ánggwdanggang. I'm hoping for lots of money.

k'ánhlahl vb. *to be yellow, green, yellow-green*
SP: k'ánhlal | gang DP: k'ánhlal | gan IP: k'ánhlaal | aan
·Náay k̲áahlii k'ánhlalgang. The inside of the house is green.
·K̲'aláax̂anaay t'aláng k'udlán-gan k'ánhlahl. We painted the fence green.
·G̲áanaay k'ánhlalgang. The berries are green.

k'ánhlahlda vb. *to turn green, yellow, yellow-green*
SP: k'ánhlahldaa | ng DP: k'ánhlahld | gan
IP: k'ánhlahldaa | yaan
·G̲áanaay hlk̲'áay k'ánhlahldaang. The berry branches are turning green.

k'ánj hlg̲agáa n-nom. *dancing apron*
DEF: k'ánj hlg̲agáay.

k'án skuj n-cpd-ip. *one's lower back*
DEF: k'án skujáng.

k'án skujáng n-cpd-rp. *one's own lower back*
NOTE: This is the reflexive form of k'án skuj.

k'as n-ip. <ja> *one's buttocks, rump, rear end, hips*
RFX: k'asáang.
NOTE: Varies with k'asíi.

·Hal k'asíi í'waan-gang. His hips are big. ·Díi k'asíi st'i áwyaagang. My hips hurt a lot.

k'asáang n-rp. <ja> *one's own buttocks, rump, rear end, hips*
NOTE: This is the reflexive form of k'as ~ k'asíi.

k'asgad

1. n-nom. <k̲'ii> *clock, watch*
DEF: k'asgadáay.

·Gám k'asgad gáak' gin tl' isd'ánggiinii. They never used to do things by the clock. ·K'asgadáay san gud iláa íitl'aa g̲íidang. Our clocks (time zones) are different from each other too.

2. n-nom. <sk̲'u> *hour*

·Gíisdluu k'asgad g̲íidang? What time is it? ·K'asgad tléehl dluu g̲íidang. It's about 5 o'clock. ·K'asgad gíisdluugang? What time is it?

3. vb. *to hit, strike O using a hammer or rock held in the hand*

k'asgad hlg̲únahl vb. *to be three o'clock, 3:00*
SP: k'asgad hlg̲únal | gang DP: k'asgad hlg̲únal | gan IP: k'asgad hlg̲únaal | aan

k'asgad in'wáay nn. *half-hour*

k'asgad jagwaa vb. *to be seven o'clock, 7:00*
SP: k'asgad jagwa'áa | ng DP: k'asgad jagwaa | gán IP: k'asgad jagwa'áa | yaan

k'asgad sdáansaangaa vb. *to be eight o'clock, 8:00*
SP: k'asgad sdáansaangaa | gang DP: k'asgad sdáansaangaa | gan IP: k'asgad sdáansaangaa | gaan

k'asgad sdáng vb. *to be two o'clock, 2:00*
SP: k'asgad sdáng | gang DP: k'asgad sdáng | gan IP: k'asgad sdáang | aan

k'asgad sg̲wáansang vb. *to be one o'clock, 1:00*
SP: k'asgad sg̲wáansang | gang DP: k'asgad sg̲wáansang | gan IP: k'asgad sg̲wáansaang | aan

k'asgad sg̲wáansang in'wáay adv. *an hour and a half*
·Seattle aa g̲ids uu k'asgad sg̲wáansang ín'waay íijang. It takes an hour and a half to get to Seattle.

k'asgad stánsang vb. *to be four o'clock, 4:00*
SP: k'asgad stánsang | gang DP: k'asgad stánsang | gan IP: k'asgad stánsaang | aan

k'asgad tláahl vb. *to be ten o'clock, 10:00*
SP: k'asgad tláal | gang DP: k'asgad tláal | gan IP: k'asgad tláal | aan

k'asgad tláahl sg̲wáansang gúu vb. *to be nine o'clock, 9:00*
SP: k'asgad tláahl sg̲wáansang gúu | gang DP: k'asgad tláahl sg̲wáansang gúu | gan IP: k'asgad tláahl sg̲wáansang gáaw | aan

k'asgad tláahl 'wáag sdáng vb. *to be twelve o'clock, 12:00*
SP: k'asgad tláahl 'wáag sdáng | gang DP: k'asgad tláahl 'wáag sdáng | gan IP: k'asgad tláahl 'wáag sdáang | aan

k'asgad tláahl 'wáag sg̲wáansang vb. *to be eleven o'clock, 11:00*
SP: k'asgad tláahl 'wáag sg̲wáansang | gang DP: k'asgad tláahl 'wáag sg̲wáansang | gan IP: k'asgad tláahl 'wáag sg̲wáansaang | aan

k'asgad tla'únhl vb. *to be six o'clock, 6:00*
SP: k'asgad tla'únal | gang DP: k'asgad tla'únal | gan IP: k'asgad tla'únaal | aan

k'asgad tléehl vb. *to be five o'clock, 5:00*
SP: k'asgad tléel | gang DP: k'asgad tléel | gan IP: k'asgad tléel | aan

k'asguda vb. *to throw a rock at O and miss; to swing a hammer at O and miss; to take a shot miss O [basket]*
SP: k'asgudáa | ng DP: k'asgud | gán IP: k'asgudáa | yaan
·'Láa hal k'asgudgán. He missed him (when he threw something at him).
·Basket-gaay hal k'asgudgán. He took a shot at the basket but missed it.

k'asíi k̲íidgaa n-cpd-ip. *lump of fat on the rump of a goose*

k'a skáawii n-nom. *a game involving throwing rocks*

k'a sk̲'ast'ahláa n-nom. *pound (of weight)*

k’a sk̲’ast’ahláaw n-nom. <hlga> *steelyard balance*
DEF: k’a sk̲’ast’ahláawaay.

k’a stl’uwíiw n-nom. *flint or quartz used for starting a fire*

k’as x̲áy n-cpd-ip. *one's buttock muscles*

k’a tl’asgad vb. *to pound O flat*
SP: k’a tl’asgíid | ang DP: k’a tl’asgíid | an IP: k’a tl’asgad | áan
·Xáalaay gudg hal k’a tl’asgíidan. He pounded the copper flat.

k’a tl’iist’áaw n-nom. <hlga> *shake spliter, froe (woodworking tool)*
DEF: k’a tl’iist’áawaay.

k’ats’ál n-ip/ap. *(non-rendered) fat, fatty tissue*

k’ats’aláang nn. <skáa (small), k̲’ii (large)> *hail, hailstone*
DEF: k’ats’alangáay.
·K’ats’aláang gwa’áaw áwyaagang. It's hailing like crazy.

k’at’úu vb. *to roast O over an open fire, or in an oven*
SP: k’at’úu | gang DP: k’at’úu | gan IP: k’at’áaw | aan
·Chíin uu Hl k’at’úugang. I'm roasting fish.

k’áy nn. <skáa (one), hlk̲’uhl (bunch)> *apple, crabapple*
DEF: k’ayáay.
·Áajii k’ayáay k̲’ángk’ii Hl tlats’áasaang. I will plant this apple seed.
·K’ayáay x̲áwl ’láagang. The apple is really delicious.

k’ayánhl nn. <hlk̲’a> *crabapple (tree or wood)*
DEF: k’ayánhlaay.

k’áy gyaawáay n-cpd. *wild crabapple orchard*

k’áy k’usíi n-cpd. *stem of an apple*

k’áy k̲ayúudaa n-cpd. *crabapples stored in whipped ooligan grease*

k’áy sk’ats’áangwaay n-cpd. *barrel for storing wild crabapples*

k’áy sk’yáawaa n-phr. <skáa> *pear*
DEF: k’áy sk’yáawaagaay.
·K’áy sk’yáawaagaay k̲’ats’ áwyaagang. The pear is real hard, tough.

k’áywahl vb. *to be sour*
SP: k’áywal | gang DP: k’áywal | gan IP: k’áywaal | aan
·G̱áanaay k’áywalgang. The berries are sour.

k’áywahl’iihl vb. *to become, turn, go sour*
SP: k’áywahl’il | gang DP: k’áywahl’il | gan IP: k’áywahl’eel | aan
·G̱áanaay k’áywahl’eelgan. The berries turned sour.

k’áy x̱iláay n-cpd. *apple blossom*

k’i vb. *to be sharp*
SP: k’i | gáng DP: k’i | gán IP: k’i | gáan
·Stáw ii gin k’i ḵ’áwgang. There are sharp things (needles) on a sea urchin.
·Hlk’idgáay k’ée áangaa Hl tl’ii sáldgan. I basted the hem of my dress.
·Ḵán hlgajáawaay k’igáng. The safety pin is sharp.

k’id n-ip. <ḵ’ii> *tail of a bird, fluke of a whale*
RFX: k’idáng.

k’idáng n-rp. <ḵ’ii> *a bird's own tail, a whale's own fluke*
NOTE: This is the reflexive form of k’id.

k’ihl vb. *to go out, run dry, dry up (sg)*

k’ihleed vb. *for the tide to go out*
SP: k’ihla’íid | ang DP: k’ihla’íid | an IP: k’ihleed | áan
·K’ihleeds dluu, t’aláng ’wáanaasaang. We'll dig clams when the tide goes out. ·Weed uu k’ihlee’íidang. The tide is going out now.

k’ihlga vb. *to go out, run dry, dry up (pl)*
SP: k’ihlgáa | ng DP: k’ihlga | gán IP: k’ihlgáa | yaan
NOTE: This verb can apply to fires going out, streams running dry, or water drying up.

k’ihlgáa n-nom. *legging*

k’i hlk’ujúu vb. *to be in a bunch, bundle (said of sharp, stiff, dry material, e.g. pine needles, broom head)*
SP: k’i hlk’ujúu | gang DP: k’i hlk’ujúu | gan IP: k’i hlk’ujáaw | aan
·Húujii k’i hlk’ujúujang. That's a bunch of needles. ·Ts’ahláay stlíinaay k’i hlk’ujúugang. The pine needles are in a bunch. ·Hlk’yáawdaalwaay k’i hlk’ujúugang. The broom is bristly.

k’ihl ḵáw n-ip. *one's calf (muscle)*

k'íij n-ip. <cha> *one's stomach, abdomen*
RFX: k'íijang.

·Díi k'íij g̱waagánggang. I have a stomach ache. ·X̱úudaay k'íij aa Hl xusgíidan. I blew up the seal stomach. ·Díi k'íij sg̱ats' áwyaagang. My stomach is grumbling.

k'íijang n-rp. <cha> *one's own stomach, abdomen*
NOTE: This is the reflexive form of k'íij.

·K'íijang aa hl tlánjuulaang. Rub your stomach. ·K'íijang hl tlatl'áa! Touch your stomach!

k'íina

1. vb. *to be happy*
SP: k'íinaa|ng DP: k'íin-|gan IP: k'íinaa|yaan
NOTE: This verb requires gudangáay "(someone's) mind" as its subject.

·Hal aw háns gudangáay k'íin áwyaa'aawaan. Their mother was also very happy. ·Dúujaay gudangáay k'íinaang. The cat is happy. ·Tl' gudangáay k'íinaang. They're happy.

2. vb. *to be hot, warm*
SP: k'íinaa|ng DP: k'íin-|gan IP: k'íinaa|yaan

·Náay aa íitl' k'íinaang. We're warm inside the house. ·K'uudáats'aay dáangaa k'íinaang. Your coat is warm. ·Adaahl tajuwáay k'íin-gan. The wind was warm yesterday.

k'íinasdla vb. *to get hot, warm*
SP: k'íinasdlaa|ng DP: k'íinashl|gan IP: k'íinasdlaa|yaan

·'Wáagyaan, náay k'íinasdlaasaang. Then the house will get warm. ·Sangáay k'íinasdlaang. The day is getting hot.

k'íin ijgáa vb. *to be sick with a fever*

k'íis gáwjaaw nn. *skin drum*

k'ii'íilt'gwaang nn. *snipe*
·Chaaw salíi aa k'ii'íilt'gwaang ḵwáan-gang. There's a lot of snipe on the beach.

k'ijáaw x̱áad n-cpd. *outdoor fish-drying rack*
DEF: k'ijáaw x̱áadgaay.

k'i kún n-cpd. *bottom edge of a woven object (clothing, net, tablecloth, etc.)*

k'i kún aadáay n-cpd. *lace*

k'ím n-ip. *(animal) horn, antler*

k'ímdii nn. *mountain goat, domestic goat*
DEF: k'ímdiigaay.
·Gin 'wáadluwaan k'ímdii táaganggang. Goats always eat everything. ·K'ímdii nasáang íisd uu sdláagwaal tl' tlaahlgáangaan. They used to make spoons from goat horns. ·K'ímdii ki'ii san tl' táagaangaan. They also used to eat goat meat.

k'ínaan nn. *moss*
DEF: k'ínanaay.
·K'ínanaay t'íihlaang. The moss is wet.

k'inánga vb. *to warm up, get warm*

k'índa vb. *to warm, heat O*
SP: k'índaa | ng DP: k'índ | gan IP: k'índaa | yaan
·Sgwáayang hal k'índaang. She's warming her back by the fire. ·Ts'áanuwaayg án hal k'índgan. He warmed himself by the fire.

k'íng nn. *sexual arousal*

k'íngk' nn. <skáa (small), k̲'ii (large)> *pickled and aged salmon head, stinkhead*
DEF: k'íngk'aay.
·Alma k'íngk'aay x̲áwld áwyaagang. Alma loves to eat stinkheads.

K'íng Sg̲áanuwaay n-cpd. *Arousal Spirit*

k'isáng sk̲'íw n-ip. *the upper part of one's stomach, the lower part of one's espohagus*

k'ís dúunaa n-phr-ip. *appendix, first stomach (of animals such as cows and deer)*

k'itl'agáa nn. *dancing apron*
DEF: k'itl'agáay.
·K'itl'agáa Hl tlaawhláang. I'm making a dance apron.

k'it'iyáa vb. *to be cracked*
SP: k'it'iyáa | gang DP: k'it'iyáa | gan IP: k'it'iyáa | gaan
·K̲íihlgaay k'it'iyáagang. The dish is cracked.

k'íw n-nom. <hlga> *tweezers*

k'u chajáang vb. *to smoke O in a pipe*
SP: k'u chajáang | gang DP: k'u chajáang | gan IP: k'u chajáang | aan
·Gúlgyaa hal k'u chajáanggang. He is smoking tobacco. ·Gúlgyaa hal k'u chajáanggang. She's smoking some tobacco.

k'u chajáangw n-nom. <sk'a> *pipe (for smoking)*
DEF: k'u chajáangwaay.

k'ud
1. n-ip. <sk'a> *beak (of a bird), spout (of a teapot, kettle, etc.)*
RFX: k'udáng.
2. n-ip. *new shoot of skunk cabbage*
3. n-ip. <ja> *one's lips, the outside of one's mouth (of fish and mammals)*
·Dáng k'ud sg̲íidang. Your lips are red. ·K'ud gisáawaay eehl k'udáng hal gisúugan. He wiped his lips with a napkin. ·Hal k'ud k̲'únhlahl áwyaagang. Her lips are very pink.

K'udáagws x̲aat'áa vb. *to be an Eskimo, Inuit*
SP: K'udáagws x̲aat'áa | gang DP: K'udáagws x̲aat'áa | gan IP: K'udáagws x̲aat'áa | gaan

K'udáagws X̲aat'áay n-cpd. *the Eskimo people, the Inuit people*
·K'udéik̲' X̲aat'áay x̲úud ki'ii x̲áwld áwyaagang. The Eskimo people love to eat seal meat.

k'udáan adv. *on one's own, by oneself*
·'Láa k'udaan náay tlaahlgán. He built his house by himself. ·Dáa k'udáan hl áa isdáa. Do yours yourself. ·Hláa k'udáan isdáasaang. I will do it myself.

k'udáa sk'ajáaw n-nom. *piddock*

k'udala verb/vb2. *to be short, stubby and cute (pl)*
SP: k'udaláa | ng DP: k'udal | gán IP: k'udaláa | yaan
·Hal stla kún k'udaláang. Her fingertips are short and stubby.

k'udáng
1. n-rp. <sk'a> *a bird's own beak, own spout (of a teapot, kettle, etc.)*
NOTE: This is the reflexive form of k'ud.
2. n-rp. <ja> *one's own lips, the outside of one's own mouth (of fish and mammals)*
·K'udáng k'udláanwaay eehl k'udáng Hl k'udlánggang. I'm putting the lipstick on.

k'udáng k'udláanwaay n-cpd. *lipstick*
·K'udáng k'udláanwaay eehl k'udáng Hl k'udlánggang. I'm putting the lipstick on.

k'ud gisáaw nn. *napkin*
DEF: k'ud gisáawaay.
·K'ud gisáawaay eehl k'udáng hal gisúugan. He wiped his lips with a napkin.

k'ud gisáaw k̲ugíinaa n-phr. *paper napkin*

k'ud kijáaw n-nom. <gu> *baseball cap*
DEF: k'ud kijuwáay.

k'ud kún n-ip. *beak*
·K'ud kún eehl hal sk'askug áwyaagan. He really pecked it hard with his beak.

k'udláanw n-nom. *paint*
DEF: k'udláanwaay.
·K'udláanwaay hl díig isdáa. Give me the paint.

k'udláanw hlk'unáanwaay n-cpd. <hlk'u> *paintbrush*

k'udlán vb. *to paint O*
SP: k'udlán-|gang DP: k'udlán-|gan IP: k'udláan|aan
·Náay Hl k'udlánsaang. I'll paint the house. ·Náay x̲ánsii hal k'udlánsaang. She will paint the porch. ·Sg̲úlguusd tluwáay tl' k'udlán-gan. They painted the right side of the boat.

k'udlán-gaay n-nom-ip. *(job of) painting*

k'udlán níijang vb. *to paint X [image, picture]*
·Gáwjaawaay ínggw ts'áak'g Hl k'udlán níijangsaang. I will paint an eagle on the drum.

k'ud síiyun n-cpd. *lip*

k'ud x̲íilaangaay n-cpd-ip. *holes in one's lower lip*

k'ud x̲íilayaay n-cpd-ip. *hole in one's lower lip*

k'ugánsaan n-cpd-ip. <cha> *one's bladder, gall bladder, urine (of a female)*
DEF: k'ugánsanaay.
RFX: k'ugánsanang.

·Díi k'ugánsaan st'ahgáng. My bladder is full.

k'ugánsanaa vb. *to urinate (of a female)*
SP: k'ugánsanaa | gang DP: k'ugánsanaa | gan
IP: k'ugánsanaa | gaan

·Díi gid k'ugánsanaagaay jagíiyaang. My child is not able to urinate. ·Hal k'ugánsanaagan. She's peed.

k'ugánsanang n-cpd-rp. <cha> *one's own bladder, gall bladder, urine (of a female)*
NOTE: This is the reflexive form of k'ugánsaan.

k'ugwdáng vb. *to taste O, give O a taste*
SP: k'ugwdáng | gang DP: k'ugwdáng | gan IP: k'ugwdáang | aan

·Chíin ts'aslangáas hal k'ugwdánggan. He tasted the boiled fish. ·K'ugwdáng hlaa! Dáng guláasaang! Taste it! You'll like it! ·Xíl k̲aganáay hal k'ugwdánggan. She tatsed the Hudson Bay tea.

k'ujgad 'láa vb. *to taste good*

·Táawaay 'láangaa k'udsgad 'láagang. Her food tastes good. ·K̲'ats'áa k'ujgad 'láagang. Black bass tastes good. ·Sg̲idluu k'ujgad 'láagan. The red huckleberries tatsed good.

k'ujguwagáay n-nom. *the bundling, packaging*

k'ujúu verb/vb2. *to be short, stubby and cute (sg)*

k'uk'áal nn. <sk'a> *a spit (of land), sandbar, reef, shallow area*
DEF: k'uk'aláay.

k'uk'áal táajaa nn. *sandbar*

k'u k̲íya vb. *to start to like eating O, to discover that one likes to eat O*
SP: k'u k̲íyaa | ng DP: k'u k̲ii | gan IP: k'u k̲íyaa | yaan

·G̲áanaay hal k'u k̲íyaang. She's starting to like blueberries.

k'ún nn. *pants, trousers*

·Tl'áan uu k'úunaay díinaa íijang? Where are my pants? ·K'úunaay 'láangaa k̲'wíi áwyaagang. His pants are very dirty. ·Nag̲áa k'úunaay guud 'láangaa íijang. There's poop all over his pants.

k'únda vb. *to wear pants*

k'úngaal nn. <sk̲'a> *arrow*
DEF: k'úngalaay.

·K'úngaal eehl 'láa hal ts'agán. She shot him with an arrow.

k'úngad n-ip. <g̲a> *bilge board (boards placed on the bottom of a canoe or rowboat to walk over the bilge)*

k'ungid nn. *rafters*

k'ún i hlk̲ámjuu n-phr. *shorts*

k'únk'a vb. *to get burned, scorched (pl)*
SP: k'únk'aa | ng DP: k'únk'a | gan IP: k'únk'aa | yaan
NOTE: This verb applies to body parts getting burned.

k'únk'da vb. *to burn, scorch O (pl)*
SP: k'únk'daa | ng DP: k'únk'da | gan IP: k'únk'daa | yaan
NOTE: This verb applies to burning body parts.

k'ún náaguusii n-cpd. *underpants, underwear*
DEF: k'ún náaguusiigaay.
·K'ún náaguusii hal gya'ándaang. He's wearing underwear. ·K'ún náaguusii g̲áwtlaa gya'áandiyeeg hal sdahláang. He wants to wear some new, fresh underwear. ·K'ún náaguusii g̲áwtlaa gya'áandiyeeg kílganggang. It is important to wear new underwear.

k'ún náaguusii jáng n-phr. *long underwear, longjohns*
DEF: k'ún náaguusiigaay jáng.
·K'ún náaguusiigaay jáng iig áa t'aláng t'aláanggan. We put on our long underwear.

k'úntl'a vb. *to get burned, scorched (sg)*
SP: k'úntl'aa | ng DP: k'úntl' | gan IP: k'úntl'aa | yaan
NOTE: This verb applies to a body part getting burned.
·Díi stláay k'úntl'gan. My hand got burned. ·Díi stláay k'úntl'gan. My hand got burned, or stung by nettles.

k'úntl'aaw n-nom. *stinging nettle*
DEF: k'úntl'aawaay.

k'úntl'da vb. *to burn, scorch O (sg)*
SP: k'úntl'daa | ng DP: k'úntl'd(a) | gan IP: k'úntl'daa | yaan
NOTE: This verb applies to burning a body part.
·Dáng kúugaas dluu, gám án tl' k'úntl'da'anggang. When you're cooking, be sure not to burn yourself. ·Ts'áanuwaay díi stláay k'úntl'dagan. The fire burned my hand. ·Sángiits' k̲a'án áangaa Hl k'úntl'dagan. I burned the roof of my mouth.

k'ún xwáasdaa n-cpd. <tl'a> *canvas pants*

k'usdas vb. *to bloom, blossom*
SP: k'usdíij | ang DP: k'usdíij | an IP: k'usdaj | áan
·S<u>g</u>idáng <u>g</u>áangalaa k'usdíijang. The salmonberry blossom is in bloom.

k'usíi n-ip. *an object's butt or handle end*

k'u sk'agáangw n-nom. <sk'a> *pacifier*
DEF: k'u sk'agáangwaay.

k'usk'úl
1. nn. *octopus ink*
2. nn. *octopus inksac*

k'uts'galáa vb. *to be thick, densely numerous (as berries)*
SP: k'uts'galáa | gang DP: k'uts'galáa | gan IP: k'uts'galáa | gaan
·<u>G</u>áanaay 'wáag k'uts'galáagan. The berries were thick there.

k'uts'gw nn. *song sparrow, robin*
DEF: k'uts'gwáay.
·K'uts'guwáay istl'aagán. The robins have arrived.

k'uts'íiga vb. *to be itchy*
SP: k'uts'íigaa | ng DP: k'uts'íig(a) | gan IP: k'uts'íigaa | yaan
NOTE: Some speakers say: k'uts'ga.
·Díi hlkáay k'uts'íigaang. My chin is itchy. ·Díi sgwáay k'uts'íig áwyaagang. My back is really itchy. ·Díi <u>k</u>aj <u>k</u>'ál k'usts'íig áwyaagang. My scalp is very itchy.

k'uts'íigaa n-nom. *scabies*

k'uts'íigasdla vb. *to get itchy*
SP: k'uts'íigasdlaa | ng DP: k'uts'íigashl | gan
IP: k'uts'íigasdlaa | yaan

k'ut'áal n-nom. *death*
DEF: k'ut'aláay.

k'ut'áalsd <u>k</u>'áahlaaw xiláay n-cpd. *medicine for bringing someone back from the dead*

k'ut'ahl vb. *to die (sg)*
SP: k'ut'ál | gang DP: k'ut'ál | gan IP: k'ut'áal | aan

·Díi tawláng k̲wáan k'ut'áalaan. A lot of my relatives died. ·Sg̲idáng g̲áangalaa k'ut'álgan. The salmonberry blossom wilted and died. ·X̲áay 'láangaa k'ut'álgan. His dog died.

k'ut'ahlga vb. *to die (pl)*

SP: k'ut'ahlgáa | ng DP: k'ut'ahlga | gán IP: k'ut'ahlgáa | yaan

·Tl' k̲wáan k'ut'ahlgáayaan. A lot of people died. ·Awáahl g̲agwíi ga k'ut'ahlgáayaas skuj uu sahlgáang tl' isdáayaan. They put back the bones of the ones who died long ago. ·Díi yáalang sdáng k'ut'ahlgagán. Both of my parents died.

k'ut'aláa vb. *to be paralyzed, unconscious*

·Hal k̲'ulúu 'láa k'ut'aláagang. His leg is paralyzed. ·Dáng st'áay dáangaa k'ut'aláagang. Your foot is paralyzed.

k'ut'anúudgaa nn. *green-winged teal*

DEF: k'ut'anúudgaay.

k'ut'ún nn. *kingfisher*

DEF: k'ut'unáay.

·K'ut'unáay chíinaay t'asgíidang. The kingfisher has grabbed the fish in its talons.

k'uu nn. *marten (animal or skin)*

DEF: k'uwáay.

·K'uwáayg hal sk̲amdáang. He's trapping for marten.

k'uudáats'

1. nn. <cha> *coat, jacket*

DEF: k'uudáats'aay.

·K'uudáats' díi an hal tlaahláasaang. He will make a coat for me. ·K'uudáats'aay 'láa sgat'aláagang. His coat is leather. ·Sgat'aláay iisd k'uudáats'aay hal tlaawhláayaan. She made the coat out of leather.

2. nn. <dla> *suit of clothes*

DEF: k'uudáats'aay.

k'uudáats' jáng n-phr. *overcoat*

k'uudáats' ki chiiyáawaay n-cpd. *coat hanger, clothes hanger*

k'uudáats' k'aayst'áa n-phr. *sweater*

k'uudáats' k̲áahlii n-cpd. <cha> *shirt*

DEF: k'uudáats' k̲áahliigaay.

·K'uudáats' k̲áahlii díinaa 'láagang. My shirt is nice.

k’uudáats’ k̲áahlii náaguusii n-nom. *undershirt*
DEF: k’uudáats’ k̲áahlii náaguusiigaay.

k’uudáats’ k̲’áajaa n-phr. *raincoat, slicker coat, oil coat*
DEF: k’uudáats’ k̲’áajgaay.

·Gwa’áaws dluu, k’uudáats’ k̲’áajaa hal gya’ándganggang. Whenever it rains, he wears a raincoat.

k’uudáats’ náaguusii nn. *undershirt*
DEF: k’uudáats’ náaguusiigaay.

·Díi k’wáay k’uudáats’ náaguusii t’ánsgiidang. My older sister is washing undershirts.

k’úug n-ip. <k̲’ii> *one's heart*
RFX: k’úugang.

·Húutl’daas x̲ánjuwaay aa díi k’úug g̲a’áang. I don't have the heart to let those folks go. ·Gám daláng aa k’úug skúnaa is’ánggang. You folks do not have clean hearts. ·Áatl’daas k’úug skúnaang. These people hearts are clean.

k’úugaa vb. *to love X romantically, be in love with X*

k’úugang n-rp. <k̲’ii> *one's own heart*
NOTE: This is the reflexive form of k’úug.

k’uu gyáat’aad n-cpd. *marten skin robe*
DEF: k’uu gyáat’adaay.

k’uu k̲án kijáaw n-nom. *a game involving trying to put a spear inside a ring buried in the sand*

k’uu ts’áanaawaa n-cpd. *littoral lichen species*

k’u xajáang vb. *to smoke O (e.g. cigarettes)*
SP: k’u xajáang|gang DP: k’u xajáang|gan IP: k’u xajáang|aan

·Gúlgyaa hal k’u xajáanggang. He is smoking cigarettes. ·X̲ahlg̲íidaawaay hal k’u xajáanggang. He's smoking the pipe.

k’u xajáangw nn. *cigar, cigarette*
DEF: k’u xajáangwaay.

k’uyáng vb. *to show off*
SP: k’uyáng|gang DP: k’uyáng|gan IP: k’uyáang|aan

·Díi x̲ánggw hal k’uyánggang. She is showing off in front of me.

k’wáadang vb. *to poop, defecate (pl)*
SP: k’wáadang | gang DP: k’wáadang | gan IP: k’wáadaang | aan
NOTE: The singular form is k’wáawa.

k’wáawa vb. *to poop, defecate (sg)*

k’wáawaa náay n-cpd. *outhouse*
DEF: k’wáawaa nagáay.

k’wáaw hlg̲agáan n-cpd. *traditional toilet built over a stream*

k’wáay (1) part. *wait, hold on, please*
NOTE: Varies with k’wáa. When used by itself, the meaning is "Wait!" or "Hold on!" When used in a larger command, the meaning is often closer to "please".
·K’wáa hal st’idáa! Let her be sick! ·K’wáa díi k̲íng! Look at me! ·K’wáa, uk’únan hl g̲iddáa. Please, just let it be!

k’wáay (2) n-ip-sg. *one's older same-sex sibling, one's older same-sex parallel cousin*
PLU: k’wáaylang. RFX: k’wáayang.
NOTE: For a male, this term refers to (1) his older brother, or (2) an older cousin who is the son of his mother’s sister, or (3) an older cousin who is the son of his father’s brother. For a female, this term refers to (1) her older sister, or (2) an older cousin who is the daughter of her mother’s sister, or (3) an older cousin who is the daughter of her father’s brother.
·Díi dúun isgyáan díi k’wáay áatl’an na’áanggang. My younger sister and my older sister live here. ·K’wáayang hal k̲éengaan. She saw her older sister. ·Díi k’wáay x̲áaw ín-gang. My older brother is going fishing.

k’wáayaa

1. vb. *to be an older same-sex sibling, older same-sex parallel cousin (to X)*
SP: k’wáayaa | gang DP: k’wáayaa | gan IP: k’wáayaa | gaan
NOTE: For a male, this term refers to (1) his older brother, or (2) an older cousin who is the son of his mother’s sister, or (3) an older cousin who is the son of his father’s brother. For a female, this term refers to (1) her older sister, or (2) an older cousin who is the daughter of her mother’s sister, or (3) an older cousin who is the daughter of her father’s brother.
2. vb. *to be the oldest one of a group of siblings*
SP: k’wáayaa | gang DP: k’wáayaa | gan IP: k’wáayaa | gaan
·Nang k’wáayaas táan ts’agáan. The oldest one shot a bear.

k'wáayanda

1. vb. *to count, do some counting*

SP: k'wáayandaa | ng DP: k'wáayand | gan
IP: k'wáayandaa | yaan
NOTE: This verb has the same meaning as ta k'wáayanda.

2. vb. *to count O*

SP: k'wáayandaa | ng DP: k'wáayand | gan
IP: k'wáayandaa | yaan

·Chíinaay hl k'wáayandaa. Count the fish! ·Tláalaay sdáng dlúu tl' k'wáayandaang. You better count up to twenty. ·X̲aad kihl hl k'wáayandaa. Count in Haida!

k'wáayandaaw n-nom. *an unidentified counting game*

k'wáayandiyaay n-nom. *the count, counting*

k'wáayang n-rp. *one's own older same-sex sibling, one's own older same-sex parallel cousin*

NOTE: This is the reflexive form of k'wáay (2). For a male, this term refers to (1) his older brother, or (2) an older cousin who is the son of his mother's sister, or (3) an older cousin who is the son of his father's brother. For a female, this term refers to (1) her older sister, or (2) an older cousin who is the daughter of her mother's sister, or (3) an older cousin who is the daughter of her father's brother.

k'wáay anuu n-cpd. *the year before last, two years ago*

k'wáay cháanuud n-cpd. <sg̲a> *the mud season, fall, autumn of the preceding year*

k'wáayda Verb. *to have O as one's older same-sex sibling, one's older same-sex parallel cousin*

SP: k'wáaydaa | ng DP: k'wáayd | gan IP: k'wáaydaa | yaan
NOTE: For a male, this term refers to (1) his older brother, or (2) an older cousin who is the son of his mother's sister, or (3) an older cousin who is the son of his father's brother. For a female, this term refers to (1) her older sister, or (2) an older cousin who is the daughter of her mother's sister, or (3) an older cousin who is the daughter of her father's brother.

k'wáay da'a vb. *to have an older same-sex sibling, older same-sex parallel cousin*

SP: k'wáay da'áa | ng DP: k'wáay daa | gán IP: k'wáay da'áa | yaan

NOTE: For a male, this term refers to (1) his older brother, or (2) an older cousin who is the son of his mother's sister, or (3) an older cousin who is the son of his father's brother. For a female, this term refers to (1) her older sister, or (2) an older cousin who is the daughter of her mother's sister, or (3) an older cousin who is the daughter of her father's brother.

k'wáayeehl vb. *to become an older same-sex sibling, older same-sex parallel cousin*

SP: k'wáayeel | gang DP: k'wáayeel | gan IP: k'wáayeel | aan

NOTE: For a male, this term refers to (1) his older brother, or (2) an older cousin who is the son of his mother's sister, or (3) an older cousin who is the son of his father's brother. For a female, this term refers to (1) her older sister, or (2) an older cousin who is the daughter of her mother's sister, or (3) an older cousin who is the daughter of her father's brother.

k'wáay táanuud n-cpd. <sg̲a> *the salmon-drying season, fall, autumn of the preceding year*

k'wahk' nn. *unidentified sculpin species*

k'wa'áan vb. *to be short (sg)*

·Gyáa'angaay k'wa'áan-gang. The totem pole is short. ·Hal ts'áwii k'wa'áan-gang. She is short. ·Hlk'idgáay 'láa aa k'wa'áan-gang. The dress is short for her.

k'wa'áanda vb. *to be short (pl)*

NOTE: Some speakers say: k'wa'ánda.

·Díi k̲'ulúu in'wáay k'wa'áandaang. I have one short leg. (Lit. Half of my legs are short.) ·Hal k̲aj 'láa k'wa'áandgan. Her hair was short. ·Díi k̲aj k'wa'áandgiinii. My hair used to be short.

k'wa'án'ad vb. *to be too short (sg)*

SP: k'wa'án'iid | ang DP: k'wá'án'iid | an IP: k'wa'án'ad | aan

·'Láa aa k̲wáayaay k'wa'án'iidang. The rope is too short for him (e.g. to reach him). ·'Láa aa hlk'idgáay k'wa'án'iidang. The dress is too short for her. ·K̲án tl'agáay k'wa'án'iidang. The necktie is too short.

k'wa'áydaang n-nom. *a lie*

k'wíida vb. *to measure, weigh, count O*
SP: k'wíidaa | ng DP: k'wíid | gan IP: k'wíidaa | yaan

·K̲ajáng hl k'wíidaa! Measure your head! ·Náay stl'áng áa Hl k'wíidaang. I'm measuring my floor. ·K'wíidaawaay eehl náay k̲a'án áangaa hal k'wíidaang. He's measuring his ceiling with a measuring stick, measuring tape, etc.

k'wíidaaw

1. n-nom. *goal line*
   DEF: k'wíidaawaay.
2. n-nom. *measurement*
   DEF: k'wíidaawaay.
3. n-nom. *measuring device (of any kind)*
   DEF: k'wíidaawaay.
   ·K'wíidaawaay eehl náay k̲a'án áangaa hal k'wíidaang. He's measuring his ceiling with a measuring stick, measuring tape, etc.
4. n-nom. *unit of measurement*
   DEF: k'wíidaawaay.

k'wíidaaw hlgángandaa n-phr. *carpenter's square*

k'wíidaaw sk̲'áangwaay n-cpd. <sk̲'a> *measuring stick*

k'wíidangaa vb. *to be well-respected, looked up to, well-known (among X)*
SP: k'wíidangaa | gang DP: k'wíidangaa | gan
IP: k'wíidangaa | gaan

·'Láa uu íitl' an k'wíidangaagang. We look up to him. He is a respected person among us.

k'wíid gyaat'áawaay n-cpd. <sk'a> *pitcher-shaped measure in which molasses and syrup were sold*

k'yáada vb. *to hang O (pl) up*
SP: k'yáadaa | ng DP: k'yáad | gan IP: k'yáadaa | yaan

·Gínt'ajaay hl k'yáadaa! Hang up the blankets! ·Hlk'idgáa hlg̲ahls hl gúusgaang k'yáad'uu. Hang the black dresses by themselves. ·Gya'ándaawaay áangaa Hl k'yáadaang. I'm hanging my clothes out to dry.

k'yáadaaw n-nom. *closet*
DEF: k'yáadaawaay.

k'yáagaa vb. *to hang, be hung up (pl) (from X)*
SP: k'yáagaa | gang DP: k'yáagaa | gan IP: k'yáagaa | gaan

·Akyáa chíinaay k’yáagaagang. The fish are hanging outside.

k’yáahlg pp. *everytime*
·’Wáa k’yáahlg hal láamgaagang. He's drunk everytime. ·’Wáa k’yáahlg uu hal k̲áa’unggang. He's walking around everytime. ·’Wáa k’yáahlg uu láam hal nílgang. Everytime he's drinking liquor.

k’yaaj n-ip. *one's gall, bile, gall bladder*
RFX: k’yaajáng.
·Hal k’yaaj ’láa st’igálgang. His gall bladder is getting sick, starting to fail.

k’yaajáng n-rp. *one's own gall, bile, gall bladder*
NOTE: This is the reflexive form of k’yaaj.

k’yáal n-ip. <sk̲’a> *one's lower leg, calf*
RFX: k’yáalang.
·K’yáal ’láangaa hlgálgang. His calf is cramping.

k’yáalaaw nn. *shag, pelagic cormorant*
DEF: k’yáaluwaay ~ k’yáalaawaay.
·K’yáalaaw díi g̲adúu k̲wáan-gan. There were a lot of shags around me.
·K’yáalaawaay k̲wáan áwyaagang. The shags are plentiful.

k’yáalang n-rp. <sk̲’a> *one's own lower leg, one's own calf*
NOTE: This is the reflexive form of k’yáal.

k’yáal k̲áw n-cpd-ip. *calf muscle*
·K’yáal k̲áw ’láangaa daguyáagang. His calf muscle is strong.

k’yáan pp. *but, however, though*
NOTE: Varies with k’yáanaan.
·Sánggaas k’yáan hal íijan. He went even though it's wintertime. ·Hal st’igán k’yáan, hal ngíishlgan. She was sick, but she got well. ·Hal hat’án ináas k’yáan, hal sk’áljaagang. She's young but she's wrinkled.

k’yáang n-rp. *one's own hem, bottom edge of one's own woven object (such as clothing, net or tablecloth)*
NOTE: This is the reflexive form of k’yáay.

k’yáang k̲’ask’áang n-nom. *spotted sandpiper*
DEF: k’yáang k̲’ask’áanggaay.

k’yáay n-ip. *hem, bottom edge of a woven object (clothing, net, tablecloth, etc.)*
RFX: k’yáang.

k'ya'ált'gwaang nn. *dunlin, western sandpiper*
DEF: k'ya'ált'gungaay.

k'yée sdayáangw n-cpd. *net sinker made of perforated stone*

k'yuu pp. *waiting for, in preparation for*
·Dáng k'yuu hal g̲íidang. He's waiting for you. ·Dáng náan íitl' k'yuu g̲íidang. Your grandmother is waiting for us. ·Jíingaa 'láa k'yuu t'aláng g̲íidan. We waited for her for a long time.

k'yúu

1. nn. <skáa (small), k̲'ii (large)> *clam, butterclam*
DEF: k'yuwáay.
·K'yúu san Hl xiláadaasaang. I'll dry clams too. ·K'yúu san tl' xiláadgaangaan. They would smoke clams, too. ·K'yúu isgyáan sg̲íw tl' ts'aslángs 'láagang. Clams and seaweed boiled together is good.
2. nn. <g̲a> *door, doorway, gate, gateway, entrance or exit to a building*
DEF: k'yuwáay.
·K'yuwáay hl da g̲asgad! Close the door. ·'Láa k'yúusd k'yuwáay 'wáa aa Hl da g̲asgíidan. I closed the door for her. ·Láal'aay k'yuwáay aa 'láa ki giyuugán. The screen was hanging at the door.
3. nn. *housefront pole with a doorway through it*
DEF: k'yuwáay.
4. nn. <hlg̲a> *ladder*
DEF: k'yuwáay.
5. nn. <sg̲a> *trail, path, road, street, sidewalk*
DEF: k'yuwáay.
·K'yuwáay únggud hl k̲áa'unggwaang! Walk on the sidewalk! ·K'yuwáay sdláagang. The road is steep. ·Díi an k'yuwáay sdaláa jahlíigang. The road is too steep for me.

k'yúu dáagal n-poss. *butterclam mantle*

k'yuuhlgáansii n-dem-rp. *place for oneself*
NOTE: This is the reflexive form of k'yuusíi.

k'yúu hlg̲agad n-phr. *ladder*

k'yúu hlg̲agadáaw n-nom. *ladder*
DEF: k'yúu hlg̲agadáawaay.
·K'yúu hlg̲agadáaw tl' gya'ándaang. Be sure to use a ladder.

k'yúu ki gusgíit'uwaay n-cpd. <k̲'ii> *padlock*

k'yúu ki g̱ayáangw n-cpd. *hinge of door of stockade*

k'yúu ḵ'áal n-poss. *a clam shell*

k'yúu ḵ'aláax̂an-gaay n-poss. *railing, banister*
DEF: k'yuwáay ḵ'aláax̂an-gaay.

k'yúusd pp. *for, on behalf of*
·Díi k'yúusd k'yuwáay hal da g̱ashlgán. She opened the door for me. ·'Láa k'yúusd k'yuwáay 'wáa aa Hl da g̱asgíidan. I closed the door for her.

k'yuusíi n-dem. *place for something or someone*
RFX: k'yuuhlgáansii.

K'yúust'aa n-cpd. *Kyusta*

k'yúu t'álg n-nom. *bear deadfall*

k'yúu x̱ánggaay n-poss. *clamhole*

k'yúu 'wáa aa ḵ'íit'as n-cpd-sg. <skáa> *a doorknob*
PLU: k'yúu 'wáa aa ḵ'íiyat'iisgaa.

k'yúu 'wáa aa skáat'as n-cpd-sg. <skáa> *a doorknob*
PLU: k'yúu 'wáa aa skáa'at'iisgaa.

k'yúu 'wíi skáajuwaay n-cpd. <skáa> *doorknob*

k'yuwáahlaay n-nom. *steps, stairs*

k'yuwáatl'aagaay n-nom. *road out of the woods*

k'yuwáat'ajaay n-nom. *bridge*

• K̲ •

k̲áa (1) n-ip-sg. *one's maternal uncle (mother's brother)*
PLU: k̲áalang. RFX: k̲áa'ang.
·Hal k̲áa 'wáahlalgan. Her uncle gave a potlatch. ·Íitl' k̲áalang isgyáan íitl' dáalang aadáang. Our uncles and our brothers are seining. ·Hal k̲áa náay áangaa k'udlán dag̲angáang. His uncles is painting his house poorly.

k̲áa (2) vb. *to walk, go (sg)*
SP: k̲áa | gang DP: k̲áa | gan IP: k̲áa | gaan
·K̲áa í'waan hlaa! Walk fast! ·Díi eehl hl k̲áa. Walk with me. ·K̲aníi, hahlgwíi hl k̲áa! Auntie, come this way!

k̲áada
1. v-rfx. *to be at a loss for words, withdrawn, shy, bashful (around X), to feel unworthy (for X)*
SP: k̲áadaa | ng DP: k̲áad | gan IP: k̲áadaa | yaan
·'Láag án hal k̲áadaayaan. She was bashful of her.
2. vb. *to have O as one's maternal uncle (mother's brother)*
SP: k̲áadaa | ng DP: k̲áad | gan IP: k̲áadaa | yaan

k̲áa da'a vb. *to have a maternal uncle (mother's brother)*
SP: k̲áa da'áa | ng DP: k̲áa daa | gán IP: k̲áa da'áa | yaan

k̲áadlii vb. *to go on board X, to board X (sg subj)*
·G̲u chándaal gwée hal k̲áadliigan. He got onboard the sled.

k̲áagaal náay n-cpd. *outhouse*
DEF: k̲áagaal nagáay.

k̲áagahl vb. *to come out, go out, have a bowel movement, go to the bathroom (sg)*
SP: k̲áagal | gang DP: k̲áagal | gan IP: k̲áagaal | aan
·Náaysd hl k̲áagahl! Leave the house! Go outside! ·Hal k̲áagaalaagang. He's going to the bathroom. ·Akyáag hal k̲áagalgan. She went outside.

k̲áa gid n-ip. *man's sister's child (a man's nephew, niece)*

k̲áaging vb. *to be going, moving on the water (sg)*

k̲aagwa vb. *to talk, converse, chat, discuss (pl)*
SP: k̲aagwáa | ng DP: k̲aagw | gán IP: k̲aagwáa | yaan
·Díi g̲idéed hal k̲aagw'wáang They are talking about me. ·Gin g̲idéed hal k̲aagw'ugán. They were discussing something.

k̲áagya'ang vb. *to be walking along (sg)*
SP: k̲áagya'ang | gang DP: k̲áagya'ang | gan
IP: k̲áagya'aang | aan
·Tl'áan-g uu dáng k̲áagya'anggang? Where are you walking along to?
·'Wáadaa náay aa Hl k̲áagya'anggang. I'm walking along to the store.

k̲aahl vb. *for X to win S*
SP: k̲a'áal | gang DP: k̲a'áal | gan IP: k̲aal | áan
NOTE: This phrase here literally means "It (the game, prize, etc.) goes to someone.".
·Díi k̲ayánshlgan k'yáan, 'láa gwíi k̲a'áalgan. I had no hope for her, but she won. ·Wáayaad íitl' gwíi k̲a'áalgan. Now we have overcome (our troubles). ·Díi k̲ayánggan k'yáan, 'láa gwíi k̲a'áalgan. I had no hope for her, but she won.

k̲áahlaang n-rp. *the inside surface or area of one's own something*
NOTE: This is the reflexive form of k̲áahlii.

k̲áahlaangw nn. *kindling*
DEF: k̲áahlaangwaay.

k̲áahlguud pp. *around in, around inside of, around among, around through*
·Jiiwáay k̲áahlguud hal tlúu k̲áagang. He's rowing through the rapids.

k̲áahlguusd pp. *from the head of the bay, from the cove*
·K̲áahlguusd hal xál k̲áagang. He's coming out of the bay.

k̲áahlgwii pp phrase. *to the cove, to the bay*
·K̲áahlgwii hal ists'ugán. They came into the bay. ·K̲áahlgwii hal xál k̲áats'aang. He's coming into the bay.

k̲áahlii

1. nn. *guts, internal organs of something*
2. n-ip. *inside surface or area of something*
   RFX: k̲áahlaang.

·Tluwáay k̲áahlii sdáayaang. The inside of the boat is very thin. ·Gwa'áaws dluu, náay k̲áahlii g̲áalgaagang. When it rains, it's dark in the house.

k̲áahlii hihlda vb. *to get angry, mad, upset (at X1) (over X2)*
SP: k̲áahlii hihldaa | ng DP: k̲áahlii hihld | gán IP: k̲áahlii hihldáa | yaan
NOTE: Some speakers say: k̲áahlii yihlda.
·Hal k̲áahlii hihldgan. He got very angry.

k̲áahlii híldang vb. *to be mad, angry, upset (at X) (over X2)*
SP: k̲áahlii híldang | gang DP: k̲áahlii híldang | gan IP: k̲áahlii híldaang | aan
·Díi aw k̲áahlii híldanggang. My mother is mad.

k̲áahlii sgunáa n-phr. *common goldeneye duck, Barrow's goldeneye duck*

k̲áahliyaa vb. *to be careful with, try not to waste X*
SP: k̲áahliyaa | gang DP: k̲áahliyaa | gan IP: k̲áahliyaa | gaan
·Dáalaay aa tl' k̲áahliyaagang. Be sure to be careful with the money. ·Díi aa hal k̲áahliyaagang. She is careful with me.

k̲áajaaw gin-gáay n-cpd. *hunting clothes, hunting gear*

k̲áajaaw 'la'áay nn. *hunter*
PLU: k̲áajaaw 'la'áaylang.

k̲áajaaw 'la'áaygaa vb. *to be a hunter*
SP: k̲áajaaw 'la'áaygaa | gang DP: k̲áajaaw 'la'áaygaa | gan IP: k̲áajaaw 'la'áaygaa | gaan

k̲áajgad vb. *to meet O*
SP: k̲áajgiid | ang DP: k̲áajgiid | an IP: k̲áajgad | aan
·Áatl'an uu gu hal k̲áajgad'aawaan. This is where they met each other. ·G̲ándlaaygw uu gu t'aláng k̲áajgadsaang. We will gather at the river. ·Sáahlaangaan gud t'aláng k̲áajgiidang. We're meeting all together.

k̲áajuu vb. *to hunt on land (for X, usually deer)*
SP: k̲áajuu | gang DP: k̲áajuu | gan IP: k̲áajaaw | aan
·Adaahl hal k̲áajuu'waasaang. Tomorrow they will hunt. ·Hal dúun k̲áajuu ín-gan. His little brother went hunting. ·K'áadd uu hal k̲áajaaw gudáang. He wants to hunt for deer.

k̲áajuuhlda v-rfx. *to change (become changed)*
SP: k̲áajuuhldaa | ng DP: k̲áajuuhld | gan IP: k̲áajuuhldaa | yaan
·Gyaahlangáay án k̲áajuuhldgan. The story became changed.

k̲aaláay

1. n-nom. <sda, sga> *basketball hoop*
2. n-nom. <sg̲a> *goal line, finish line*
3. n-nom. <hlga> *net (for soccer, hockey, lacrosse, etc.)*

k̲áatl'aa vb. *to arrive (sg)*
SP: k̲áatl'aa | gang DP: k̲áatl'aa | gan IP: k̲áatl'aa | gaan
·G̲áalgeehls dluu hal k̲áatl'aagan. She came home when it was dark. ·Sahlgáang k̲íidaay aa hal k̲áatl'aagaan. He came back to the tree. ·Sáng x̲idguléehls dluu hal k̲áatl'aasaang. He'll arrive when it's evening.

k̲áatl'aahla vb. *to come up (to X), arrive (at X) going up, ascend (to X)*
SP: k̲áatl'aahlaa | ng DP: k̲áatl'aahl | gan IP: k̲áatl'aahlaa | yaan
·Íitl' an asáag hal k̲áatl'aahlgan. She came up to us upstairs.

k̲áat'as vb. *to go across (sg)*

k̲áayd vb. *to leave, depart, go, start off (sg)*
SP: k̲áayd | ang DP: k̲áayd | an IP: k̲áayd | aan
·K̲áayd hlaa! Leave! ·Rachel sk̲'at'áa náay aa k̲áaydan. Rachel left to go to the school. ·Wáajgwii g̲agwíi hal k̲áaydan. He left for far away; he left on a very long trip.

k̲áaygaa vb. *to have been born*
SP: k̲áaygaa | gang DP: k̲áaygaa | gan IP: k̲áaygaa | gaan
·Gu hal git'aláng k̲áaygaa g̲ujúugan. All of his children were born there. ·G̲ahl hal k̲áaygaagang. She's had it since birth -- she was born with it.

k̲áaygaaw n-nom. *needle and line for stringing fish*

k̲áay sangáay n-cpd-ip. *birthday*
·Áayaad k̲áay sangáay díinaa íijang. Today is my birthday. ·Saláanaa k̲áay sangáay duungéelgang. It's almost Christmastime. ·Dáng k̲áay sangáay uu íijang. It's your birthday.

k̲áay'uu n-nom. <sg̲a> *line for stringing fish*
DEF: k̲áay'uwaay.
ETYMOLOGY: JED has k̲áay'u.

k̲áa'aa vb. *to be a maternal uncle (mother's brother) (to X)*
SP: k̲áa'aa | gang DP: k̲áa'aa | gan IP: k̲áa'aa | gaan

k̲áa'ang n-rp. *one's own maternal uncle (mother's brother)*
NOTE: This is the reflexive form of k̲áa (1). Some speakers may say k̲áang instead.

k̲áa'ung vb. *to walk around (sg)*
SP: k̲áa'ung|gang DP: k̲áa'ung|gan IP: k̲áa'waang|aan
·'Wáa daalíigw Hl k̲áa'unggan. I was walking around the next day. ·Didgwéed hl k̲áa'ung. Walk around up in the woods. ·'Wáa k'yáahlg uu hal k̲áa'unggang. He's walking around everytime.

k̲áa'ungaay n-ip. *one's gait*

k̲áa'unggwaang vb. *to walk around (sg)*
SP: k̲áa'unggwaang|gang DP: k̲áa'unggwaang|gan
IP: k̲áa'unggwaang|aan
·K'yuwáay únggud hl k̲áa'unggwaang! Walk on the sidewalk! ·Tlagáay Hl k̲ínggee an uu Hl k̲áa'unggwaanggang. I'm walking around to see the countryside. ·K̲'adéed hal aw k̲áa'unggwaanggang. His mother is walking around down on the beach.

k̲ada vb. *to cut, butcher, clean O (e.g. fish)*
SP: k̲adáa|ng DP: k̲ad|gán IP: k̲adáa|yaan
·Chíin k̲wáan díi aw k̲adáayaan. My mother cleaned a lot of fish. ·Chaaw salíi aa Hl táa k̲adgán. I cleaned fish down on the beach.

k̲adáal vb. *for X to warm up slowly, simmer, brew*
SP: k̲adáal|gang DP: k̲adáal|gan IP: k̲adáal|aan
·Sablíigaay iig k̲adáalgang. The bread is slowly warming up. ·Díi iig k̲adáalgang. I'm slowly warming up (like coming out of the cold into a warm house).

k̲adáalda vb. *to slowly warm, simmer, brew X*
SP: k̲adáaldaa|ng DP: k̲adáalt|gan IP: k̲adáaldaa|yaan
·Ts'íihlanjawaay iig hal k̲adáaldaang. She is brewing the devil's club. ·Chíinaay iig hal k̲adáaldaang. He's slowly heating up the fish.

k̲adl nn. <k̲'ii> *reef, small off-shore rock*
DEF: k̲adláay.
·K̲adláay íngguud hal xál k̲áagan. He went over the reef on his boat.

k̲ádlaa interj. *Go ahead! Go do it! Go on! Be on your way!*

k̲a dláahlahldayaay n-nom. *curve*

k̲agáan nn. *clan-owned song*
DEF: k̲aganáay.

k̲agán (1) n-ip. *one's trachea*

k̲agán (2) vb. *to escape, be saved*
SP: k̲agán. | gang DP: k̲agán. | gan IP: k̲agáan | aan
·Chaansd hal k̲agán-gan. He was saved from the water.

k̲aganáa vb. *to be refreshingly cold*
·Áatl'an g̲ándlaay k̲aganáa áwyaagang. The water is very cold here. ·Díi st'áay k̲aganáa áwyaagang. My feet are really cold.

k̲agánda vb. *to save, rescue O*
SP: k̲agándaa | ng DP: k̲agánd | gan IP: k̲agándaa | yaan
·Saláanaa dáng k̲agándaasaang. Jesus will save you. ·Chíinaay áa hal k̲agándgan. He saved his fish (for later). ·K'áadaay k̲asáng ts'áng hal k̲agándgan. He saved the deer brain (e.g. to tan hides with later).

k̲aganéehl vb. *to get refreshingly cold*
SP: k̲aganéel | gang DP: k̲aganéel | gan IP: k̲aganéel | aan
·G̲ándlaay k̲aganéelgang. The water is getting cold.

k̲agan g̲ad vb. *to choke*
SP: k̲agan g̲áyd | ang DP: k̲agan g̲áyd | an IP: k̲agan g̲ád | aan
·Díi k̲agan g̲éedan. I choked. ·Dáa gw k̲agan g̲ad'ujaa? Did you choke? ·Skuj aa díi k̲agan g̲áydan. I choked on a bone.

k̲agán hlgam n-ip. <hlgám> *one's Adam's apple*

k̲agánjuu n-ip. <hlgi> *one's throat, one's breath*
RFX: k̲agánjuwang.
·Díi k̲agánjuu xiláang. My throat is dry. ·Díi k̲agánjuu st'igáng. My throat hurts.

k̲agánjuu 'wáa aa sk'at'as n-phr. *trachea*

k̲agánjuwang n-rp. <hlgi> *one's own throat, one's own breath*
NOTE: This is the reflexive form of k̲agánjuu.

k̲agán skíi n-ip/ap. *(one's) breath*

k̲agán skuj n-cpd-ip. *one's Adam's apple*

k̲agán sk'ajáaw n-nom. *blowhole*

k̲agántl'aa vb. *to arrive safely*
·Tlíi an uu hal k̲agántl'aagang. He's finally arrived safely. ·Íitl' k̲agántl'aas eehl íitl' gudangáay 'láagan. We were happy to arrive safely.

k̲a g̲ad vb. *to dash, run away (sg) (from X)*

SP: k̲a g̲áyd | ang DP: k̲a g̲áyd | an IP: k̲a g̲ad | áan

·Díisd hal k̲a g̲áydan. She dashed away from me. ·Hal k̲a g̲áydan. She ran off.

k̲a g̲ahgahl v-rfx. *to tire self out walking around*

k̲ahla vb. *to go up, climb up, ascend (sg); to rise (e.g. dough)*

SP: k̲ahláa | ng DP: k̲ahl | gán IP: k̲ahláa | yaan

·Nang jáadaas uu sáag k̲ahláang. The girl is walking up the stairs. ·Dáng gingáan uu k̲íidaay náay gwíi Hl k̲ahláa hlangaang. I can climb up to the tree house just like you. ·Asíig hal k̲ahlgán. He went upstairs.

k̲ahlda vb. *to rise (of dough)*

SP: k̲ahldáa | ng DP: k̲ahld | gán IP: k̲ahldáa | yaan

·Sablíigaay k̲ahldáang. The dough is rising.

k̲aj

1. n-ip. <skáa> *float and fronds of bull kelp*

2. n-ip. *head of a river, stream or inlet; top part of a traditional-style wedge; nut for a screw or bolt; top of a spoon handle*

3. n-ip. *one's hair; the top of a tree; fuzz of a fireweed; flower of a cow parsnip*

RFX: k̲ajáng.

NOTE: This word applies to hair on the head, but not elsewhere on the body.

·Hal k̲aj hánsan jándaang. Her hair is long too. ·Hal k̲aj 'láa gangáagang. His hair is thick. ·Dáng k̲aj áadaa x̲angáagang. Your hair looks strange.

4. n-ip. <k̲'ii> *one's head*

RFX: k̲ajáng.

·Díi k̲aj g̲waagánggang. I have a headache. ·Dáng k̲aj aa gw st'i'us? Do you have a headache? ·Chíin k̲aj uu xwaasdáa gwáahl aa íijang. The fish heads are in a gunny sack.

k̲ajáa vb. *to be the head, leader (of X), to take the lead (in X), be in charge (of X)*

SP: k̲ajáa | gang DP: k̲ajáa | gan IP: k̲ajáa | gaan

·Dáa uu g̲án k̲ajáasaang. You'll take the lead in it. ·Íitl' gyaa gwáayk'angaay an hal k̲ajáagang. He is the head of our clan.

k̲aját ng

1. n-rp. *one's own hair*

    NOTE: This word applies to hair on the head, but not elsewhere on the body. It is the reflexive form of k̲aj.

·K̲aján g hl jatl'áa! Cut your hair! ·K̲ajáng hl jatl'áa. Cut you hair! ·K̲ajáng hl 'wáasd jatl'áa. Cut your hair.

2. n-rp. <k̲'ii> *one's own head*

    NOTE: This is the reflexive form of k̲aj.

k̲aj g̲ajáaw n-nom. *jack spring salmon*

k̲aj g̲ángii n-cpd. *hair follicle*

k̲aj g̲ángwaay n-cpd. *dandruff*

k̲aj hlk'unáanwaay n-cpd. <hlk'u> *hairbrush*

k̲aj íi gisk'áalw n-cpd. <hlga> *hairpin*
DEF: k̲aj íi gisk'áalwaay.

k̲aj jánd n-phr. *species of seaweed*
DEF: k̲aj jándaay.
·K̲aj jánd áatl'an k̲wáan-gang. Seaweed is plentiful here.

k̲aj k̲áahlii nn. *head (inside)*

k̲aj k̲'ál n-cpd-ip. *scalp*
·Díi k̲aj k̲'ál k'usts'íig áwyaagang. My scalp is very itchy.

k̲aj k̲'álaad nn. *wig*
DEF: k̲aj k̲'álaadgaay.

k̲aj k̲'íisdang n-phr. *ant*
DEF: k̲aj k̲'íisdangaay.

k̲aj k̲'úl n-poss. *hair roots*

k̲aj sg̲únaan pp phrase. *without a hat*
·K̲aj sg̲únaan hal íijang. She is without a hat.

k̲aj skuj n-ip. *skull*
·Táan k̲aj skuj Hl k̲íigan. I found a black bear skull.

k̲aj tla sk'aawnáangwaay n-cpd. <xa> *hair curler*

ḵaj tla ts'aláawaay n-cpd. <sk'a> *hair curler*

ḵaj ts'a dáang náay n-cpd. *barbershop*
DEF: ḵaj ts'a dáang nagáay.

ḵaj ts'a dáang 'la'áay n-cpd-sg. *barber*
PLU: ḵaj ts'a dáang 'la'áaylang.

ḵaj ts'a dáang 'la'áaygaa vb. *to be a barber*
SP: ḵaj ts'a dáang 'la'áaygaa | gang DP: ḵaj ts'a dáang 'la'áaygaa | gan IP: ḵaj ts'a dáang 'la'áaygaa | gaan

ḵaj ts'ak'ii n-ip. *back of head*
·Díi ḵaj ts'ak'ii g̱ayáagang. The back of my head is bloody.

ḵaj t'anuwáay n-cpd-ip. *crow's nest at the back of one's head*

ḵajúuda vb. *to apply heat to X*
SP: ḵajúudaa | ng DP: ḵajúud | gan IP: ḵajúudaa | yaan
·Sgwáayang aa Hl ḵajúudaang. I'm applying heat to my back.

ḵaj xál ts'aláadaaw n-cpd. *curling iron*

ḵaj x̱idáasaa n-ip. *the base of the back of one's skull*

ḵaj 'wíi hlgámjuwaay n-cpd-ip. *the bump at the back of one's skull*

ḵak'ahl vb. *to go up from shore, into the woods (sg)*

ḵa ḵ'íidaaltl'aa vb. *to rise [sun, moon]*
SP: ḵa ḵ'íidaaltl'a'aang ~ ḵa ḵ'íidaaltl'aa | gang DP: ḵa ḵ'íidaaltl'aa | gan IP: ḵa ḵ'íidaaltl'a'áa | yaan ~ ḵa ḵ'íidaaltl'aa | gaan
·Juuyáay ḵa ḵ'íidaaltl'aagang. The sun is coming up.

ḵa ḵ'íihla vb. *to set [sun]*
SP: ḵa ḵ'íihlaa | ng DP: ḵa ḵ'íihl | gan IP: ḵa ḵ'íihlaa | yaan
·Juuyáay ḵa ḵ'íihlaang. The sun is setting.

ḵa ḵ'íisgad vb. *to come to shine on X (sg subj)*
SP: ḵa ḵ'íisgiid | ang DP: ḵa ḵ'íisgiid | an IP: ḵa ḵ'íisgad | aan
·K'yuwáay aa juuyáay ḵa ḵ'íisgiidang. The sun is shining on the road now.

ḵa ḵ'íit'as vb. *to shine on X (sg subj)*
SP: ḵa ḵ'íit'iij | ang DP: ḵa ḵ'íit'iij | an IP: ḵa ḵ'íit'aj | aan

·Juuyáay díi x̲áng aa k̲a k̲'íit'iijang. The sun is shining in my eyes. ·K̲'áas g̲udáawaay k̲a k̲'íit'asgwaanggang. The light is shining around.

k̲a k̲'íit'iisk'w n-nom. *spotlight, searchlight*
DEF: k̲a k̲'íit'iisk'waay.

k̲ak̲'út'iis nn. *flashlight*

k̲ál nn. *red alder (tree or wood)*
DEF: k̲aláay.

·Chíin Hl xiláadaas dluu, k̲ál Hl gya'ándganggang. When I smoke fish, I use alder. ·K̲aláay hal sgi k̲'áagan. He chopped down the alder tree.

k̲álg

1. nn. <sk'a> *glass container, bottle, jar*
   DEF: k̲álgaay.

·K̲álgaay x̲ushlgán. The glass broke. ·Anáag k̲álg ts'úujuu isgyáan tl'ánuwaay hal dúuts'aayaan. She went in the house to get a small bottle and the milk.

2. nn. *glass (material)*
   DEF: k̲álgaay.
3. nn. *ice*
   DEF: k̲álgaay.

·K̲álgaay únggw díi dladahldgán. I fell on the ice. ·K̲álgaay únggw Sam dladahldáang. Sam has fallen on the ice. ·K̲álgaay k̲'ats'áang. The ice is hard.

k̲álg k̲'íw

1. n-poss. *a jar lid*
2. n-poss. *bottle stopper*
3. n-cpd. *cork (material)*
   DEF: k̲álg k̲'íwgaay.
4. n-cpd. *neck of a bottle*

k̲álg k̲'íw dáng sk'ast'áawaay n-cpd. <hlga> *corkscrew*

k̲ál gun-gáay n-cpd. *rotten alder wood*

k̲ál k̲'ál chíihluu n-poss. *alder phloem*

k̲áluj n-ip. *cartilage in the nose of a salmon*

k̲án

1. n-ip. *front part of one's body, one's chest*
   Rfx: k̲anáng.

·Sk'ayuwáay k̲án sg̲íidang. The robin's chest is red.

2. n-ip. *the part of a tree facing the water*

k̲anáng n-rp. *one's own chest, the front part of one's own body*
Note: This is the reflexive form of k̲án.

k̲and g̲ahláalw n-cpd. *breast strap for carrying a basket*

k̲áng nn. <skáa> *sleep*
Def: k̲angáay.

k̲ánga vb. *to dream*
SP: k̲ángaa | ng DP: k̲áng | gan IP: k̲ángaa | yaan

·Dúujaay k̲ángaang. The cat is dreaming. ·Chíin k̲wáan g̲idéed uu dúujaay k̲ángaang. The cat is dreaming about a lot of fish. ·Díi g̲idéed hal k̲ángaayaan hal súugan. She said she dreamed about me.

k̲angáa vb. *to be sleepy*
SP: k̲angáa | gang DP: k̲angáa | gan IP: k̲angáa | gaan

·G̲áalgwaa díi k̲angáagan. I was sleepy last night.

k̲án-gang vb. *to carry O on one's chest in a container*
SP: k̲án-gang | gang DP: k̲án-gang | gan IP: k̲án-gaang | aan

·K̲igwáay hl k̲án-ganggan. I carried the basket on my chest.

k̲áng gwáada vb. *to have a nightmare*
SP: k̲áng gwáadaa | ng DP: k̲áng gwáad | gan IP: k̲áng gwáadaa | yaan

k̲án gigáa n-nom. <gi> *apron, breechcloth, dance apron*
Def: k̲án gigáay.

k̲án gigáng vb. *to wear O (sg)*
SP: k̲án gigáng | gang DP: k̲án gigáng | gan IP: k̲án gigáang | aan
Note: This verb refers to wearing a scarf around one's neck.

k̲án gigíi vb. *to put O (sg) on*
SP: k̲án gigíi | gang DP: k̲án gigíi | gan IP: k̲án gigáay | aan ~ k̲án gigíi | gaan
Note: This verb refers to putting a scarf on around one's neck (not around one's head).

·K̲an tíigaay áa t'aláng k̲án gigíigan. We put on our scarves.

k̲án-gw n-nom. <gu> *whole female dog salmon dried for soaking*
DEF: k̲án-gwaay.

k̲áng x̲áwlda vb. *to be a sleepyhead, enjoy sleeping*
SP: k̲áng x̲áwldaa | ng DP: k̲áng x̲áwld | gan IP: k̲áng x̲áwldaa | yaan

·Hal k̲áng x̲áwldaang. She's a sleepyhead. ·Díi gid k̲áng x̲áwldaang. My child is a sleepyhead.

k̲án hlgajáaw nn. <hlga> *safety pin*
DEF: k̲án hlgajáawaay.

·K̲án hlgajáawaay k'igáng. The safety pin is sharp.

k̲aníi vocative. *paternal aunt (father's sister)!*
NOTE: Some speakers may use sk̲aníi, k̲anáay or sk̲anáay instead.

·K̲aníi, hahlgwíi hl k̲áa! Auntie, come this way!

k̲án ii gits'áaw

1. n-cpd. <hlga, xa> *brooch*
DEF: k̲án ii gits'áawaay.
2. n-cpd. <hlga> *safety pin*
DEF: k̲án ii gits'áawaay.

k̲an jagáa n-nom. *shaman's bone-charm necklace*

k̲án k̲'íiyunaangw n-nom. <k̲'ii> *wheel*
DEF: k̲án k̲'íiyunaangwaay.

k̲án sg̲id nn. *robin*

k̲án skuj n-cpd-ip. *one's chest, torso, sternum*
RFX: k̲án skujáng.

·Díi k̲án skuj st'i áwyaagang. My sternum hurts.

k̲án skujáng n-cpd-rp. *one's own chest, torso, sternum*
NOTE: This is the reflexive form of k̲án skuj.

k̲an tíigaa n-nom. <gi> *headscarf, kerchief*
DEF: k̲an tíigaay.

·K̲an tíigaay áa t'aláng k̲án gigíigan. We put on our scarves. ·K̲an tíigaa Hl gya'ándaang. I'm wearing a headscarf.

ḵán tíigaa gyáat'aad n-cpd. *black wool shawl with silk tassles*
DEF: ḵán tíigaa gyáat'adaay.

ḵán tlamad n-ip. *one's clavicle*

ḵán tl'agáa

1. n-nom. <tl'a> *beaded dancing bib*
DEF: ḵán tl'agáay.
2. n-nom. <tl'a> *bib*
DEF: ḵán tl'agáay.
3. nn. <tl'a> *necktie*
DEF: ḵán tl'agáay.

·Ḵán tl'agáa hal ḵán tl'agáagang. He is wearing a necktie. ·Ḵán tl'agáay 'láa sg̱íidang. His necktie is red. ·Ḵán tl'agáay k'wa'án'iidang. The necktie is too short.

ḵán tl'agáng vb. *to wear O (sg) [necktie]*
SP: ḵán tl'agáng|gang DP: ḵán tl'agáng|gan IP: ḵán tl'agáang|aan

ḵán tl'agíi vb. *to put on O (sg) [necktie]*
SP: ḵán tl'agíi|gang DP: ḵán tl'agíi|gan IP: ḵán tl'agáay|aan ~ ḵán tl'agíi|gaan

ḵán xudáangw nn. *necklace*
·Ḵán xudáangwaay díi guláagang. I like the necklace.

ḵán x̱ugáng vb. *to wear O (sg)*
·Gin ḵán x̱ugangáas dáng ḵán x̱ugánggang. You are wearing the necklace.

ḵán x̱ugíi vb. *to put on O (sg)*
SP: ḵán x̱ugíi|gang DP: ḵán x̱ugíi|gan IP: ḵán x̱ugáay|aan ~ ḵán x̱ugíi|gaan
NOTE: This verb refers to putting on a necklace. It literally means "to put on a collection of objects on one's chest".

ḵasáng ts'áng n-cpd-ip. <ḵ'ii> *one's brain*
RFX: ḵasáng ts'angáng.
·K'áadaay ḵasáng ts'áng hal ḵagándgan. He saved the deer brain (e.g. to tan hides with later).

ḵasáng ts'angáng n-cpd-rp. <ḵ'ii> *one's own brain*
NOTE: This is the reflexive form of ḵasáng ts'áng.

k̲asa'a

1. vb2. *going to V*

2. vb. *to prepare to leave, to get ready to go*

SP: k̲asa'áa | ng DP: k̲asaa | gán IP: k̲asa'áa | yaan

·Hal k̲asaa'wáang. They are preparing to go.

k̲as gut'íisk'w n-nom. *headband inside a wooden helmet*

k̲as hlk̲'íitl' n-nom-ip/ap. *hair combings*
DEF: k̲as hlk̲'íitl'aay.

k̲a sk'asdla vb. *for the sky to clear up*
SP: k̲a sk'asdláa | ng DP: k̲a sk'ashl | gán IP: k̲a sk'asdláa | yaan
·Wéed uu k̲a sk'asdláang. The weather is clearing up now.

k̲as táwdaaw n-cpd. *hair oil*

k̲ast'as n-nom. *headband woven into a spruce root hat*

k̲as'a vb. *to go down to the beach, out to sea*
SP: k̲as'áa | ng DP: k̲as'a | gán IP: k̲as'áa | yaan
·K̲'adg hl k̲as'áa. Walk down to the beach.

k̲ats'a

1. vb. *to go in, come in, enter (sg)*

SP: k̲ats'áa | ng DP: k̲ats' | gán IP: k̲ats'áa | yaan

·Dáng k̲ats'áas eehl díi gudangáay 'láagang. I'm happy that you've come. ·Anáag hal k̲ats'gán. She came in. ·Sahlgáang anáag hal k̲ats'gán. He came back in.

2. vb. *to put on X (clothing) (sg subj)*

SP: k̲ats'áa | ng DP: k̲ats' | gán IP: k̲ats'áa | yaan

NOTE: This verb applies to one person putting on certain articles of clothing, usually those that cover the torso, such as a coat or shirt.

k̲at'a'éehl vb. *to go down, come down, climb down, descend (sg)*
SP: k̲at'a'éil | gang DP: k̲at'a'éil | gan IP: k̲at'a'éil | aan
·Nang íihlangaas uu sáasd k̲at'a'éelgang. The boy is coming down from upstairs. ·Dáng aa Hl k̲at'éehlsaang gyaan dángg Hl tlaadsáang. I'll climb down to you and help you. ·X̲íidg hal k̲at'éelgan. She went downstairs (or downhill).

k̲at'úu vb. *to be thirsty*
SP: k̲at'úu | gang DP: k̲at'úu | gan IP: k̲at'áaw | aan

·Díi k̲at'úugang. I'm thirsty. ·Gíisd uu k̲at'úugang? Who is thirsty? ·Nang g̲aa xajúus st'igán dluu, hal k̲at'úugan. When the child was sick, it was thirsty.

k̲áw n-ip/ap. <skáa> *a bird's egg; one's testicle*
DEF: k̲awáay.
·K̲áw Hl g̲aalángsang. I'll fry some (bird) eggs. ·Sk̲'ín k̲áw hal k̲ínst'aang. He's searching for seagull eggs. ·K̲awáay hal tla k'it'gán. He cracked the egg.

k̲awáng n-rp. <skáa> *a bird's own egg; one's own testicle*
NOTE: This is the reflexive form of k̲áw.

k̲áw chagud n-phr. *puffball*

k̲áwd pp. *after V-ing for a while*
·Gu tl' is k̲áwd, húus sahlgáang tl' sdílgan. After they were there for a while, they came back again. ·Hal k̲'ad k̲áwd hal k̲'áahluugan. She slept awhile and then got up. ·Hal tl'uwáang'ugan k̲áwd, hal tl'ajúugya'aang g̲ujúu'ugan. After they were sitting for sometime, they all stood up.

k̲áwk'aal n-nom. *food taken home from a party by guests*
DEF: k̲áwk'alaay.

k̲áwk'ahl vb. *to save O (e.g. food) and take it home*
SP: k̲áwk'al | gang DP: k̲áwk'al | gan IP: k̲áwk'aal | aan
·Táawaay san tl' k̲áwk'algang. They're taking home food too. ·Táawaay k̲'awads hl k̲áwk'ahl'uu. Take home the food that's left over, you folks. ·Táawaay hl k̲áwk'algang. I'm saving food (to take home).

k̲áw k̲'áal n-poss. *eggshell*

k̲áwsda vb. *to be hot, to give off lots of heat*
·Náasii k̲áwsd áwyaagang. The house is nice and warm inside.

k̲áwsd'eehl vb. *to heat up*
SP: k̲áwsd'eel | gang DP: k̲áwsd'eel | gan IP: k̲áwsd'eel | aan
·Náasii k̲áwsd'eelgang. The house is warming up inside.

k̲áw táawaay n-cpd. <skáa> *egg cup*

k̲áw ts'íi sg̲idgáay n-poss. *an egg yolk*

k̲a xúusda vb. *to dash, run away (pl) (from X)*

k̲áy (1) n-ip. *belly of a fish*

ḵáy (2) vb. *to give birth, to adopt*
SP: ḵáy | gang DP: ḵáy | gan IP: ḵáay | aan
·Háw háns díi gid ḵáygan. My child gave birth again. ·K'wáa tláan ḵáy. Don't have any more children. ·Hal ḵáygan dluu, 'láangaa sángiits'gaagan. She had a difficult labor.

ḵayáang n-nom. *hopelessness*

ḵayáng vb. *to be despondent, discouraged, lack hope*
SP: ḵayáng | gang DP: ḵayáng | gan IP: ḵayáang | aan
·Díi ḵayánggan k'yáan, 'láa gwíi ḵa'áalgan. I had no hope for her, but she won.

ḵayánsdla vb. *to concede, give up, call it quits, lose hope*
SP: ḵayánsdlaa | ng DP: ḵayánshl | gan IP: ḵayánsdlaa | yaan
·Díi ḵayánshlgan k'yáan, 'láa gwíi ḵa'áalgan. I had no hope for her, but she won. ·Hal gid k'ut'álgan dluu, hal ḵayánshlgan. She gave up after her child died.

ḵáyn nn. *surf smelt, capelin*
DEF: ḵáynaay.

ḵáysgwaan (1) n-ip/ap. *(one's) body odor*
DEF: ḵáysgunaay.

ḵáysgwaan (2) nn. *daddy-longlegs spider*
DEF: ḵáysgunaay.

ḵayúudaa nn. *berries mixed with whipped ooligan grease*
DEF: ḵayúudaay.

ḵa'án n-ip. *underside*

ḵa'án-gw pp. *under*

ḵée n-ip-sg. *one's sister's husband (brother-in-law), one's wife's brother (brother-in-law), one's wife's maternal uncle (uncle-in-law)*
PLU: ḵéelang. RFX: ḵéeyeng.
NOTE: Some speakers may use ḵée'ii instead. This term is only used in reference to a male's relatives.
·Díi ḵée'ii uu áatl'an íijang. My brother-in-law is here.

k̲éeda vb. *to have O as one's sister's husband (brother-in-law), one's wife's brother (brother-in-law), one's wife's maternal uncle (uncle-in-law)*
SP: k̲éedaa | ng DP: k̲éed | gan IP: k̲éedaa | yaan
NOTE: This verb is only used in reference to a male's relatives.

k̲ée da'a vb. *to have a sister's husband (brother-in-law), a wife's brother (brother-in-law), a wife's maternal uncle (uncle-in-law)*
SP: k̲ée da'áa | ng DP: k̲ée daa | gán IP: k̲ée da'áa | yaan
NOTE: This term is only used in reference to a male's relatives.

k̲ée k̲'aláa xiláay n-cpd. *contraceptive medicine*

k̲éenggaa vb. *to be visible*
SP: k̲éenggaa | gang DP: k̲éengaa | gan IP: k̲éengaa | gaan
·Áayaad áajii gwáayaay k̲éenggaagang. Today this island is visible (because there's no fog, etc.).

k̲éenggeehl vb. *to appear, come into view*
SP: k̲éenggeel | gang DP: k̲éenggeel | gan IP: k̲éenggeel | aan
·Tluwáay k̲éenggeelgang. The boat is coming into view.

k̲éengk'aa vb. *to be absent, lacking, not to be found (with NEG)*
SP: k̲éengk'aa'ang | gang DP: k̲éengk'aa'ang | gan
IP: k̲éengk'aa'aang | aan
·Wáayaad gám gu tl' k̲éengk'aa'anggang. Nowadays there are hardly any people there. ·Gám gin tl'aa k̲iihlaa da'áawaay aa k̲éenk'aa'anggang. There's nothing in the cupboard. ·Gám lamdúu áatl'an k̲éengk'aa'anggang. There are no sheep around here.

k̲éenguts'ad n-nom. *marker (e.g. a float on a crab pot)*

k̲éengwula vb. *to be clearly visible, easily seen*
SP: k̲éengwulaa | ng DP: k̲éengwul | gan IP: k̲éengwulaa | yaan
·Áayaad tlat'aawáay k̲éengwulaang. The mountain is clearly visible today.

k̲eewdáal nn. *collection of dishes (cups, plates, bowls)*
DEF: k̲eewdaláay.

k̲eewláang vb. *to watch X*
SP: k̲eewláang | gang DP: k̲eewláang | gan IP: k̲eewláang | aan
·TV-gaay aa uu Hl k̲eewláanggang. I'm watching TV.

ḵéeyeng Noun. *one's own sister's husband (brother-in-law), one's own wife's brother (brother-in-law), one's own wife's maternal uncle (uncle-in-law)*
NOTE: This is the reflexive form of ḵée. It is only used in reference to a male's relatives.

ḵée'ee vb. *to be a sister's husband (brother-in-law), a wife's brother (brother-in-law), a wife's maternal uncle (uncle-in-law) (to X)*
SP: ḵée'ee | gang DP: ḵée'ee | gan IP: ḵée'ee | gaan
NOTE: This term is only used in reference to a male's relatives.

ḵée'ii voc. *sister's husband (brother-in-law)! wife's brother (brother-in-law)! wife's maternal uncle (uncle-in-law)!*
NOTE: This term is only used by males.

ḵehG̱íihlda vb. *to look O over and figure out what to do with it or about it*
SP: ḵehG̱íihldaa | ng DP: ḵehG̱íihld | gan IP: ḵehG̱íihldaa | yaan

ḵehjgad vb. *to look at, watch, have one's eye on O*
SP: ḵehjgíid | ang DP: ḵehjgíid | an IP: ḵehjgad | áan

ḵehjgadáay n-nom. *one's appearance*

ḵehjgad 'láa vb. *to look good*

ḵehjúu vb. *to expect (X), watch (for X), be on the lookout (for X)*
SP: ḵehjúu | gang DP: ḵehjúu | gan IP: ḵehjáaw | aan
·'Láag Hl ḵehjúu gíiganggang. I'm always on the lookout for him. ·Dángg áayaad Hl ḵehjúugan. I was watching for you today. ·Díi aw díig ḵehjúugan. My mother was expecting me.

ḵehsasdla vb. *to open one's eyes*
SP: ḵehsasdláa | ng DP: ḵehsashl | gán IP: ḵehsasdláa | yaan
·Sáng áayaan hal ḵehsashlgán. She opened her eyes early in the morning.

ḵehsda vb. *to be tired of looking (at X)*
SP: ḵehsdáa | ng DP: ḵehsd | gán IP: ḵehsdáa | yaan
·Láag díi ḵehsdgán. I was tired of looking at him.

ḵehsíid vb. *to have one's eyes open*
SP: ḵehsíid | ang DP: ḵehsíid | an IP: ḵehsíid | aan
·Hal ḵehsíidang. His eyes are open.

ḵidg nn. *patch (of berries)*

ḳigáa vb. *to be fertile (of female), have many children*
   SP: ḳigáa|gang   DP: ḳigáa|gan   IP: ḳigáa|gaan
   ·Dáng aw ḳigáagan. Your mother had many children.

ḳigw nn. <cha> *(a type of) spruce root basket*
   DEF: ḳigwáay.
   ·Ḳigwgyáa uu giid íisd tlaawhlgáagang. Baskets are made out of cedar bark.
   ·Jaadgáay uu ḳigw x̱áygaangaan. The women would weave cedar baskets.
   ·Ḳigwáay hl júugaa. Stack the baskets (one inside the other).

ḳigwdáang vb. *to play house*
   SP: ḳikwdáang|gang   DP: ḳikwdáang|gan   IP: ḳikwdáang|gaan
   ·Díi gid ts'úujuus ḳigwdáanggang. My small child is playing house.

ḳigw g̱áal n-cpd. *basket lid*
   DEF: ḳigwáay g̱áal(aay).
   ·Ḳigw g̱áal uu Hl x̱áygang. I'm weaving a basket lid.

ḳíi nn. *war shirt*

ḳíid (1) nn. *sea lion*
   DEF: ḳíidaay.
   ·Ḳ'íid í'waan hal tiigán. He killed a big sea lion. ·Ḳíidaay ḳ'ál t'aláng xiláadaasaang. We will dry the sea lion skin.

ḳíid (2) nn. *spruce or evergreen (tree or wood)*
   DEF: ḳíidaay.
   ·Ḳ'áajaay ḳíidaaysd íijang. The sap is flowing from the tree. ·Ḳíidaay x̱idgw kúnt'gwaang ḳwaan-gan. There were a lot of jumping fleas under the log.
   ·Ḳíidaay 'wáasd hal sgi káng'aawgan. He chopped chips off of the log.

ḳíidaaw
   1. n-nom. *warfare, feud, raiding*
   2. n-nom. *warriors, war party, raiders*
   DEF: ḳíiduwaay.

ḳíidaawaa n-ip. *one's warriors, war party, raiders*

ḳíidaaw gin-gáay nn. *war clothes*

ḳíidaaw tluwáay n-cpd. *war canoe, raiding canoe*

ḳíidaay ḳáahlii n-cpd. *forest*
   ·Adíid g̱agwíi, ḳíidaay ḳáahlii aa hal gáawaan. She was lost way up in the woods. ·Gíisd uu ḳíidaay ḳáahlii aa agán sg̱áalgaadaang? Who is hiding

in the forest? ·K̲íidaay k̲áahlii aa dúunang eehl náanggee hal guláagang. He likes to play with his little brother in the woods.

k̲íidad vb. *to go away mad, leave in a huff (over X)*
SP: k̲íidiid | ang DP: k̲íidiid | an IP: k̲íidad | aan

·Gám k̲íidiid’ang. Don't go away mad. ·Dáalaay t’áa aa hal k̲íidiidang. He's going away mad over the money. ·Díisd hal k̲íidiidang. He's going away from me mad.

k̲íidga vb. *to pout, sulk, act stubborn*
SP: k̲íidgaa | ng DP: k̲íidg(a) | gan IP: k̲íidgaa | yaan

·Hal k̲íidggan dáan uu sáandlaan-gan. She pouted and pouted until dawn.

k̲íidgasdla vb. *to get stubborn, pouty, sulky*
·Hal k̲íidgasdlaang. He's getting stubborn.

k̲íid gílgaay nn. *bracket fungus*

k̲íid gun-gáa n-phr. *dead tree*

k̲íid hlg̲wáay nn. *spruce tree sapling*
·Adíideed k̲íid hlg̲wáay ináashlganggang. Saplings grow up in the woods.

k̲íid hlk̲’áay n-poss. *tree branch*
DEF: k̲íidaay hlk̲’áay.

·K’áadaay uu k̲íid hlk̲’áay táagang. The deer is eating the tree branches. ·K̲íidaay hlk̲’áay hal da hlk̲’anáan-gang. She is brushing it with tree branches.

k̲íid hlúu n-poss. *tree trunk*
·K̲íid hlúu iisd uu X̲aadas tluwáay tl’ tlaahláang. They're making the Haida canoe out of a log.

k̲íid k̲adláay n-cpd. *sea lion rookery*

k̲íid k̲’ats’áa nn. *Douglas fir wood*

k̲íid sk̲’a’ii n-poss. <t’áw> *spruce needle*

k̲íid tíidanaay n-cpd. *sea lion rookery*

k̲íiduu vb. *to make war (on X)*
SP: k̲íiduu | gang DP: k̲íiduu | gan IP: k̲íidaaw | aan

·Awáahl g̲agwii uu, x̲aat’áay gud eehl k̲íiduu sg̲wáananggaangaan. Long ago the people constantly used to make war with one another. ·Hal k̲íiduu k̲ii’ugan. They spotted something (unknown, unrecognized). ·Gud x̲ánhlaa hal k̲íiduu’ugan. They fought against each other.

k̲íihlaa

1. nn. <g̲a (small), k̲'ii (large)> *bowl*
   DEF: k̲íihlgaay.
2. nn. <g̲a> *dish, plate*
   DEF: k̲íihlgaay.

·K̲áyhlgaay hl tlat'uhl! Put the dishes away! ·K̲íihlgaay tlagiyáa g̲ujúugang. All the dishes are damaged. ·K̲íihlaa da'áawaay iig k̲íihlaa hal isdgán. He put the plates in the cupboard.

3. nn. <tl'a> *tray*
   DEF: k̲íihlgaay.

k̲íihlaa agán dláanwaay n-cpd. <ts'as> *dishwasher (machine)*

k̲íihlaa da'áawaay n-cpd. <ts'as, hlga, hlg̲a> *standing cupboard, china cabinet*
DEF: k̲íihlaa da'áawaay.

·K̲íihlaa da'áawaay iig k̲íihlaa hal isdgán. He put the plates in the cupboard. ·K̲íihlaa da'áawaay 'láangaa g̲uhlálgang. His cupboards are blue. ·Gám gin tl'aa k̲íihlaa da'áawaay aa k̲éenk'aa'anggang. There's nothing in the cupboard.

k̲íihlaa dláanwaay n-cpd. <g̲a> *kitchen sink*

k̲íihlaa gisáawaay n-cpd. <gi> *dishtowel, tea towel*
·K̲íihlaa gisáawaay eehl sk'atl'áangwaay hal gisúugan. He wiped the glass with a dish towel.

k̲íihlaa k̲ugíinaa n-phr. *paper plates*
·T'aláng 'wáahlahls dluu, k̲íihlaa k̲ugíinaa t'aláng gya'ándaasaang. When we potlatch, we will use paper plates.

k̲íihlaa k̲'ún n-poss. *the edge of a plate*

k̲íihlaa tluwáa n-phr. *platter*

k̲íisaal vb. *to fast, go without eating*
SP: k̲íisaal | gang DP: k̲íisaal | gan IP: k̲íisaal | aan
·Hal k̲íisaals dluu, hal 'lagálgan. When she fasted she got well.

k̲íisalaay n-nom. *fasting*

k̲íits'ad vb. *to watch over, take care of, babysit O*
SP: k̲íits'iid | ang DP: k̲íits'iid | an IP: k̲íits'ad | aan
·Nang ts'úujuus Hl k̲íits'iid hlangaang. I can watch the baby.

k̲íit'aal nn. *spruce sapling (up to one foot in diameter)*
DEF: k̲íit'alaay.

k̲íit'ala vb. *to be roomy, spacious, have a large capacity (of containers)*
SP: k̲íit'alaa | ng DP: k̲íit'al | gan IP: k̲íit'alaa | yaan
·K̲igwáay k̲íit'al g̲usdláang. The basket is very roomy.

k̲íiwaa vb. *to be related to X*
·'Laahl hal k̲íiwaagang. She is related to him. ·Dáa gw 'laahl k̲íiwaa'us? Are you related to him? ·Gud eehl t'aláng k̲íiwaagang. We're related to each other.

k̲íiya vb. *to find O*
SP: k̲íiyaa | ng DP: k̲íi | gan IP: k̲íiyaa | yaan
·Táan k̲aj skuj Hl k̲íigan. I found a black bear skull. ·Dáalaa hal k̲áyaayaan. She found money. ·'Wáadluu gám st'ii dáng k̲áy'angsaang. You will not get sick then.

k̲i k̲'ala vb. *to be sterile, barren, unable to bear children (of female)*
SP: k̲ihk̲'aláa | ng DP: k̲ihk̲'al | gán IP: k̲ihk̲'aláa | yaan
·Íitl' sk̲áan k̲i k̲'aláayaan. Our aunt was sterile.

k̲ina vb. *to be heavy*
SP: k̲ináa | ng DP: k̲in- | gán IP: k̲ináa | yaan
·Áajii k̲wa'áay k̲ináang. This rock is heavy. ·Tluwáay gwée'ee gin k̲ináa hal isdáang. He's loading something heavy onto the boat. ·K̲in jahlíigang. It's too heavy.

k̲ináng pp phrase. *for oneself*
·K̲ináng an gya'ándaaw 'láa tl' dahgáng. Be sure to buy yourself some nice clothes. ·Dáa k'udaan k̲ináng gin tla sángiits'aang. You're making things difficult for yourself. ·Hláas k̲inángan dajáng dahsáang. I too will buy myself a hat.

k̲inda vb. *to make O heavy*
·Gám hl g̲anáay áangaa tl' k̲ind'áng'waang. Don't make your buckets heavy.

k̲índa vb. *to show O1 to O2*
SP: k̲índaa | ng DP: k̲índ | gan IP: k̲índaa | yaan
·Híndaa. Díi hl k̲índaa. Let me see it. Show it to me. ·Díi i xajúugan dluu, k̲'ánggwdaang íitl' hal k̲índgan. When i was small, he showed us kindness. ·Hldáanaay 'wáadluwaan 'láa hal k̲índaayaan. She showed him all of the blueberries.

k̲inéehl vb. *to become heavy, gain weight*
SP: k̲inéel | gang DP: k̲inéel | gan IP: k̲inéel | aan

·Íitl' 'wáadluwaan k̲inéelgan. We all gained weight.

k̲íng vb. *to see, look at O*

SP: k̲íng | gang DP: k̲íng | gan IP: k̲éeng | aan

·Dámaan hl k̲áyhlgaay k̲íng! Take good care of the dishes! ·SG̲áal náay dasd hl dámaan án k̲íng. Keep away from the beehive. ·SG̲áan ts'ál tl'asdáng t'aláng k̲ínggan. We saw a double finned killer whale.

k̲in-gahl vb. *to become heavy*

SP: k̲in-gál | gang DP: k̲in-gál | gan IP: k̲in-gáal | aan

·Áajii k̲'awáay k̲in-gálgang. This lumber is getting heavy.

k̲íng k̲'uhlda vb. *to peek at O*

SP: k̲íng k̲'uhldáa | ng DP: k̲íng k̲'uhld | gán IP: k̲íng k̲'uhldáa | yaan

{pfas3170, ·Hlk'yáanshlganaaysd íitl' hal k̲íng k̲'uhldgán. He's peeking at us from the bushes.

k̲íng'waa vb. *to look outwards*

SP: k̲íng'waa | gang DP: k̲íng'waa | gan IP: k̲íng'waa | gaan

·X̲ánjaangwaaysd hl k̲íng'waa. Look out the window! ·Íitl' 'wáadluwaan x̲ánjaangwaaysd k̲íng'waagang. We are all looking out the window. ·Akyáag hl k̲íng'waa. Look outside.

k̲ínhla vb. *to look upward*

SP: k̲ínhlaa | ng DP: k̲ínhl | gan IP: k̲ínhlaa | yaan

·Asáag hal k̲ínhlaang. She's looking upwards. ·Díi gwíi hal k̲ínhlgan. She looked upward to me. ·Asíig hl k̲ínhlaa! Look up!

k̲ínst'a vb. *to search out, find and gather O (pl); to choose, select, pick out O*

SP: k̲ínst'aa | ng DP: k̲ínst'a | gan IP: k̲ínst'aa | yaan

·Sk̲'ín k̲áw hal k̲ínst'aang. He's searching for seagull eggs.

k̲íntl'aa vb. *to come and see O, to visit O*

SP: k̲íntl'aa | gang DP: k̲íntl'aa | gan IP: k̲íntl'aa | gaan

·Díi git'aláng díi k̲íntl'aagan. My children came to see me. ·T'aláng 'wáadluwaan dáng k̲íntl'aasaang. We'll all come to see you. ·Awáa dúujaay k̲íntl'aa'aayaan. Mother came to look at the cat.

k̲ínts'a vb. *to look in (X)*

SP: k̲ínts'aa | ng DP: k̲ínts' | gan IP: k̲ínts'aa | yaan

·Mark náay ii 'láa k̲ínts'gan. Mark looked into her house. ·Anáag hl k̲ínts'aa. Look inside the house. ·G̲udáay iig hl k̲ínts'aa. Look inside the box.

k̲ínt’eehl vb. *to look downward*
SP: k̲ínt’eel | gang DP: k̲ínt’eel | gan IP: k̲ínt’eel | aan
·Díi gwii hal k̲ínt’eelgan. She looked down at me. ·’Láa hal k̲ínt’eelaan. He looked down at him. ·X̲íidg hl k̲ínt’eehl. Look down.

k̲in’ad vb. *to be too heavy, to weigh too much*
SP: k̲in’íid | ang DP: k̲in’íid | an IP: k̲in’ad | áan
·K̲in’íidang. It's too heavy.

k̲u nn. *sea otter*
DEF: k̲wáay.
·K̲u k̲’ál k̲uyáagang. Sea otter skin is expensive.

k̲udguwáa vb. *to be pouty*
SP: k̲udguwáa | gang DP: k̲udguwáa | gan IP: k̲udguwáa | gaan
·Hal git’aláng ’wáadluwaan k̲udguwáa’ugan. All her children were pouty.

k̲ugíin
1. nn. <k̲’ii> *book, newspaper, magazine*
DEF: k̲ugíinaay.
·K̲ugíinaay hl g̲udáay iig júugaa! Stack the books in the box. ·Áatl’an Hl k̲’áwaas gyaan k̲ugíinaay Hl líidadaasaang. I'll sit here and read the book. ·K̲ugíinaay hl da tl’ak’adáang. Stack the books.
2. nn. <tl’a> *paper, letter, page, written document, license, map, chart*
DEF: k̲ugíinaay.

k̲ugíin gwáahl n-cpd. *paper bag*
DEF: k̲ugíin gwáalaay.
·K̲ugíin gwáahl uu gin k̲wáan an tl’ gya’ándaang. People use paper bags for many things.

k̲ugíin k’u chajáangwaay n-cpd. *home-rolled cigarette*

k̲ugíin k̲uyáas nn. *currency*

k̲ugíin k̲’áal
1. n-cpd. *(empty) envelope*
DEF: k̲ugíin k̲’áalgaay.
2. n-cpd. *(empty) paper bag*
DEF: k̲ugíin k̲’áalgaay.

ḵugíin náay

1. n-cpd. *bookstore*
   DEF: ḵugíin nagáay.
2. n-cpd. *library*
   DEF: ḵugíin nagáay.

ḵuhláaḵ’waa nn. *walrus*

ḵuhláaḵ’waa ts’áng n-cpd. *ivory*

ḵuhl k’áagaan n-cpd. *carved wooden dish with faces on each end*
DEF: ḵuhl k’áaganaay.

ḵu hlḵ’at’íis

1. n-nom. <hlḵ’a> *board fence*
   DEF: ḵu hlḵ’at’ajáay.
2. n-nom. <hlḵ’a> *handrail, bannister*
   DEF: ḵu hlḵ’at’ajáay.

ḵuhl tl’ajuwáay n-cpd. *hairline*

ḵuhlts’áng n-cpd. *dentalium shell*

ḵu kidáaw n-cpd. <g̱a> *sea otter stretching board*

Ḵu Kidáaw n-cpd. *Big Dipper, Ursa Major*

ḵúl

1. n-ip. *one's forehead, one's bangs*
   RFX: ḵuláng.

·Díi ḵúl hal tlasgíidan. She felt my forehead. ·Hal ḵúlgw snaláagang. He's got a scab on his forehead.

2. n-ip. *slope of a mountain; area above a door; the wooden plaque mounted on the front of a ceremonial headdress; the top edge of a housepit*

ḵuláng n-rp. *one's own forehead, one's own bangs*
NOTE: This is the reflexive form of ḵúl (1).

ḵúlgw pp. *on top of*

ḵúljuuda vb. *to be a big pile, heap*
SP: ḵúljuudaa|ng DP: ḵúljuud|gan IP: ḵúljuudaa|yaan

·Kugáay akyáa k̲últjuudgan. There was a big pile of wood outside. ·Áajii gínt'ajaay k̲úljalgan. These blankets have piled up big. ·K̲wáayaay k̲úljuudgan. The rope was in a big pile.

k̲últ'gwaang nn. *jumping beetle*
DEF: k̲últ'gungaay.

·K̲'ínads dluu k̲últ'gwaang k̲wáan-gang. There are a lot of jumping beetles in the summertime.

k̲ún adv. *hard, forcefully, (not) at all, (not) too much*
NOTE: Varies with k̲únaan.

·Gám k̲ún íitl' st'i'ánggang. We're not all that sick. ·Dáa san hl k̲ún kihljúu. You, too, sing your very best! ·K̲únaan tl' hlg̲ánggul'waang. You folks be sure to work hard.

k̲unaa n-ip-sg. *one's spouse's father (father-in-law), one's spouse's paternal uncle (uncle-in-law), one's spouse's mother's father (grandfather-in-law), one's daughter's husband (son-in-law), one's same-sex-sibling's daughter's husband (nephew-in-law), one's daughter's daughter's husband (grandson-in-law)*
DEF: hal k̲unaa.
PLU: k̲unaaláng. RFX: k̲unáang.

·Díi k̲unaa daguyáagang. My father-in-law (or) son-in-law is strong. ·Díi k̲unaa tlúu í'waan daagán. My son-in-law had a big boat. ·Díi k̲unaa áayaad istl'aagán. My son-in-law arrived today.

k̲unáa vb. *to be a spouse's father (father-in-law), spouse's paternal uncle (uncle-in-law), spouse's mother's father (grandfather-in-law), daughter's husband (son-in-law), same-sex-sibling's daughter's husband (nephew-in-law), daughter's daughter's husband (grandson-in-law) (to X)*
SP: k̲unáa | gang DP: k̲unáa | gan IP: k̲unáa | gaan

k̲unaada vb. *to have O as one's spouse's father (father-in-law), one's spouse's paternal uncle (uncle-in-law), one's spouse's mother's father (grandfather-in-law), one's daughter's husband (son-in-law), one's same-sex-sibling's daughter's husband (nephew-in-law), one's daughter's daughter's husband (grandson-in-law)*
SP: k̲unaadáa | ng DP: k̲unaad | gán IP: k̲unaadáa | yaan

k̲unaa da'a vb. *to have a spouse's father (father-in-law), a spouse's paternal uncle (uncle-in-law), a spouse's mother's father (grandfather-in-law), a daughter's husband (son-in-law), a same-sex-sibling's daughter's husband (nephew-in-law), a daughter's daughter's husband (grandson-in-law)*
SP: k̲unaa da'áa | ng DP: k̲unaa daa | gán IP: k̲unaa da'áa | yaan

k̲unáang n-rp. *one's own spouse's father (father-in-law), one's own spouse's paternal uncle (uncle-in-law), one's own spouse's mother's father (grandfather-in-law), one's own daughter's husband (son-in-law), one's own same-sex-sibling's daughter's husband (nephew-in-law), one's own daughter's daughter's husband (grandson-in-law)*
NOTE: This is the reflexive form of k̲unaa.

k̲úndlaan
1. vb. *for there to be moonlight*
SP: k̲úndlaan-|gang DP: k̲úndlaan-|gan IP: k̲úndlaan|aan
·K̲úndlaans dluu, x̲áawgaay 'láa jahlíigang. When there's moonlight, it's the best time to troll.
2. nn. *moonlight*
DEF: k̲úndlanaay.

k̲úng
1. nn. <k̲'ii> *month*
DEF: k̲ungáay.
2. nn. <k̲'ii> *moon*
DEF: k̲ungáay.
·K̲ungáay hal k̲'uhldáayaan. He stole the moon. ·K̲ungáay únggw tl' x̲aat'áa íijan. There were people on the moon. ·K̲ungáay únggwsii an k̲'aldangáagang. The surface of the moon is mysterious.

k̲únggal n-ip. *the area between one's chin and one's throat, the area under one's chin; the ventral part of a salmon below and slightly behind the gills*
RFX: k̲únggalang.
·Hal k̲únggal ki chiyáanggang. The area under is chin is hanging down like a bag.

k̲únggalang n-rp. *the area between one's own chin and one's own throat, the area under one's own chin*
NOTE: This is the reflexive form of k̲únggal.

k̲úng gu dlúu sg̲aawéehl n-phr. *half moon*

k̲úng k̲íiyatl'a'aa n-phr. *new moon*

k̲úng k̲ugíinaay n-cpd. *calendar*

k̲úng k̲'íisk'w n-phr. *full moon*

k̲u sg̲at'as vb. *to caulk O*
SP: k̲u sg̲at'íij|ang DP: k̲u sg̲at'íij|an IP: k̲u sg̲at'aj|áan

·X̲aadas tluwáay hal k̲u sg̲at'íijang. He's caulking the Haida canoe.

k̲u sg̲at'íisk'w n-nom. *caulking wedge*
DEF: k̲u sg̲at'íisk'waay.

k̲u tlúu n-cpd. *otter-hunting canoe*
DEF: k̲u tluwáay.
·K̲u tluwáay gwaa tl' hlg̲únalgang. There are three of them onboard the work canoe.

k̲úugaa vb. *to have a waterfall (as a river)*

k̲úugaay n-nom. *waterfall*
·K̲úugaay aa chíin k̲wáan-gang. There are a lot of fish at the waterfall. ·Wáajgwaa kúugaay íijang. There's a waterfall over there. ·In-gúusd k̲úugaay íijang. There's a waterfall across the bay.

k̲úunaang n-nom. *craziness*
DEF: k̲úunangaay.

k̲uunáanggaay n-nom. *place where otters roll around to dry off their fur*

k̲úunaansdla vb. *to become flavorless, bland due to a lack of salt*
SP: k̲úunaansdlaa | ng DP: k̲úunaanshl | gan
IP: k̲úunaansdlaa | yaan

k̲úunaaw vb. *to be flavorless, bland due to a lack of salt*
SP: k̲úunaaw | gang DP: k̲úunaaw | gan IP: k̲úunaaw | aan
·Áajii k'áadaay ki'íi k̲úunaawgang. This deer meat is tasteless.

k̲úunaay nn. *rose hip*

k̲úunang vb. *to be crazy, foolish*
SP: k̲úunang | gang DP: k̲úunang | gan IP: k̲úunang | gaan
·Hal git'aláng k̲úunang g̲ujúugang. All of her children are foolish. ·Hal k̲úunangs eehl uu tlug hal súugang. She says that because she's crazy. ·Dáa sg̲únaan uu k̲úunanggang. You alone are crazy.

k̲úunanggaang n-nom-ip. *one's (own) craziness*

k̲úunanggaay

1. n-nom-ip. *one's (own) craziness*
2. n-nom. *the crazy people*

k̲úunanggahl vb. *to become, go crazy*
SP: k̲úunanggal | gang DP: k̲úunanggal | gan
IP: k̲úunanggaal | aan
·Díi dúun k̲úunanggalgang. My younger sister is becoming crazy.

k̲úunanggalaa vb. *to be crazy*
SP: k̲úunanggalaa | gang DP: k̲úunanggalaa | gan
IP: k̲úunanggalaa | gaan
·Hal x̲ángii gáak', hal k̲úunanggalaas an díi únsiidan. By the look in her eyes, I knew she was crazy.

k̲uyáa vb. *to be precious, dear, expensive*
SP: k̲uyáa | gang DP: k̲uyáa | gan IP: k̲uyáa | gaan
·K̲u k̲'ál k̲uyáagang. Sea otter skin is expensive. ·Náay 'láa k̲uyáagan. His house was expensive. ·Hldíinaay k̲uyáagang. The cedar bark is expensive.

k̲uyáada vb. *to love O*
SP: k̲uyáadaa | ng DP: k̲uyáad | gan IP: k̲uyáadaa | yaan
·Hingáan hl gu k̲uyáad'uu. Just love one another. ·Áang, dáng díi k̲uyáadaang. Yes, I love you. ·Ahljíihl uu 'láa hal k̲uyáadaang. That's why she loves him.

k̲uyáadiyaay nn. *love*
·K̲uyáadiyaay, gin í'waan uu íijang. Love is a big, important thing.

k̲uyánhl nn. *snowy owl*

k̲waa

1. nn. *gallstone*
   DEF: k̲wa'áay.
2. nn. *rock, stone, pebble, boulder*
   DEF: k̲wa'áay.
   ·Áajii k̲wa'áay k̲ináang. This rock is heavy. ·K̲wa'áay 'wáasd hal sda k̲'íist'gan. He kicked the rock out. ·K̲wa'áay skáangaldaang. The rocks are round.
3. nn. *tombstone*
   DEF: k̲wa'áay.

k̲waa gyáa'angaa n-phr. <sk'a> *argilite pole*
DEF: k̲waa gyáa'angaas.

k̲waa jadahldáaw n-cpd. *rock chisel*
·K̲waa jadahldáaw hal da’áang. He has a rock chisel.

k̲waa jadahlgáaw n-cpd. *rock chisel*

k̲waa k̲íihlaa n-cpd. *argilite plate*
DEF: k̲waa k̲íihlgaay.

k̲waa k̲uyáas
1. n-phr. *marble (rock)*
·K̲waa k̲uyáas uu hlg̲iiwáas sáa íijang. There's marble atop the burial plot.
2. n-phr. *tombstone, headstone*

k̲wáan
1. quantifier. *many, lots of, a lot of*
·Chíin k̲wáan g̲áa íijang. There are a lot of fish in there. ·Dáalaa k̲wáan gwíi Hl k’ánggwdanggang. I'm hoping for lots of money. ·Gám gin k̲wáan Hl x̲asgud’ánggang. I don't miss much.
2. vb. *to be plentiful, abundant; for there to be a lot*
SP: k̲wáan- | gang DP: k̲wáan- | gan IP: k̲wáan | aan
·Táawaay díinaa k̲wáan-gang. I have a lot of food. ·Sdángaalaay ts’áanuwaay aa k̲wáan-gang. There's a lot of coals in the fire. ·Sg̲aa ’láa aa k̲wáan áyaagang. He has lot of intestinal worms.

k̲waanáa nn. *tufted puffin*
DEF: k̲waanáagaay.

k̲waanáa kún n-cpd. <ja> *puffin beak*

k̲waa náay n-cpd. *brick or stone house*
DEF: k̲waa nagáay.

k̲wáan-gaay n-nom. *amount*

k̲waa s’aláa n-phr. *argilite*

k̲waa tl’ahláa n-phr. <k̲’ii> *rock hammer*
DEF: k̲waa tl’ahláay.

k̲waa tl’ahláay n-cpd. *stone sledgehammer*

k̲waa t’áahlaa n-phr. <k̲’ii> *rock anchor*
DEF: k̲waa t’áahlaay.

·Ḵwaa t'áahlaay tluwáay t'áang iig hal kyúugan. He tied a stone anchor to the stern of the canoe.

ḵwaa x̱idgw ḵ'íiyaangw n-cpd. <ḵ'íi> *base of a tombstone*

ḵwáay nn. <t'a, sg̱a> *string, rope, cord, line (of rope)*
DEF: ḵwáayaay.

·Ḵwáayaay t'ap'iidan. The rope snapped. ·Ts'áanuwaay hal tla g̱awk'alée an uu ḵwáayaay gud gúud hal da skáanaan-gang. He's rubbing the rocks together in order to start the fire. ·'Láa aa ḵwáayaay k'wa'án'iidang. The rope is too short for him (e.g. to reach him).

ḵwáay gyuunáangwaay n-cpd. <skáa> *fishing reel*

ḵwáay kún n-cpd. <kún> *end of a piece of a rope or string*

ḵwáay ḵ'ats'áa n-phr. *cable*
·Ḵwáay ḵ'ats'áa hl díig isdáa. Give me some cable. ·Ḵwa'áay ḵ'ats'áa cháanaaysd hal dáng sg̱ast'gán. He pulled a cable out of the ground.

ḵwáay sg̱agíid n-nom. *heavy three-strand cord used in net-making*

ḵwáay yaats'áa n-phr. *steel cable, wire*
DEF: ḵwáay yaats'áas.

·Gám hl ḵwáay yaats'áas úngkw st'a skas'áng. Don't trip over the cable.

ḵwah gigáangw n-nom. *headscarf*
DEF: ḵwah gigáangwaay.

ḵwah gigáng n-nom. <gi> *kerchief*
DEF: ḵwah gigangáay.

ḵwahk'ahlda vb. *to nod one's head, bow (once)*
SP: ḵwahk'ahldáa|ng   DP: ḵwahk'ahld|gán
IP: ḵwahk'ahldáa|yaan

·Tl'áa gwíi hal ḵwahk'ahldgán. He nodded to them once; he gave them a nod.

ḵwahk'aláng vb. *to nod one's head, bow repeatedly*
SP: ḵwahk'aláng|gang   DP: ḵwahk'aláng|gan
IP: ḵwahk'aláang|aan

·Tl'áa gwíi Hl ḵwahk'alánggan. I nodded to them several times.

ḵwahsgadáa vb. *to be middle-aged; to be old, elderly*
SP: ḵwahsgadáa|gang   DP: ḵwahsgadáa|gan
IP: ḵwahsgadáa|gaan

·Díi chan k̲wahsgadáagan. My grandfather was really old. ·Díi náan k̲wahsgadáagang. My grandmother is really old.

k̲wah sk'agáangw nn. *headscarf*
DEF: k̲wah sk'agáangwaay.
·K̲wah sk'agáangw hal gya'ánd gíiganggang. She's always wearing a headscarf.

k̲wah sk'agahláay nn. *raised bed of earth for planting potatoes*

k̲wah tíigaa n-nom. *triangular kerchief (either knitted or crocheted)*

k̲wah tl'agáa n-nom. <gi> *scarf*
DEF: k̲wah tl'agáay.

k̲wah ts'áanaawaa
1. n-nom. *golden-crowned kinglet*
DEF: k̲wah ts'áanaawaagaay.
2. n-nom. *orange-crowned warbler*
DEF: k̲wah ts'áanaawaagaay.

k̲wíi nn. *sky*
DEF: k̲wiyáay.

k̲wiigáay n-nom. <tíi> *a mass of clouds blowing along*
·Áayaad k̲wiigáay sáa g̲agwii íijang. It's a high overcast today (the clouds are very high up).

k̲wiigw jáad n-cpd. *cumulus clouds appearing in pairs*

k̲wíiyaaw nn. <tíi, k̲'uhl, hlk̲'uhl> *stationary cumulous cloud*
DEF: k̲wíiyuwaay.

k̲yaa'a vb. *to compare O, size O up, look O over*
SP: k̲yaa'áa | ng DP: k̲yaa | gán IP: k̲yaa'áa | yaan
·Gya'áangwaay díi aw k̲yaagán. My mother compared the material.

k̲'a nn. <sk̲'a> *harpoon (for a seal, sea lion or salmon)*
DEF: k̲'a'áay.

k̲'áa vb. *to fall, topple over (sg)*
SP: k̲'áa | gang DP: k̲'áa | gan IP: k̲'áa | gaan
NOTE: This verb usually applies to trees, but can also be used with people.

·Adaahl jíiwalaay k̲'áagan. The windfall happened yesterday. The fallen tree fell over yesterday. ·Hal k̲'áagan. He fell over. ·K̲íidaay k̲'áagan. A tree fell.

k̲'aad nn. *dogfish, shark*
DEF: k̲'aadáay.

·K̲'áad náaysd uu díi íijang. I come from the Shark House. ·K̲'áadaay k̲wáan-gang. There are a lot of small sharks or dogfish. ·K'áadd uu hal k̲áajaaw gudáang. He wants to hunt for deer.

k̲'aad aw n-cpd. *shark (any species other than dogfish)*

k̲'áaduu nn. <cha> *container woven from wide strips of cedar bark, fish basket*
DEF: k̲'áaduwaay.

·Tl'áan uu k̲'áaduwaay íijang? Where is the basket? ·K̲'áaduwaay hal k̲áahliyaadaang. He's putting a lining in the basket.

k̲'áaduu yáangwaay n-poss. <t'a, sg̲a> *drawstring on a kh'áaduu basket*

k̲'áag nn. <skáa> *littleneck clam, butterclam*
DEF: k'áagaay.

·K̲'áag díi guláagang. I like butter clams.

k̲'áagw nn. *freshwater sockeye salmon*

k̲'áahlsgad vb. *to get used to X*
SP: k̲'áahlsgiid | ang DP: k̲'áahlsgiid | an IP: k̲'áahlsgad | aan

·Díi aa k̲'áahlsgadee aa hal jagíigan. She couldn't get used to me.

k̲'áahlts'aawd nn. *wisps of fog, steam, smoke, etc.*
DEF: k̲'áahlts'aawdgaay.

k̲'áahluu vb. *to get up from a rest*
SP: k̲'áahluu | gang DP: k̲'áahluu | gan IP: k̲'áahlaaw | aan

·Díi náan k̲'áahluugan, gatáagee an. My grandmother got up, in order to eat.
·Hal k̲'ad k̲áwd hal k̲'áahluugan. She slept awhile and then got up.
·Sántajaa kunáasd Hl k̲'áahluusaang. I'll get up before noon.

k̲'áaj x̲áw n-cpd. *extract of spruce pitch made by chewing and spitting out juice*

k̲'áa k̲'wáalwaay n-cpd. *line where the thigh meets the torso*

k̲'áal (1)

1. n-ip. *empty container*
   RFX: k̲'áalang.
2. n-ip. *memorial column, memorial pole*
3. n-ip. *tombstone*

k̲'áal (2) nn. *clay*
DEF: k̲'áalaay.

k̲'áalaa vb. *to be empty*
·Áajii ts'asláangwaay k̲'áalaagang. This pot is empty.

k̲'áalaangw n-nom. <sk̲'a> *pencil, pen, chalk, crayon, traditional paintbrush made of porcupine quills*
DEF: k̲'áalaangwaay.
·K̲'áalaangwaayg díi sdahláang. I want a pencil. ·K̲'áalaangwaay sg̲íidang. The pencil is red.

k̲'áalaangwaay k̲'áay n-poss. *pencil tip*

k̲'áalaangw k'usíi gisáawaay n-poss. *pencil eraser (on the end of the pencil)*

k̲'áalang (1) n-rp. *one's own empty container*
NOTE: This is the reflexive form of k̲'áal (1).

k̲'áalang (2) vb. *to write O*
SP: k̲'áalang | gang DP: k̲'áalang | gan IP: k̲'áalaang | aan
·Wáayaad X̲aadas kíl t'aláng k̲'áalanggang. Nowadays we write the Haida language. ·Asíisan, kíilang hl k̲'áalang'uu. Also, write (pl) your language. ·K̲ugíin Hl k̲'áalanggang. I'm writing a letter.

k̲'áalangaay n-nom. *writing, print, script*
·Áa uu tláan k̲'áalangaay g̲íidang. This is the end of this writing.

k̲'áalang níijangaa vb. *for X1 to be drawn (on X2)*
SP: k̲'áalang níijangaa | gang DP: k̲'áalang níijangaa | gan
IP: k̲'áalang níijangaa | gaan
·Yáalaayg áalaay iig k̲'áalang níijangaagang. The raven is drawn on the paddle. ·Ts'áak'g gáwjaawaay iig k̲'áalang níijangaagang. An eagle is drawn on the drum

k̲'áalang níijangaay n-phr. *a drawing, a traditional design*

k̲'áalts'uu xáalaa nn. *species of bat*
DEF: k̲'áalts'uu xáalaagaay, ~k̲'áalts'uu xáalaay.

k̲'áang (1) nn. *hemlock (wood or tree)*
DEF: k̲'áangaay.
·K̲'áangaay jándaang. The hemlock trees are tall.

k̲'áang (2) nn. *Dall porpoise*
DEF: k̲'áangaay.

k̲'áangahlt'ajaay n-nom. *behavior towards others*

k̲'áangal n-ip. *one's power of reason, mind; one's physical being*
RFX: k̲'áangalang.
·Áayaad díi k̲'áangal g̲waagánggang. Today my body is aching. ·Gám hal k̲'áangal 'láa'ang tl' súugang. They say his physical being is not well, that he's not doing well physically.

k̲'áangalang n-rp. *one's own power of reason, mind; one's own physical being*
NOTE: This is the reflexive form of k̲'áangal.

k̲'áang k̲áahlii n-cpd. *species of salamander*
DEF: k̲'áang k̲áahliigaay.

k̲'áang stlíinaay n-poss. *spruce needle*
·K̲'áangaay stlíinaay k'i hlk'ujúugang. The spruce needles are in a bunch.

k̲'áang tlúu n-cpd. *ship's boat; any medium-sized wooden boat*

k̲'áangwal n-nom. *one's behavior towards others*

k̲'áanuu
1. nn. <xa> *maggot, worm*
DEF: k̲'áanuwaay.
·K̲'áanuwaay chíinaay iig íijang. The worms have gotten into the fish.
2. n-ip/ap. <skáa> *(one's) pimple*

k̲'áas nn. *pitch, tar, wax, (chewing) gum, pitchwood, sap*
DEF: k̲'áajaay.
·K̲'áajaay k̲íidaaysd íijang. The sap is flowing from the tree.

k̲'áasal n-cpd. <g̲a> *abandoned town*

k̲'áas g̲udáaw n-cpd. *lamp, light, torch, electricty*
DEF: k̲'áas g̲udáawaay.
·K̲'áas g̲udáawaay Hl g̲udáasaang. I'll light the lamp. ·K̲'áas g̲udáawaay hl g̲udáa. Ligt the lamp. ·K̲'áas g̲udáawaay k̲a k̲'íit'asgwaanggang. The light is shining around.

k̲'áas g̲udáaw dáng sk'agangáa n-phr. *lantern*

k̲'áas g̲udáaw táw n-cpd. *kerosene, coal oil*
DEF: k̲'áas g̲udáaw tawáay, ~k̲'áas g̲udáaw táwgaay.
·K̲'áas g̲udáaw táw yíiluugang. The lamp oil is all gone.

k̲'áas g̲ugahldiyáa n-phr. *pitch used as chewing gum, collected by setting fire to the tree*

k̲'áas k̲últs'aadaang n-phr. *pink pitch from woodpecker holes, used as chewing gum*
DEF: k̲'áas k̲últs'aadaanggaay.

k̲'áas k̲'ats'áa n-phr. *lead (metal)*
DEF: k̲'áas k̲'ats'áay.
·K̲'áas k̲'ats'áay uu k̲ináang. The lead is heavy.

k̲'áas sdláagwaal n-cpd. <t'áw> *metal spoon*
DEF: k̲'áas sdláagulaay.

k̲'áas x̲asáa n-phr. *pitch gathered from the sides of trees, pitch torch*

k̲'áats' nn. <tl'a> *dulse, ribbon seaweed*
DEF: k̲'áats'aay.

k̲'áa ts'aláangaa n-cpd. <skáa> *swampberry; cloudberry*
DEF: k̲'áa ts'aláangaay.

k̲'áat'uuga vb. *to crackle, blast*
SP: k̲'áat'uugaa|ng DP: k̲'áat'uug(a)|gan IP: k̲'áat'uugaa|yaan
·Áajii jagwáay k̲'áat'uug áwyaagan. Thsi gun really blasted loudly.

k̲'áaw vb. *to sit down (sg)*
SP: k̲'áaw|gang DP: k̲'áaw|gan IP: k̲'áaw|aan
·Ts'áanuwaay k̲'uhl uu Hl k̲'áawgan. I sat by the fireside.

k̲'aawhl nn. <sk̲'a> *dagger*
DEF: k̲'aawláay.

k̲'aawhl dáagal n-poss. <sg̲a> *dagger's cord (used to hang it around one's neck)*

k̲'áawunaa vb. *to be naive, disinterested, oblivious*

SP: k̲'áawunaa|gang DP: k̲'áawunaa|gan IP: k̲'áawunaa|gaan

·Hal k̲'áawunaagang. He is naive. ·Tlii dáng k̲'áawunaas aa! How naive you are! ·Sán g̲ids dlúu hal k̲'áawunaaganggang. Sometimes she is in a peaceful mood.

K̲'áax̂ T'áay nn. *Waterfall cannery*

k̲'áax̂uu nn. *male red-breasted merganser*

k̲'áay

1. n-ip. *one's crotch*

   RFX: k̲'aayáng.

   ·K'úunaay k̲'áay 'láa ts'áaliigaagang. The crotch of his pants is raggedy and needs mending.

2. n-ip. *the beam of a boat*
3. n-ip. *the middle of the front row of houses in a traditional village*
4. n-ip. *the width of a stretch of water*

k̲'aayáng n-rp. *one's own crotch*

NOTE: This is the reflexive form of k̲'áay.

k̲'ad adv. *down from the woods, down on the beach; out to sea, offshore*

·K̲'ad g̲agwii án hal gyaa'áawaan. They fled way out into the sea. ·K̲'ad g̲agwii uu hal k̲áajuu ín-gan. He went hunting way out to sea.

k̲'ada vb. *to sleep, be asleep*

SP: k̲'adáa|ng DP: k̲'ad|gán IP: k̲'adáa|yaan

·Díi náan st'igán t'áahl, Hl k̲'adgán. While my grandmother was sick, I slept. ·G̲áalgwaa Hl k̲'ad áwyaagan. I slept hard last night. Nang ts'úujuus k̲'adáang. The little one (baby) is sleeping.

k̲'adáa hlk'idgáay n-cpd. *nightgown*

k̲'adáan nn. *ghost*

k̲'adáa náay n-cpd. *hotel, bunkhouse*

DEF: k̲'adáa nagáay.

·K̲'adáa náay aa san t'aláng isáang. We'll stay at a hotel, too. ·K̲'adáa náay gu k̲wáan-gang. There are a lot of hotels there.

k̲'adáng pp phrase. *with oneself*

k̲'adéed nn. *around down on the beach, around down by the water*
·K̲'adéed hal git'aláng isdáalganggang. His kids take walks on the beach. ·K̲'adéed hal aw k̲áa'unggwaanggang. His mother is walking around down on the beach.

k̲'adg pp phrase. *away from the woods, toward downtown, down to the beach, out towards the sea*
·K̲'adg hl k̲as'áa. Walk down to the beach. ·K̲'adg uu hal k̲áaydang. He's headed downtown.

k̲'adgúusd pp phrase. *from down on the beach to up toward the woods, from out at sea toward land*

k̲'adgúusdgaay náay n-phr. *the sitting room, the living room*

k̲'adgw pp. *out to sea from the beach*

k̲'adgwáa pp phrase. *in a westerly direction*
·K̲'adgwáa k̲'ajúugang. The wind is blowing from the west. ·K̲'adgwáa hal x̲ánjuusaang. He will travel west.

k̲'adgwáa gwáayaay n-cpd. *the mainland*

k̲'adgwéed pp phrase. *around nearby towards the sea*
·K̲'adgwéed hl tlúu k̲áa'ung. Row around close by in the water!

k̲'adgwíi pp phrase. *from the woods, toward the beach, out to sea*
·K̲'adgwíi hal g̲éedang. He's running down towards the water. ·K̲'adgwíi hal x̲ánjuugan. She travelled west.

k̲'adíi vb. *to go to sleep (sg)*
SP: k̲'adíi | gang DP: k̲'adíi | gan IP: k̲'adáay | aan
·K̲'adíi hlaa! Go to sleep! ·Yingáang Hl k̲'adíisaang. I'll just go to sleep. ·Dúujaay k̲'adíigaan. The cat went to sleep.

k̲'adsd pp phrase. *from downtown, from down on the beach, from out at sea*
·K̲'adsd uu Hl k̲áaydang. I'm leaving from downtown.

k̲'adsíi n-dem. *area down on the beach, area out to sea*
·K̲'adsíi gwíi náay tíi'waandgaangaan. The houses always faced seawards.

k̲'ad tlagáay n-cpd. *the mainland*

k̲'adx̲áan nn. *a berdache*

k̲'agáangad vb. *to oversleep, sleep in*

K̲'agdáa G̲áad n-cpd. *Grindal Island*

k̲'agdáahl nn. <g̲a> *flat, open, berry-winnowing basket or plaque*

k̲'ahdga vb. *to clap, applaud O (one's hands)*
SP: k̲'ahdgáa | ng DP: k̲'ahdg(a) | gán IP: k̲'ahdgáa | yaan
·Stláang hl k̲'ahdgáa! Clap your hands! ·Tl' 'wáadluwaan stláang k̲'ahdggán. They all clapped their hands.

k̲'ahlgáaw nn. *loon*

k̲'ahl g̲unáan pp phrase. *nude, naked*
·Nang g̲aa xajúus k̲'ahl g̲unáan nánggang. The little baby is playing naked.

k̲'ahl hlk'idgáay n-cpd. *deerskin dress*

k̲'ahl hlk'únk'aay

1. n-cpd-ip. *flexible cover, wrapping, packaging*
2. n-cpd-ip. *one's amniotic sac*
3. n-cpd-ip. *one's diaphragm*
4. n-cpd-ip. *one's peritoneum (thin membraneous sac around the internal organs)*

k̲'ahljúu n-nom. *one's state of health*

k̲'ahljuwáa vb. *for X to be unsightly, look pitiful*
SP: k̲'ahljuwáa | gang DP: k̲'ahljuwáa | gan IP: k̲'ahljuwáa | gaan
·Hal láamgaas dluu, 'láag k̲'ahljawáaganggang. When she's drunk, she's unsightly.

k̲'ahl k'uudáats'aay n-cpd. *men's deerskin shirt*

k̲'ahlts'ángga vb. *to be reluctant to get cold (as going out in bad weather, or washing one's face in cold water)*
SP: k̲'ahlts'ánggaa | ng DP: k̲'ahlts'ángg(a) | gan
IP: k̲'ahlts'ánggaa | yaan
·Áayaad k̲áagalaay aa díi k̲'ahlts'ángggan. I was reluctant to go out in the bad weather today.

k̲'ahl'úl n-ip. *one's hip region*
RFX: k̲'ahl'uláng.
·Díi k̲'ahl'úl áayaad g̲waagánggang. My hip joint is aching today.

k̲'ahl'uláng n-rp. *one's own hip region*
NOTE: This is the reflexive form of k̲'ahl'úl.

k̲'ahl'úl 'wáa aa kúnt'as n-phr. *hip joint*

k̲'ahngáa interj. *poor thing!*
·K̲'ahngáa! Poor thing!

k̲'ajahl vb. *to start to blow in from some direction [wind, weather]*
SP: k̲'aját | gang DP: k̲'aját | gan IP: k̲'ajáal | aan

k̲'ajúu vb. *to blow in from some direction [wind, weather]*

k̲'a k̲'áy nn. *hide armor shirt*
DEF: k̲'a k̲'ayáay.

k̲'ál

1. n-ip. *an animal's pelt*
2. n-ip. *one's skin*
   RFX: k̲'aláng.

·K̲u k̲'ál k̲uyáagang. Sea otter skin is expensive. ·Sgánsgwaan eehl k'áadaay k̲'ál hal tlaawhláayaan. He made the deer skin with rotten wood. ·K̲íidaay k̲'ál t'aláng xiláadaasaang. We will dry the sea lion skin.

3. n-ip. *the outer bark or skin of a plant or fruit*
4. n-ip. *the outer surface of a hard object (e.g. rock, boat, shoe, etc.)*
5. n-ip. *the surface of the waves*

k̲'ala

1. vb. *to be suspicious of, not know O*
   SP: k̲'aláa | ng DP: k̲'al | gán IP: k̲'aláa | yaan
2. vb2. *to not know how to V*

·Dáng st'i k̲'aláang. You don't know how to be sick. ·Hal ts'ánhluu k̲'aláang. He doesn't know how to shoot. ·Hal dáa k'ajáaw k̲'aláang. Her brother doesn't now how to sing.

k̲'álaa nn. *muskeg, bog, swamp*
DEF: k̲'álgaay.

·K̲'álgaay aa hl k̲áa. Walk to the swamp. ·Íitl' t'áahl k̲'algáay duu'únggan. The swamp was easy to get to behind our house.

ḵ'álaad quantifier. *other, another, something different, something else, someone else*
·Tl' ḵ'álaad san íitl' gingáan gúusaawaan. Others spoke like us too. ·Asgáaysd gin ḵ'álaad tl'áag tl' isdáasaang. Afterwards, other things will be given out to the people. ·Gám hl ḵ'álaad kunáad'ang. Don't blame others.

ḵ'alaagáa vb. *to be ambitious, very capable, strong, willing to act*
SP: ḵ'alaagáa | gang DP: ḵ'alaagáa | gan IP: ḵ'alaagáa | gaan
·Tlíi dáng ḵ'alaagáas aa! You are so ambitious!

ḵ'álaa g̱áanaay n-cpd. *unidentified species of berry*

ḵ'álaa hlḵ'ámalaay n-cpd. *juniper tree*

ḵ'álaa hltánuwaay n-cpd. *plumed heads of cottongrass*

ḵ'álaa k'ínanaay n-cpd. *sphagnum moss*

ḵ'aláangad n-nom. *frost*
DEF: ḵ'aláangadaay.
·Ḵ'aláangad uu akyáa Hl ḵínggan. I saw some frost outside.

ḵ'aláangadaa vb. *for there to have been a frost*

ḵ'álaa sgadang n-cpd. *snipe*

ḵ'álaa ts'aláa n-cpd. *juniper*

ḵ'aláax̂an

1. nn. <hlg̱a> *fence*
DEF: ḵ'aláax̂an.gaay.
·Náay g̱adúu ḵ'aláax̂an íijang. There's a fence around the house. ·Ḵ'aláax̂anaay t'aláng k'udlán-gan k'ánhlahl. We painted the fence green.
2. nn. <stl'a> *fence board, picket*
DEF: ḵ'aláax̂an.gaay.

ḵ'aláng n-rp. *one's own skin*
NOTE: This is the reflexive form of ḵ'ál.

ḵ'aldangáa vb. *for X to be amazing, surprising, a wonderment*
SP: ḵ'aldangáa | gang DP: ḵ'aldangáa | gan IP: ḵ'aldangáa | gaan
·G̱án ḵ'aldangáagang! It's amazing! ·Gin an ḵ'aldangáa uu íijan. It was a mysterious thing. ·Yáangk'yaan uu g̱án k'aldangáagang! It's truly amazing.

k̲’ál sgunáa n-phr. *orange*

k̲’álud

1. nn. *mold*
   DEF: k̲’áludaay.
2. vb. *to mold, be moldy*
   SP: k̲’álwiid | ang DP: k̲’álwiid | an IP: k̲’álud | aan

·Táaw dáng k’áydaas k̲’áluudsaang. The food you are saving will mold.

k̲’áludaa vb. *to have gotten moldy*

k̲’ámaal k̲íihlaa n-cpd. *ceramic dish*
DEF: k’ámaal k̲íihlgaay.

k̲’amahl nn. <tl’a, sk’a> *razor clam*
DEF: k̲’amaláay.

k̲’án

1. nn. <sg̲a> *grass, sedge*
   DEF: k̲’anáay.

·K̲’anáay únggw Lou dladahldáasaang. Lou will fall on the grass. ·K̲’anáay xiláang. The grass is dry. ·Yáalaay k̲’anáay ínggw k̲’áwaang. The raven is sitting on the grass.

2. nn. <sk’a, sk̲’a> *rush, reed*
   DEF: k̲’anáay.

k̲’án chaj n-cpd. <sk’a> *grass stem*
DEF: k̲’án chajgáay.

k̲’ándaal vb. *to fall, topple over (pl)*
SP: k̲’ándaal | gang DP: k̲’ándaal | gan IP: k̲’ándaal | aan

·Áajii k̲íidaay k̲’ándaalgan. These trees fell over.

k̲’ánd chagud vb. *to belch loudly*
SP: k̲’ánd chagwíid | ang DP: k̲’ánd chagwíid | an IP: k̲’ánd chagud | áan

·Hal k̲’ánd chagwíidang. He's belching really loud.

k̲’áng vb. *to bring luck to, help, assist X1 (with X2)*
SP: k̲’áng | gang DP: k̲’áng | gan IP: k̲’áang | aan

·Gíijgwaa ’láag ga k̲’ánggang! Hopefully he has good luck! ·Tl’áag ga k̲’áng hín uu tl’ kyaadáayaan. They called it a blessing.

k'angasgidáaygaa vb. *to be poor, destitute*
·Díi núud, hal yáalang k'angasgidáaygaagiinii. In my time, his parents used to be poor.

k'ánggwdaang n-nom. *kindness*
DEF: k'ánggwdangaay.
·Díi i xajúugan dluu, k'ánggwdaang íitl' hal kíndgan. When i was small, he showed us kindness.

k'ánggwdanga vb. *to be kind*
SP: k'ángkwdangaa | ng DP: k'ángkwdang | gan
IP: k'ángkwdangaa | yaan
·Hal aw k'ánggwdangaang. His mother is kind. ·Díi juunáan uu k'ánggwdanggan. My mother-in-law was kind. ·Nang gungáas k'ánggwdanggang. The father is kind.

k'ángk'ii n-ip. <skáa, xa> *seed or pit of a fruit*
·Áajii k'ayáay k'ángk'ii Hl tlats'áasaang. I will plant this apple seed.

k'ángk'ii chuwáa sk'adaláas n-phr. *prune*

k'án k'it'íit'uwaay n-cpd. <sga, sda> *scythe, sickle*

k'án sk'ángandaa n-phr. *saltgrass*

k'án tl'ángandaa n-phr. *American dunegrass*

k'ánts'ad n-ip. *the side of one's head, one's temple*
RFX: k'ánts'adang.
·Díi k'ánts'ad dánhlaang. The side of my face is swollen.

k'ánts'adang n-rp. *the side of one's own head, one's own temple*
NOTE: This is the reflexive form of k'ánts'ad.

k'ánt'iid n-nom. *blowdown of trees, tangled windfall*
DEF: k'ánt'iidaay.

k'as nn. *false azalea*
DEF: k'ajáay.

k'asáal xiláay n-cpd. *medicine for sores*

k'asál
1. n-cpd-ip/ap. *(one's) sore*
DEF: k'asaláay.

2. n-cpd-ip/ap. *(one's) wound*
DEF: k̲’asaláay.

k̲’asaláa vb. *to be sore, infected*
SP: k̲’asaláa | gang DP: k̲’asaláa | gan IP: k̲’asaláa | yaan
·Hal stláay k̲’asaláa áwyaagang. Her hand is very sore.

k̲’asánd pp. *out of pity for*

k̲’asánd gudáang xiláay n-cpd. *medicine to make someone who hates you change their mind*

k̲’asdla vb. *to go to sleep (pl)*
·Asgáaysd hal k̲’asdláa’waasaang. Afterwards they'll go to sleep. ·G̲áalgeehls dluu, t’aláng k̲’asdláa’ang k̲asa’áang. We're going to go to bed when it's dark. ·Díi aw stla kingáangs gyaan, asgáaysd t’aláng k̲’ashlgíinii. My mother played the piano and afterwards we would go to bed.

k̲’ask’ud nn. *bufflehead duck, harlequin duck*

k̲’ask’ud chíinaay n-cpd. *the last run of dog salmon (in October or November)*

k̲’a táayaa n-nom-ip. *one's fiancée, sweetheart, lover, boyfriend, girlfriend*
PLU: k̲’a táaylang. RFX: k̲’a táayang.
·Hal k̲’a táayaa k̲ehjgad ’láagang. Her sweetheart is good looking.

k̲’a táayang n-nom-rp. *one's own fiancée, sweetheart, lover, boyfriend, girlfriend*
NOTE: This is the reflexive form of k̲’a táayaa.

k̲’a táayda vb. *to have O as one's fiancée, sweetheart, lover, boyfriend, girlfriend*
SP: k̲’a táaydaa | ng DP: k̲’a táayd | gan IP: k̲’a táaydaa | yaan

k̲’ats’ (1) n-ip. <sk’a> *salmon milt*

k̲’ats’ (2) nn. *black rockfish, rock cod*
DEF: k̲’ats’áay.
·K̲’ats’, chíin ’láa uu íijang. Rock cod is a good fish.

k̲’ats’a vb. *to be hard*
·K̲álgaay k̲’ats’áang. The ice is hard. ·K’áy sk’yáawaagaay k̲’ats’ áwyaagang. The pear is real hard, tough.

k̲’ats’áa nn. *black bass*
·K̲’ats’áa k’ujgad ’láagang. Black bass tastes good.

k̲’ats’gad vb. *to take aim at O*
SP: k̲’ajgíid | ang DP: k̲’ajgíid | an IP: k̲’ajgad | áan
·Náay áa hal k̲’ajgíidan. He aimed at his house.

k̲’ats’gahl vb. *to harden, get hard*
SP: k̲’ats’gál | gang DP: k̲’ats’gá | gan IP: k̲’ats’gáal | aan
·Wáajii satawáay k̲’ats’gálgang. That ooligan oil is getting hard.

k̲’at’áan nn. <k̲’a> *tidal flat, sand flat*
DEF: k̲’at’anáay.
·K̲’at’anáay díi x̲ánggw íijang. The sand flats are in front of me.

k̲’at’úuga vb. *to explode, make an exploding noise*
SP: k̲’at’úugaa | ng DP: k̲’at’úug(a) | gan IP: k̲’at’úugaa | yaan
·Jagwáay ’wáadluwaan k̲’at’úuggan. All of the guns were going off.

k̲’aw nn. <stl’a (narrow), k̲’a (wide), g̲a (wide and long)> *plank, board, lumber*
DEF: k̲’awáay.
·K̲’awáay jánggang. The lumber is long. ·K̲waa tl’abdaláa k̲’awáay gúud hal da tl’anáan-gang. He's rubbing flat rocks on the boards. ·K̲wa’áay k̲’awáay únggw hal da xanáan-gan. She rubbed the rock on the board.

k̲’áwa vb. *to be sitting*
SP: k̲’áwaa | ng DP: k̲’áw | gan IP: k̲’áwaa | yaan
·Náay x̲ánggw hl k̲’áwaa! Sit in front of the house! ·Yáanhlaan hl k̲’áwaa. Sit up straight. ·Tajuwáaysd anáa hal k̲’áwaang. He's sitting inside out of the wind.

k̲’áwaadaan n-cpd. <hlga> *couch, easy chair, bench*
DEF: k̲’áwaadanaay.

k̲’awáangw nn. *putty*
DEF: k̲’awáangwaay.

k̲’awad vb. *to be left over, be an excess amount*
SP: k̲’awíid | ang DP: k̲’awíid | an IP: k̲’awad | áan
NOTE: Varies with k̲’áwad.
·Táawaay k̲wáan k̲’áwiidang. There's a lot of food left over. ·Táawaay k̲’awads hl k̲áwk’ahl’uu. Take home the food that's left over, you folks. ·Dáalaay k̲’awads hal kíl gúusuwaa’ugan. They disputed over the money that was left.

k̲'áwkwaan nn. *ranked seating position at a doings*
DEF: k̲'áwkunaay.

k̲'aw k̲'ún n-poss. *the edge of a board*

k̲'aw ts'úuwii n-poss. *centerline of a board or plank*

k̲'a x̱ugangáay n-nom. *snoring*

k̲'a x̱úugaang vb. *to snore*
SP: k̲'a x̱úugaang | gang DP: k̲'a x̱úugaang | gan IP: k̲'a x̱úugaang | aan

·K̲'a x̱úugaang hlaa! Snore! ·G̲áalgwaa dáng k̲'a x̱úugaanggan. You snored last night. ·Dáng k̲'adáas dluu, dáng k̲'a x̱úugaangganggang. When you sleep, you snore.

k̲'áy n-ip. *cape (clothing)*
DEF: k̲'ayáay.

k̲'ayáa vb. *to be old (said of people and animals only)*
SP: k̲'ayáa | gang DP: k̲'ayáa | gan IP: k̲'ayáa | gaan

·Díi juunáan k̲'ayáagang. My mother-in-law is old. ·Yáangky'aan uu ga k̲'ayáas an tl' yahgwdánggan. Certainly they respected the elders. ·Nang k̲'ayáas íitl'g k̲'íigaang gíigiinii. The elder always used to tell us stories.

k̲'ayéehl vb. *to grow old, get old, age*
·Tlíisdluwaan, 'láas k̲'ayéehl'waasaang. Someday they will grow old too. ·Hal hlgáwjuugan dáan uu hal k̲'ayéelgang. She was greedy into old age. ·Díi san k̲'ayéelgang. I'm getting old too.

k̲'a'áaw nn. *fallen tree*
DEF: k̲'aawáay.

k̲'id vb. *to cut O; to dress O (an animal); to carve, whittle O*
SP: k̲'iid | ang DP: k̲'iid | an IP: k̲'id | áan

·'Wáagyaan gyáa'aang san Hl k̲'idsáang. I'll also carve totem poles. ·K̲'id hlaa! Carve it! ·Gyáa'angaay k̲'uhláalwaay eehl hal k̲'idáan. He carved the totem pole with a curved knife.

k̲'idáa k'ujáaw n-nom. *harlequin duck*
DEF: k̲'idáa k'ujuwáay.

k̲'idgáay n-nom. *a carving*

k̲'id g̲it'íis k̲'íinaay n-cpd. *a bountiful summer, said to occur every four years*

k̲'id 'la'áay n-cpd-sg. *carver*
PLU: k̲'id 'la'áaylang.

k̲'id 'la'áaygaa vb. *to be a carver*
SP: k̲'id 'la'áaygaa|gang DP: k̲'id 'la'áaygaa|gan IP: k̲'id 'la'áaygaa|gaan

k̲'ii nn. *old age*

k̲'iida vb. *to get in O's way, bother O*
SP: k̲'iidáa|ng DP: k̲'iid|gán IP: k̲'iidáa|yaan
·Hl hlg̲ánggulgan dluu, díi hal k̲'iidgán. When I was working she was in my way. ·Wáanang, díi dáng k̲'iidáang! Move, you're in my way!

k̲'íida vb. *to save, store O up*
SP: k̲'íidaa|ng DP: k̲'íid|gan IP: k̲'íidaa|yaan
·Táawaay Hl k̲'íidaang. I'm saving the food for later. ·Táaw dáng k'áydaas k̲'áluudsaang. The food you are saving will mold. ·Dáalaay hl k̲'áydaa. Save the money.

k̲'íidgiyaa n-nom. *west-southwest wind*

k̲'íigaa vb. *to be old (inan)*
SP: k̲'íigaa|gang DP: k̲'íigaa|gan IP: k̲'íigaa|gaan
·K̲'úl k'ujuwáay k̲'íigaagang. The stump is old. ·X̲aad kíl k̲'aygáagang. The Haida language is old. ·St'a hlk'únk' k̲'íigaas dáng hal istl'aa'ugán. :

k̲'íigaang

1. nn. <sg̲a> *myth, story*
   DEF: k̲'íigangaay.
2. vb. *to tell stories, myths (about X)*
   SP: k̲'íigaang|gang DP: k̲'íigaang|gan IP: k̲'íigaang|aan
   ·Adaahl iitl'g hal k̲'iigaanggan. She told us stories yesterday. ·Awáahl Yáahl g̲idéed tl' k̲'áygaanggiinii. Long ago people used to tell stories about the Raven. ·Nang k̲'ayáas íitl'g k̲'íigaang gíigiinii. The elder always used to tell us stories.

k̲'iigáay n-nom. *the old people, the elders*

k̲'íigdalaa vb. *to be stingy with, possessive of, not want to part with X*
·'Láa aa hal k̲'íigdalaang. He doesn't want to part with her. ·Dáalaay aa áangaa hal k̲'íigadalgan. She didn't want to part with her money.

k̲'iihlandaay n-nom-sg. *bow or stern scarfed on a canoe*
PLU: k̲'iihlán-giyaay.

k̲'iihlán-giyaay n-nom-pl. *bows or sterns scarfed on canoes*

k̲'iihlgáangw n-nom. *the call of one's crest creature*
DEF: k̲'iihlgáangwaay.

k̲'íijguwaa vb. *to be in jail (sg)*
SP: k̲'íijguwaa | gang DP: k̲'íijguwaa | gan IP: k̲'íijguwaa | gaan
·Dáng g̲ung k̲'íijguwaagang. Your father is in jail. ·Nang íihlangaas k̲'íijguwaa k̲'áwaang. The man is sitting in jail. ·Tla'áa dáng k̲'íijguwaasaang. You will be in jail for a long time.

k̲'íijuu nn. *hump, solid projection*
DEF: k̲'íijuwaay.

k̲'íijuuyaay n-nom. *the hill, the pile*

k̲'íijuwa vb. *to be in a large pile, heap*
·Áajii táajaay k̲'íijuwaang. This sand is in a pile, heap.

k̲'íik' n-nom. *eggs of an unidentified species of fish, laid in crevices of rocks in the intertidal zone*
DEF: k̲'íik'aay.

k̲'íik'w nn. *semen*
DEF: k̲'íik'waay.

k̲'íinaan vb. *to iron O*
SP: k̲'íinaan- | gang DP: k̲'íinaan- | gan IP: k̲'íinaan | aan
·Hlk'idgáay Hl k̲'íinaan-gang. I'm ironing the dress.

k̲'íinaanw n-nom. <k̲'íi> *(clothes) iron*
DEF: k̲'íinaanwaay.

k̲'íisgad

1. v-rfx. *to faint*
2. vb. *to forget X*

SP: k̲'íisgiid | ang DP: k̲'íisgiid | an IP: k̲'íisgad | aan
·Jaláayg hl gám k̲'áysgad'ang! Don't forget the bait! ·Gin g̲idéed t'aláng gúusuugan-g díi k̲'íisgad áwyaagan. I totally forgot what we were talking about. ·Da hl k̲'íisgad! Forget about it!

k̲'íisgiid sg̲áanuwaay n-cpd. *a very forgetful person*

K̲'íis Gwáayaay n-cpd. *Langara Island*

k̲'íisk'aal

1. nn. *bluebottle fly eggs*
DEF: k̲'íisk'alaay.

2. nn. *maggot*
DEF: k̲'íisk'alaay.

·Chíinaay iig k̲'íisk'aalaang. There's maggot eggs in the fish.

k̲'íisk'w quantifier. *whole, entire (of large, chunky 3D object)*
NOTE: Varies with k̲'áysk'w.

·Gínt'ajaay sg̲wáansang k̲'áysk'w dluu áalaagang. The blanket costs about $1. ·Sablii k'anáa uu dáalaa k̲'áysk'w íijaangaan. Flour used to be $1.

k̲'íiswaansang quantifier. *one chunky 3D object*
·Tlúu k̲'íiswaansang g̲awáay aa gáayanggang. One boat is anchored in the bay.

K̲'íis X̲aat'áay n-cpd. *Alaskan Haida people, Kaigani Haida people*

k̲'íits'aangw nn. <k'u, hlgi> *inside housepost of traditional house*
DEF: k̲'íits'aangwaay.

k̲'íits'ad vb. *to put O (pl) in jail*
SP: k̲'íits'iid | ang DP: k̲'íits'iid | an IP: k̲'íits'ad | aan

·Dáng tl' k̲'áyts'adsaang. They'll put you in jail. ·Tluwáay ts'ée'ii tl' k̲'íits'iidan. They jailed the boat's crew.

k̲'íits'adaa vb. *to be in jail, to have been put in jail (pl)*
SP: k̲'íits'adaa | gang DP: k̲'íits'adaa | gan IP: k̲'íits'adaa | gaan

·Hal k̲'íits'adaa'waang. They are in jail.

k̲'íits'ad náay n-cpd. *jail, jailhouse*
·K̲'íits'ad náay aa hal íijang. He's in jail. ·K̲'íits'ad náay aa 'láa tl' isdgán. They took him to the jailhouse.

k̲'íits'ad 'la'áaygaa vb. *to be a jailkeeper, policeman*
SP: k̲'íits'ad 'la'áaygaa | gang DP: k̲'íits'ad 'la'áaygaa | gan
IP: k̲'íits'ad 'la'áaygaa | gaan

·Hal x̲áad k̲'íits'ad 'la'áaygaagan. Her father was a policeman.

k̲'íits'iid náay n-cpd. *jail, jailhouse*
DEF: k̲'íits'iid nagáay.

k̲'íits'iid 'la'áay n-cpd-sg. *policeman, jailkeeper*
PLU: k̲'íits'iid 'la'áaylang.

k̲'iit'aas n-nom. <cha, k'u> *small berry basket (or other container)*
DEF: k̲'iit'ajaay.
·G̲áan eehl uu k̲'iit'aas st'aagáagang. The berry basket is full of berries.
·K̲'áyt'aas dii náan tlaahlgíinii. My grandmother used to make berry baskets.

k̲'iit'as vb. *to be ignorant of, unfamiliar with, not know X*
SP: k̲'iit'iij | ang DP: k̲'iit'iij | an IP: k̲'iit'aj | aan
·Gúusawaaygw hal k̲'iit'ajaan. She did not know the language.

k̲'iit'gwaang nn. <skáa> *western black currant*
DEF: k̲'iit'gungaay.

k̲'iit'uu nn. <g̲a> *lancet*
DEF: k̲'iit'uwaay.

k̲'íiwaa vb. *to be detained, tied down (by X), be busy (with X)*
SP: k̲'íiwaa | gang DP: k̲'íiwaa | gan IP: k̲'íiwaa | gaan
·Awáng eehl hal k̲'íiwaagan. She was detained by her mother.

k̲'íiwaatl'aagaay n-nom-ip. *mouth of an inlet, slough*

k̲'íiyaangw nn. <k̲'ii> *base of a tombstone*
DEF: k̲'íiyaangwaay.

k̲'íiyaaw n-nom. <stl'a, xa> *wood chip*
DEF: k̲'íiyawaay.

k̲'ín (1) nn. *summer (from early April to late September)*

k̲'ín (2) nn. *hemlock knot from a rotten log*

k̲'ínaaw n-nom. *scraps from slicing something*
DEF: k̲'ínawaay.

k̲'ínad

1. n-nom. *beginning of summer*
   DEF: k̲'inadáay.
2. vb. *to become summer*
   SP: k̲'íniid | ang DP: k̲'íniid | an IP: k̲'ínad | aan

·K̲'ínads dluu Hl x̲áwganggang. In the summertime, I fish. ·K̲'ínads dluu chíin k̲wáan-gang. There's a lot of fish in the summertime. ·K̲'ínads dluu k̲últ'gwaang k̲wáan-gang. There are a lot of jumping beetles in the summertime.

k̲'inanáng vb. *to cut X up into pieces*

k̲'índa vb. *to braid O*

SP: k̲'índaa | ng DP: k̲'índ | gan IP: k̲'índaa | yaan

·K̲ajáng hl k̲'índaa! Braid your hair! ·Áangaa Hl k̲'índaasaang. I'll braid my hair. ·Hal k̲aj hl k̲'índaang. I'm braiding her hair.

k̲'índ t'ahláalw n-nom. *stap made from braided cedar bark, used for holding a climbing stick to a tree*

k̲'ín-gahlgaay n-dem. *the ones from last summer*

k̲'ín sg̲alangáay n-cpd. *summer song*

k̲'íntl'eehl

1. n-nom. *spring (season)*

DEF: k̲'íntl'eelaay.

·Gu k̲'íntl'eehl sg̲ask'w t'aláng isáang. We will be there all spring.

2. vb. *to become spring*

SP: k̲'íntl'eel | gang DP: k̲'íntl'eel | gan IP: k̲'íntl'eel | aan

·K̲'íntl'eehls dluu táaw k̲wáan-gang. There's a lot of food in the springtime. ·K̲'íntl'eehls dluu, sg̲íw t'aláng táanaasaang. When it's spring we will get some seaweed. ·Tlagánhlaa aa uu k̲'íntl'eehls dluu t'aláng íijiinii. We used to go out to camp in the springtime.

k̲'ín t'áawal n-cpd. *a fishhook made from a spruce knot*

K̲'ín Xyáahl n-cpd. *a certain dance performed during the 'Wáahlaal potlatch*

k̲'ín x̲it'adáay n-cpd. *migrating birds*

k̲'itl'a vb. *to cut O off, slice off a piece of O (sg) (from X)*

SP: k̲'itl'áa | ng DP: k̲'itl' | gán IP: k̲'itl'áa | yaan

·Húujii hl 'wáasd k̲'itl'áa. Cut that (part/piece/thing) off. ·Sablíigaay 'wáasd hal k̲'itl'gán. He cut a slice off the bread.

k̲'it'ad

1. vb. *to cut (into) X*

SP: k̲'it'íid | ang DP: k̲'it'íid | an IP: k̲'it'ad | áan

·K̲wáayaay iig Hl k̲'it'íidan. I cut the rope.

2. vb. *to cut O in two*

SP: k̲'it'íid | ang DP: k̲'it'íid | an IP: k̲'it'ad | áan

·Gud g̲aatdhal k̲'it'íidan. He split it in half (e.g. food).

k̲'it'iid nn. *breastplate, cuirass (armor)*
DEF: k̲'it'adáay.

k̲'it'uhl 'la'áaw n-nom. <g̲a> *any kind of sharp knife*
DEF: k̲'it'uhl 'la'áawaay.

k̲'íw nn. *the entrance to an enclosed space, mouth (of a river, bay)*

k̲'iyáagaang n-nom. <sg̲a> *clan history story*
DEF: k̲'iyáagangaay.

k̲'íyaaw nn. *stone anchor fastened to the stern of a canoe*

k̲'íyiid vb. *remember O*
SP: k̲'íyiid | ang DP: k̲'íyiid | an IP: k̲'íyiid | aan

·Awáahl gin g̲íidiinii iig hal k̲'íyiid gíigiinii. He always remembered the things that happened long ago.

k̲'ud vb. *to be hungry*
SP: k̲'wíid | ang DP: k̲'wíid | an IP: k̲'ud | áan

·Díi k̲'ud sg̲wáananggang. I'm always hungry. ·Sán tl'aa dáng k̲'udaa? Why were you hungry? ·Gúus g̲aganáan uu dáng k̲'ud'ujaa? Why were you hungry?

k̲'udáal n-nom. *starvation, famine*
DEF: k̲'udaláay.

k̲'udahl vb. *to starve, go hungry, desperately need food*
·Gám íitl' k̲'udahl'ángsaang. We will not go hungry. ·Íitl' k̲'udáalang sa'áang. We're going to get really hungry.

k̲'udaláa vb. *to be starving, have nothing to eat, for there to be a famine*
SP: k̲'udaláa | gang DP: k̲'udaláa | gan IP: k̲'udaláa | gaan

·Tl' k̲'udaláas gám 'láa'anggang. It's not good to go hungry. ·Díi k̲'udaláagang. I have nothing to eat. ·Ahljíihl uu gám íitl' k̲'udaláa'anggiinii. That's why we never ran out of things to eat.

k̲'ud k'ut'ahl vb. *to starve to death*
SP: k̲'ud k'ut'ál | gang DP: k̲'ud k'ut'ál | gan IP: k̲'ud k'ut'áal | aan

·Díi k̲'ud k'ut'ahl dáalgang. I'm almost starved to death. ·Táanaay k̲'ud k'ut'áalaan. The black bear starved to death. ·Hal k̲'ud k'ut'álgan. He starved to death.

k̲'u g̲agáa n-nom. *gorget (throat armor)*
DEF: k̲'u g̲agáay.

k̲'u g̲asgíit'uu n-nom. <hlga> *clamp for lumber (c-clamp, pipe clamp, etc.)*
DEF: k̲'u g̲asgíit'uwaay.

k̲'uhl pp. *with, near, by*
·Díi k̲'uhl hl náa! Live with me! ·G̲áal sg̲ásk'w 'láa k̲'uhl hal is'ugán. They stayed with her all night. ·Dáa hl áatl'an dúujaay gíit'ii k̲'uhl is. You stay here by the kittens.

k̲'uhláalw n-nom. <sgab> *curved knife used for carving*
DEF: k̲'uhláalwaay.
·Gyáa'angaay k̲'uhláalwaay eehl hal k̲'idáan. He carved the totem pole with a curved knife.

k̲'uhláang n-rp. <cha> *one's own scrotum*
NOTE: This is the reflexive form of k̲'uhlíi.

k̲'uhláaw n-nom. *a place sheltered from the wind*

k̲'uhl chiyáang
1. n-phr. *figure in the string game*
2. n-phr. *spider*
DEF: k̲'uhl chiyangáay.
·K̲'uhl chiyangáay 'láa k̲'usgadáan. The spider bit him.

k̲'uhl chiyáang aadáay
1. n-cpd. *figure in the string game*
2. n-cpd. *spider web*

k̲'uhlda
1. vb. *to steal O (from X)*
SP: k̲'uhldáa|ng DP: k̲'uhld|gán IP: k̲'uhldáa|yaan
·Táaw hal k̲'uhldgáangaan. He used to steal food. ·Yáahl uu k̲ungáay k̲'uhldáayaan. Raven stole the moon. ·Xayáay san hal k̲'uhldáayaan. He also stole the sunlight.
2. vb2. *to V in secret, stealthily, sneakily*
SP: k̲'uhldáa|ng DP: k̲'uhld|gán IP: k̲'uhldáa|yaan
·Hal isd k̲'uhldáang. He's doing it in secret.

k̲'uhldáa sg̲áanuwaay n-cpd. *a thief*

k̲'uhldáa 'la'áay n-cpd-sg. *thief*
PLU: k̲'uhldáa 'la'áaylang.

k̲'uhldáa 'la'áaygaa vb. *to be a thief*
SP: k̲'uhldáa 'la'áaygaa | gang DP: k̲'uhldáa 'la'áaygaa | gan
IP: k̲'uhldáa 'la'áaygaa | gaan

k̲'uhld x̲úuts' n-cpd. *a thief*

k̲'u hlgats'áangw nn. *outside corner housepost of traditional house*
DEF: k̲'u hlgats'áangwaay.

k̲'uhlgwáa adv. *in a sheltered place*

k̲'uhlgwáasgyaan n-nom. *trail, portage across to the other side of something*

k̲'uhlgwáay nn. <sg̲a> *trail going across a point, spit or island*

k̲'uhlíi
1. n-ip. *anal fin and bone in salmon*
2. n-ip. *gills of an octopus*
3. n-ip. <cha> *one's scrotum*

RFX: k̲'uhláang.

k̲'uhlts'áng nn. *halibut spine with the meat on*
DEF: k̲'uhlts'angáay.

k̲'uj nn. *thick outer bark*
DEF: k̲'ujáay.
·K̲íidaay k̲'uj k̲'áajaagang. The tree bark is pitchy.

k̲'ujáaw n-nom. <hlga> *(steel) trap*
DEF: k̲'ujáawaay.

k̲'ujgíit'uu nn. <hlga> *clothespin, clamp*
DEF: k̲'ujgíit'uwaay.

k̲'u kam nn. <sk̲'a> *yarrow stem*
DEF: k̲'u kamáay.

k̲'u kángaaw n-nom-ip. *crumbs of something*
DEF: k̲'u kángwaay.

k̲'u kwaayáang vb. *to dribble O (liquid) from one's mouth*
SP: k̲'u kwaayáang | gang DP: k̲'u kwaayáang | gan IP: k̲'u kwaayáang | aan
·G̲áanaay x̲áw díi gwíi hal k̲'ugwaayáanggan. She dropped the fruit juice on me.

k̲'uk̲'as nn. *whiteout*
·Áayaad 'wáa aa k̲'uk̲'as g̲íidang. There's a whiteout today.

k̲'u k̲'íigaangw
1. n-nom. *gun flint*
DEF: k̲'u k̲'íigaangwaay.
2. n-nom. *shell primer*
DEF: k̲'u k̲'íigaangwaay.

k̲'ul n-ip. *one's boss, leader*
PLU: k̲'úl'lang. RFX: k̲'uláng.

k̲'úl nn. *roots*
DEF: k̲'uláay.
·K̲'úl k'ujuwáay k̲'íigaagang. The stump is old.

k̲'uláa vb. *to be the boss, the leader, in charge (of X)*
SP: k̲'uláa | gang DP: k̲'uláa | gan IP: k̲'uláa | gaan
·Nang jáadaas k̲'uláagang. The woman is the boss.

k̲'uláada vb. *to blame O on X, accuse X of O*
SP: k̲'uláadaa | ng DP: k̲'uláat | gan IP: k̲'uláadaa | yaan
·Díi an hal k̲'uláadaang. She is blaming me.

k̲'uláang k'ujuwáa n-phr. <k̲'ii> *stump (sg.)*

k̲'uláang k'wa'áaw n-phr. *stumps*

k̲'uláng (1) n-rp. *one's own boss, leader*
NOTE: This is the reflexive form of k̲'úl.

k̲'uláng (2)
1. n-rp. *one's own lap*
NOTE: This is the reflexive form of k̲'ulúu (2).
2. n-rp. <sk̲'a> *one's own leg*
NOTE: This is the reflexive form of k̲'ulúu (1).

k̲'ulangáay nn. *wall*
·Náay k̲'ulangáaygw hl k̲'áwaa! Sit on the side of the house!

k̲'uláng k̲aanáng n-rp. *the back surface of one's own leg*
NOTE: This is the reflexive form of k̲'ulúu k̲a'án.

k̲'uláng k̲ajáng n-rp. *one's own knee*
NOTE: This is the reflexive form of k̲'ulúu k̲aj.

k̲'uláng k̲'íits'iit'uwaay n-cpd. <sga, sda> *garter*

k̲'úlganda vb. *to keep O secret (from X)*
SP: k̲'úlgandaa | ng DP: k̲'úlgand | gan IP: k̲'úlgandaa | yaan
·Díig tl'aa tl' k̲'úlgandgaangaan. But they used to keep it secret from me.

k̲'úl k'ujúu n-phr. *stump*
DEF: k̲'úl k'ujuwáay.
·Wáatl'an k̲'úl k'ujuwáay k̲wáan-gang. There's a lot of stumps over there.

k̲'ulúu
1. n-ip. <hlgi, k'u> *foundation post of a house*
2. n-ip. <sk̲'a> *leg of a piece of furniture*
3. n-ip. *one's lap*
RFX: k̲'uláng.
4. n-ip. <sk̲'a> *one's leg*
RFX: k̲'uláng.
·Díi k̲'ulúu g̲wáanggan. My leg broke ~ I broke my leg. ·K̲'uláng hl sáag isdáa! Raise your leg! ·Hal k̲'ulúu 'láa k'ut'aláagang. His leg is paralyzed.

k̲'ulúu k'wa'áawangaay n-nom. *foundation posts*

k̲'ulúu k̲aj n-ip. *one's knee*
RFX: k̲'uláng k̲ajáng.
·Tláan díi k̲'ulúu k̲aj st'igáng. My knees don't hurt anymore.

k̲'ulúu k̲aj g̲áal n-cpd-ip. *kneecap*

k̲'ulúu k̲aj k'u'úldangaay n-poss-ip. <k'u, k̲'ii> *one's knee joint*

k̲'ulúu k̲aj k̲a'án n-ip. *the back of one's knee*

k̲'ulúu k̲a'án n-ip. *the back surface of one's leg*
RFX: k̲'uláng k̲aanáng.

k̲'ún n-ip. *edge, rim, brim of something*
·Hlk'idgáay k̲'ún dáng k'úntl'iyaagang. The hem of the dress has ruffles.

k̲'ún dáaw n-cpd. *the bottom edge of a mat that is being woven*

k̲'úngaaw n-nom. *crumbs from eating something*
DEF: k̲'úngawaay.

k̲'únhl nn. <skáa> *rose hip*
DEF: k̲'únhlaay.

k̲'únhlahl vb. *to be rosy, pink*
SP: k̲'únhlal | gang DP: k̲'únhlal | gan IP: k̲'únhlaal | aan
·Hal k'ud k̲'únhlahl áwyaagang. Her lips are very pink.

k̲'únhl hlk̲'a'áay n-cpd. *rosebushes*

k̲'únhl x̲iláay n-cpd. *rose blossom*

k̲'ún k'áys n-cpd. *variety of large crabapple which grows near Rose Spit*

k̲'usáang
1. vb. *to cough repeatedly*
SP: k̲'usáang | gang DP: k̲'usáang | gan IP: k̲'usáang | aan
·K̲'usáang hlaa! Cough (over and over)! ·Sán tl'aa dáng k̲'usáanggang? Why are you coughing? ·Gám hl díi gwíi k̲'usáang'ang. Don't cough towards me.
2. n-nom. *tuberculosis*
DEF: k̲'usangáay.
NOTE: Varies with k̲'usang.
·Awáahl g̲agwíi k̲'usáang Hl daagán, íik'waan díi 'lagálgan. A long time ago I had TB, but I got well. ·K̲'usáang uu díi aw daagán. My mother had TB. ·Gám 'láa aa tl' is'ánggang, k̲'usáang hal da'áas eehl. Don't go by her, because she has TB.

k̲'usang xáahlt'i'iid n-nom. *whooping cough*

k̲'usgad vb. *to bite O*
SP: k̲'usgíid | ang DP: k̲'usgíid | an IP: k̲'usgad | áan
·Gúus g̲áagw x̲áay 'láa k̲'usgadsgagán. The dog almost bit her. ·X̲áay 'láa k̲'usgíidan. The dog bit him. ·K̲'uhl chiyangáay 'láa k̲'usgadáan. The spider bit him.

k̲'u sk'aawnáangw n-nom. <sk'a> *shell, shell casing (for a firearm)*
DEF: k̲'u sk'aawnáangwaay.

k̲'u sk'at'as vb. *to stutter*

k̲'ust'áan nn. *crab*
DEF: k̲'ust'anáay.

·K̲'ust'áan uu isdée díi guláagang. I like to get crabs. ·K̲'ust'áan san t'aláng isdgánggang. We also get crab. ·K̲'ust'anáay uu 'láa jahlíigang. The crab is the best (food).

k̲'ust'áan k̲'áal n-poss. *a crab shell*

k̲'ust'áan nag̲áay n-cpd. *crab butter*

k̲'ust'áan sg̲ids n-phr. *red crab*

k̲'ust'áan sk̲amáay n-cpd. *crab pot*

k̲'ust'áan ts'íi n-cpd. *crab butter*

k̲'u tl'at'íisk'w n-nom. *clamp*

k̲'ut'áang vb. *to bum; to beg, wish (for X1 (esp. food)) (from X2)*
SP: k̲'ut'áang|gang DP: k̲'ut'áang|gan IP: k̲'ut'áang|aan

·Táawaayg 'láangaa t'aláng k̲'ut'áang sg̲wáananggan. We kept wishing for their food. ·Táawg hal k̲'ut'áanggang. He's bumming for food. ·Hal k̲'ut'áanggwaanggang. He's bumming around for food.

k̲'úud n-ip. *one's corpse*
RFX: k̲'úudang.

·Húutl'an hal k̲'úud dluudgán. His body was lying over there.

k̲'úudang n-rp. *one's own corpse*
NOTE: This is the reflexive form of k̲'úud.

k̲'úudangaa vb. *to be paralyzed, half-dead*
SP: k̲'úudangaa|gang DP: k̲'úudangaa|gan
IP: k̲'úudangaa|gaan

·Hal k̲'úudangaas dluu, 'láa tl' k̲agándgan. He was saved when he was half-dead. ·Hal in'wáay k̲'úudangaagang. He's half paralyzed. ·Díi xyáay k̲'úudangaagang. My arm is paralyzed.

k̲'wáal n-ip. *one's moiety*
RFX: k̲'wáalang.

k̲'wáalang n-rp. *one's own moiety*
NOTE: This is the reflexive form of k̲'wáal.

k̲'wáanda vb. *to fire at O with explosives, to make O explode, to bomb O*
SP: k̲'wáandaa | ng DP: k̲'wáand | gan IP: k̲'wáandaa | yaan
·Tluwáay tl' k̲'wáandaayaan. They fired at the boat. ·Íitl' tl' k̲'wáandaa'ang k̲asa'áang. They are going to bomb us.

k̲'wáandaaw n-nom. <sk'a> *cannon*
DEF: k̲'wáandaawaay.

k̲'wáandabs n-nom. *a certain game of marbles*

k̲'wáang vb. *to explode*
SP: k̲'wáang | gang DP: k̲'wáang | gan IP: k̲'wáang | aan
·Gin Hl tla k̲'at'úugaas 'láa gwíi k̲'wáanggan. The explosives I set off exploded towards him.

k̲'wáang k̲ált'gwaang n-nom. *unidentified species of beetle*

k̲'wa'áas nn. *old red coho salmon that has entered fresh water (spawned out or not)*
DEF: k̲'waajáay.
·K̲'wa'áas tléehl hal gijgíihldaayaan. He caught 5 old cohos.

k̲'wa'áay n-ip. *remains of an object*

k̲'wa'án nn. *northern fur seal*
DEF: k̲'waanáay.
·K̲wa'án k̲'ál san k̲uyáagang. Fur seal skin is expensive too.

k̲'wíi nn. *soil, earth, ground, dirt*
DEF: k̲'wiyáay.
·Áatl'án k̲'wiyáay 'láagang. The soil is good here.

k̲'wíid n-nom. *hunger*

k̲'wíi dánsdlaawaay n-cpd. *hoe*

k̲'wíi sgidáangw n-cpd. <hlga> *a pick, mattock*

k̲'wíi sg̲a'áay n-cpd. *earthworm*

k̲'wíi ts'aaláay n-cpd. *cinquefoil root*

k̲'wiyáa vb. *to be dirty, to have dirt or soil on it*

• L •

láad nn. *lard*
DEF: láadgaay.

láam nn. *hard liquor*
DEF: láamaay.
·Awáahl núud gám láam tl' níihl'anggiinii. A long time ago they didn't used to drink liquor. ·Láam uu gám nang x̱aat'áa an 'láa'anggang. Liquor is not good for a person. ·'Wáa k'yáahlg uu láam hal nílgang. Everytime he's drinking liquor.

láaman nn. <skáa> *lemon*
DEF: láaman-gaay.

láamgaa vb. *to be intoxicated, drunk*
SP: láamgaa | gang DP: láamgaa | gan IP: láamgaa | gaan
·Hal láamgaas dluu, 'láag ḵ'ahljawáaganggang. When she's drunk, she's unsightly. ·K'yuwáay únggw hal láamgaa ḵáagan. He was walking on the street drunk. ·'Wáa k'yáahlg hal láamgaagang. He's drunk everytime.

láamgeehl vb. *to become intoxicated, get drunk*
SP: láamgeel | gang DP: láamgeel | gan IP: láamgeel | aan
·Díi dáa láamgeelgan. My brother got intoxicated.

láam náay n-cpd. *saloon, bar*
DEF: láam nagáay.

láam sk'atl'áangwaay n-cpd. *water glass*

láam 'la'áay n-cpd-sg. *drunkard*
PLU: láam 'la'áaylang.

láam 'la'áaygaa vb. *to be a drunkard*
SP: láam 'la'áaygaa | gang DP: láam 'la'áaygaa | gan IP: láam 'la'áaygaa | gaan

láawiid ginàa n-cpd. *the clothes of someone who has died, which have been taken over by somoene from the opposite moiety*

láayaa nn. *lawyer*

lableed nn. *minister, priest, preacher, pastor*
DEF: lableedgáay.
·Tl'áa suud lableed x̱aat'áay istl'aagáangaan dluu, tláan X̱aadas gin-gáay isdáayaan. When the missionaries came among the people, they did away with Haida ceremonies. ·Lableedgáay íitl' suud íijang. The ministers are among us.

lableedgáa vb. *to be a minister, priest, preacher, pastor*
SP: lableedgáa | gang DP: lableedgáa | gan IP: lableedgáa | gaan
·Nang lableedgáas áatl'an íijang. The minister is here. ·Nang lableedgáas uu 'láa g̱ándlaadgan. The minister baptized her. ·Awáahl g̱agwíi díi i xajúugan dluu, X̱aad kihl uu nang lableedgáas gyaahlándgiinii. A long time ago when I was small, the preacher used to tell stories in Haida.

lagúus nn. <gi> *mat*
DEF: lagujáay.
·Lagúus Hl tlaahláasaang. I'll make a cedar mat. ·Lagúus háns giid íisd tlaawhlgáagang. Cedar mats are made out of cedar bark too. ·Wúuk'uus, lagúus uu tl' gya'ándgaangaan. They used woven cedar mats (to sleep on).

lagúus g̱ánsgw n-cpd. *mat steaming cover*

laháal nn. *hand game*
DEF: lahaláay.

lamdúu nn. *(domestic) sheep*
DEF: lamduwáay.
·Gám lamdúu áatl'an ḵéengk'aa'anggang. There are no sheep around here.

léelwaad nn. <hlga> *railroad train*
DEF: léelwaadgaay.

léelwaad k'yuwáay n-cpd. *railroad track*

líidada vb. *to read O*

líis nn. <tíi, gáng> *mountain goat wool or yarn*
DEF: líisgaay.

límantiisan nn. *rheumatism*
DEF: límantiisan-gaay.

lúu nn. <tíi> *surf, breaker on shore, wave, swell*
DEF: luwáay.

luuda vb. *for waves to break on shore*
SP: luudáa | ng DP: luud | gán IP: luudáa | yaan

·Áayaad luudgán. The waves were breaking on the shore today. ·Áatl'an lúud áwyaagang. There are big swells crashing on the beach here.

lúum nn. *room of a house*
DEF: lúumgaay.

Lúusan X̱aat'áay n-cpd. *Russian people*

• M •

máag̲an nn. *a particular set of three sticks used in the stick game*

máahl nn. *seed (not from inside a fleshy fruit)*
Def: máahlaay.
·Máahlaay t'aláng tlats'áa ts'an. Let's plant the seeds.

máalii kígs n-cpd. <k̲'ii> *wedding cake*
Def: máalii kígsgaay.

maalúud nn. *salmon fry, trout fry, minnow*

máamaats'ak'ii nn. *a particular dragonfly design used in spruceroot weaving*

máasdas nn. *mustard*
Def: máasdasgaay.

máasdas táawaay n-cpd. <sk'a> *mustard jar*

mad nn. *mountain sheep, mountain goat*
Def: madáay, ~madgáay.
·Madgyáa tlat'awáay ínggw íijang. There's mountain goats on the mountain.

madaláaw nn. <tl'a> *thimbleberry plant, thimbleberry leaf*
Def: madaláawaay.

mánad nn. *minute*
Def: mánadgaay.

mánggii nn. *monkey*
Def: mánggiigaay.

mas nn. *vermillion*
Def: majáay.

masíin nn. *machine*
Def: masíin-gaay.

masmúus nn. *cow, steer, bull*
DEF: masmúusgaay.

·Masmúus ki'íi x̲áwlaang. Beef tastes good. ·Masmúus 'láa an k̲wáan-gang. She has a lot of cows. ·Masmúus ki'íi Yáats' X̲aat'áay táagang. White people eat beef.

masmúus gíit'ii n-cpd/phr. *calf*
DEF: masmúus gíit'iigaay, ~masmúus gíit'ii.

masmúus ki'íi n-cpd. *beef*
DEF: masmúus ki'íigaay.

masmúus k̲'aláax̂an-gaay n-cpd. *cow corral*

masmúus náay n-cpd. *barn*
DEF: masmúus nagáay.

masmúus nasáangaa n-cpd. *cow horn*
DEF: masmúus nasáangaagaay.

masmúus tl'ánuwaay n-poss. *cow's milk*

mats'angáay

1. n-ip/ap. *the grain of something (e.g. a piece of wood)*
2. n-ip/ap. *the texture of something (e.g. bread)*
3. n-ip/ap. *the weave of something (e.g. a basket)*

múulaa nn. *sawmill*
DEF: múulgaay, ~múulaagaay.

·Chaaw salíi aa múulaagaay íijan. There was a sawmill down on the beach.

múuluu nn. *donkey*

• N •

na nn. <tíi> *house, dwelling, building, hut, cabin, shack, shelter, establishment*

DEF: náay.

·Nagyáa hal daa'wáang. They own homes. ·Náay Hl sk̲u tíidaalgan. I pushed the house. ·Náay gwíi tl' tlúu k̲áaydaangaan. They would canoe towards the house.

náa (1) vb. *to dwell, reside, live somewhere*

SP: náa | gang DP: náa | gan IP: náa | gaan

·Díi k̲'uhl hl náa! Live with me! ·Dáa gw gu náa'us? Are you living there? ·Díi sáa hal náagang. She lives above me.

náa (2)

1. n-ip. *one's den, burrow*

DEF: náagaay.
RFX: náang.

2. n-ip. <tíi> *one's house, dwelling, building, hut, shack, cabin, shelter, establishment*

RFX: náa'ang.

náad n-ip-sg. *one's sister's child, one's sister's daughter's child*

PLU: náat'alang. RFX: náadang.
NOTE: This term is only used in reference to a male's relatives. It can refer to (1) his sister's child (his nephew or niece), or (2) his sister's daughter's child (his grandnephew or grandniece).

·Tlíisdluwaan hal náad 'láa salíi isdáasaang. Someday his nephew will take his place. ·Díi x̲áad náad uu díi kyaadgán. My father's nephew named me. ·Nang Íitl'aagdáas náad uu 'láa salíi isdáang. The chief's nephew has taken his place.

náadada Verb. *to have O as one's sister's child, sister's daughter's child*

SP: náadadaa | ng DP: náadad | gan IP: náadadaa | yaan
NOTE: This term is only used in reference to a male's relatives. It can refer to (1) his sister's child (his nephew or niece), or (2) his sister's daughter's child (his grandnephew or grandniece).

náadang n-rp. *one's own sister's child, one's own sister's daughter's child*

náad da'a vb. *to have a sister's child, sister's daughter's child*
SP: náad da'áa | ng DP: náad daa | gán IP: náad da'áa | yaan
NOTE: This term is only used in reference to a male's relatives. It can refer to (1) his sister's child (his nephew or niece), or (2) his sister's daughter's child (his grandnephew or grandniece).

náag sk̲'agiid n-nom. *beams forming the top edge of a stockade*

náa gut'áang vb. *to be homesick*

náaguusd adv. *from inside (a house)*
·Náaguusd tajuwáay k̲'ajúugang. The wind is blowing from inside.
·Náaguusd k̲'ajúugang. It's blowing from the inside.

náaguusii n-ip. *the inner part, the inside of something*

náaj nn. <skáa> *nuts*
DEF: náajgaay.

náaj k̲'u k̲'agwdáangwaay n-cpd. <hlga> *nutcracker*

náak' nn. *sea otter pelt*
DEF: náak'aay.

náan n-ip-sg. *one's grandmother*
PLU: náanlang. RFX: náanang.
NOTE: This term can be used with either a maternal or paternal grandmother.
·Tl'áan uu dáng náan íijang? Where is your grandmother? ·Adaahl hal náan k'ajúu gayéedsaang. His grandmother might sing tomorrow. ·Náanang an chíin Hl kúugaagang. I'm cooking some fish for my grandmother.

náanaa
1. voc. *grandmother!*
NOTE: Some speakers, particularly from Masset, use náanii instead.
·Áatl'an gw dáng is, Náanaa? Are you here, Grandma?
2. vb. *to be a grandmother (to X)*
SP: náanaa | gang DP: náanaa | gan IP: náanaa | gaan

náanang n-rp. *one's own grandmother*
NOTE: This is the reflexive form of náan.

náanda vb. *to have O as one's grandmother*
SP: náandaa|ng DP: náand|gan IP: náandaa|yaan

náan da'a vb. *to have a grandmother*
SP: náan da'áa|ng DP: náan daa|gán IP: náan da'áa|yaan

náaneehl vb. *to become a grandmother*
SP: náaneel|gang DP: náaneel|gan IP: náaneel|aan

náang (1)
1. nn. *playing, game, drama*
2. vb. *to play*
SP: náang|gang DP: náang|gan IP: náang|aan
·Náanggwaang hlaa! Play around! ·Dámaan uu dáng náang g̱áayaagang. You really know how to play. You're a good player. ·G̱aa k'ujúus náanggang. The cute, short and stubby child is playing.

náang (2) n-rp. *one's own den, burrow*
NOTE: This is the reflexive form of náa (3).

naangáay n-nom. *a camp (at some location)*

náanggaay n-nom. *player (in a game)*

náang náay n-cpd. *theater*
DEF: náang nagáay.

náanslang vb. *to tease, make fun of, mock X (physically)*
SP: náanslang|gang DP: náanslang|gan IP: náanslaang|aan
·Tl'aahl hal náanslaangaan. He poked fun at them, physically.

náat'aa vb. *to be a sister's child, sister's daughter's child (to X)*
SP: náat'aa|gang DP: náat'aa|gan IP: náat'aa|gaan
NOTE: This term is only used in reference to a male's relatives. It can refer to (1) his sister's child (his nephew or niece), or (2) his sister's daughter's child (his grandnephew or grandniece).

náat'aay voc. *sister's child! sister's daughter's child!*
NOTE: This term is only used by males. It can be used to address (1) his sister's child (his nephew or niece), or (2) his sister's daughter's child (his grandnephew or grandniece).

náaxiin nn. <gi> *Chilkat blanket*
DEF: náaxiin-gaay.

náay ínggwsii n-dem. *roof*
·Náay ínggwsii iig g̲at'íidang. The roof is falling in. ·Náay ínggwsii san t'aláng k'udlánsaang. Ahljíi tl'aa sg̲idsáang. We'll also paint the roof. That'll be red. ·Náay únggwsii x̲íilaas dasd g̲ayuwáay istl'aagán. The smoke came out of the hole in the roof.

náay k̲áahlii n-cpd. *the area inside of house*
·Náay k̲áahlii Hl hlk'yáawdaalsaang. I'll sweep the interior of the house. ·Dáng skínaas dluu, náay k̲áahlii hl hlk'yáawdaal. When you wake up, sweep the (inside of the) house. ·Naay k̲áahlii hl tla 'láagang. I'm making the inside of the house look good.

naáy k̲a'án n-cpd. *ceiling*

náay k̲'ulangáay n-cpd. <g̲a (one wall), tíi (walls of a whole building)> *wall of a building*
·Hlangáan áajii náay k̲'ulangáay x̲íidg hal isdgán. He put down the house eaves a bit.

náay skusál n-cpd. *house frame*
·Náay skusáls sg̲únaan 'láa gyáa'anggang. Only the fram of his house is standing.

náay stl'áng n-cpd. *floor*
·Náay stl'áng hl tlatl'áa! Touch the floor! ·Náay stl'áng áa Hl k'wíidaang. I'm measuring my floor. ·Náay stl'áng hal sdadgagán. He stamped his foot on the floor.

náay x̲ánsii n-dem. *porch*
·Náay x̲ánsii hal k'udlánsaang. She will paint the porch.

náay x̲íilaas n-phr. *smokehole*
·Náay x̲íilaas aa hal k̲'udlasgadáan. He got stuck in the smoke hole.

náa'ang n-rp. <tíi> *one's own house, dwelling, building, hut, shack, cabin, shelter, establishment*
NOTE: This is the reflexive form of náa (2).

nágtaay nn. <tl'a> *necktie*
DEF: nágtaaygaay.

nag̲áa n-ip. *one's feces*
DEF: nag̲áay.
RFX: nag̲áang.
·Gám hl nag̲áay ínggw t'adahld'áng. Don't step in the poop. ·Nag̲áa k'úunaay guud 'láangaa íijang. There's poop all over his pants.

nag̲áang n-rp. *one's own feces*
NOTE: This is the reflexive form of nag̲áa.

naĝanáats' nn. *brass*
DEF: naĝanáats'aay.

naĝats'íi nn. *fox*
DEF: naĝats'íigaay.
·Naaĝats'íig hal sk̲amdáayaan. He trapped for foxes.

na k̲áahlii hlk'unáanwaay n-cpd. <hlk'u> *scrubbrush*

na k̲áahlii k̲ugíinaay nn. *wallpaper*

na k̲'áasal n-poss. <g̲a> *a house site (former or planned)*

na k̲'íw n-poss. *the front yard of a house*

nang pro. *someone, one (of those)*
NOTE: This pronoun can be used to refer to a person, in which case it means "someone", or an object, in which case it means "one of those" or "one of them". In either case, it refers to someone or something indefinite and non-specific. This pronoun only occurs in the pronoun zone.
·Nang sg̲wáan íihlangaagang. One of them is a boy. ·Awáahl hín nang 'wáas dluu, 'laahl ga k̲'wáalaas uu g̲ahl g̲íit'aangaan. Long ago when someone did that, they were a disgrace to their tribe. ·Táawaay 'wáadluwaan nang táagaan. Someone ate all of the food.

nangáa
1. vb. *to be cheap, inexpensive*
SP: nangáa|gang DP: nangáa|gan IP: nangáa|gaan
·'Láangaa nangáagang. His is cheap. ·'Wáadluu san chíinaay nangáagaangaan. Then too the fish used to be cheap. ·'Wáadluu san táaw nangáagaangaan. Food used to be cheap too in those days.
2. vb. *to have no respect for, have a low opinion of, not think well of X*
SP: nangáa|gang DP: nangáa|gan IP: nangáa|gaan
·'Láa an hal nangáagang. He has no respect for her. ·Díi an hal nangáagang. She has a low opinion of me.

nángan pro. *anyone, each one*

nangéehl vb. *to get cheaper, go down in price, become less expensive*
SP: nangéel|gang DP: nangéel|gan IP: nangéel|aan

·Chíinaay nangéelaan. The fish got cheaper. ·Táawaay nangéehlsaang. The food will get less expensive.

nasáal nn. *cloth shawl*

nasáang n-ip. <sk'a (one antler or horn), hlga (set of antlers)> *one's antlers, horns*
RFX: nasáangaang.
NOTE: Some speakers say nasáangaa.
·K'ímdii nasáang íisd uu sdláagwaal tl' tlaahlgáangaan. They used to make spoons from goat horns.

nasáangaa vb. *to have antlers, horns*
SP: nasáangaa | gang DP: nasáangaa | gan IP: nasáangaa | gaan
·K'áadaay nasáangaagang. The deer has antlers. ·K'áadaay 'láangaa nasáangaagang. His deer has antlers.

nasáangaang n-rp. <sk'a (one antler or horn), hlga (set of antlers)> *one's own antlers, horns*
NOTE: This is the reflexive form of nasáang.

na tlaawhláa 'la'áay n-cpd-sg. *carpenter*
PLU: na tlaawhláa 'la'áaylang.

na tlaawhláa 'la'áaygaa vb. *to be a carpenter*
SP: na tlaawhláa 'la'áaygaa | gang DP: na tlaawhláa 'la'áaygaa | gan IP: na tlaawhláa 'la'áaygaa | gaan

na tl'ajúu n-phr. *lean-to shelter made of cedar bark or a sail stretched over a frame*
DEF: na tl'ajuwáay.

nats'a vb. *to be long-lived, be tough and strong into old age*
SP: nats'áa | ng DP: nats' | gán IP: nats'áa | yaan
·Hal k̲'ayáas k'yáan, hal nats'áang. She is old but strong.

nats'áa xiláay n-cpd. *medicine for long life*

na ts'ée'ii n-poss. *members of a household*
·Náay ts'ée'ii 'láa k̲wáan-gang. There are amny people in her household.

na ún n-poss. *roof of a house*
·Náay únsd hal dlawíit'eelgan. He fell down off the house.

na ún tl'ajuuyáay n-poss. *peak of a roof*

na'áang vb. *to live, dwell, reside (pl)*
SP: na'áang | gang DP: na'áang | gan IP: na'áang | aan
·Wáayaad Alaska eehl t'aláng na'áanggang. Nowadays we live in Alaska. ·Tlíits'aanan tl' na'áangs dluu, cháaj náay tl' tlaahlgáangaan. Wherever they lived, they would build a church. ·Gud eehl tl' na'áanggaangaan, X̱aadas náay aa. People used to live together, in longhouses.

na 'la'áay n-cpd-sg. *house chief*
PLU: na 'la'áaylang.

na 'la'áaygaa vb. *to be house chief*
SP: na 'la'áaygaa | gang DP: na 'la'áaygaa | gan IP: na 'la'áaygaa | gaan

na 'wíi tl'ajuwáay n-poss. *lean-to addition to a house, a covered porch*

neegúun nn. *mountain cranberry, neigoonberry*
DEF: neegúun.gaay.
NOTE: Varies with naaygúun.

ngáadaal vb. *to fly along (pl) (in a flock)*
SP: ngáadaal | gang DP: ngáadaal | gan IP: ngáadaal | aan
·X̱it'adáay t'áaguusd ngáadaalgang. The birds are migrating from the lower 48.

ngáahlang vb. *to fly, fly away (pl) (in a flock)*
SP: ngáahlang | gang DP: ngáahlang | gan IP: ngáahlaang | aan

ngáal nn. <tl'a> *fronds of giant kelp*
DEF: ngáalaay.
·Ngáalaay ínggw k'áawaay íijang. The fish eggs are on the broad kelp. ·Ngáalaay gangáagang. The kelp is thick with fish eggs.

ngáal sg̱id n-phr. *dulse*

ngáat'iid vb. *to take off and fly along (pl) (in a flock)*
·Hlgid'unáay ngáat'i'iidang. The geese have taken off and are flying in a flock.

ngáay dángulaay n-nom. *scar on a tree*

ngíisdla vb. *to heal, recover, get well again*
SP: ngíisdlaa | ng DP: ngíishl | gan IP: ngíisdlaa | yaan
·Hal st'igán k'yáan, hal ngíishlgan. She was sick, but she got well. ·Díi ngíisdlaang. I'm healing. ·Hal stláay ngíisdlaang. Her hand is healing.

níihl vb. *to drink O*
SP: níl | gang DP: níl | gan IP: nyáal | aan

·G̲ándl hl níihl! Drink some water! ·G̲áan x̲áw Hl nílgang. I'm drinking some fruit juice. ·'Wáa k'yáahlg uu láam hal nílgang. Everytime he's drinking liquor.

níijaangw n-nom. <gu> *mask*
DEF: níijaangwaay.

·Níijaangw Hl gya'ándaang. I'm wearing a mask. ·Níijaangwaayg 'láangaa Hl níijanggang. I'm copying his mask.

níijang vb. *to draw, copy, imitate, take a picture of X1 (on X2)*
SP: níijang | gang DP: níijang | gan IP: níijaang | aan

·Níijaangwaayg 'láangaa Hl níijanggang. I'm copying his mask.

níijangaay n-nom. *a picture, photograph, map of something*

núu nn. <ja> *octopus*
DEF: nuwáay.

·Núu k'ujgad 'láagang. Octopus tastes good. ·Núu táaw 'láa uu íijang. Octopus is good food. ·Núu san 'láagang. Octopus is good too.

núud pp. *during, in the time of*
·Asgáay núud cháaj náay tl' tlaahlgán. At this time they built the church. ·Awáahl núud gám láam tl' níihl'anggiinii. A long time ago they didn't used to drink liquor. ·Díi núud, hal yáalang k̲'angasgidáaygaagiinii. In my time, his parents used to be poor.

núugd nn. *blue grouse*

núu ín n-poss. *an octopus's skin*

núu k̲wa'áay n-cpd. *rock that an octopus lives under*

núusg nn. *wolverine*

núut'gwaangw n-nom. <sk̲'a> *octopus stick, octopus hook*
DEF: núut'gwaangwaay.

nuwúl n-ip. *one's perineum, the space between one's legs, the space between the roots of a tree*
RFX: nuwuláng.

nuwuláng n-rp. *one's own perineum, the space between one's own legs*

• P •

páabaa nn. *black pepper*
DEF: páabaagaay.

páabaa gyaat'áawaay n-cpd. <sk'a> *pepper shaker*

páabaa táawaay n-cpd. <sk'a> *pepper shaker*

páawan nn. *pound*
DEF: páawan-gaay.

páaysan nn. *poison*
DEF: páaysan-gaay.

píichas nn. <skáa> *peach*

pláms nn. <skáa> *plum*
DEF: plámsgaay.

pláms xiláa n-phr. *prune*

• S •

sáad g̱áanaa n-cpd. *leaves of stonecrop*

sáag pp phrase. *up, upwards, upstairs, into the air, into the sky*
NOTE: Varies with asáag, síig, asíig.
·Ḵ'uláng hl sáag isdáa! Lift your leg! ·Díi taw 'láas asíig agán hluuhláang. : ·Asíig dáng tl' isdáasaang. You will be lifted up.

saagáa vb. *to faint*
SP: saagáa | gang DP: saagáa | gan IP: saagáa | gaan
·Díi saagáa'ang ḵasa'áang. I'm going to faint. ·Hal hlg̱ánggulgan dáan uu, hal saagáagan. He worked until he fainted. ·Asgáaysd hal saagáagan. Then next she fainted.

sáagaas nn. *circus*
DEF: sáagaasgaay.

sáa gudáang n-nom. *highmindedness*
·Sáa gudáang gám 'láa'anggang. It isn't good to be high-minded.

sáagwaal nn. <hlḵ'a (frond), hlḵ'uhl (plant)> *lady fern, spiney wood fern*
DEF: sáagulaay.

sáahlaang nn. *cemetery*
DEF: sáahlangaay.
·Sáahlangaay t'aláng tla skúnaasaang. We will clean up the cemetery.

sáahlaangaan adv. *all together, in one place*
·Sáahlaangaan gud t'aláng ḵáajgiidang. We're meeting all together.
·Sáahlaangaan hl isdáa. Put it all together.

Sáahlaang K'áahlandaas nn. *Eureka Pass*
·Sáahlaang K'áahlandaas eehl t'aláng gíishlgan. We tied up (our boats) at Eureka Pass.

sáahlaang náay n-cpd. *gravehouse, mortuary hut*
DEF: sáahlaang nagáay.
·Sáahlaang náay t'aláng ḵíigan. We found a gravehouse.

sáahlang nn. *interment*
DEF: sáahlangaay.

sáahlang x̱áad n-cpd-ip. *mortuary column(s)*
DEF: sáahlang x̱áadgaay.

sáa ḵíidaawaa n-cpd. *male flower of a spruce tree*

sáalaa gudgáng vb. *to act or feel high caste, to live piously*
SP: sáalaa gudgáng | gang DP: sáalaa gudgáng | gan IP: sáalaa gudgáang | aan
·Íitl' yáalang sáalaa gudgánggaangaan. Our parents acted high caste.

sáaldaan n-cpd. *steaming pit (in which food is cooked)*
DEF: sáaldanaay.

sáal g̱ud n-cpd. *coffin*
DEF: sáal g̱udáay.
NOTE: Varies with sáal g̱udáay.
·Sáal g̱udáay 'láa ḵehjgad 'láagang. Her casket looks nice. ·Sáal g̱udáay 'láangaa tl' tlaawhlgán. They made his casket.

sáalii nn. *rag, diaper, scrap of cloth*
DEF: sáaliigaay.
·T'íij sáalii an 'láagang. Some of them are good for rags. ·Gya'ándaawaay t'íij sáalii an Hl gya'ándaasaang. I'll use some of the clothes for rags.

sáal ḵáada v-rfx. *to be withdrawn, reserved, backward, awkward*
SP: sáal ḵáadaa | ng DP: sáal ḵáad | gan IP: sáal ḵáadaa | yaan
·Hal gid án sáal ḵáadaang. Her child is backward.

sáal náay (1) n-cpd. *mortuary hut*

sáal náay (2) n-cpd. *steambath house*
·Sáal náay aa agán hal skidgaalánggang. He's taking a steambath in the steamhouse.

sáamiis nn. *a summons*
DEF: sáamiisgaay.

sáana vb. *to relax, sit and rest, take a break*
SP: sáanaa | ng DP: sáan- | gan IP: sáanaa | yaan
·Kyáa hal sáan'waang. They are relaxing outside.

saanáa adv. *for a little while, for a short time*
·Dáng ḵ'uhl saanáa Hl isáang. I'll stay with you for a while. ·Saanáa án Hl sáanjuudaang. I'm resting for a little while. ·Saanáa daláng 'wáadluwaan gu is xatl'áasaang. You folks will be there for a little while.

sáanaa náay n-cpd. *living room*
DEF: sáanaa nagáay.
·Gyáagw sáanaa náay aa t'aláng tl'uwáangganggang. We're always sitting there in the living room.

Sáa Nang Íitl'aagdáas n-phr. *God*
·Wáayaad tl'aa Sáa Nang Íitl'aagdáas tl' yahdáang. Nowadays they believe in God. ·'Wáadluu, Sáa Nang Íitl'aagdáas tl' yahd'iidáan. Then they started to believe in God. ·Sáa Nang Íitl'aagdáas k̲áaygaay áatl'an íijang. Christmas is here. Christ's birth is here.

sáandlaan
1. n-nom. *dawn*
DEF: sáandlanaay.
·Sáandlaan 'wáadluwaan díi gudangáay 'láagang. I'm happy every daybreak. ·Sáandlaan kunáasd Hl gatáagan. I ate before dawn.
2. vb. *to dawn, for dawn to break*
3. vb2. *to V all night until dawn*
SP: sáandlaan- | gang DP: sáandlaan- | gan IP: sáandlaan | aan
·Hal isd sáandlaan-gan. He did it all night long.

sáangg nn. *sooty shearwater*

sáan hlg̲ats'a vb. *to keep a lookout, keep watch, guard*
SP: sáan hlg̲ats'áa | ng DP: sáan hlg̲ats' | gán IP: sáan hlg̲ats'áa | yaan
·Íihlants'gaay 'wáadluwaan sáan hlg̲ats'gán. All the men kept a lookout.

sáanjuuda v-rfx. *to rest, relax*
SP: sáanjuudaa | ng DP: sáanjuud | gan IP: sáanjuudaa | yaan
·Dáng g̲íihlgiis dluu, án hl sáanjuudaa! When you're through, take a rest! ·Án sáanjuudaayg kílganggang. One needs to rest. ·Gyáak̲'id íihlaants'gaay án sáanjuudgiinii. Sometimes the men would take a rest.

sáasaa nn. <g̲a> *saucer*
DEF: sáasgaay.

saa sangáang n-cpd-rp. *one's own pride*
NOTE: This is the reflexive form of saa sangáay.

saa sangáay n-cpd-ip. *one's pride*
RFX: saa sangáang.

sáasd

1. adv. *down, from above, from the air, out of the sky, downstairs*

NOTE: Varies with asáasd, síisd, asíisd.

·Asáasd hal k̲at'a'éelgan. She came down from above. She came downstrairs.

2. adv. *from above, from upstairs*

·Nang íihlangaas uu sáasd k̲at'a'éelgang. The boy is coming down from upstairs.

sáa sgyáalaay n-cpd. <skáa> *sunset shell*

sáa tlagáa gwíi pp phrase. *east, eastward, toward the east*
·Sáa tlagáa gwíi hal x̲ánjuugan. She travelled east.

sáa tlagáasd adv. *east, from the east*
·Sáa tlagáasd k̲'ajúugang. The wind is blowing from the east. ·Sáa tlagáasd k̲'ajúugang. The wind is blowing from the east.

Sáa Tlagáay n-cpd. *Heaven*
·Sáa Tlagáay k̲ehjgad 'láagang. Heaven is a beautiful place.

sáats' nn. *smelt*

sáaw nn. <t'áw> *ooligan, candlefish*

DEF: sáawaay.

·Satáw uu sáaw íisd tlaawhliyáagang. Ooligan grease is made out of ooligans. ·Sáaw k̲wáan Hl xiláadaasaang. I'll smoke a lot of ooligans. ·Dáa san sáaw xiláadaasaang. You'll smoke some ooligan too.

sáawang n-nom-rp. *one's own speech, one's own words*

NOTE: This is basically an irregular reflexive form of gúusaaw (1).

sáaw isdla vb. *to scold, snap at X*

SP: sáaw isdláa|ng DP: sáaw ishl|gán IP: sáaw isdláa|yaan

·'Láa aa hal sáaw ishlgán. She scolded her.

sáaw núud n-cpd. <sg̲a> *ooligan season*

DEF: sáaw núudgaay.

Sáaw Tlagáa n-cpd. *Nass country*

Sáa X̲aat'áay n-cpd. *the Above People*

sáaya vb. *to hunt on water*

SP: sáayaa|ng DP: sáay|gan IP: sáayaa|yaan

sáayaa g̲udáay n-cpd. *sea-hunter's kit box*

sáayaa tluwáay n-cpd. *seal-hunting schooner*

sablíi nn. *bread, flour, biscuit, pie crust*
DEF: sablíigaay.
·Sablíigaay k̲'áluudaang. The bread is moldy. ·Sablíigaay 'wáasd hal k̲'itl'gán. He cut a slice off the bread. ·Sablíigaay hal skid tl'ajúugang. She's making Indian bread.

sablíi g̲aawhldáawaay n-cpd. <g̲a> *kneading pan used for setting bread overnight*

sablíi kitl'áawaay n-cpd. *flour scoop*

sablíi k'anáa n-phr. *flour*
·Sablíi k'anáa uu dáalaa k̲'áysk'w íijaangaan. Flour used to be $1.

sablíi k̲'áal n-poss. *(empty) flour sack, (empty) flour bag*

sablíi náay n-cpd. *bakery*
DEF: sablíi nagáay.

sablíi skid tl'ajuwáa n-phr. *pan bread, Indian bread*

sablíi sk̲u tl'ats'galáa n-phr. *unleavened bread baked in ashes*

sablíi sk̲u xílgalaa n-phr. *unleavened bread baked in ashes*

sablíi tlaawhláawaay n-cpd. *bread mixer*

sablíi ts'asláangwaay n-cpd. *dutch oven*

sablíi ts'íi súgagaa n-phr. *flour dumplings with a sugar center*

sablíi xi skúnaawaay n-cpd. <sk'a> *flour sifter*

sadáa nn. *peaked cap*

sa dáaw n-cpd. *the upper edge of a mat that is being woven*

sag nn. <sg̲a> *snake, grub, caterpillar, worm*
DEF: sagáay.
·Sag hal k̲íigan. She found a snake.

sagáang k̲'áawhlaa n-nom. *bog laurel, swamp laurel*

sagáang sk̲'agíidaanhliyaay n-nom. *rafter poles*

sagáas nn. <sk'a> *cigar*
DEF: sagáasgaay.

sagalíid nn. <sk'a> *cigarette*
DEF: sagalíidgaay.

sahgúusd adv. *north*
·Sahgúusd k̲'ajúugang. It's blowing from the north. ·Sahgúusd k̲'ajúugang. The wind is blowing from the north.

sahgwáa adv. *up north*
·Stl'i'ílt'gwaang sahgwáa k̲wáan-gang. There are a lot of mosquitoes up north.

sahgwíi adv. *north*
·Sahgwíi hal x̲ánjuugan. He travelled north.

sahl

1. pp. *after, following*
·Sahl díi gudáng áwyaagang. I deeply regret it. ·Gin dag̲angáa dáng isdáas dluu, sahl dáng sg̲áwsaang. When you do bad things, you will pay for it. ·Wáajii táawaay sahl díi gudánggang. I regret that food.
2. vb. *to steam O (e.g. food)*
SP: sál|gang DP: sál|gan IP: sáal|aan
3. v-rfx. *to take a steambath*
SP: sál|gang DP: sál|gan IP: sáal|aan

sahlgáang adv. *back, returning*
·Gu tl' is k̲áwd, húus sahlgáang tl' sdílgan. After they were there for a while, they came back again. ·Sahlgáang káagaay gwaa hal xál k̲áatl'aagang. She's driving back. ·Sahlgáang anáag hal k̲ats'gán. He came back in.

sahlguda vb. *to steam, cook O in a pit; to barbecue O*
SP: sahlgudáa|ng DP: sahlgud|gán IP: sahlgudáa|yaan
·Chíinaay Hl sahlgudgán. I barbecued the salmon. ·Chíinaay hal sahlgudáang. He's pit steaming the fish.

saj nn. *club, sword*

sajáaw xiláay n-cpd. *medicine for making people think one is graceful and good-looking*

sajúu vb. *to excel, be outstanding*
SP: sajúu | gang DP: sajúu | gan IP: sajáaw | aan
·Hal xyáahls dluu, hal sajúuganggang. She excels when she dances.

sakíid nn. <gu> *ceremonial headdress*
DEF: sakíidaay.
·Nang íitl'aagdáas sakíidgaay gut'íijang. The chief is wearing the chief's hat.

sak'áa nn. *memorial potlatch including the putting up of a grave totem*

Saláanaa n-cpd. *God, Jesus*
·Saláanaa dáng k̲agándaasaang. Jesus will save you. ·Saláanaa gyaa gúusawaay iig uu Hl hlg̲ánggulaang. I'm working on (translating) Jesus's words. ·Saláanaa díi eehl sdánggang. The Lord abides in me.

salab nn. *syrup*
DEF: salabgáay.

salab gyaat'áawaay n-cpd. <sk'a> *syrup pitcher*

sálda vb. *to borrow O*
SP: sáldaa | ng DP: sáld | gan IP: sáldaa | yaan
·Gáwjawaay gw dáangaa Hl sáldaa hlangaa? Can I borrow your drum?
·Hlk'idgáay k'ée áangaa Hl tl'íi sáldgan. I basted the hem of my dress.
·K̲'ud'uhláawaay díinaa hal sáldgan. He borrowed my pliers.

sálg nn. *silk*
DEF: sálgaay.

salíi n-ip. *trace, imprint, track left after something has gone*
·G̲ándlaay salíi sg̲inúu k̲wáan-gang. There's a lot of green algae where the tide went out (in the intertidal zone). ·Dáng salíi Hl isdáasaang. I'll take your place.

salíi aa pp phrase. *in place of, after*
·Dáng salíi aa díi gudahláaganggang. I'm lonesome after you leave. ·'Láa salíi aa hal ta da'áayaan. She owned the possessions after he died.
·Sgúulgaay salíi aa uu náanang hal k̲ingaa'ugan. They went to see their grandmother after school.

salíid pp. *after, following*
·Áajii salíid uu X̲aadas kíl t'aláng sk̲'at'gán. Afterwards we learned the Haida language. ·'Wáa daalíigw hal k'ut'álgan. Hal jáa 'wáa salíid chaagut'áanggan. He died the next day. His wife had a hard time after that.

·Tla’áa ’wáa salíid hal x̲íinangaagaangaan. He was alive a long time afterwards.

samáagid nn. *chief*

sán (1) part. *how?*

NOTE: Some speakers, mostly from Masset, will also use gasán.

·Sán uu dáng náan kya’áang? What's your grandmother's name? ·Sán uu táawaay aa dáng tláahlalgang? What are you doing to the food? ·Sán uu K’áaws Tláay aa dáng ijaa? How did you get to Craig?

sán (2)

1. nn. <sk̲’a (one), cha (set)> *gambling stick*

   DEF: síinaay.

2. nn. *maple (tree or wood)*

sanáagad n-nom. *a type of potlatch*

sanáal jáad n-cpd. <hlk̲’a (frond), hlk̲’uhl, k̲’uhl (plant)> *deer fern, spiney wood fern, small plants of sword fern*

sándiigaa n-nom. <sg̲a> *week*

sándiigaay nn. <sg̲a> *the week*

Sándiigaay nn. *Sunday*

Sándii k’úunaay n-cpd. <tl’a> *Sunday pants*

sang pp. *for the sake of*

·G̲án sang t’aláng kíl ’láagang. We are thankful for that. ·Díi sang hl gúusuu! Pray for me! ·Dángg gin tl’ isdáas dluu, sang tl’ kíl ’láagang. If they give you anything, be sure to say thank you for it.

sáng (1)

1. nn. *air, weather*

   DEF: sangáay.

·Gíijgwaa dángg sangáay ’láasaang. Hopefully you will have good weather. ·Sáng ’láa gwíi hal k’ánggwdanggang. She's hopeful for good weather. ·Sangáay ’láagee díi gudánggang. I hope the weather's good.

2. nn. <sg̲a> *day, daytime, period of daylight*

   DEF: sangáay.

·Sáng tláalaay tláahl dluu gu Hl isáang. I'll stay there about 100 days. ·Sáng ’wáadluwaan chíin sdáng hal táagang. He eats two fish everyday.

·Sáng ’wáadluwaan K’áaws Tláay aa dáng íijanggang, hánggwaa? You go to Craig everyday, don't you?

sáng (2) vb2. *to tell sb. that one will do sth.*
·Díi hal k̲íng sánggan. She said she would see me. ·Sáng ’wáadluwaan K’áaws Tláay aa hal is sánggang. Everyday he says he's going to Craig.

sangáada vb. *to commemorate, celebrate O*
SP: sangáadaa | ng DP: sangáad | gan IP: sangáadaa | yaan
·Díi x̲áad díi sangáadgan. My father gave a party for my grievances.

sángaang vb. *to forecast the weather*
SP: sángaang | gang DP: sángaang | gan IP: sángaang | aan
·Dáa gw sángaang’us? Are you forecasting the weather?

sángaangw n-nom. <k̲’ii> *barometer*
DEF: sángaangwaay.

sáng áayaan adv. *early in the morning*
NOTE: Varies with sangáayaan.
·Sangáayaan hal k̲’áahluugdang’waasaang. They'll get up early in the morning. ·Sangáayaan Hl ta t’ánsgadsaang. I'll do the laundry early in the morning. ·Sáng áayaan hal k̲ehsashlgán. She opened her eyes early in the morning.

sáng áaygaa vb. *to be morning*

sángaj n-ip. *one's palate*
RFX: sángajang ~ síingajang.
NOTE: Varies with síingaj.

sángajang n-rp. *one's own palate*
NOTE: Varies with síingajang. This is the reflexive form of sángaj.

sángg nn. <sg̲a> *the season from early November to early February, winter, year*
DEF: sánggaay.
·Tlagánhlaa aa uu sángg sg̲ask’w hal íijanggang. He stays out at camp all winter. ·Sángg sg̲ask’w uu Hl hlg̲ánggulaasaang. I'll work all year.

sánggaa vb. *to be winter*
SP: sánggaa | gang DP: sánggaa | gan IP: sánggaa | gaan
·Sánggaas k’yáan hal íijan. He went even though it's wintertime. ·Sánggaas dluu hal k’íinaasaang. In the wintertime, he will be warm. ·Sánggaas dluu, táaw x̲áwlganggang. Food tastes good in the wintertime.

sánggaad vb. *to be winter now*
SP: sángga'íid | ang   DP: sángga'íid | an   IP: sángaad | aan

sánggaadaay n-nom. *(the beginning of) winter*

sánggaa ts'áanuwaay n-cpd. *winter fire*

sánggeehl vb. *to become winter, for winter to come*
SP: sánggeel | gang   DP: sánggeel | gan   IP: sánggeel | aan
·Sánggeehls dluu, t'aláng stáwjuu ínsaang. When it becomes winter we will go and visit.

sángg sg̲íiwaay n-cpd. *winter seaweed (laver)*

sáng gudáagw adv. *just in case*
·Sáng gudáagw, agán hl tlag̲íihldaa. Just in case, get yourself ready.

Sáng Hlg̲únahl n-cpd. *Wednesday*

sángiij k̲a'án n-cpd-ip. *velum, soft palate, roof of one's mouth*
·Sángiits' k̲a'án áangaa Hl k'úntl'dagan. I burned the roof of my mouth.

sangíin nn. <k'u, sk̲'a> *nail, spike*
DEF: sangíinaay.
·Áajii sangíinaay íisd uu gin k̲wáan tl' tlaahláayaan. They made many things out of this nail. ·Sangíinaay hal k'adánggan. She pounded the nail (repeatedly). ·Sangíinaay hal k'ad sg̲wáansanggan. He hit the nail once.

sangíin dánst'aawaay n-cpd. <sk̲'a> *nail puller, wrecking bar*

sángiits'a vb. *to be difficult, hard, challenging*
SP: sángiits'aa | ng   DP: sángiits' | gan   IP: sángiits'aa | yaan
·Tlat'aawáay k̲ahlée sángiits'aang. It's hard to climb the mountain. ·Gin sángiits'aa hal k̲'ahl'uláanggan. He endured something difficult. ·Gyáagee sángiits'aang. It's difficult to stand up.

sángiits'gaa vb. *to be difficult, hard, challenging*

Sáng Jagwaa n-cpd. *Sunday*

sáng k̲éengwaay n-cpd. *barometer, (air temperature) thermometer*

Sáng Sdáng n-cpd. *Tuesday*

Sáng Sg̲wáansang n-cpd. *Monday*

sángs k̲'áangal n-cpd. *atmosphere, air*
·Sáng sk̲'áangal iig hlgid'unáay xíidan. The goose flew in the air.

Sángs K̲'áangal Sg̲áanuwaay nn. *the name of the highest power, diety*

Sángs Sg̲áanuwaay n-cpd. *Spirit of the Atmosphere*

Sáng Stánsang n-cpd. *Thursday*

Sáng Tla'únhl n-cpd. *Thursday*

Sáng Tléehl n-cpd. *Friday*

sáng x̲idguláa vb. *to be evening*

sáng x̲idgw pp phrase. *in the evening*

sángya vb. *to be evening, dark out*
SP: sángyaa | ng DP: sángya | gan IP: sángyaa | yaan
·Sángyaas dluu dáng Hl k̲íngsaang. I'll see you in the nighttime.

sángyaa n-nom. <sg̲a> *evening*
DEF: sángyaay.

sángyaad vb. *to become evening, get dark out*
SP: sángya'iid | ang DP: sángya'iid | an IP: sángyaad | aan

sángyaahlgaay n-nom. *dinner, supper*

sángyaaygaay n-nom. *dinner, supper*

sáng yahgw pp phrase. *in the middle of the day*
·Sáng yahgw t'aláng gatáasaang. We'll eat in the middle of the day.

sán g̲ids dluu adv. *at times, sometimes, from time to time*
·Sán g̲ids dluu tl' 'wáadluwaan sk̲'at'áasaang. Someday everyone will learn it. ·Sán g̲ids dlúu, díi g̲áandangaay 'láaganggang. Sometimes I feel good. ·Sán g̲ids dlúu hal k̲'áawunaaganggang. Sometimes she is in a peaceful mood.

sanhlgáang pp phrase. *for one's own sake*
·Sanhlgáang hl gúusuu! Pray! ·Xayáay gwíi sanhlgáang tl' gúusuugaangaan. They used to pray to the sun for safety. ·Tlat'aawáay gwíi san sanhlgáang tl' gúusuugaangaan. They also used to pray to the mountains

sanhlgáang gúusaaw n-nom. *prayer*

sánjgad n-nom. *smell, scent of something*

sánjuu vb. *to sniff*
SP: sánjuu | gang DP: sánjuu | gan IP: sánjaaw | aan
·X̲áay sánjuugwaanggan. The dog went around sniffing.

sánsd pp. *since, from*
·'Láa tl' k̲áygan sánsd, hal x̲áng k̲agáagan. She was blind since birth.

sánsdla vb2. *to try to V*
SP: sánsdlaa | ng DP: sánshl | gan IP: sánsdlaa | yaan
·Ak'ún t'aláng 'wáa sánsdlaasaang. We'll try to do that. ·Bill jáa isd sánsdlaang. Bill's wife is trying to do it. ·Adaahl hal k'ajúu sánsdlaasaang. She will try to sing tomorrow.

sánsgad vb. *to catch a whiff, smell of O*

sántajaa pp phrase. *at noon*
·Sántajaa aa sk̲'adáalgang. It's coming up on 12 noon.

sántajaa kunáasd pp phrase. *before noon*
·Sántajaa kunáasd Hl k̲'áahluusaang. I'll get up before noon.

sántajaa salíid pp phrase. *in the afternoon*
·Gám hl sántajaa salíid gatáa'ang. Don't eat in the afternoon. ·Sántajaa salíid án t'aláng sáanjuudaasaang. In the afternoon we will rest. ·Sántajaa salíid hal sdíihlsaang. He'll return in the afternoon.

sán tl'aa interrogative. *why?*
NOTE: Some speakers say gasán tl'aa. The use of the focus marker uu after sán tl'aa is optional and uncommon.
·Sán tl'aa tlagw dáng súugang? Why do you say that? ·Sán tl'aa K'áaws Tláay aa dáng gud k̲áawgang? Why do you want to go to Craig? ·Sán tl'aa K'áaws Tláay aa dáng íis gudaang? Why do you want to go to Craig?

sánt'gung vb. *to sniff*
SP: sánt'gung | gang DP: sánt'gung | gan IP: sánt'gwaang | aan
·X̲áay sánt'gunggwaangaan. The dog was sniffing around.

sánul n-ip. *sense of smell*
RFX: sánulang.

sánulang n-rp. *one's own sense of smell*
NOTE: This is the reflexive form of sánul.

sasáa

1. nn. <skáa> *(generic) rattle*
   DEF: sasáay, ~sasáagaay.
   ·Sasáagaay hal giidáang. He's shaking the rattle.
2. nn. <sk'a> *raven rattle*
   DEF: sasáay, ~ sasáagaay.

sasáa k̲'iigáay n-phr. *harlequin duck*

satáw n-cpd. *ooligan grease*
DEF: satawáay.
·G̲áanaay k̲wáan-gang; satáw hánsan aa. The berries are plentiful. Grease too. ·Awáahl g̲agwii satáw sg̲únaan tl' gya'ándgaangaan. A long time ago, ooligan grease was the only thing they used. ·Wáajii satawáay k̲'ats'gálgang. That ooligan oil is getting hard.

sa'áan nn. <skáa> *wild lily-of-the-valley berry*
DEF: saanáay.

-sd pp. *from*
·Náaysd hl k̲áagahl! Leave the house! Go outside! ·X̲ánjaangwaaysd hl k̲ing'waa. Look out the window! ·Náay x̲íilaasd uu g̲ayuwáay íijang. The smoke is coming from a hole in the house (smokehole).

sdáagins nn. <tl'a> *stockings*
DEF: sdáaginsgaay.

sdáaguhl vocative. *partner! special friend!*

sdáaj nn. *laundry starch*
DEF: sdáajgaay.

sdáajuuda vb. *to be in a huge pile*
SP: sdáajuudaa | ng DP: sdáajuud | gan IP: sdáajuudaa | yaan
·Gin-gáay sdáajuudaang. There is a huge pile of gifts (possessions) (to give out).

sdáansaangaa

1. number. *eight, 8*
2. vb. *to be eight in number*
   SP: sdáansaangaa | gang DP: sdáansaangaa | gan
   IP: sdáansaangaa | gaan

sdáaya vb. *to be thin (of material)*
SP: sdáayaa | ng DP: sdáay | gan IP: sdáayaa | yaan
·K̲'awáay sdáayaang. The lumber is thin. ·Tluwáay k̲áahlii sdáayaang. The inside of the boat is very thin.

sdáaygaay n-ip. *the side of one's abdomen or waist*

sdagál n-ip. *the part of a dried salmon or halibut next to the tail, including the anal fin*

sdagwaanáa nn. *species of storm petrel*
DEF: sdagwaanáagaay.
·Sdagwaanáagaay hal tiyéedan. He killed lots of seabirds. ·Sdagwaanáa Gask̲úu eehl k̲wáan-gang. There are a lot of yellow-beaked seabirds on Forrester Island.

sdagwdáng vb. *to kick O, test O by giving it a kick*
SP: sdagwdáng | gang DP: sdagwdáng | gan IP: sdagwdáang | aan
·K̲wa'áay hal sdagwdánggan. He kicked the rock.

sdahla vb. *to want X*
SP: sdahláa | ng DP: sdahl | gán IP: sdahláa | yaan
·K̲'áalaangwaayg díi sdahláang. I want a pencil. ·K'ún náaguusii g̲áwtlaa gya'áandiyeeg hal sdahláang. He wants to wear some new, fresh underwear. ·G̲ángk'an-g gw dáng sdahláa? Do you want some coffee?

sdajáaw n-nom. <sda, sga> *bail handle on a basket or can, trigger guard*
DEF: sdajáawaay.

Sdak'án nn. *Stikine, Wrangell*
·Sdak'án aa uu t'aláng isáang. We will go to Wrangell.

sda k̲'íidaal vb. *to slowly kick O along*
SP: sda k̲'íidaal | gang DP: sda k̲'íidaal | gan IP: sda k̲'íidaal | aan
NOTE: This verb applies to kicking k̲'ii-class objects.
·Kugáay hal sda k̲'íidaalgan. He kicked along a block of wood.

sda k̲'íist'a vb. *to kick O*
SP: sda k̲'íist'aa | ng DP: sda k̲'íist' | gan IP: sda k̲'íist'aa | yaan
NOTE: This verb applies to kicking k̲'ii-class objects.
·K̲wa'áay 'wáasd hal sda k̲'íist'gan. He kicked the rock out.

sdál nn. <k̲'ii> *slope, cliff*
DEF: sdaláay.
·Sdaláay sdiingáagang. The cliff is steep.

sdaláa vb. *to be steep*

sdáng

1. vb. *to be of two minds, undecided*
SP: sdáng|gang DP: sdáng|gan IP: sdáang|aan
NOTE: This verb requires gudangáay "(someone's) mind" as its subject.
·Dáng an díi gudangáay sdánggang. I'm of two minds about you.

2. vb. *to be two in number*
SP: sdáng|gang DP: sdáng|gan IP: sdáang|aan
·Dáng jáaslang sdánggang. You have two sisters. ·Saláanaa díi eehl sdánggang. The Lord abides in me. ·Dáng chánlang sdánggang. You have 2 grandfathers.

3. vb2. *to V twice, two times*
SP: sdáng|gang DP: sdáng|gan IP: sdáang|aan
·K'áaws Tláay aa Hl is sdánggan, adaahl aa. I went to Craig twice yesterday.

4. number. *two, 2*
·Hal sdáng guug'wáang. Two of them are lazy. ·Awáan g̲íidan dáan, díi git'aláng sdáng g̲idatl'aagán. As time went by, two of my children arrived. ·Sáng 'wáadluwaan chíin sdáng hal táagang. He eats two fish everyday.

sdángaal nn. *charcoal, coal*
DEF: sdángalaay.
·Sdángaalaay ts'áanuwaay aa k̲wáan-gang. There's a lot of coals in the fire.

sdáng'waan quantifier. *both*
·Hal sdáng'waan st'igáng. They are both sick.

sdasguda vb. *to kick at O and miss*
·'Láa Hl sdasgudgán. I kicked at him but missed. ·X̲áay hal sdasgudáang. He's kicking at the dog, but missing.

sda skáawnaangw n-nom. <skáa> *soccer ball*
DEF: sda skáawnaangwaay.

sda skáawnang vb. *to play soccer*
SP: sda skáawnang|gang DP: sda skáawnang|gan IP: sda skáawnaang|aan
NOTE: This verb literally means "to make a round object move by kicking it".

sdast'aangáa

1. n-ip. *one's uvula*

RFX: sdast'aangáang.

·Hal sdast'aangáa ḡatl'aagáng. He's bumming around and not getting the food that he wants.

2. n-ip. *trigger of a firearm, barb on a traditional halibut hook*

sdast'aangáang n-rp. *one's own uvula*

NOTE: This is the reflexive form of sdast'aangáa.

sda xadáal vb. *to slowly kick O along*

SP: sda xadáal|gang DP: sda xadáal|gan IP: sda xadáal|aan

NOTE: This verb applies to kicking xa-class objects.

·Kugáay hal sda xadáalgang. He's pushing the wood with his feet.

sda x̱úndaal vb. *to slowly kick O along, to kick over a pile of O*

SP: sda x̱úndaal|gang DP: sda x̱úndaal|gan IP: sda x̱úndaal|aan

·Ḡudáay hal sda x̱úndaalgang. He's kicking over the pile of boxes.

sdíihl vb. *to turn back, return, come back*

SP: sdíl|gang DP: sdíl|gan IP: sdéel|aan

·Díi gwíi hl sdíihl! Return to me! ·Adaahl t'aláng sdéelang ḵasa'áang. We are going to return tomorrow. ·Sahlgáang hal sdílgang. He's coming back.

sdíihlda vb. *to return O, give O back*

SP: sdíihldaa|ng DP: sdíihld|gan IP: sdíihldaa|yaan

·'Láag hl sdíihldaa. Return it to him. ·Gudangáang Hl sdíihldaang. I've changed my mind, my ways.

sdíihltl'aa vb. *to return, arrive back*

SP: sdíihltl'aa|gang DP: sdíihltl'aa|gan IP: sdíihltl'aa|gaan

·Dáng sdíihltl'aas dluu, k'wáa t'aláng x̱áw ín ts'an. When you return, let's go fishing. ·Áayaad uu díi aw sdíihltl'aagan. My mother returned today.

sdíil nn. *steel*

DEF: sdíilgaay.

sdíimbood nn. <ḵ'ii> *steamboat, steamer*

DEF: sdíimboodgaay.

sdláagwaal nn. <t'áw> *spoon*

DEF: sdláagulaay.

·K'ímdii nasáang íisd uu sdláagwaal tl' tlaahlgáangaan. They used to make spoons from goat horns.

sdláagwaal da'áawaay n-cpd. <cha> *bag in which carved spoons are kept*

sdláagwaal g̱anéelw n-cpd. *large ceremonial spoon*

sdláagwaal káadii n-cpd. *basket for storing spoons*

sdláagwaal kijuuláangwaay n-cpd. *tool for pressing a steamed horn into a spoon mold*

sdláagwaal k̲íihlgaay n-cpd. *spoon mold*

sdláagwaal x̱asáa n-phr. *small black spoon made from mountain goat horn*
DEF: sdláagwaal x̱asáagaay.

sdláan n-ip. <sg̱a> *one's intestines, guts, bowel*
RFX: sdláanang.
·Díi sdláan st'i áwyaagang. My intestines are very sick. ·K'áadaay sdláan 'wáasd hal isdáayaan. He removed the guts from the deer. He disembowled it.

sdláanang n-rp. <sg̱a> *one's own intestines, guts, bowel*
NOTE: This is the reflexive form of sdláan.

sdláan k'ándiyaa n-phr. *braided seal intestines*

sdlagw nn. *land otter, river otter*
DEF: sdlagwáay.
·Sdlagwáayg hal sk̲amdgán. He trapped for land otter.

sdlagw kidáawaay n-cpd. <g̱a> *land otter stretching board*

sdlagw sk'yáaw n-cpd. *peppermint, root of cow parsnip*
·Sdlagw sk'yáaw eehl xíl k̲agan hal ts'aslánggang. She's boiling the Hudson Bay tea with peppermint.

Sdlagws X̱aat'áay n-cpd. *(the) Land Otter People*

sdlagw tliidáangwaay n-cpd. *species of seaweed*

Sdlagw Tlúus n-cpd. *The Otter (Hudson's Bay Company steamer from the 19th century)*

sdlagw xiláay n-cpd. *Apargidium boreale*

Sdlagw 'Láanaa n-cpd. *town of the Land Otter People*

sdlúub nn. <k̲'ii> *sloop*
DEF: sdlúubgaay.

sdúugal nn. *unidentified species of owl*
DEF: sdúugalgaay.
·Sdúugalgaay Hl gudáanggan, Hl gudánggan. I think I heard the sdúugal.

sélaman nn. *sailors*
DEF: sélaman-gaay.

-sga suffix. *to almost, nearly V*

sgáadii (1) nn. *a fool, a person with no sense*
DEF: sgáadiigaay.

sgáadii (2) nn. *a salmon's collarbone*
DEF: sgáadiigaay.

sgaaduwáay nn. *pigeon guillemot*

sgaaj n-ip/ap. *(one's) bald spot*
DEF: sgaajgáay.
RFX: sgaajáng.

sgaajáa vb. *to be bald*
SP: sgaajáa | gang DP: sgaajáa | gan IP: sgaajáa | gaan
·Díi sgaajáagang. I'm bald. ·Díi chan sgaajáagang. My grandfather is bald.
·Hal gudúu sgaajáagang. His hair is thining. He's kinda bald.

sgaajáng n-rp. *one's own bald spot*
NOTE: This is the reflexive form of **sgaaj**.

sgaajéehl vb. *to go bald, to lose one's hair*

sgáat'agaang nn. <hlga> *steel halibut hook*
DEF: sgáat'agangaay.

sgáaw nn. <g̲a> *scow*
DEF: sgáawaay.

sgadáanggaa vb. *to be rotten, spoiled (of food)*
SP: sgadáanggaa | gang DP: sgadáanggaa | gan
IP: sgadáanggaa | gaan
·Chíinaay 'wáadluwaan díinaa sgadáanggaagang. All of my fish is spolied.

sgadáansdla vb. *to become spoiled, rotten, go bad*
SP: sgadáansdlaa | ng DP: sgadáanshl | gan
IP: sgadáansdlaa | yaan
·Chíinaay sgadáansdlaayaan. The fish became rotten. ·Táawaay sgadáansdlaayaan. The food started to spoil.

sgadang nn. *black oystercatcher, sea pigeon*
DEF: sgadangáay.

sgadga vb. *to whisper*
SP: sgatgáa | ng DP: sgadg(a) | gán IP: sgatgáa | yaan
·Gud gyúu iig hal sgadg'ugán. They whispered into each other's ears.

sgagúud n-nom. *short-finned pilot whale, fin-back whale*
DEF: sgagudáay.
·Gyáak̲'id g̲agwíi sgagúud Hl k̲íngganggang. Once in a great while I'll see a fin-back whale.

sgagwíid nn. *ratfish*
·Hldaayangáas sg̲únaan uu gyáak̲'id sgagwíid tl' istgánggang. Once in a while they'll get a ratfish, but only in deep water.

sgahlala vb. *to be cross-eyed*
SP: sgahlaláa | ng DP: sgahlál | gan IP: sgahlaláa | yaan
·Hal gid sgahlaláang. Her child is cross-eyed.

sgánsgunaa vb. *to be light brown*
SP: sgánsgunaa | gang DP: sgánsgunaa | gan
IP: sgánsgunaa | gaan

sgánsgwaan

1. nn. *dry punky rotten wood or tree*
DEF: sgánsgunaay.
·Sgánsgwaan eehl k'áadaay k̲'ál hal tlaawhláayaan. He made the deer skin with rotten wood.
2. nn. <gi> *light brown Hudson's Bay trade blanket*
DEF: sgánsgunaay.

sgánsgwaan-gaa vb. *to be light brown*
SP: sgánsgwaan-gaa | gang DP: sgánsgwaan-gaa | gan
IP: sgánsgwaan-gaa | gaan

sgánsgwaan tlúu n-cpd. *canoe that is actually a rotten log (used by the Land Otter People)*

sgat'áal nn. *tanned skin or hide, leather*

sgat'áal k'aayst'áa n-phr. *rubber*

sgat'áal stlíinaay n-cpd. *needle for leather*

sgat'aláa vb. *to be made of leather*
·K'uudáats'aay 'láa sgat'aláagang. His coat is leather.

sgáy nn. *sand flea, bedbug*
DEF: sgayáay.

sgidáangw n-nom. <sk̲'a> *drumstick, whip*
DEF: sgidáangwaay.

sgidáng vb. *to spank O, beat O with a stick*
SP: sgidáng | gang DP: sgidáng | gan IP: sgidáang | aan
·Gyáak̲'id 'láa Hl sgidánggang'waang. Sometimes I spank them. ·Gáwjaawaay hl sgidáng. Beat the drum. ·Díi chan gáwjaawaay sgidánggang. My grandfather is beating the drum.

sgíilang

1. n-rp. <k̲'ii> *one's own navel, bellybutton*
   NOTE: This is the reflexive form of sgíl.
2. n-rp. <sg̲a> *one's own umbilical cord*
   NOTE: This is the reflexive form of sgíl.

sgíisg nn. <hlk̲'uhl, k̲'uhl> *species of willow*
DEF: sgíisgaay.

sgi káng'aaw

1. vb. *to chop chips off of O*
   ·K̲íidaay 'wáasd hal sgi káng'aawgan. He chopped chips off of the log.
2. n-nom. *wood chip*
   DEF: sgi káng'waay.

sgi k'ut'ahl vb. *to kill O with a stick, to club O to death*
SP: sgi k'ut'ál | gang DP: sgi k'ut'ál | gan IP: sgi k'ut'áal | aan
·K'áadaay hal sgi k'ut'álgan. He killed the deer with a club.

sgi ḵ'áa vb. *to chop down O (sg)*
SP: sgi ḵ'áa | gang DP: sgi ḵ'áa | gan IP: sgi ḵ'áa | gaan
·Ḵaláay hal sgi ḵ'áagan. He chopped down the alder tree.

sgi ḵ'ándaal vb. *to chop down O (pl) one after another*
SP: sgi ḵ'ándaal | gang DP: sgi ḵ'ándaal | gan IP: sgi ḵ'ándaal | aan
·Ḵáydaay t'aláng sgi ḵ'ándaalgang. We're chopping down the trees.
·Ḵíidaay Hl sgi ḵ'ándaal g̱ujúugan. I chopped down all the trees.

sgi ḵ'íidaal vb. *to paddle O*
SP: sgi ḵ'íidaal | gang DP: sgi ḵ'íidaal | gan IP: sgi ḵ'íidaal | aan
·Díi gwíi tluwáay hal sgi ḵ'íidaalgan. He paddled the canoe towards me.

sgíl

1. n-ip. <ḵ'íi> *one's navel, bellybutton*
   RFX: sgíilang.
   ·Hal sgíl 'láa í'waan-gang. His bellybutton is large. ·Sgíilaay 'wáasd hal jatl'gán. He cut the umbilical cord.
2. n-ip. <sg̱a> *one's umbilical cord*
   RFX: sgíilang.
3. nn. <skáa (individual) sḵ'a, sk'a (column)> *potlatch ring*
   DEF: sgíilaay.
4. nn. *watchman on top of a carved pole*
   DEF: sgíilaay.

sgíl dajáng n-cpd. *spruce root hat with one or more potlatch rings*
DEF: sgíl dajangáay.

sginanáng vb. *to chop X to pieces*
SP: sginanáng | gang DP: sginanáng | gan IP: sginanáang | aan
·Kug íig hal sginanánggang'waang. They always split firewood. ·Kugáay iig hal sginanánggang. He's chopping the wood to pieces. ·Kug íig hl sginanáng! Chop some firewood!

sgínda vb. *to steer O*
SP: sgíndaa | ng DP: sgínd | gan IP: sgíndaa | yaan
·Tluwáay hal sgíndgan. He steered the boat. ·Sgíndaaw náay aa hal sgíndgan. He steered in the wheelhouse.

sgíndaaw

1. n-nom. <k̲'ii> *boat wheel*
   DEF: sgíndaawaay.
2. n-nom. <tl'a> *rudder*
   DEF: sgíndaawaay.
3. n-nom. <sk̲'a> *steering paddle*
   DEF: sgíndaawaay.

sgíndaaw da k̲'íiyunangaa n-phr. <k̲'ii> *boat wheel*

sgíndaaw náay n-cpd. *wheelhouse, pilot house on a boat*
DEF: sgíndaaw nagáay.
·Sgíndaaw náay aa hal sgíndgan. He steered in the wheelhouse.

sgingula vb. *to be quick, speedy, fast*
SP: sginguláa | ng DP: sgingul | gán IP: sginguláa | yaan
·Dáng sginguláang. You are speedy. ·Uu! Tlíi dáng sginguláas aa! My! You are so speedy!

sgisgál nn. <sg̲a> *cedar rope, cedar withes*
DEF: sgisgaláay.

sgi skáajaaw

1. n-nom. <skáa> *baseball*
   DEF: sgi skáajaawaay.
2. n-nom. <sk̲'a> *baseball bat*
   DEF: sgi skáajaawaay.

sgi skáajuu vb. *to play baseball*
SP: sgi skáajuu | gang DP: sgi skáajuu | gan IP: sgi skáajaaw | aan

sgi skáawnaang sk̲'áangwaay n-cpd. <sk̲'a> *shinny stick*

sgi skáawnaangw n-nom. <skáa> *shinny ball*
DEF: sgi skáawnaangwaay.

sgi skáawnang vb. *to play hockey, shinny*
SP: sgi skáawnang | gang DP: sgi skáawnang | gan IP: sgi skáawnaang | aan
NOTE: This verb literally means "to make a round object move by hitting with a stick using a swinging motion".

sgi tl’áangw nn. <tl’a> *shaman's beating board*
DEF: sgi tl’áangwaay.

sgi tl’iist’a vb. *to split O into shakes*
SP: sgi tl’iist’áa | ng DP: sgi tl’iist’ | gán IP: sgi tl’iist’áa | yaan
·Ts’úugyaa uu hal sgi tl’iist’áang. He is splitting cedar.

sgit’ad vb. *to chop X once, give X a chop*
SP: sgit’íid | ang DP: sgit’íid | an IP: sgit’ad | áan
·Kugáay iig hl sgit’ad. Chop up the piece of wood.

sgi ’láadaaw n-nom. *small, fine adze made of jade*

sgunáa vb. *to be smelly, stinky*

sgunáa hlgijáaw n-nom. *unidentified species of fly*

sgúnula vb. *to smell good*
SP: sgúnulaa | ng DP: sgúnul | gan IP: sgúnulaa | yaan
·Xílgahls dluu, sgúnulaang. It smells good when it gets dry.
·Gya’ándaawaay sgúnalaasaang. The clothes will smell good.

sgúnulaaw n-nom. *perfume*
DEF: sgúnulaawaay.

sgusgusgusgúu interj. *call of the skasguyáng*

sgúul nn. *school*
DEF: sgúulgaay.
·G̲aagáay san sgúul ’láa aa íijang. The kids go to good schools too.
·Sgúulgaaysd uu Hl k̲áaydang. I'm leaving from school. ·Sgúulgaay salíi aa uu náanang hal k̲íngaa’ugan. They went to see their grandmother after school.

sgúul náay n-cpd. *schoolhouse*
DEF: sgúul nagáay.
·Asgáaygw sgúul náay íijan. There was a school there. ·Sgúul náay san gu íijan. There was a school there too.

sgúunaa nn. <k̲’ii> *schooner*
DEF: sgúun-gaay.

sgúusiid nn. <skáa> *potato*
DEF: sgúusadaay.

·Sgúusiid hal tlats'áang. She is planting potatoes. ·Sgúusadaay hal g̲aaláng g̲ujúugan. He fried all the potatoes. ·Gíisdluu sgúusiid dáng táaganggang? How often do you eat potatoes?

sgúusiid k̲'áaduwaay n-cpd. *potato sack*

sgúusiid k̲'áal n-poss. *(empty) potato sack*

sgúusiid náay n-cpd. *cellar*
DEF: sgúusiid nagáay.

sgúusiid s'áalgaay n-cpd. *soup made from rotten potatoes, ooligan grease and sugar*

sgúusiid táawaay n-cpd. <k̲'ii> *bowl*

sgúusiid táwk'aanaay n-cpd. *potato garden*

sgúusiid tli'íit'uwaay n-cpd. *garden fork*

sgúusiid xál k̲ats'galáa n-phr. *potato chips*
DEF: sgúusiid xál k̲ats'galáas.
·Sgúusiid xál k̲ats'galáa hal táa'ugan. They ate potato chips.

sgúusuu nn. *double-crested cormorant*

sguyáandaal vb. *to scoot along*
SP: sguyáandaal|gang DP: sguyáandaal|gan
IP: sguyáandaal|aan
·Hal náan sguyáandaalgang. Her grandmother is scooting along.

sgwáang n-rp. <k̲'a> *one's own back*
NOTE: This is the reflexive form of sgwáay.

sgwáay n-ip. <k̲'a> *one's back*
RFX: sgwáang.
·Sgwáayang hal k'índaang. She's warming her back by the fire.
·Sgwáayang Hl x̲ahldáang. I'm scratching my back. ·Díi sgwáay dáng x̲ahldáas gyaan dáng sgwáay Hl x̲ahldáasaang. You scratch my back and I'll scratch your back.

sgwáay sk'agad n-ip. *one's backbone, spine*

sgyaadáay n-nom. <xa> *piece of dried fish*

sgyáal nn. <k̲'ii (animal plus shell), sdúu, skáa (animal)> *cockle*
DEF: sgyáalaay.

·Sgyáal san t'aláng da'áang. We also have some cockles. ·Sgyáalgyaag Hl 'wáanaasaang. I will dig for cockles. ·Sgyáalgyaag hal diyínggang. She's looking for some cockles.

sgyáamsuu

1. nn. *a figure in the string game*
   DEF: sgyáamsuwaay.
2. nn. *kestrel, sparrow hawk*
   DEF: sgyáamsuwaay.

sg̲aa nn. <sg̲a> *relatively long and thin, smooth worm*
DEF: sg̲a'áay.

·G̲ándlaay aa sg̲aa k̲wáan-gan. There were a lot of worms in the creek.
·Sg̲aa 'láa aa k̲wáan áyaagang. He has lot of intestinal worms.

sg̲áa nn. <dla> *spirit, shamanic familiar, shamanic power*
DEF: sg̲áagaay.

sg̲áa áaniigaay n-cpd. *shaman's paraphernalia*

sg̲aa dli'íit'uu n-nom. *payment to a shaman*

sg̲áagagaay n-nom. *shamanic ability, shamanic power*

sg̲aa gut'a vb. *to be a crybaby, cry easily*
SP: sg̲aa gut'áa|ng DP: sg̲aa gut'|gán IP: sg̲aa gut'áa|yaan

·Dáng gid sg̲aa gut'áang. Your child is a crybaby.

sg̲áa g̲udáay n-cpd. *shaman's paraphernalia box; a box containing paraphernalia for 'secret society' spirit performances*

sg̲áahld n-nom. *spark*

sg̲áahlts'iid nn. *flicker*
DEF: sg̲áahlts'adaay.

sg̲áahlts'iid t'áa'un n-cpd. *flicker feather*
DEF: sg̲áahlts'iid t'áa'unaay.

sg̲áal nn. *bee, paper-making wasp*
DEF: sg̲áalaay.

·Sg̲áalaay 'láa ts'agán. The bee stung him.

sg̱áalaak'uu ts'ii n-cpd. *spruce cambium*
DEF: sg̱áalaak'uu ts'iigaay.

sg̱áal cháay n-cpd. *certain sticks used in the stick game*

sg̱áalgaada vb. *to keep O hidden*
SP: sg̱áalgaadaa | ng DP: sg̱áalgaad | gan IP: sg̱áalgaadaa | yaan
·Táawaay hal sg̱áalgaadaang. She's hiding the food. ·Án Hl sg̱áalgaadgan. I was hiding. ·Giisd uu ḵiidaay ḵáahlii aa agán sg̱áalgaadaang? Who is hiding in the forest?

sg̱áal náay n-cpd. *beehive*
DEF: sg̱áal nagáay.
·Sg̱áal náay dasd hl dámaan án ḵíng. Keep away from the beehive.

sg̱áaluud n-nom. *shooting sparks, phosphorescence in ocean*
DEF: sg̱áaluudgaay.

sg̱áan (1)
1. nn. *sacred whistle (voice of a spirit)*
DEF: sg̱áanaay.
2. n-ip/ap. *supernatural power, spirit, shamanic familiar*
DEF: sg̱áanaay.
RFX: sg̱áanaang.

sg̱áan (2) nn. *killerwhale, orca*
DEF: sg̱áanaay.
·Sg̱áan isgyáan x̱úud t'aláng ḵínggan. We saw killer whales and seals. ·Awáahl g̱agwii uu, sg̱áan tl'áa gíidaangaan. A long time ago, killer whales fed the people. ·Áajii sg̱áanaay uu adiidg íinangaay kúnsgaddaalaan. The killer whales pushed the herring along towards shore.

sg̱áanaang n-rp. *one's own supernatural power, spirit, shamanic familiar*
NOTE: This is the reflexive form of sg̱áan (1).

sg̱áan dajáng n-cpd. *wooden crest hat in the shape of a killerwhale*

sg̱áan da'áang n-cpd. *a killerhale design, the figure of a killerwhale*
DEF: sg̱áan daangáay.

sg̱áan ḵ'aláay n-cpd. *killerwhale skin*

sg̲áan k̲'aldáa vb. *to be promiscuous, flirtatious*
SP: sg̲áan k̲'aldáa | gang DP: sg̲áan k̲'aldáa | gan IP: sg̲áan k̲'aldáa | gaan
·'Láa uu sg̲áan k̲'aldáagang. She is promiscuous.

Sg̲áan Tlagáa n-cpd. *afterworld*
·Sg̲áan Tlagáa aa uu hal íijan. She went to the afterworld.

Sg̲áan Tlagáa X̲aat'áay n-cpd. *ghosts, people of the afterworld*
·Díi aa Sg̲áan Tlagáa X̲aat'áay gúusuugang. The people of the afterworld are speaking to me. ·Sg̲áan Tlagáa X̲aat'áay suwíid hal íijang. He is among the people of the afterworld.

sg̲áan ts'ál tl'asdáng n-phr. *double-finned killer whale*
·Sg̲áan ts'ál tl'asdáng t'aláng k̲ínggan. We saw a double finned killer whale.

sg̲áanuug nn. *medicine or power used in sorcery*

sg̲áanuwaa vb. *to be terrifying, awesome; to be a wild beast, supernatural being*
SP: sg̲áanuwaa | gang DP: sg̲áanuwaa | gan
IP: sg̲áanuwaa | gaan
·Áajii tlagáay sg̲áanuwaagang. This place is terrifying. ·Hlanggwáay tlagáay uu sg̲áanuwaagang. The world is mysterious.

sg̲áanuwaay nn. *spirit*

sg̲áan xiláa n-cpd. *unknown species of plant*

Sg̲áan 'Láanaa n-cpd. *town of the Killerwhale People*

sg̲áa sg̲alangáay n-cpd. *spirit song*

sg̲áa t'ask'áay n-cpd. *shaman's baton*

sg̲áaw n-ip. *pay, receipts, proceeds from, price of the sale of something*
DEF: sg̲áawgaay.
·Sg̲áawgaay 'láagang. The pay is good. ·Sg̲áawgaay gyáak̲'id gám 'láagang'anggang. Sometimes the pay is not good.

sg̲áawahl nn. *a large variety of spring salmon found south of Haida Gwaii*

sg̲áay
1. n-ip. <tl'a> *a fish's gill cover*
RFX: sg̲áayang.

2. n-ip. <hlga> *one's lower jaw, mandible*
RFX: sg̲áayang.
·Tláan sg̲áay xawíi. Stop yawning!

sg̲áayang
1. n-rp. <tl'a> *a fish's own gill cover*
NOTE: This is the reflexive form of sg̲áay.
2. n-rp. <hlga> *one's own lower jaw, mandible*
NOTE: This is the reflexive form of sg̲áay.

sg̲áay g̲awíi vb. *to yawn*
SP: sg̲áay g̲awíi | gang DP: sg̲áay g̲awíi | gan IP: sg̲áay g̲awáay | aan
·Díi chan sg̲áay xawíigang. My grandfather is yawning. ·Tláan sg̲áay xawíi. Stop yawning!

sg̲áay k'u'úldangaay n-poss-ip. <k'u> *one's jaw joint*

sg̲adáal sg̲alangáay n-cpd. *dancing-in song, entrance song*
·Tl' sg̲adáalts'aas dluu, sg̲adáal sg̲alangáay tl' k'ajúugan. They sang an entrance song when they filed in.

sg̲adáalts'a vb. *to file in, enter one by one*
SP: sg̲adáalts'aa | ng DP: sg̲adáalts' | gan IP: sg̲adáalts'aa | yaan
·Daláng gw sg̲adáalts'aasaa'us? Are you going to file in? ·Gu dánhl t'aláng sg̲adáalts'aasaang. We will process in together. ·Tl' sg̲adáalts'aas dluu, sg̲adáal sg̲alangáay tl' k'ajúugan. They sang an entrance song when they filed in.

sg̲adaláay n-nom. *musical key*

sg̲agayáay n-nom. *the (act of) (several people) crying*

sg̲ahláan nn. *yellow cedar (tree or wood)*
DEF: sg̲ahlan(g)áay.
NOTE: Varies with sg̲ahláang.
·Áayaad sg̲ahláang t'aláng dúusaang. We will get some yellow cedar today. ·Sg̲ahláang adíid k̲wáan-gang. There is a lot of yellow cedar in the woods.

sg̲ahláan giidáay n-cpd. *cambium or inner bark of a yellow cedar tree*
NOTE: Varies with sg̲ahláang giidáay.

sg̲ahliyáay n-nom. *the (act of) (one person) crying*

sg̲ajúudaal n-nom. *row of weaving, knitting or crocheting*

sg̲ál vb. *to hide O*
SP: sg̲ál | gang DP: sg̲ál | gan IP: sg̲áal | aan
·Án hal sg̲ál'waang. They're hiding themselves. ·Táawaay áangaa t'aláng sg̲ál g̲ujúugan. We hid all our food. ·K'uudáats'aay hl áangaa sg̲ál. Hide your coat.

sg̲aláang n-nom. <sg̲a> *song*
DEF: sg̲alangáay.
·Sg̲aláang g̲áwtlaa t'aláng sk̲'at'áasaang. We will learn a new song. ·Sg̲aláang aa hal xu sk'ajúugang. She's whistling a song. ·Sg̲alangáay Hl sk̲'at'áang. I'm learning the song.

sg̲aláang g̲udáay n-cpd. *phonograph*
·Sg̲aláang g̲udáay hal tla k'ajúugan. He played the phonograph.

sg̲aláang x̲áwlaa n-phr. *love song*

sg̲alang xiláay n-cpd. *medicine for skill as a composer*

sg̲án nn. *red snapper*
DEF: sg̲anáay.
·Sg̲án hal tl'ad áwyaagan. He got a lot of red snapper.

sg̲ánggw
1. nn. *a type of psychotic person*
DEF: sg̲ánggwaay.
2. nn. *a type patron spirit*

sg̲án k̲'ii n-cpd. *red snapper (skin) cape*

sg̲anuwáa vb. *to be angry with, hold a grudge against X*
SP: sg̲anuwáa | gang DP: sg̲anuwáa | gan IP: sg̲anuwáa | gaan
·Díi an hal sg̲anuwáagan dáan uu, hal k'ut'álgan. She held a grudge against me until she died.

sg̲asgad vb. *to hit, strike O (as with an ax, stick)*
SP: sg̲asgíid | ang DP: sg̲asgíid | an IP: sg̲asgad | áan
·'Láa Hl k̲íngs dluu, díi gudangáay 'wáa aa sg̲asgadsáang. When I see her, I will have peace of mind. ·Gám hl díi gid sg̲asgad'áng. Don't hit my child. ·Stláang hl sg̲asgíidan dluu, díi sk'ats'gálgan. When I hit my finger I was in extreme pain.

sg̲ask'w quantifier. *whole, entire (of sça class objects)*
·Tlagánhlaa aa uu sángg sg̲ask'w hal íijanggang. He stays out at camp all winter. ·G̲áal sg̲ásk'w 'láa k̲'uhl hal is'ugán. They stayed with her all night. ·Sáng sg̲ask'w t'aláng hlg̲ánggulgan. We worked all day.

sg̱ats'a vb. *to be mean, bad-tempered, violent, irascible*
SP: sg̱ats'áa | ng DP: sg̱ats' | gán IP: sg̱ats'áa | yaan
·Hal náan sg̱ats'áang. Her grandmother is mean. ·Ahljíihl uu hal git'aláng san sg̱ats'áang. That's why her children are mean, too. ·Díi k'íij sg̱ats' áwyaagang. My stomach is grumbling.

sg̱ats' dajangáay n-cpd. *war helmet*

sg̱ats' gin-gáay n-cpd. *war clothes, fighting gear*

sg̱ats' tluwáay n-cpd. *war canoe*

sg̱at'ajáay n-nom. *feelings*

sg̱áw (1) nn. *curved hand blade for scraping hemlock bark*
DEF: sg̱awáay.

sg̱áw (2) nn. *horse mussel*

sg̱áw (3) vb. *to pay (X) for O*

sg̱áwdg pp. *in exchange for; past, in the opposite direction from*
·Dáng sg̱áwdg Hl isáang. I'll go in your place.

sg̱áyga vb. *to cry, weep (pl)*

sg̱áyhla vb. *to cry, weep (sg)*
SP: sg̱áyhlaa | ng DP: sg̱áyhl | gan IP: sg̱áyhlaa | yaan
·Hal sg̱áyhl áwyaagang'waang. They always cry a lot. ·Hal jáat'aneelgan dluu, hal aw sg̱áyhlgan. When she got married, her mother cried. ·Tláan Hl sg̱áyhlaang. I've quit crying.

sg̱id vb. *to be red*
SP: sg̱íid | ang DP: sg̱íid | an IP: sg̱id | áan
·Sg̱wáaganaay sg̱íidang. The sockeye is red. ·Hal ḵaj 'láa sg̱ids gyáan 'láa jándaang. Her hair is red and long. ·Díi ḵaj sg̱íidang. My hair is red.

sg̱idaanáa nn. *ancient murrelet*
DEF: sg̱idaan-gáay.

sg̱idahlda vb. *to turn red*
SP: sg̱idahldáa | ng DP: sg̱idahld | gán IP: sg̱idahldáa | yaan
·G̱áanaay sg̱idahldáang. The berries are turning red.

sg̱idáng g̱áangaalaa nn. *salmonberry blossom*
DEF: sg̱idáng g̱áangaalaagaay.
·Sg̱idáng g̱áangalaa k'usdíijang. The salmonberry blossom is in bloom.
·Sg̱idáng g̱áangalaa k'ut'álgan. The salmonberry blossom wilted and died.

sg̱id gijáaw n-nom. <gi> *red Hudson's Bay blanket*
DEF: sg̱id gijáawaay, ~sg̱id gijuwáay.

sg̱idluu nn. <skáa> *red huckleberry*
DEF: sg̱idluwáay.
·Sg̱idluu k'ujgad 'láagan. The red huckleberries tatsed good.

sg̱id x̱áadaal n-nom. *red osier dogwood*
DEF: sg̱id x̱áadalaay.

sg̱íid
1. nn. <gu> *giant red chiton, red gumboot*
DEF: sg̱iidaay.
·Sg̱íidaay ḵíigee aa díi jagíigang. I cant find any red gumboots.
2. nn. *red ochre*
DEF: sg̱íidaay.

sg̱i ḵ'ajáang n-nom. *lightning*
DEF: sg̱i ḵ'ajangáay.

sg̱íl nn. *white-winged scoter*
DEF: sg̱iláay.

sg̱ináaw nn. *green algae*
DEF: sg̱ináawgaay ~ sg̱inuwáay.
NOTE: Varies with sg̱inúu.
·G̱ándlaay salíi sg̱inúu ḵwáan-gang. There's a lot of green algae where the tide went out (in the intertidal zone).

sg̱ináawgaa vb. *to be green*
SP: sg̱ináawgaa | gang DP: sg̱ináawgaa | gan
IP: sg̱ináawgaa | gaan

sg̱inuwáa vb. *to be green*
SP: sg̱inuwáa | gang DP: sg̱inuwáa | gan IP: sg̱inuwáa | gaan

sg̱its'gáal n-nom. *half-dry salmon*
DEF: sg̱its'galáay.

sgíw nn. <sga> *black seaweed (laver)*
DEF: sgíiwaay.

·Sgíiwaay san kwáan-gang. The seaweed is also plentiful. ·Sgíiwaay díisd hal xa isdgán. She grabbed the seaweed from me. ·K'yúu isgyáan sgíw tl' ts'aslángs 'láagang. Clams and seaweed boiled together is good.

sgíwdga vb. *to be stingy*
SP: sgíwdgaa | ng DP: sgíwdg(a) | gan IP: sgíwdgaa | yaan
·Díi skáan táawaay eehl sgíwdgaang. My aunty is stingy with food.

sgíw núud n-cpd. <sga> *seaweed season*
DEF: sgíw núudgaay.

sgíw sgit'íit'uwaay n-cpd. *seaweed chopping block*

sgíw tl'ángandaa n-phr. *black seaweed (laver) dried in a flat cake for storage in a box*

sgulgúusd pp phrase. *on the right side of*
·Sgúlguusd tluwáay tl' k'udlán-gan. They painted the right side of the boat.

sgulúu nn. <skáa (one bubble)> *foam, bubbles, froth*
DEF: sguluwáay.

sguluwáa vb. *to be foamy, bubbly, frothy*

sgún quantifier. *only*
NOTE: Varies with sgúnaan.
·Sk'ag sgúnaan íijang, íik'waan 'láagang. There's only dog salmon, but that's okay. ·Hldaayangáas sgúnaan uu gyáak'id sgagwíid tl' istgánggang. Once in a while they'll get a ratfish, but only in deep water. ·Gyáak'id sgúnaan uu Hl táaganggang. I only eat it occasionally.

sgúnggaa vb. *to be milky with herring spawn*
·Chaansíi sgúnggaagang. The sea is milky (as when herring are spawning).

sgwáagaan nn. *sockeye salmon*
DEF: sgwáaganaay.

·Sgwáaganaay sgíidang. The sockeye is red. ·Awáahl sgwáagaan dáalaa in'wáay eehl tl' sgáwgiinii. A long time ago, people used to pay 50 cents for a sockeye. ·Kúugaay aa sgwáagaan kwáan-gang. There are a lot of sockeye at the waterfall.

sgwáagaan gándlaay n-cpd. *sockeye stream*
·Gu sgwáagaan gándlaay hal daagán. He owned a sockeye stream there.
·Sgwáagaan gándlaay hal da'áayaan. He owned a sockeye creek.

sg̱wáagaan ḵaj n-cpd. *a swallow*
·Sg̱wáagaan ḵaj hltálgaay áangaa tlaawhlgán. A swallow built its nest.

sg̱wáan quantifier. *one, other*
·Nang sg̱wáan íihlangaagang. One of them is a boy. ·X̱it'íid nang sg̱wáan ts'agáan. One of them shot a bird. ·Nang sg̱wáan san x̱úud ts'agáan. One of them, too, shot a seal.

sg̱wáanaa

1. n-ip-sg. *one's spouse's same-sex sibling's spouse*
   PLU: sg̱wáanlang. RFX: sg̱wáanaang.
   NOTE: For a male, this term refers to the husband of his wife's sister (his brother-in-law). For a female, this term refers to the wife of her husband's brother (her sister-in-law).
2. vb. *to be a spouse's same-sex sibling's spouse (to X)*
   SP: sg̱wáanaa | gang DP: sg̱wáanaa | gan IP: sg̱wáanaa | gaan
   NOTE: For a male, this term refers to the husband of his wife's sister (his brother-in-law). For a female, this term refers to the wife of her husband's brother (her sister-in-law).

sg̱wáanaada vb. *to have O as one's spouse's same-sex sibling's spouse*
SP: sg̱wáanaadaa | ng DP: sg̱wáanaad | gan
IP: sg̱wáanaadaa | yaan
NOTE: For a male, this term refers to the husband of his wife's sister (his brother-in-law). For a female, this term refers to the wife of her husband's brother (her sister-in-law).

sg̱wáanaa da'a vb. *to have a spouse's same-sex sibling's spouse*
SP: sg̱wáanaa da'áa | ng DP: sg̱wáanaa daa | gán IP: sg̱wáanaa da'áa | yaan
NOTE: For a male, this term refers to the husband of his wife's sister (his brother-in-law). For a female, this term refers to the wife of her husband's brother (her sister-in-law).

sg̱wáanaang n-rp. *one's own spouse's same-sex sibling's spouse*
NOTE: This is the reflexive form of sg̱wáanaa. For a male, this term refers to the husband of his wife's sister (his brother-in-law). For a female, this term refers to the wife of her husband's brother (her sister-in-law).

sg̱wáanang vb2. *to do sth. constantly, keep on doing sth.*
·Díi ḵ'ud sg̱wáananggang. I'm always hungry. ·G̱áalgwaa Hl skyáan sg̱wáananggan. I was awake all night. ·Adaahl daalíigw hal ḵ'a sg̱wáananggan. The day before yesterday he was asleep be for a long time.

sg̱wáansang

1. number. *one, 1*

·Gínt'ajaay sg̱wáansang ḵ'áysk'w dluu áalaagang. The blanket costs about $1.

2. vb. *to be one in number*

SP: sg̱wáansang|gang DP: sg̱wáansang|gan
IP: sg̱wáansaang|aan

·Hal gid sg̱wáansanggang. He has one child. ·K'asgad sg̱wáansanggang. It's one o'clock. ·Díi gid sg̱wáansanggang. I have one child.

3. vb2. *to V once*

SP: sg̱wáansang|gang DP: sg̱wáansang|gan
IP: sg̱wáansaang|aan

·Sangíinaay hal k'ad sg̱wáansanggan. He hit the nail once.

sg̱wáansanggaang adv. *by oneself*

síi nn. *wide stretch of sea, wide inlet, ocean*

síid nn. *the border around a button robe*

síidala vb. *to be small (pl) (inan)*
SP: síidalaa|ng DP: síidal|gan IP: síidalaa|yaan

·Táajaay síidalaang. The pebbles are small. ·Hlḵ'íitl'angwaay ts'áng síidalaang. The comb is fine-toothed.

síid sḵ'agíid

1. n-nom. *beams forming the top edge of a stockade*
2. n-nom. *stick from which a mat is suspended while being woven*

síiduu nn. *second-year sea-run coho salmon*
DEF: síiduwaay.

Síigaay nn. *Hecate Strait*

síig k'yuwáahliyaay nn. *stairway*

síiguusd adv. *way out to sea*
·Síiguusd hal tlúu ḵáagang. He's going way out to sea.

síin n-ip. *one's sense of smell*

síisguusd adv. *off the ocean*

síisgw adv. *on the ocean*

síisgwii adv. *way out to sea*
·T'íij síisgwii gin táan-gaangaan. Some used to go way out to sea to get things (food).

síisgwii g̲agadáay nn. *horizon*

síiyis tlagáay n-cpd. *a stretch of sea*

sínggals k̲'íidaangwaay n-cpd. <g̲a, hlga> *drawknife*

sínggals yaats'áay n-cpd. <hlga, g̲a> *drawknife*

skáadaang vb. *to pick, gather (X (berries))*
SP: skáadaang | gang DP: skáadaang | gan IP: skáadaang | aan
·Áayaad hldáan Hl skáadaangsaang. I will pick blueberries today. ·Háwsan hldáan-g dáng skáadaangs dluu, dáng-g Hl tlaadsáang. I'll help you when you pick blueberries again. ·Hldáan-g tl' skáadaang áwyaagan. They picked a lot of blueberries.

skáajuu vb. *to be round (sg)*

skáajuulaang vb. *to be half-drunk*
SP: skáajuulaang | gang DP: skáajuulaang | gan
IP: skáajuulaang | aan
·Díi k̲áa sgáajuulaanggang. My uncle is half-drunk. ·Hal sgáajuulaanggang. He's half-drunk.

skáak'adaang vb. *to hiccup repeatedly*
SP: skáak'adaang | gang DP: skáak'adaang | gan
IP: skáak'adaang | aan
·Hal gid skáak'adaang sg̲wáananggan. Her child kept on having hiccups.

skáak'ahlda vb. *to hiccup once*
SP: skáak'ahldaa | ng DP: skáak'ahld | gan
IP: skáak'ahldaa | yaan

skala vb. *to be a sharpshooter*
SP: skaláa | ng DP: skál | gan IP: skaláa | yaan
·Díi gid skaláang. My child is a sharpshooter.

skaláa xiláay n-cpd. *medicine for being a good shot, sharpshooter*

skánts'aals n-nom. *a lazy person*

skánts'al

1. n-ip. <sk'a> *siphon of a bivalve*
2. n-ip. <skáa> *sucker of an octopus or squid*

skánts'alaang n-nom. *laziness*

skats'gw nn. *hermit crab*

skáy

1. nn. <k'u> *screw, bolt*
   DEF: skayáay.
2. nn. <g̲a> *threaded lid*
   DEF: skayáay.
3. nn. <skáa> *whorled univalve shell*
   DEF: skayáay.

skayáaw nn. *screw, bolt*
DEF: skayáawaay.

skáy dáng k'uhláalwaay n-cpd. <k'u> *wrench*

skáy ki k'uhláalwaay n-cpd. <sk̲'a> *screwdriver*

skáynaan nn. *lingcod*
DEF: skáynaan-gaay.

skáy tla tláajgaalwaay n-cpd. <hlga> *wrench*

skáyts'aangw nn. <skáa> *knothole*
DEF: skáyts'aangwaay.

skáy ts'ii n-cpd. *hermit crab*

skida vb. *to heat O over a fire*
SP: skidáa | ng DP: skid | gán IP: skidáa | yaan

skíi nn. *steam, mist, fine rain, fine snow*
·G̲ándlaay t'álg skíigaay k̲a tíit'iijang. The mist is hanging there over the water.

skíida vb. *to smoke O (food)*
SP: skíidaa | ng DP: skíid | gan IP: skíidaa | yaan
·Chíinaay Hl skíidaang. I'm smoking fish.

Skíl Jáadaay n-cpd. *Wealth Spirit*

skína vb. *to wake up (sg)*
SP: skínaa | ng DP: skín- | gan IP: skínaa | yaan
·Awáan g̱áalgaagan dáan, Hl skín-gan. While it was still dark out I woke up. ·Dáng skínaas dluu, náay ḵáahlii hl hlk’yáawdaal. When you wake up, sweep the (inside of the) house. ·Dáng gid skínaas dluu, ḵíihlgaay tl’ dlán-gang. When your child wakes up, wash the dishes.

skináng vb. *to wake up (pl)*
SP: skináng | gang DP: skináng | gan IP: skináang | aan
·Díi git’aláng skinánggan. My children woke up.

skuj n-ip. *one's bone*
DEF: skujáay.
RFX: skujáng.
·Skuj aa díi ḵagan g̱áydan. I choked on a bone. ·Díi skuj g̱waagánggang. I have arthritic pain. ·Awáahl g̱agwíi ga k’ut’ahlgáayaas skuj uu sahlgáang tl’ isdáayaan. They put back the bones of the ones who died long ago.

skujáng n-rp. *one's own bone*
NOTE: This is the reflexive form of skuj.

skuj gyáay n-cpd. *marrow*

skuj hlg̱a tl’úu n-cpd. *warclub with an antler head*

skuj ḵáahlii n-poss. *marrow*

skuj ḵíihlaa n-cpd. *carved dish made from mountain sheep horn*

skuj ḵ’a n-cpd. *bone (seal) harpoon point*

skuj tl’aawáay n-cpd-ip. <tl’a> *one's pelvis*

skuj tl’ajuwáay
1. n-cpd-ip. <tl’a> *one-half of one's pelvis, one's pelvic bone*
2. n-cpd-ip. *one's shin*
3. n-cpd-ip. *one's shoulder blade*

skuj x̱íihl jagáay n-cpd. <ja> *shaman's bone necklace*

skúna vb. *to be clean*
SP: skúnaa | ng DP: skún- | gan IP: skúnaa | yaan

·K̲'anáay skúnaang. The grass is clean. ·Áatl'daas k'úug skúnaang. These people hearts are clean. ·Yáanangaay skún-gan. The clouds parted, cleared up.

skúnayaay n-nom. *cleanliness*

skúnda vb. *to keep O clean*
SP: skúndaa | ng DP: skúnd | gan IP: skúndaa | yaan
·Gudáang hl skúndaa! Keep your mind clean! ·Áajii salíid, st'áang tl' skúndaang. After this, be sure to keep your feet clean. ·Gin 'wáadluwaan hl skúndaa. Clean everything.

skún-gahl vb. *to become clean*
SP: skún-gal | gang DP: skún-gal | gan IP: skún-gaal | aan

skúntl'a vb. *to kiss O*
SP: skúntl'aa | ng DP: skúntl' | gan IP: skúntl'aa | yaan
·Dáa gw 'láa skúntl'aasaa'us? Are you going to kiss her?

skusáangw n-ip. <t'a (one root), hlga (cluster attached to tree or bush), hlk̲'uhl (cluster attached to a small plant)> *root (non-tuberous)*
DEF: skusáangwaay.

skusál

1. nn. <sk̲'a> *remains of a stick of devil's club after the bark has been chewed off in a particular way*

2. nn. <hlga, hlg̲a> *supporting frame*

skyáana vb. *to be awake*
SP: skyáanaa | ng DP: skyáan- | gan IP: skyáanaa | yaan
·X̲áay skyáanaang. The dog is awake. ·Dúujaay gíit'ii skyáanaang. The kitten is awake. G̲áalgwaa Hl skyáan sg̲wáananggan. I was awake all night.

skyáanaa xyáal n-cpd. *a certain medicine for discovering a witch who is causing sickness*

skyáanaa 'la'áay n-cpd-sg. *watchman*
PLU: skyáanaa 'la'áaylang.

skyáanaa 'la'áaygaa vb. *to be a watchman*
SP: skyáanaa 'la'áaygaa | gang DP: skyáanaa 'la'áaygaa | gan IP: skyáanaa 'la'áaygaa | gaan

skyúu

1. n-ip. <k̲’ii> *collarbone of a halibut*
2. n-ip. *one's shoulder*
   RFX: skyuwáng.

skyúudii nn. *whale shoulder*

skyúugang vb. *to carry O on one's shoulder*
SP: skyúugang | gang DP: skyúugang | gan IP: skyúugaang | aan
·K̲’áw hal skyúuganggan. He was carrying the board on his shoulder.

skyúut’algaangw nn. <sg̲a> *suspenders, braces (clothing)*
DEF: skyúut’algaangwaay.

skyúu t’álgaaw nn. *suspenders, braces (clothing)*

skyúu t’álg g̲agíit’uwaay n-cpd. <sg̲a> *suspenders*

skyúu’ad vb. *to carry O on one's upper arm or shoulder*
SP: skyúu’iid | ang DP: skyúu’iid | an IP: skyúu’ad | aan
·Kug í’waandaa hal skyúu’iidan. He carried large blocks of wood on his back.

skyuwáng n-rp. *one's own shoulder*
NOTE: This is the reflexive form of skyúu.

sk’áam

1. nn. <hlga> *a cross*
   DEF: sk’áamaay.
2. nn. *starfish, sea star*
   DEF: sk’áamaay.

·K’aayhlt’áa gingáan sk̲’áamaay x̲angáagang. The starfish looks like a star.
·Sk̲’áam uu chan x̲áa an t’aláng gya’áandgiinii. We used to get starfish for fertilizer.

sk’áam i hlt’ahldaláa n-phr. *sunflower starfish*

sk’áam stla k̲’ángii k̲wáan n-phr. *sunflower starfish*

sk’áang k’íij

1. n-cpd. *species of seaweed*
   DEF: sk’áang k’íijaay.

2. n-cpd. <sk’a> *swim bladder of a salmon*
DEF: sk’áang k’íijaay.

sk’áasdangaal nn. *collection of pots and pans (new or old)*
DEF: sk’áadangalaay.

sk’áay nn. *black-footed albatross*

sk’ad

1. nn. *large dish made from a dug-out log, used at feasts for serving sea mammal meat*

2. nn. *young Pacific cod*

sk’ag nn. *dog salmon, chum salmon*
DEF: sk’agáay.

·Sk’agáay í’waandaang. The dog salmon are big. ·Sk’ag sg̱únaan íijang, íik’waan ’láagang. There's only dog salmon, but that's okay. ·Sánggaas dluu sk’agáay t’aláng tl’agdáang. We soak the dog salmon in the wintertime.

sk’ag cháay n-cpd. <skáa> *cranberry, lingonberry, twinflower*
DEF: sk’ag cháaygaay.

sk’ag núud n-cpd. <sg̱a> *dog salmon season, fall, autumn*
DEF: sk’ag núudgaay.

sk’ahlgáalw n-nom. *iron wire on a roll*
DEF: sk’ahlgáalwaay.

sk’álaaw vb. *to have diarrhea*
SP: sk’álaaw | gang DP: sk’álaaw | gan IP: sk’álaaw | aan

·Nang g̱aa xajúus st’igán dluu, hal sk’álaawgan. When the child was sick she had diarrhea.

sk’alda vb. *to boil*
SP: sk’aldáa | ng DP: sk’ald | gán IP: sk’aldáa | yaan

·G̱ándlaay sk’aldáang. The water is boiling. ·Dáa gw g̱ándlaay sk’aldáas k̲éengaa? Did you see the water boiling? ·Áang, g̱ándlaay sk’aldáas Hl k̲ínggan. Yes, I saw the water boiling.

sk’aldasdla vb. *to come to a boil*

sk’aldiyáay n-nom. *the (act of) boiling*

sk'álganaay nn. <ts'as> *wooden box used for boiling food with hot stones, cooking box*

sk'álj n-ip/ap. *(one's) wrinkle*

sk'áljaa vb. *to be wrinkled*
SP: sk'áljaa | gang DP: sk'áljaa | gan IP: sk'áljaa | gaan
·Hal hat'án ináas k'yáan, hal sk'áljaagang. She's young but she's wrinkled. ·Asíis hal sk'áljaagan. She was also wrinkled. ·Hal sk'áljaa dabjúugang. His wrinkles are round (like a fat chin).

sk'áljaang vb. *to chew hard, stiff O (making a crunching noise)*
SP: sk'áljaang | gang DP: sk'áljaang | gan IP: sk'áljaang | aan
·Chíin xiláa uu Hl sk'áljaanggang. I'm chewing on dry fish.

sk'áluj nn. *rough outer bark of a young cedar tree*

sk'áluu nn. *diarrhea*
DEF: sk'áluwaay.
NOTE: Varies with sk'álaaw.

sk'ángaj n-ip. *jelly-like cartilage in the heads of fish*

sk'ángii n-ip. *sucker of an octopus or squid*

sk'angíid
1. nn. *leaves of lingonberry or twinflower*
2. nn. *wild lily-of-the-valley (plant or leaf)*
DEF: sk'áangadaay.

sk'ánhlaaw n-nom. <k̲'íi> *plane (tool)*
DEF: sk'ánhlaawaay.

sk'ánts'al n-ip. *one's lower back, sacral region, lumbar region*
RFX: sk'ánts'alang.

sk'ánts'alang n-rp. *one's own lower back, sacral region, lumbar region*
NOTE: This is the reflexive form of sk'ánts'al.

sk'ask'w quantifier. *whole, entire (of cylindrical objects)*
·Sk'atl'áangw sk'ask'w uu hal nílgan. She drank a whole cup of water.

sk'atl'áangw nn. *cup, mug, drinking glass, dipper*

sk'atl'áangw gigwáa n-phr. *dipper*

sk'atl'áangw k'udáa n-phr. *pitcher*

sk'atl'áangw k̲'áal n-poss. *an empty cup*

sk'atl'áangw k̲'ún n-poss. *the rim or brim of a cup*

sk'ats'a vb. *to be stiff*

sk'ats'áangw nn. <sk'a, hlgi> *barrel, cask*
DEF: sk'ats'áangwaay.
·Sk'ats'áangwaay hal da skáywunanggan. He rolled the barrel around.
·Sk'ats'áangwaay hal sk̲u sk'aawnánggang. She is rolling the barrel.

sk'ats'áangw gigwáa n-cpd. *water ouzel*

sk'ats'gáal nn. *tangled hair of a shaman*
DEF: sk'ats'galáay.

sk'ats'gahl vb. *to stiffen up; to have intense pain*
SP: sk'ats'gál|gang DP: sk'ats'gál|gan IP: sk'ats'gáal|aan
·Stláang hl sg̲asgíidan dluu, díi sk'ats'gálgan. When I hit my finger I was in extreme pain.

sk'ats'gálgaang n-nom. *squid*
DEF: sk'ats'gálgangaay.

sk'at'íis n-nom. *the angles inside the bow and stern of a canoe where the sides join*

sk'ayáang n-nom. *narrow channel, slough, inlet*

sk'ayáants'aa n-nom. *channel*
DEF: sk'ayáants'aay.

sk'ayúu nn. *robin*
DEF: sk'ayuwáay.
·Sk'ayuwáay k̲án sg̲íidang. The robin's chest is red.

sk'a'áangw nn. <sk'a> *basket-like cylindrical fish trap*
DEF: sk'a'áangwaay.

sk'a'áaw n-nom. <sk'a> *small cylindrical fish trap*
DEF: sk'aawáay.

sk'íihl nn. <k̲'uhl, hlk̲'uhl (plant), tl'a (leaf)> *salal (plant or leaf)*
DEF: sk'íihlaay.

sk'ín nn. *sandpaper*
DEF: sk'íinaay.

sk'ínggaang vb. *to frown upon, show dislike, distaste for X, to find X disgusting, revolting*
SP: sk'ínggaang | gang DP: sk'ínggaang | gan
IP: sk'ínggaang | aan
·Táawaayg hal sk'ínggaanggan. She frowned on the food.

sk'isdla vb. *to get full from eating (X) (sg)*
SP: sk'isdláa | ng DP: sk'ishl | gán IP: sk'isdláa | yaan
·Dáng sk'isdláas dluu, 'láa an tl' kíl 'láagang. Asíis tl' gúusuugang. When you're full, be sure to say thank you. And also give a speech. ·Díi k̲'uhl hal gatáagan dluu, hal sk'ishlgán. When she ate with me, she got full.

sk'ishlda v-rfx. *to eat one's fill, make oneself full from eating (X)*
SP: sk'ishldáa | ng DP: sk'ishld | gán IP: sk'ishldáa | yaan
·Díi k̲'uhl hal íijan dluu, án hal sk'ishldgán. When she visited me, she ate her fill.

sk'it'áan n-cpd. <skáa> *salalberry*
DEF: sk'it'anáay.

sk'úula vb. *to be gathered in a crowd*
SP: sk'úulaa | ng DP: sk'úul | gan IP: sk'úulaa | yaan
·X̲aadas náay aa tl' sk'úulaang. There are a lot of people in the longhouse. ·Gwaa tl' sk'úulgiinii. There used to be lots of people on board. ·Anáa tl' sk'úul áwyaagang. There's a big crowd of people inside.

sk'úulayaay n-nom. *a crowd*

sk'waas ján n-cpd. *the high water's edge*

sk'wáay nn. <g̲a> *the high tide, high tide line, the incoming tide at shoreline, the beach covered by the incoming tide*

sk'wáay k̲ugíinaay n-cpd. *tide table*

sk'wáay tláay n-cpd. *tide line, high water mark*

sk'yáaj n-ip. <sg̲a> *one's eyebrow*
RFX: sk'yáajang.

sk'yáajang n-rp. <sg̲a> *one's own eyebrow*
NOTE: This is the reflexive form of sk'yáaj.

sk'yáaj dáng gadáawaay n-cpd. <hlga> *tweasers*

sk'yáaj g̲ud n-cpd-ip. *one's temple*

sk'yáaw
1. n-ip. *one's coccyx, tailbone*
RFX: sk'yáawang.
2. n-ip. <sg̲a> *one's tail*
RFX: sk'yáawang.
3. nn. <gu> *root of sword fern or spiny wood fern, sweet potato*
DEF: sk'yáawaay.

sk'yáawang
1. n-rp. *one's own coccyx, tailbone*
NOTE: This is the reflexive form of sk'yáaw.
2. n-rp. <sg̲a> *one's own tail*
NOTE: This is the reflexive form of sk'yáaw.

sk̲áan n-ip-sg. *one's paternal aunt (father's sister)*
PLU: sk̲áanlang. RFX: sk̲áanang.
·Daláng sk̲áan daláng aa tla'áandaasaang. Your (pl) aunt will take care of you guys. ·Díi sk̲áanlang sdánggang. I have two aunts. ·Daláng sk̲áanlang uu Hl sk̲'áydan. I recognized your folks' aunts.

sk̲áanaa vb. *to be a paternal aunt (father's sister) (to X)*
SP: sk̲áanaa | gang DP: sk̲áanaa | gan IP: sk̲áanaa | gaan

sk̲áanang n-rp. *one's own paternal aunt (father's sister)*
NOTE: This is the reflexive form of sk̲áan.
·Sk̲áanang aa uu Hl íijang. I'm going to my Aunt's place.

sk̲áanda vb. *to have O as one's paternal aunt (father's sister)*
SP: sk̲áandaa | ng DP: sk̲áand | gan IP: sk̲áandaa | yaan

sk̲áan da'a vb. *to have a paternal aunt (father's sister)*
SP: sk̲áan da'áa | ng DP: sk̲áan daa | gán IP: sk̲áan da'áa | yaan

sk̲ahl dajáng n-cpd. *helmet (armour)*
DEF: sk̲ahl dajangáay.

sk̲ahl g̲agáa n-nom. *sailor collar*

sk̲ál

1. n-ip. <k̲’ii> *front quarter of an animal*
   RFX: sk̲aláng.
2. n-ip. <k̲’ii, ja> *one's shoulder*
   RFX: sk̲aláng.

·Díi sk̲ál g̲waagánggang. My shoulders are aching.

sk̲aláng

1. n-rp. <k̲’ii> *an animal's own front quarter*
   NOTE: This is the reflexive form of sk̲ál.
2. n-rp. <k̲’ii, ja> *one's own shoulder*
   NOTE: This is the reflexive form of sk̲ál.

sk̲ál g̲at’agangáay n-cpd. <g̲a> *shoulder blade, scapula*

sk̲ál ún n-poss-ip. *the top surface of one's shoulder*

sk̲am nn. <ja (deadfall), hlga (steel)> *trap (of any type, excluding snares)*
DEF: sk̲amáay.
·Sk̲amgáay san k̲uyáagang. The traps are expensive too.

sk̲amda vb. *to trap, set traps*
SP: sk̲amdáa | ng DP: sk̲amd | gán IP: sk̲amdáa | yaan
·’Wáa salíid, daláng g̲ung sk̲amd ínsaang. After that, your guys' father will go trapping. ·K’uwáayg hal sk̲amdáang. He's trapping for marten. ·Sdlagwáayg hal sk̲amdgán. He trapped for land otter.

sk̲amdáa ’la’áay n-cpd-sg. *trapper*
PLU: sk̲amdáa ’la’áaylang.

sk̲amdáa ’la’áaygaa vb. *to be a trapper*

sk̲am jaláa n-phr. *baited trap (for mink, weasel, marten or bear)*

sk̲áw (1)

1. nn. *figure in the string game*
   DEF: sk̲awáay.
2. nn. *grouse, ptarmigan, chicken*
   DEF: sk̲awáay.

·Sk̲awáay k̲ánsgiidang. The chicken is sitting on its eggs.

sk̲áw (2) nn. <k̲'ii> *horse clam, gaper*
DEF: sk̲awáay.

sk̲áw íihlangaa n-phr. *rooster*

sk̲áw ki'ii n-cpd. *chicken meat*
DEF: sk̲áw ki'iigaay.

sk̲áw náay n-cpd. *chicken coop*
DEF: sk̲á nagáay.

sk̲ihldg nn. *young sablefish, young black cod*

sk̲íl nn. *black cod*
DEF: sk̲íilaay.
·Sk̲íl hal táagang. She's eating codfish.

sk̲íl gyuwáay n-cpd. *black cod fishing ground*

sk̲íl táw
1. n-cpd. *black cod oil*
DEF: sk̲íl tawáay.
2. n-cpd. *flower of a ladyslipper orchid*
DEF: sk̲íl táwgaay.

sk̲íl t'áawal n-cpd. *black cod hook*

sk̲uda vb. *to punch O*
SP: sk̲udáa|ng DP: sk̲ud|gán IP: sk̲udáa|yaan
·Sk̲ud hlaa! Punch it! ·Díi gid hal sk̲udgán. He punched my child.

sk̲u hlg̲adáal vb. *to push O (sg) along slowly*

sk̲u kálwunang vb. *to roll O (kál class)*
SP: sk̲u kálwunang|gang DP: sk̲u kálwunang|gan IP: sk̲u kálwunaang|aan
·Kug í'waan díi gwíi hal sk̲u kálwunanggan. He was rolling a huge block of wood toward me.

sk̲uk'adáang

1. vb. *to push O repeatedly*

   SP: sk̲uk'adáang | gang DP: sk̲uk'adáang | gan
   IP: sk̲uk'adáang | aan

2. vb. *to row by pushing*

sk̲u k̲'íidaal vb. *to push O (sg) along slowly*
SP: sk̲u k̲'íidaal | gang DP: sk̲u k̲'íidaal | gan IP: sk̲u k̲'íidaal | aan
NOTE: This verb applies to pushing along a single k̲'íi-class object.
·Kugáay hal sk̲u k̲'íidaalgan. He pushed the large block of wood along.

sk̲úl nn. *harbor porpoise*
DEF: sk̲úulaay ~ sk̲uláay.
·Sk̲uláay náanggee guláagang. The porpoise likes to play.

sk̲úl k̲'ál n-cpd. *rubber*
DEF: sk̲úl k̲'aláay.

sk̲úl k̲'ál st'a sk'agáa n-cpd. *rubber boot*
DEF: sk̲úl k̲'ál st'a sk'agáay.

sk̲usgad vb. *to give O a single push*

sk̲u skáadaal vb. *to push, roll O (sg) along slowly*
SP: sk̲u skáadaal | gang DP: sk̲u skáadaal | gan IP: sk̲u skáadaal | aan
NOTE: This verb applies to pushing or rolling along a single skáa-class object, such as a ball.
·Kugáay díi gwii hal sk̲u skáadaalgang. He's pushing the small round block of wood toward me.

sk̲u skáajaaw n-nom. <skáa> *ball*
DEF: sk̲u skáajaawaay.

sk̲u skáajuwaa n-phr. *ball*
DEF: sk̲u skáajuwaas.
·Sk̲u skáajuwaas hl dúu! Get the ball!

sk̲u skína vb. *to wake O by pushing, shaking, punching, etc.*
SP: sk̲u skínaa | ng DP: sk̲u skín. | gan IP: sk̲u skínaa | yaan
·Díi hal sk̲u skín-gan. She woke me up (by shaking, punching me?).

sk̲u sk’aawnáangw n-nom. <sk’a> *rolling pin*
DEF: sk̲u sk’aawnáangwaay.

sk̲u sk’aawnáng vb. *to roll O (sk'a class)*
SP: sk̲u sk’aawnáng | gang DP: sk̲u sk’aawnáng | gan IP: sk̲u sk’aawnáang | aan
·Sk’ats’áangwaay hal sk̲u sk’aawnánggang. She is rolling the barrel.

sk̲u tíidaal vb. *to push O (sg) along slowly*
SP: sk̲u tíidaal | gang DP: sk̲u tíidaal | gan IP: sk̲u tíidaal | aan
NOTE: This verb applies to pushing along a single tíi-class object, such as a house.
·Cháanaay hal sk̲u tíidaalgang. He's pushing the mud. ·Náay Hl sk̲u tíidaalgan. I pushed the house.

sk̲u xadáal vb. *to push O (sg) along slowly*
SP: sk̲u xadáal | gang DP: sk̲u xadáal | gan IP: sk̲u xadáal | aan
NOTE: This verb applies to pushing along a single xa-class object.
·Kug ts’úujuu hal sk̲u xadáalgan. He was pushing a small block of wood along.

sk̲u x̲úndaal vb. *to push O (sg) along slowly*
SP: sk̲u x̲úndaal | gang DP: sk̲u x̲úndaal | gan IP: sk̲u x̲úndaal | aan
NOTE: This verb applies to pushing along a single x̲ún-class object.
·G̲udáay k̲úljuudaas hal sk̲u x̲úndaalgan. She pushed over the pile of boxes.

sk̲’aa nn. <t’áw> *evergreen needle*
DEF: sk̲’a’áay.

sk̲’áada vb. *to be reluctant to share, stingy*
SP: sk̲’áadaa | ng DP: sk̲’áad | gan IP: sk̲’áadaa | yaan

sk̲’áangw nn. *stick, wooden rod, pole, staff, peg, splinter*

sk̲’áangw k̲’áay n-poss. *the pointed end of a stick*

sk̲’ad vb. *to recognize O*
SP: sk̲’áyd | ang DP: sk̲’áyd | an IP: sk̲’ad | áan
·Díi hal sk̲’áydan. She recognized me. ·Daláng sk̲áanlang uu Hl sk̲’áydan. I recognized your folks' aunts.

sk̲’adáal vb. *for the time, hour to approach X1, for the time to be nearly X1, for the time to be just after X2*
SP: sk̲’adáal | gang DP: sk̲’adáal | gan IP: sk̲’adáal | aan
·Sántajaa aa sk̲’adáalgang. It's coming up on 12 noon.

sk̲’adgáa vb. *to be marked*
SP: sk̲’adgáa | gang DP: sk̲’adgáa | gan IP: sk̲’adgáa | gaan

sk̲’adgáada vb. *to mark O*
SP: sk̲’adgáadaa | ng DP: sk̲’adgáad | gan IP: sk̲’adgáadaa | yaan

sk̲’adgáaw
1. n-nom. <k̲’ii> *buoy*
DEF: sk̲’adgáawaay.
2. n-nom. *sign, mark, marker, badge, uniform or other identifying piece of clothing*
DEF: sk̲’adgáawaay.

sk̲’ahlang nn. *fish (including cetaceans), sea creatures that swim*
DEF: sk̲’ahlangáay.

sk̲’ánjuuhlda vb. *to stir X once with a spoon, give X a stir*
SP: sk̲’ánjuuhldaa | ng DP: sk̲’ánjuuhld | gan
IP: sk̲’ánjuuhldaa | yaan
·Táawaay aa hl sk̲’ánjuuhldaa. Give the food a stir.

sk̲’ánjuulaang vb. *to stir, mix X repeatedly with a spoon*
SP: sk̲’ánjuulaang | gang DP: sk̲’ánjuulaang | gan
IP: sk̲’ánjuulaang | aan
·Chíinaay aa Hl sk̲’ánjuulaanggang. I'm stirring the fish. ·Hal sk̲’ánjuulaang eehl ’láag hal tla’áaydan. She helped him stir it.

sk̲’asgad vb. *to lock O*
SP: sk̲’asgíid | ang DP: sk̲’asgíid | an IP: sk̲’asgad | áan
·Dáa gw k’yuwáay ’wáa aa sk̲’asgadaa? Did you lock the door? ·K’yuwáay ’wáa aa Hl sk̲’asgíidan. I locked the door. ·Gám k’yuwáay ’wáa aa t’aláng sk̲’asgad’ánggiinii. We never used to lock the door.

sk̲’asgíit’uu n-nom. <sk̲’a> *barrel lock on a door*
DEF: sk̲’asgíit’uwaay.

sk̲’at’a vb. *to learn O*
SP: sk̲’at’áa | ng DP: sk̲’at’ | gán IP: sk̲’at’áa | yaan

·X̲aad kíl hl sk̲'at'áa! Learn Haida! ·Kílaas hánsan kíilang sk̲'at'áang. The Tsimshians are also learning their own language. ·Sg̲alangáay Hl sk̲'at'áang. I'm learning the song.

sk̲'at'áa náay n-cpd. *school*
DEF: sk̲'at'áa nagáay.

·Rachel sk̲'at'áa náay aa k̲áaydan. Rachel left to go to the school.

sk̲'at'ada vb. *to teach (about) O1 to O2*

sk̲'at'gáa xiláay n-cpd. *medicine for being quick at learning*

sk̲'áw nn. <hlk̲'a> *salmonberry bush*
DEF: sk̲'awáay.

sk̲'áwaan n-cpd. <skáa> *salmonberry*
DEF: sk̲'áwanaay.

·Sk̲'áwaan san satáw suud 'láag Hl isdáasaang. I'll also give her some salmonberries in ooligan grease. ·Sk̲'áwanaay duu'únggang. The salmonberries are easy to get to. ·Sk̲'áwaan 'láa aa Hl dúugan. I went to her to get some salmonberries.

sk̲'áwaan gíit'ii n-cpd. <skáa> *domestic raspberry*
DEF: sk̲'áwaan gíit'iigaay.

sk̲'áwaan x̲áng k̲'áadaawaa n-cpd. *dark or red salmonberry*

sk̲'áw k̲'úl dláamalaay n-cpd. *unknown species of plant*

sk̲'áw stlíin n-cpd/poss. <sk̲'a> *salmonberry thorn*

sk̲'íilaa vb. *to be dirty*
SP: sk̲'íilaa | gang DP: sk̲'íilaa | gan IP: sk̲'íilaa | gaan

·Náay sk̲'íilaagang. The house is dirty. ·St'asgáay dáa sk̲'áylaagang. Your shoes are dirty. ·Awáahl dáng k̲ats'gán dluu, dáng st'áay sk̲'áylaagan. When you came in earlier, your feet were dirty.

sk̲'íilang n-rp. *one's own grime, dirt, dust, filth*
NOTE: This is the reflexive form of sk̲'íl.

sk̲'íinaa g̲ak'áldaangaa n-nom. *Bonaparte's gull*
DEF: sk̲'íinaa g̲ak'áldaangaagaay.

sk̲'íl n-ip/ap. *grime, dirt, dust, filth*
DEF: sk̲'íilaay.
RFX: sk̲'íilang.

sḵ'íl hlk'unáanwaay n-cpd. *feather duster*

sḵ'ín nn. *gull, seagull*
DEF: sḵ'íinaay.
·Sḵ'ín ḵáw hal táagan. He ate seagull eggs. ·Díi yáalang sḵ'ín ḵáw guláagang. My parents like seagull eggs. ·Sḵ'ín ḵáw hal ḵínst'aang. He's searching for seagull eggs.

sḵ'ínggwáa pp phrase. *at the bow*

sḵ'ín ḵawáa n-phr. *granite*
·Ts'asláangwaay sḵ'ín ḵawáagang. The pot is porcelain.

Sḵ'ín 'Láanaa n-cpd. *town of the Gull People*

sḵ'íw n-ip. <ḵ'ii> *bow of a boat*

sḵ'íwang
1. n-rp. <sḵ'a> *a sea lion's own whisker*
NOTE: This is the reflexive form of sḵ'íwii.
2. n-rp. <hlk'u> *one's own beard, mustache*
NOTE: This is the reflexive form of sḵ'íwii.
3. n-rp. <t'áw> *one's own whisker, facial hair*
NOTE: This is the reflexive form of sḵ'íwii.

sḵ'íwang g̱ahláaw n-cpd. <g̱a> *razor*
DEF: sḵ'íwang g̱ahláawaay.

sḵ'íwang g̱ahláaw yaats'áay n-cpd. *razor blade*

sḵ'íwdaangaa n-nom. <xa> *small chiton species with varicolored valves*
DEF: sḵ'íwdaangaagaay.

sḵ'íwii
1. n-ip. <sḵ'a> *a sea lion's whisker*
RFX: sḵ'íwang.
2. n-ip. <hlk'u> *one's beard, mustache*
RFX: sḵ'íwang.
3. n-ip. <t'áw> *one's whisker, facial hair*
RFX: sḵ'íwang.

sk̲'íwii k̲'ayáang n-ip. *one's goatee, one's beard that hangs below the chin*

sk̲'íw ínggw k̲'íihlaanwaay n-cpd. *scarfed-on bow of a canoe*

sk̲'íwjgawaay n-nom. *the tying up of the mouth (of a bag, etc.)*

sk̲'iw sgat'as n-cpd. <sga, sda> *bowstem*

sk̲'iw tl'ajáaw n-cpd. <gi> *jibsail*
DEF: sk̲'iw tl'ajáawaay.

sk̲'íwt'aang vb. *to quarrel, argue (with X)*
SP: sk̲'íwt'aang|gang DP: sk̲'íwt'aang|gan IP: sk̲'íwt'aang|aan
·Díi an hal sk̲'íwt'aanggan. She quarreled with me.

sk̲'ud n-ip. <ja (one), hlg̲a (both)> *one's armpit*
RFX: sk̲'udáng.

sk̲'udáng n-rp. <ja (one), hlg̲a (both)> *one's own armpit*
NOTE: This is the reflexive form of sk̲'ud.

sk̲'u dlasgad v-rfx. *to embrace, hug X*
SP: sk̲'u dlasgíid|ang DP: sk̲'u dlasgíid|an IP: sk̲'u dlasgad|áan
·Díig hl án sk̲'udlasgad! Give me a hug! ·Díig án hal sk̲'u dlasgíidan. She hugged me. ·Díig hl agán sk̲'u dlasgad. Give me a hug.

sk̲'ust'áa n-nom. <cha> *vest, waistcoat, bra*
DEF: sk̲'ust'áay ~ sk̲'ust'gáay.

sk̲'ut'íisdaa nn. *vest*
·Sk̲'ut'íisdaay 'láangaa Hl tl'íigang. I'm sewing his vest.

snáalang n-rp. *one's own scab*
NOTE: This is the reflexive form of snál.

snál n-nom-ip/ap. *(one's) scab*
DEF: snaláay.
RFX: snáalang.
·Snaláay hl áangaa dlán. Wash you scabs.

snál g̲ánguj n-poss. <gu, g̲a> *(one's) small scab*
DEF: snaláay g̲ánguj.

stánsang

1. number. *four, 4*
2. vb. *to be four in number*
3. vb2. *to V four times*

SP: stánsang | gang DP: stánsang | gan IP: stánsaang | aan

stáw nn. <skáa, k̲'ii> *small sea urchin*
DEF: stawáay.
·Stáw ii gin k'i k̲'áwgang. There are sharp things (needles) on a sea urchin.

stáwjaaw tluwáay n-cpd. *passenger ship*

stáwjuu vb. *to visit, stroll*
SP: stáwjuu | gang DP: stáwjuu | gan IP: stáwjaaw | aan
·Dáng aa t'aláng stáwjaaw áasaang. We will go visit you. ·Dii aw stáwjaaw áagan. My mother went visiting. ·Awáahl tl' gud íig tl' st'áwjuugaangaan. Long ago they used to visit each other.

stáw k'íina vb. *to be lukewarm*
SP: stáw k'íinaa | ng DP: stáw k'íin- | gan IP: stáw k'íinaa | yaan
·G̲ángk'anaay stáw k'íinaang. The tea is lukewarm.

stáw k'íinasdla vb. *to become lukewarm*
SP: stáw k'íinasdlaa | ng DP: stáw k'íinashl | gan IP: stáw k'íinasdlaa | yaan

stáw stlíin n-cpd/poss. <sk̲'a> *sea urchin spine*

stáw tlagáa n-cpd. *a place with lots of sea urchins*
DEF: stáw tlagáagaay.

stáw xáadaay n-cpd. *sea urchin net*

stáw x̲asáa n-phr. *giant red/purple sea urchin*

stíid nn. *elderberry bush or wood*
DEF: stíidaay.

stíidgaa n-nom. <g̲a> *labret*
DEF: stíidgaay.

stíidgaa k'ámaal n-phr. *bogeywoman*
DEF: stíidgaa k'ámalaay.

stíid gun-gáay n-cpd. *rotten elderberry wood*

stla nn. <ga> *fingerspan*

stlaaláng vb. *to have cold hands*
SP: stlaaláng|gang DP: stlaaláng|gan IP: stlaaláang|aan
·Hal stlaalánggang. He has cold hands. ·Hal stlaaláng gujúu'waang. They all have cold hands. ·Dáng stlaaláng s dluu, anáag tl' kats'áang. When your hands are cold, you better come inside.

stláandlaanw
1. n-nom. <ga> *a wash basin*
DEF: stláandlaanwaay.
2. n-nom. <k'ii> *soap*
DEF: stláandlaanwaay.

stláang
1. nn. <xa> *a handful*
2. n-rp. <ja> *one's own hand, front paw*
NOTE: This is the reflexive form of stláay.
·Stláang hl k'ahdgáa! Clap your hands! ·Awáahl tl' aadáas dluu, stláang eehl aadáay tl' dáng'iidaan. Long ago when they were seining, they pulled the nets in by hand. ·Stláang eehl hal xánjuulaang eehl 'láag hal tla'áaydan. She helped him stir it with her hands.

stláang damáay n-rp. *one's own wrist bone bump*
NOTE: This is the reflexive form of stla damáay.

stláang gisáaw n-cpd. <gi> *hand towel, bath towel*
DEF: stláang gisáawaay.

stláang kaanáng n-rp. *one's own palm*
NOTE: This is the reflexive form of stla ka'án.

stláang k'ángaang n-rp. *one's own finger; a starfish's own arm; a crab's own leg*
NOTE: This is the reflexive form of stla k'ángii.

stláang k'íits'aad n-cpd-rp. *one's own wrist joint*
NOTE: This is the reflexive form of stláay k'íits'aad.

stláasal n-cpd-ip. *one's handprint, fingerprint*
RFX: stláasalang.

stláasalang n-cpd-rp. *one's own handprint, fingerprint*
NOTE: This is the reflexive form of stláasal.

stláawul n-ip. *one's hand plus wrist, one's clawed forepaw*

stláay n-ip. <ja> *one's hand, one's front paw*
RFX: stláang.

·Hal stláay Hl dúugan. I shook his hand. ·Ts'áanuwaay díi stláay k'úntl'dagan. The fire burned my hand. ·Díi stláay k'u'úldaangaa G̲waagánggang. The joints in my hands are aching.

stláay damíi n-ip. *wrist bone*

Stláay K'ámaalaa n-phr. *a bogeyman*

stláay k'u'úldangaay n-poss-ip. <k'u> *one's wrist*

stláay k̲'íits'aad n-cpd-ip. *one's wrist joint*
RFX: stláang k̲'íits'aad.

stláay sgwáay n-ip. *the back of one's hand*

Stláay Xálawaay n-cpd. *bogeyman with coal for hands*

stladáalsgyaan n-nom. *dock (plant)*
DEF: stladáalsgyaan-gaay.

stla damáay n-ip. *one's wrist bone bump*
RFX: stláang damáay.

stlagáa n-nom. <sda, sga> *bracelet*
DEF: stlagáay.

·Stlagáay xáal íisd 'láangaa tlaahlgáagang. Her bracelet is made out of copper.

stla g̲ud n-ip. *one's little finger, pinky*
RFX: stla g̲udáng.

stla g̲udáng n-rp. *one's own little finger, pinky*
NOTE: This is the reflexive form of stla g̲ud.

stla hlk'únk' n-cpd. <ja> *glove, mitten*
DEF: stla hlk'únk'aay.

·Stla hlk’únk’ san Hl x̱áysaang. I'll crochet some gloves too. ·St’a hlk’únk’ Hl x̱áygang. I'm knitting mittens. ·Stla hlk’únk’aay iig áa t’aláng tlaláanggan. We put on our mittens.

stlajúu vb. *to point at X (sg subj)*
·Sáag hl stlajúu! Point up! ·X̱íid hl stlajúu! Point down!

stla kingáangw n-nom. <ts’as> *piano, organ*
DEF: stla kingáangwaay.

stla kún n-ip. *one's fingertip; a crab's claw*
RFX: stla kunáng.
·Díi stla kún kíijaagang. My fingertip is abcessed. ·Hal stla kún k’udaláang. Her fingertips are short and stubby.

stla kunáng n-rp. *one's own fingertip; a crab's own claw*
NOTE: This is the reflexive form of stla kún.

stla kún skáajaaw n-cpd. <skáa> *thimble*
DEF: stla kún skáajaawaay.

stla k’ún n-cpd-ip/ap. *a mammal's claw*
RFX: stla k’unáng.

stla k’unáng n-cpd-rp. *a mammal's own claw*
NOTE: This is the reflexive form of stla k’ún.

stla k’wáayaa n-cpd-ip. <sk’a> *one's thumb*
RFX: stla k’wáayang.
·Stla k’wáayaa áangaa hal k’ujgíidang. He's sucking his thumb.

stla k’wáayang n-cpd-rp. <sk’a> *one's own thumb*
NOTE: This is the reflexive form of stla k’wáayaa.

stla ḵa’án n-ip. *one's palm*
RFX: stláang ḵaanáng.

stla ḵ’áalaangw n-nom. <ts’as> *typewriter*
DEF: stla ḵ’áalaangwaay.

stla ḵ’ángii n-cpd-ip. *one's finger; a starfish's arm; a crab's leg*
RFX: stláang ḵ’ángaang.

stla ḵ’ángii k’u’úldangaay n-poss-ip. <k’u, kún> *one's knuckles*

stla k̲'ángii sk'a k̲úunaa n-phr-ip. *one's middle finger*

stla k̲'íist'aa n-nom. <skáa> *bulb of rice root, Indian rice*
DEF: stla k̲'íist'aagaay.
·Stla k̲'íist'aa san t'aláng táagiinii. We used to eat wild rice too.

stlán nn. <sk̲'a> *needle*
DEF: stlíinaay.
·Stlíinaay k'igáng. The needle is sharp. ·Stlán díi an tl' isdáang. You should get me some needles.

stlán k'usíi
1. n-cpd. *eye end of a needle*
2. n-poss. *eye of a needle*
DEF: stlíinaay k'usíi.

stlán k'yúuwaa n-phr. *three-cornered needle used to sew leather*

stlán k̲'áay n-poss. *the point of a needle*

stlánlaa xyáal n-cpd. *medicine for making one good at working with one's hands*

stla sk'áamaa n-nom. *fingerspan*

stla ún n-cpd-ip. *back of one's hand*
RFX: stla úunang.

stla úunang n-cpd-rp. *the back of one's own hand*
NOTE: This is the reflexive form of stla ún.

stla'áaw vb. *to point at X (pl subj)*
NOTE: This verb refers specifically to pointing with one's finger.

stliihluu nn. <sda, sga> *(finger) ring*
DEF: stliihluwáay.
·Stliihluu san hl díig isdáa. Give me some rings too.

stlíin n-ip. <sk̲'a> *one's thorn, spine, quill*

stlúuts'aadaangaa nn. *woodpecker*
DEF: stlúuts'aadangaay.

stl'áamaalaa n-ip. *evergreen needle*

stl'áanaa vb. *to be left-handed*
SP: stl'áanaa | gang DP: stl'áanaa | gan IP: stl'áanaa | gaan
·Dáa gw stl'áanaa'us? Are you left-handed? ·Díi stl'áanaagang. I'm left-handed. ·Díi gid stl'áanaagang. My child is left-handed.

stl'áan-guusd pp phrase. *on the left side, left-handed*
·Stl'áan-guusd hal ta k̲'áalanggang. She writes left-handed.

stl'áanjaaw n-nom. *toilet paper*

stl'áanjuu vb. *to wipe O's bottom*

stl'áas k'ámaal nn. <sk'a> *cone from an evergreen or alder*
DEF: stl'áas k'ámalaay.

stl'áas k'ámaal x̲aat'áay n-cpd. *"little people"*

stl'a gudíis n-nom. <skáa> *thimbleberry*
DEF: stl'a gudajáay.

stl'a g̲ugáalw n-nom. <sk'a> *flashlight*
DEF: stl'a g̲ugáalwaay.

stl'ajáaw n-nom. <stl'a> *a small wooden float used with a halibut hook*
DEF: stl'ajáawaay.

stl'a kingáangw n-nom. <ts'as, k̲'ii> *guitar, banjo, any string instrument played by plucking*
DEF: stl'a kingáangwaay.

stl'ak'áak'aanaa nn. *stickleback*
DEF: stl'ak'áak'áanaagaay.

stl'a k'ún

1. n-cpd-ip/ap. <gu> *one's fingernail*
RFX: stl'a k'unáng.
·Stl'a k'ún hl jatl'áa! Cut your fingernails!
2. n-cpd-ip/ap. <sk̲'a> *the hand(s) of a clock or watch*

stl'a k'unáng n-cpd-rp. <gu> *one's own fingernail*
NOTE: This is the reflexive form of stl'a k'ún (1).

Stl'a K'ún Xáalaay n-nom. *Arousal Spirit*

stl'ak'uyáay n-ip. *one's part (in hair)*

stl'ak̲am nn. <k̲ám> *butterfly, moth*
DEF: stl'ak̲amáay.

stl'a k̲'íit'ajaay n-nom. *the buttoning*

stl'a k̲'íit'as vb. *to button up O (clothing)*

stl'áng n-ip. *the back or bottom of something*

stl'áng dáaw n-cpd. *the bottom edge of a basket that is being woven*

stl'ang g̲at'íis n-nom. <g̲a> *saucer; wooden disk supporting a hat or basket that's being woven*

stl'áng sk'aawáay n-cpd. <sk'a (small), hlgi (large)> *keel*

stl'ánhlaal n-nom. *mixture of boiled salalberries and fresh Maianthemum berries*
DEF: stl'ánhlalaay.

stl'a skáawnaangw n-nom. <skáa> *marble (toy)*
DEF: stl'a skáawnaangwaay.

stl'a skáawnang vb. *to play marbles*
SP: stl'a skáawnang|gang DP: stl'a skáawnang|gan IP: stl'a skáawnaang|aan
NOTE: This verb literally means "to make a round object move by hitting it with one's fingernails".

stl'a tl'agáa n-nom. *woolen cuff*

stl'iid vb. *to pinch O*
SP: stl'iyíid|ang DP: stl'iyíid|an IP: stl'iid|áan
·Gyuwáng hl stl'iit! Pinch your ears! ·Díi hal stl'iyíidan. She pinched me.
·Gyúuwang hl stl'iid! Pinch your ears!

stl'i'íilt'gwaang nn. *mosquito, no-see-um, deer fly*
DEF: stl'i'íilt'gungaay.

stl'i'íilt'gwaang hlkáamdalaa n-phr. *mosquitoes*

stl'i'iilt'gwaang hlkáamdalaas n-phr. *daddy-longlegs spider*

stl'i'iilt'gwaang síidalaa n-phr. *no-see-ums*

stl'i'iilt'gwaang stl'a kún g̱ad hlgadaláa n-phr. *species of mosquito the ends of whose legs are white*

stl'uuj n-ip. *shaft of an arrow; stem plus core of certain berries (thimbleberries, salmonberries, strawberries)*

stl'uuláng n-rp. <ja> *one's own anus*
NOTE: This is the reflexive form of stl'uwúl.

stl'uuláng chaadiyáay n-poss-phr-rp. <ja> *one's own buttocks*
NOTE: This is the reflexive form of stl'uwúl chaadiyáay.

stl'uuláng chiingáay n-poss-phr-rp. <ja> *one of one's own buttocks*
NOTE: This is the reflexive form of stl'uwúl chiingáay.

stl'uwúl

1. n-ip. <ja> *one's anus*
   RFX: stl'uuláng.
2. n-ip. <skáa> *the remains of a potato after the eyes are cut out*

stl'uwúl chaadiyáay n-poss-phr-ip. <ja> *one's buttocks*
RFX: stl'uuláng chaadiyáay.

stl'uwúl chiingáay n-poss-phr-ip. <ja> *one of one's buttocks*
RFX: stl'uuláng chiingáay.

st'a

1. n-ip. <ḵ'ii> *a fish's tail*
2. nn. <ḵ'ii> *a foot (measurement)*

·Gyáa'angaay uu st'a tláalaay sdáng dluu jánggang. The totem pole is twenty feet long.

st'áad xildáaw n-cpd. <ja, tl'a> *sock, stocking*
DEF: st'áad xildáawaay.

st'aagáa vb. *to be full*
SP: st'aagáa | gang DP: st'aagáa | gan IP: st'aagáa | gaan

·G̱áan eehl uu ḵ'iit'aas st'aagáagang. The berry basket is full of berries.
·Gwáalaay ḵ'amálgan. St'aagáa jahlíigan. The bag burst. It was too full.

·Gwáalaay st’aagáa jahlíis eihl, k̲’amálgan. Because the bag was too full, it burst.

st’aaláng vb. *to have cold feet*

SP: st’aaláng | gang DP: st’aaláng | gan IP: st’aaláang | aan

·Díi st’aalánggan. My feet were cold. ·Díi st’aaláng áwyaagang. My feet are very cold. ·Hl náanggan dluu, díi st’aalánggan. When I was playing I had cold feet.

st’áang

1. n-rp. <ja, k̲’ii> *one's own foot*

NOTE: This is the reflexive form of st’áay.

2. n-rp. <sdúu> *one's own foot (of a cockle)*

NOTE: This is the reflexive form of st’áay.

3. n-rp. <sk’a> *one's own hoof*

NOTE: This is the reflexive form of st’áay.

4. n-rp. <ja> *one's own paw, one's own back paw (of a bear), one's own hind flipper (of a seal or sea lion)*

NOTE: This is the reflexive form of st’áay.

5. n-rp. <k̲’ii> *one's own tail (of a fish)*

NOTE: This is the reflexive form of st’áay.

st’áang damáay n-rp. *one's own ankle bone bump*

NOTE: This is the reflexive form of st’a damáay.

st’áang k̲aanáng n-rp. *the sole of one's own foot*

NOTE: This is the reflexive form of st’a k̲a’án.

st’áang k̲’ángaang n-rp. *one's own toe*

NOTE: This is the reflexive form of st’a k̲’ángii.

st’áang sk’a k̲úunagaay n-rp. *one's own big toe*

NOTE: This is the reflexive form of st’áay sk’a k̲úunagaay.

st’áang t’a gisáawaay n-cpd. *doormat*

st’áasal n-cpd-ip/ap. *one's footprint, track*

RFX: st’áasalang.

·Dáng st’áasal uu íijang. These are your footprints. ·Dáng st’áasal Hl k̲ínggang. I can see your footprints. ·Hal st’áasal gáak’ uu Hl k̲áagan. I walked in his footsteps.

st'áasalang n-cpd-rp. *one's own footprint, tracks*
NOTE: This is the reflexive form of st'áasal.

st'áawul n-ip. *the endurance or agility of one's feet*
RFX: st'áawulang.

st'áawulang n-rp. *the endurance or agility of one's own feet*
NOTE: This is the reflexive form of st'áawul.

st'áay

1. n-ip. <sdúu> *foot (of a cockle)*
RFX: st'áang.

2. n-ip. <ja, k̲'íi> *one's foot*
RFX: st'áang.
·St'áang hl dlán! Wash your feet! ·Dáng st'áay dáangaa k'ut'aláagang. Your foot is paralyzed. ·Díi st'áay k̲aganáa áwyaagang. My feet are really cold.

3. n-ip. <sk'a> *one's hoof*
RFX: st'áang.

4. n-ip. <ja> *one's paw; one's back paw (of a bear), one's hind flipper (of seal or sea lion)*
RFX: st'áang.

5. n-ip. <k̲'ii> *tail of a fish*
RFX: st'áang.

st'áay damíi n-cpd-ip. *ankle bone*

st'áay g̲adg n-phr. *halibut tail*

st'áay k'u'úldangaay n-poss-ip. <k'u, k̲'ii> *one's ankle joint*

st'áay sk'a k̲úunagaay n-ip. <sk'a> *one's big toe*
RFX: st'áang sk'a k̲úunagaay.

st'áay t'amál n-ip. *one's ankle*

st'a damáay n-ip. *one's ankle bone bump*
RFX: st'áang damáay.

st'agáa n-nom. <sda, sga> *anklet*
DEF: st'agáay.

st'agad vb. *to warn, caution, reprimand (X), tell (X) not to do something*
SP: st'agíid|ang DP: st'agíid|an IP: st'agad|áan
·'Láa aa Hl st'agíidan. I cautioned her. ·K'wáa gyáaḵ'id git'aláng aa st'agad. Reprimand your children once in a while. ·'Láa aa tl' stagad'wáang. Be sure to warn them.

st'a g̲ud n-ip. *one's little toe*
RFX: st'a g̲udáng.

st'a g̲udáng n-rp. *one's own little toe*
NOTE: This is the reflexive form of st'a g̲ud.

st'a g̲unáan pp phrase. *barefoot*
·St'a g̲unáan uu g̲aagáay íijaangaan. The children used to go barefoot.

st'ah vb. *to be full, filled*
SP: st'ah|gáng DP: st'ah|gán IP: st'ah|gáan
·Dláangaa st'ahs dluu, anáag hl isd'úu. When your (bags) are full, take them home. ·Hlg̲ajáawaay st'ahgáng. The fish rack is full. ·Díi k'ugánsaan st'ahgáng. My bladder is full.

st'ahda vb. *to fill O up*
SP: st'ahdáa|ng DP: st'ahd|gán IP: st'ahdáa|yaan
·Gwáahl chasdáng Hl st'ahdgán. I filled two bags. ·G̲anáay hl st'ahdáa. Fill the bucket. ·St'ahdáa hlaa! Fill it up!

st'a hlk'únk' n-cpd. <ja> *moccasin*
DEF: st'a hlk'únk'aay.
·St'a hlk'únk' hl gya'ándaa! Wear moccasins! ·St'a hlk'únk' g̲adáas uu díi guláagang. I like the white mocassins. ·St'a hlk'únk' g̲áwtlaas áangaa íitl' guláagang. We like our new moccasins.

st'a hlk'únk' úngkwsii n-cpd. *mocassin top*
·St'a hlk'únk' únggwsii hal tl'íigang. She's sewing moccasin tops.

st'a kún n-ip. *one's toetip*
RFX: st'a kunáng.
·Díi st'a kún dánhliyaagang. My toetips are swollen.

st'a kunáng n-rp. *one's own toetip*
NOTE: This is the reflexive form of st'a kún.

st'a k'ún
1. n-cpd-ip/ap. <sk'a> *a bird's claw or talon, a deer's hoof*
RFX: st'a k'unáng.

2. n-cpd-ip/ap. <gu> *one's toenail*
RFX: st'a k'unáng.

·Dii st'a k'ún kíijaagang. My toenail is abcessed. ·St'a k'ún hl jatl'áa! Cut your toenails!

st'a k'unáng

1. n-cpd-rp. <sk'a> *bird's own claw or talon, deer's own hoof*
NOTE: This is the reflexive form of st'a k'ún.

2. n-cpd-rp. <gu> *one's own toenail*
NOTE: This is the reflexive form of st'a k'ún.

st'a k'usáang n-cpd-rp. <k̲'ii> *heel of one's own foot or shoe*
NOTE: This is the reflexive form of st'a k'usíi.

st'a k'usíi n-cpd-ip. <k̲'ii> *heel of one's foot or shoe*
RFX: st'a k'usáang.

st'a k'wáayaa n-cpd-ip. *big toe*

st'a k'wáayang n-cpd-rp. <sk'a> *one's own big toe*
NOTE: This is the reflexive form of st'a k'wáayaa.

st'a k̲a'án n-ip. *sole of one's foot*

st'a k̲a'án sgast'áay n-cpd. *instep*

st'a k̲'ángii n-ip. *one's toe*
RFX: st'áang k̲'ángaang.

st'a k̲'ángii sk'a k̲úunaa n-phr-ip. *one's big toe*

st'a k̲'ats' n-phr. *black brant*

st'a k̲'íigad n-nom. <k̲'ii> *foot (of measurement)*

st'álaa

1. nn. *figure in the string game*
DEF: st'álg̲aay.

2. nn. *slug*
DEF: st'álgaay.

st'álaa táa n-nom. *unidentified species of hawk*

st'án nn. *soft wet mass*

st'áng k'aad n-cpd. *(whole) ankle*

st'asdánggusdla vb. *to go numb from lack of circulation (as a hand or foot); to have pins and needles, tingling sensation due to renewed circulation*
SP: st'asdánggusdlaa | ng DP: st'asdánggushl | gan
IP: st'asdánggusdlaa | yaan

·Hl k̲'áwgan t'áahl, díi st'áay st'asdánggushlgan. While I was sitting I got a cramp in my feet.

st'a skas vb. *to trip, stumble*
SP: st'a skáyj | ang DP: st'a skáyj | an IP: st'a skaj | áan

·Akyáa hal st'a skáyjan. She tripped outside. ·Hal g̲adáagan dluu, hal st'askáyjan. When she ran out she tripped. ·Gám hl k̲wáay yaats'áas úngkw st'a skas'áng. Don't trip over the cable.

st'a sk'agáa n-nom. <sk'a, ja> *shoe, boot*
DEF: st'a sk'agáay ~ st'asgáay.
NOTE: Varies with st'asgáa.

·St'asgáay hl áangaa ts'at'as! Tie your shoes! ·St'asgáay áangaa Hl kyúugang. I'm tying my shoes. ·St'asgáay díinaa hal kyúugang. She is tying my shoes.

st'a sk'agáa dánts'iit'uwaay n-cpd. <t'a> *shoelace*

st'a sk'agáa duwúl stl'a k̲'íit'ajaa n-phr. *button shoe*

st'a sk'agáa guuláangwaay dánts'iit'uwaay n-cpd. <hlga> *buttonhook*

st'a sk'agáa jándaa n-phr. *boots*

st'a sk'agáa jáng n-phr. *boot (sg)*

st'a sk'agáa k'udláanwaay n-cpd. *shoe polish*

st'a sk'agáa k̲a'án n-cpd. *sole of a shoe*

st'a sk'agáa k̲a'án sangíinaay n-cpd. *tack*

st'a sk'agáa k̲'áajaa n-phr. *rubber boot*

st'a sk'agáa tíilaa n-phr. *hipboots, hip waders*

st'a sk'agáa tla xahldáawaay n-cpd. *shoe polish*

st'ask'ún nn. *osprey*
DEF: st'ask'unáay.

st'ast'aangáa n-ip. *palate*

st'a ún n-cpd-ip. *the top of one's foot, one's instep*
RFX: st'a úunang.

st'a úunang n-cpd-rp. *the top of one's own foot, one's own instep*
NOTE: This is the reflexive form of st'a ún.

st'áw

1. nn. *saw-whet owl*
   DEF: st'awáay.
2. nn. *witch*
   DEF: st'awáay.

·St'áw san tl' yahdáayaan. They also believed in witchcraft.

st'awáa vb. *to be a witch*

st'áwda vb. *to bewitch, put a spell on O*
SP: st'áwdaa|ng DP: st'áwd|gan IP: st'áwdaa|yaan
·'Láa tl' st'áwdaayaan. He was bewitched.

st'áw dajáangaa n-cpd. <gu> *mushroom, toadstool*
DEF: st'áw dajáangaagaay.

st'áwdalaang nn. *long red worms found on the beach*

st'áw g̲áanaa n-cpd. *watermelon berries*

st'áws x̲aat'áay n-cpd. *(the) witches*

st'áw t'ál tl'uugwáang n-cpd. *starry flounder*

st'i

1. vb. *to be sad*
   SP: st'i|gáng DP: st'i|gán IP: st'i|gáan
   NOTE: This verb requires gudangáay "(someone's) mind" as its subject.

·G̲ahl díi gudangáay st'igáng. I'm sorry about that. ·Díi gudangáay st'is eehl. Because I felt sad.

2. vb. *to be sick, ill*

SP: st'i | gáng DP: st'i | gán IP: st'i | gáan

·Tlagún dáng súuduwaan uu, dáng st'igáng. No matter what you say, you're sick. ·Tláan díi k̲'ulúu k̲aj st'igáng. My knees don't hurt anymore. ·Díi sdláan st'i áwyaagang. My intestines are very sick.

st'ida

1. vb. *to let O be sick*

SP: st'idáa | ng DP: st'id | gán IP: st'idáa | yaan

·K'wáa hal st'idáa! Let her be sick!

2. vb. *to reprimand, forbid, tell O not to do sth.*

SP: st'idáa | ng DP: st'id | gán IP: st'idáa | yaan

·Git'aláng hal st'idáang. She is reprimanding her children. ·Awáahl díi tl' st'idgíinii. Íik'waan gám Hl gudáng'anggiinii. They used to warn me a long time ago. But I never used to listen.

st'íi n-nom. *sickness, illness, disease*

DEF: st'íigaay.

·'Wáadluu, st'íi tl'áa guud k̲áagaan. Then disease came among them. ·'Wáadluu gám st'íi dáng k̲áy'angsaang. You will not get sick then. ·Sángg sg̲ask'w uu st'íigaay tláats'gaagan. All winter the flu was strong.

st'íi aa tla'áandaa 'la'áay n-cpd-sg. *nurse*

PLU: st'íi aa tla'áandaa 'la'áaylang.

st'íi aa tla'áandaa 'la'áaygaa vb. *to be a nurse*

SP: st'íi aa tla'áandaa 'la'áaygaa | gang DP: st'íi aa tla'áandaa 'la'áaygaa | gan IP: st'íi aa tla'áandaa 'la'áaygaa | gaan

·Díi sk̲áan uu st'íi aa tla'áandaa 'la'áaygaa íijan. My aunt was a nurse.

st'íi dag̲angáa n-phr. *venereal disease*

·St'íi dag̲angáa hal daa'wáang. They have social diseases.

st'íigang vb. *to be jealous*

SP: st'íigang | gang DP: st'íigang | gan IP: st'íigaang | aan

st'íi k̲éengwaay n-cpd. <sk̲'a> *(medical) thermometer*

st'íi k̲éeng 'la'áay n-cpd-sg. *doctor*

PLU: st'íi k̲éeng 'la'áaylang.

st'íi k̲éeng 'la'áaygaa vb. *to be a doctor*

SP: st'íi k̲éeng 'la'áaygaa | gang DP: st'íi k̲éeng 'la'áaygaa | gan IP: st'íi k̲éeng 'la'áaygaa | gaan

st'íi náay n-cpd. *hospital*
    DEF: st'íi nagáay.
    ·St'íi náay aa Hl íijan. I went to the hospital. ·St'íi náay aa Hl íijan. I was in the hospital. ·Gám st'íi náay ḵéengk'aa'anggang. There are no hospitals (around here).

st'uwúl ḵ'áas n-cpd. *boiled wild currants thickened with salmon eggs*

súgaa nn. *sugar*
    DEF: súgaagaay.

súgaa sg̱id n-phr. *brown sugar*
    NOTE: Literally "red sugar". Note that the Haida word sg̱id covers both red as well as darker shades of brown.

súgaa táawaay n-cpd. <sk'a> *sugar bowl*

súljuus gyaa náay n-phr. *barracks*

súljuus x̱aat'áay n-cpd. *soldiers*

súu (1) vb. *to speak, to say O*
    SP: súu|gang DP: súu|gan IP: sáaw|aan
    ·Dáng chan 'wáahlahlsaang tl' súugang. They say your grandfather will have a potlatch. ·«Dúujaay gíit'ii aa Hl tla'áandaasaang,» hín uu hal sáawaan. "I'll take care of the kittens," she said. ·Gám tlagw hal súus an díi únsad'anggang. I don't know what he said.

súu (2) nn. <g̱a> *lake, pond, pool, puddle, body of water*
    DEF: suwáay.
    ·Súu xajúu aa Hl ta t'ánsgadsaang. I'll wash the clothes in a small pond.

súub nn. *soup*
    DEF: súubgaay.

súub dagáalwaay n-cpd. <skáa> *soup ladle*

súub ḵíihlaa n-cpd. *soup bowl*

súub sk'atl'áangwaay n-cpd. <skáa> *soup ladle*

súub táawaay n-cpd. <g̱a> *soup bowl*

suud pp. *among*

·Tl'áa suud Yáahl náagaan. Raven lived among the people. ·Awáahl g̲agwíi Yáats' X̲aat'áay íitl' suud íijan. A long time ago the White people were among us. ·Íihlaants'daay isgyáan jaadgáay suud hal k̲'áwaayaan. She sat among the boys and girls.

súud n-ip. *one's scar*
DEF: súudaay ~ súut'aay.
RFX: súudang.

súuda vb. *to say, tell, mention O*
SP: súudaa | ng DP: súud | gan IP: súudaa | yaan

·Hal tláalg hl súudaa. Tell it to her husband. ·K'áawg hal hálaa an 'láa tl' súudaang. They say he's getting some fish eggs. ·Huk'ún uu 'láa hal súudaayaan. That is what she said to her.

súudang n-rp. *one's own scar*
NOTE: This is the reflexive form of súud.

súud hlgitl'a vb. *to speak harshly, make insulting remarks to O*
SP: súud hlgitl'áa | ng DP: súud hlgitl' | gán IP: súud hlgitl'áa | yaan

·'Láa hal súud hlgitl'gán. She said harsh words to her.

súu k̲áahlii n-poss. *lake basin*

suwáang n-nom. <t'a> *sling*
DEF: suwáanggaay.

suwíid pp. *around among, in the midst of, with*

·G̲ángk'an, gílg suwíid díi guláagang. I like coffee with pilot bread. ·Sg̲áan Tlagáa X̲aat'áay suwíid hal íijang. He is among the people of the afterworld.

swédaa nn. <cha> *sweater*
DEF: swédagaay.

s'áahlaang n-nom. *sleet*
DEF: s'áahlangaay.

s'áay nn. *red-breasted merganser*

s'ál nn. *filth*

s'ám nn. *floating snow*
DEF: s'amáay.

s'íibaa n-ip/ap. *tissue protruding from a wound*
DEF: s'íibaay.

s'íinaang nn. *sandlance, needlefish*
DEF: s'íinangaay.

s'úuluud nn. *red crossbill*

• T •

táa vb. *to eat O*
SP: táa | gang DP: táa | gan IP: táa | gaan
·Táawaay hl táa! Eat the food! ·Gyáak̲'id sg̲únaan uu Hl táaganggang. I only eat it occasionally. ·Sáng 'wáadluwaan chíin sdáng hal táagang. He eats two fish everyday.

táada vb. *to feed O1 to O2*
SP: táadaa | ng DP: táad | gan IP: táadaa | yaan
·Chíin 'láa t'aláng táad'waasaang. We will feed them fish.

táa g̲ándlaay n-cpd. <sg̲a> *salmon stream*

táajaada vb. *to put sand somewhere, make somewhere sandy*
SP: táajaadaa | ng DP: táajaad | gan IP: táajaadaa | yaan
·Náay stl'áng ínggw hal táajaadgan. He poured sand on the floor.

táajaa sk̲'at'as n-cpd. *sandbar*

táa káak'alaangw n-nom. <hlga, hlg̲a> *teeter-totter, seesaw*
DEF: táa káak'alaangwaay.

táa k̲ada vb. *to clean fish*
SP: táa k̲adáa | ng DP: táa k̲ad | gán IP: táa k̲adáa | yaan

táa k̲adáaw n-nom. <g̲a> *traditional semi-circular knife for fish slicing*
DEF: táa k̲adáawaay.

táan nn. *black bear, black bear skin*
DEF: táanaay.
·G̲ándlaaysd uu táanaay chíinaay isdáang. The bear gets the fish from the river. ·Táan ts'úujuus hl k̲íng! Look at the little black bear! ·Táan k̲aj skuj Hl k̲íigan. I found a black bear skull.

táana
1. vb. *to go after, go to get O (in a single vehicle)*
SP: táanaa | ng DP: táan- | gan IP: táanaa | yaan
NOTE: Varies with táan, táanaa.
·Díi g̲ung gin táan-gan. My father went to get something. ·T'íij síisgwii gin táan-gaangaan. Some used to go way out to sea to get things (food).

·T'aawáas dluu, gám gin tl' táan'anggang. When it's snowing, you shouldn't go out on a boat (to get things).

2. vb. *to smoke fish*

SP: táanaa | ng DP: táan- | gan IP: táanaa | yaan

·Díi aw táanaang. My mother is smoking fish.

táanaadaan n-cpd. *campground for smoking salmon, fish camp*
DEF: táanaadanaay.

táanaa k'wiisláangw n-nom. <t'a, sg̲a> *a swing*
DEF: táanaa k'wiisláangwaay.

táanaa náay n-cpd. *smokehouse*
DEF: táanaa nagáay.

·Táanaa náay í'waan-gang. The smokehouse is big. ·Táanaa náay san tl'áangaa í'waandaayaan. Their smokehouses were big too. ·Táanaa náay 'láa st'aagáagiinii. Her smokehouse used to be full.

táan k'yuwáay n-cpd. *bear trail*

Táan K̲'ál Ki G̲at'ajáa n-phr. *Little Dipper, Ursa Minor*

Táan K̲'ál Ki G̲at'as n-nom. *Little Dipper, Ursa Minor*

táan náay n-cpd. *bear den*
DEF: táan nagáay.

táan sg̲alangáay n-cpd. *bear song*

taansk'yáaw nn. <t'a, sg̲a> *roots of beach lupine*
NOTE: Varies with taansk'yáa.

taansk'yáawdaan n-cpd. *place for gathering lupine roots*
DEF: taansk'yáawdanaay.

Táans X̲aat'áay n-cpd. *the Black Bear People*

táanuud n-cpd. <sg̲a> *salmon-drying season, fall, autumn*
DEF: táanuudgaay.

táan x̲unáanaa n-cpd. *bear fishing pool*

táan 'láanaa n-cpd. *place where many bear dens are located*

Táan 'Láanaa n-cpd. *town of the Bear People*

táas nn. *sand, gravel*
DEF: táajaay.

·Táajaay síidalaang. The pebbles are small. ·Áajii táajaay <u>k</u>'íijuwaang. This sand is in a pile, heap.

táas tladaawáay n-cpd. *sandhill, sand dune*

Táas <u>X</u>aat'áay n-cpd. *the people of the Táas 'Láanaas clan*

táatl'aad nn. *Dolly Varden char*
DEF: táatl'adaay.

táats'uu n-cpd. <tíi (salmon), hl<u>k</u>'a (halibut)> *spine and ribs of a salmon or halibut that has been removed during filleting*
DEF: táats'uwaay.

táaw (1) nn. *food (in general), staple (fish) foods in the traditional diet, fish flesh*
DEF: táawaay.

·Táawaay díinaa <u>k</u>wáan-gang. I have a lot of food. ·Gíisd gyaa táawaay uu dáng táagaa? Whose food did you eat? ·Sán uu táawaay aa dáng tláahlalgang? What are you doing to the food?

táaw (2) nn. <hlga> *traditional wood halibut hook*
DEF: táawaay.

táaw <u>g</u>udáay n-cpd. *kitchen box (used in camping)*

taawhlgwáay nn. *narwhal*

táaw k'anáa n-phr. *raw food*

táawsan nn. *thousand*
DEF: táawsan-gaay.

táaw ts'aslangáa n-phr. *boiled food*

táaw yahk'ii n-cpd. *staple (fish) foods in the traditional diet*

táay nn. *coho salmon*
DEF: táayaay.

·Táayaay díi sánsdaang. I'm tired of smelling the coho.

táay gíilaay n-cpd. *coho pool*

táay g̲ándlaay n-cpd. <sg̲a> *coho stream*

táa'un nn. *spring salmon, king salmon, chinook salmon*
DEF: táa'unaay.

táa'un g̲ándlaay n-cpd. <sg̲a> *king/spring salmon stream*

tad nn. *common cold*
DEF: tadáay.

tada

1. vb. *to be cold*
SP: tadáa | ng DP: tad | gán IP: tadáa | yaan
·Tadáas dluu Hl gya'ándaasaang. I will wear it when it's cold. ·Áayaad sangáay tadáang. 'Wáask'yaan, Hl 'wáanaa'aasaang. The weather is cold today. I'll go dig clams anyway. ·Áayaad tajuwáay tadáang. The wind is cold today.

2. vb. *to feel bad, be downhearted*
SP: tadáa | ng DP: tad | gán IP: tadáa | yaan
NOTE: This verb requires gudangáay "(someone's) mind" as its subject.

tadáa n-ip. <sg̲a> *winter, year*
DEF: tadáay.
·Hydaburg eehl uu tadáa tláalaay sdáng 'wáag hlg̲únahl Hl náagan. I lived in Hydaburg 23 years. ·Díi tadáay tláalaay sdánggang. I'm 20 years old. ·Dáng sk̲áan tadáay tláalaay hlg̲únalgang. Your aunt is 30 years old.

ta dagáalw n-nom. <skáa> *ladle*
DEF: ta dagáalwaay.

tadayáay n-nom. *cold weather, cold temperatures*

ta da'a vb. *to own possessions*
SP: ta da'áa | ng DP: ta daa | gán IP: ta da'áa | yaan
·'Láa salíi aa hal ta da'áayaan. She owned the possessions after he died.

tadl nn. *species of loon*
DEF: tadláay.

tad stl'a k'ún n-cpd. <sk'a> *icicle*
DEF: tad stl'a k'unáay.

tad st'íigaa n-cpd. *common cold*

ta gíigaay n-nom. *booty, spoils, plunder, anything that is seized against a debt*

ta gíng kílislaang 'la'áay n-cpd-sg. *judge*
PLU: ta gíng kílislaang 'la'áaylang.

ta gíng kílislaang 'la'áaygaa vb. *to be a judge*
SP: ta gíng kílislaang 'la'áaygaa | gang DP: ta gíng kílislaang 'la'áaygaa | gan IP: ta gíng kílislaang 'la'áaygaa | gaan

taguna vb. *to menstruate, have one's period (particularly, for the first time)*
SP: tagunáa | ng DP: tagun- | gán IP: tagunáa | yaan
·Jaadgáay 'wáadluwaan ta gun-gánggang. All women menstruate.

ta g̱áyst'aaw n-nom. *scraper for removing salmon kidney*

taháaw nn. <sk'a> *California mussel*
DEF: taawáay.

tahíid nn. *blueback sockeye salmon*
DEF: tahíidgaay.

ta hldánsgiid nn. *chestnut-backed chickadee*
DEF: ta hldánsgadaay.

ta hlg̱awíi vb. *for there to be a calamity, disaster*
SP: ta hlg̱awíi | gang DP: ta hlg̱awíi | gan IP: ta hlg̱awáay | aan
·'Lan-gáay aa ta hlg̱awíigan. There was a calamity in the village.

ta ináang k'úug n-cpd. *sundew*

Ta Ináang Náay n-cpd. *a mythical house in which the salmon lived before Raven put them in the rivers*

tajáaw n-nom. *wind, air*
DEF: tajuwáay.
·Áayaad tajuwáay tláats'gaagang. The wind is strong today. ·Adaahl tajuwáay k'íin-gan. The wind was warm yesterday. ·Tajuwáay ḵíidaay xu ḵ'áagan. The wind blew down the tree.

tajgwáa adv. *at the front of the house, room*

tajúu vb. *to be windy*
SP: tajúu | gang DP: tajúu | gan IP: tajáaw | aan

·Haines eehl tajúu gíiganggang. It's always windy in Haines. ·Hlangáan tajúugang. There's just a light breeze.

ta kid vb. *to tattoo, do some tattooing*
SP: ta kíid | ang DP: ta kíid | an IP: ta kid | áan

ta kínggwgang

1. vb. *to advise, make a request (of X), ask that (X) do something while one is away*
SP: ta kínggwgang | gang DP: ta kínggwgang | gan IP: ta kínggwgaang | aan

2. vb. *to order, send for (X)*

tak'áal nn. *species of trout*
DEF: tak'áalgaay.

ta k'its'anáaw náay n-cpd. *smokehouse*
DEF: ta k'its'anáaw nagáay.

ta k'udlán vb. *to paint, do some painting*

ta k'udlán níijang vb. *to paint a picture, do some picture painting*
SP: ta k'udlán níijang | gang DP: ta k'udlán níijang | gan IP: ta k'udlán níijaang | aan

·Díi eehl hal ta k'udlán níijanggang. She is painting pictures with me.

ta k'wáayanda vb. *to count, do some counting*
SP: ta k'wáayandaa | ng DP: ta k'wáayand | gan IP: ta k'wáayandaa | yaan

ta k̲aaguda vb. *to talk, converse, chat, discuss loudly (pl)*
SP: ta k̲aagudáa | ng DP: ta k̲aagud | gán IP: ta k̲aagudáa | yaan

·Awáan hal ta k̲aagud'ugán dáan, 'láa an Hl k̲áatl'aa'ugan. They were still talking loudly when I arrived.

ta k̲'áalang vb. *to write, do some writing*
SP: ta k̲'áalang | gang DP: ta k̲'áalang | gan IP: ta k̲'áalaang | aan

·Áayaad Hl ta k̲'áalangsaang. I will write today. ·'Láa gw ta k̲'áalaang g̲áayaa'us? Does he know how to write? ·Stl'áan-guusd hal ta k̲'áalanggang. She writes left-handed.

ta k̲'áalang níijang vb. *to draw, do some drawing*
SP: ta k̲'áalang níijang | gang DP: ta k̲'áalang níijang | gan IP: ta k̲'áalang níijaang | aan

·T'aláng ta k̲'áalang níijanggang. We are drawing. ·Díi taw 'láas díi eehl ta k̲'áalang níijanggang. My good friend is drawing with me.

ta k̲'áalang 'la'áay n-cpd-sg. *writer, secretary*
PLU: ta k̲'áalang 'la'áaylang.

ta k̲'áalang 'la'áaygaa vb. *to be a writer, secretary*
SP: ta k̲'áalang 'la'áaygaa | gang DP: ta k̲'áalang 'la'áaygaa | gan IP: ta k̲'áalang 'la'áaygaa | gaan

ta k̲'id vb. *to pound O*
SP: ta k̲'íid | ang DP: ta k̲'íid | an IP: ta k̲'id | áan

·Gin hal tak̲'idáan. He was pounding something.

ta k̲'íid 'la'áay nn. *silversmith*

ta k̲'íid 'la'áaygaa vb. *to be a silversmith*
SP: ta k̲'íid 'la'áaygaa | gang DP: ta k̲'íid 'la'áaygaa | gan IP: ta k̲'íid 'la'áaygaa | gaan

ta k̲'íisdlaa sangáay n-cpd. *funeral day*

tál nn. <sda, sga> *hoop*
DEF: taláay.

tál g̲áydang vb. *to jerk O around*
SP: tál g̲áydang | gang DP: tál g̲áydang | gan IP: tál g̲áydaang | aan

ta líidada vb. *to read, do some reading*
SP: ta líidadaa | ng DP: ta líidad | gan IP: ta líidadaa | yaan

·Díi náan ta líidadaang. My grandmother is reading. ·Díi eehl díi chan ta líidadaang. My grandftaher is reading with me.

tál sdaawnáangw n-nom. <sda, sga> *hoop (toy)*
DEF: tál sdaawnáangwaay.

tál sgidíit'uu n-nom. <sk̲'a> *spring stick of a snare*
DEF: tál sgidíit'uwaay.

tam káak'alang vb. *to go up and down on a seesaw*
SP: tam káak'alang | gang DP: tam káak'alang | gan IP: tam káak'alaang | aan

tang nn. *seawater, saltwater, the sea, salt*
DEF: tangáay.

tangáay stl’áng n-poss. *the sea floor*

tang gyaat’áawaay n-cpd. <sk’a> *salt shaker*

tang g̲an n-cpd. *seawater container*
DEF: tang g̲anáay.

táng hlk̲ám k̲idáa n-phr. *coarse salt*

tang táawaay n-cpd. <sk’a> *salt shaker*

tang xiláa n-phr. *salt*

tang xyáangatl’aa n-phr. *salt slough*

táng’waan nn. *the open sea*

tántl’adaanggaagaay n-nom. *dampness*

ta sk̲’at’a vb. *to practice*
SP: ta sk̲’at’áa | ng DP: ta sk̲’at’ | gán IP: ta sk̲’at’áa | yaan
·Ta sk̲’at’ gíi’uu hlaa! Practice (pl) all the time! ·Daláng ta sk̲’at’áas dluu, daláng an Hl stla kingáangsaang. When you folks practice, I'll play the piano for you. ·Áayaad t’aláng ta sk̲’at’áasaang. Today we will practice.

ta tla’áaw n-nom. *baggage, freight, cargo being loaded or unloaded*
DEF: ta tlaawáay.

ta tliid vb. *to harvest O*
SP: ta tlí’iid | ang DP: ta tlí’iid | an IP: ta tliid | áan
·Sgúusadaay t’aláng tatlíidang. We are harvesting potatoes. ·Sgúusadaay hl ta tliit! Harvest the potatoes!

ta t’ánsgad vb. *to wash clothes, do some laundry*

ta t’ánsgiid k̲wáayaay n-cpd. *clothesline*

ta t’ánsgiid náay n-cpd. *a laundry, laundromat*
DEF: ta t’ánsgiid nagáay.

ta t’ánsgiit’uu n-nom. *washing machine*
DEF: ta t’ánsgiit’uwaay.

taw n-ip-sg. *one's friend, clan relative*
PLU: tawláng ~ tawíi(')lang. RFX: taw'áang.
NOTE: Varies with tawíi.

·Dáng tawíi k̲'ánggwdangaang. Your relative is kind. ·Gu daláng tawláng san k̲wáan-gang. You folks have a lot of relatives there too. ·Tawíi'lang eehl hal kihl náanslanggang. She's making fun of her relatives.

táw nn. *oil, grease, gasoline*
DEF: tawáay.

·Díi git'aláng táw guláagang. My kids like (ooligan) grease. ·K̲'áas g̲udáawaay x̲áw yíiluugang. The lamp has no more oil.

tawáa

1. voc. *friend! clan relative!*
NOTE: Some speakers may use tawíi instead.
2. vb. *to be a friend, clan relative (to X)*
SP: tawáa | gang DP: tawáa | gan IP: tawáa | gaan

ta wahda vb. *to bark*
SP: ta wahdáa | ng DP: ta wahd | gán IP: ta wahdáa | yaan

·X̲áay ta wahdáang. The dog is barking. ·X̲áay ta wahdáang. The dog is barking.

tawál nn. <sga, sda> *rainbow*
DEF: tawaláay.

·Tawúl in-gwéed sdagíidang. A rainbow is streching across (e.g. the bay).

tawda vb. *to have O as one's friend, clan relative*
SP: tawdáa | ng DP: tawd | gán IP: tawdáa | yaan

·Hal yáalang díi tawdáang. Her parents are my relatives.

taw da'a vb. *to have a friend, clan relative*
SP: taw da'áa | ng DP: taw daa | gán IP: taw da'áa | yaan

tawd 'láa vb. *to be good friends*

táwhlk' nn. *food, provisions taken along on a trip*
DEF: táwhlk'aay.

táwhlk'ada vb. *to take O (food) along (as on a trip)*
SP: táwhlk'adaa | ng DP: táwhlk'ad | gan IP: táwhlk'adaa | yaan

·Táaw hal táwhlk'adgan. He took some lunch with him. ·Chíin isgyáan sablíi Hl táwhlk'adaasaang. I'll take some fish and bread with me on the trip.

táwk'a vb. *to plant a garden (esp potatoes)*
SP: táwk'aa | ng DP: táwk' | gan IP: táwk'aa | yaan

·Dáng aw táwk'aang. Your mother is planting potatoes. ·Táaw hal isd gíis dluu, hal táwk'aasaang. After she's gotten some food, she'll plant potatoes. ·Nang jáadaa táwk'aang. The woman is planting potatoes.

táwk'aa áaniigaay n-cpd. *garden tools*

táwk'aa gin-gáay n-cpd. *garden tools*

táwk'aan nn. <g̲a> *garden, farm, cultivated field*
DEF: táwk'aanaay.

·Táwk'aanaay 'láangaa í'waan-gang. His garden is big. ·Táwk'aan í'waans uu Hl íngk'aang. I'm weeding the big garden. ·Táwk'aanaay áangaa Hl íngk'aang. I'm weeding my garden.

táwk'aan k̲'áasal n-poss. <g̲a> *a garden site (former or planned)*

táwk'aa 'la'áay n-cpd-sg. *farmer, gardener*
PLU: táwk'aa 'la'áaylang.

táwk'aa 'la'áaygaa vb. *to be a farmer, gardener*
SP: táwk'aa 'la'áaygaa | gang DP: táwk'aa 'la'áaygaa | gan
IP: táwk'aa 'la'áaygaa | gaan

táw táawaay n-cpd. <g̲a> *dish for serving grease*

táwt' nn. <ts'as> *bentwood box, storage box*
DEF: táwt'aay.

taw'áang n-rp. *one's own friend, clan relative*
NOTE: This is the reflexive form of taw.

taw 'láa n-phr. *good friend*
·Áa uu díi taw 'láas íijang. This is my good friend. ·Díi taw 'láas díi eehl ta k̲'áalang níijanggang. My good friend is drawing with me. ·Díi taw 'láas asíig agán hluuhláang. :

ta x̲áayuu n-nom. *crochet hook*
DEF: ta x̲áayuwaay.

ta x̲áaywaay n-nom. *yarn*
·Ta x̲áaywaay díinaa k̲wáan-gang. I have a lot of yarn.

ta x̲áy vb. *to knit, crochet, weave*
SP: ta x̲áy | gang DP: ta x̲áy | gan IP: ta x̲áay | aan
·Dáa gw ta x̲áy'us? Are you knitting? ·T'aláng ta x̲áy ts'an. Let's knit. ·Hl ta x̲áygan dluu, wuláay Hl tla hlk̲'án-gan. When I was knitting, I tangled up the yarn.

tayáng nn. *steelhead trout*
DEF: tayangáay.

tihl k̲'úl n-cpd-ip. *base of one's leg, where it joins the torso*
RFX: tihl k̲'uláng.

tihl k̲'uláng n-cpd-rp. *the base of one's own leg, where it joins the torso*
NOTE: This is the reflexive form of tihl k̲'úl.

tihl'ún nn. *species of swan*
DEF: tihl'unáay.

tíi vb. *to lie down, go to bed (sg)*

tíibal nn. <hlga, hlg̲a> *table*
DEF: tíibalgaay.
·Tíibalgaay hl gisúu! Wipe the table!

tíibal ínggw gihláanw n-cpd. <gi> *tablecloth*
DEF: tíibal ínggw gihláanwaay.

tíibal k̲'ún n-poss. *table edge*

tíida vb. *to lie down (sg)*
SP: tíidaa | ng DP: tíid | gan IP: tíidaa | yaan
·Áatl'an hl tíidaa. Lie down here. ·Díi dawúl aa hal tíidgan. She lay down beside me.

tíidaa dáangw n-cpd. <hlg̲a, hlga> *bed*
DEF: tíidaangwaay ~ tíidaa dáangwaay.
NOTE: Varies with tíidaangw, tíidaa dáan, tíidaan.
·Tíidaa dáangwaay Hl tlajuuhldáasaang. I'll change the bedding.
·Tíidaangwaay ínggw ga hal diyínggan. He looked for it on the bed.
·Tíidaangwaay ínggw hal tíi k'uudáang. She is lying in bed.

tíidaa náay n-cpd. *bedroom*
DEF: tíidaa nagáay.
·Tíidaa náay iig hal k̲ats'gán. She went into the bedroom.

tíidaan gudg da k'usgadáa n-phr. *folding cot*

tíidaan ínggw gihláanw nn. <gi> *bedspread*
DEF: tíidaan ínggw gihláanwaay.

tíidaan ún n-poss. *surface of a bed*

tíi íhlwuda vb. *to lie down (of a large, stout person)*
SP: tíi íhlwudaa | ng DP: tíi ihlwud | gan IP: tíi íhlwudaa | yaan
·Nang íihlangaas tíi íhlwudgan. The big man was lying down.

tíi káludaa vb. *to lie down (of a large person)*
SP: tíi káludaa | ng DP: tíi kálud | gan IP: tíi káludaa | yaan
·Hlg̲ánggulaa g̲áadaan, hal tíi kálwudgan. Instead of working, he (a big, tall man) was lying down. ·Hal tíi káludaang. He (a big person) is lying down.

tíi k'uuda vb. *to lie down (of a small person)*
SP: tíi k'uudáa | ng DP: tíi k'uud | gan IP: tíi k'uudáa | yaan
·Tíidaangwaay ínggw hal tíi k'uudáang. She is lying in bed. ·Hl k̲ats'gán dluu, hal tíi k'uudgán. When I came in she was lying down. ·Tíidaangwaay ínggw hal tíi k'uudáang. She is lying in bed.

tíilang

1. n-rp. <k̲'ii> *one's own hindquarter (of an animal)*
   NOTE: This is the reflexive form of tíl.
2. n-rp. *the surface of one's own hip region*
   NOTE: This is the reflexive form of tíl.

tíisdla vb. *to lie down, go to bed (pl)*

tíit'as v-rcp. *to be located close by, adjacent, next to, in contact with X (each other)*
SP: tíit'iij | ang DP: tíit'iij | an IP: tíit'aj | aan
NOTE: This verb applies to tíi-class subjects. (ex. houses).
·Náay gud án tíit'as jahlíigaan. The houses were too close together. ·Náay gud án tíit'iijang. The houses are close together.

tíiwda vb. *to be situated, located (sg) (as a house)*
SP: tíiwdaa | ng DP: tíiwd | gan IP: tíiwdaa | yaan
·Cannery í'waan gu tíiwdaang. There's a big cannery there. ·Áatl'an uu náay 'láa tíiwdaayaan. His house was situated here.

tíi xaawda vb. *to be lying down*

tíiyaang vb. *to lie down, go to bed (pl)*
SP: tíiyaang|gang DP: tíiyaang|gan IP: tíiyaang|aan

tiiyáay n-nom. *death*

tíl

1. n-ip. <k̲'ii> *one's hindquarter (of an animal)*
RFX: tíilang.
2. n-ip. *the surface of one's hip region*
RFX: tíilang.

tiya vb. *to kill O (sg)*
SP: tiyáa|ng DP: tii|gán IP: tiyáa|yaan

·K'áad sdáng Hl tiigán. I killed two deer. ·K̲'íid í'waan hal tiigán. He killed a big sea lion. ·Chíin í'waan uu Hl tiyáa hlangaang. I might catch a big fish.

tiyaad vb. *to gather, get, collect lots of O*
SP: tiya'íid|ang DP: tiya'éed|an ~ tiyéed|an IP: tiya'éed|aan ~ tiyéed|aan

·Táawaay uu tl' tiyéedgaangaan. They used to put up a lot of food. ·Sg̲íw hal tiyéed'aawaan. They got a lot of seaweed. ·Sdagwaanáagaay hal tiyéedan. He killed lots of seabirds.

tiyáa 'la'áay n-cpd-sg. *murderer*
PLU: tiyáa 'la'áaylang.

tiyáa 'la'áaygaa vb. *to be a murderer*
SP: tiyáa 'la'áaygaa|gang DP: tiyáa 'la'áaygaa|gan IP: tiyáa 'la'áaygaa|gaan

tláa adv. *a place ashore of sth.*
DEF: tláay.

tlaadíi vb. *to divide O up (into approximately equal parts)*
SP: tlaadíi|gang DP: tlaadíi|gan IP: tlaadáay|aan

·Dáalaay hal tlaadíisaang. He will divide up the money. ·Dáalaay gud g̲aad hal tlaadíigan. He divided the money in half. ·Dáalaay t'aláng tlaadíisaang. We will divide the money.

tláag nn. <k̲'ii, ts'as> *clock*
DEF: tláaggaay.

tláagaang vb2. *to do sth. first*

tláaguud pp. *after, according to; each time*

tláaguusd pp. *on the side of*

tláagw pp phrase. *ashore of*

·Hláas tl'áa tláagw gyáa'anggiinii. I used to greet them (on the shore) (the tourists), too. ·Daláng tláagw hal is'wáang. They're on the beach to meet you folks.

tláahl

1. number. *ten, 10*

·Íitl' tláahl uu Sitka aa íijan. Ten of us went to Sitka. ·Íitl' tláahl dluu g̱idsáang. There will be about 10 of us. ·Gínt'as tláahl dluu hal dahgán. She bought ten blankets.

2. vb. *to be ten in number*

3. vb2. *to V ten times*

SP: tláal|gang DP: tláal|gan IP: tláal|aan

tlaahlgáaw n-nom. <hlga> *hand drill, gimlet, brace (tool)*
DEF: tlaahlgáawaay.

tláahl sg̱wáansang gúu

1. number. *nine, 9*

2. vb. *to be nine in number*

SP: tláahl sg̱wáansang gúu|gang DP: tláahl sg̱wáansang gúu|gan IP: tláahl sg̱wáansang gáaw|aan

3. vb2. *to V nine times*

SP: tláahl sg̱wáansang gúu|gang DP: tláahl sg̱wáansang gúu|gan IP: tláahl sg̱wáansang gáaw|aan

tláahl 'wáag hlg̱únahl

1. number. *thirteen, 13*

2. vb. *to be thirteen in number*

SP: tláahl 'wáag hlg̱únal|gang DP: tláahl 'wáag hlg̱únal|gan IP: tláahl 'wáag hlg̱únaal|aan

3. vb2. *to V thirteen times*

SP: tláahl 'wáag hlg̱únal|gang DP: tláahl 'wáag hlg̱únal|gan IP: tláahl 'wáag hlg̱únaal|aan

tláahl 'wáag jagwaa

1. number. *seventeen, 17*
2. vb. *to be seventeen in number*

   SP: tláahl 'wáag jagwa'áa | ng DP: tláahl 'wáag jagwaa | gán IP: tláahl 'wáag jagwa'áa | yaan
3. vb2. *to V seventeen times*

   SP: tláahl 'wáag jagwa'áa | ng DP: tláahl 'wáag jagwaa | gán IP: tláahl 'wáag jagwa'áa | yaan

tláahl 'wáag sdáansaangaa

1. number. *eighteen, 18*
2. vb. *to be eighteen in number*

   SP: tláahl 'wáag sdáansaangaa | gang DP: tláahl 'wáag sdáansaangaa | gan IP: tláahl 'wáag sdáansaangaa | gaan
3. vb2. *to V eighteen times*

   SP: tláahl 'wáag sdáansaangaa | gang DP: tláahl 'wáag sdáansaangaa | gan IP: tláahl 'wáag sdáansaangaa | gaan

tláahl 'wáag sdáng

1. vb. *to be twelve in number*

   SP: tláahl 'wáag sdáng | gang DP: tláahl 'wáag sdáng | gan IP: tláahl 'wáag sdáang | aan

   ·Hal gíits'adaay uu tláahl 'wáag sdáangaan. He had 12 disciples. His disciples were 12 in number.
2. vb2. *to V twelve times*

   SP: tláahl 'wáag sdáng | gang DP: tláahl 'wáag sdáng | gan IP: tláahl 'wáag sdáang | aan
3. number. *twelve, 12*

tláahl 'wáag sg̲wáansang

1. number. *eleven, 11*
2. vb. *to be eleven in number*

   SP: tláahl 'wáag sg̲wáansang | gang DP: tláahl 'wáag sg̲wáansang | gan IP: tláahl 'wáag sg̲wáansaang | aan
3. vb2. *to V eleven times*

   SP: tláahl 'wáag sg̲wáansang | gang DP: tláahl 'wáag sg̲wáansang | gan IP: tláahl 'wáag sg̲wáansaang | aan

tláahl 'wáag stánsang

1. number. *fourteen, 14*
2. vb. *to be fourteen in number*
   SP: tláahl 'wáag stánsang|gang DP: tláahl 'wáag stánsang|gan IP: tláahl 'wáag stánsaang|aan
3. vb2. *to V fourteen times*
   SP: tláahl 'wáag stánsang|gang DP: tláahl 'wáag stánsang IP: --
4. vb2. *to V fourteen times*
   SP: tláahl 'wáag stánsang|gang DP: tláahl 'wáag stánsang|gan IP: tláahl 'wáag stánsaang|aan

tláahl 'wáag tláahl sg̲wáansang gúu

1. number. *nineteen, 19*
2. vb. *to be nineteen in number*
   SP: tláahl 'wáag tláahl sg̲wáansang gúu|gang DP: tláahl 'wáag tláahl sg̲wáansang gúu|gan IP: tláahl 'wáag tláahl sg̲wáansang gáaw|aan
3. vb2. *to V nineteen times*
   SP: tláahl 'wáag tláahl sg̲wáansang gúu|gang DP: tláahl 'wáag tláahl sg̲wáansang gúu|gan IP: tláahl 'wáag tláahl sg̲wáansang gáaw|aan

tláahl 'wáag tla'únhl

1. number. *sixteen, 16*
2. vb. *to be sixteen in number*
   SP: tláahl 'wáag tla'únal|gang DP: tláahl 'wáag tla'únal|gan IP: tláahl 'wáag tla'únaal|aan
3. vb2. *to V sixteen times*
   SP: tláahl 'wáag tla'únal|gang DP: tláahl 'wáag tla'únal|gan IP: tláahl 'wáag tla'únaal|aan

tláahl 'wáag tléehl

1. number. *fifteen, 15*
2. vb. *to be fifteen in number*
   SP: tláahl 'wáag tléel|gang DP: tláahl 'wáag tléel|gan IP: tláahl 'wáag tléel|aan

3. vb2. *to V fifteen times*

SP: tláahl 'wáag tléel | gang DP: tláahl 'wáag tléel | gan IP: tláahl 'wáag tléel | aan

tláaj nn. *knot in wood*

tláajuu n-nom. *one's manual ability*

tláal n-ip-sg. *one's husband*

PLU: tláal'lang ~ tláallang. RFX: tláalang.

·Hal tláal uu íijang. This is her husband. ·Dáng tláal k'ajúu jíingaagang. Your husband has been singing for a long time. ·Hal tláallang sdánggan. She had two husbands.

tláalaa vb. *to be a husband (to X)*

SP: tláalaa | gang DP: tláalaa | gan IP: tláalaa | gaan

tláalaay hlg̱únahl

1. number. *thirty, 30*

·Sángg tláalaay hlg̱únahl t'álg uu hláas g̱ii hlg̱ánggulaang. I've also worked on it myself for over 30 years.

2. vb. *to be thirty in number*

SP: tláalaay hlg̱únal | gang DP: tláalaay hlg̱únal | gan IP: tláalaay hlg̱únaal | aan

·Díi tláalaay hlg̱únalgang. I'm thirty years old. ·Dáng sḵáan tadáay tláalaay hlg̱únalgang. Your aunt is 30 years old.

3. vb2. *to V thirty times*

SP: tláalaay hlg̱únal | gang DP: tláalaay hlg̱únal | gan IP: tláalaay hlg̱únaal | aan

tláalaay jagwaa

1. number. *seventy, 70*

2. vb. *to be seventy in number*

SP: tláalaay jagwa'áa | ng DP: tláalaay jagwaa | gán IP: tláalaay jagwa'áa | yaan

3. vb2. *to V seventy times*

SP: tláalaay jagwa'áa | ng DP: tláalaay jagwaa | gán IP: tláalaay jagwa'áa | yaan

tláalaay sdáansaangaa

1. number. *eighty, 80*
2. vb. *to be eighty in number*
   SP: tláalaay sdáansaangaa|gang DP: tláalaay sdáansaangaa|gan IP: tláalaay sdáansaangaa|gaan
3. vb2. *to V eighty times*
   SP: tláalaay sdáansaangaa|gang DP: tláalaay sdáansaangaa|gan IP: tláalaay sdáansaangaa|gaan

tláalaay sdáng

1. vb. *to be twenty in number*
   SP: tláalaay sdáng|gang DP: tláalaay sdáng|gan IP: tláalaay sdáang|aan

·Díi tadáay tláalaay sdánggang. I'm 20 years old. ·Díi tláalaay sdánggang. I'm 20 years old.

2. vb2. *to V twenty times*
   SP: tláalaay sdáng|gang DP: tláalaay sdáng|gan IP: tláalaay sdáang|aan
3. number. *twenty, 20*

·Sáng tláalaay sdáng dluu gu t'aláng isáang. We will be there for twenty days. ·Gyáa'angaay uu st'a tláalaay sdáng dluu jánggang. The totem pole is twenty feet long. ·Tláalaay sdáng dlúu tl' k'wáayandaang. You better count up to twenty.

tláalaay sg̲wáansang number. *ten, 10*

·Hal gid jáadaas uu tláalaay sg̲wáansang g̲íidang. Her daughter is 10 years old.

tláalaay stánsang

1. number. *forty, 40*
2. vb. *to be forty in number*
   SP: tláalaay stánsang|gang DP: tláalaay stánsang|gan IP: tláalaay stánsaang|aan

·Gu dánhl 'láangaa tláalaay stánsaangaan. All together he had forty.

3. vb2. *to V forty times*
   SP: tláalaay stánsang|gang DP: tláalaay stánsang|gan IP: tláalaay stánsaang|aan

tláalaay tláahl

1. number. *one hundred, 100*

·Sáng tláalaay tláahl dluu gu Hl isáang. I'll stay there about 100 days. ·Tláalaay tláahl dluu hal g̲íidang. She's 100 years old.

2. vb. *to be one hundred in number*

SP: tláalaay tláal | gang DP: tláalaay tláal | gan IP: tláalaay tláal | aan

3. vb2. *to V one hundred times*

SP: tláalaay tláal | gang DP: tláalaay tláal | gan IP: tláalaay tláal | aan

tláalaay tláahl sg̲wáansang gúu

1. number. *ninety, 90*

·Díi chan san tláalaay tláahl sg̲wáansang gúu g̲íidang. My grandfather is 90 years old too.

2. vb. *to be ninety in number*

SP: tláalaay tláahl sg̲wáansang gúu | gang DP: tláalaay tláahl sg̲wáansang gúu | gan IP: tláalaay tláahl sg̲wáansang gáaw | aan

3. vb2. *to V ninety times*

SP: tláalaay tláahl sg̲wáansang gúu | gang DP: tláalaay tláahl sg̲wáansang gúu | gan IP: tláalaay tláahl sg̲wáansang gáaw | aan

tláalaay tla'únhl

1. number. *sixty, 60*

2. vb. *to be sixty in number*

SP: tláalaay tla'únal | gang DP: tláalaay tla'únal | gan IP: tláalaay tla'únaal | aan

3. vb2. *to V sixty times*

SP: tláalaay tla'únal | gang DP: tláalaay tla'únal | gan IP: tláalaay tla'únaal | aan

tláalaay tléehl

1. number. *fifty, 50*

·Tláalaay tléehl dluu gwaa ijáan. There were about 50 (people) onboard.

2. vb. *to be fifty in number*

SP: tláalaay tléel | gang DP: tláalaay tléel | gan IP: tláalaay tléel | aan

3. vb2. *to V fifty times*

SP: tláalaay tléel | gang DP: tláalaay tléel | gan IP: tláalaay tléel | aan

tláalang n-rp. *one's own husband*

NOTE: This is the reflexive form of tláal.

·Hal sg̱wáan tláalang dáanggan. One of them divorced her husband. ·Tláalang hal gín kílslanggan. She questioned her husband. ·Tláalang an Hl kúugaagang. I am cooking for my husband.

tláalda vb. *to have O as one's husband*
SP: tláaldaa | ng DP: tláald | gan IP: tláaldaa | yaan

tláal da'a vb. *to have a husband*
SP: tláal da'áa | ng DP: tláal daa | gán IP: tláal da'áa | yaan

tláal x̱áldangaay n-nom. *slave husband*

tláan adv. *no more, that's all; stop, finish*
·Áa uu tláan gúusawaay g̱íidang. This is the end of the story. The words stop here. ·Tláan díi ḵ'ulúu ḵaj st'igáng. My knees don't hurt anymore. ·Tláan sg̱áay xawíi. Stop yawning!

tláang n-rp. *one's own hands, handiwork*
NOTE: This is the reflexive form of tláay. The usual word for one's own hand(s) is stláang.

tláan g̱éelgaay n-nom. *the last one(s) of something, the last of something*

tláas

1. n-ip. *one's limb*
2. nn. <sḵ'a (no branchlets), hlḵ'a (with branchlets)> *tree limb, branch*
DEF: tláajaay.

tláasal n-ip. *one's handiwork*
RFX: tláasalang.

tláasalang n-cpd-rp. *one's own handiwork*
NOTE: This is the reflexive form of tláasal.

tláas ḵ'úl n-poss. *knot at the base of a tree limb*

tláats'gaa

1. vb. *to be brave, determined, courageous, strong-minded*
SP: tláats'gaa | gang DP: tláats'gaa | gan IP: tláats'gaa | gaan
NOTE: This verb requires gudangáay "(someone's) mind" as its subject.

2. vb. *to be strong, firm, durable*

SP: tláats'gaa | gang DP: tláats'gaa | gan IP: tláats'gaa | gaan

·Áayaad tajuwáay tláats'gaagang. The wind is strong today. ·Tajuwáay tláats'gaagang. The wind is stong. ·Wéed tajuwáay tláats'gaa áwyaagang. The wind is blowing very strong now.

tláats'gaada vb. *to make, keep O strong, firm, durable*

tláats'geehl vb. *to become stronger, more durable, sturdier*

SP: tláats'geel | gang DP: tláats'geel | gan IP: tláats'geel | aan

·Tajuwáay tláats'geelgang. The wind is picking up, getting stronger.

tláawaa nn. *club, weapon*

DEF: tláawaagaay ~ tláawgaay.

tláawaa áaniigaay n-cpd. *fighting gear, kit of weapons*

tlaawhla vb. *to make, build, fix, repair O (out of, from X)*

SP: tlaawhláa | ng DP: tlaawhl | gán IP: tlaawhláa | yaan

·Sáal g̲udáay 'láangaa tl' tlaawhlgán. They made his casket. ·Sgat'aláay iisd k'uudáats'aay hal tlaawhláayaan. She made the coat out of leather. ·Sg̲wáagaan k̲aj hltálgaay áangaa tlaawhlgán. A swallow built its nest.

tlaawhlgáa vb. *to be made, fixed, built (in some way)*

tlaawhliyáa vb. *to have been made, fixed, built (in some way)*

SP: tlaahliyáa | gang DP: tlaahliyáa | gan IP: tlaahliyáa | gaan

NOTE: Varies with tlaahliyáa.

·Ts'úu íisd tlaahliyáagang. It's made out of cedar bark. ·Satáw uu sáaw íisd tlaawhliyáagang. Ooligan grease is made out of ooligans.

tláawul n-ip. *one's grip, grasp*

tláay n-ip. *one's hands, handiwork*

RFX: tláang.

NOTE: The usual word for one's hand(s) is stláay.

tlaayd vb. *to help X*

SP: tla'áayd | ang ~ tla'íid | ang DP: tla'áayd | an ~ tla'íid | an

IP: tlaayd | áan

·Gám díig hal tlaayd'ánggang'waang, 'láag Hl gyáa sg̲áw 'wáask'yaan. They never help me, even when I (offer to) pay them. ·Stláang eehl hal x̲ánjuulaang eehl 'láag hal tla'áaydan. She helped him stir it with her hands. ·Stláang eehl hal sk̲us eehl 'láag hal tla'áaydan. She helped him knead it with her hands.

tladán nn. *harbor seal pup*

tladlúu adv. *long ago*

tladlúu gin-gáay n-cpd. *antique, artifact, relic*

tladlúu gyáay n-cpd. *last year's deer tallow*

tladlúu hlk'idgáay n-cpd. *old-fashioned dress*

tladlúu x̱aat'áay n-cpd. *ancient people*

tlag (1) nn. *weasel, ermine*
DEF: tlagáay.

tlag (2) nn. <g̱a> *place, area, village, region, land, territory, country, ground*
DEF: tlagáay.
RFX: tlag'áang.
·Seattle tlag í'waan íijang. Seattle is a big place. ·T'áagwaa tlagáay hal guláagang. She likes the Lower 48. ·Tlag ḵehjgad 'láa uu íijang. It's a beautiful place.

tlag (3) nn. *halibut jig*

tlagáa n-ip. <g̱a> *one's place, area, region, land, territory, country*

tlagáay vb. *to get hurt, injured, damaged*
SP: tlagáay | gang DP: tlagáay | gan IP: tlagáay | aan
·Hal ts'áwii tlagáaygan. Her back was injured. ·Hal gid tlagáayaan. Her child got hurt. ·Hal gid tlaagáaygan dluu, díi hal kunáadgan. When her child got hurt, she blamed me.

tlagáay chaagáay n-poss. *the shallows*

Tlagadáad X̱aat'áay n-cpd. *Prairie people*

tlagáng vb. *to vomit, throw up*
SP: tlagáng | gang DP: tlagáng | gan IP: tlagáang | aan
·G̱áa Hl tlagánggan. I vomited there. ·Hal 'wáadluwaan tlagán'ugan. They all vomitted. ·Táawaay 'wáadluwaan hal tlagánggan. She vomitted all of the food.

tlagánhlaa nn. *campsite*
·Tlagánhlaa aa chíinaay x̱áwlaang. The fish tastes good out at camp. ·X̱aat'gáay tlagánhlaa iig ts'uunáanggang. The people are moving into camp. ·Tlagánhlaa aa tl' is uu 'láagang. It's good to go out to camp.

tlagánhlaang tlagáay n-cpd. *a place in the bush*

tla gánt'iisgw n-nom. *pot holder*
DEF: tla gánt'iisgwaay.

tlagdáng vb. *to make X look nice*

tlag dáng skúnaawaay n-cpd. <hlga> *rake*

tlagg níijangaay n-cpd. *map, chart*

tlag g̱aláay n-cpd. *blue mussels attached to gravel*

tlag g̱álts'aalwaay n-cpd. <hlga> *harrow*

tlag híldangs n-phr. *earthquake*

tlag hlk̲'íitl'anggaay n-cpd. <hlga> *rake*

tlag íi g̱álnanaangwaay n-cpd. *harrow, plow*

tlagiyáa vb. *to be hurt, damaged*
SP: tlagiyáa | gang DP: tlagiyáa | gan IP: tlagiyáa | gaan
·K̲íihlgaay tlagiyáa g̱ujúugang. All the dishes are damaged.

tlag kúnsdlaawaay n-cpd. <hlga> *bulldozer, road grader*

tlag k'wíidaa 'la'áay n-cpd-sg. *surveyor*
PLU: tlag k'wíidaa 'la'áaylang.

tlag k'wíidaa 'la'áaygaa vb. *to be surveyor*
SP: tlag k'wíidaa 'la'áaygaa | gang DP: tlag k'wíidaa 'la'áaygaa | gan IP: tlag k'wíidaa 'la'áaygaa | gaan

tlag k̲éengwaay
1. n-cpd. *binoculars, telescope*
2. n-cpd. <ts'as> *boat compass*

tlag k̲'wáandaawaay n-cpd. *blasting powder, dynamite*

tlag t'isdgáansii n-nom. *the mainland*
NOTE: Varies with tlag t'isdgáang.

tla guhljáaw n-nom. *thumb protector for an archer*

tlagún adv. *no matter what, in any way, whatever, how ever*
·Tlagún dáng súuduwaan uu, dáng st'igáng. No matter what you say, you're sick.

tlagw part. *how*
·Sán tl'aa tlagw dáng súugang? Why do you say that? ·Ben uu tlagw díi gíng 'wáagan. Ben made me do it. ·Gíist uu tlagw dáng an 'wáagaa? Who did that for you?

tlagwáad adv. *along the beach, coast, shore*

tlagwdáng vb. *to feel, test O out with one's hands*
SP: tlagwdáng|gang DP: tlagwdáng|gan IP: tlagwdáang|aan
·Díi dawúl st'is hal tlagwdánggan. She felt the pain on my side with her hand.

tlagwíi adv. *away (from here)*

tlagwíisd pp. *away from*

tlagwsíi n-ip. *one's distant clan relative*
PLU: tlagwsiiláng. RFX: tlagwsiyáng.

tlagwsiyáng n-rp. *one's own distant clanmate (sg)*
NOTE: This is the reflexive form of tlagwsíi.

tlagw tlagáay n-cpd. *anywhere, anyplace, wherever*

tla gyáa'a vb. *to make O (sg) stand up, raise O (sg) (e.g. totem pole)*
·Gyáa'aang san tl' tla gyáa'aasaang. They will also raise a totem pole. ·Gyáa'aang tl' tla gyáa'aas dluu, sángiits'gaagiinii. When they would raise a pole, it was hard work.

tla gya'áansdla vb. *to make O (pl) stand up, raise O (pl) (e.g. totem poles)*
SP: tla gya'áansdlaa|ng DP: tla gya'ánshl|gan IP: tla gya'áansdlaa|yaan

tlag'áang n-rp. <g̲a> *one's own place, area, region, land, territory, country*
NOTE: This is the reflexive form of tlag (2).

tla g̱asdláaw n-nom. <ts’as> *tool box, storage box*
DEF: tla g̱asdláawaay.

tla g̱id vb. *to cause O to be (thus), make O (thus)*

tla g̱íihl vb. *to cause O to become so, change O to be so*
SP: tla g̱íl | gang DP: tla g̱íl | gan IP: tla g̱éel | aan
·Tla’áa g̱án án tl’ tla g̱íihlgiigiinii. They used to prepare themselves for a long time.

tla g̱íihlda vb. *to finish, complete O. get O done*
SP: tla g̱íihldaa | ng DP: tla g̱íihld | gan IP: tla g̱íihldaa | yaan
·Jíingeehls dluu tl’ tla g̱íihldaang. It takes a long time to get it done.

tlag̱íihlda v-rfx. *to get ready, prepare oneself*
SP: tla g̱íihldaa | ng DP: tla g̱íihld | gan IP: tla g̱íihldaa | yaan
·G̱án án hal tlag̱íihld’waasaang. They will get themselves ready for it. ·Asgáaysd Christmas k’yuu án t’aláng tlag̱íihldaasaang. Then we'll get ready for Christmas. ·Sáng gudáagw, agán hl tlag̱íihldaa. Just in case, get yourself ready.

tla g̱íihldiyaa vb. *to have been finished, completed, gotten done*
SP: tla g̱íihldiyaa | gang DP: tla g̱íihldiyaa | gan IP: tla g̱íihldiyaa | gaan

tla g̱íihlgii vb. *to get O ready, complete, finish O up*
SP: tla g̱íihlgii | gang DP: tla g̱íihlgii | gan IP: tla g̱íihlgaay | aan
·Sangáay k’yuu hl kugáay tla g̱íihlgii. Get the wood ready for the morning.

tla g̱uhlahldáaw n-nom. *bluing*
DEF: tla g̱uhlahldáawaay.

tla híiluu vb. *to use up, deplete, waste O*
SP: tla híiluu | gang DP: tla híiluu | gan IP: tla híilaaw | aan
·Áajii sablíigaay hal tla híilaawaan. She used up the flour. ·Dáalaa ḵwáan uu g̱ii tl’ yíiluugan. They wasted a lot of money on it.

tlahla vb. *to put on X (gloves) (sg subj), to put one's hands in X (sg subj)*
SP: dáng tlahláa | ng DP: dáng tlahl | gán IP: dáng tlahláa | yaan

tla hlḵ’án vb. *to tangle O up, get O tangled up*
SP: tla hlḵ’án- | gang DP: tla hlḵ’án- | gan IP: tla hlḵ’áan | aan
·Hl ta x̱áygan dluu, wuláay Hl tla hlḵ’án-gan. When I was knitting, I tangled up the yarn.

tla hltana vb. *to make O soft, to soften O, to fluff O*
SP: tla hltanáa | ng DP: tla hltan- | gán IP: tla hltanáa | yaan
·Ts'ahláay hl tla hltánaa. Fluff up the pillow.

Tlajáng nn. *Bella Bella, the mainland coast south of Tsimshian territory*

tlajuuhlda vb. *to change, exchange O*
SP: tlajuuhldáa | ng DP: tlajuuhld | gán IP: tlajuuhldáa | yaan
·Stláang hl tlajuuhldáa! Cross your hands! ·Díi gudangáay hal tlajuuhldgán. She changed my mind. ·Díi k̲'ud g̲án Hl gudánggan, 'wáagyaan gudangáang Hl tlajuuhldgán. I thought I was hungry, then I changed my mind.

tlak'áal nn. *shelter, sheltered spot*

tlak'áalda vb. *to shelter O*

Tlak'áas nn. *Tlak'aas*
·Tlak'áas eehl hánsan hal náagaan. He also lived in Tlak'aas.

tla k'ajáaw n-nom. <ts'as> *stereo, record player, gramophone*
DEF: tla k'ajáawaay.

tla k'ajáaw g̲ángandaay n-cpd. <g̲a> *record, LP*

tla k'ajúu vb. *to play O [phonograph, record player]*
·Sg̲aláang g̲udáay hal tla k'ajúugan. He played the phonograph.

tlak'aláa n-nom. *sheltered place*

tlak'aláang nn. *the shelter of a tree*

tla k'idlán vb. *to crack, split open O (pl) with one's hands*
SP: tla k'idlán- | gang DP: tla k'idlán- | gan IP: tla k'idláan | aan
NOTE: sg form: tla k'it'a.

tla k'ihl vb. *to extinguish, put out a fire*
SP: tla k'íl | gang DP: tla k'íl | gan IP: tla k'yáal | aan
·Hawíidaan tl' tla k'ílgan. They quickly put out the fire. ·Hawíidaan 'láangaa tl' tl'ak'ílgan. They put out her fire quickly.

tla k'íinasdla vb. *to warm, heat O up*
SP: tla k'íinasdlaa | ng DP: tla k'íinashl | gan IP: tla k'íinasdlaa | yaan
·Sablíigaay Hl tla k'íinashlgan. I warmed the bread.

tla k'íinasdliyaa vb. *to have been heated, warmed up*
SP: tla k'íinasdliyaa | gang DP: tla k'íinasdliyaa | gan IP: tla k'íinasdliyaa | gaan

tla k'inánga vb. *to warm O up*
·Sablíigaay hal tla k'inánggang. He's heating the bread.

tla k'it'a vb. *to crack, split open O (sg) with one's hands*
SP: tla k'it'áa | ng DP: tla k'it' | gán IP: tla k'it'áa | yaan
·K̲awáay hal tla k'it'gán. He cracked the egg.

tlak'wáanaan adv. *any old way*

tla k̲agán vb. *to lose, drop O after catching it*
SP: tla k̲agán. | gang DP: tla k̲agán. | gan IP: tla k̲agáan | aan
·Chíinaay hal tla k̲agáanaan. He lost the fish after catching it on his hook.

tla k̲ahláaw n-nom. *baking powder*
DEF: tla k̲ahláawaay.
·Áa uu tla k̲ahláaw íijang. Here is some baking powder. ·Tla k̲ahláaw k'amaláay iig hal gyaashlgán. She poured the baking powder into the bowl.

tla k̲íiya vb. *to start, discover, learn how to do O*
SP: tla k̲íiyaa | ng DP: tla k̲íi | gan IP: tla k̲íiyaa | yaan
·Ta tl'íigaay hal tla k̲íyaang. She is starting to sew.

tla k̲'íiya vb. *to amuse, entertain, take care of O (as children)*
SP: tla k̲'íiyaa | ng DP: tla k̲'íi | gan IP: tla k̲'íiyaa | yaan
·Git'aláng Hl tla k̲'íyaang. I'm entertaining my children.

tla k̲'udwahldáaw n-nom. <hlga> *pliers*
DEF: tla k̲'udwahldáawaay.

tlaláang vb. *to put on X (gloves) (pl subj), to put one's hands in X (pl subj)*
SP: tlaláang | gang DP: tlaláang | gan IP: tlaláang | aan
·Stla hlk'únk'aay iig áa t'aláng tlaláanggan. We put on our mittens.

tlamad nn. <k̲'ii> *crossbrace or thwart in a canoe, seat in a rowboat or canoe*
DEF: tlamadáay.

tláng ánts'a vb. *to do away with O*
SP: tláng ánts'aa | ng DP: tláng ánts' | gan IP: tláng ánts'aa | yaan
·'Láa hal tláng ánts'aayaan He did away with him.

tláng g̲aláang náay n-cpd. *kitchen*
DEF: tláng g̲aláang nagáay.

tláng g̲aláng vb. *to cook, bake O*
SP: tláng g̲aláng | gang DP: tláng g̲aláng | gan IP: tláng g̲aláang | aan
·'Láa an gin Hl tláng g̲aláng'ang k̲asa'áang. I'm going to cook something for her. ·Díi aw tláng g̲alánggang. My mother is cooking. ·Chíin uu Hl tláng g̲alánggang. I'm cooking fish.

tláng g̲alánsdla vb. *to cook, become cooked; to bake, become baked*
SP: tláng g̲alánsdlaa | ng DP: tláng g̲alánshl | gan IP: tláng g̲alánsdlaa | yaan
·Sablíigaay wéed tláng g̲alánsdlaang. The bread is cooking now.

tlánjuulaang vb. *to rub X*
SP: tlánjuulaang | gang DP: tlánjuulaang | gan IP: tlánjuulaang | aan
·K'íijang aa hl tlánjuulaang. Rub your stomach. ·Xyáang aa hl tlánjuulaang! Rub your arms!

tlánsguhl vb. *to put O away, store O away*
SP: tlánsgul | gang DP: tlánsgul | gan IP: tlánsgwaal | aan
·Gya'ándaawaay g̲ud íig hal tlánsgulgang. She is putting the clothes away in a box.

tlasadáangw n-nom. <g̲a> *container of water used to keep hands wet while weaving*
DEF: tlasadáangwaay.

tla sángiits'a vb. *to make O hard, difficult*

tlasguda vb. *to make a mistake with O*
SP: tlasgudáa | ng DP: tlasgud | gán IP: tlasgudáa | yaan
·Gin hal tlasgudáang. He's making a mistake. ·Xyáalaay hal tlasgudgán. She made a mistake in the dance.

tlasg̲wáan-gaa vb. *be messed up, mixed up, out of order*

tla skína vb. *to wake O up (physically)*
SP: tla skínaa | ng DP: tla skín- | gan IP: tla skínaa | yaan
·Díi tl' tla skínaang. Wake me up. ·'Láa hl tla skín'uu! Wake them up!
·Díi tl' tla skínaang. You'd better wake me up.

tla skúna vb. *to clean O*
SP: tla skúnaa | ng DP: tla skún- | gan IP: tla skúnaa | yaan
·Áayaad náay Hl tla skúnaasaang. Today I will clean the house. ·Akyáasii hal tla skúnaang. He's cleaning the yard. ·Náay g̲adúusii áangaa hal tla skúnaang. She's cleaning around her house.

tla skúnayaay n-nom-ip. *a/the job of cleaning*

tlask'udáaw n-nom. <gi> *mat cover for a canoe*
DEF: tlask'udáawaay.

tla sk'úuhlgaalw n-nom. *putty*
DEF: tla sk'úuhlgaalwaay.

tlask'wíit'uu n-nom. <sk̲'a, skáa> *plug*
DEF: tlask'wiit'uwaay.

tlasnúud adv. *just now*

tlats'a vb. *to plant O*
SP: tlats'áa | ng DP: tlats' | gán IP: tlats'áa | yaan
·Sgúusiid hal tlats'áang. She is planting potatoes. ·Áajii k'ayáay k̲'ángk'ii Hl tlats'áasaang. I will plant this apple seed. ·Máahlaay t'aláng tlats'áa ts'an. Let's plant the seeds.

tlat'a vb. *to put off, postpone, delay O; to slacken, loosen O*
SP: tlat'áa | ng DP: tlat' | gán IP: tlat'áa | yaan
·Háw háns x̲ánjuwaay hal tlat'áang. She's putting off leaving again.

tlat'as vb. *to be ominous*
SP: tlat'íij | ang DP: tlat'íij | an IP: tlat'aj | áan
·Gin hal tlat'íijan. She broke a taboo. ·Gin tl' tlat'as dluu, tl'áag án sg̲áwganggang. When you break a taboo, it brings bad luck. ·Tlagw hal 'wáagan, 'láag tlat'íijan. What she did was hoodoo.

tlat'a'áaw nn. <tl'a> *mountain*
DEF: tlat'aawáay.
·Tlat'aawáay ínggw t'a'áaw gwa'áawgang. It is snowing on the mountain. ·Áayaad tlat'aawáay k̲éengwulaang. The mountain is clearly visible today. ·Tlat'aawáay sdangiyáagang. The mountain is steep.

tlat'uhl vb. *to put O away, store O away*

tlat'uu nn. *compound point of a salmon harpoon*
DEF: tlat'uwáay.

tlawula vb. *for one's hand to be closed, in a fist; to grasp, grip O in one's hand or fist*
SP: tlawuláa | ng DP: tlawul | gán IP: tlawuláa | yaan

tla xahlda vb. *to shine, polish O up*
SP: tla xahldáa | ng DP: tla xahld | gán IP: tla xahldáa | yaan
·Gatáawaay t'aláng tla xahldáang. We are shining the silverware.

tla xahldáaw
1. n-nom. <sk'a> *file (tool)*
DEF: tla xahldáawaay.
2. n-nom. *metal polish*
DEF: tla xahldáawaay.

tla x̱ahla vb. *to startle O*
SP: tla x̱ahláa | ng DP: tla x̱ahl | gán IP: tla x̱ahláa | yaan
·Hl ḵ'áwgan dáan, díi hal tla x̱ahldgán. While I was sitting, she startled me.

tla x̱áng ángk'a vb. *to put makeup on, primp up, gussy up*
SP: tla x̱áng ángk'aa | ng DP: tla x̱áng ángk' | gan IP: tla x̱áng ángk'aa | yaan
·Án hl tla x̱áng ángk'aa! Gussy yourself up! ·Dáa gw án tla x̱áng ángk'aa'us? Are you primping up?

tla'áa adv. *a long time*
·Tla'áa hal ḵ'íijguwaasaang. He will be in jail a long time. ·Tla'áa íitl' git'aláng náanggan. Our children played for a long time. ·Tla'áa hal g̱ung gúusuugan. His father spoke for a long time.

tla'áanda vb. *to care for, take care of, look after, tend to X*

tla'áaw n-nom. *baggage, cargo, freight*
DEF: tlaawáay.
·Tlaawáay díinaa ḵwáan-gang. I have a lot of possessions. ·Tlaawáay 'láa ḵwáan'waang. They have a lot of belongings. ·Gwaa tlaawáay ḵwáan-gang. There's a lot of freight on board.

tla'áaw káagaay n-cpd. *truck*

tla'áaw tluwáay n-cpd. *freighter*

tla 'láa vb. *to make O good, improve O*
SP: tla 'láa | gang DP: tla 'láa | gan IP: tla 'láa | gaan
·Naay ḵáahlii hl tla 'láagang. I'm making the inside of the house look good.

tla'úng vb. *to mash, crush O with one's hands (as berries)*
SP: tla'úng | gang DP: tla'úng | gan IP: tla'wáang | aan

·Úu! 'Láa gwaa g̱áanaay tla'wáangaan. My! She mashed up the berries. ·G̱áanaay hl tla'úng! Mash the berries!

tla'únhl

1. number. *six, 6*

·Díi git'aláng tla'únhl dluu g̱íidang. I have about 6 children. ·Tla'únhl dluu gu Hl íijan. I was there six times. ·Daláng tla'únhl aadáasaang. Six of you will go seining.

2. vb. *to be six in number*

3. vb2. *to V six times*
SP: tla'únal | gang DP: tla'únal | gan IP: tla'únaal | aan

tléehl

1. number. *five, 5*

·Hal git'aláng tléehl dluu g̱íidang. She has five children. ·Gu sáng tléehl dlúu t'aláng íijan. We stayed there about five days. ·K̲'wa'áas tléehl hal gijgíihldaayaan. He caught 5 old cohos.

2. vb. *to be five in number*
SP: tléel | gang DP: tléel | gan IP: tléel | aan

3. vb2. *to V five times*
SP: tléel | gang DP: tléel | gan IP: tléel | aan

tlíi adv. *surely, certainly, definitely, so very, how, quite, quite a bit*
NOTE: Varies with tla'íi.

·Tlíi áayaad sangáay 'láas aa! How nice the weather is today! ·Ahljíihl uu tla'íi hal k̲'ál hlg̱álgan. That's why he was so sunburned. ·Tla'íi sg̱íw t'aláng isdgán. We got quite a bit of seaweed.

tliigáandanaay n-cpd. <sg̱a> *trapline*

tlíijiidaan adv. *anywhere, everywhere, all over the place*
·Tlíijiidaan hl x̱ánjuu jaadáng'uu. Travel around all over the place, you folks.

tlíisdluwaan adv. *someday, one of these days, sometime in the future, finally, in the end*

tlíitl'aa vb. *to bring O (by boat)*
SP: tlíitl'aa | gang DP: tlíitl'aa | gan IP: tlíitl'aa | gaan

·Chíin xiláa tl' tlíitl'aadaalgang. They're bringing some dried fish soon (by boat). ·Táaw k̲wáan íitl' an hal tlíitl'aaganggang. She always brings us a lot of food on a boat. ·Asgáaysd uu Yáats' X̲aat'áay láam tlíitl'aagan. After that, the White people brought liquor on boats.

tlíits'aan nn. *somewhere, anywhere, wherever*
NOTE: Varies with tlíits'aanan.
·Tlíits'aanan tl' na'áangs dluu, cháaj náay tl' tlaahlgáangaan. Wherever they lived, they would build a church.

tlíits'guusd adv. *quickly, fast, so soon*
·G̱áanaay tlíits'guusd g̱alánsdlaayaan. The berries got cooked fast. ·Tlíits'guusd g̱áalgeelaan. It got dark so fast. ·Tlíits'guusd hal ḵáatl'aagan! She came back so soon!

tlíiyaan adv. *finally, after a long time*
·Tlíi an uu hal ḵagántl'aagang. He's finally arrived safely. ·Tlíiyaan uu án Hl t'ats'gánggang. I'm finally packing. ·Tlíiyaan uu K'áaws Tláay aa íitl' g̱idatl'aagán. We finally got to Craig.

tlúu nn. <g̱a (rowboat), skáa (small rowboat), ḵ'ii (other)> *boat, ship, canoe*
DEF: tluwáay.
·Tlúu gwaa táawaay hal dúugan. He got the food on board a canoe. ·Tluwáay hal sgíndgan. He steered the boat. ·Sg̱úlguusd tluwáay tl' k'udlán-gan. They painted the right side of the boat.

tlúu gwaa gin hlga'áaws n-phr. *kicker, outboard motor*

tlúu gya'áangw n-cpd. *sails*
DEF: tlúu gya'áangwaay.

tlúu in n-phr. *dugout canoe*
DEF: tlúu in-gáay.

tlúu k'únk'unaa n-phr. *canoe with a high, scarfed-on bow and stern*

tlúu k'únts'aagaa n-phr. *reinforcement on a canoe made by lashing a pole on with cedar bark*

tlúu ḵáa vb. *to paddle, row, go by canoe (sg)*
SP: tlúu ḵáa|gang DP: tlúu ḵáa|gan IP: tlúu ḵáa|gaan
·Jiiwáay ḵáahlguud hal tlúu ḵáagang. He's rowing through the rapids. ·Díi aa hal tlúu ḵáagan. He rowed towards me. ·Síiguusd hal tlúu ḵáagang. He's going way out to sea.

tlúu ḵagáan n-cpd. *canoe song, paddling song*
DEF: tlúu ḵaganáay.

tlúu ḵ'áal n-poss. *an empty canoe*

tlúu k̲'iihlán-giyaa n-phr. *canoe with a high, scarfed-on bow and stern*

tlúu sangíinaay n-cpd. *boat nail*

tlúusgalaay n-nom. *bun (of hair)*

tlúu sk'at'íis kist'áawaay n-cpd. *a long-handled knife used in canoe making*

tlúu ts'ée'ii n-poss. *the crew of a boat or canoe*
DEF: tluwáay ts'ée'ii.
·Tluwáay ts'ée'ii tl' k̲'íits'iidan. They jailed the boat's crew.

tlúu t'áang n-poss. *stern of a boat*
·K̲waa t'áahlaay tluwáay t'áang iig hal kyúugan. He tied a stone anchor to the stern of the canoe.

tlúu ún n-poss. *deck of a boat*
DEF: tluwáay ún(sii).
NOTE: Varies with tlúu únsii.

tluu'úng vb. *to crawl around*
SP: tluu'úng|gang DP: tluu'úng|gan IP: tluu'wáang|aan
·Nang ts'úujuus án tluu'únggang. The little baby is crawling around. ·Hal tluu'úng gíiganggang. He is always crawling. ·Ga k̲'ayáas uu anáa guud tlu'únggaangaan. The old folks used to crawl around the house.

tluwáay hlúu n-poss. *hull (of boat, canoe)*

tl'

1. poss pro. *their, people's*
   NOTE: This possessive pronoun only occurs inside the noun phrase. It is only used with kinterms and body parts. It typically refers to an unnamed, unspecified, unknown "their", or "people's" in a general sense.
2. pro. *they, people*
   NOTE: This pronoun occurs as the subject of both active and stative verbs. It occurs only in the pronoun zone. This pronoun typically refers to an unnamed, unspecified, unknown "they", or "people" in a general sense.

tl'a nn. <sk̲'a> *red cedar sapling*
DEF: tl'áay.

tl'aa adv. *but, however*

tl'áa

1. poss pro. *their, theirs, people's*

   NOTE: Varies with tl'áangaa. This possessive pronoun occurs only in the pronoun zone. For use inside the noun phrase, see tl' (2) and tl'áa gyaa. Notice that this possessive pronoun typically refers to an unnamed, unspecified, unknown "their", or "people's" in a general sense. For a specific "their", see 'láa (variant: 'láangaa).

2. pro. *them, people*

   NOTE: This pronoun can be used as the object of a verb or a postposition. As the object of a verb, it occurs only in focus positions. For use in the pronoun zone, see tl'. Notice that this pronoun typically refers to an unnamed, unspecified, unknown "them", or "people" in a general sense. For a specific "them", see 'láa (1).

tl'áadaan nn. *canyon, gorge*
DEF: tl'áadanaay.

tl'áag níijaangwaay n-cpd. <ts'as> *camera*

tl'áa gyaa poss pro. *their, theirs, people's*
NOTE: This possessive pronoun only occurs inside the noun phrase. For use in the pronoun zone, see tl'áa ~ tl'áangaa. This possessive pronoun is not used with kinterms and body parts. For those, see tl' (2). Notice that this possessive pronoun typically refers to an unnamed, unspecified, unknown "their", or "people's" in a general sense. For a specific "their", see 'láa gyaa.

tl'aaj

1. n-ip. *summit (of a hill, etc.), ridge (of a roof)*
2. n-ip. <k̲'ii> *the crown of one's head*

   RFX: tl'aajáng.
3. n-ip. <hlk̲'a> *the crown or top of an evergreen tree*
4. n-ip. <gu> *the (outside) crown of a hat*

Tl'áa Jáad n-cpd. *Northeast Wind Woman, Fair Weather Woman*

tl’aajáng n-rp. <k̲’ii> *the crown of one's own head*
NOTE: This is the reflexive form of tl’aaj (1).

tl’áajuuda vb. *to be in a big pile*
SP: tl’áajuudaa | ng DP: tl’áajuud | gan IP: tl’áajuudaa | yaan
·Gya’ándaawaay tl’áajuudaang. There's a big pile of clothes.

tl’áak̲’uuj

1. nn. <sk̲’a> *dock (plant)*
DEF: tl’áak̲’ujaay.
2. nn. <sk̲’a (stalk), hlk̲’uhl, k̲’uhl (plant)> *rhubarb*
DEF: tl’áak̲’ujaay.

·Tláak̲’uj t’aláng táagiinii. We used to eat wild rhubarb.

tl’aalgúusd adv. *on the outside*

tl’aalgwíi adv. *out into the open*
·Tl’aalgwíi hl táawaay isdáa! Bring the food out!

tl’áamsad vb. *to let out a single loud fart, to pass gas loudly once*
SP: tl’áamsiid | ang DP: tl’áamsiid | an IP: tl’áamsad | aan

tl’áamsadang vb. *to let out multiple loud farts, to pass gas loudly multiple times*
SP: tl’áamsadang | gang DP: tl’áamsadang | gan
IP: tl’áamsadaang | aan

tl’áan interrogative. *where?*
NOTE: Some speakers also say gitl’áan.
·Tl’áan uu dáng dladahldáayaa? Where did you fall? ·Tl’áan uu nang ts’úujuus íijang? Where is the little one (baby)? ·Tl’áan uu dáng ijaa? Where were you? Where have you been?

tl’áan-g interrogative. *where to?*
NOTE: Some speakers also say gitl’áan-g.
·Tl’áan-g uu dáng dlayáandaalgang? Where are you running to? ·Tl’áan-g uu dáng isáang? Where will you go? ·Tl’áan-g uu díi dáng isdaang? Where are you taking me?

tl’áats’aa vb. *to be stacked up*
SP: tl’áats’aa | gang DP: tl’áats’aa | gan IP: tl’áats’aa | gaan
·Táawaay tl’áats’aagang. There is a big pile of food. ·Kugáay gud únggw tl’áats’aagang. The firewood is stacked up.

tl'áawug nn. <gi, g̱a> *battered old canoe*
DEF: tl'áawugaay.

tl'áaygaay n-nom. *the sewing, seam*

tl'áayuu n-nom. <skáa (spool)> *thread*
DEF: tl'áayuwaay.
·Tl'áayuwaay hlḵ'án-gang. The thread is tangled.

tl'áayuu ḵ'áal n-poss. *empty spool of thread*

tl'áayuu x̱áayuwaay n-cpd. *crochet hook*

tl'ada vb. *to kill O (pl)*
SP: tl'adaa | ng DP: tl'ad | gán IP: tl'adaa | yaan
·Gud tl' tl'ad áwyaagaan. A lot of people killed each other. ·'Wáadluu gu tl' tl'ad áwyaagaan. A lot of people were killed there then. ·Sg̱án hal tl'ad áwyaagan. He got a lot of red snapper.

tl'adajáang vb. *to chew on O (flat)*
SP: tl'adajáang | gang DP: tl'adajáang | gan IP: tl'adajáang | aan
·Chíin xiláa hal tl'adajáanggan. He was chewing on hard pieces of dry fish.

tl'ag n-nom. *soaked dried fillet, usually dog salmon*
DEF: tl'agáay.

tl'agáa vb. *to soak, be soaked (as fish)*
SP: tl'agáa | gang DP: tl'agáa | gan IP: tl'agáa | gaan
·K'áawaay gwaa tl'agáa gíigan. The fish eggs have already been soaked.

tl'agda vb. *to soak O*
SP: tl'agdáa | ng DP: tl'agd(a) | gán IP: tl'agdáa | yaan
·Sánggaas dluu sk'agáay t'aláng tl'agdáang. We soak the dog salmon in the wintertime. ·Chíinaay Hl tl'agdáang. I'm soaking the fish.

tl'ag hláng n-cpd. *dried fillet that is good for soaking*

tl'aghliyáay n-nom. *gable plank or plate*

tl'agiyáay nn. <t'a> *fishing line*
DEF: tl'agiyáay.

tl'ahl nn. <ḵ'ii> *hammer, mallet*
DEF: tl'ahláay.

·Sahlgáang tl'ahl isgyáan sangíin isgyáan kug dánhl hal k̲áatl'aagaan. He came back with a hammer, some nails and some wood.

tl'ahlk'áa nn. <sk'a> *salmon milt*

tl'ajgáaw nn. <tl'a> *bandage*
DEF: tl'ajgáawaay.

tl'ajúugyaa'a vb. *to stand up (pl)*

tl'ajúugya'aang vb. *to stand, be standing (pl)*
SP: tl'ajúugya'aang | gang DP: tl'ajúugya'aang | gan
IP: tl'ajúugya'aang | aan

·Hal tl'ajúugya'aang g̲ujúu'ugan. They all stood up. ·Hal tl'uwáang'ugan k̲áwd, hal tl'ajúugya'aang g̲ujúu'ugan. After they were sitting for sometime, they all stood up. ·Tlíisdluwaan gúusgaang daláng tl'ajúugya'aangsaang. Someday you folks will stand alone.

tl'ak' n-nom. *whetstone, sharpening stone*

tl'ak'a vb. *to sharpen O (esp. with a whetstone)*
SP: tl'ak'áa | ng DP: tl'ak'(a) | gán IP: tl'ak'áa | yaan

·Gám yaats'áay áangaa Hl tl'ak'.'ánggan. I didn't sharpen my knife.

tl'ak'áaw (1) nn. <sk'a> *gooseneck barnacle*
DEF: tl'ak'áawaay.

tl'ak'áaw (2) n-nom. *whetstone, sharpening stone*
DEF: tl'ak'áawaay.

tl'ak' aa xínjuulangaa n-phr. *grindstone (turned by a crank)*

tl'ak'úl n-ip. <tl'a> *one's liver (of mammals and birds)*
RFX: tl'ak'uláang.

tl'ak'uláang n-rp. <tl'a> *one's own liver (of mammals and birds)*
NOTE: This is the reflexive form of tl'ak'úl.

tl'ak̲'ii'aaw n-nom. *three-cornered needle used to sew leather*

tl'án vb. *to nurse (as a baby)*
SP: tl'án- | gang DP: tl'án- | gan IP: tl'áan | aan

·Hal gid tl'án sg̲wáananggan. Her baby sucked a long time.

tl'ánda vb. *to breastfeed, nurse O*
SP: tl'ándaa|ng DP: tl'ánd|gan IP: tl'ándaa|yaan
·Git'aláng Hl tl'ánd g̲ujúugan. I breastfed all my children.

tl'ándiiswaa nn. *chest of a salmon or halibut (behind collarbone and in front of belly)*

tl'angaj n-ip. <k̲'ii> *crown of one's head, summit (of a hill, etc.)*
RFX: tl'angajáang.

tl'angajáang n-rp. <k̲'ii> *the crown of one's own head*
NOTE: This is the reflexive form of tl'angaj.

tl'ánsiid vb. *to squint, peer*

tl'ánts'uud nn. *Stellar's jay*
DEF: tl'ánts'udaay.

tl'ánts'uud g̲áanaa n-cpd. *wild raspberry*

tl'ánts'uud sk̲amáay n-cpd. *4-sided conical trap for jays*

tl'ánuu n-ip. *one's milk*
DEF: tl'ánuwaay.
·Anáag k̲álg ts'úujuu isgyáan tl'ánuwaay hal dúuts'aayaan. She went in the house to get a small bottle and the milk. ·Tl'ánuwaay daláng an íijang. The milk is for you folks.

tl'ánuu gyaat'áawaay n-cpd. <sk'a> *milk pitcher*

tl'ánuu kún n-cpd. <skáa> *nipple, teat*

tl'ánuwaang n-rp. <cha> *one's own breast, teat, udder*
NOTE: This is the reflexive form of tl'ánuwaay.

tl'ánuwaay n-ip. <cha> *one's breast, teat, udder*
RFX: tl'ánuwaang.

tl'ats'áaw n-nom. *planting stick*
DEF: tl'ats'áawaay.

tl'ats'agáal n-nom. *unidentified small whale*

tl'a ts'ángwaalw n-nom. <sk'a> *eyedropper*
DEF: tl'a ts'ángwaalwaay.

tl'ats'gálgaang n-nom. *a species of shark*

tl'at'áan nn. *sea anemone*

tl'a'áaw vb. *to sit down, be sitting (of plural)*

tl'íi vb. *to sew O*
SP: tl'íi|gang DP: tl'íi|gan IP: tl'áay|aan
·Hlk'idgáa Hl tl'íisaang. I'll sew a dress. ·Hlk'idgáa áayaad Hl tl'íisaang. I'll sew a dress today. ·Sḵut'íisdaay 'láangaa Hl tl'íigang. I'm sewing his vest.

tl'íihlaal n-nom. <gi> *patchwork quilt, crazy quilt*
DEF: tl'íihlalaay.

tl'íihlk'al
1. nn. <tl'a> *liver of a shark*
2. nn. <sk'a> *salmon milt*

tl'íi sálda vb. *to baste O (in sewing)*
SP: tl'íi sáldaa|ng DP: tl'íi sáld|gan IP: tl'íi sáldaa|yaan

tl'íits'aa vb. *to mend O*
SP: tl'íits'aa|gang DP: tl'íits'aa|gan IP: tl'íits'aa|gaan
·Díi dúun uu gya'ándaaw tl'íits'aagang. My younger sister is mending clothes. ·Gya'ándaawaay Hl tl'íits'aasaang. I'll mend the clothes. ·K'úunaay 'láangaa Hl tl'íits'aasaang. I'll mend his pants.

tl'íi'aal nn. <sk'a> *fireweed*
DEF: tl'íi'alaay.

tl'íi'aal aad n-cpd. *net made of fireweed fiber*

tl'íi'aal hltánuwaay n-poss. *the fuzz of a fireweed plant*

tl'íi'aal taháaw n-cpd. *mussel shell knife used in making net fiber from fireweed*

tl' ḵ'iyáa gyúu n-cpd. <gu> *dried peach*

tl' ḵ'iyáa ts'áng n-phr. <skáa> *corn kernel*
DEF: tl' ḵ'iyáa ts'ánggaay.

tl'úu nn. <k'u> *wedge*
DEF: tl'uwáay.

tl'úudaangaa n-ip. *the left corner of one's mouth*

tl'úulaangw n-nom. <ts'as> *wash boiler*
DEF: tl'úulaangwaay.

tl'úusad vb. *to fart, pass gas very loudly once*
SP: tl'úusiid | ang DP: tl'úusiid | an IP: tl'úusad | aan

tl'úusadang vb. *to fart, pass gas very loudly multiple times*
SP: tl'úusadang | gang DP: tl'úusadang | gan
IP: tl'úusadaang | aan

tl'úu tl'ahláay n-cpd. *sledgehammer for splitting wood*

tl'úuwaan nn. *hook wallet made of cedar bark*

tl'uwáants'adaay

1. n-nom. *grain of wood*
2. n-nom. *layer, row*

tl'ux̂tl'ux̂

1. nn. *oyster*
2. nn. *rock scallop*

ts'a

1. vb. *to be very windy, gusty*
SP: ts'a | gáng DP: ts'a | gán IP: ts'a | gáan
·Tajuwáay ts'agán. The wind was strong.
2. vb. *to shoot (and kill) O; to sting O (as a bee)*
SP: ts'a | gáng DP: ts'a | gán IP: ts'a | gáan
·X̱it'iid san t'aláng ts'asáang. We will also shoot ducks. ·K'úngaal eehl 'láa hal ts'agán. She shot him with an arrow. ·Sg̱áalaay 'láa ts'agán. The bee stung him.

ts'aaga vb. *to move, relocate from one place to another*
SP: ts'aagáa | ng DP: ts'aag(a) | gán IP: ts'aagáa | yaan
·Awáahl g̱agwíi dasd t'aláng ts'aaggán. We left from there a long time ago. ·Díi aa hal ts'aagáang. She is moving to my place. ·Gíijgwaa tl'aa hal ts'aagáang. I hope she moves.

ts'áagwaal

1. nn. *a certain design woven into mats*
   DEF: ts'áagulaay.
2. nn. <hlk̲'a (frond), k̲'uhl, hlk̲'uhl (plant)> *sword fern, maidenhair fern, male fern*
   DEF: ts'áagulaay.

ts'áagwaal hlk̲'a'áay n-cpd. *bracken fern*

Ts'aagws k̲'áajaa n-cpd. *pink pitch used as chewing gum*
DEF: Ts'aagws k̲'áajgaay.

Ts'aagws X̲aat'áay nn. *Interior people (Athabaskan, Gitksan, interior Salish, etc.)*

ts'áak' nn. *mature bald eagle*
DEF: ts'áak'aay.

·Ts'áak' uu únggw isáang. There will be an eagle on it. It will be an Eagle pole. ·Gáwjaawaay ínggw ts'áak'g Hl k'udlán níijangsaang. I will paint an eagle on the drum. ·Hahlgwíi ts'áak'aay xíidang. The eagle is flying this way.

ts'áak' k̲aj sdáng n-cpd. *double-head eagle*
·Ts'áak' k̲aj sdáng gúusd uu díi k̲'wáalaagang. I am a double-head Eagle.

ts'áak' t'amíi n-cpd. *caterpillar*

ts'áaliigaa vb. *to be ragged, shabby*
SP: ts'áaliigaa|gang DP: ts'áaliigaa|gan IP: ts'áaliigaa|gaan

·Hlk'idgáa 'láangaa ts'áaliigaagang. Her dress is raggedy. ·K'úunaay 'láa ts'áaliigaagang. His pants are raggedy. ·K'úunaay k̲'áay 'láa ts'áaliigaagang. The crotch of his pants is raggedy and needs mending.

ts'áaliigeehl vb. *to get raggedy, fall apart (of clothes)*
·Ts'áaliigeehls dluu Hl dáangsaang. I'll throw them away when they get raggedy.

ts'aalts'adáa nn. *species of seaweed*
DEF: ts'áalts'adaay.

ts'áamaas nn. <hlgi> *deadhead, drift log*

ts'áamaas k̲'íidaay n-cpd. *Douglas fir (tree or wood)*

ts'áandlii vb. *to get on board and sit down (sg)*
SP: ts'áandlii | gang DP: ts'áandlii | gan IP: ts'áandlaay | aan ~ ts'áandlii | gaan
NOTE: This verb can apply to getting on board any type of vehicle, including a boat, car or plane.

ts'áang vb. *to sit on board (sg)*
SP: ts'áang | gang DP: ts'áang | gan IP: ts'áang | aan
NOTE: This verb can apply to sitting on board any type of vehicle, including a boat, car or plane.

ts'áan hlg̲agad n-nom. *frame in a smokehouse used to support the sticks that the fish are hung on*
DEF: ts'áan hlg̲agadáay.

ts'áan sk'agad n-nom. <hlgi, sk̲'a> *large beam or pole resting on top of the inside houseposts of a traditional house*
DEF: ts'áan sk'agadáay.

ts'áan sk'ahliyáang nn. *beams*

ts'áan tluwáa n-cpd. *steamboat, steamer, steamship*
DEF: ts'áan tluwáay.

·Awáahl g̲agwíi ts'áan tluwáa gwaa Hl hlg̲ánggulgiinii. Long ago I used to work onboard a steamboat. ·Ts'áan tluwáay xangaláang. The steamboat is fast. ·Ts'áan tluwáa gwaa t'aláng sdíihlsaang. We will return onboard a steamer.

ts'áan tl'at'áas n-nom. <cha> *large basket for carrying dry items (usually made of spruce root)*
DEF: ts'áan tl'at'ajáay.

ts'áanuu

1. nn. <stl'a> *fire, firewood*
DEF: ts'áanuwaay.

·Dáas uu ts'áanuwaaysd íijang. Sparks are coming from the fire.
·Ts'áanuwaay díi stláay k'úntl'dagan. The fire burned my hand.
·Sdángaalaay ts'áanuwaay aa k̲wáan-gang. There's a lot of coals in the fire.

2. vb. *to build a fire*
SP: ts'áanuu | gang DP: ts'áanuu | gan IP: ts'áanaaw | aan

·Kugáay eehl hal ts'áanuusaang. He will build a fire with the wood. ·Chaaw salíi aa Hl ts'áanuusaang. I'll build a fire on the beach. ·Díi x̲áad ts'áanuugang. My father is building a fire.

ts'áanuudaan n-cpd. <ts'as> *stove, fireplace*
DEF: ts'áanuudanaay.

ts'áanuudaan stíidgaa n-phr. *'Star' brand cookstove*

ts'áanuu náay n-cpd. *woodshed*
DEF: ts'áanuu nagáay.

ts'áanuus ján n-cpd. *the edge of the fire*

ts'áanuu tl'ahláay n-cpd. *sledgehammer for splitting wood*

ts'áanuu xál k'usdláay n-cpd. *partly burned brand remaining after a fire goes out*

ts'áanuu xudáawaay n-cpd. *bellows*

ts'áanuwaay g̱ud n-cpd. *the bottom of the fire*

ts'áawaandlii vb. *to get on board and sit down (pl)*
SP: ts'áawaandlii|gang DP: ts'áawaandlii|gan
IP: ts'áawaandlaay|aan ~ ts'áawaandlii|gaan
NOTE: This verb can apply to getting on board any type of vehicle, including a boat, car or plane.

ts'ad n-ip. *one's cheek*
RFX: ts'adáng.
·X̱agw ts'ad x̱áwl áwyaagang. Halibut cheeks taste darn good.

ts'adáng n-rp. *one's own cheek*
NOTE: This is the reflexive form of ts'ad.

ts'ad ḵáahlii n-cpd-ip. *inside of cheek*

ts'agts'ag nn. <hlg̱a> *wagon*
DEF: ts'agts'aggáay.

ts'agúlaaw nn. *shrew*
DEF: ts'agúlawaay.

ts'ahl (1) nn. *lodgepole pine, bullpine (tree or wood)*
DEF: ts'ahláay.

ts'ahl (2) nn. <cha (stuffed), ts'as (box pillow)> *pillow*
DEF: ts'ahláay.
·Ts'ahláay hl tla hltánaa. Fluff up the pillow.

ts'ahl (3) nn. <skáa, k̲'ii> *lead sinker*
DEF: ts'ahláay.
·Ts'ahl í'waan hal dáng k̲'íidaal'unggan. He dragged a large lead sinker around.

ts'ahlad vb. *for X to fall apart, go to pieces, break apart into many pieces, get wrecked, get busted up*
SP: ts'ahlíid | ang DP: ts'ahlíid | an IP: ts'ahlad | áan
·Aadáay iig ts'ahlíidan. The net fell apart. ·Húujii sk'atl'áangwaay iig ts'ahlíidang. That cup is busted up.

ts'ahl hltánuu n-cpd. *feather pillow*
DEF: ts'ahl hltánuwaay.

ts'ahl k̲'áal n-cpd. *pillow case*
DEF: ts'ahl k̲'áalgaay.

ts'ahlsgadáaw n-nom. *glue*
DEF: ts'ahlsgadáawaay.

ts'ahl stlíinaay n-poss. *pine needles*
·Ts'ahláay stlíinaay k'i hlk'ujúugang. The pine needles are in a bunch.

ts'ahlt'as vb. *to be sticky*
SP: ts'ahlt'íij | ang DP: ts'ahlt'íij | an IP: ts'ahlt'aj | áan
·G̲áanaay g̲ask'w ts'ahlt'íijang. The whole pan of berries is sticky.

ts'ahl t'áwsgad n-nom. *bedstraw plant*
DEF: ts'ahl t'áwsgadgaay.

ts'ahlusda vb. *to splatter*
SP: ts'ahlusdáa | ng DP: ts'ahlusd | gán IP: ts'ahlusdáa | yaan
·G̲ándlaay ts'ahlusdgán. The water splattered.

ts'ahts'áa nn. *any small songbird*
DEF: ts'ahts'gáay.
·Ts'ahts'gáay kingáang g̲ujúugang. All the birds are singing.

ts'ahts'áa xyáay n-poss. *wings (of a bird)*

ts'ajáaw n-nom. <hlg̲a> *outdoor fish-drying rack*
DEF: ts'ajuwáay.

ts'ajáaw x̲áad n-cpd. *outdoor fish-drying rack*
DEF: ts'ajáaw x̲áadgaay.

ts'ajwáay nn. *dipper, water ouzel*

ts'a kángaaw n-cpd-ip. *cut-up scraps of something*
DEF: ts'a kángwaay.

ts'ak'áang n-rp. *the nape of one's own neck*
NOTE: This is the reflexive form of ts'ak'ii.

ts'ak'ii

1. n-ip. *the back part of something*
·Díi k̲aj ts'ak'ii g̲ayáagang. The back of my head is bloody.
2. n-ip. *the nape of one's neck*
RFX: ts'ak'áang.

ts'ak'iig pp. *behind, at the back of, in back of*
·G̲u hlga'áangwaay ts'ak'iig hal diyínggan. She looked (for it) behind the chair.

ts'ak'ii g̲adáas n-phr. *surf scoter*

ts'a k̲'iigang vb. *to chew O (as snuff), let O dissolve in mouth*
SP: ts'a k̲'iigang | gang DP: ts'a k̲'iigang | gan IP: ts'a k̲'iigaang | aan
·Gúl hal ts'a k̲'iiganggang. He is chewing tobacco.

ts'a k̲'iisgad vb. *to forget what one was going to say*

ts'ál

1. n-ip. <tl'a> *dorsal fin of a whale, dolphin, porpoise or fish (other than flatfish)*
RFX: ts'iilang.
2. n-ip. *trigger of a firearm*

ts'aláa vb. *to be curly, frizzy, wavy*
SP: ts'aláa | gang DP: ts'aláa | gan IP: ts'aláa | gaan
·'Láangaa ts'aláagang. Hers is curly. ·Húu gw dáng k̲aj ts'aláa'us? Is your hair curly? ·Hal k̲aj 'láa gudúu ts'aláagang. Her hair is wavy.

ts'alaad nn. <cha> *a type of large basket*
DEF: ts'alaadáay.

ts'álaaw n-nom. *scrap from eating fish or meat*
DEF: ts'álawaay.

ts'alám nn. *marbled murrelet*
DEF: ts'alamáay.

ts'álj nn. <stl'a> *very thin dried or smoked fillet of salmon, halibut or lingcod*
DEF: ts'áljaay.

ts'an part. *let's*
·Wáayaad t'aláng is ts'an! Let's go now! ·K̲íidaay náay t'aláng k̲íng áa ts'an. Let's go see the tree house. ·Háwsan t'aláng g̲u chándaal ts'an! Let's sled again!

ts'ananáng vb. *to cut X up with scissors; to shoot X up*

ts'áng

1. nn. *beaver*
   DEF: ts'angáay.
   ·Gyáak̲'id ts'angáay chíinaay íitl'aa táaganggang. Sometimes the beaver would eat our fish.
2. n-ip. *its texture, grit, mesh*
3. n-ip. <sk'a> *one's tooth, fang, tusk, claw (of crab), beak (of octopus)*
   RFX: ts'angáng.
   ·Díi ts'áng g̲waagánggang. My teeth are aching. ·Hlk̲'íitl'angwaay ts'áng síidalaang. The comb is fine-toothed. ·Ts'angáng hal k̲'u k̲'áat'uugaang. He's grinding his teeth.
4. nn. *pestle*

ts'angáng n-rp. <sk'a> *one's own tooth, fang, tusk, claw (of crab), beak (of octopus)*
NOTE: This is the reflexive form of ts'áng (1).

ts'angáng ii kit'gwáangw n-cpd. <sk̲'a> *toothpick*
DEF: ts'angáng íi kit'gwáangwaay.

ts'áng dláanwaay n-cpd. *toothpaste*

ts'áng g̲ud n-cpd-ip. *one's back teeth, wisdom tooth*

ts'áng hlk'unáanwaay n-cpd. <hlk'u> *toothbrush*

ts'áng kún n-cpd-ip. *front teeth*

ts'áng k̲'álaad n-phr. <hlga> *false teeth, dentures*
DEF: ts'áng k̲'álaadgaay.
·Ts'áng k̲'álaad wáayaad Hl da'áang. I have other (false) teeth now.

ts'áng k̲'uhlíi n-cpd. <cha> *fig*
DEF: ts'áng k̲'uhlíigaay.

ts'áng k̲'ujáawaay n-cpd. <hlga> *beaver trap*

ts'áng k̲'úl n-poss-ip. *gums*

ts'áng sda'áang vb. *to be jealous of X*
SP: ts'áng sda'áang | gang DP: ts'áng sda'áang | gan IP: ts'áng sda'áang | aan
·G̲aagáay gud eehl ts'áng sda'áang'waang. The children are jealous of each other.

ts'áng síidala vb. *to be fine-toothed, finely stitched*
SP: ts'áng síidalaa | ng DP: ts'áng síidal | gan IP: ts'áng síidalaa | yaan

ts'áng tlaawhláa 'la'áay n-cpd-sg. *dentist*
PLU: ts'áng tlaawhláa 'la'áaylang.

ts'áng tlaawhláa 'la'áaygaa vb. *to be a dentist*
SP: ts'áng tlaawhláa 'la'áaygaa | gang DP: ts'áng tlaawhláa 'la'áaygaa | gan IP: ts'áng tlaawhláa 'la'áaygaa | gaan

ts'ángwuhlda vb. *to squirt once*
SP: ts'ángwuhldaa | ng DP: ts'ángwuhld | gan
IP: ts'ángwuhldaa | yaan
·Díi gwii g̲ándlaay ts'ángwuhldgan. The water squirted on me.

ts'ángwuldang vb. *to squirt repeatedly*
SP: ts'ángwuldang | gang DP: ts'ángwuldang | gan
IP: ts'ángwuldaang | aan

ts'áng x̲áldaangaa n-cpd. *muskrat*

ts'áng 'wíi da hlgahliyáa n-phr. <hlga> *false teeth*

ts'ánhlgadaangw n-nom. <sk̲'a> *pin, straight pin*
DEF: ts'ánhlgadaangwaay.

ts'ánhlgadaangw da'áawaay n-cpd. *pin cushion*

ts'ánhlk̲'al nn. *moose, Dawson's caribou*
DEF: ts'ánhlk̲'alaay.

ts'ánsal n-cpd-ip. *toothmark*

ts'asdla vb. *to give, give away O (boxlike)*
SP: ts'asdláa | ng DP: ts'ashl | gán IP: ts'asdláa | yaan
·Tl' 'wáahlalgan dluu, k̲'ál sgunáa ts'ásk'w 'láag tl' ts'ashlgán. When they were potlatching, he was given a whole box of oranges.

ts'asguda vb. *to take a shot at O and miss*
SP: ts'asgudáa | ng DP: ts'asgud | gán IP: ts'asgudáa | yaan
NOTE: Some speakers say: jasguda.
·'Láa uu ts'asgudáang. He's missed his shot.

ts'ask'áak'w nn. <sk'a> *suspenders-style dry fish (usually humpback salmon)*
DEF: ts'ask'áak'waay.

ts'ask'w quantifier. *whole, entire (of boxy objects)*
·Tl' 'wáahlalgan dluu, k̲'ál sgunáa ts'ásk'w 'láag tl' ts'ashlgán. When they were potlatching, he was given a whole box of oranges.

ts'asláangw n-nom. <ts'as> *cooking pot*
DEF: ts'asláangwaay.
·Ts'asláangwaay hl gisúu! Wipe the pots! ·Ts'asláangwaay g̲áalaagang. The pot has a lid. ·Áajii ts'asláangwaay k̲'áalaagang. This pot is empty.

ts'asláangw gigwáa n-phr. *saucepan*

ts'asláangw k'udáa n-phr. <ts'as> *tea kettle*

ts'asláangw stlíinaa n-phr. *three-legged cauldron, pot with three legs*

ts'asláng vb. *to boil O*
SP: ts'asláng | gang DP: ts'asláng | gan IP: ts'asláang | aan
·Sg̲íw Hl ts'aslángsaang. I'll boil some seaweed. ·K'áad ki'ii Hl ts'aslánggang. I'm boiling deer meat. ·Sdlagw sk'yáaw eehl xíl k̲agan hal ts'aslánggang. She's boiling the Hudson Bay tea with peppermint.

ts'aslangáa vb. *to be boiled*

ts'ats' nn. <sk'a> *carrot*
DEF: ts'ats'áay.
·Ts'ats'gyáa Hl tlats'gán. I planted some carrots too. ·Ts'ats' hal tlats'áang. She's planting carrots. ·Ts'ats'áay hal <u>k</u>'ungalánggang. He's eating carrots straight out of the ground.

ts'ats'áaw (1) nn. *chisel*
DEF: ts'ats'áawaay.

ts'ats'áaw (2) nn. *indoor fish rack*
DEF: ts'ats'áawaay.

ts'ats' <u>k</u>'u kam n-cpd. <s<u>k</u>'a> *stem of yarrow*
DEF: ts'ats' <u>k</u>'u kamáay.

ts'ats' máahlaay n-cpd. *carrot seed*
DEF: ts'ats' máahlaaygaay.

ts'ats' <u>x</u>áw n-poss. *carrot juice*

ts'at'áan nn. *humpback salmon, pink salmon*
DEF: ts'at'anáay.

ts'at'aláng nn. <s<u>k</u>'a> *arrow with a sharp head*
DEF: ts'at'alangáay.

ts'at'aláng da'áawaay n-cpd. <cha> *quiver*

ts'at'aláng kún n-cpd. *arrowhead*

ts'at'aláng k'usíi n-cpd. *notch end of an arrow*

ts'at'aláng <u>k</u>'áay n-poss. *arrowhead, arrow point*

ts'at'as vb. *to tie O, fasten O, tie a knot on O*
SP: ts'at'íij | ang DP: ts'at'íij | an IP: ts'at'aj | áan
·St'asgáay hl áangaa ts'at'as! Tie your shoes! ·<u>K</u>igwáay hlt'aj Hl ts'at'íijang. I'm tying the handle on the basket.

ts'awáan vb. *to split O (as fish)*
SP: ts'awáan- | gang DP: ts'awáan- | gan IP: ts'awáan | aan
·Chíinaay hal ts'awáan-gang. He is splitting fish.

ts’a’áal nn. <sk̲’a> *salmonberry sprout*
DEF: ts’aaláay.

ts’a’áang vb. *to sit on board (pl)*
SP: ts’a’áang | gang DP: ts’a’áang | gan IP: ts’a’áang | aan
NOTE: This verb can apply to sitting on board any type of vehicle, including a boat, car or plane.

ts’a’ám nn. <hlga> *small purple crab*
DEF: ts’aamáay.

ts’a’án n-ip. <k̲’uhl, hlk̲’uhl> *gills of a fish or crab*

Ts’eehl ’Láanaas n-cpd. *Ts'eehl 'Láanaas (clan)*
·Díi uu Ts’eehl ’Láanaas gid íijang. I'm a child of the Ts'eehl 'Láanaas clan.

ts’ée’ii n-ip. *crew, members of a group, inhabitants*
·Ts’ée’ii gwaa tláahl dluu g̲íidaangaan They had about 10 men for the crew.
·Gwaa tl’ ts’ée’ii tláahl dluu g̲íidan. They had about 10 crewmen on board.

ts’ii n-ip. *center (of the eyes), pit (of fruit), insides (of eggs, oranges, baked goods)*

ts’íig nn. *rain and wind*
DEF: ts’íigaay.

ts’íiga vb. *to rain*
SP: ts’íigaa | ng DP: ts’íig(a) | gan IP: ts’íigaa | yaan
·Áayaad ts’íigaang. It's raining today. ·Ts’íigaang. It's misting. ·Adaahl ts’íigaayaan. It rained yesterday.

ts’íig st’íigaa n-cpd. *rheumatism*

ts’íig tlagáa n-cpd. *a place where it rains a lot*
DEF: ts’íig tlagáagaay.

ts’ii g̲adayáay n-cpd-ip. *egg white, white's of one's eyes*

ts’íihlanjaaw nn. *devil's club*
DEF: ts’íihlanjawaay.
·Ts’íihlanjaaw isgyáan xíl k̲agan Hl nílgan. I drank devil's club and Hudson Bay tea. ·Ts’íihlanjawaay iig hal k̲adáaldaang. She is brewing the devil's club. ·Ts’íihlanjaaw Hl nílgan. I drank some devil's club.

ts'íik'ab nn. <skáa> *bunchberry, Jacobberry*
DEF: ts'íik'abgaay ~ ts'íik'abaay.

ts'íilang n-rp. <tl'a> *one's own dorsal fin*
NOTE: This is the reflexive form of ts'ál (1).

ts'íil k̲'úl n-poss-ip. *the base of a dorsal fin*

ts'íing nn. *spawned-out salmon*
DEF: ts'íingaay.

ts'íingajgaang nn. <hlg̲a> *log jam*
DEF: ts'íingajgangaay.

ts'íit'aa nn. *speices of skate or ray*
DEF: ts'íit'gaay.

ts'íiyaa vb. *to be thin, skinny (of people)*
SP: ts'íiyaa | gang DP: ts'íiyaa | gan IP: ts'íiyaa | gaan
·Awáahl díi ts'íyaagan. A long time ago I was skinny.

ts'ijgíit'uu n-nom. <hlga> *pliers*
DEF: ts'ijgíit'uwaay.

ts'i'íit'uu n-nom. <hlga> *scissors*
DEF: ts'i'íit'uwaay.

ts'i'íit'uu gijgíit'uwaay n-poss. *the handles of a pair of scissors*

ts'úu
1. nn. <g̲a, k̲'a, sk̲'a> *red cedar board, plank, stick*
DEF: ts'uwáay.
2. nn. *red cedar (wood or tree)*
DEF: ts'uwáay.
·Tluwáay uu ts'úu íisd tlaawhlgáagang. The canoe is made out of red cedar. ·Ts'úugyaa uu hal sgi tl'iist'áang. He is splitting cedar. ·Ts'úu ts'áanuus dluu, sg̲áalud áwyaagang. When red cedar burns, it gives off a lot of sparks.

ts'úudajaang vb. *to chew tiny pieces of O*
SP: ts'úudajaang | gang DP: ts'úudajaang | gan
IP: ts'úudajaang | aan
·Táawaay hal ts'úudajaanggan. She chewed tiny pieces of food.

ts'úudala vb. *to be small, tiny (pl)*
SP: ts'úudalaa | ng DP: ts'úudal | gan IP: ts'úudalaa | yaan
·Ts'ats'áay ts'úudalaang. The carrots are small. ·Ga ts'úudalaas san sgúulgaagan. The little ones went to school too. ·St'a hlk'únk'aay dláangaa ts'úudal jahlíigang. Your folks' mocassins are too small.

ts'úu g̱aláay n-cpd. *blue mussels attached to driftwood*

ts'úujuu vb. *to be small, tiny (sg)*
SP: ts'úujuu | gang DP: ts'úujuu | gan IP: ts'úujaaw | aan
·Dáng yahgwsíi ts'úujuugang. Your waist is small. ·G̱án díi ts'úujuu jahlíigang. I'm too small for it. ·Gám díi ts'úujuu jahlíi'anggang. I'm not too small.

ts'úu ḵáahlaangwaay n-cpd. *red cedar kindling*

ts'úu ḵ'awáay n-cpd. *cedar plank*

ts'uunáng vb. *to move, migrate from place to place (of people)*
SP: ts'uunáng | gang DP: ts'uunáng | gan IP: ts'uunáang | aan
·X̱aat'gáay tlagánhlaa iig ts'uunáanggang. The people are moving into camp.

ts'úusad vb. *to let out one very small fart, pass a tiny amount of gas*
SP: ts'úusiid | ang DP: ts'úusiid | an IP: ts'úusad | aan

ts'úusadang vb. *to let out multiple very small farts, pass a tiny amount of gas multiple times*
SP: ts'úusadang | gang DP: ts'úusadang | gan
IP: ts'úusadaang | aan

ts'úuts' nn. <sḵ'a> *stick on which fish are threaded for drying*
DEF: ts'úuts'aay.

ts'úuts' sḵ'áangwaay n-cpd. <sḵ'a> *short stick for drying fish*

ts'úuwaang

1. n-rp. <skáa> *one's own individual vertebrae*
   NOTE: This is the reflexive form of ts'úuwii.
2. n-rp. <sk'a> *one's own spine, backbone*
   NOTE: This is the reflexive form of ts'úuwii.

ts'úuwii

1. n-ip. *heart of a tree*
2. n-ip. *melody, rhythm of a song*
3. n-ip. <skáa> *one's individual vertebrae*
   RFX: ts'úuwaang.
4. n-ip. <sk'a> *one's spine, backbone*
   RFX: ts'úuwaang.

·Nang jáadaas ts'áwii jánggang. The woman is tall. ·Dáng ts'áwii g̲wáanggan. You broke your backbone. ·Hal x̲áad ts'áwii k'wa'áandgan. Her father was short.

ts'úuwii gudgw skáahlanaay n-nom. *individual vertebrae*

ts'úu'aats'a vb. *to eat a small amount of O (sg)*
SP: ts'úu'aats'aa | ng DP: ts'úu'aats' | gan IP: ts'úu'aats'aa | yaan
·Táawaay hal ts'úu'aats'aayaan. He ate a small amount of the food.

ts'uwúlgw nn. *mink, mink skin*
DEF: ts'uwúlgwaay.
·Ts'uwúlgw sdáng hal tiigán. He killed two mink. ·Kúnaa ts'uwúlgw k̲wáan hal isdgán. He got a lot of mink before. ·Ts'uwúlgwaay g̲aayt'áang. The mink is scarce.

ts'uwúlgw t'adgáa n-phr. *mink stole*

t'a nn. <gu> *species of gumboots, chiton*
DEF: t'áay.
·T'a san t'aláng isdgán. We also got some gumboots.

t'áaguusd adv. *south*
·T'áaguusd uu hal is'wáang. They come from the Lower 48. ·X̲it'adáay t'áaguusd ngáadaalgang. The birds are migrating from the lower 48. ·T'áaguusd uu k̲'ajúugang. The wind is blowing from the south.

t'áagwaa adv. *down south*
·T'áagwaa g̲áanaay san x̲áwlaang. The berries from down south are also delicious. ·T'áagwaa k'íinaas aa hal isáang. She will go south where it is warm. ·T'áagwaa st'ii náaysd at'án hal x̲ánjuutl'aagan. She just arrived from a hospital down south.

T'áagwaa Tlagáay n-cpd. *the Lower 48*
·T'áagwaa tlagáay hal guláagang. She likes the Lower 48.

t'áagwii adv. *southward, toward the south*
·Díig dáng gyáa sg̱áws dluu, t'áagwii Hl isáang. When you pay me, I'll go south. ·T'áagwii hl is. Go south. ·T'áagwii hal x̱ánjuugan. He travelled south.

t'áahl

1. n-ip. <hlga> *anchor*
   DEF: t'áahlaay.
   ·Tlúu an uu t'áahlaay tl' gya'ándaang. People use anchors for boats. ·T'áahlaay t'íij í'waandaang. Some of the anchors are big. ·T'áahlaay t'íij ts'úudalaang. Some of the anchors are small.
2. n-ip. <sg̱a> *anchor line plus anchor*
   DEF: t'áahlaay.
3. pp. *behind, after, during*
   ·Náay t'áahl hl ḵ'áwaa! Sit in back of the house! ·Íitl' t'áahl ḵ'algáay duu'úngɡan. The swamp was easy to get to behind our house. ·Hldáan-g dáng skáadaang t'áahl ḵugíinaay Hl líidadaasaang. I'll read the book while you pick blueberries.
4. n-ip. <sg̱a> *mooring line*
   DEF: t'áahlaay.

t'áahldaan n-cpd. *anchorage, mooring spot*
DEF: t'áahlaadanaay ~ t'áahldanaay.
NOTE: Varies with t'áahlaadaan, t'áahlaa dáan.

t'áahl dángwahldaaw n-cpd. <tl'a> *corset*
DEF: t'áahl dángwahldaawaay.

t'áahlii pp. *behind, back side, around back of*
·Náay t'áahlii hlḵyeewjáagang. It is shady behind the house.

t'áahlsii n-dem. *area behind or at the back of something*

t'áal nn. <gu> *various species of sole*

t'áalaa vb. *to be roomy, spacious*
SP: t'áalaa|gang DP: t'áalaa|gan IP: t'áalaa|gaan
·Náay díinaa t'áalaagang. My house is roomy.

T'áalan Stl'áng n-cpd. *Lepas Bay*

t'áang

1. n-ip. <k̲'ii> *stern of a boat*
2. vb. *to lick, lick up O*

t'áangad vb. *to be a steersman*
SP: t'áangiid | ang DP: t'áangiid | an IP: t'áangad | aan

t'áangal

1. n-ip. <sk̲'a> *barb of a fishhook*
2. n-ip. <tl'a> *foot of a chiton*
3. n-ip. <tl'a, sk'a> *one's tongue*

RFX: t'áangalang.
·Hal t'áangal k̲'u sk'at'íijang. He's stuttering.

t'áangalang n-rp. <tl'a, sk'a> *one's own tongue*
NOTE: This is the reflexive form of t'áangal.

t'áas gáayang vb. *to go in reverse (sg) [in a vehicle]*
SP: t'áas gáayang | gang DP: t'áas gáayang | gan IP: t'áas gáayaang | aan

t'áas gíilaang vb. *to go in reverse (pl) [in a vehicle]*
SP: t'áas gíilaang | gang DP: t'áas gíilaang | gan IP: t'áas gíilaang | aan

t'áas gíilaansdla vb. *to stop and go in reverse (pl) [in a vehicle]*
SP: t'áas gíilaansdlaa | ng DP: t'áas gíilaanshl | gan IP: t'áas gíilaansdlaa | yaan

t'áas gíisdla vb. *to stop and go in reverse (sg) [in a vehicle]*
SP: t'áas gíisdlaa | ng DP: t'áas gíishl | gan IP: t'áas gíisdlaa | yaan

t'áas gíisdlaaw n-cpd. *reverse gear (on boat)*
DEF: t'áas gíisdlaawaay.

t'áaw nn. <k̲'ii> *copper shield*
DEF: t'áawaay.

t'aawáa vb. *for there to be snow*

t'áawal nn. <hlga> *fishhook*
DEF: t'áawalaay.

·T'áawalaay k'igáng. The fishhook is sharp. ·K̲íidaay aa t'áawulaay díinaa íijang. My fishing hook is in the tree.

t'áawal x̲it'adáa n-phr. *pintail duck*

t'áay

1. n-ip. *foot of a trail (where it enters or leaves the woods)*
2. n-ip. *foot of the bed*
3. n-ip. *mouth of a river or inlet*

t'áay chaa k̲'aawdayáay n-nom. *dried-up river delta*

t'áa'un n-ip. <t'áw, t'úu> *a bird's (large) feather, plume, quill*
DEF: t'áa'unaay.
RFX: t'áa'unang.

t'áa'unang n-rp. <t'áw, t'úu> *a bird's own (large) feather*
NOTE: This is the reflexive form of t'áa'un.

t'ad vb. *to wear O over one's shoulders (e.g. blanket)*
SP: t'áyd | ang DP: t'áyd | an IP: t'ad | áan
·X̲aadas gínt'ajaay hal t'áydan. She wore a Haida blanket over her shoulders.

t'adahlda vb. *to step on, step in X*

t'adahldáa n-nom. *foot (of measurement)*

t'adahldáadanaay n-cpd. *springboard (for falling a large tree)*

t'adgw nn. *Oregon junco*
DEF: t'adgwáay.

t'ad g̲agáa n-nom. <gi> *cape (clothing)*
DEF: t'ad g̲agáay.

t'a dlasdla vb. *to leave O (person, sg) behind*
SP: t'a dlasdláa | ng DP: t'a dlashl | gán IP: t'a dlasdláa | yaan
·Git'áang hal t'a dlasdláayaan. She left her child behind.

t'agáng vb. *to wear O (sg) (necklace)*
SP: t'agáng | gang DP: t'agáng | gan IP: t'agáang | aan

t'agíi vb. *to put on O (sg) (necklace)*
SP: t'agíi | gang DP: t'agíi | gan IP: t'agáay | aan ~ t'agíi | gaan

t'a gya'áangw nn. <gi> *rug, carpet, mat, linoleum*
DEF: t'a gya'áangwaay.

·Akyáa t'a gya'áangwaay Hl isdáasaang. I'll put the rugs outside. ·T'a gya'áangwaay 'láangaa g̱áwtlaagang. Her rug is new. ·T'a gya'áangwaay hal giidgán. He shook out the rug.

t'a g̱ahláanw n-nom. <g̱a> *ladder made from a log by chopping out steps*
DEF: t'a g̱ahláanwaay.

t'ahla vb. *to put on, step into X (pants, underwear, boots, etc.) (sg subj)*

t'ahlgw nn. *a stick tied horizontally on a tree to stand on as part of a climbing rig used in removing heavy cedar bark*

t'a hlg̱aawnáangw n-nom. <hlg̱a> *bicycle*
DEF: t'a hlg̱aawnáangwaay.

t'a hlg̱adahldáawaay n-cpd. *trip stick, trigger stick of a deadfall or snare*

t'a hlg̱anáan vb. *to wash O with a washboard*
SP: t'a hlg̱anáan-|gang DP: t'a hlg̱anáan-|gan IP: t'a hlg̱anáan|aan

t'a hlg̱anáanw n-nom. <hlg̱a> *washboard*
DEF: t'a hlg̱anáanwaay.

t'a hlg̱ayáandaal vb. *to bike, ride a bike*

t'ajgad vb. *to grab, grasp O in one's talons*
SP: t'ajgiid|ang DP: t'ajgiid|an IP: t'ajgad|áan

·Ts'áak'aay chíinaay t'asgíidang. The eagle is grabbing the fish in its talons. ·K'ut'unáay chíinaay t'asgíidang. The kingfisher has grabbed the fish in its talons.

t'ak'an n-ip-sg. *one's grandchild*

t'ak'anáa vb. *to be a grandchild (to X)*
SP: t'ak'anáa|gang DP: t'ak'anáa|gan IP: t'ak'anáa|gaan
NOTE: This term is also used to refer to one's great-grandchild, great-great-grandchild, and so forth.

t'ak'anáng n-rp. *one's own grandchild*
NOTE: This is the reflexive form of t'ak'an. This term is also used to refer to one's own great-grandchild, great-great-grandchild, and so forth.

t'ak'anda vb. *to have O as one's grandchild*
SP: t'ak'andáa|ng DP: t'ak'and|gán IP: t'ak'andáa|yaan
NOTE: This term is also used to refer to one's great-grandchild, great-great-grandchild, and so forth.

t'ak'an da'a vb. *to have a grandchild*
SP: t'ak'an da'áa|ng DP: t'ak'an daa|gán IP: t'ak'an da'áa|yaan
NOTE: This term is also used to refer to one's great-grandchild, great-great-grandchild, and so forth.

t'a k'ún n-cpd-ip/ap. *a bird's claw or talon*
RFX: t'a k'unáng.

t'a k'unáng n-cpd-rp. *a bird's own claw or talon*
NOTE: This is the reflexive form of t'a k'ún.

t'a k̲'íiyaaw n-nom. <k̲'ii> *doormat*
DEF: t'a k̲'íiyaawaay.

t'ál nn. <hlk̲'uhl (one plant)> *bladder wrack, yellow seaweed, fucuous seaweed*
DEF: t'aláay.
·Íinaang uu t'ál gwíi chíiganggang. Herring spawn on yellow seaweed.

t'aláang vb. *to put on, step into X (pants, underwear, boots, etc) (pl subj)*
SP: t'aláang|gang DP: t'aláang|gan IP: t'aláang|aan
·T'aawáay k'úunaay iig áa t'aláng t'aláanggan. We put on our snow pants. ·Gaambúuj iig áa t'aláng t'aláanggan. We put on our boots. ·K'ún náaguusiigaay jáng iig áa t'aláng t'aláanggan. We put on our long underwear.

t'aláng pro. *we*
NOTE: Speakers frequently use the reduced form tl'áng. This pronoun can be used as the subject of an active verb. It occurs both in the pronoun zone as well as in focus positions. For "we" as the subject of a stative verb, see íitl'. .
·T'aawáay k'úunaay iig áa t'aláng t'aláanggan. We put on our snow pants. ·Gaambúuj iig áa t'aláng t'aláanggan. We put on our boots. ·K'ún

náaguusiigaay jáng iig áa t'aláng t'aláanggan. We put on our long underwear.

t'álg pp. *more than, over*
·Gám hl gu t'álg k̲íng'ang'uu! Don't hate each other. ·'Wáa t'álg jáng'iidang. It's too long. ·K'yuwáay t'álg hal k̲áat'iijan. He crossed the road.

t'álii n-ip. *hard fat around the stomach of a deer or cow*

t'ál k̲áw n-cpd. *bladder or float of fucus, seawrack*

t'ál tl'uugwáang n-nom. <gu> *flounder, various species of sole*
DEF: t'ál tl'uugungáay.

t'ál x̲a'áa n-cpd. *rotted bladder wrack used as fertilizer*

t'am nn. <dla> *louse, lice, flea*

t'amáang n-rp. <dla> *one's own louse, lice, flea*
NOTE: This is the reflexive form of t'amíi.

t'amál nn. <hlk̲'a> *end portion of halibut spine and ribs, removed from the fish*

t'ámdala vb. *to be narrow (pl)*

t'amg k̲éengwaay n-cpd. <g̲a> *magnifying glass*

t'amíi n-ip. <dla> *one's louse, lice, flea*
RFX: t'amáang.

t'ámjuu vb. *to be narrow (sg)*
SP: t'ámjuu | gang DP: t'ámjuu | gan IP: t'ámjaaw | aan
·K'yuwáay g̲i t'ámjuugang. The trail is narrow.

t'ámsad vb. *to let out a single high-pitched fart*
SP: t'ámsiid | ang DP: t'ámsiid | an IP: t'ámsad | aan

t'ámsadang vb. *to let out multiple high-pitched farts*
SP: t'ámsadang | gang DP: t'ámsadang | gan
IP: t'ámsadaang | aan

t'án (1) nn. *limb butt remaining after a tree rots, knot rotted out of a tree*
DEF: t'anáay.

t’án (2) nn. *varied thrush*
DEF: t’anáay.

t’ángaasgaang adv. *quickly*

t’ánsgad vb. *to wash, launder O (clothes)*
SP: t’ánsgiid | ang DP: t’ánsgiid | an IP: t’ánsgad | aan
·K’ún Hl t’ánsgiidang. I'm washing pants. ·Díi k’wáay k’uudáats’ náaguusii t’ánsgiidang. My older sister is washing undershirts.

t’ánsgad sk’ahláalwaay n-nom. <hlga> *wringer on a washing machine*

t’anúu nn. *eelgrass*
DEF: t’anuwáay.

t’ap’ad vb. *to snap, break (as a rope)*
SP: t’ap’íid | ang DP: t’ap’íid | an IP: t’ap’ad | áan
·K̲wáayaay t’ap’íidan. The rope snapped. ·Gíijgwaa gám aadáay dláa t’ap’ad’ánggang. I hope that your folks' net doesn't break apart. ·Gúus g̲áagw k̲wáayaay t’ap’adsgagán. The rope almost snapped.

t’asdla
1. vb. *to bequeath O to X, to leave O for X in one's will, to will O to X*
SP: t’asláa | ng DP: t’ashl | gán IP: t’asláa | yaan
·Díig gin t’íij díi aw t’ashlgán. My mother left me part of her goods.
2. vb. *to leave O (pl) behind*
SP: t’asdláa | ng DP: t’ashl | gán IP: t’asdláa | yaan

t’asg nn. *talon*
·Ts’áak’aay t’asg í’waandaas hl k̲íng! Look at the eagle's big talons!

t’asgad v-rfx. *to jump (over X1) (away from X2) (sg. subject)*
SP: t’asgíid | ang DP: t’asgíid | an IP: t’asgad | áan
·G̲ándlaay t’álg án hal t’asgadáan. He jumped over the creek.

t’asgíit’uu n-nom. <g̲a> *board in a rowboat to push one's feet against while rowing; foot rest in a rowboat*
DEF: t’asgíit’uwaay.

t’a skáawnaangw n-nom. <hlg̲a> *rollerskate*
DEF: t’a skáawnaangwaay.

t'ask' nn. <sk̲'a> *walking stick, cane, crutch, staff, shaman's baton*
DEF: t'ask'áay.

·Tl'áan uu t'ask'áay díinaa íijang? Where is my cane? ·Díig hl t'ask'áay díinaa isdáa! Give me my cane! ·T'ask' Hl da'áang. I have a cane.

t'a tl'ahla vb. *to slip*
SP: t'a tl'ahláa | ng DP: t'a tl'ahl | gán IP: t'a tl'ahláa | yaan

·Gúus g̲áagw íitl' 'wáadluwaan t'a tl'ahlsgagán. We almost all slipped.

t'ats'gáng

1. v-rfx. *to pack one's belongings*
2. vb. *to pack, stuff, cram O (into X)*
SP: t'ats'gáng | gang DP: t'ats'gáng | gan IP: t'ats'gáang | aan

·Gya'ándaawaay áangaa Hl t'ats'gánggang. I'm packing my clothes.

t'a ts'íi n-poss. *chiton roe*

t'at'a nn. *unidentified species of flatfish (probably sole)*
DEF: t'at'áay.

t'at'as vb. *to wear X (e.g. pants, shoes)*
SP: t'at'íij | ang DP: t'at'íij | an IP: t'at'aj | áan

·K'ún hlg̲ahl aa hal t'at'íijang. He's wearing a pair of black pants.

t'áwk' nn. *large dish made from a dugout log, used at feasts for serving sea mammal meat*

t'áws'waal nn. *small piece of driftwood*
DEF: t'áws'ulaay.

t'áwts'

1. nn. <k̲'ii> *fort*
DEF: t'áwts'aay.
2. nn. *residents of a fort*
DEF: t'áwts'aay.

t'a'áaw n-nom. *snow*
DEF: t'aawáay.

·Íik'waan gám t'a'áaw gwa'áaw'anggan. However, it didn't snow.
·T'a'áawaay aa náanggee hal guláagang. He likes to play in the snow.
·T'a'áaw x̲as k̲áagang. There's a sudden snow shower.

t'a'áaw dáayuusdaa n-cpd. *snow mixed with sugar and ooligan grease, Indian ice cream*

t'éel g̲anuu

1. nn. <cha> *rain coat, slicker coat*
   DEF: t'éel g̲anuwáay.
2. nn. <dla> *suit of raingear*
   DEF: t'éel g̲anuwáay.
3. nn. <gi> *tarp, large waterproof mat used to cover cargo or persons aboard a canoe*
   DEF: t'éel g̲anuwáay.

t'íihla vb. *to be wet*
SP: t'íihlaa|ng DP: t'íihl|gan IP: t'íihlaa|yaan

t'íihl dlasdla vb. *to get soaking wet*

t'íij quantifier. *part of, some of*
·Táawaay t'íij dáng k̲áwk'ahldaasaang. You will save some of the food. ·T'íij dasd k'ut'ahlgáang. Some people are dying from it. ·Dáalaay t'íij g̲aagáay gwíi isáang. Some of the money will go to the children.

t'íis nn. *large rock sticking out of the water or ground, outcropping rock*
DEF: t'íijaay.

t'íis k̲íihlaa n-cpd. *stone tray*

t'íis x̲íilaa n-phr. *cave*

t'isd pp. *on account of, beside*

• U/Ú •

uláang interj. *no! I refuse!*
·Uláang, díi gwáawaang. No, I don't want to.

ún n-ip. *one's back (human or animal)*
RFX: úunang.

ún chagáangw n-nom. *backpack, knapsack*
DEF: ún chagáangwaay.

ún cha'áangw nn. <cha> *mattress*
DEF: ún cháangwaay.

ún cha'áangw chabjuwáay n-nom. *narrow mattress*

ún cha'áangw k̲'áal n-cpd. *empty mattress case*
DEF: ún cha'áangw k̲'áalgaay.

ún-gang vb. *to carry O on one's back*
SP: ún-gang | gang DP: ún-gang | gan IP: ún-gaang | aan
·Kugáay Hl ún-ganggan. I carried the wood on my back.

ún k'áat'a vb. *to throw, toss O from one's back*
SP: ún k'áat'aa | ng DP: ún k'áat' | gan IP: ún k'áat'aa | yaan
·K'áadaay hal ún k'áat'gan. He tossed the deer from his back.

únsad vb. *to know X*
SP: únsiid | ang DP: únsiid | an IP: únsad | aan
·Awáahl g̲agwíi gám gin an íitl' únsad'anggan. A long time ago we didn't know anything. ·Húu gw díi an dáng únsad? Do you know me? ·Gám tlagw díi kya'áas an díi únsad'anggang. I don't know my name.

únsadgahl vb. *to find out X, come to know X*

Únsgw Tlagáay n-cpd. *the Interior*

ún sk̲'at'a vb. *to learn a lesson*
SP: ún sk̲'at'áa | ng DP: ún sk̲'at' | gán IP: ún sk̲'at'áa | yaan
·Hal ún sk̲'at'áasaang. She will learn a lesson. ·Tlíisdluwaan dáng ún sk̲'at'áasaang. Someday you will learn your lesson. ·G̲án uu gám g̲ahl hal ún sk̲'at'.'ánggang. He never learns a lesson from it.

ún sk̲'at'áa k̲'aláay n-nom. *people who can't learn their lesson*

uu part. *<focus marker>*

úu interj. *my! how nice!*

úunaay nn. *the interior or high part of a land mass*

úunang n-rp. *one's own back (human or animal)*
NOTE: This is the reflexive form of ún.

• W •

Waahúu nn. *Hawaii*

Waahúu k̲'ust'anáay n-cpd. *sea turtle*

wáaj nn. <k̲'ii> *watch*
DEF: wáajgaay.

wáajgwaa adv. *over there*
·Wáajgwaa hal dlayáandaalgang. He's running way over there. ·Wáats'gwaa aa. Over there. ·Wáajgwaa kúugaay íijang. There's a waterfall over there.

wáajgwii adv. *way over there*
·Wáajgwii g̲agwíi hal k̲áaydan. He left for far away; he left on a very long trip.

wáajgwiig adv. *way over that way*
·Wáajgwiig hal xál k̲asáang. He's going way out to sea in his boat.

wáajii dem. *that one yonder, those ones yonder*
·Wáajii táawaay sahl díi gudánggang. I regret that food. ·'Wáagyaan san wáajii computer-gaay an k̲'aldangáagang. Then, too, that computer is an amazing thing. ·Wáajii satawáay k̲'ats'gálgang. That ooligan oil is getting hard.

wáanang interj. *move it! get out of the way!*
·Wáanang, díi dáng k̲'iidáang! Move, you're in my way!

wáanuug nn. *unidentified bird species*
DEF: wáanuugaay.

wáanuwaa nn. *man-of-war (warship)*
DEF: wáanuwaagaay.

wáanuwaa tluwáay n-cpd. *warship*

Wáasdan Janáas n-cpd. *White women*
NOTE: Some speakers say Wáasan Janáas.
·Wáasan Janáas gwaa x̲ánjuugiinii. White ladies used to travel on them. ·Wáasan Janáas san gwaa íijang. There are some White women on board too. ·Wáasan Janáas hín uu jaadgáay tl' kyaadáayaan. They called the women Wáasan Janáas.

Wáasdan jan-gáa vb. *to be a White woman*

Wáasdan X̱aat'áay nn. *White people*
NOTE: Some speakers say Wáasan X̱aat'áay.

wáasdluu adv. *that much; at that time*

wáasgaay dem. *those, that kind*

wáatl'an adv. *way over there (away from me and you)*
·Wáatl'an ḵ'úl k'ujuwáay ḵwáan-gang. There's a lot of stumps over there. ·'Wáatl'an k'úunaay dáa íijang. Your pants are over there.

wáatl'daas dem. *those people over there*

wáayaad adv. *now*
NOTE: Varies with wéed.
·Ahljíihl uu wáayaad hal hlg̱álgang. That's why today he is black. ·Wéed uu ḵa sk'asdláang. The weather is clearing up now. ·Wéed gw tlagw dáng 'wáa'us? Are you doing it right now?

wáayn nn. *wine*
DEF: wáayn.gaay.

wahda vb. *to bark at O*
SP: wahdáa|ng DP: waht|gán IP: wahdáa|yaan
·X̱áay díi wahdáang. The dog is barking at me.

wahgwíi adv. *further away*

wál nn. *wool, yarn*
DEF: waláay.
·Hl ta x̱áygan dluu, wuláay Hl tla hlḵ'án-gan. When I was knitting, I tangled up the yarn.

walúugdas vb. *for air to bubble out from X with a glug-glug sound*

wál x̱áayuwaay n-cpd. *knitting needle*

was'un n-ip-sg. *one's brother's child*
PLU: was'únlang ~ was'unláng. RFX: was'unáng.
NOTE: This term is only used in reference to a female's relatives. It can refer to (1) her brother's son (her nephew), or (2) her brother's daughter (her niece).

was'unáa vb. *to be a brother's child (to x)*
SP: was'unáa | gang DP: was'unáa | gan IP: was'unáa | gaan
NOTE: This term is only used in reference to a female's relatives. It can refer to (1) her brother's son (her nephew), or (2) her brother's daughter (her niece).

was'unáay voc. *brother's child!*
NOTE: This term is only used by females. It can be used to address (1) her brother's son (her nephew), or (2) her brother's daughter (her niece).

was'unáng n-rp. *one's own brother's child*
NOTE: This is the reflexive form of was'un. This term is only used in reference to a female's relatives. It can refer to (1) her brother's son (her nephew), or (2) her brother's daughter (her niece).

was'unda vb. *to have O as one's brother's child*
SP: was'undáa | ng DP: was'und | gán IP: was'undáa | yaan
NOTE: This term is only used in reference to a female's relatives. It can refer to (1) her brother's son (her nephew), or (2) her brother's daughter (her niece).

was'un da'a vb. *to have a brother's child*
SP: was'un da'áa | ng DP: was'un daa | gán IP: was'un da'áa | yaan
NOTE: This term is only used in reference to a female's relatives. It can refer to (1) her brother's son (her nephew), or (2) her brother's daughter (her niece).

wéed g̲áalgwaa adv. *tonight*

wéed x̲aat'áay n-cpd. *modern people*

wíid nn. *Swainson's thrush*
DEF: wíidaay.

wuna vb. *to be dull, not sharp*
SP: wunáa | ng DP: wun. | gán IP: wunáa | yaan
·Yaats'áay wunáang. The knife is dull. ·Yaats'áay díinaa wunáang. My knife is dull.

• X •

xáad nn. *dipnet*

xáahlt'iid vb. *to choke (on X)*
SP: xáahlt'iid | ang DP: xáahlt'iid | an IP: xáahlt'iid | aan
·Díi xáahlt'iidan. I choked in my windpipe. ·Hl'áanang aa díi xáahlt'iidan. I choked on my saliva.

xáal nn. *copper, brass, bronze*
DEF: xáalaay, ~xaláay.
·Stlagáay xáal íisd 'láangaa tlaahlgáagang. Her bracelet is made out of copper. ·Xáalaay gudg hal k'a tl'asgíidan. He pounded the copper flat.

xáal g̱ud n-cpd. *copper box*
DEF: xáal g̱udáay.

xáal kún sdagáa n-cpd. *copper nose ring*

xáal sangíinaay n-cpd. *copper nail*

xáal stlagáa n-cpd. <sda, sga> *copper bracelet*
DEF: xáal stlagáay.

xáandaaw n-nom. <sga, sda> *noose*

xaaw nn. *northeast wind*
DEF: xaawáay.
·Xáagw k̲'ajúugang. The wind is blowing from the north.

xabdajáang vb. *to eat O greedily and fast, bolt O down*
SP: xabdajáang | gang DP: xabdajáang | gan IP: xabdajáang | aan
·Táaw 'láag Hl gíidgan hal xabdajáanggan. She greedily ate the food I gave her.

xabtl'íid nn. <skáa> *soapberry*
DEF: xabtl'adáay.
NOTE: Varies with xagwtl'íid.
·Xabtl'íid aa Hl xit'asáang. I'll whip up some soapberries. ·Xabtl'íid san g̱áa tl' xit'íijiinii. They also used to whip up soapberries. ·Xabtl'íid aa Hl xit'íijang. I'm whipping up soapberries.

xabtl'iid k̲'iingandaa n-phr. *soapberries dried in cakes*

xabtl'iid sdláagulaay n-cpd. *soapberry spoon*

xadala vb. *to be small (pl)*

xahl vb. *to shine, be shiny*
SP: xál | gang DP: xál | gan IP: xáal | aan
·Gin hal xu kingáangs 'láa xálgang. His wind instrument is shiny.

xahl g̲ajáaw k̲íihlaa n-phr. <g̲a> *tin pan*

xahl sk'ajáaw n-nom. <sk'a> *tin can, tin pot with a bail handle*
DEF: xahl sk'ajáawaay.

xahl táwt' n-cpd. *square five-gallon tin*

xahl tl'ajáaw n-nom. <tl'a> *sheet metal*
DEF: xahl tl'ajáawaay.

xahl tl'ajáaw ts'i'iit'uwaay n-cpd. *tinsnips*

xajúu verb/vb2. *to be small (sg)*
SP: xajúu | gang DP: xajúu | gan IP: xajáaw | aan
·Nang iihlangaa xajúus náanggang. The little boy is playing. ·Díi i xajúugan dluu, Hl k̲íinggan. I saw it when I was small. ·Hal gid i xajúugang. Her child is small.

xak'iyáa vb. *to have become somewhat retarded; to have gone somewhat crazy (pl)*
SP: xak'iyáa | gang DP: xak'iyáa | gan IP: xak'iyáa | gaan

xálaaw n-nom. *coal crumbs*
DEF: xálawaay.

xál dangahlda vb. *to sweat from the heat*
SP: xál dangahldáa | ng DP: xál dangahld | gán IP: xál dangahldáa | yaan
·Díi xál dangahldáang. I'm sweating.

xál g̲áydanggwaang vb. *to ride, drive around (sg) [in a fast-moving vehicle]*

xál hlgáamsda vb. *to whistle loudly [kettle, boat]*

xál kingáang vb. *to whistle (of a boat)*
SP: xál kingáang | gang DP: xál kingáang | gan IP: xál kingáang | aan
·Tluwáay xál kingáanggang. The boat is whistling.

xál k̲ats'gahl vb. *to fry O until crispy, to crispy fry O*
SP: xál k̲ats'gál | gang DP: xál k̲ats'gál | gan IP: xál k̲ats'gáal | aan

xál k̲ats'galáa vb. *to have been cooked until crispy, to be crispy fried*

xál t'aayda vb. *to burn one's mouth (as with hot food)*
SP: t'aaydáa | ng DP: t'aayd | gán IP: t'aaydáa | yaan
·Táawaay k'íin jahlíis eehl uu hal xál t'aaydgán. The food was so hot that he burned his mouth.

xált'as vb. *to be fearful, afraid of X, shy around X*
SP: xált'iij | ang DP: xált'iij | an IP: xált'aj | aan
·Tl'áag hal xált'iijan. She was fearful of them.

xamsk'ál n-ip. <g̲a> *fin of a fish*

xándiis n-ip. *one's foreskin*

xangahlda v-rf. *to hurry, go fast*
SP: xangahldáa | ng DP: xangahld | gán IP: xangahldáa | yaan
·'Wáask'yaanaan án Hl xangahldáasaang. That's why I will go faster. ·Gám án t'aláng xangahld'ángsaang. We won't hurry up. ·Daláng hl án xangahld'úu. You folks, hurry up!

xangala vb. *to be fast, quick, speedy*

xas nn. *stockade, pallisade, wall made of stone, brick or logs*

xaswáan quantifier. *one small*
·Chíinaay xaswáan xawáayaan. One of the fish fell.

xatl'iid vb. *to barely get any, have a hard time getting any of O; get skunked (w/ neg)*
SP: xatl'i'iid | ang DP: xatl'i'iid | an IP: xatl'iid | áan
·Gé díi tláal gin xatl'iid'ánggan. My husband got skunked. ·X̲íinaahlgaang uu sg̲íiwaay Hl xatl'i'iidan. I barely got some seaweed.

xatl'iyáa vb. *to have become somewhat retarded; to have gone somewhat crazy (sg)*
SP: xatl'iyáa | gang DP: xatl'iyáa | gan IP: xatl'iyáa | gaan

·Dáng gid xatl'iyáagang. Your child is retarded. ·Hal gid xatl'íyaagang. His child is mentally retarded.

xawíi vb. *to fall (of a small object)*
SP: xawíi | gang DP: xawíi | gan IP: xawáay | aan
·Chíinaay xaswáan xawáayaan. One of the fish fell.

xáy nn. *sunshine*
DEF: xayáay.
·Xayáay 'wáa aa íijang. The sunlight is in there. ·Xayáay san hal k̲'uhldáayaan. He also stole the sunlight. ·Xayáay gwíi sanhlgáang tl' gúusuugaangaan. They used to pray to the sun for safety.

xayáa vb. *for the sun to be shining*

xayéehl vb. *to get sunny, for the sun to come out*
SP: xayéel | gang DP: xayéel | gan IP: xayéel | aan
·Xayéelgang. It's getting sunny.

xayíldang vb. *to repeatedly glance nervously (at X)*
SP: xayíldang | gang DP: xayíldang | gan IP: xayíldaang | aan
·Díi gwíi hal xayíldanggan. She gave me nervous glances.

xid vb. *to fly, fly away (sg)*
SP: xíid | ang DP: xíid | an IP: xid | áan
·Dagdagáay xíidan. The woodpecker flew away. ·Hahlgwíi ts'áak'aay xíidang. The eagle is flying this way. ·Sáng sk̲'áangal iig hlgid'unáay xíidan. The goose flew in the air.

xid sg̲a'áaw n-nom. <sg̲a> *halibut or black cod skate*
DEF: xid sg̲aawáay.

xig nn. *hemlock bast, spruce bast (phloem)*
DEF: xigáay.
·Xig uu ts'úu íisd tl' isdáang. People take edible bark from a red cedar tree.

xigáa n-nom. <sga, sda> *bracelet*
DEF: xigáay.

xigáay chíihluu n-poss. *spruce bast's phloem*

xi g̲agáa n-nom. *shield (armor)*

xi g̲agíid n-nom. <sk̲'a> *fathom*
DEF: xi g̲agíidaay.

xíid

1. nn. *a figure in the string game*
   DEF: xíidaay.
2. nn. *white-fronted goose, brant, laughing goose*
   DEF: xíidaay.

xíid g̲adáas n-phr. *snow goose*

xíidsuu x̲a’áay n-cpd. *black brant*

xíilang n-rp. <tl’a> *its own leaf, petal*
NOTE: This is the reflexive form of xíl (1).

xíisuu sk̲awáay n-cpd. *black brant*

xi kún n-cpd-ip. <tl’a> *cuff*
RFX: xi kunáng.

xi kunáng n-rp. <tl’a> *one's own cuff*
NOTE: This is the reflexive form of xi kún.

xi kún guuláangw n-cpd. *cufflink*
DEF: xi kún guuláangwaay.

xi k’usáang n-cpd-rp. <sk’a> *one's own elbow*
NOTE: This is the reflexive form of xi k’usíi.

xi k’usíi n-cpd-ip. <sk’a> *one's elbow*
RFX: xi k’usáang.

xi k’usíid n-nom. *cubit (distance from knuckle to elbow)*

xi k̲áahlii n-poss. *layer between the bast (phloem) and tree*

xi k̲áw n-ip. *one's bicep*

xi k̲’úl n-cpd-ip. *the base of one's arm, where it joins the torso*
RFX: xi k̲’uláng.

xi k̲’uláng n-cpd-rp. *the base of one's own arm, where it joins the torso*
NOTE: This is the reflexive form of xi k̲’úl.

xíl

1. nn. *any plant with a single stem*
   DEF: xiláay.
2. n-ip/ap. <tl’a> *(its) leaf, petal*
   DEF: xiláay.
   RFX: xíilang.

·Áajii sgúusadaay xíl k̲’áwsdlaang. These potato leaves are starting to grow. ·X̲idgáang xiláay is dluu, tl’ dángk’aa’waang. Be sure to pick it when the leaves are hanging down.

3. nn. *medicine*
   DEF: xiláay.

·Xíl dángg Hl isdáasaang. I'll give you some medicine. ·Xíl dáng an Hl isdáasaang. I'll get some medicine for you. ·Xílgyaa hl g̲ii isdáa. Put some medicine in it.

xila vb. *to be dry*
SP: xiláa | ng DP: xil | gán IP: xiláa | yaan

·K̲’anáay xiláang. The grass is dry. ·Áajii tlagáay xiláang. This place is dry. ·Chíin xiláa k̲wáan-gang. There's a lot of dried fish.

xiláada vb. *to dry O*
SP: xiláadaa | ng DP: xiláad | gan IP: xiláadaa | yaan

·Sgyáalaay t’aláng xiláadaasaang. We will dry the cockles. ·Xiláad hlaa. Dry it. ·Chíin Hl xiláadaas dluu, k̲ál Hl gya’ándganggang. When I smoke fish, I use alder.

xílda vb. *to doctor, treat O*
SP: xíldaa | ng DP: xíld | gan IP: xíldaa | yaan

·Íitl’ st’igán dluu, íitl’ hal xíldgan. When we were sick, she treated us.

xíl da tl’asgadáa n-phr. *poultice*

xílgahl vb. *to become dry, dry out*
SP: xílgal | gang DP: xílgal | gan IP: xílgaal | aan

·Chíinaay xílgalgang. The fish is dry. ·K’ud ’láa xílgalgang. His lips have gotten dry, chapped. ·Díi k’ud xílgahl sk’amálgang. My lips are chapped (dry and cracked open).

xíl gíi dlagáng n-phr. *yellow pond lily*
DEF: xíl gíi dlagangáay.

xíl gíi dlagángs k̲’úl n-poss. *water lily root*

xíl k̲agan n-phr. *Hudson Bay tea, Labrador tea, swamp laurel*
DEF: xíl k̲aganáay.

·Ts'íihlanjaaw isgyáan xíl k̲agan Hl nílgan. I drank devil's club and Hudson Bay tea. ·Xíl k̲aganáay hal k'ugwdánggan. She tatsed the Hudson Bay tea. ·Sdlagw sk'yáaw eehl xíl k̲agan hal ts'aslánggang. She's boiling the Hudson Bay tea with peppermint.

xíl k̲uyáas n-phr. *houseplant; any plant cultivated for its flowers*

xíl k̲'alángudaas n-phr. *epsom salts*

xíl k̲'wáalgad n-poss. *ingredients in a medicine*

xíl k̲'wíiyawaa n-phr. *species of lichen*

xíl náay n-cpd. *phramacy, drugstore*
DEF: xíl nagáay.

xíl sántl'iyaas n-phr. *smelling salts*

xíl sgúnulaa n-phr. *peppermint*

xíl skáat'angaa n-phr. *pills*

xíl sk'aldasdláas n-phr. *effervescing salts*

xíl sk'yáawaa n-phr. *beach wormwood*

xíl tlananangáas n-phr. *liniment*

xíl tl'a'áng n-phr. *species of lichen*

xi sg̲áw n-cpd. *scraper for spruce or hemlock bast*
DEF: xi sg̲awáay.

xi tadáaw n-nom. <g̲a> *a hand-held fan*
DEF: xi tadáawaay.

xit'áaw n-nom. *broom made from the wing of a large bird (eagle)*
DEF: xit'áawaay.

xit'as vb. *to whip X up into a froth, foam*
SP: xit'íij | ang DP: xit'íij | an IP: xit'aj | áan

·Xabtl'íid aa Hl xit'asáang. I'll whip up some soapberries. ·Xabtl'íid san g̲áa tl' xit'íijiinii. They also used to whip up soapberries. ·Xabtl'íid aa Hl xit'íijang. I'm whipping up soapberries.

xu chasíit'uu n-nom. <cha> *balloon*
DEF: xu chasíit'uwaay.

xudáaw n-nom. *(jeweler's) blowpipe*
DEF: xudáawaay.

xud g̲ahláay n-nom. *bailing space between the stern and the next forward seat*

xu kíndaang vb. *to blow on O (e.g. whistle) over and over to make a sound come out*

xu kingáang
1. vb. *to play a wind instrument*
SP: xu kingáang | gang DP: xu kingáang | gan IP: xu kingáang | aan
·Gin hal xu kingáangs 'láa xálgang. His wind instrument is shiny. ·'Láa uu xu kingáanggang. He is blowing on an instrument.
2. vb. *to whistle (said of fire)*
SP: xu kingáang | gang DP: xu kingáang | gan IP: xu kingáang | aan
·Ts'áanuwaay xu kingáanggan. The fire whistled.

xu kingáangw n-nom. <sk'a> *(any) wind instrument, (musical) horn*
DEF: xu kingáangwaay.

xu k'áat'a vb. *for the wind to toss O*
SP: xu k'áat'aa | ng DP: xu k'áat' | gan IP: xu k'áat'aa | yaan

xu k̲áa vb. *to sail, go by sailboat*
SP: xu k̲áa | gang DP: xu k̲áa | gan IP: xu k̲áa | gaan
·Tlúu gwaa hal xu k̲áatl'aagan. He came sailing on a boat.

xu k̲'áa vb. *to blow O (sg) down*
SP: xu k̲'áa | gang DP: xu k̲'áa | gan IP: xu k̲'áa | gaan
·Tajuwáay k̲íidaay xu k̲'áagan. The wind blew down the tree.

xúnda vb. *to presume, speculate, guess (at X)*
SP: xúndaa | ng DP: xúnd | gan IP: xúndaa | yaan
·Hingáan da hal xúndgan. She just presumed it to be.

xusgad vb. *to blow up, inflate X; to blow on, at X*
SP: xusgíid | ang DP: xusgíid | an IP: xusgad | áan
·X̲úudaay k'íij aa Hl xusgíidan. I blew up the seal stomach.

xu sk'ajúu vb. *to whistle*
SP: xu sk'ajúu | gang DP: xu sk'ajúu | gan IP: xu sk'ajáaw | aan
·Xu sk'ajúu hlaa! Whistle! ·Hal xu sk'ajúu gíiganggang. He's always whistling. ·Sg̲aláang aa hal xu sk'ajúugang. She's whistling a song.

xutl'a vb. *to take a drink, sip of O*

xuts'a vb. *for X to puff up, swell up, become bloated*
SP: xuts'áa | ng DP: xuts' | gán IP: xuts'áa | yaan
·Nang jáadaa xajúus x̲áng iig xuts'gán. The little girl's face puffed up.

xuts'iyáa vb. *for X to be puffed up, swollen up, bloated*
SP: xuts'iyáa | gang DP: xuts'iyáa | gan IP: xuts'iyáa | gaan
·Hal x̲áng k̲'ál iig xuts'iyáagan. Her face (skin) was puffed up.

xu ts'úu'aats'a vb. *to tiny a small sip of O (sg)*
SP: xu ts'úu'aats'aa | ng DP: xu ts'úu'aats' | gan IP: xu ts'úu'aats'aa | yaan

xut'áaw nn. <g̲a> *wooden bailer, bilge pump*
DEF: xut'awáay.
NOTE: Varies with xudáaw, xut'úu.
·Tlúu gwaa uu xut'áaw tl' gya'ándaang. People use a wooden brailer onboard a canoe.

Xut'uu nn. *the Pleiades*

xúuj nn. *brown bear, grizzly bear*
DEF: xúujaay.

xúujg k̲'áalang níijangaay n-phr. *a drawing of a brown bear, a traditional brown bear design*

xúuj k'áagaan n-cpd. *carved wooden dish in the shape of a brown bear*
DEF: xúuj k'áaganaay.

xúuj k̲íihlaa n-cpd. *dish in the shape of a brown bear*
DEF: xúuj k̲íihlgaay.

xúuj xiláay n-cpd. *alum root*

xúusda vb. *to run, run off (pl)*

xu xak'a vb. *to repeatedly sip O, take sips of O*

xwaadúu nn. *freshwater spring, spring water*
DEF: xwaaduwáay.

xwaadúu g̱ándlaay n-cpd. *spring water*
·Xwaadúu g̱ándlaay san 'láagang. Spring water is good also. ·Áayaad xwaadúu g̱ándlaay Hl dúugan. I got some spring water today.

xwaadúu nag̱áa vb. *to rust, be rusty*
SP: xwaadúu nag̱áa | gang DP: xwaadúu nag̱áa | gan
IP: xwaadúu nag̱áa | gaan
·Yaats'áay díinaa xwaadúu nag̱áagang. My knife is rusty.

xwaadúu nag̱áay n-cpd. *rust*
DEF: xwaadúu nag̱áay.

xwaadúu nag̱éehl vb. *to rust, get rusty*
SP: xwaadúu nag̱éel | gang DP: xwaadúu nag̱éel | gan
IP: xwaadúu nag̱éel | aan
·G̱anáay xwaadúu nag̱éelgang. The bucket is getting rusty.

xwáasdaa
1. nn. *canvas, denim*
DEF: xwáasdgaay.
2. nn. <tl'a (empty), cha (full)> *sack, gunny sack, burlap bag*
DEF: xwáasdgaay.

xwáasdaa gwáahl n-cpd. <tl'a, cha> *gunny sack, burlap bag, sack*
DEF: xwáasdaa gwáalaay.
·Chíin ḵaj uu xwaasdáa gwáahl aa íijang. The fish heads are in a gunny sack.

xwáasdaa k'ún n-cpd. <tl'a> *jeans*
DEF: xwáasdaa k'úunaay.

xwíi vb. *to feel cold*
SP: xwii | gang DP: xwii | gang IP: xwáay | aan
·Dáng g̱ung xwii gíiganggang. Your father is always cold. ·Díi gid xwíigang. My child is cold. ·Díi xwíigang. I'm cold.

xwíigahl vb. *to start to feel cold*
SP: xwíigal | gang DP: xwíigal | gan IP: xwíigaal | aan

xyáahl

1. n-nom. *a dance*

   DEF: xyáalaay.
   NOTE: Varies with xyáal.

2. nn. *thunderbird*

3. vb. *to dance*

   SP: xyáal|gang DP: xyáal|gan IP: xyáal|aan

·Asíisan tl' xyáalgiinii. They also used to dance. ·Hal xyáahls dluu, hal gya'ándaasaang. She'll wear it when she dances. ·Johnny xyáahl hlangaang. Johnny can dance.

xyáahl gin-gáay n-cpd. *ceremonial robe*

xyáahl náay n-cpd. *dance hall*
DEF: xyáahl nagáay.

xyáal áaniigaay n-cpd. *dancing costume, dancing gear*

xyáal sg̱alangáay n-cpd. *dance song*

xyáang

1. n-rp. <sḵ'a> *one's own arm (of human)*

   NOTE: This is the reflexive form of xyáay.

   ·Xyáang aa hl tlánjuulaang! Rub your arms! ·Xyáang hl sáag isdáa! Lift your arms!

2. n-rp. <tl'a> *one's own sleeve; one's own pectoral fin; a seal or sea lion's own front flipper*

   NOTE: This is the reflexive form of xyáay.

3. n-rp. <g̱a> *one's own wing*

   NOTE: This is the reflexive form of xyáay.

4. vb. *to flow, leak*

   SP: xyáang|gang DP: xyáang|gan IP: xyáang|aan

xyáanggaay

1. n-nom. *current*
2. n-nom. *marine channel*

xyáang ḵa'án n-rp. *the inside part of one's own arm (where it touches the body)*
NOTE: This is the reflexive form of xyáay ḵa'án.

xyáang'awaay n-nom. *flow (of a stream)*

xyáansginaay n-nom. *channel*

xyáantl'aagaay n-nom. *channel*

xyáay

1. n-ip. <hlg̲a> *a fish trap's weir*

2. n-ip. <sk̲'a> *one's arm (of human)*

   RFX: xyáang.

·Díi xyáay únggwii gin k̲'áwsdlaas k'uts'íigaang. The thing growing on my arm is itchy. ·Díi xyáay k̲'úudangaagang. My arm is paralyzed.

3. n-ip. <tl'a> *one's sleeve; one's pectoral fin; a seal or sea lion's front flipper*

   RFX: xyáang.

4. n-ip. <g̲a> *one's wing*

   RFX: xyáang.

xyáay k'u'úldangaay n-poss-ip. <k'u, k̲'ii> *one's elbow joint*

xyáay k̲áw n-cpd-ip. *one's bicep*

xyáay k̲a'án n-ip. *the inside part of one's arm (where it touches the body)*
RFX: xyáang k̲a'án.

xyáay 'wáa aa ki gusgíit'uwaay n-cpd. <hlga> *handcuffs*

• X̱ •

x̱a nn. *dog*

DEF: x̱áay.

·Tl'áan uu x̱áay íijang? Where is the dog? ·X̱áay uu hal sdagug áwyaagan. He kicked the heck out of the dog. ·X̱áay hal sdasgudáang. He's kicking at the dog, but missing.

x̱aa nn. *mallard duck*

DEF: x̱a'áay.

·Díi x̱áad uu wuk'úus x̱aa isdgíinii. My dad used to get mallard ducks. ·X̱aagyáag díi gudánggang. I'm hungry for ducks.

x̱áad n-ip. *one's father, one's paternal uncle (father's brother), husband of one's maternal aunt (mother's sister)*

PLU: x̱áadlang. RFX: x̱áadang.

NOTE: This term is only used in reference to a female's father or uncle. For a male's father or uncle, see g̱ung.

·Tl'áan uu dáng x̱áad íijang? Where is your father? ·Hal x̱áad ts'áwii k'wa'áandgan. Her father was short. ·Díi x̱áad uu wuk'úus x̱aa isdgíinii. My dad used to get mallard ducks.

x̱aadáa nn. *a pair*

x̱áadang n-rp. *one's own father, one's own father's male clanmate, husband of one's own mother's sister (of a female)*

NOTE: This is the reflexive form of x̱áad. This term is only used in reference to a female's own father or uncle. For a male's own father or uncle, see g̱úngaang.

X̱aadas

1. nn. *Haida person, Haida people*

·Asíisan xyáalgaay tl' sḵ'at'áang. They are also leaning to Indian dance. ·Awáahl g̱agwii nang íitl'aagdáa X̱aadas suud náagaan. A long time ago a chief lived among the Haidas. ·X̱aadas gínt'ajaay hal t'áydan. She wore a Haida blanket over her shoulders.

2. nn. *human being, person, people*

3. nn. *Native person, Native people*

X̱aadas áalaa n-cpd. *Haida paddle*

DEF: X̱aadas áalaagaay.

X̲aadas dajáangaa n-cpd. *a Haida style hat (spruce root or cedar bark)*
DEF: X̲áadas dajáangagaay.

X̲aadas gáwjaawaa n-cpd. *Haida drum*
DEF: X̲aadas gáwjaawaagaay.

X̲aadas gin-gáay nn. *Haida things, Haida possessions, Haida ceremonies*
·Tl'áa suud lableed x̲aat'áay istl'aagáangaan dluu, tláan X̲aadas gin-gáay isdáayaan. When the missionaries came among the people, they did away with Haida ceremonies.

X̲aadas guláa n-cpd. *Haida tobacco*

X̲aadas gyáagaa n-cpd. *Haida crest*
DEF: X̲aadas gyáagaay.

X̲aadas gyáa'angaa n-cpd. *Haida pole*
DEF: X̲aadas gyáa'angaagaay.

X̲aadas ki'ii n-cpd. *Haida name*
·X̲aadas ki'ii tl'áag tl' isdáasaang. They will give out Haida names to people.

X̲aadas k'ayáa n-cpd. *crabapple*
DEF: X̲aadas k'ayáagaay.

X̲aadas k̲'áajaa n-cpd. *spruce chewing gum*
DEF: X̲aadas k̲'áajgaay.

X̲aadas náay n-cpd. *traditional Haida house*
DEF: X̲aadas nagáay.
·X̲aadas náay í'waan-gang. The longhouse is big. ·Gud eehl tl' na'áanggaangaan, X̲aadas náay aa. People used to live together, in longhouses. ·Awáahl X̲aadas náay aa g̲áayuu k̲wáan-giinii. Long ago there used to be a lot of smoke in the Haida longhouses.

X̲aadas níijaangwaa n-cpd. <gu> *Haida mask*
DEF: X̲aadas níijaangwaagaay.

X̲aadas sadáa n-cpd. *dance hat; hat*

X̲aadas sdláagwaalaa n-cpd. <t'áw> *cow horn or alder spoon*
DEF: X̲aadas sdláagwaalaagaay.

·X̱aadas sdláagwaalaa sdáng díig hal isdgán. She gave me two Haida spoons.

X̱aadas sgúusadaa n-cpd. *Haida potato (long and skinny)*

X̱aadas sg̱aláangaa n-cpd. *Haida song, Haida music*
·Awáahl X̱aadas sg̱aláangaa tl' k'ajúugiinii. Long ago people used to sing Haida songs. ·X̱aadas sg̱aláangaa háns 'láa t'aláng sḵ'at'ad'wáasaang. We will also teach them Haida songs. ·X̱aadas sg̱aláangaa hal k'ajúu'waang. They are singing Haida songs.

X̱aadas táawaa n-cpd. *Haida food, foods from the traditional Haida diet (esp. fish)*
DEF: X̱aadas táawgaay.
NOTE: Varies with X̱aadas táaw.
·X̱aadas táaw t'aláng táaganggang. We always eat Indian food.

X̱aadas tlagáa n-cpd. *Haida country, Haida village, Haida lands*
DEF: X̱aadas tlagáagaay ~ X̱aadas tlagáay.
·X̱aadas tlagáaygw uu g̱ándl ḵwaayáanggaangaan. In the Haida village, the water would flow.

X̱aadas tluwáa n-cpd. *Haida canoe*
DEF: X̱aadas tluugáay ~ X̱aadas tluwáay.
·X̱aadas tluwáa gwaa tl' íijaangaan. They always used to travel on Haida canoes. ·Ḵíid hlúu iisd uu X̱aadas tluwáay tl' tlaahláang. They're making the Haida canoe out of a log. ·X̱aadas tluwáay hal ḵu sg̱at'íijang. He's caulking the Haida canoe.

X̱aadas tl'áaḵ'ujaa n-cpd. *dock (plant)*

X̱aadas tl'ak'áa n-cpd. *Haida sharpening stone*
DEF: X̱aadas tl'ak'áagaay.

X̱aadas ts'ats'áa n-poss. *root of an unidentified plant*

X̱aadas t'áawalaa n-cpd. *Haida fishhook, Indian fishhook*
DEF: X̱aadas t'áawalaagaay.

X̱aadas xyáalaa n-cpd. *a Haida dance*
DEF: X̱aadas xyáalaagaay.
·Gíisand uu X̱aadas xyáalaa t'aláng isdáasaang? When will we have an Indian dance? ·Áasgaay ḵungáay aa uu X̱aadas xyáalaa t'aláng isdáa hlangaang. We can have an Indian dance this month.

x̱áad da'a vb. *to have a father, paternal uncle (father's brother), husband of a maternal aunt (mother's sister)*
SP: x̱áad da'áa | ng DP: x̱áad daa | gán IP: x̱áad da'áa | yaan
NOTE: This term is only used in reference to the father or uncle of a female. For the father or uncle of a male, see g̱ung da'a.

x̱aad da'áang n-cpd. *a figure or design of a person*
DEF: x̱aad daangáay.

X̱aad kihl pp phrase. *in Haida*
·Hlangáan gu X̱aad kihl tl' gúusuugang. Very few people speak in Haida there. ·Awáahl g̱agwíi díi i xajúugan dluu, X̱aad kihl uu nang lableedgáas gyaahlándgiinii. A long time ago when I was small, the preacher used to tell stories in Haida. ·X̱aad kihl hl díi aa gúusuu. Speak to me in Haida.

X̱aad kíl n-cpd. *Haida language*
·X̱aadas Kíl ḵ'áygaagang. The Haida language is old. ·X̱aadas kíl yíiluu dáalgang. The Haida language is almost gone. ·X̱aad kíl uu tl'áa Hl sḵ'at'adáang. I'm teaching them Haida.

x̱aadláa adv. *in the direction of Haida Gwaii*

x̱aadláaguusd adv. *south*

X̱aadláa Gwáayaay n-cpd. *Haida Gwaii*

X̱aadláa X̱aat'áay n-cpd. *Canadian Haida people, Haida people living on Haida Gwaii*

X̱aad majáa n-cpd. *ochre*
DEF: X̱aad majáay.

x̱áagaa vb. *to be stingy (with X1) (towards X2)*
SP: x̱áagaa | gang DP: x̱áagaa | gan IP: x̱áagaa | gaan
NOTE: This verb literally means "to be a dog".

x̱aag níijangaay sasáa n-cpd. *rattle in the image of a mallard*

x̱áahlun nn. *various species of large wasps*
DEF: x̱áahlunaay.

x̱áal nn. <gu> *fish scale(s)*
DEF: x̱áalaay.

x̱áas nn. *black face paint*
DEF: x̱áajaay.

x̱aasdláa n-nom. *arctic loon*

x̱áat'a vb. *to have O as one's father, paternal uncle (father's brother), husband of a maternal aunt (mother's sister)*
SP: x̱áat'aa | ng DP: x̱áat' | gan IP: x̱áat'aa | yaan
NOTE: This term is only used in reference to the father or uncle of a female. For the father or uncle of a male, see g̱únda.

x̱aat'áa vb. *to be a certain age*

x̱áat'aa vb. *to be a father, paternal uncle (father's brother), husband of maternal aunt (mother's sister) (to X)*
SP: x̱áat'aa | gang DP: x̱áat'aa | gan IP: x̱áat'aa | gaan
NOTE: This term is only used in reference to the father or uncle of a female. For the father or uncle of a male, see g̱ungáa.

X̱aat'áa vb. *to be a Haida, person*
SP: X̱aat'áa | gang DP: X̱aat'áa | gan IP: X̱aat'áa | gaan
·Díi X̱aat'áagang. I'm Haida. ·Ḵungáay únggw tl' x̱aat'áa íijan. There were people on the moon. ·Hal x̱aat'áas áangaa hal ḵ'ahl ḵíiyaayaan. He found out she was an Indian.

x̱aat'áa jíingeehl vb. *to get very old*
SP: x̱aat'áa jíingeel | gang DP: x̱aat'áa jíingeel | gan IP: x̱aat'áa jíingeel | aan
·Díi x̱aat'áa jíingeelgang. I'm getting very old.

x̱aat'áay n-nom. *person, people; Haida*
·Áasgaay x̱aat'áayg hl dúu! Invite those people! ·Awáahl g̱agwíi uu, x̱aat'áay gud eehl ḵíiduu sg̱wáananggaangaan. Long ago the people constantly used to make war with one another. ·Asgáay x̱aat'áay uu íijang. That is the kind of people they are.

X̱aat'áay n-cpd. *the people of a particular clan*

x̱áat'ask'w n-nom. *legging, greave (shin armor)*
DEF: x̱áat'ask'waay.

x̱áat'eehl vb. *to become a father, paternal uncle (father's brother), husband of a maternal aunt (mother's sister)*
SP: x̱áat'eel | gang DP: x̱áat'eel | gan IP: x̱áat'eel | aan
NOTE: This term is only used in reference to the father or uncle of a female. For the father or uncle of a male, see g̱ungéehl.

x̱aat'gáay n-nom. *the people*
·X̱aat'gáay 'láa k̲éengaan. The people saw him. ·X̱aat'gáay tlagánhlaa iig ts'uunáanggang. The people are moving into camp. ·X̱aat'gáay hl gíidaa! Feed the people!

x̱áaw áaniigaay n-cpd. *fishing gear*

x̱áawdanaay n-cpd. *fishing ground, trolling ground*

x̱aawdiyáay n-nom. *group or collection of things lying on the floor or ground*

x̱áawgaay n-nom. *fisherman, fishermen*

x̱áaw k̲ugíinay n-cpd. <tl'a> *fishing license*

x̱áaw k̲wáayaay n-cpd. *fishing line*

x̱áaw sk̲'áangwaay n-cpd. <sk̲'a> *fishing rod*

x̱áaw tluwáay n-cpd. *troller*

x̱áaw tl'agáay n-cpd. *fishing line*

x̱áaw ts'ahláay n-cpd. *sinker on a fishline*

x̱áaw 'la'áay n-cpd. *sport fisherman*

x̱áaw 'la'áaygaa vb. *to be a sport fisherman*
SP: x̱áaw 'la'áaygaa | gang DP: x̱áaw 'la'áaygaa | gan IP: x̱áaw 'la'áaygaa | gaan

x̱aa x̱áldaangaa n-cpd. *green-winged teal*

x̱aayda vb. *to be in a hurry to get to something else*
SP: x̱aaydáa | ng DP: x̱aayd | gán IP: x̱aaydáa | yaan

x̱áayhlwaa n-ip. *stem, spike or raceme of a berry bush*

x̱áayhl'aal nn. *basket decorations*

x̱áayhl'ahl vb. *to decorate a basket*

x̱áaysd adv. *from the north*
·X̱áaysd ḵ'ajúugang. It's blowing from the north.

x̱aaysláng vb. *to work a long time, toil (pl)*
SP: x̱aaysláng|gang DP: x̱aaysláng|gan IP: x̱aaysláang|aan

x̱áayuu n-nom. *crochet hook, knitting needle*
DEF: x̱áayuwaay.

x̱áayuwaa nn. *wild gooseberry bush, swamp gooseberry bush*
DEF: x̱áayuwaagaay.

x̱adagáahl nn. *rope or yarn made of mountain goat hair*

x̱adahlda vb. *to fall down (pl)*
SP: x̱adahldáa|ng DP: x̱adahld|gán IP: x̱adahldáa|yaan
·Hal x̱ayáandaal'ugan dluu, hal x̱adahld'ugán. When they ran, they fell down. ·Hal x̱adahld'ugán dluu, 'láag t'aláng tlaayd'ugán. When they fell, we helped them.

x̱adlán nn. *sanddab species*

x̱agaláandaal vb. *to swim along, move along the surface of the water (pl)*
SP: x̱agaláandaal|gang DP: x̱agaláandaal|gan
IP: x̱agaláandaal|aan

x̱aguhl nn. <hlg̱a> *gaff hook, prosthetic hook*
DEF: x̱aguláay.

x̱aguhldáaw nn. *gaff hook*

x̱agw nn. <gu> *halibut*
DEF: x̱agwáay.
·Awáa x̱agwáay kúugaasaang. Mother will cook the halibut. ·X̱agw í'waandaa hal isdáayaan. He got some big halibut. ·X̱agw ts'ad x̱áwl áwyaagang. Halibut cheeks taste darn good.

x̱agwáay ḵa'án g̱adáay n-cpd. *the white underside of a halibut*

x̱agwg x̱áawdanaay n-cpd. *halibut fishing ground*

x̱agw gyuwáay n-cpd. *halibut fishing ground*

x̱agw jaláay n-cpd. *halibut bait*

x̱agw lagúusaa n-cpd. *species of isopod*

x̱agw táawaay n-cpd. <hlga> *traditional wooden halibut hook*

x̱agw tluwáay n-cpd. *halibut boat*

x̱agw t'áawal nn. *wooden halibut hook*

x̱agw t'áawalaay n-cpd. *steel halibut hook*

x̱agw t'amíi n-cpd. *sea louse*

x̱agw x̱áldaangaa n-cpd. *turbot (arrowtooth flounder)*

x̱ahla vb. *to be startled*
SP: x̱ahláa | ng DP: x̱ahl | gán IP: x̱ahláa | yaan
·Hal k̠ats'gán dluu, díi x̱ahlgán. I was startled when he came in.

x̱ahláang
1. pp phrase. *for oneself*
·X̱ahláang hal hlg̱ánggulaang. She is working for herself.
2. n-rp. *one's own mouth*
NOTE: This is the reflexive form of x̱ahlíi.
·X̱ahláang hl dlán! Wash your mouth!

x̱a hlg̱áyjaaw n-nom. *a game played with a number of small sticks*

x̱ahlg̱íidaaw n-nom. <sk'a> *pipe (for smoking)*
DEF: x̱ahlg̱íidaawaay.
NOTE: Varies with g̱ahlg̱íidaaw, x̱ahlíidaaw.
·X̱ahlg̱íidaawaay hal k'u xajáanggang. He's smoking the pipe.

x̱ahlíi n-ip. *one's mouth*
RFX: x̱ahláang.
·Chíin hal x̱ahlíi aa ijáan. He had a fish in his mouth.

x̱ahlíi g̱ud n-cpd-ip. *the corner of one's mouth*
RFX: x̱ahlíi g̱udáng.

x̱ahlíi g̱udáng n-cpd-rp. *the corner of one's own mouth*
NOTE: This is the reflexive form of x̱ahlíi g̱ud.

x̱ahlíi ḵáahlii n-cpd-ip. *inside of one's mouth*

x̱ahlíi ḵ'áa'awaay n-ip. *white deposit in one's mouth after sleep*

x̱ahlk'ats' nn. *porcupine*
DEF: x̱ahlk'ats'gáay.

x̱ahlk'ats' stlíin n-cpd/poss. <sḵ'a> *porcupine quill*

x̱a isda vb. *to grab, snatch O (from X)*
SP: x̱a isdáa | ng DP: x̱a isd | gán IP: x̱a isdáa | yaan
·Sg̱íiwaay díisd hal x̱a isdgán. She grabbed the seaweed from me.

x̱a k'ayáa n-cpd. *mountain ash fruit*
DEF: x̱a k'ayáagaay.

x̱áldaang
1. n-nom. *(first generation) slave*
DEF: x̱áldangaay.
PLU: x̱áldaanlang.
2. vb. *to give orders, instructions to O; to tell O to do (X), to give O (X) to work on*
SP: x̱áldaang | gang DP: x̱áldaang | gan IP: x̱áldaang | aan

x̱áldaangaa n-ip. *one's (first generation) slave*

x̱áldaants'gaay n-nom. *the slaves*
·X̱áldaants'gaay 'láangaa ḵwáanaan. He had a lot of slaves.
·X̱áldaants'gaay san hal da'áayaan. He also had slaves.

x̱áldangaa vb. *to be a slave*
SP: x̱áldangaa | gang DP: x̱áldangaa | gan IP: x̱áldangaa | gaan
·'Wáadluu ga x̱áldangaas uu táawaay isdgáangaan. In those days, the slaves used to get the food. ·Ga x̱áldangaas uu táawaay isdáasaang. The slaves will gather the food. ·Hal x̱áldangaagan. He was a slave.

x̱áng
1. n-ip. <ḵ'ii> *bow of a boat*
2. n-ip. *carved front of a ceremonial headdress*
3. n-ip. <ḵ'a> *face of a mountain*
4. n-ip. <g̱a> *front of a box, house*

x̱angáa vb. *to look, appear a certain way*

x̱áng aa pp. *in front of, in the presence of, to one's eyes*

x̱áng aadáaw n-nom. *veil*
DEF: x̱áng aadáawaay.

x̱ángaang
1. n-rp. *one's own eye*
NOTE: This is the reflexive form of x̱áng ~ x̱ángii (2).
·X̱ángaang hal g̱wíiwuhldaayaan. He kept his eyes closed.
2. n-rp. <ḵ'ii> *one's own face*
NOTE: This is the reflexive form of x̱áng ~ x̱ángii (1).
·X̱ángaang hl dlán! Wash your face! ·X̱ángaang hl gisúu! Wipe your face!

x̱ángaang dláanwaay n-cpd. <g̱a> *bathroom sink, wash basin*
DEF: x̱ángaang dláanwaay.

x̱ángaang sk'yáaj n-cpd-rp. *one's own eyebrow*
NOTE: This is the reflexive form of x̱áng sk'yáaj.
·X̱ángaang sk'yáaj hl jatl'áa! Cut your eyebrows!

x̱angáasd pp. *less than*

x̱ángahl v-rfx. *to be happy, pleased, honored with X*
SP: x̱ángal|gang DP: x̱ángal|gan IP: x̱ángaal|aan
·Dáng eehl án tl' x̱ángahlsaang. They will be happy to see you. ·Dáng eehl án díi x̱ángalgang. I'm honored with your presence. ·Dáng Hl ḵíngs eehl díi x̱ángalgang. I'm very honored to see you.

x̱ángasdgaang adv. *quickly, so soon*

x̱anggáay n-nom. *color*

x̱ángg gíinaangw n-nom. <sḵ'a> *oar*
DEF: x̱ángg gíinaangwaay.

x̲ángg gíinaangw k'yuusíi n-nom. *oarlock*

x̲áng gisáaw n-cpd. <gi> *(face) towel*
DEF: x̲áng gisáawaay.

x̲ánggw pp. *in front of, before*
·Náay x̲ánggw hl k̲'áwaa! Sit in front of the house! ·Díi x̲ánggw hal k'uyánggang. She is showing off in front of me. ·K̲'at'anáay díi x̲ánggw íijang. The sand flats are in front of me.

x̲ánggwsii n-dem. *area in front of something*
·Náay x̲ánggwsii san hal tlaahláasaang. He will also repair the front of the house.

x̲áng gyáadaaw n-cpd. *deer tallow used as a cosmetic*
DEF: x̲áng gyáadaawaay.

x̲áng g̲áal n-cpd-ip. *one's eyelid*

x̲áng g̲ud n-ip. *the outer corner of one's eye*
RFX: x̲áng g̲udáng.

x̲áng g̲udáng n-rp. *the outer corner of one's own eye*
NOTE: This is the reflexive form of x̲áng g̲ud.

x̲áng hlt'áaguj n-cpd-ip. <sg̲a, t'áw> *one's eyelash*
RFX: x̲áng hlt'áagujang.
·Dáng x̲áng hlt'áaguj jánggang. Your eyelashes are long.

x̲áng hlt'áagujang n-cpd-rp. <sg̲a, t'áw> *one's own eyelash*
NOTE: This is the reflexive form of x̲áng hlt'áaguj.

x̲ángii (1) n-ip. <k̲'ii> *one's face*
RFX: x̲ángaang.
NOTE: Varies with x̲áng.
·Hal x̲ángii 'láa majáagang. Her face is all painted up. ·Hal x̲áng k̲'ál iig xuts'iyáagan. Her face (skin) was puffed up. ·Hal istl'aagán dluu, hal x̲áng dláajaagan. When she came, she was pale.

x̲ángii (2) n-ip. *one's eye*
RFX: x̲ángaang.
NOTE: Varies with x̲áng.
·Hal x̲ángii san g̲uhlálgan. Her eyes were blue, too. ·Ts'áak'aay x̲áng í'waans hl k̲íng! Look at the eagle's big eyes! ·Juuyáay díi x̲áng aa k̲a k̲'íit'iijang. The sun is shining in my eyes.

x̱ángii (3) n-ip. *mouth of a sea urchin; adductor muscle of a bivalve*
NOTE: Varies with x̱áng.

x̱ángii majáay n-cpd. *face paint*

x̱ángii ts'ii n-cpd-ip. *one's pupil (of the eye)*

x̱ángii 'wáa aa hlg̱ahl skáagangaay n-cpd-ip. *one's iris (of the eye)*

x̱áng iláa pp. *unbeknownst to, unobserved by, without the knowledge of*

x̱áng k'aad n-cpd. <g̱a> *the front of something*

x̱áng k'igáay n-nom-ip. *pupil of the eye*

x̱áng k'wáa'ul n-cpd-ip. *eye socket*

x̱áng ḵáahlii n-cpd-ip. *inside of one's eye*

x̱áng ḵagáa vb. *to be blind*
SP: x̱áng ḵagáa | gang DP: x̱áng ḵagáa | gan IP: x̱áng ḵagáa | gaan
·Dáa gw x̱áng ḵagáa'us? Are you blind? ·'Láa tl' ḵáygan sánsd, hal x̱áng ḵagáagan. She was blind since birth. ·Díi x̱áng ḵagáagang. I'm blind.

x̱áng ḵálgaay n-cpd. <hlga> *eyeglasses*
·X̱áng ḵálgaay hl áangaa dlán. Wash your eyeglasses.

x̱áng ḵ'áadaawaa nn. *dark or red salmonberry*

x̱áng ḵ'ál n-cpd-ip. *one's complexion*

x̱áng ḵ'ún n-poss-ip. *the edge of one's eyelid*

x̱áng sg̱id n-phr. *species of sea anemone*
DEF: x̱áng sg̱idgáay.

x̱ángs k'úl n-cpd-ip. *orbit of eye, eye socket*

x̱áng sk'úuluud n-cpd. <sk'a> *sea anemone*

x̱áng sk'yáaj n-cpd-ip. *eyebrow*
RFX: x̱ángaang sk'yáaj.

x̲áng tla g̲adahldáaw n-cpd. *face powder*
DEF: x̲áng tla g̲adadáawaay.

x̲áng tl'adáan n-cpd. *sea anemone*

x̲áng ts'ii n-cpd-ip. *white of the eye*

x̲áng ts'ii 'wáa aa skáagangaay n-nom-ip. *one's iris*

x̲áng t'álg pp phrase. *across (a road, river, etc.)*

x̲ánguhljuu n-nom. *one's facial expression*

x̲ángul n-ip. *one's facial expression*

x̲áng ún n-cpd-ip. *one's eyelid*
RFX: x̲áng úunang.

x̲ángusul n-ip. *one's temperament, one's apparent state of health*

x̲áng úunang n-cpd-rp. *one's own eyelid*
NOTE: This is the reflexive form of x̲áng ún.

x̲áng xiláay n-cpd. *eye medicine*
DEF: x̲áng xiláay.

x̲áng x̲áw n-ip. *one's tear(s)*
RFX: x̲áng x̲awáng.
·Dáng x̲áng x̲áw kwaayáanggang. Your tears are falling.

x̲áng x̲awáng n-rp. *one's own tear(s)*
NOTE: This is the reflexive form of x̲áng x̲áw.

x̲áng 'wáa aa skáagangaay n-nom-ip. *one's eyeball(s)*

x̲ánhlaa pp. *opposite from, facing*
·Díi x̲ánhlaa hal gúusuu'waang. They talk back to me. ·Díi x̲ánhlaa hal g̲iidang. She is against me. ·Gud x̲ánhlaa hal k̲iiduu'ugan. They fought against each other.

x̲ánhlaagaay n-dem. *the ones or place on the opposite side*

x̲ánhlaasii n-dem. *the area opposite something*

x̱ánj

1. n-ip. <tl’a> *one's photograph*
   RFX: x̱ánjang.

·Díi x̱ánj áayaad tl’ isdgán. I had my picture taken today. ·Daláng x̱ánj san tl’ isdáasaang. You folks will have your picture taken too. ·Hal aw x̱ánj díi ḵíndgan. She showed me her mother's picture.

2. n-ip. *one's reflection; one's reincarnated spirit*
3. n-ip. <g̱a> *one's shadow*
   RFX: x̱ánjang.

·Nang ts’áwii k’wa’áan han uu x̱ánj jánggang. Even a short man casts a long shadow.

x̱ánjaangw nn. <g̱a> *window, mirror, looking glass, watch crystal*
DEF: x̱ánjaangwaay.

·X̱ánjaangwaay san tl’ dlán-gang. Be sure to wash the windows too. ·Íitl’ ’wáadluwaan x̱ánjaangwaaysd ḵíng’waagang. We are all looking out the window. ·X̱ánjaangwaay k’it’gán. The window cracked.

x̱ánjaangw ḵ’ún n-poss. *window frame, windowsill*

x̱ánjaangw t’áahl gya’áangwaay n-cpd. <gi> *curtain, drape*

x̱ánjang

1. n-rp. <tl’a> *one's own photograph*
   NOTE: This is the reflexive form of x̱ánj.
2. n-rp. *one's own reflection; one's own reincarnated spirit*
   NOTE: This is the reflexive form of x̱ánj.
3. n-rp. <g̱a> *one's own shadow*
   NOTE: This is the reflexive form of x̱ánj.

x̱ánjgw pp phrase. *in the absence of, lacking*
·Chíin x̱ánjgw díi gudánggang. I'm wishing for some fish. ·’Wáadluu chíinaay x̱ánjgw hal gudáangaan. Then he was wishing for the fish. ·Táaw x̱ánjgw hal gudánggang. She's wishing for some food.

x̱ánjgwhlaang pp phrase. *in the absence of oneself, lacking oneself*

x̱ánjuu vb. *to travel*
SP: x̱ánjuu | gang DP: x̱ánjuu | gan IP: x̱ánjaaw | aan

·Tlúu gwaa Hl x̱ánjuusaang. I'll travel by boat. ·Ḵ’adgwíi hal x̱ánjuugan. She travelled west. ·Ḵ’adgwáa hal x̱ánjuusaang. He will travel west.

x̱ánjuuda vb. *to send O*

x̱ánjuulaang vb. *to stir O repeatedly with one's hands*
SP: x̱ánjuulaang|gang DP: x̱ánjuulaang|gan
IP: x̱ánjuulaang|aan
·Stláang eehl hal x̱ánjuulaang eehl 'láag hal tla'áaydan. She helped him stir it with her hands.

x̱ánjuutl'aa vb. *to arrive at one's destination*
SP: x̱ánjuutl'aa|gang DP: x̱ánjuutl'aa|gan
IP: x̱ánjuutl'aa|gaan
·Gíijiisd uu dáng x̱ánjuutl'aagang? Where are you arriving from? Where are you coming in from? ·Dáa uu at'án x̱ánjuutl'aagan. You just arrived. ·Nang lableedgáas uu x̱ánjuutl'aagang. The minister has arrived.

X̱ánj 'Láas n-cpd. *the Holy Spirit, peace*

x̱ánsda vb. *to be tired of working (on X), fiddling (with X)*
SP: x̱ánsdaa|ng DP: x̱ánsd|gan IP: x̱ánsdaa|yaan

x̱ánsgad vb2. *to V for a long time*
SP: x̱ánsgiid|ang DP: x̱ánsgiid|an IP: x̱ánsgad|aan

x̱ánts'iya vb. *to be nervy, brazen*
SP: x̱ánts'iyaa|ng DP: x̱ánts'ii|gan IP: x̱ánts'iyaa|yaan
·Tlíi daláng x̱ánts'iyaas aa! You folks are so nervy!

x̱asáa nn. *black rockfish*
DEF: x̱asáagaay.

x̱asguda vb. *to reach, grab for O and miss*

x̱ashlgáng vb. *to move about (pl) (of people)*
SP: x̱ashlgáng|gang DP: x̱ashlgáng|gan IP: x̱ashlgáang|aan

x̱a skáajuu vb. *to catch O (ball) in one's hands*
SP: x̱a skáajuu|gang DP: x̱a skáajuu|gan IP: x̱a skáajaaw|aan
·X̱a skáajuu hlaa! Catch it (the ball)!

x̱a skáawaa nn. <skáa> *crowberry*
DEF: x̱a skáawaagaay.

x̱as ḵáa vb. *for there to be a shower, squalls*
SP: x̱as ḵáa|gang DP: x̱as ḵáa|gan IP: x̱as ḵáa|gaan
·X̱as ḵáas dluu, anáa tl' íijang. When there's a snowstorm, you should stay inside. ·Sangáay gám 'láa'anggang, x̱asḵáagangs eehl. The day is not

good because of the squalls. ·T'a'áaw x̱as ḵáagang. There's a sudden snow shower.

x̱asláng vb. *to beckon, wave to O*
SP: x̱asláng | gang DP: x̱asláng | gan IP: x̱asláang | aan
·T'ak'án'lang hal x̱asdlánggang. She is beckoning her grandchildren.

x̱ats'aláng vb. *to show off, strut (pl)*
·Díi git'aláng x̱ats'alánggang'waang. My kids are always showing off. ·Hal git'aláng x̱ats'aláng'waang. Their children are showing off.

x̱a t'amíi n-cpd. *dog louse*

x̱áw (1) n-ip. *its juice, broth*

x̱áw (2) vb. *to troll, fish with a hook*
SP: x̱áw | gang DP: x̱áw | gan IP: x̱áaw | aan
·Adaahl dáng x̱áwsaang. You'll fish tomorrow. ·Díi g̱ung x̱áaw g̱áayaagang. My father knows how to fish. ·Díi k'wáay x̱áaw ín-gang. My older brother is going fishing.

x̱awáa vb. *to taste (a certain way)*
SP: x̱awáa | gang DP: x̱awáa | gan IP: x̱awáa | gaan
·X̱utáw gingáan x̱awáagang. It tastes like seal oil.

x̱áw gut'a vb. *to taste bad*

x̱áw gyaat'áawaay n-cpd. <sk'a> *teapot, coffee pot*

x̱áwla vb. *to be delicious, taste good, be sweet*
SP: x̱áwlaa | ng DP: x̱áwl | gan IP: x̱áwlaa | yaan
·Sgúusiid eehl x̱áwlaang. It tastes good with potatoes. ·Chíinaay kún x̱áwlaang. The grizzle is delicious. ·X̱agw ts'ad x̱áwl áwyaagang. Halibut cheeks taste darn good.

x̱áwlda vb. *to like the taste of O, to like to eat O, to crave O*
SP: x̱áwldaa | ng DP: x̱áwld | gan IP: x̱áwldaa | yaan
·Ja háw'aa, xíl ḵagan díi x̱áwldaang. Thanks so much, I love the taste of Hudson Bay tea. ·Alma k'íngk'aay x̱áwld áwyaagang. Alma loves to eat stinkheads. ·K'udéiḵ' X̱aat'áay x̱úud ki'íi x̱áwld áwyaagang. The Eskimo people love to eat seal meat.

x̱áw néelwaay n-cpd. <sk'a> *teacup*

x̱áw sk'atl'áangwaay n-cpd. *teacup*

x̱áw ts'asláangwaay n-cpd. <ts'as> *tea kettle*

x̱áy (1) n-ip. <sg̱a> *one's blood vessel, vein, artery, tendon, sinew, gristle*
RFX: x̱ayáng.

x̱áy (2) vb. *to weave, knit, crochet O*
SP: x̱áy | gang DP: x̱áy | gan IP: x̱áay | aan
·Ḵigw t'aláng x̱áysaang. We will weave some baskets. ·Íik'waan, jaadgáay tl'aa gin x̱áygiinii. Nevertheless the women used to weave things. ·Ḵigw g̱áal uu Hl x̱áygang. I'm weaving a basket lid.

x̱ayáandaal vb. *to run (pl)*
SP: x̱ayáandaal | gang DP: x̱ayáandaal | gan
IP: x̱ayáandaal | aan
·Daláng x̱ayáandaals dluu, án tl' sáanjuud'waang. When you folks are running, be sure to take a rest. ·Hal x̱ayáandaal'waang. They are running. ·Díi gwii hal x̱ayáandaal'ugan. They came running toward me.

x̱ayáng n-rp. *one's own sinew, tendon*

x̱áyhlaal n-nom. *colored weaving materials (roots, grass, bark, etc.)*
DEF: x̱áyhlaalaay.

x̱áy sḵ'at'íisgw n-nom. *upright sticks making up the frame for a large fish trap*

x̱i vb. *to saw O*
SP: x̱i | gáng DP: x̱i | gán IP: x̱i | gáan
·Kug hal x̱igáng. He is sawing wood.

x̱ideed pp. *along, under*

x̱idgáang adv. *down, downwards*

x̱idgw pp. *below, under, downstairs of*
·Gám tíidanaay x̱idgw is'ánggang. It's not under the bed. ·Ḵíidaay x̱idgw kúnt'gwaang ḵwaan-gan. There were a lot of jumping fleas under the log.

X̱idgwáa 'Láanaa n-cpd. *the devil, Satan*

x̱idgw g̱at'as n-nom. *saucer*

x̱idgw hlgya'áangw n-cpd. <hlgi> *joist-bearing beam set on foundation posts or blocks*

x̱idsíi n-dem. *area under, below, downstairs from something*

x̱igw n-nom. <tl'a, hlga> *saw*
DEF: x̱igwáay.

x̱i g̱atl'áa n-nom. <g̱a> *washtub*
DEF: x̱i g̱atl'gáay.

x̱ihl hlgihláanw n-nom. <hlgi> *yoke*
DEF: x̱ihl hlgihláanwaay.

x̱ihl ḵ'úl
1. n-cpd-ip. *the base of one's neck*
RFX: x̱ihl ḵ'uláng.
2. n-cpd-ip. *the imaginary line through the gills of a salmon*

x̱ihl ḵ'uláng n-cpd-rp. *the base of one's own neck*
NOTE: This is the reflexive form of x̱ihl ḵ'úl.

x̱íid nn. *down, on the floor, on the ground, below, underneath*
·X̱íid hl stlajúu! Point down!

x̱íidg pp phrase. *down, downward, downstairs, to the ground, to the floor*
·Hlangáan áajii náay ḵ'ulangáay x̱íidg hal isdgán. He put down the house eaves a bit. ·X̱íidg hal ḵat'éelgan. She went downstairs (or downhill). ·X̱íidg hl ḵínt'eehl. Look down.

x̱íidsii n-dem. *area below, underneath something*

X̱íid Tlagáay nn. *Hell*

x̱íihl sg̱agáangaa n-nom. *necklace*

x̱íihl sḵ'ahláanwaay n-cpd. *fall log of a deadfall*

x̱íihl tíigaa n-nom. <tíi> *wool muffler, fur stole*
DEF: x̱íihl tíigaay.

x̱íihl tíigangaa n-nom. *neck scarf*
DEF: x̱íihl tíigangaay.

x̱íihl tl'agáa n-nom. <tl'a> *necktie*
DEF: x̱íihl tl'agáay.

x̱íihl tl’agangáa n-nom. *necktie, scarf, insignia, anything hanging from the neck*
DEF: x̱íihl tl’agangáay.

x̱íihl t’agáa n-nom. <t’a> *necklace*
DEF: x̱íihl t’agáay.

x̱íihl t’agáng n-phr. *necklace*
DEF: x̱íihl t’agángs.
·Gám áatl’an x̱íihl t’agáng díinaa is’ánggang. My necklace isn't here.
·Dáng eehl x̱íihl t’agángsg t’aláng diyíngsaang. We will look for the necklace with you.

x̱íila vb. *to have a hole, for there to be a hole in S*

x̱íilaang vb. *to have several holes, for there to be several holes in S*
SP: x̱íilaang|gang DP: x̱íilaang|gan IP: x̱íilaang|aan

x̱íilaangaay n-nom-ip. *the holes*

x̱íilaay n-ip. *the hole (sg)*
NOTE: Varies with x̱íilayaay.
·X̱íilaay hal tla í’waan-gang. He's making the hole big.

x̱íilang n-rp. *one's own neck*
NOTE: This is the reflexive form of x̱íl (1).

x̱íilts’a vb. *to have a hole (going) inside, for there to be a hole (going) inside of S*
SP: x̱íilts’aa|ng DP: x̱íilts’|gan IP: x̱íilts’aa|yaan

x̱íinaahlgaang adv. *barely*
·X̱íinaahlgaang tluwáay xál ḵáagang. The boat is going slowly.
·G̱íinaahlgaang íitl’ ’lagálgan. We barely got over it. ·G̱íinaahlgang Hl g̱agánjuugan. I was barely breathing.

x̱íinaang n-nom-ip. *life, one's life*

x̱íinaansdla vb. *to come alive, come to life*
SP: x̱íinaansdlaa|ng DP: x̱íinaanshl|gan
IP: x̱íinaansdlaa|yaan
·X̱it’adáay húus x̱íinaansdlaang. The birds are coming alive again.

x̱íinangaa vb. *to live, be alive*
SP: x̱íinangaa|gang DP: x̱íinangaa|gan IP: x̱íinangaa|gaan

·Gám díi aw x̱íinangaa’anggang. My mother is not living. ·Tla’áa ’wáa salíid hal x̱íinangaagaangaan. He was alive a long time afterwards. ·Daláng yáalang x̱íinangaagang. Your folks' parents are living.

x̱íinanggaang n-rp. *one's own life*
NOTE: This is the reflexive form of x̱íinaang.

x̱i kángaaw n-cpd-ip. *sawdust*
DEF: x̱i kángwaay.

x̱i kingáangw n-nom. <ts’as, ḵ’ii> *fiddle, violin, or any string instrument played with a bow*
DEF: x̱i kingáangwaay.

x̱íl

1. n-ip. <tl’a> *collar of a piece of clothing*
2. n-ip. <sḵ’a> *one's neck*

RFX: x̱íilang.

x̱iláawg nn. *single delight, one-flowered wintergreen, St. Olaf's candlestick*
DEF: x̱iláawgaay.

x̱iláay n-nom. *blossom, flower*

x̱íl jáng n-phr. *pintail duck*

x̱íl ts’ak’ii n-cpd-ip. *back of one's neck*

x̱inanáng vb. *to saw X up into pieces*
SP: x̱inanáng | gang DP: x̱inanáng | gan IP: x̱inanáang | aan
·Kugáay iig hal x̱inanánggang. He is sawing up the wood.

x̱ínislang vb. *to talk at length, go on and on, babble (to X)*

x̱ínul n-ip. *one's lung power, the strength and endurance of one's voice*
RFX: x̱ínulang.

x̱ínulang n-rp. *one's own lung power, the strength and endurance of one's own voice*
NOTE: This is the reflexive form of x̱ínul.

x̱i tl’iist’áa n-nom. <g̱a> *sawn plank, sawn board, sawn lumber*
DEF: x̱i tl’iist’áay.

x̲it'íid nn. *bird*
DEF: x̲it'adáay.
·X̲it'íid san t'aláng ts'asáang. We will also shoot ducks. ·Íik'waan 'wáa iláa x̲it'íid k̲wáanaan. But there were a lot of other birds. ·X̲it'adáay iig hal ts'ananánggang. He's shooting up all the birds.

x̲íw nn. *southeast wind*
DEF: x̲íiwaay.

x̲íwaang n-rp. *one's own rib*
NOTE: This is the reflexive form of x̲íwii.

x̲íwgw pp phrase. *from the southeast*
·X̲íwgw k̲'ajúugang. The wind is blowing from the southeast.

x̲íwii n-ip. *one's rib*
RFX: x̲íwaang.

x̲i'íit'uu n-nom. <tl'a, hlga> *saw*
DEF: x̲i'íit'uwaay.
·X̲i'íit'uwaay 'láangaa hal k̲'u tl'asgíidang. He's clamped her saw.

x̲udáan nn. *hedge nettle*

x̲udgún nn. *elephant seal*
DEF: x̲udgunáay.

x̲ujáang
1. vb. *to break apart, shatter (pl)*
SP: x̲ujáang | gang DP: x̲ujáang | gan IP: x̲ujáang | aan
2. vb. *to feel very bad, deeply depressed (pl)*
SP: x̲ujáang | gang DP: x̲ujáang | gan IP: x̲ujáang | aan
NOTE: This verb requires gudangáay "(someone's) mind" as its subject.

x̲uk'as n-ip/ap. *(one's) blister*

x̲únts'a vb. *to collapse*
SP: x̲únts'aa | ng DP: x̲únts' | gan IP: x̲únts'aa | yaan
·Náay x̲únts'gan. The house collapsed.

x̲únwii vb. *to fall in a pile, tumble down, collapse*

x̱usda

1. vb. *to break apart, shatter (sg)*
2. vb. *to feel very bad, deeply depressed (sg)*

SP: x̱usdáa | ng DP: x̱usd | gán IP: x̱usdáa | yaan
NOTE: This verb requires gudangáay "(someone's) mind" as its subject.

x̱usdiyáa vb. *to be broke, out of money*
SP: x̱usdiyáa | gang DP: x̱usdiyáa | gan IP: x̱usdiyáa | gaan

x̱utáw n-cpd. *seal oil, seal grease*
DEF: x̱utawáay.
·X̱utáw san t'aláng táasaang. We will also eat some seal grease. ·Asgáay uu x̱utáw aa tl' isdgáangaan. People used to put it (preserve it) in seal grease. ·X̱utáw gingáan x̱awáagang. It tastes like seal oil.

x̱ut'áa nn. <hlg̱a> *adze*
DEF: x̱ut'gáay.

x̱u t'áangal n-cpd. *species of liverwort*

x̱ut'áa st'áasal n-poss. *adzemark*

x̱úud

1. nn. *a figure in the string figure game*
2. nn. *harbor seal*

DEF: x̱úudaay.
·X̱úud ki'ii t'aláng táasaang. We will eat seal meat. ·K'udéiḵ' X̱aat'áay x̱úud ki'ii x̱áwld áwyaagang. The Eskimo people love to eat seal meat. ·X̱úudaayg hl jat'gúng. Shoot at the seal.

x̱úud ki'ii n-poss. *seal meat*
DEF: x̱úudaay ki'ii.
·X̱úud ki'ii san gám dii guláa'anggang. I don't like seal meat either.

x̱úud ḵadláay n-cpd. *seal rookery*

x̱úud ḵ'ál dáng g̱asgíit'uwaay n-cpd. *sealskin stretching frame*

x̱úud tigáay n-cpd. *seal rookery*

x̱úud tíidanaay n-cpd. *seal rookery*

x̱úud x̱unanáay n-cpd. *seal cave*

• Y •

yâa pp. *in line with, in a straight line towards*

yáada vb. *to have O as one's parent*
SP: yáadaa | ng DP: yáad | gan IP: yáadaa | yaan

yáa da'a vb. *to have a parent*
SP: yáa da'áa | ng DP: yáa daa | gán IP: yáa da'áa | yaan

yáahl nn. *raven*
DEF: yáalaay.
·Yáalaay xíidang. The raven is flying. ·Yáalaay k̲'anáay ínggw k̲'áwaang. The raven is sitting on the grass. ·Yáalaay k̲agan x̲íigang áwyaagang. The ravens are being very noisy.

Yáahl nn. *Raven*
·Tl'áa suud Yáahl náagaan. Raven lived among the people. ·Yáahl uu awáahl g̲adáayaan. Raven was white long ago.

yáahl dajáangaa n-cpd. <gu> *species of limpet, periwinkle*

yáahl guláay n-cpd. *seabeach sandwort*

yáahl g̲áanaa n-cpd. *fruit of black twinberry*
DEF: yáahl g̲áanaagaay.

yáahlĝaalaa nn. *chatterbox*

Yáahl K'áyg nn. *Yáahl K'áyg*
·Yáahl K'áyg aa uu hal íijan. He went to Yáahl K'áyg.

yáahl tluwáa k̲áahlii n-cpd. *dried peas; beach peas*
DEF: yáahl tluwáa k̲áahliigaay.

yáahl tluwáay n-cpd. <sk'a> *pea pod, sea pea pod, giant vetch pod*

yáahl t'áa n-cpd. *species of chiton*

Yáalaa vb. *to be Raven*
SP: Yáalaa | gang DP: Yáalaa | gan IP: Yáalaa | gaan
·Íitl' Yáalaagang. We're Ravens. ·Ga Yáalaas gúusd. From the Raven side.

yáalaang nn. <gi> *yellow cedar bark cape*
DEF: yáalangaay.

yáan (1)

1. nn. *cloud, cloud mass, cloud cover*
DEF: yáanaay.

2. nn. <g̲a> *sky*
DEF: yáanaay.

yáan (2) nn. *yarn*
DEF: yáan-gaay.

yáanaa vb. *for the sky to be cloudy*
SP: yáanaa | gang DP: yáanaa | gan IP: yáanaa | gaan

yáanaang n-nom. *fog, clouds*
DEF: yáanangaay.
·Yáanangaay skún-gan. The clouds parted, cleared up. ·Yáanangaay k̲a chasdláang. The fog is clearing.

yáanaay chíihluu n-poss. *the cloud cover*

yáanaay k̲a'án n-cpd. *the sky*

yáanangaa vb. *for it to be foggy, cloudy*
SP: yáanangaa | gang DP: yáanangaa | gan IP: yáanangaa | gaan
·Húu gw yáanangaa'us? Is it cloudy? ·Adaahl yáanangaagan. It was cloudy yesterday. ·Áayaad yáanangaagang. It's cloudy today.

yáanggwhlaan adv. *upright, straight up*
·Yáanhlaan hl k̲'áwaa. Sit up straight.

yáangk'yaan adv. *really, truthfully*
·Yáangk'yaan xíl 'láa uu íijang. Truly it is good medicine. ·Yáangk'yaan uu íitl' k̲'aldangáagan. Surely we were amazed. ·Yáangk'yaan íitl' guláagan. We really enjoyed it.

yáangw nn. <t'a, sg̲a> *a rope tied around a box, basket or barrel to keep the lid on*
DEF: yáangwaay.

yáanii k'agwáa

1. nn. *a bogeywoman*

2. nn. *a figure in the string game*

yáanuu nn. <sk'a> *sea cucumber*

DEF: yáanuwaay.

·Yáanuu hl díig isdáa! Give me a sea cucumber. ·Gud iláa uu yáanuu x̱angáagang. Sea cucumbers look different from each other. ·Yáanuu t'aláng táagiinii. We used to eat sea cucumbers.

Yáats' X̱aat'áa vb. *to be White*

Yáats' X̱aat'áay n-cpd. *(the) White people*

·Yáats' X̱aat'áay ḵíng íntl'aaganggang. The White people always come to see them. ·Masmúus ki'ii Yáats' X̱aat'áay táagang. White people eat beef. ·Asgáaysd uu Yáats' X̱aat'áay láam tlíitl'aagan. After that, the White people brought liquor on boats.

Yáats' X̱aat'áay kíl nn. *English language*

·Yáats' X̱aat'áay kíl hal sḵ'at'.'ugán. They learned the English language. ·Hláa uu Yáats' X̱aat'áay kíl sḵ'at'gán. I learned the English language. ·Yáats' X̱aat'áay kíl sángiits'gan. The English language was difficult (to learn).

yáa'aa vb. *to be a parent (to X)*

SP: yáa'aa | gang DP: yáa'aa | gan IP: yáa'aa | gaan

yáa'ang n-rp. *one's own parent*

NOTE: This is the reflexive form of yáa'ii.

yáa'ii n-ip-sg. *one's parent*

PLU: yáalang. RFX: yáa'ang.

NOTE: Some speakers may use yée'ii instead.

·Díi yáalang áatl'an na'áanggiinii. My parents used to live here. ·Náa yáalang eehl hal íijang. She's at home with her parents. ·Hal yáalang k'ajúu g̱íihlgiigang. Her parents are finished singing.

yahda vb. *to believe, trust O*

SP: yahdáa | ng DP: yaht | gán IP: yahdáa | yaa

·Saláanaa hl yahdáa! Believe Jesus! ·Áajii híiluugang gám Hl yahd'ánggang. I don't believe it's all gone. ·Gám Hl yahd'ánggang. Áajii táawaay Hl táa g̱ujúugan. I don't believe it. I ate all this food.

yahgw pp phrase. *at the middle of, in the middle of*

yahgwdáng vb. *to respect, think highly of X*
SP: yahgwdáng | gang DP: yahgwdáng | gan
IP: yahgwdáang | aan
·'Láa an hal yahgwdánggang. He has respect for her. ·Dáng an hal yahgwdánggang. She respects you. ·Yáangky'aan uu ga k̲'ayáas an tl' yahgwdánggan. Certainly they respected the elders.

yahgwdangáa vb. *for X to be respected, thought highly of*
SP: yahgwdangáa | gang DP: yahgwdangáa | gan
IP: yahgwdangáa | gaan

yahgwsíi
1. n-dem-ip. *one's waist*
·Dáng yahgwsíi ts'úujuugang. Your waist is small.
2. n-dem. *the center, middle of something*

Yahgw X̲aat'áay n-cpd. *the people of the Yahgw 'Láanaas clan*

Yahgw 'Láanaas n-cpd. *Yahgw 'Láanaas clan*
·Yahgw 'Láanaas x̲aat'áay hín uu hal kyaa'ugán. Thus they were called the Middle-of-the-Village people.

Yahgw 'Lan-gáa vb. *to be a male member of the Yahgw 'Láanaas clan*

yah g̲id vb. *to be high class, high caste*

yah g̲íid n-nom. *person of high rank*

yahk'íi nn. *the truth, a real or true instance of something*
DEF: yahk'íigaay.

yahk'iyáa vb. *to be true, right, correct, real*
SP: yahk'iyáa | gang DP: yahk'iyáa | gan IP: yahk'iyáa | gaan

Yaht'áahl K̲áahlii n-poss. *Kumdis Slough (part of Masset Inlet)*

yámgal nn. *anal fin of a salmon*

ya'a
1. vb. *to be honest, trustworthy, upstanding*
SP: ya'áa | ng DP: yaa | gán IP: ya'áa | yaan
2. vb. *to be straight, level, flat*
SP: ya'áa | ng DP: yaa | gán IP: ya'áa | yaan

ya'áang adv. *still, motionless*
·Ya'áang hl gyáa'ang! Stand still!

ya'áats'

1. nn. *iron, steel*
   DEF: yaats'áay.
2. nn. <g̲a> *knife*
   DEF: yaats'áay.

·Yaats'áay wunáang. The knife is dull. ·Yaats'áay díinaa k'igáng. My knife is sharp. ·Yaats'áay díinaa xwaadúu nag̲áagang. My knife is rusty.

ya'áats' kyúu g̲ajuwáa n-phr. *knife with a homemade wooden handle*

ya'áats' k̲'udgungáa n-phr. *pocket knife*

ya'áats' k̲'ún n-poss. *the cutting edge of a knife*

ya'áats' táaw n-cpd. *traditional-style halibut hook made of iron instead of wood*

ya'áats' tl'agáay n-cpd. *iron wire*

ya'áats' t'áahlaa n-phr. *iron anchor*
DEF: ya'áats' t'áahlaas.

• ’ •

’láa (1)

1. pro. *he, she, him, her, they, them*

   NOTE: This pronoun is used as the subject or object of a verb, as well as the object of a postposition. As the subject, it only occurs in focus position. For use in the pronoun zone, see hal. As the object, it occurs in both the pronoun zone and in focus positions. Notice that ’láa makes no distinction in gender. The meanings "they" and "them" are only found when the plural ending is used on the verb in the sentence.

2. poss pro. *his, her, their, hers, theirs*

   NOTE: Varies with ’láangaa. This pronoun only occurs in the pronoun zone. The meaning "their" or "theirs" only occurs when the verb in the sentence carries the plural suffix.

·Na<u>g</u>áa k’úunaay guud ’láangaa íijang. There's poop all over his pants. ·Hal <u>k</u>aj ’láa gudúu i hlkujúugang. His hair is kinda messy. ·Hal <u>k</u>aj ’láa gudúu ts’aláagang. Her hair is wavy.

’láa (2)

1. vb. *to be fine, good, well*

   SP: ’láa | gang DP: ’láa | gan IP: ’láa | gaan

·Aadée ’láagang. Seining is good. ·Hal <u>k</u>aj ’láa gudúu i hlkujúugang. His hair is kinda messy. ·Hal <u>k</u>aj ’láa gudúu ts’aláagang. Her hair is wavy.

2. vb. *to be happy*

   SP: ’láa | gang DP: ’láa | gan IP: ’láa | gaan

   NOTE: This verb requires gudangáay "(someone’s) mind" as its subject.

·’Lan-gáay <u>g</u>ahl gudangáay ’láasaang. The village will be happy about it. ·Hal <u>k</u>áa háns gudangáay ’láasaang. His uncle will be happy too. ·Dámaan uu gud eehl daláng jáat’aneehls dluu díi gudangáay ’láa áwyaagan. I was really happy when you folks married each other.

3. vb2. *to V well*

   SP: ’láa | gang DP: ’láa | gan IP: ’láa | gaan

·Án dáng <u>g</u>áandang ’láasaang. You will feel better. ·Hal jáas k’ajúu ’láagang. His sister sings well. ·K’ayáay <u>x</u>áwl ’láagang. The apple is really delicious.

’láada vb. *to okay, approve, agree to O*

’láadiyaa ’la’áay n-cpd-sg. *murderer*
PLU: ’láadiyaa ’la’áaylang.

’láadiyaa ’la’áaygaa vb. *to be a murderer*
SP: ’láadiyaa ’la’áaygaa | gang DP: ’láadiyaa ’la’áaygaa | gan
IP: ’láadiyaa ’la’áaygaa | gaan

’láaganang vb. *to have a party, feast*
SP: ’láaganang | gang DP: ’láaganang | gan IP: ’láaganaang | aan
·Díi eehl hal ’láaganangang. She's dining with me. ·’Laahl tl’ ’láaganang áwyaa’ugan. They had a big party. ·Yáangk’yaan uu íitl’ eehl tl’ ’láagananggan. They surely fed us well.

’láaganangaay n-nom. *feast*

’láaganang k̲agáay n-nom. *feastgoers, guests at a feast*

’láa gyaa poss pro. *his, her, their, hers, theirs*
NOTE: This possessive pronoun is only used inside the noun phrase. For use in the pronoun zone, see ’láa ~ ’láangaa. This possessive pronoun is not used with kinterms and body parts. For those, see hal (2). Notice that this possessive pronoun makes no distinction in gender. The meanings "their" and "theirs" are found only when the verb in the sentence carries the plural suffix.

’láanaa (1) vb. *to be married*
SP: ’láanaa | gang DP: ’láanaa | gan IP: ’láanaa | gaan
·Hal ’láanaa’waang. They are married.

’láanaa (2) nn. <g̲a> *town, village, city, settlement, row of houses, population of a community*
DEF: ’lan-gáay.
·’Láanaay aa tl’ k̲wáan-gang. There are a lot of people in the village. ·’Lan-gáay aa ta hlg̲awíigan. There was a calamity in the village. ·’Lan-gáay gám g̲a k̲asgad’ánggang. The village is dead quiet.

’láanaa aw n-cpd. *town chief*

’láanaa hlgún n-cpd. *plantain*
DEF: ’láanaa hlgúunaay.

’láanaa k̲’áal n-poss. *an empty or abandoned town*

’láanaa ’la’áay n-cpd-sg. *town chief, village chief, mayor*
PLU: ’láanaa ’la’áaylang.

’láanaa ’la’áaygaa vb. *to be town chief, village chief, mayor*
SP: ’láanaa ’la’áaygaa | gang DP: ’láanaa ’la’áaygaa | gan
IP: ’láanaa ’la’áaygaa | gaan

’láaneehl vb. *to get married*
SP: ’láaneel | gang DP: ’láaneel | gan IP: ’láaneel | aan
·Hal gid ’láaneelgan. Her child got married.

’láanuu vb. *to swear, curse at O, bawl O out*
SP: ’láanuu | gang DP: ’láanuu | gan IP: ’láanaaw | aan
·Díi hal ’láanuugan. She swore at me.

’laayáng n-rp. *one's own boss, master, head, leader, chief*
NOTE: This is the reflexive form of ’la’áay.

’lagáang n-nom. *one's best*

’lagáay n-nom. *the right, correct side*

’lagahl vb. *to recover, get well*
SP: ’lagál | gang DP: ’lagál | gan IP: ’lagáal | aan
·’Wáagyaan dáng ’lagahlsáang. Then you will get better. ·Díi jáa ’lagálgang. My wife is getting well. ·Sangáay ’lagáal’ang k̲asa’áang. The day is going to get better.

’la’a vb2. *to V over again, re-V*
SP: ’la’áa | ng DP: ’laa | gán IP: ’la’áa | yaan

’la’áay

1. n-ip-sg. *one's boss, master, head, leader, chief*
PLU: ’la’áaylang. RFX: ’laayáng.
2. nn. *one who V's habitually or as an occupation*
PLU: ’la’áaylang.

’la’áaygaa vb2. *to be one who V's habitually or as an occupation; to be in charge, the boss, master,*
SP: ’la’áaygaa | gang DP: ’la’áaygaa | gan IP: ’la’áaygaa | gaan

’wáa (1) pronoun. *that, it*

'wáa (2) vb. *to do that, do so, do thus*
SP: 'wáa | gang DP: 'wáa | gan IP: 'wáa | gaan
·Gám ak'ún húus hal 'wáa'angsaang. She'll never do that again. ·Uk'ún uu 'wáageeg hawáan dii gudánggang. I still want to do it. ·Gíist uu tlagw dáng an 'wáagaa? Who did that for you?

'wáadaa vb. *to sell X, to have X for sale*
SP: 'wáadaa | gang DP: 'wáadaa | gan IP: 'wáadaa | gaan
NOTE: Note that this verb comes from 'wáada.a, and EL has regularized the paradigm to fit -daa... e.g. 'wáadaagang and not 'wáada'aang.
·Chíin xiláa eehl Hl 'wáadaagang. I have dry fish for sale. ·Tluwáay eehl áangaa hal 'wáadaagan. He sold his boat. ·Tluwáay eehl hal 'wáadaagaangaan. He used to sell the boats.

'wáa daalíigw adv. *the next day*

'wáadaa náay n-cpd. *store*

'wáadaa 'la'áay n-cpd-sg. *storekeeper*
PLU: 'wáadaa 'la'áaylang.

'wáadaa 'la'áaygaa vb. *to be a storekeeper*
SP: 'wáadaa 'la'áaygaa | gang DP: 'wáadaa 'la'áaygaa | gan
IP: 'wáadaa 'la'áaygaa | gaan

'wáadluu adv. *then, so*
·'Wáadluu g̲aagáay g̲u chándaalsaang. The kids will be sledding then. ·'Wáadluu san gám jagáns k̲éengk'aa'aangaan. There were no chickens in those days either. ·'Wáadluu gu tl' tl'ad áwyaagaan. A lot of people were killed there then.

'wáadluwaan quantifier. *all*
·Sán g̲ids dluu tl' 'wáadluwaan sk̲'at'áasaang. Someday everyone will learn it. ·Táawaay 'wáadluwaan nang táagaan. Someone ate all of the food. ·Chíinaay 'wáadluwaan uu dáa Hl táagan. I ate all of your fish.

'wáaduwaans adv. *maybe, possibly, might*
·'Wáaduwaans dángg Hl tlaaydsáang. Maybe I will help you. ·'Wáaduwaans anáa Hl isáang. Maybe I'll stay home. ·'Wáaduwaans táaw Hl isdáasaang. I might gather some food.

'wáagyaan conj. *and then*
·'Wáagyaan 'láas 'wáahlahlsaang. Then he too will give a potlatch. ·'Wáagyaan hl 'laahl kyáanang. Then ask her. ·'Wáagyaan chíin k̲wáan hal táagaan. Then he ate a lot of fish.

’wáahlaa gináng vb. *to ask for payment for damages, to seek restitution, to sue*
SP: ’wáahlaa gináng | gang DP: ’wáahlaa gináng | gan
IP: ’wáahlaa gináang | aan

·Hal gid gúugan dluu, hal ’wáahlaa ginánggan. When her child was lost she sued.

’wáahlaal n-nom. *house-building potlatch*
DEF: ’wáahlalaay.

·’Wáahlaal í’waan uu íijang. It's a big potlatch. ·’Wáahlaal í’waan uu íijan. It was a big potlatch. ·’Wáahlaalaay aa ’láa Hl isáang. I will go to his potlatch.

’wáahlaaw n-nom. *blood money*
DEF: ’wáahlawaay.

’wáahlahl vb. *to give a potlatch*
SP: ’wáahlal | gang DP: ’wáahlal | gan IP: ’wáahlaal | aan

·Dáng chan ’wáahlahlsaang tl’ súugang. They say your grandfather will have a potlatch. ·T’aláng ’wáahlahls dluu, k̲íihlaa k̲ugíinaa t’aláng gya’ándaasaang. When we potlatch, we will use paper plates. ·Tl’ ’wáahlalgan dluu, k̲’ál sgunáa ts’ásk’w ’láag tl’ ts’ashlgán. When they were potlatching, he was given a whole box of oranges.

’wáajaaganda vb. *for X to have difficulty, a hard time (with X2), have trouble (over X2)*
SP: ’wáajaagandaa | ng DP: ’wáajaagand | gan
IP: ’wáajaagandaa | yaan

·Tl’áag ’wáajaagand áwyaagaan. They had a great deal of hardship. ·Dáng gúugan t’áahl, dáng tláalg ’wáajaagandgan. While you were gone, your husband had a difficult time. ·Dáag gw ’wáajaagandaa’us? Are you having a difficult time?

’wáajaagangaay n-nom. *trouble, difficulty*

’wáana vb. *to dig (for clams)*
SP: ’wáanaa | ng DP: ’wáan- | gan IP: ’wáanaa | yaan

·K’yúug ’wáan-gee gulgáagang. It's fun to dig clams. ·Sgyáalgyaag Hl ’wáanaasaang. I will dig for cockles. ·Áayaad sangáay tadáang. ’Wáask’yaan, Hl ’wáanaa’aasaang. The weather is cold today. I'll go dig clams anyway.

’wáanaa g̲asdláawaay n-cpd. <g̲a> *clam shovel*

’wáanaaw nn. <sg̲a, t’a> *trip rope for a deadfall*
DEF: ’wáanaawaay.

’wáask’yaan adv. *nevertheless, even so, anyway*
NOTE: Varies with ’wáask’yaanaan.
·’Wáask’yaanaan hal aadáasaang. Even so, he'll go seining. ·’Wáask’yaan dángg chíin Hl isdáasaang. Nevertheless I'll give you some fish. ·Áayaad sangáay tadáang. ’Wáask’yaan, Hl ’wáanaa’aasaang. The weather is cold today. I'll go dig clams anyway.

’wáa x̱ánjuuda vb. *to order X, send away for X*
SP: ’wáa x̱ánjuudaa | ng DP: ’wáa x̱ánjuud | gan IP: ’wáa x̱ánjuudaa | yaan
·Hlk’idgáa g̱áwtlaag Hl ’wáa x̱ánjuudaang. I'm ordering a new dress. ·K̲’awáayg hal ’wáa x̱ánjuudaasaang. He will order the lumber.

’weehlán adv. *therefore, and so*
·’Weehlán uu, gin tl’ isdáa g̱áayaagaangaan. Therefore they knew how to do things. ·’Weehlán uu hal ist’iid’ugán. And so therefore they went home.

’Wíihlam nn. *dog-eating spirit appearing during the 'Wáahlaal potlatch*

’Wíilaalaa nn. *Cannibal Spirit appearing during the 'Wáahlaal potlatch*

’yáa interj. *how strange! weird!*

’yáangala vb. *to be easy*
SP: ’yáangalaa | ng DP: ’yáangal | gan IP: ’yáangalaa | yaan
·K̲aj k’wa’áandaa ’láangaa dlán-gee ’yáangalaasaang. It will be easy to wash her short hair. ·X̲aad kihl gúusuwee díi an ’yáangalaang. It's easy for me to speak in Haida. ·Kúugaagee ’yáangalaagang. It's easy to cook.

~

English to Haida

1

one, 1: sg̱wáansang. *to be one in number:* sg̱wáansang.

10

ten, 10: tláahl, tláalaay sg̱wáansang. *to V ten times:* tláahl.

100

one hundred, 100: tláalaay tláahl. *to be one hundred in number:* tláalaay tláahl. *to V one hundred times:* tláalaay tláahl.

10:00

to be ten o'clock, 10:00: k'asgad tláahl.

11

eleven, 11: tláahl 'wáag sg̱wáansang. *to be eleven in number:* tláahl 'wáag sg̱wáansang. *to V eleven times:* tláahl 'wáag sg̱wáansang.

11:00

to be eleven o'clock, 11:00: k'asgad tláahl 'wáag sg̱wáansang.

12

to be twelve in number: tláahl 'wáag sdáng. *to V twelve times:* tláahl 'wáag sdáng. *twelve, 12:* tláahl 'wáag sdáng.

12:00

to be twelve o'clock, 12:00: k'asgad tláahl 'wáag sdáng.

13

thirteen, 13: tláahl 'wáag hlg̱únahl. *to be thirteen in number:* tláahl 'wáag hlg̱únahl. *to V thirteen times:* tláahl 'wáag hlg̱únahl.

14

fourteen, 14: tláahl 'wáag stánsang. *to be fourteen in number:* tláahl 'wáag stánsang. *to V fourteen times:* tláahl 'wáag stánsang, tláahl 'wáag stánsang.

15

fifteen, 15: tláahl 'wáag tléehl. *to be fifteen in number:* tláahl 'wáag tléehl. *to V fifteen times:* tláahl 'wáag tléehl.

16

sixteen, 16: tláahl 'wáag tla'únhl. *to be sixteen in number:* tláahl 'wáag tla'únhl. *to V sixteen times:* tláahl 'wáag tla'únhl.

17

seventeen, 17: tláahl 'wáag jagwaa. *to be seventeen in number:* tláahl 'wáag jagwaa. *to V seventeen times:* tláahl 'wáag jagwaa.

18

eighteen, 18: tláahl 'wáag sdáansaangaa. *to be eighteen in number:* tláahl 'wáag sdáansaangaa. *to V eighteen times:* tláahl 'wáag sdáansaangaa.

19

nineteen, 19: tláahl 'wáag tláahl sg̱wáansang gúu. *to be nineteen in number:* tláahl 'wáag tláahl sg̱wáansang gúu. *to V nineteen times:* tláahl 'wáag tláahl sg̱wáansang gúu.

1:00

to be one o'clock, 1:00: k'asgad sg̱wáansang.

2

to be two in number: sdáng. *to V twice, two times:* sdáng. *two, 2:* sdáng.

20

to be twenty in number: tláalaay sdáng. *to V twenty times:* tláalaay sdáng. *twenty, 20:* tláalaay sdáng.

2:00

to be two o'clock, 2:00: k'asgad sdáng.

3

three, 3: hlg̲únahl.

30

thirty, 30: tláalaay hlg̲únahl. *to be thirty in number:* tláalaay hlg̲únahl. *to V thirty times:* tláalaay hlg̲únahl.

3:00

to be three o'clock, 3:00: k'asgad hlg̲únahl.

4

four, 4: stánsang. *to be four in number:* stánsang. *to V four times:* stánsang.

40

forty, 40: tláalaay stánsang. *to be forty in number:* tláalaay stánsang. *to V forty times:* tláalaay stánsang.

4:00

to be four o'clock, 4:00: k'asgad stánsang.

5

five, 5: tléehl. *to be five in number:* tléehl. *to V five times:* tléehl.

50

fifty, 50: tláalaay tléehl. *to be fifty in number:* tláalaay tléehl. *to V fifty times:* tláalaay tléehl.

5:00

to be five o'clock, 5:00: k'asgad tléehl.

6

six, 6: tla'únhl. *to be six in number:* tla'únhl. *to V six times:* tla'únhl.

60

sixty, 60: tláalaay tla'únhl. *to be sixty in number:* tláalaay tla'únhl. *to V sixty times:* tláalaay tla'únhl.

6:00

to be six o'clock, 6:00: k'asgad tla'únhl.

7

seven, 7: jagwaa. *to be seven in number:* jagwaa.

70

seventy, 70: tláalaay jagwaa. *to be seventy in number:* tláalaay jagwaa. *to V seventy times:* tláalaay jagwaa.

7:00

to be seven o'clock, 7:00: k'asgad jagwaa.

8

eight, 8: sdáansaangaa. *to be eight in number:* sdáansaangaa.

80

eighty, 80: tláalaay sdáansaangaa. *to be eighty in number:* tláalaay sdáansaangaa. *to V eighty times:* tláalaay sdáansaangaa.

8:00

to be eight o'clock, 8:00: k'asgad sdáansaangaa.

9

nine, 9: tláahl sg̱wáansang gúu. *to be nine in number:* tláahl sg̱wáansang gúu. *to V nine times:* tláahl sg̱wáansang gúu.

90

ninety, 90: tláalaay tláahl sg̱wáansang gúu. *to be ninety in number:* tláalaay tláahl sg̱wáansang gúu. *to V ninety times:* tláalaay tláahl sg̱wáansang gúu.

9:00

to be nine o'clock, 9:00: k'asgad tláahl sg̱wáansang gúu.

abalone

abalone: gúlaa, ĝálgahl'yaan. *pieces of California (red) abalone shell:* gúlaa.

abalone shell

California abalone shell: gúlaa sḵáwaal. *long earrings made from pieces of abalone shell:* gúlaa tl'áanii.

abandoned town

abandoned town: ḵ'áasal.

abcess

pus, abcess: kíij. *to be abcessed, have an abcess:* kíijaa. *to get abcessed:* kisa.

abdomen

one's abdomen, belly, stomach (organ): dál (1). *one's own stomach, abdomen:* k'íijang. *one's stomach, abdomen:* k'íij. *the side of one's abdomen or waist:* sdáaygaay. *the skin of one's abdomen:* dahl ḵ'ál.

able

to be able to V, can V, be allowed to V, could V: hlangaa.

able to

to know how to V, be able to V, be skilled at V-ing: g̱áayaa (2).

about

about, concerning: g̱idéed. *for it, about it, to it (a town):* g̱án. *to V around, go about V-ing (of plural):* jaadáng.

above

the area above, upstairs: asáasii.

Above People

the Above People: Sáa X̱aat'áay.

absence

in the absence of, lacking: x̱ánjgw. *in the absence of oneself, lacking oneself:* x̱ánjgwhlaang.

absent

to be absent, lacking, not to be found (with NEG): ḵéengk'aa. *to be lost, absent, missing:* gáawgaa.

abundant

to be plentiful, abundant; for there to be a lot: ḵwáan.

abuse

to abuse, mistreat, do wrong by O: isd gut'áang.

accessible

to become close, draw near, approach, become accessible: duungéehl. *to be nearvt, close by, handy, easily accessible:* duungáa.

accidentally

to V accidentally: giyée'id.

according to
according to: gáak'. *after, according to; each time:* tláaguud.

accordion
accordion, concertina: dáng kingáangw.

accuse
to blame O on X, accuse X of O: ḵ'uláada.

ache
an ache: g̱waagáang. *to ache all over:* dlánjang. *to ache, suffer from aches and pains:* g̱waagáng. *to be upset, ache:* hldán gut'a. *to have aching joint, sharp pains:* g̱u sg̱ak'áa.

acorn barnacle
species of acorn barnacle: g̱áwt'un.

acquire
to acquire, come to own O: da'éehl.

acrid taste
a bitter or acrid taste: dadgayáay (2).

across
across (a road, river, etc.): x̱áng t'álg. *across to the far, opposite shore:* in-gwíi. *at, on the other side of, across from:* in-gúusd.

act
to act, behave in a certain way (sg): dlajúu.

Adam's apple
one's Adam's apple: ḵagán hlgam, ḵagán skuj.

adductor
mouth of a sea urchin; adductor muscle of a bivalve: x̱ángii (3).

adipose fin
adipose fin (of a salmon): hlg̱wáa'agaalaa.

adjacent
to be located close by, adjacent, next to, in contact with X (each other): tíit'as.

admiration
<expression of belittlement of someone who is showing off; also of admiration, depending on how it is said>: dlá.

admire
to be confident in, proud of, look up to, count on, admire X: kwáagad.

adolescent
to be young, adolescent: dláay 'láa.

adopt
to give birth, to adopt: ḵáy (2).

adult
to be grown up, adult (pl): dla ḵida. *to be grown up, adult (sg):* dla ḵúunaa. *to grow up, become a grown up, adult (sg):* dla ḵúuneehl. *to grow up, become grown ups, adults (pl):* dla ḵid'iihl.

advice
advice: kíl dla'áa.

advise
to advise, make a request (of X), ask that (X) do something while one is away: ta kínggwgang. *to advise O, give advice, direction, supervision to O (about X):* kíl dla'a.

adze
adze: x̱ut'áa. *small, fine adze made of jade:* sgi 'láadaaw.

the cutting edge of an adze: hlg̲a tl'úu k̲'ún.

adzemark

adzemark: x̲ut'áa st'áasal.

affection

to pet, play with, show affection for O (e.g. baby, animal): dlánggalang.

afraid

to be afraid, scared, frightened (of X): hlg̲wáaga. *to be fearful, afraid of X, shy around X:* xált'as.

after

after, according to; each time: tláaguud. *after, following:* sahl, salíid. *after, the next day:* daalíigw. *after V-ing for a while:* k̲áwd. *behind, after, during:* t'áahl. *behind, after, following (esp. in a row):* dlaa. *in place of, after:* salíi aa.

after a while

after a while, later on: áa sánggweehls dlaa.

afterbirth

afterbirth: gid in'wáay.

afternoon

in the afternoon: sántajaa salíid.

after that

afterwards, after that: asgáaysd.

after this

after this, from now on: áajii salíid.

afterwards

afterwards, after that: asgáaysd.

afterworld

afterworld: Sg̲áan Tlagáa. *ghosts, people of the afterworld:* Sg̲áan Tlagáa X̲aat'áay.

again

again: háws. *to V over again, re-V:* 'la'a.

against

against: hlg̲idg.

agate

agate, quartz: hlg̲a hlk̲'áats'.

age

old age: k̲'ii. *to be a certain age:* x̲aat'áa. *to grow old, get old, age:* k̲'ayéehl.

agility

the endurance or agility of one's feet: st'áawul. *the endurance or agility of one's own feet:* st'áawulang.

agitated

to be worried, anxious, agitated, have an uneasy mind (about X): hlkwiida.

agree

to okay, approve, agree to O: 'láada.

agree to a plan

to get X to agree to a plan to do O: kihlg̲íihlda.

aid

help, aid, assistance: da tleed.

aim

to take aim at O: k̲'ats'gad.

air

air, weather: sáng (1). *atmosphere, air:* sángs k̲'áangal. *up above, high, in the sky, in the air:* asáa. *up, upwards, upstairs, into the air, into the sky:* sáag. *wind, air:* tajáaw.

Alaskan Haida people
Alaskan Haida people, Kaigani Haida people: K̲'iis X̲aat'áay.

Alaskan huckleberry
Alaskan huckleberry: hldáan k̲idg.

albatross
black-footed albatross: sk'áay.

alcohol
alcohol: ahlgaháal.

alcoholic
a drunkard, alcoholic: gin néel sg̲áanuwaay.

alder
red alder (tree or wood): k̲ál. *rotten alder wood:* k̲ál gun-gáay. *Sitka alder (tree or wood):* kaas.

alder phloem
alder phloem: k̲ál k̲'ál chíihluu.

algae
green algae: sg̲ináaw.

alive
to come alive, come to life: x̲íinaansdla. *to live, be alive:* x̲íinangaa.

all
all: 'wáadluwaan. *for all S to V; to V all O:* g̲ujúu.

all night
to V all night until dawn: sáandlaan.

all over the place
anywhere, everywhere, all over the place: tlíijiidaan.

allowed to
to be able to V, can V, be allowed to V, could V: hlangaa.

all together
all together, in one place: sáahlaangaan.

almost
almost: gúus g̲áagw. *to almost, nearly do sth.:* dáal (1). *to almost, nearly V:* -sga.

alone
alone: gasg̲wáansang, gúusgaang.

along
along, under: x̲ideed. *by way of, along, alongside:* gúud.

alongside
by way of, along, alongside: gúud.

along the beach
along the beach, coast, shore: tlagwáad.

a lot
to be many, much, a lot: ináng. *to be plentiful, abundant; for there to be a lot:* k̲wáan. *to V a lot, to be very V:* áwyaa. *to V hard, very much, a lot:* g̲usdla. *to V much, a lot, hard:* í'waan.

a lot of
many, lots of, a lot of: k̲wáan.

already
to have already done sth; to always, often do sth.: gíi.

also
also, in addition, as well: asíis. *too, also, as well:* háns.

aluminum
aluminum: gin kiyáa.

alum root
alum root: xúuj xiláay.

always
to have already done sth; to always, often do sth.: gíi.

amaze
to amaze O, fill O with awe, wonder: gu sg̲áanuwaa.

amazing
amazing! incredible!: áa. *for X to be amazing, surprising, a wonderment:* k̲'aldangáa.

ambergris
ambergris (substance produced in the digestive tract of whales): chaan gyáay.

ambitious
to be ambitious, very capable, strong, willing to act: k̲'alaagáa. *to be willing to work, industrious, ambitious:* gulga.

American dunegrass
American dunegrass: k̲'án tl'ángandaa.

American widgeon
unidentified species of duck (probably American widgeon): jáas dáanggaa.

amniotic fluid
amniotic fluid: chagánsaan.

amniotic sac
one's amniotic sac: k̲'ahl hlk'únk'aay.

among
among: suud. *around among, in the midst of, with:* suwíid. *around in, around inside of, around among, around through:* k̲áahlguud.

amount
amount: k̲wáan-gaay.

amuse
to amuse, entertain, take care of O (as children): tla k̲'íiya.

anal fin
anal fin and bone in salmon: k̲'uhlíi. *anal fin of a salmon:* yámgal.

ancestor
ancestor: kuníisii.

anchor
anchor: t'áahl. *iron anchor:* ya'áats' t'áahlaa. *rock anchor:* k̲waa t'áahlaa. *stone anchor fastened to the stern of a canoe:* k̲'íyaaw. *to be anchored (as a boat):* gáayang.

anchorage
anchorage, mooring spot: t'áahldaan.

anchored
to be anchored (as fleet of boats): gíi tl'agáng.

anchor line
anchor line plus anchor: t'áahl.

ancient murrelet
ancient murrelet: sg̲idaanáa.

and
and: gyaan, isgyáan.

and so
therefore, and so: 'weehlán.

and then
and then: 'wáagyaan.

anemone
sea anemone: tl'at'áan, x̲áng tl'adáan.

angle
the angles inside the bow and stern of a canoe where the sides join: sk'at'íis.

angry
to be angry with, hold a grudge against X: sg̲anuwáa. *to be mad, angry, upset (at X) (over X2):* k̲áahlii híldang. *to get angry, mad, upset (at X1) (over*

X2): k̲áahlii hihlda. *to offend O verbally, make O angry with what one says:* kíl st'i.

animal

animals (esp. land mammals): gin tiigáa.

ankle

one's ankle: imáa (2), st'áay t'amál. *(whole) ankle:* st'áng k'aad.

ankle bone

ankle bone: st'áay damíi.

ankle bone bump

one's ankle bone bump: damáay, st'a damáay. *one's own ankle bone bump:* st'áang damáay.

ankle joint

one's ankle joint: st'áay k'u'úldangaay.

anklet

anklet: st'agáa.

annoy

to repeatedly annoy O with talk: kíl géehl.

another

other, another, something different, something else, someone else: k̲'álaad.

ant

ant: k̲aj k̲'íisdang.

antique

antique, artifact, relic: tladlúu gin-gáay.

antler

(animal) horn, antler: k'ím. *one's antlers, horns:* nasáang. *one's own antlers, horns:* nasáangaang. *to have antlers, horns:* nasáangaa. *warclub with an antler head:* skuj hlg̲a tl'úu.

anus

anus: g̲ud k̲áahlii. *one's anus:* stl'uwúl. *one's own anus:* stl'uuláng.

anvil

anvil: k'a k̲'íiyaaw.

anxious

to be worried, anxious, agitated, have an uneasy mind (about X): hlkwiida.

any

some, any, ones, things, people : ga.

any old way

any old way: tlak'wáanaan.

anyone

anyone, each one: nángan.

anyplace

anywhere, anyplace, wherever: tlagw tlagáay.

any way

no matter what, in any way, whatever, how ever: tlagún.

anyway

anyway, just, nevertheless, even so: hak'wáan. *nevertheless, even so, anyway:* 'wáask'yaan.

anywhere

anywhere, anyplace, wherever: tlagw tlagáay. *anywhere, everywhere, all over the place:* tlíijiidaan. *somewhere, anywhere, wherever:* tlíits'aan.

Apargidium boreale

Apargidium boreale: sdlagw xiláay.

apart

different from, apart from: iláa.

apologize

to apologize, make up, try and be nice: kíl stl'agáng. *to make up a cover story, tell a tall tale, try to apologize (to X):* kíl x̲ángislang.

apparel

clothes, apparel: gya'ánsk'w.

appear

to appear, come into view: k̲éenggeehl. *to look, appear a certain way:* x̲angáa.

appearance

one's appearance: k̲ehjgadáay. *style, manner, appearance, looks:* áahljuwaay.

appendix

appendix, first stomach (of animals such as cows and deer): k'ís dúunaa.

applaud

to clap, applaud O (one's hands): k̲'ahdga.

apple

apple, crabapple: k'áy. *stem of an apple:* k'áy k'usíi.

apple blossom

apple blossom: k'áy x̲iláay.

approach

to become close, draw near, approach, become accessible: duungéehl.

approve

to okay, approve, agree to O: 'láada.

apricot

apricot: áapalkaj.

apron

apron, breechcloth, dance apron: k̲án gigáa. *dancing apron:* k'ánj hlg̲agáa, k'itl'agáa.

arctic loon

arctic loon: x̲aasdláa.

area

one's own place, area, region, land, territory, country: tlag'áang. *one's place, area, region, land, territory, country:* tlagáa. *place, area, village, region, land, territory, country, ground:* tlag (2).

argilite

argilite: k̲waa s'aláa.

argilite plate

argilite plate: k̲waa k̲íihlaa.

argilite pole

argilite pole: k̲waa gyáa'angaa.

argue

to argue, have a dispute over O: kíl gúusuwaa. *to quarrel, argue (with X):* sk̲'íwt'aang.

arm

arm of a chair: ínggw xihláanw. *arm or tentacle of an octopus:* dlán (1). *arms of an armchair:* g̲u hlga'áangw k̲'iihlahldaaw. *one's arm (of human):* xyáay. *one's finger; a starfish's arm; a crab's leg:* stla k̲'ángii. *one's own arm (of human):* xyáang. *one's own finger; a starfish's own arm; a crab's own leg:* stláang k̲'ángaang. *the base of one's arm, where it joins the torso:* xi k̲'úl. *the base of one's own arm, where it joins the torso:* xi k̲'ulang. *the inside part of one's arm (where it touches the body):* xyáay k̲a'án. *the inside part of one's own arm (where it touches the body):* xyáang k̲a'án. *to carry O on one's upper arm or shoulder:* skyúu'ad.

armchair
armchair, any chair with arms: g̲u hlga'áangw k̲'íihlaldaa.

armor
breastplate, cuirass (armor): k̲'it'íid. *hide armor shirt:* k̲'a k̲'áy. *hide body armor:* chat'íisk'w. *legging, greave (shin armor):* x̲áat'ask'w.

armpit
one's armpit: sk̲'ud. *one's own armpit:* sk̲'udáng.

around
area around: g̲adúusii. *around:* g̲adúu. *around in, around inside of, around among, around through:* k̲áahlguud. *to V around, go about V-ing (of plural):* jaadáng.

around down by the water
around down on the beach, around down by the water: k̲'adéed.

around down on the beach
around down on the beach, around down by the water: k̲'adéed.

arousal
sexual arousal: k'íng.

Arousal Spirit
Arousal Spirit: K'íng Sg̲áanuwaay, Stl'a K'ún Xáalaay.

arrive
to arrive at one's destination: x̲ánjuutl'aa. *to arrive (pl):* g̲idatl'aa, istl'aa. *to arrive safely:* k̲agántl'aa. *to arrive (sg):* k̲áatl'aa. *to come up (to X), arrive (at X) going up, ascend (to X):* k̲áatl'aahla. *to return, arrive back:* sdíihltl'aa.

arrow
arrow: jat'aláng, k'úngaal. *arrow with a sharp head:* ts'at'aláng. *notch end of an arrow:* ts'at'aláng k'usíi. *shaft of an arrow; stem plus core of certain berries (thimbleberries, salmonberries, strawberries):* stl'uuj.

arrowhead
arrowhead: ts'at'aláng kún. *arrowhead, arrow point:* ts'at'aláng k̲'áay.

arrow point
arrowhead, arrow point: ts'at'aláng k̲'áay.

artery
blood vessel, vein, artery: g̲ayáng sk'i'ii. *one' s blood vessel, vein, artery:* g̲ayánsk'yaaw. *one's blood vessel, vein, artery, tendon, sinew, gristle:* x̲áy (1).

artifact
antique, artifact, relic: tladlúu gin-gáay.

ascend
to come up (to X), arrive (at X) going up, ascend (to X): k̲áatl'aahla. *to go up, climb up, ascend (pl):* ishla. *to go up, climb up, ascend (sg); to rise (e.g. dough):* k̲ahla.

ascidian
species of ascidian: k'áalts'adaa x̲úudaa.

ash
ash, soot: hldáamad.

ashamed
to be ashamed, embarrassed: dángyaang. *to be ashamed, embarrassed (of X):* g̲íit'aang.

ashes
(one's) ashes: g̲ayd.

ashore
ashore of: tláagw.

ashore of
a place ashore of sth.: tláa.

ask
to advise, make a request (of X), ask that (X) do something while one is away: ta kínggwgang. *to ask (X):* kyáanang. *to tell, ask someone to V:* -hahl.

ask for
to ask for O: gináng.

ask to stop
to ask O (pl) to stop as they are walking by: kíl gya'áansdla. *to ask O (sg) to stop as they are walking by:* kíl gyáa'a.

asleep
to sleep, be asleep: k̲'ada.

assist
to bring luck to, help, assist X1 (with X2): k̲'áng.

assistance
help, aid, assistance: da tleed.

as well
also, in addition, as well: asíis. *too, also, as well:* háns.

at
at: -gw. *to it, at it, in it, there:* g̲áa. *to, toward, in, at:* âa.

at all
hard, forcefully, (not) at all, (not) too much: k̲ún.

Athabaskan
Interior people (Athabaskan, Gitksan, interior Salish, etc.): Ts'aagws X̲aat'áay.

at home
inside a house or building, at home: anáa.

at last
eventually, at last, finally: g̲aat'áangaan.

atmosphere
atmosphere, air: sángs k̲'áangal.

attention
<expression used to get someone's attention>: hahááyaa. *to pay close attention (to X), to act sneaky (around X), to spy (on X):* g̲úudangaada.

at that time
that much; at that time: wáasdluu.

at the bow
at the bow: sk̲'inggwáa.

at the front
at the front of the house, room: tajgwáa.

at times
at times, sometimes, from time to time: sán g̲ids dluu.

audible
to be clearly audible, loud: gyúuwula.

auklet
Cassin's auklet: hajáa. *rhinocerous auklet:* hlagwáats'.

aunt
mother! maternal aunt (mother's sister)! wife of my paternal uncle (father's brother)!: awáa. *one's mother, one's maternal aunt (mother's sister), wife of one's paternal uncle (father's brother):* aw. *one's own mother,*

maternal aunt (mother's sister), wife of one's paternal uncle (father's brother): awáng. *one's own paternal aunt (father's sister):* sk̲áanang. *one's paternal aunt (father's sister):* sk̲áan. *paternal aunt (father's sister)!:* k̲aníi. *to be a mother, maternal aunt (mother's sister), wife of one's paternal uncle (father's brother) (to X):* awáa. *to be a paternal aunt (father's sister) (to X):* sk̲áanaa. *to become a mother, maternal aunt (mother's sister), wife of one's paternal uncle (father's brother):* awéehl. *to have a mother, maternal aunt (mother's sister), wife of one's paternal uncle (father's brother):* aw da'a. *to have a paternal aunt (father's sister):* sk̲áan da'a. *to have O as one's mother, maternal aunt (mother's sister), wife of one's paternal uncle (father's brother):* awda. *to have O as one's paternal aunt (father's sister):* sk̲áanda.

aunt-in-law

one's husband's mother (mother-in-law), one's husband's maternal aunt (aunt-in-law): juunáan. *one's own husband's mother (mother-in-law), one's own husband's maternal aunt (aunt-in-law):* juunáng. *to be a husband's mother (mother-in-law), a husband's maternal aunt (aunt-in-law) (to X):* juunáanaa. *to have a husband's mother (mother-in-law), a husband's maternal aunt (aunt-in-law):* juunáan da'a. *to have O as one's husband's mother (mother-in-law), one's husband's maternal aunt (aunt-in-law):* juunáanda.

Aurora Borealis

Northern Lights, Aurora Borealis: Hlats'ux̂.

authority

permission, authority: dagwiigáay.

automobile

car, truck, automobile, motor vehicle: káa.

autumn

dog salmon season, fall, autumn: sk'ag núud. *fall, autumn (lit. mud season):* cháanuud. *salmon-drying season, fall, autumn:* táanuud. *the mud season, fall, autumn of the preceding year:* k'wáay cháanuud. *the salmon-drying season, fall, autumn of the preceding year:* k'wáay táanuud. *to become fall, autumn:* cháanuudgeehl. *to be fall, autumn:* cháanuudgaa.

awake

to be awake: skyáana.

away

away (from here): tlagwíi. *further away:* wahgwíi. *to be lost, away, gone from one's expected place:* gúu.

away from

away from: tlagwíisd. *from (there), away from (there):* dasd.

away from the beach

away from the beach and towards the woods, away from the water and towards shore: adíid, adíidg.

away from the water
away from the beach and towards the woods, away from the water and towards shore: adíid, adíidg.

awe
to amaze O, fill O with awe, wonder: gu sg̲áanuwaa.

awesome
to be terrifying, awesome; to be a wild beast, supernatural being: sg̲áanuwaa.

awkward
to be slow-moving, awkward, clumsy, unsteady on one's feet: dlaajáa. *to be withdrawn, reserved, backward, awkward:* sáal k̲áada. *to get clumsy, awkward:* dlaajéehl.

awl
awl, punch: kidahlgáaw, kusahlgáaw.

ax
double-bitted ax: kyúutl'jaaw gud ii tl'a'áaw. *(steel) ax:* kyúutl'jaaw. *stone ax:* hlg̲a tl'úu.

azalea
false azalea: k̲'as.

babble
to talk at length, go on and on, babble (to X): x̲ínislang.

babysit
to watch over, take care of, babysit O: k̲íits'ad.

back
area behind or at the back of something: t'áahlsii. *back, returning:* sahlgáang. *behind, at the back of, in back of:* ts'ak'íig. *behind, back side, around back of:* t'áahlii. *one's back:* sgwáay. *one's back (human or animal):* ún. *one's lower back:* k'án skuj. *one's lower back, sacral region, lumbar region:* sk'ánts'al. *one's own back:* sgwáang. *one's own back (human or animal):* úunang. *one's own lower back:* k'án skujáng. *one's own lower back, sacral region, lumbar region:* sk'ánts'alang. *the back or bottom of something:* stl'áng. *the back part of something:* ts'ak'íi. *to carry O on one's back:* ún-gang.

backbone
one's backbone, spine: sgwáay sk'agad. *one's own spine, backbone:* ts'úuwaang. *one's spine, backbone:* ts'úuwii.

background
one's bad background: g̲as.

background information
story, news, history, background information, context: gyaahláang.

back of the hand
back of one's hand: stla ún. *the back of one's hand:* stláay sgwáay. *the back of one's own hand:* stla úunang.

back of the knee
the back of one's knee: k̲'ulúu k̲aj k̲a'án.

back of the leg
the back surface of one's leg: k̲'ulúu k̲a'án. *the back surface of one's own leg:* k̲'uláng k̲aanáng.

back of the neck
back of one's neck: x̲íl ts'ak'íi.

backpack
backpack, knapsack: ún chagáangw.

back paw
one's own paw, one's own back paw (of a bear), one's own hind flipper (of a seal or sea lion): st'áang. *one's paw; one's back paw (of a bear), one's hind flipper (of seal or sea lion):* st'áay.

back teeth
one's back teeth, wisdom tooth: ts'áng g̲ud.

backward
to be withdrawn, reserved, backward, awkward: sáal k̲áada.

bacon
bacon: hlamál g̲áay.

bad
to be bad, evil: dag̲anga. *to go bad, spoil, break down, get worse:* dáag̲angad. *to taste bad:* x̲áw gut'a.

badge
sign, mark, marker, badge, uniform or other identifying piece of clothing: sk̲'adgáaw.

bad weather
for there to be a storm, bad weather, squalls: hlg̲ahluu k̲áa.

bag
bag in which carved spoons are kept: sdláagwaal da'áawaay. *bag, sack, handbag, purse, wallet:* gwáahl. *blanket bag:* gínt'as gwáalaay. *(empty) paper bag:* k̲ugíin k̲'áal. *gunny sack, burlap bag, sack:* xwáasdaa gwáahl. *paper bag:* gwáahl k̲ugíinaa, k̲ugíin gwáahl. *sack, gunny sack, burlap bag:* xwáasdaa. *totebag:* g̲ál tl'agáa.

baggage
baggage, cargo, freight: tla'áaw. *baggage, freight, cargo being loaded or unloaded:* ta tla'áaw.

bailer
wooden bailer, bilge pump: xut'áaw.

bail handle
bail handle on a basket or can, trigger guard: sdajáaw. *its curved handle that joins on both sides, its bail handle, its carrying strap, its string, its chain:* hlt'aj.

bailing hole
bailing hole in a canoe or rowboat: g̲at'án x̲áalaa.

bailing space
bailing space between the stern and the next forward seat: xud g̲ahláay.

bait
bait: jál (1). *halibut bait:* x̲agw jaláay. *mouse bait, rat bait:* kagan jaláay.

baited trap
baited trap (for mink, weasel, marten or bear): sk̲am jaláa.

bake
to cook, bake O: tláng g̲aláng. *to cook, become cooked; to bake, become baked:* tláng g̲alánsdla.

bakery
bakery: sablíi náay.

baking pan
baking pan (of any kind, cake pan, cookie sheet, etc.): g̲asdlats'áaw.

baking powder
baking powder: tla k̲ahláaw.

bald
to be bald: sgaajáa. *to go bald, to lose one's hair:* sgaajéehl.

bald spot
(one's) bald spot: sgaaj. *one's own bald spot:* sgaajáng.

baleen
baleen: kún ts'áng.

ball
ball: sk̲u skáajuwaa, sk̲u skáajaaw. *billiard ball, pool ball:* ki skáajaaw. *shinny ball:* sgi skáawnaangw. *soccer ball:* sda skáawnaangw.

ballast
ballast: hlg̲áawaandlii.

balloon
balloon: xu chasíit'uu.

ball puller
ball puller (used to remove a ball from the barrel of a muzzle-loading firearm): dánst'aaw.

bandage
bandage: tl'ajgáaw.

bangs
one's forehead, one's bangs: k̲úl. *one's own forehead, one's own bangs:* k̲uláng.

banister
railing, banister: k'yúu k̲'aláax̂an-gaay.

banjo
guitar, banjo, any string instrument played by plucking: stl'a kingáangw.

bank
bank: dáalaa náay.

banker
banker, treasurer: dáalaa 'la'áay. *to be a banker, treasurer:* dáalaa 'la'áaygaa.

bannister
handrail, bannister: k̲u hlk̲'at'íis.

baptize
to baptize O: g̲ándlaada.

bar
saloon, bar: láam náay.

barb
barb of a fishhook: t'áangal. *trigger of a firearm, barb on a traditional halibut hook:* sdast'aangáa.

barbecue
to steam, cook O in a pit; to barbecue O: sahlguda.

barber
barber: k̲aj ts'a dáang 'la'áay. *to be a barber:* k̲aj ts'a dáang 'la'áaygaa.

barbershop
barbershop: k̲aj ts'a dáang náay.

barefoot
barefoot: st'a g̲unáan.

barely
barely: x̲íinaahlgaang.

barely get any
to barely get any, have a hard time getting any of O; get skunked (w/ neg): xatl'iid.

bark (n)
cedar bark: hldíin. *inner bark or cambium of a good-sized cedar:* g̲áay. *outer bark of a large old red cedar:* gahld. *the outer bark or skin of a plant or fruit:* k̲'ál. *thick outer bark:*

k̲'uj. *to strip bark, pull off bark in long strips:* giidáang.

bark (v)

to bark: ta wahda. *to bark at O:* wahda.

barn

barn: masmúus náay.

barnacle

barnacle: g̲áwt'gwaang. *gooseneck barnacle:* tl'ak'áaw (1). *species of acorn barnacle:* g̲áwt'un.

barometer

barometer: sángaangw. *barometer, (air temperature) thermometer:* sáng k̲éengwaay.

barracks

barracks: súljuus gyaa náay.

barrel

barrel, cask: sk'ats'áangw. *barrel for salted salmon:* chíin tangáa sk'ats'áangwaay. *barrel for storing wild crabapples:* k'áy sk'ats'áangwaay. *rain barrel:* chiyáa da'áawaay.

barrel lock

barrel lock on a door: sk̲'asgíit'uu.

barren

to be sterile, barren, unable to bear children (of female): k̲i k̲'ala.

Barrow's goldeneye duck

common goldeneye duck, Barrow's goldeneye duck: k̲áahlii sgunáa.

baseball

baseball: sgi skáajaaw. *to play baseball:* sgi skáajuu.

baseball bat

baseball bat: sgi skáajaaw.

baseball cap

baseball cap: dajáng k'ud kijuwáa, k'ud kijáaw.

bashful

to be at a loss for words, withdrawn, shy, bashful (around X), to feel unworthy (for X): k̲áada.

basin

a wash basin: stláandlaanw. *lake basin:* súu k̲áahlii.

basket

a type of large basket: ts'alaad. *(a type of) spruce root basket:* k̲igw. *basket for storing spoons:* sdláagwaal káadii. *breast strap for carrying a basket:* k̲and g̲ahláalw. *clam basket, seaweed basket:* káadii. *flat, open, berry-winnowing basket or plaque:* k̲'agdáahl. *large basket for carrying dry items (usually made of spruce root):* ts'áan tl'at'áas. *the bottom edge of a basket that is being woven:* stl'áng dáaw. *to decorate a basket:* x̲áayhl'ahl.

basketball hoop

basketball hoop: k̲aaláay.

basket decorations

basket decorations: x̲áayhl'aal.

basket lid

basket lid: k̲igw g̲áal.

bass

black bass: g̲asaa, k̲'ats'áa.

bast

hemlock bast, spruce bast (phloem): xig. *layer between the bast (phloem) and tree:* xi k̲áahlii. *scraper for spruce or hemlock bast:* xi sg̲áw.

baste

to baste O (in sewing): tl'íi sálda.

bat

baseball bat: sgi skáajaaw. *species of bat:* k̲'áalts'uu xáalaa.

bathe

to bathe: g̲áadang.

bath house

bathroom, bath house: g̲áadaang náay.

bathroom

bathroom: g̲áandaandanaay. *bathroom, bath house:* g̲áadaang náay. *to come out, go out, have a bowel movement, go to the bathroom (sg):* k̲áagahl.

bathroom sink

bathroom sink, wash basin: x̲ángaang dláanwaay.

bath towel

hand towel, bath towel: stláang gisáaw.

bathtub

bathtub: g̲áadaangw.

baton

shaman's baton: sg̲áa t'ask'áay.

bawl

to bawl, cry very loudly: hlgáamgangaang. *to swear, curse at O, bawl O out:* 'láanuu.

bay

harbor, bay, inlet, channel: g̲aw. *the bay, the harbor:* g̲adalayáay. *to the cove, to the bay:* k̲áahlgwii.

bayonet

sword, lance, lance point, bayonet: chaatl'.

be

to be (thus): g̲id. *to cause O to be (thus), make O (thus):* tla g̲id. *to let be:* g̲idda.

beach

along the beach, coast, shore: tlagwáad. *area down on the beach, area out to sea:* k̲'adsíi. *around down on the beach, around down by the water:* k̲'adéed. *beach, intertidal zone, beach area that is exposed at low tide:* chaaw salíi. *the high tide, high tide line, the incoming tide at shoreline, the beach covered by the incoming tide:* sk'wáay. *tide, beach exposed by the outgoing tide:* chaaw.

beachhopper

sandhopper, beachhopper, sand fleas: kún't'gwaang.

beach pea

dried peas; beach peas: yáahl tluwáa k̲áahlii.

beach wormwood

beach wormwood: xíl sk'yáawaa.

bead

bead: gawíid.

beading needle

beading needle: gawíid stlíinaay.

beak

a bird's own beak, own spout (of a teapot, kettle, etc.): k'udáng. *beak:* k'ud kún. *beak (of a bird), spout (of a teapot, kettle, etc.):* k'ud. *nose, snout, muzzle; beak (of puffin):* kún

(2). *one's own nose, snout, muzzle; (puffin's) own beak:* kunáng. *one's own tooth, fang, tusk, claw (of crab), beak (of octopus):* ts'angáng. *one's tooth, fang, tusk, claw (of crab), beak (of octopus):* ts'áng. *puffin beak:* k̲waanáa kún.

beam

beam of a boat: g̲áahlii (2). *beams:* ts'áan sk'ahliyáang. *beams forming the top edge of a stockade:* náag sk̲'agíid, síid sk̲'agíid. *joist-bearing beam set on foundation posts or blocks:* hlgya'áangw, x̲idgw hlgya'áangw. *large beam or pole resting on top of the inside houseposts of a traditional house:* ts'áan sk'agad. *the beam of a boat:* k̲'áay.

bean

bean: bihhíns.

bear

black bear, black bear skin: táan. *brown bear, grizzly bear:* xúuj.

beard

one's beard, mustache: sk̲'íwii. *one's goatee, one's beard that hangs below the chin:* sk̲'íwii k̲'ayáang. *one's own beard, mustache:* sk̲'íwang.

bear deadfall

bear deadfall: k'yúu t'álg.

bear den

bear den: táan náay. *place where many bear dens are located:* táan 'láanaa.

bear fishing pool

bear fishing pool: táan x̲unáanaa.

Bear People

the Black Bear People: Táans X̲aat'áay. *town of the Bear People:* Táan 'Láanaa.

bear skin

black bear, black bear skin: táan.

bear song

bear song: táan sg̲alangáay.

bear trail

bear trail: táan k'yuwáay.

beat

beat (of a song): gáwjaawaay g̲aduyáay. *to spank O, beat O with a stick:* sgidáng.

beat it

scram! beat it! let me see it!: híndaa.

beautiful

how beautiful!: háaníisgwáa. *to be beautiful:* háana.

beaver

beaver: ts'áng.

beaver trap

beaver trap: ts'áng k̲'ujáawaay.

because

because of: g̲aganáan. *therefore, because of that:* ahljíihl.

because of

with, because of: eehl.

beckon

to beckon, wave to O: x̲asláng.

become

to cause O to become so, change O to be so: tla g̲íihl.

bed

bed: tíidaa dáangw. *feather bed, feather mattress:* hltánuu. *feather mattress, feather bed:*

hltánuu ún cháangwaay. *raised bed of earth for planting potatoes:* k̲wah sk'agahláay. *surface of a bed:* tíidaan ún.

bedbug

sand flea, bedbug: sgáy.

bedroom

bedroom: tíidaa náay.

bedstraw plant

bedstraw plant: ts'ahl t'áwsgad.

bee

bee, paper-making wasp: sg̲áal.

beef

beef: masmúus ki'íi.

beehive

beehive: sg̲áal náay.

beer

beer: bíiyaa.

beetle

jumping beetle: k̲últ'gwaang. *unidentified species of beetle:* k̲'wáang k̲ált'gwaang.

before

before, earlier: kúnaa. *before, preceding:* kunáasd. *in front of, before:* x̲ánggw.

beg

to bum; to beg, wish (for X1 (esp. food)) (from X2): k̲'ut'áang.

begin

to begin, start, originate: kúnst'a. *to begin, start to V:* -hid.

beginning

point, beginning of sth.: kúnsii. *the beginning:* kúnst'ayaay.

behalf

for, on behalf of: k'yúusd.

behave

to act, behave in a certain way (sg): dlajúu.

behavior

behavior towards others: k̲'áangahlt'ajaay. *one's behavior towards others:* k̲'áangwal. *one's own behavior:* g̲idgáang, ijgáang.

behind

area behind or at the back of something: t'áahlsii. *behind, after, during:* t'áahl. *behind, after, following (esp. in a row):* dlaa. *behind, at the back of, in back of:* ts'ak'íig. *behind, back side, around back of:* t'áahlii. *buttocks, behind, rear end, hips:* kwáay. *one's buttocks, behind, rear end, hips:* kwáayang.

be in love

to love X romantically, be in love with X: k'úugaa.

belch

to belch loudly: k̲'ánd chagud.

believe

to believe, trust O: yahda.

belittle

<expression of belittlement of someone who is showing off; also of admiration, depending on how it is said>: dlá.

bell

bell: k'a kingáangw, k'ak'adáangw.

Bella Bella

Bella Bella, the mainland coast south of Tsimshian territory: Tlajáng.

bellows
bellows: ts'áanuu xudáawaay.

belly
belly of a fish: k̲áy (1). *one's abdomen, belly, stomach (organ):* dál (1).

bellybutton
one's navel, bellybutton: sgíl. *one's own navel, bellybutton:* sgíilang.

below
area below, underneath something: x̲íidsii. *area under, below, downstairs from something:* x̲idsíi. *below, under, downstairs of:* x̲idgw. *down, on the floor, on the ground, below, underneath:* x̲íid.

belt
belt: dlajgáaw. *to have a belt on, be wearing a belt:* dlajguwáa.

bench
bench: g̲u hlga'áangw, g̲u hlga'áangw sk'ángandaa. *couch, easy chair, bench:* k̲'áwaadaan.

bentwood box
bentwood box, storage box: táwt'.

Be on your way!
Go ahead! Go do it! Go on! Be on your way!: k̲ádlaa.

bequeath
to bequeath O to X, to leave O for X in one's will, to will O to X: t'asdla. *to give, bequeath O:* gyáa isdla.

berdache
a berdache: k̲'adx̲áan.

berry
berries mixed with whipped ooligan grease: k̲ayúudaa. *berry:* g̲áan. *boiled berries thickened with salmon eggs or flour:* g̲áan x̲wáahldaa. *dried berries:* g̲áan xiláadaa. *unidentified species of berry:* k̲'álaa g̲áanaay.

berry basket
small berry basket (or other container): k̲'íit'aas.

berry bush
berry bush: g̲áan hlk̲'a'áay.

berry mixture
mixture of boiled salalberries and fresh Maianthemum berries: stl'ánhlaal.

berry patch
berry patch that is owned by someone: gya'áaw.

berry season
berry season: g̲áan núud.

berry-winnowing basket
flat, open, berry-winnowing basket or plaque: k̲'agdáahl.

besdpread
bedspread: tíidaan ínggw gihláanw.

beside
on account of, beside: t'isd. *on the edge of it, beside it:* ján-gw.

best
one's best: 'lagáang.

between
between: g̲aad. *the one(s) between:* g̲aadgáay.

bewitch
to bewitch, put a spell on O: st'áwda.

bib
beaded dancing bib: k̲án tl'agáa. *bib:* k̲án tl'agáa.

bicep
one's bicep: xi k̲áw, xyáay k̲áw.

bicycle
bicycle: t'a hlg̲aawnáangw.

big
to be big and fat, pudgy (pl): dabdala. *to be big and fat, pudgy (sg):* dabjúu. *to be large, big (pl):* í'waanda. *to be large, big (sg):* í'waan.

Big Dipper
Big Dipper, Ursa Major: K̲u Kidáaw.

big toe
big toe: st'a k'wáayaa. *one's big toe:* st'a k̲'ángii sk'a k̲úunaa, st'áay sk'a k̲úunagaay. *one's own big toe:* st'a k'wáayang, st'áang sk'a k̲úunagaay.

bike
to bike, ride a bike: t'a hlg̲ayáandaal.

bile
one's gall, bile, gall bladder: k'yaaj. *one's own gall, bile, gall bladder:* k'yaajáng.

bilge board
bilge board (boards placed on the bottom of a canoe or rowboat to walk over the bilge): k'úngad.

bilge pump
wooden bailer, bilge pump: xut'áaw.

bilgewater
bilgewater: g̲at'án.

billiard ball
billiard ball, pool ball: ki skáajaaw.

billiards
to shoot pool, play billiards: ki skáawnang.

bind
to be in a bind, stuck, desperate: hlkusgad.

binoculars
binoculars, telescope: tlag k̲éengwaay.

birch
birch (tree or wood): ad daayíi.

bird
any small songbird: ts'ahts'áa. *bird:* x̲it'íid. *migrating birds:* k̲'ín x̲it'adáay. *unidentified bird species:* wáanuug.

bird call
call of the skasguyáng: sgusgusgusgúu.

birth
to give birth, to adopt: k̲áy (2).

birthday
birthday: k̲áay sangáay.

biscuit
bread, flour, biscuit, pie crust: sablíi.

bit
just, simply, a little bit, a few, somewhat: hlangáan.

bite
to bite O: k̲'usgad.

bitter
to taste bitter: dadga.

bitter cress
bitter cress: g̲agán xiláay.

bitter taste
a bitter or acrid taste:
dadgayáay (2).

bivalve mantle
bivalve mantle (a thin membrane that surrounds the body of the bivalve), kelp stipe: dáagal.

black
to be black, dark: hlg̲ahl. *to turn black:* hlg̲ahlda.

black bass
black bass: g̲asaa, k̲'ats'áa.

black bear
black bear, black bear skin: táan.

black brant
black brant: st'a k̲'ats', xíidsuu x̲a'áay, xíisuu sk̲awáay.

black cod
black cod: sk̲íl. *young sablefish, young black cod:* sk̲ihldg.

black cod fishing ground
black cod fishing ground: sk̲íl gyuwáay.

black cod hook
black cod hook: sk̲íl t'áawal.

black cod oil
black cod oil: sk̲íl táw.

black cod skate
halibut or black cod skate: xid sg̲a'áaw.

black cottonwood
black cottonwood (tree or wood): cháanaang.

black dye
black dye used for weaving materials: hlg̲álg.

black-footed albatross
black-footed albatross: sk'áay.

black oystercatcher
black oystercatcher, sea pigeon: sgadang.

black paint
black paint: hlg̲ahldáaw.

black pepper
black pepper: páabaa.

black rockfish
black rockfish: x̲asáa. *black rockfish, rock cod:* k̲'ats' (2).

black seaweed
black seaweed (laver): sg̲íw. *black seaweed (laver) dried in a flat cake for storage in a box:* sg̲íw tl'ángandaa.

black twinberry
fruit of black twinberry: yáahl g̲áanaa.

bladder
bladder or float of fucus, seawrack: t'ál k̲áw. *one's bladder, gall bladder, urine (of a female):* k'ugánsaan. *one's own bladder, gall bladder, urine (of a female):* k'ugánsanang. *swim bladder of a salmon:* sk'áang k'íij.

bladder wrack
bladder wrack, yellow seaweed, fucuous seaweed: t'ál. *rotted bladder wrack used as fertilizer:* t'ál x̲a'áa.

blade
curved hand blade for scraping hemlock bark: sg̲áw (1).

blame
to be the cause of trouble, conflict (over X), to be to blame (for X): kunáa. *to be to blame (for X), be the source of trouble (for X):* kunéehl. *to blame O:*

kunáada. *to blame O on X, accuse X of O:* k̲'uláada.

bland
to become flavorless, bland due to a lack of salt: k̲úunaansdla. *to be flavorless, bland due to a lack of salt:* k̲úunaaw.

blanket
blanket: gínt'as. *blue Hudson's Bay blanket:* g̲uhl gijáaw. *ceremonial robe or blanket:* gyáat'aad. *Chilkat blanket:* náaxiin. *Hudson's Bay blanket:* g̲áahldaaw. *red Hudson's Bay blanket:* sg̲id gijáaw. *white Hudson's Bay blanket or potlatch blanket:* g̲a hlk'ujáaw.

blanket bag
blanket bag: gínt'as gwáalaay.

blanket chest
blanket chest made of eucalyptus wood: g̲ud sgúnulaas.

blast
to crackle, blast: k̲'áat'uuga.

blasting powder
blasting powder, dynamite: tlag k̲'wáandaawaay.

bleed
to bleed, shed blood: kwaayáang.

blenny
blenny, gunnel, wolf eel, species of prickleback, species of lamprey: g̲asang.

blind
to be blind: x̲áng k̲agáa.

blink
to close one's eyes, blink, wink once: g̲wíiwuhlda. *to wink; to blink repeatedly:* g̲wíiwuldang.

blister
(one's) blister: x̲uk'as.

blizzard
blizzard: dadgayáay (1).

bloated
for X to puff up, swell up, become bloated: xuts'a.

block
block, pulley: dáng k̲'íihlaalw.

block and tackle
gurdie, winch, block and tackle: gin dángiit'uwaay.

blood
one's blood: g̲áy (1). *one's own blood:* g̲ayáng. *to bleed, shed blood:* kwaayáang.

blood clot
blood clot: g̲áy k̲'ats'áa.

blood money
blood money: 'wáahlaaw.

blood vessel
blood vessel, vein, artery: g̲ayáng sk'i'íi. *one' s blood vessel, vein, artery:* g̲ayánsk'yaaw. *one's blood vessel, vein, artery, tendon, sinew, gristle:* x̲áy (1).

bloody
to be bloody: g̲ayáa.

bloom
to bloom, blossom: k'usdas.

blossom
apple blossom: k'áy x̲iláay. *blossom, flower:* x̲iláay. *rose blossom:* k̲'únhl x̲iláay. *to bloom, blossom:* k'usdas.

blouse
woman's blouse: jáagiid.

blow
to blow in from some direction [wind, weather]: k̲'ajúu. *to blow on O (e.g. whistle) over and over to make a sound come out:* xu kíndaang. *to blow up, inflate X; to blow on, at X:* xusgad. *to start to blow in from some direction [wind, weather]:* k̲'ajahl.

blow down
to blow O (sg) down: xu k̲'áa.

blowdown
blowdown of trees, tangled windfall: k̲'ánt'iid.

blowfly
bluefly, bluebottle fly, blowfly: díidaan.

blowhole
blowhole: k̲agán sk'ajáaw.

blow nose
to blow one's nose: hlkúnst'as.

blowpipe
(jeweler's) blowpipe: xudáaw.

blubber
one's fat, blubber: g̲áay. *one's own fat, blubber:* g̲áayang. *whale blubber:* kún hlk'iwíi. *whale's blubber:* kún hlk'iwii.

blue
to be blue: g̲uhlahl.

blueback sockeye
blueback sockeye salmon: tahíid.

blueberry
blueberry, blue huckleberry: hldáan. *bog blueberry:* hlg̲u g̲áanaa. *bog blueberry, Saskatoon berry:* g̲áan x̲áwlaa.

bluebottle fly
bluefly, bluebottle fly, blowfly: díidaan.

bluebottle fly eggs
bluebottle fly eggs: k̲'íisk'aal.

bluefly
bluefly, bluebottle fly, blowfly: díidaan.

blue-green paint
traditional blue-green paint: g̲uhláal.

blue grouse
blue grouse: núugd.

blue huckleberry
blueberry, blue huckleberry: hldáan.

blue huckleberry bush
blue huckleberry bush: hldánhl.

blue mussel
blue mussel: g̲ál. *blue mussels attached to driftwood:* ts'úu g̲aláay. *blue mussels attached to gravel:* tlag g̲aláay.

bluing
bluing: tla g̲uhlahldáaw.

board
board or pole for skidding a canoe over in order to ease friction while transporting it over land: dáayuw. *centerline of a board or plank:* k̲'aw ts'úuwii. *land otter stretching board:* sdlagw kidáawaay. *plank, board, lumber:* k̲'aw. *sawn plank, sawn board, sawn lumber:* x̲i tl'iist'áa. *sea otter stretching board:* k̲u kidáaw. *shaman's beating board:* sgi tl'áangw. *stretching board, tanning frame:* kidáaw. *the edge of a board:* k̲'aw k̲'ún.

wall plank, wall board in a traditional house: k'ad g̲at'íis.

board a vehicle

to go on board X, to board X (pl subj): isdlíi. *to go on board X, to board X (sg subj):* k̲áadlii.

board fence

board fence: k̲u hlk̲'at'íis.

boast

to praise, boast about, say nice things about O: kínslang.

boat

boat (other than canoes): búud. *boat, ship, canoe:* tlúu. *bottom surface of a boat (inside or outside):* búud stl'áng. *seine boat:* aadáa tluwáay. *ship's boat; any medium-sized wooden boat:* k̲'áang tlúu. *to bring O (by boat):* tlíitl'aa.

boatbuilder

boatbuilder: búud tlaawhláa 'la'áay. *to be a boatbuilder:* búud tlaawhláa 'la'áaygaa.

boat compass

boat compass: tlag k̲éengwaay.

boatcrew

boatcrew: búud ts'ée'ii. *the crew of a boat or canoe:* tlúu ts'ée'ii.

boat house

boat house, boat shed: búud náay.

boat nail

boat nail: búud sangíinaay, tlúu sangíinaay.

boat planking

boat planking: búud k̲'awáay.

boat wheel

boat wheel: sgíndaaw, sgíndaaw da k̲'íiyunangaa.

body

body: dláay. *one's own whole body:* hluwáng. *one's whole body, its carcass (of a whale), its foot and body (of a razor clam):* hlúu. *side of body:* hlúu dawúl.

body hair

(one's) fur, body hair, pubic hair, plumage (of a bird): g̲áw. *one's own fur, body hair, pubic hair, plumage (of a bird):* g̲awáng.

body odor

(one's) body odor: k̲áysgwaan (1).

body of water

lake, pond, pool, puddle, body of water: súu (2).

body part

one's body part (often private parts): áanii.

bog

muskeg, bog, swamp: k̲'álaa.

bog blueberry

bog blueberry: hlg̲u g̲áanaa. *bog blueberry, Saskatoon berry:* g̲áan x̲áwlaa.

bogeyman

a bogeyman: Hamíis, Stláay K'ámaalaa. *bogeyman:* Híinii K'agwáay. *bogeyman with coal for hands:* Stláay Xálawaay.

bogeywoman

a bogeywoman: yáanii k'agwáa. *bogeywoman:* k'ak'w, stíidgaa k'ámaal.

bog laurel

bog laurel, swamp laurel: sagáang k̲'áawhlaa.

boiled
boiled food: táaw ts'aslangáa. *to be boiled:* ts'aslangáa.

boiler
wash boiler: tl'úulaangw.

boiling
the (act of) boiling: sk'aldiyáay.

boil (n)
a boil: gug stl'ajáaw. *core of a boil:* hlk'wáan. *to have boils:* gug stl'ajúu.

boil (v)
to boil: sk'alda. *to boil O:* ts'asláng. *to come to a boil:* sk'aldasdla.

bolt
screw, bolt: skayáaw, skáy. *to eat O greedily and fast, bolt O down:* xabdajáang.

bomb
to fire at O with explosives, to make O explode, to bomb O: k̲'wáanda.

Bonaparte's gull
Bonaparte's gull: sk̲'iinaa g̲ak'áldaangaa.

bone
one's bone: skuj. *one's own bone:* skujáng.

bone tool
flat, pointed bone tool used in weaving to push woof strands together: ki sg̲at'iisk'w.

book
book, newspaper, magazine: k̲ugíin.

bookstore
bookstore: k̲ugíin náay.

boot
boots: gaambúuds, st'a sk'agáa jándaa. *boot (sg):* st'a sk'agáa jáng. *rubber boot:* sk̲úl k̲'ál st'a sk'agáa, st'a sk'agáa k̲'áajaa. *shoe, boot:* st'a sk'agáa.

booty
booty, spoils, plunder, anything that is seized against a debt: ta gíigaay.

border
the border around a button robe: síid.

born
to have been born: k̲áaygaa.

borrow
to borrow O: sálda.

boss
one's boss, leader: k̲'ul. *one's boss, master, head, leader, chief:* 'la'áay. *one's own boss, leader:* k̲'uláng (1). *one's own boss, master, head, leader, chief:* 'laayáng. *to be one who V's habitually or as an occupation; to be in charge, the boss, master,:* 'la'áaygaa. *to be the boss, the leader, in charge (of X):* k̲'uláa.

both
both: sdáng'waan.

bother
to get in O's way, bother O: k̲'iida.

both sides
on both sides: gu hláasd.

bottle
demijohn, carboy (a large bottle with a narrow neck, often encased in wicker):

Cháalamaan k'úug. *glass container, bottle, jar:* k̲álg.

bottle stopper
bottle stopper: k̲álg k̲'íw.

bottom
bottom of a box (inside or outside): g̲ud stl'áng. *the back or bottom of something:* stl'áng. *the bottom of the fire:* ts'áanuwaay g̲ud. *to wipe O's bottom:* stl'áanjuu.

bottom edge
bottom edge of a woven object (clothing, net, tablecloth, etc.): k'i kún. *hem, bottom edge of a woven object (clothing, net, tablecloth, etc.):* k'yáay. *one's own hem, bottom edge of one's own woven object (such as clothing, net or tablecloth):* k'yáang.

boulder
rock, stone, pebble, boulder: k̲waa.

bow
at the bow: sk̲'inggwáa. *bow of a boat:* sk̲'íw, x̲áng. *bow or stern scarfed on a canoe:* k̲'iihlandaay. *bows or sterns scarfed on canoes:* k̲'iihlán-giyaay. *bow (weapon):* hlg̲iid. *scarfed-on bow of a canoe:* sk̲'íw ínggw k̲'iihlaanwaay. *the angles inside the bow and stern of a canoe where the sides join:* sk'at'íis.

bowel
one's intestines, guts, bowel: sdláan. *one's own intestines, guts, bowel:* sdláanang.

bowel movement
to come out, go out, have a bowel movement, go to the bathroom (sg): k̲áagahl.

bowl
bowl: k̲íihlaa, sg̲úusiid táawaay. *fruit bowl, fruit nappy:* g̲áan táawaay. *soup bowl:* súub k̲íihlaa.

bowler hat
bowler hat: dajáng sgabjúu.

bow lookout
bow lookout: ki dlajuwáa.

bow one's head
to bow one's head: ánt'as.

bowstem
bowstem: sk̲'iw sgat'as.

bowstring
bowstring: hlg̲iid dáagal.

bow (v)
to nod one's head, bow (once): k̲wahk'ahlda. *to nod one's head, bow repeatedly:* k̲wahk'aláng.

box
an empty box: g̲ud k̲'áal. *bentwood box, storage box:* táwt'. *bottom of a box (inside or outside):* g̲ud stl'áng. *box, trunk, coffin:* g̲ud. *copper box:* x̲áal g̲ud. *end (small side) of a rectangular box:* g̲ud kún. *kitchen box (used in camping):* táaw g̲udáay. *sea-hunter's kit box:* sáayaa g̲udáay. *shaman's paraphernalia box; a box containing paraphernalia for 'secret society' spirit performances:* sg̲áa g̲udáay. *the rim of a box:* g̲ud k̲'ún. *tool box:* isdáaw áaniigaay g̲udáay, isdáaw g̲udáay. *tool box, storage box:* tla

g̲asdláaw. *wooden box used for boiling food with hot stones, cooking box:* sk'álganaay.

boy

the men, the boys: íihlaants'daay. *to be a man, boy, male (sg):* íihlangaa. *to be a small boy:* g̲aa íihlangaa. *to be men, boys, male (pl):* íihlaants'daa.

boyfriend

one's fiancée, sweetheart, lover, boyfriend, girlfriend: k̲'a táayaa. *one's own fiancée, sweetheart, lover, boyfriend, girlfriend:* k̲'a táayang. *to have O as one's fiancée, sweetheart, lover, boyfriend, girlfriend:* k̲'a táayda.

bra

vest, waistcoat, bra: sk̲'ust'áa.

brace

brace pounded between two objects, or two parts of one object, to keep them apart: k'ad k̲'íit'as. *hand drill, gimlet, brace (tool):* tlaahlgáaw.

bracelet

bracelet: stlagáa, xigáa. *copper bracelet:* xáal stlagáa. *gold bracelet:* gúul stlagáa. *medic alert bracelet:* da tleed stlagáay. *silver bracelet:* dáalaa stlagáa.

braces

suspenders, braces (clothing): skyúu t'álgaaw, skyúut'algaangw.

bracken fern

bracken fern: ts'áagwaal hlk̲'a'áay.

bracket fungus

bracket fungus: kug gílgaay. *bracket fungus having a face drawn on it:* k'ak'w. *pilot bread, cracker, bracket fungus:* gílg.

braid

to braid O: k̲'índa.

braided seal intestines

braided seal intestines: sdláan k̲'ándiyaa.

brailer

fish brailer: chíin dáng gyaat'áawaay.

brain

one's brain: k̲asáng ts'áng. *one's own brain:* k̲asáng ts'angáng.

branch

bush, shrub, branch of a deciduous bush, shrub or tree, stem of berries or blossoms growing on a bush, long stem of a flower: hlk̲'áay. *dead evergreen branch that has lost its needles:* hlk̲'agasgúud. *dead spruce branch:* gyáa (1). *dry, dead spruce branch:* gíiyaa. *needle-bearing branch of an evergreen tree, attached to a limb but not to the trunk; juniper tree:* hlk̲'ámaal. *needle-bearing spruce branch:* hlk̲'ámaal k'i. *new growth on the end of an evergreen branchlet:* kún hltanagáay. *tree branch:* k̲íid hlk̲'áay. *tree limb, branch:* tláas.

branch shelter

branch shelter: hlk̲'agíid, hlk̲'ámaal náay.

brand
partly burned brand remaining after a fire goes out: ts'áanuu xál k'usdláay.

brant
black brant: st'a k̲'ats', xíidsuu x̲a'áay. *white-fronted goose, brant, laughing goose:* xíid.

brass
brass: naĝanáats'. *copper, brass, bronze:* xáal.

brave
to be brave, determined, courageous, strong-minded: tláats'gaa.

brazen
to be nervy, brazen: x̲ánts'iya.

bread
bread, flour, biscuit, pie crust: sablíi. *pan bread, Indian bread:* sablíi skid tl'ajuwáa. *unleavened bread baked in ashes:* sablíi sk̲u tl'ats'galáa, sablíi sk̲u xílgalaa.

bread mixer
bread mixer: sablíi tlaawhláawaay.

break
for waves to break on shore: luuda. *for X to fall apart, go to pieces, break apart into many pieces, get wrecked, get busted up:* ts'ahlad. *for X to to fall apart, to break:* g̲at'ad. *to break apart, shatter (pl):* x̲ujáang. *to break apart, shatter (sg):* x̲usda. *to break (of a sticklike object):* g̲wáang. *to break X by sitting on it:* g̲ut'ad. *to relax, sit and rest, take a break:* sáana. *to snap, break (as a rope):* t'ap'ad.

break apart
to break X apart by giving it a single poke with a stick, to poke X apart with just one poke: kihla. *to break X apart by repeatedly poking with a stick, to poke X apart:* kinanáng.

break down
to go bad, spoil, break down, get worse: dáag̲angad.

breaker
surf, breaker on shore, wave, swell: lúu.

break up
to separate from X, end a relationship with X, break up with X: is.

breast
one's breast, teat, udder: tl'ánuwaay. *one's own breast, teat, udder:* tl'ánuwaang.

breastfeed
to breastfeed, nurse O: tl'ánda.

breastplate
breastplate, cuirass (armor): k̲'it'íid.

breath
(one's) breath: k̲agán skíi. *one's own throat, one's own breath:* k̲agánjuwang. *one's throat, one's breath:* k̲agánjuu.

breathe
to breathe: g̲agánjuu.

breechcloth
apron, breechcloth, dance apron: k̲án gigáa. *breechcloth:* hlk'i tl'agáa.

brew
for X to warm up slowly, simmer, brew: k̲adáal. *to slowly warm, simmer, brew X:* k̲adáalda.

brick

brick: blig.

brick house

brick or stone house: k̲waa náay.

bridge

bridge: k'yuwáat'ajaay. *the bridge of one's nose:* kún hlk̲ún.

brim

edge, rim, brim of something: k̲'ún. *the rim or brim of a cup:* sk'atl'áangw k̲'ún.

bring

to bring O (by boat): tlíitl'aa.

bring in

to lead, bring in O (sg): g̲ál k̲ats'a, g̲ál ists'a.

bring up

to bring up a past disgrace, taunt X; to throw something in X's face (metaphorically): g̲as'áada. *to raise, bring up O:* gín ináa.

broiling pan

broiling pan: chíin g̲asdlats'áawaay.

broke

to be broke, out of money: x̲usdiyáa.

broken

to be broken (of a sticklike object): g̲wáanggaa.

bronze

copper, brass, bronze: xáal.

brooch

brooch: k̲án ii gits'áaw.

broom

broom: hlk'yáawdaalw. *broom made from the wing of a large bird (eagle):* xit'áaw.

broth

its juice, broth: x̲áw (1).

brothel

brothel: ja'áang náay.

brother

brother! male parallel cousin!: dáa'aay. *older same-sex sibling! older same-sex parallel cousin!:* gwáayaay. *one's brother, one's male parallel cousin:* dáa (1). *one's older same-sex sibling, one's older same-sex parallel cousin:* k'wáay (2). *one's own brother, one's own male parallel cousin:* dáa'ang. *one's own older same-sex sibling, one's own older same-sex parallel cousin:* k'wáayang. *one's own younger same-sex sibling, one's own younger same-sex parallel cousin:* dúunang. *one's younger same-sex sibling, one's younger same-sex parallel cousin:* dúun. *to be a brother, male parallel cousin (to X):* dáa'aa. *to be an older same-sex sibling, older same-sex parallel cousin (to X):* k'wáayaa. *to be a younger same-sex sibling, younger same-sex parallel cousin (to X):* dúunaa. *to become an older same-sex sibling, older same-sex parallel cousin:* k'wáayeehl. *to have a brother, male parallel cousin:* dáa da'a. *to have an older same-sex sibling, older same-sex parallel cousin:* k'wáay da'a. *to have a younger same-sex sibling, younger same-sex parallel cousin:* dúun da'a. *to have O as one's brother, male parallel cousin:* dáada. *to have O as one's older same-sex sibling, one's older same-sex parallel cousin:* k'wáayda. *to have O as one's younger same-sex sibling, younger same-sex parallel cousin:* dúunda. *younger same-sex sibling! younger same-sex parallel cousin!:* dúunaay.

brother-in-law

one's own same-sex sibling's spouse: hlanuwáng. *one's own sister's husband (brother-in-law), one's own wife's brother (brother-in-law), one's own wife's maternal uncle (uncle-in-law):* k̲éeyeng. *one's own spouse's same-sex sibling's spouse:* sg̲wáanaang. *one's same-sex sibling's spouse:* hlanuu. *one's sister's husband (brother-in-law), one's wife's brother (brother-in-law), one's wife's maternal uncle (uncle-in-law):* k̲ée. *one's spouse's same-sex sibling's spouse:* sg̲wáanaa. *same-sex sibling's spouse!:* hlanuwáay. *sister's husband (brother-in-law)! wife's brother (brother-in-law)! wife's maternal uncle (uncle-in-law)!:* k̲ée'ii. *to be a same-sex sibling's spouse (to X):* hlanuwáa. *to be a sister's husband (brother-in-law), a wife's brother (brother-in-law), a wife's maternal uncle (uncle-in-law) (to X):* k̲ée'ee. *to be a spouse's same-sex sibling's spouse (to X):* sg̲wáanaa. *to have a same-sex sibling's spouse:* hlanuu da'a. *to have a sister's husband (brother-in-law), a wife's brother (brother-in-law), a wife's maternal uncle (uncle-in-law):* k̲ée da'a. *to have a spouse's same-sex sibling's spouse:* sg̲wáanaa da'a. *to have O as one's same-sex sibling's spouse:* hlanuuda. *to have O as one's sister's husband (brother-in-law), one's wife's brother (brother-in-law), one's wife's maternal uncle (uncle-in-law):* k̲éeda. *to have O as one's spouse's same-sex sibling's spouse:* sg̲wáanaada.

brown

to be light brown: sgánsgunaa, sgánsgwaan-gaa.

brown bear

a drawing of a brown bear, a traditional brown bear design: xúujg k̲'áalang níijangaay. *brown bear, grizzly bear:* xúuj.

brown sugar

brown sugar: súgaa sg̲id.

bruise

bruise: hlg̲áalgaay.

brush

brush: hlk'unáanw. *clothes brush:* hlk'únk'aal. *hairbrush:* k̲aj hlk'unáanwaay. *place overgrown with brush, underbrush, thicket:* hlk'yáants'ganggaay.

bubble

for air to bubble out from X with a glug-glug sound: walúugdas.

bubbles

foam, bubbles, froth: sg̲ulúu.

bubbly, frothy
to be foamy, bubbly, frothy: sg̱uluwáa.

bucket
bucket, water bucket, pail: g̱an.

buckshot
buckshot: jagw hlg̱áay síidalaa. *bullet, buckshot, shotgun pellet:* jagw hlg̱áay.

bufflehead duck
bufflehead duck, harlequin duck: ḵ'ask'ud.

bug
unidentified half-inch long orange and black bug that carries its young on its back: k'áam.

build
to make, build, fix, repair O (out of, from X): tlaawhla.

building
house, dwelling, building, hut, cabin, shack, shelter, establishment: na. *one's house, dwelling, building, hut, shack, cabin, shelter, establishment:* náa (2). *one's own house, dwelling, building, hut, shack, cabin, shelter, establishment:* náa'ang.

built
to be made, fixed, built (in some way): tlaawhlgáa. *to have been made, fixed, built (in some way):* tlaawhliyáa.

bulb
bulb of rice root, Indian rice: stla ḵ'íist'aa.

bull
cow, steer, bull: masmúus.

bulldozer
bulldozer, road grader: tlag kúnsdlaawaay.

bullet
bullet, buckshot, shotgun pellet: jagw hlg̱áay.

bullet mold
bullet mold: jagw hlg̱áay xálwiidaawaay.

bullet wound
bullet wound: ja tl'at'ayáagaay.

bullhead
sculpin, bullhead: k'áal.

bullheaded
to be disobedient, stubborn, bullheaded, obstinate, to not listen: gyúuts'iya.

bull kelp
bull kelp: hlḵáam. *float and fronds of bull kelp:* ḵaj. *float of bull kelp:* hlḵáam ḵaj.

bullpine
lodgepole pine, bullpine (tree or wood): ts'ahl (1).

bum
to bum; to beg, wish (for X1 (esp. food)) (from X2): ḵ'ut'áang.

bump
to bump into X: kúnsgad.

bump into
to strike, bump into, run into, collide with X : g̱at'uwa.

bump one's head
to bump one's head: ánsgad.

bun
bun (of hair): tlúusgalaay. *coil; bun (of hair):* gihlgaláay.

bunch
to be in a bunch, bundle (said of sharp, stiff, dry material, e.g.

pine needles, broom head): k'i hlk'ujúu.

bunchberry

bunchberry: g̱áan hláa han táa'ugwaangs, g̱áan kiyáas, kagan gáwjaawaa. *bunchberry, Jacobberry:* ts'íik'ab.

bundle

to be in a bunch, bundle (said of sharp, stiff, dry material, e.g. pine needles, broom head): k'i hlk'ujúu.

bundling

the bundling, packaging: k'ujguwagáay.

bunkhouse

hotel, bunkhouse: ḵ'adáa náay.

buoy

buoy: sḵ'adgáaw. *halibut site marking buoy:* gyúu (1).

bureau

bureau, chest of drawers: dáng gwaaytl'a'áaw.

burl

burl: dámtl'.

burlap bag

gunny sack, burlap bag, sack: xwáasdaa gwáahl. *sack, gunny sack, burlap bag:* xwáasdaa.

burn

to burn: g̱u. *to burn O, light O (lamp):* g̱uda. *to burn, scorch O (pl):* k'únk'da. *to burn, scorch O (sg):* k'úntl'da. *to catch on fire, start to burn:* g̱ugahl.

burned

to get burned, scorched (pl): k'únk'a. *to get burned, scorched (sg):* k'úntl'a.

burn one's mouth

to burn one's mouth (as with hot food): xál t'aayda.

burrow

one's den, burrow: náa (2). *one's own den, burrow:* náang (2).

bury

to bury O: hlg̱iiwa.

bush

a place in the bush: tlagánhlaang tlagáay. *berry bush:* g̱áan hlḵ'a'áay. *bush, shrub, branch of a deciduous bush, shrub or tree, stem of berries or blossoms growing on a bush, long stem of a flower:* hlḵ'áay. *underbrush, the bush, wilderness:* hlk'yáan.

bushes

the bushes: hlk'yáanshlganaay.

business

to be X's business, to concern, involve X: g̱id.

busted

for X to fall apart, go to pieces, break apart into many pieces, get wrecked, get busted up: ts'ahlad.

busy

to be detained, tied down (by X), be busy (with X): ḵ'iiwaa.

but

but, however: tl'aa. *but, however, though:* k'yáan. *nevertheless, but, on the contrary:* híik'waan.

butcher
to cut, butcher, clean O (e.g. fish): k̲ada.

butt
an object's butt or handle end: k'usii. *butt of a gun:* jagw k'usii.

butterclam
clam, butterclam: k'yúu. *littleneck clam, butterclam:* k̲'áag.

butterclam mantle
butterclam mantle: k'yúu dáagal.

buttercup
western buttercup: dáagda xiláay.

butter dish
butter dish: báadaa táawaay.

butterfly
butterfly, moth: stl'ak̲am.

buttock muscles
one's buttock muscles: k'as x̲áy.

buttocks
buttock: kwáay 'wíi chiingáay. *buttocks, behind, rear end, hips:* kwáay. *one of one's buttocks:* g̲ud chiingáay, stl'uwúl chiingáay. *one of one's own buttocks:* g̲udáng chiingáay, stl'uuláng chiingáay. *one's buttocks:* g̲ud chaadiyáay, stl'uwúl chaadiyáay. *one's buttocks, behind, rear end, hips:* kwáayang. *one's buttocks (of a human or bear):* g̲ud. *one's buttocks, rump, rear end, hips:* k'as. *one's own buttocks:* g̲udáng, g̲udáng chaadiyáay, stl'uuláng chaadiyáay. *one's own buttocks, rump, rear end, hips:* k'asáang.

button
button: guuláangw. *cheap shell button:* k'ámaal guuláangw, k'ámaal guuláangwaa. *to button up O (clothing):* stl'a k̲'íit'as.

button blanket
button robe, button blanket: guuláangw gyáat'aad, k'áad gyáat'aad.

buttonhook
buttonhook: st'a sk'agáa guuláangwaay dánts'iit'uwaay.

buttoning
the buttoning: stl'a k̲'íit'ajaay.

button robe
button robe, button blanket: guuláangw gyáat'aad, k'áad gyáat'aad. *the border around a button robe:* síid.

button shoe
button shoe: st'a sk'agáa duwúl stl'a k̲'íit'ajaa.

buy
to buy O (in a single transaction): dah (2). *to buy O (in plural transactions):* daawa.

by
with, near, by: k̲'uhl.

by oneself
by oneself: sg̲wáansanggaang.

by the water
around down on the beach, around down by the water: k̲'adéed.

by the way
by the way: dáng súus iláa.

by way of
by way of, along, alongside: gúud.

cabbage
deer cabbage: g̲asáa.

cabin
house, dwelling, building, hut, cabin, shack, shelter, establishment: na. *one's house, dwelling, building, hut, shack, cabin, shelter, establishment:* náa (2). *one's own house, dwelling, building, hut, shack, cabin, shelter, establishment:* náa'ang.

cable
cable: k̲wáay k̲'ats'áa. *steel cable, wire:* k̲wáay yaats'áa.

caddisfly larva
caddisfly larva: g̲ándl k̲áahlii sg̲a'áay.

cake
cake: kígs. *wedding cake:* máalii kígs.

cake pan
cake pan: kígs g̲asdlats'áawaay.

calamity
for there to be a calamity, disaster: ta hlg̲awíi.

calendar
calendar: k̲úng k̲ugíinaay.

calf
calf: masmúus gíit'ii. *one's calf (muscle):* k'íhl k̲áw. *one's lower leg, calf:* k'yáal. *one's own lower leg, one's own calf:* k'yáalang.

calf muscle
calf muscle: k'yáal k̲áw.

California abalone shell
California abalone shell: gúlaa sk̲áwaal.

California mussel
California mussel: taháaw.

call
the call of one's crest creature: k̲'iihlgáangw. *to call:* hlg̲aya. *to call, call out (to X):* kyáagaang (1). *to name O, call O (by some name):* kyaada.

calm
to be peaceful, calm: dláaya. *to die down, become calm (of wind, weather):* dláayeehl.

cambium
cambium or inner bark of a yellow cedar tree: sg̲ahláan giidáay. *inner bark or cambium of a good-sized cedar:* g̲áay. *medium-sized red cedar tree; cambium or inner bark of a medium-sized red cedar tree, typically used for weaving:* giid. *place for gathering red cedar cambium:* giidáandanaay. *spruce cambium:* sg̲áalaak'uu ts'íi. *thick cambium for a good-sized red cedar:* g̲áay ts'úu.

camera
camera: tl'áag níijaangwaay.

camp
a camp (at some location): naangáay. *campground for smoking salmon, fish camp:* táanaadaan.

campsite
campsite: tlagánhlaa. *overnight campsite, a stopping place during a journey:* ijdáan.

can
empty can: kyáan k̲'áal. *tin can:* kyáan (1). *tin can, tin pot with a bail handle:* xahl sk'ajáaw. *to be able to V, can V, be allowed to V, could V:* hlangaa.

Canada goose
Canada goose: hlgit'ún. *small species of Canada goose:* hlgit'ún x̲áldaangaa.

Canadian Haida people
Canadian Haida people, Haida people living on Haida Gwaii: X̲aadláa X̲aat'áay.

canary rockfish
species of rockfish (probably canary rockfish): chaan táayaay.

candlefish
ooligan, candlefish: sáaw.

candlestick
single delight, one-flowered wintergreen, St. Olaf's candlestick: x̲iláawg.

cane
to walk around with a cane: kidáal'unggwaang. *walking stick, cane, crutch, staff, shaman's baton:* t'ask'.

cannery
cannery: kyáanlii.

Cannibal Spirit
Cannibal Spirit appearing during the 'Wáahlaal potlatch: 'Wiilaalaa.

canning kettle
canning kettle: kyáan tláng g̲aláangwaay, kyáandaaw.

cannon
cannon: k̲'wáandaaw.

canoe
an empty canoe: tlúu k̲'áal. *battered old canoe:* tl'áawug. *board or pole for skidding a canoe over in order to ease friction while transporting it over land:* dáayuw. *canoe that is actually a rotten log (used by the Land Otter People):* sgánsgwaan tlúu. *canoe with a high, scarfed-on bow and stern:* tlúu k'únk'unaa, tlúu k̲'iihlán-giyaa. *dugout canoe:* tlúu in. *Haida canoe:* X̲aadas tluwáa. *otter-hunting canoe:* k̲u tlúu. *peace-making canoe:* ga 'la'áa tluwáay. *reinforcement on a canoe made by lashing a pole on with cedar bark:* tlúu k'únts'aagaa. *the crew of a boat or canoe:* tlúu ts'ée'ii. *to paddle, row, go by canoe (sg):* tlúu k̲áa. *war canoe:* sg̲ats' tluwáay. *war canoe, raiding canoe:* k̲íidaaw tluwáay.

canoe skid
canoe skid: g̲áa'aa.

canoe song
canoe song, paddling song: tlúu k̲agáan.

can opener
can opener: kyáan k̲'i g̲asdláaw.

can't
to be unable to X, can't do X: jagíiya.

canvas
canvas, denim: xwáasdaa.

canvas pants
canvas pants: k'ún xwáasdaa.

canyon
canyon, gorge: tl'áadaan.

cap
baseball cap: dajáng k'ud kijuwáa, k'ud kijáaw. *hat, cap, hood:* dajáng. *peaked cap:* sadáa.

capable
to be ambitious, very capable, strong, willing to act: k̲'alaagáa.

capacity
to be roomy, spacious, have a large capacity (of containers): k̲íit'ala.

cape
cape (clothing): k̲'áy, t'ad g̲agáa. *point of land, headland, spit, cape:* kún (2). *red snapper (skin) cape:* sg̲án k̲'íi. *something worn over the shoulders like a cape or shawl:* gin t'adgáa. *yellow cedar bark cape:* yáalaang.

Cape Ball
Cape Ball: G̲ahláns Kún.

capelin
surf smelt, capelin: k̲áyn.

car
car, truck, automobile, motor vehicle: káa.

carboy
demijohn, carboy (a large bottle with a narrow neck, often encased in wicker): Cháalamaan k'úug.

carbuncle
carbuncle: gug k̲'áaw.

carcass
one's whole body, its carcass (of a whale), its foot and body (of a razor clam): hlúu.

care
to care for, take care of, look after, tend to X: tla'áanda.

care about
to care about X, to think X is important, to be grateful for X: g̲ayuwa.

careful
to be careful with, try not to waste X: k̲áahliyaa.

carefully
well, carefully, properly, correctly: dámaan.

cargo
baggage, cargo, freight: tla'áaw. *baggage, freight, cargo being loaded or unloaded:* ta tla'áaw.

caribou
moose, Dawson's caribou: ts'ánhlk̲'al.

carpenter
carpenter: na tlaawhláa 'la'áay. *to be a carpenter:* na tlaawhláa 'la'áaygaa.

carpenter's square
carpenter's square: k'wíidaaw hlgángandaa.

carrot
carrot: ts'ats'.

carrot juice
carrot juice: ts'ats' x̲áw.

carrot seed
carrot seed: ts'ats' máahlaay.

carry
to carry a child in one's arms, to be pregnant: dahlgáng. *to carry O on one's back:* ún-gang. *to carry O on one's chest in a container:* k̲án-gang. *to carry O on one's shoulder:* skyúugang. *to carry O on*

one's upper arm or shoulder: skyúu'ad. *to hold, carry O (sg) (person) (sg subj):* dlagáng.

carrying strap

its curved handle that joins on both sides, its bail handle, its carrying strap, its string, its chain: hlt'aj.

cartilage

cartilage in the nose of a salmon: k̲áluj. *jelly-like cartilage in the heads of fish:* sk'ángaj.

carve

to cut O; to dress O (an animal); to carve, whittle O: k̲'id.

carver

carver: k̲'id 'la'áay. *to be a carver:* k̲'id 'la'áaygaa.

carving

a carving: k̲'idgáay.

cask

barrel, cask: sk'ats'áangw.

Cassin's auklet

Cassin's auklet: hajáa.

caste

to be high class, high caste: yah g̲id.

cat

cat: dúus.

catch

to catch, grab, snag O: gijgíihlda. *to catch O (ball) in one's hands:* x̲a skáajuu.

catch a whiff

to catch a whiff, smell of O: sánsgad.

catcher

rain water catcher: chiidáaw.

catch on fire

to catch on fire, start to burn: g̲ugahl.

caterpillar

caterpillar: ts'áak' t'amíi. *snake, grub, caterpillar, worm:* sag.

cauldron

three-legged cauldron, pot with three legs: ts'asláangw stlíinaa.

caulk

to caulk O: k̲u sg̲at'as.

caulking cotton

caulking cotton, caulking oakum, caulking wedge: ja sg̲at'íisk'w.

caulking oakum

caulking cotton, caulking oakum, caulking wedge: ja sg̲at'íisk'w.

caulking wedge

caulking cotton, caulking oakum, caulking wedge: ja sg̲at'íisk'w. *caulking wedge:* k̲u sg̲at'íisk'w.

cause trouble

to make trouble for O by what one says (usually gossip): kíl sángiits'geehl.

caution

to warn, caution, reprimand (X), tell (X) not to do something: st'agad.

cave

cave: díin x̲íilaa, t'íis x̲íilaa. *cave, rock tunnel:* díin. *seal cave:* x̲úud x̲unanáay.

cedar

medium-sized red cedar tree; cambium or inner bark of a medium-sized red cedar tree, typically used for weaving: giid. *red cedar kindling:* ts'úu k̲áahlaangwaay. *red cedar (wood or tree):* ts'úu. *yellow cedar (tree or wood):* sg̲ahláan.

cedar bark

cambium or inner bark of a yellow cedar tree: sg̲ahláan giidáay. *cedar bark:* hldíin. *container woven from wide strips of cedar bark, fish basket:* k̲'áaduu. *medium-sized red cedar tree; cambium or inner bark of a medium-sized red cedar tree, typically used for weaving:* giid. *rough outer bark of a young cedar tree:* sk'áluj. *shredded red cedar cambium, objects made from shredded red cedar cambium:* hltánhlk'aa. *the half that was next to the tree after cedar bark is split:* chíihluu. *tool made of sea lion rib used to pierce thick sheets of cedar bark:* g̲áay chast'áaw.

cedar bark hat

cedar bark hat: giid dajáangaa.

cedar bark ring

shredded cedar bark dyed red with alder bark, twisted into cords and made into rings or sashes used for ceremonial purposes: hltánhlk' k̲ahldáa.

cedar bark shredder

cedar bark shredder: hlt'ánhlk' sgidáangwaay.

cedar bark woof

cedar bark woof: giid dúu.

cedar plank

cedar plank: ts'úu k̲'awáay.

cedar roots

long, fine roots of a medium-sized red cedar tree: giid hlíing.

cedar rope

cedar rope, cedar withes: sgisgál.

cedar withes

cedar rope, cedar withes: sgisgál.

ceiling

ceiling: naáy k̲a'án.

celebrate

to commemorate, celebrate O: sangáada.

celery

cow parsnip, wild celery: hlk'íid.

cellar

cellar: hlg̲iyíl k̲'áal, hl'yáang k̲'áal, sgúusiid náay. *cellar, storehouse:* hlg̲ist'áa náay.

cemetery

cemetery: sáahlaang. *cemetery, graveyard:* hlg̲iwáadaan.

center

center (of the eyes), pit (of fruit), insides (of eggs, oranges, baked goods): ts'ii. *the center, middle of something:* yahgwsíi.

centerline

centerline of a board or plank: k̲'aw ts'úuwii.

ceramic dish

ceramic dish: k̲'ámaal k̲íihlaa.

ceramicware

china, ceramicware, enamelware: k'ámaal.

ceremonial robe

ceremonial robe: xyáahl gin-gáay.

certainly

surely, certainly, definitely, so very, how, quite, quite a bit: tlíi.

chain

chain: chéen. *its curved handle that joins on both sides, its bail handle, its carrying strap, its string, its chain:* hlt'aj.

chair

an empty chair: g̱u hlga'áangw k̲'áal. *armchair, any chair with arms:* g̱u hlga'áangw k̲'íihlaldaa. *chair, stool, chesterfield:* g̱u hlga'áangw. *easy chair:* g̱u hlga'áangw hltanáa. *rocking chair:* g̱u hlga'áangw g̱u k̲'aayslangáa. *surface of a chair's seat:* g̱u hlga'áangw ún.

chalk

marker, pencil, pen, chalk, crayon: kihláaw. *pencil, pen, chalk, crayon, traditional paintbrush made of porcupine quills:* k̲'áalaangw.

challenge

to dare, challenge X: gín sdaláang.

challenging

to be difficult, hard, challenging: sáṇgiits'a, sángiits'gaa.

chamber pot

chamber pot, peepot: chagánsaan.

change

to cause O to become so, change O to be so: tla g̱iihl. *to change (become changed):* k̲áajuuhlda. *to change, exchange O:* tlajuuhlda.

<change of topic>

<change of topic marker>: îi.

channel

channel: sk'ayáants'aa, xyáansginaay, xyáantl'aagaay. *harbor, bay, inlet, channel:* g̱aw. *marine channel:* xyáanggaay. *narrow channel, slough, inlet:* sk'ayáang.

char

Dolly Varden char: táatl'aad.

characteristics

to have certain traits, peculiarities, characteristics; to have a certain price: áalaa.

charcoal

charcoal, coal: sdángaal.

charge

to charge (amount X1) for O (to buyer X2), to set a price (of X1) on O (for X2) : kílsgad. *to repeatedly charge (amount X1) for O (to buyer X2), to repeatedly set a price (of X1) on O (for X2):* kílk'adaang.

chart

map, chart: tlagg níijangaay. *paper, letter, page, written document, license, map, chart:* k̲ugíin.

chase

to chase O out: gín g̱adáa. *to chase O (pl) out:* gín 'wáa.

chat

to talk, converse, chat, discuss loudly (pl): ta k̲aaguda. *to talk, converse, chat, discuss (pl):* k̲aagwa.

chatter

to make a small, high-pitched sound (as small animals), twitter, squeak, chatter, sing (of birds), crow: kingáang.

chatterbox

chatterbox: yáahlĝaalaa. *to be talkative, a chatterbox:* gusuwa.

cheap
to be cheap, inexpensive: nangáa. *to get cheaper, go down in price, become less expensive:* nangéehl.

checkers
checkers: cháagaas.

cheek
inside of cheek: ts'ad k̲áahlii. *one's cheek:* ts'ad. *one's own cheek:* ts'adáng.

cheese
cheese: chiis. *Indian cheese, stink eggs (dog salmon eggs smoked in the skein, mashed, packed tightly in a wooden box or seal stomach, and aged):* cha k'adáang.

cheesecloth
cheesecloth: gya'áangw hlkáak'aa.

cherry
cherry: cháaliis.

chest
blanket chest made of eucalyptus wood: g̲ud sgúnulaas. *chest of a salmon or halibut (behind collarbone and in front of belly):* tl'ándiiswaa. *front part of one's body, one's chest:* k̲án. *one's chest, torso, sternum:* k̲án skuj. *one's own chest, the front part of one's own body:* k̲anáng. *one's own chest, torso, sternum:* k̲án skujáng. *to carry O on one's chest in a container:* k̲án-gang.

chesterfield
chair, stool, chesterfield: g̲u hlga'áangw. *sofa, chesterfield:* g̲u hlga'áangw jáng.

chestnut-backed chickadee
chestnut-backed chickadee: ta hldánsgiid.

chest of drawers
bureau, chest of drawers: dáng gwaaytl'a'áaw.

chew
to chew hard, stiff O (making a crunching noise): sk'áljaang. *to chew O:* háljang. *to chew O (as snuff), let O dissolve in mouth:* ts'a k̲'íigang. *to chew O (kál class):* káldajaang. *to chew on O (entirely) in one's mouth:* háldajaang. *to chew on O (flat):* tl'adajáang. *to chew tiny pieces of O:* ts'úudajaang.

chewing gum
pink pitch used as chewing gum: Ts'aagws k̲'áajaa. *pitch, tar, wax, (chewing) gum, pitchwood, sap:* k̲'áas.

chewing tobacco
chewing tobacco: gúl ts'a k̲'íigangaa, gúl x̲áwlaa.

chickadee
chestnut-backed chickadee: ta hldánsgiid.

chicken
chicken: jagáns. *chicken meat:* sk̲áw ki'íi. *grouse, ptarmigan, chicken:* sk̲áw (1).

chicken coop
chicken coop: sk̲áw náay.

chief
a rich man, a chief: íitl'aagíid. *chief:* samáagid. *house chief:* na 'la'áay. *one's boss, master, head, leader, chief:* 'la'áay. *one's own boss, master, head, leader, chief:* 'laayáng. *the rich men, the chiefs:*

íitl'aagdáay. *to be house chief:* na 'la'áaygaa. *to be rich, a chief (of a man):* íitl'aagdáa. *to be town chief, village chief, mayor:* 'láanaa 'la'áaygaa. *town chief:* 'láanaa aw. *town chief, village chief, mayor:* 'láanaa 'la'áay.

child

little child: g̲aa xajúu. *little children:* g̲aa xadláa. *man's sister's child (a man's nephew, niece):* k̲áa gid. *one's child, one's same-sex sibling's child:* gid. *one's own child, one's own same-sex sibling's child:* git'áang. *the children:* g̲aagáay. *the little children:* g̲aa xadalgáay. *to be a child, a same-sex sibling's child (to X):* gidáa. *to carry a child in one's arms, to be pregnant:* dahlgáng. *to have a child, same-sex sibling's child:* git'iyáa.

Chilkat blanket

Chilkat blanket: náaxiin.

chimney

chimney: g̲ayáaw k'yuusíi. *chimney, stovepipe:* g̲ayáa dáaw, g̲ayáaw.

chin

one's chin, one's gill cover (of a fish): hlkáay. *one's own chin:* hlkáayang. *the area between one's chin and one's throat, the area under one's chin; the ventral part of a salmon below and slightly behind the gills:* k̲únggal. *the area between one's own chin and one's own throat, the area under one's own chin:* k̲únggalang.

china

china, ceramicware, enamelware: k'ámaal.

china cabinet

china cabinet, standing cupboard: k'ámaal da'áawaay.

Chinese people

Chinese people: Cháalamaan.

Chinook Jargon

Chinook Jargon: Janúug Kíl.

Chinook People

Chinook People: Janúug X̲aat'áay.

chinook salmon

a large variety of spring salmon found south of Haida Gwaii: sg̲áawahl. *spring salmon, king salmon, chinook salmon:* táa'un.

chip

to chop chips off of O: sgi káng'aaw.

chip (n)

potato chips: sgúusiid xál k̲ats'galáa. *wood chip:* k̲'íiyaaw, sgi káng'aaw.

chisel

a gouge (a type of chisel): ki sk'ast'áaw. *chisel:* jast'áaw, kist'áaw, ts'ats'áaw (1). *cold chisel:* jadahlgáaw. *rock chisel:* k̲waa jadahldáaw, k̲waa jadahlgáaw.

chiton

giant red chiton, red gumboot: sg̲íid. *small chiton species with varicolored valves:* sk̲'íwdaangaa. *species of chiton:* yáahl t'áa. *species of gumboots, chiton:* t'a.

unidentified species of chiton: k'áalts'adaa t'áa.

chiton roe
chiton roe: t'a ts'ii.

chiton valve
chiton valve: gúngal.

choir
choir: k'ajáaw 'la'áaylang. *to be a member of a choir (sg subj):* k'ajáaw 'la'áaygaa.

choke
to choke: k̲agan g̲ad. *to choke (on X):* xáahlt'iid.

choose
to search out, find and gather O (pl); to choose, select, pick out O: k̲ínst'a.

chop
to chop chips off of O: sgi káng'aaw. *to chop down O (pl) one after another:* sgi k̲'ándaal. *to chop down O (sg):* sgi k̲'áa. *to chop X once, give X a chop:* sgit'ad. *to chop X to pieces:* sginanáng.

choppig block
seaweed chopping block: sg̲íw sgit'íit'uwaay.

chowder
fish chowder: jam.

Christmas decorations
Christmas decorations: Christmas gin-gáay.

chum salmon
dog salmon, chum salmon: sk'ag.

church
church building: cháaj náay.

cigar
cigar: sagáas. *cigar, cigarette:* k'u xajáangw.

cigarette
cigar, cigarette: k'u xajáangw. *cigarette:* sagalíid. *(hand-rolled) cigarette:* gúl tla sk'aawnangáa. *home-rolled cigarette:* k̲ugíin k'u chajáangwaay.

cinquefoil root
cinquefoil root: k̲'wíi ts'aaláay.

circle
(drawing of a) circle: ki skáygasdliyaay.

circus
circus: sáagaas.

city
town, village, city, settlement, row of houses, population of a community: 'láanaa (2).

claim
lot, parcel of land, (land) claim: g̲ánsaal.

clam
clam, butterclam: k'yúu. *littleneck clam, butterclam:* k̲'áag. *razor clam:* k̲'amahl. *to dig (for clams):* 'wáana.

clam basket
clam basket, seaweed basket: káadii.

clamhole
clamhole: k'yúu x̲ánggaay.

clamp
clamp: k̲'u tl'at'íisk'w. *clamp for lumber (c-clamp, pipe clamp, etc.):* k̲'u g̲asgíit'uu. *clothespin, clamp:* k̲'ujgíit'uu.

clam shell
a clam shell: k'yúu k̲'áal.

clam shovel
clam shovel: 'wáanaa g̲asdláawaay.

clan
clan: gwáayk'aang. *one's own clan:* gwáayk'angaang. *the people of the Táas 'Láanaas clan:* Táas X̲aat'áay. *the people of the Yahgw 'Láanaas clan:* Yahgw X̲aat'áay. *Ts'eehl 'Láanaas (clan):* Ts'eehl 'Láanaas.

clan crest
one's clan crest: g̲asíi.

clang
to make a loud, thumping, clanging noise: gáwdga.

clan history story
clan history story: k̲'iyáagaang.

clanmate
one's own distant clanmate (sg): tlagwsiyáng.

clan relative
friend! clan relative!: tawáa. *one's distant clan relative:* tlagwsíi. *one's friend, clan relative:* taw. *one's own friend, clan relative:* taw'áang. *to be a friend, clan relative (to X):* tawáa. *to have a friend, clan relative:* taw da'a. *to have O as one's friend, clan relative:* tawda.

clap
to clap, applaud O (one's hands): k̲'ahdga.

class
to be high class, high caste: yah g̲id.

clavicle
one's clavicle: k̲án tlamad.

claw
a bird's claw or talon: t'a k'ún. *a bird's claw or talon, a deer's hoof:* st'a k'ún. *a bird's own claw or talon:* t'a k'unáng. *a mammal's claw:* stla k'ún. *a mammal's own claw:* stla k'unáng. *bird's own claw or talon, deer's own hoof:* st'a k'unáng. *one's fingertip; a crab's claw:* stla kún. *one's hand plus wrist, one's clawed forepaw:* stláawul. *one's own fingertip; a crab's own claw:* stla kunáng. *one's own tooth, fang, tusk, claw (of crab), beak (of octopus):* ts'angáng. *one's tooth, fang, tusk, claw (of crab), beak (of octopus):* ts'áng.

clay
clay: k̲'áal (2).

clean
to be clean: skúna. *to become clean:* skún-gahl. *to clean fish:* táa k̲ada. *to clean O:* tla skúna. *to cut, butcher, clean O (e.g. fish):* k̲ada. *to keep O clean:* skúnda.

cleaning
a/the job of cleaning: tla skúnayaay.

cleanliness
cleanliness: skúnayaay.

clear
to be clearly audible, loud: gyúuwula.

clear up
for the sky to clear up: k̲a sk'asdla.

clever
to be wise, intelligent, smart, clever (at X): k'adangáa. *to get smart, become educated,*

become clever (at X): k'adangéehl.

cliff

slope, cliff: sdál.

climb

to go up, climb up, ascend (pl): ishla. *to go up, climb up, ascend (sg); to rise (e.g. dough):* k̲ahla.

climb down

to go down, come down, climb down, descend (sg): k̲at'a'éehl.

climbing stick

a stick tied horizontally on a tree to stand on as part of a climbing rig used in removing heavy cedar bark: t'ahlgw.

clitoris

one's clitoris: chúu t'áangal.

clock

clock: tláag. *clock, watch:* k'asgad.

clock hand

the hand(s) of a clock or watch: stl'a k'ún.

close

over this way, nearby, close, here: hahlgwáa. *to become close, draw near, approach, become accessible:* duungéehl. *to be easy to get, nearby, close at hand:* duwúng. *to be easy to get, to be nearby, to be close at hand:* dawúnggahl. *to be nearvt, close by, handy, easily accessible:* duungáa. *to close O (door-like):* da g̲asgad. *to keep one's eyes closed:* g̲wíiwulda.

close by

nearby, close by: anáanaa. *to be located close by, adjacent, next to, in contact with X (each other):* tíit'as.

closed

to have one's eyes closed: g̲wíiwula.

close eyes

to close one's eyes, blink, wink once: g̲wíiwuhlda.

closet

closet: k'yáadaaw.

clot

blood clot: g̲áy k̲'ats'áa.

cloth

cloth, material, sail: gya'áangw. *dishtowel, tea towel, other rag or cloth used for wiping:* gisáaw.

clothes

clothes, apparel: gya'ánsk'w. *clothes, clothing:* gya'ándaaw. *clothing, article of clothing, clothes:* gin gya'ándaa hlangaay. *fighting clothes, war apparel:* g̲aayhldáa gya'ánsk'waay. *the clothes of someone who has died, which have been taken over by somoene from the opposite moiety:* láawiid ginág. *war clothes:* k̲íidaaw gin-gáay.

clothes brush

clothes brush: hlk'únk'aal.

clothes hanger

coat hanger, clothes hanger: k'uudáats' ki chiiyáawaay.

clothes hook

clothes hook, coat hook: ki hlgayáangw.

clothesline

clothesline: ta t'ánsgiid k̲wáayaay.

clothespin
clothespin, clamp: k̲'ujgíit'uu.

cloud
a mass of clouds blowing along: k̲wiigáay. *cloud, cloud mass, cloud cover:* yáan (1). *cumulus clouds appearing in pairs:* k̲wiigw jáad. *fog, clouds:* yáanaang. *stationary cumulous cloud:* k̲wíiyaaw.

cloudberry
swampberry; cloudberry: k̲'áa ts'aláangaa.

cloud cover
the cloud cover: yáanaay chíihluu.

cloudy
for it to be foggy, cloudy: yáanangaa. *for the sky to be cloudy:* yáanaa.

club
club, sword: saj. *club, weapon:* tláawaa. *to kill O with a stick, to club O to death:* sgi k'ut'ahl. *warclub with an antler head:* skuj hlg̲a tl'úu. *whalebone club:* kún sajáay.

club moss
club moss: k'áad dlajgáaw.

clumsy
to be slow-moving, awkward, clumsy, unsteady on one's feet: dlaajáa. *to get clumsy, awkward:* dlaajéehl.

coal
charcoal, coal: sdángaal. *ember, burning coal, spark:* dáas.

coal crumb
coal crumbs: xálaaw.

coal oil
kerosene, coal oil: k̲'áas g̲udáaw táw.

coast (n)
along the beach, coast, shore: tlagwáad. *the coast, stretch of coastline:* g̲agadáay.

coast (v)
to coast, to sled: g̲u chándaal.

coat
coat, jacket: k'uudáats'. *rain coat, slicker coat:* t'éel g̲anuu.

coat hanger
coat hanger, clothes hanger: k'uudáats' ki chiiyáawaay.

coat hook
clothes hook, coat hook: ki hlgayáangw.

coccyx
one's coccyx, tailbone: sk'yáaw. *one's own coccyx, tailbone:* sk'yáawang.

cockle
cockle: sgyáal.

cod
black rockfish, rock cod: k̲'ats' (2). *Pacific cod:* kyáan (2). *young Pacific cod:* sk'ad.

coffee
coffee, tea: g̲ángk'an. *grounds (for coffee or tea):* g̲ángk'an hlk'u'wíi.

coffee pot
teapot, coffee pot: x̲áw gyaat'áawaay.

coffin
box, trunk, coffin: g̲ud. *coffin:* sáal g̲ud.

coho
old red coho salmon that has entered fresh water (spawned out

or not): k̲'wa'áas. *second-year sea-run coho salmon:* síiduu.

coho pool
coho pool: táay gíilaay.

coho salmon
coho salmon: táay.

coho stream
coho stream: táay g̲ándlaay.

coil
coil; bun (of hair): gihlgaláay.

cold
cold weather, cold temperatures: tadayáay. *common cold:* tad, tad st'íigaa. *to be cold:* tada. *to be reluctant to get cold (as going out in bad weather, or washing one's face in cold water):* k̲'ahlts'ángga. *to feel cold:* xwii. *to start to feel cold :* xwiigahl.

cold chisel
cold chisel: jadahlgáaw, jat'íit'uu.

cold feet
to have cold feet: st'aaláng.

cold hands
to have cold hands: stlaaláng.

collapse
to collapse: x̲únts'a. *to fall in a pile, tumble down, collapse:* x̲únwii.

collar
collar: káalaa. *collar of a piece of clothing:* x̲íl. *sailor collar:* sk̲ahl g̲agáa.

collarbone
a salmon's collarbone: sgáadii (2). *collarbone of a halibut:* skyúu. *collarbone of a salmon (the bone to which the pectoral fins are attached):* hlg̲ak'úu.

collect a lot
to gather, get, collect lots of O: tiyaad.

collection
collection of dishes (cups, plates, bowls): k̲eewdáal. *group or collection of things lying on the floor or ground:* x̲aawdiyáay.

collide
to strike, bump into, run into, collide with X : g̲at'uwa.

color
color: x̲anggáay.

column
mortuary column(s): sáahlang x̲áad.

comb
comb: hlk̲'íitl'aangw. *to comb O:* hlk̲'íitl'a. *to finish combing O:* hlk̲'ag̲íihlda.

come
to go, come (to X): is.

come and
to come and V (sg): íntl'aa.

come back
to turn back, return, come back: sdíihl.

come back from
to return from V-ing, to come back from V-ing (pl): ín-gajuu. *to return from V-ing, to come back from V-ing (sg):* ínjuu.

comedian
comedian: k'aa 'la'áay. *to be a comedian:* k'aa 'la'áaygaa.

come down
to go down, come down, climb down, descend (sg): k̲at'a'éehl.

come here
come here!: hínd hawíid. *come here! (pl):* hawíid'uu. *come here! (sg):* hawíid.

come in
to come in, up (of tide): g̃íihliid. *to go in, come in, enter (pl):* ists'a. *to go in, come in, enter (sg):* k̲ats'a.

come into view
to appear, come into view: k̲éenggeehl.

come on
come on! get going! hurry! go ahead! get to it!: hágwsdaa.

come out
to come out, go out, have a bowel movement, go to the bathroom (sg): k̲áagahl.

come to get
to come to get O: dúutl'aa.

come to life
to come alive, come to life: x̲íinaansdla.

come to one's senses
to return to one's senses, regain consciousness, sober up: gudjáawsdla.

come up
to come up (to X), arrive (at X) going up, ascend (to X): k̲áatl'aahla.

comfortable
to be well-off, live comfortably: chaagáay 'láa.

<command marker>
<command marker>: hl ~ hlaa.

commemorate
to commemorate, celebrate O: sangáada.

common cold
common cold: tad, tad st'íigaa.

common goldeneye duck
common goldeneye duck, Barrow's goldeneye duck: k̲áahlii sgunáa.

common murre
common murre: g̲waa.

compare
to compare O, size O up, look O over: k̲yaa'a.

compass
boat compass: tlag k̲éengwaay. *compass:* kámbas. *drawing compass:* ki skáagasdlaaw.

complete
to finish, complete O. get O done: tla g̲íihlda. *to get O ready, complete, finish O up:* tla g̲íihlgii. *to work hard and finish, complete O:* dagwg̲íihlda.

completed
to have been finished, completed, gotten done: tla g̲íihldiyaa.

complexion
for X to have a dark complexion: hlg̲ahlts'iyáa. *one's complexion:* x̲áng k̲'ál.

composer
medicine for skill as a composer: sg̲alang xiláay.

concede
to concede, give up, call it quits, lose hope: k̲ayánsdla.

concern
to be X's business, to concern, involve X: g̲id.

concerned
to be worried, concerned (about X): gudasláng.

concerning
about, concerning: g̲idéed.

concertina

accordion, concertina: dáng kingáangw.

cone

cone from an evergreen or alder: stl'áas k'ámaal.

confident

to be confident in, proud of, look up to, count on, admire X: kwáagad.

conflict

to be the cause of trouble, conflict (over X), to be to blame (for X): kunáa.

conscious

to be in one's right mind, conscious, sober: gudjúu.

consciousness

to return to one's senses, regain consciousness, sober up: gudjáawsdla.

conscious spirit

conscious spirit, soul: g̲áahlaand. *one's conscious spirit, soul:* g̲áahlaandaay. *one's own conscious spirit, soul:* g̲áahlaandaang.

constantly

to do sth. constantly, keep on doing sth.: sg̲wáanang.

container

container of water used to keep hands wet while weaving: tlasadáangw. *container woven from wide strips of cedar bark, fish basket:* k̲'áaduu. *empty container:* k̲'áal (1). *one's own empty container:* k̲'áalang (1).

context

story, news, history, background information, context: gyaahláang.

contraceptive

contraceptive medicine: k̲ée k̲'aláa xiláay.

converse

to talk, converse, chat, discuss loudly (pl): ta k̲aaguda. *to talk, converse, chat, discuss (pl):* k̲aagwa.

cook

to cook, bake O: tláng g̲aláng. *to cook, become cooked; to bake, become baked:* tláng g̲alánsdla. *to cook (O):* kúugaa. *to steam, cook O in a pit; to barbecue O:* sahlguda.

cooked

to be cooked, turn ripe: g̲alánsdla.

cookhouse

cookhouse: gin tláng g̲aláang náay.

cookie

cookie: kúgiis.

cookie sheet

cookie sheet: kúgiis g̲asdlats'áawaay.

cooking

cooking: g̲alangáay.

cooking box

wooden box used for boiling food with hot stones, cooking box: sk'álganaay.

coop

chicken coop: sk̲áw náay.

copper

copper, brass, bronze: xáal.

copper box

copper box: xáal g̲ud.

copper bracelet

copper bracelet: xáal stlagáa.

copper nail
copper nail: x̲áal sang̲íinaay.
copper shield
copper shield: t'áaw.
copy
to draw, copy, imitate, take a picture of X1 (on X2): níijang.
cord
cord, string, rope attached to something: dáagal. *dagger's cord (used to hang it around one's neck):* k̲'aawhl dáagal. *heavy three-strand cord used in net-making:* k̲wáay sg̲ag̲iid. *string, rope, cord, line (of rope):* k̲wáay.
corduroy
velvet, corduroy: bálbad.
core of a boil
core of a boil: hlk'wáan.
cork
cork (material): k̲álg k̲'íw. *float or cork of a net:* gigáangw.
corkscrew
corkscrew: k̲álg k̲'íw dáng sk'ast'áawaay.
cormorant
double-crested cormorant: sgúusuu. *shag, pelagic cormorant:* k'yáalaaw.
corner
inside or outside corner: kún-gad.
corner of one's mouth
the corner of one's mouth: x̲ahlíi g̲ud. *the corner of one's own mouth:* x̲ahlíi g̲udáng. *the left corner of one's mouth:* tl'úudaangaa.

corner of the eye
the outer corner of one's eye: x̲áng g̲ud. *the outer corner of one's own eye:* x̲áng g̲udáng.
corn kernel
corn kernel: tl' k̲'iyáa ts'áng.
corpse
one's corpse: k̲'úud. *one's own corpse:* k̲'úudang.
corral
cow corral: masmúus k̲'aláax̲an-gaay. *horse corral:* gyuudáan k̲'aláax̲an-gaay.
correct
to be true, right, correct, real: yahk'iyáa.
correctly
well, carefully, properly, correctly: dámaan.
corset
corset: dáng sk'ahláalw, t'áahl dángwahldaaw.
costume
costume: gyáagaangw.
cot
folding cot: tíidaan gudg da k'usgadáa.
cotton
caulking cotton, caulking oakum, caulking wedge: ja sg̲at'iisk'w.
cottongrass
cotongrass: ínuu. *plumed heads of cottongrass:* hltánuu ki hlk'ujúu, hlt'ámaal, k̲'álaa hltánuwaay.
cottonwood
black cottonwood (tree or wood): cháanaang.
couch
couch, easy chair, bench: k̲'áwaadaan.

cough

to cough repeatedly: k̲'usáang. *whooping cough:* k̲'usang xáahlt'i'iid.

could

to be able to V, can V, be allowed to V, could V: hlangaa.

count

the count, counting: k'wáayandiyaay. *to count, do some counting:* ta k'wáayanda, k'wáayanda. *to count O:* k'wáayanda. *to measure, weigh, count O:* k'wíida.

counted on

for X to be reliable, dependable, be able to be counted on: kwáagadaa.

counting

the count, counting: k'wáayandiyaay.

count on

to be confident in, proud of, look up to, count on, admire X: kwáagad.

country

Haida country, Haida village, Haida lands: X̲aadas tlagáa. *one's own place, area, region, land, territory, country:* tlag'áang. *one's place, area, region, land, territory, country:* tlagáa. *place, area, village, region, land, territory, country, ground:* tlag (2).

courageous

to be brave, determined, courageous, strong-minded: tláats'gaa.

cousin

brother! male parallel cousin!: dáa'aay. *older same-sex sibling! older same-sex parallel cousin!:* gwáayaay. *one's brother, one's male parallel cousin:* dáa (1). *one's older same-sex sibling, one's older same-sex parallel cousin:* k'wáay (2). *one's own brother, one's own male parallel cousin:* dáa'ang. *one's own older same-sex sibling, one's own older same-sex parallel cousin:* k'wáayang. *one's own sister, one's own female parallel cousin:* jáasang. *one's own younger same-sex sibling, one's own younger same-sex parallel cousin:* dúunang. *one's sister, one's female parallel cousin:* jáas (1). *one's younger same-sex sibling, one's younger same-sex parallel cousin:* dúun. *sister! female parallel cousin!:* jáasaay. *to be a brother, male parallel cousin (to X):* dáa'aa. *to be an older same-sex sibling, older same-sex parallel cousin (to X):* k'wáayaa. *to be a sister, female parallel cousin (to X):* jáasaa. *to be a younger same-sex sibling, younger same-sex parallel cousin (to X):* dúunaa. *to become an older same-sex sibling, older same-sex parallel cousin:* k'wáayeehl. *to become a sister, female parallel cousin:* jáaseehl. *to have a brother, male parallel cousin:* dáa da'a. *to have an older same-sex sibling, older same-sex parallel cousin:* k'wáay da'a. *to have a sister, female parallel cousin:* jáas da'a. *to have a younger same-sex sibling, younger same-sex parallel cousin:* dúun da’a. *to have O as one's brother, male parallel cousin:* dáada. *to have O as one's older same-sex sibling, one's older same-sex parallel cousin:* k’wáayda. *to have O as one's sister, female parallel cousin:* jáasda. *to have O as one's younger same-sex sibling, younger same-sex parallel cousin:* dúunda. *younger same-sex sibling! younger same-sex parallel cousin!:* dúunaay.

cove

to the cove, to the bay: k̲áahlgwii.

cover

flexible cover, wrapping, packaging: k̲’ahl hlk’únk’aay. *lid, cover:* g̲áal (1). *mat cover for a canoe:* tlask’udáaw. *mat cover used on a container when steaming food:* g̲ánsgw. *mat steaming cover:* lagúus g̲ánsgw.

covered porch

lean-to addition to a house, a covered porch: na ’wíi tl’ajuwáay.

cover story

to make up a cover story, tell a tall tale, try to apologize (to X): kíl x̲ángislang.

cow

cow, steer, bull: masmúus.

cow horn

cow horn: masmúus nasáangaa.

cow parsnip

cow parsnip, wild celery: hlk’íid. *flower-bearing stem or stalk of a cow parsnip:* hlk’íid hlk̲áamaay. *one's hair; the top of a tree; fuzz of a fireweed; flower of a cow parsnip:* k̲aj. *peppermint, root of cow parsnip:* sdlagw sk’yáaw.

crab

crab: k̲’ust’áan. *hermit crab:* skats’gw, skáy ts’íi. *king crab:* húugaa. *red crab:* k̲’ust’áan sg̲ids. *small purple crab:* ts’a’ám. *unidentified species of crab:* gúudaangaa.

crabapple

apple, crabapple: k’áy. *crabapple:* X̲aadas k’ayáa. *crabapples stored in whipped ooligan grease:* k’áy k̲ayúudaa. *crabapple (tree or wood):* k’ayánhl. *variety of large crabapple which grows near Rose Spit:* k̲’ún k’áys. *wild crabapple orchard:* k’áy gyaawáay.

crab butter

crab butter: k̲’ust’áan nag̲áay, k̲’ust’áan ts’íi.

crab claw

one's fingertip; a crab's claw: stla kún. *one's own fingertip; a crab's own claw:* stla kunáng.

crab leg

one's finger; a starfish's arm; a crab's leg: stla k̲’ángii. *one's own finger; a starfish's own arm; a crab's own leg:* stláang k̲’ángaang.

crab pot

crab pot: k̲’ust’áan sk̲amáay.

crab shell

a crab shell: k̲’ust’áan k̲’áal.

crack
to crack, split open O (pl) with one's hands: tla k'idlán. *to crack, split open O (sg) with one's hands:* tla k'it'a.

cracked
to be cracked: k'it'iyáa.

cracker
pilot bread, cracker, bracket fungus: gílg. *square cracker, soda cracker:* gílg kún-gadaa.

crackle
to crackle, blast: k̲'áat'uuga.

cradle
baby's cradle, baby's hammock: g̲a sk'aaysláangw. *cradle:* g̲a sk'a'áangw.

Craig
Craig: K'áaws Tláay.

cram
to pack, stuff, cram O (into X): t'ats'gáng.

cramp
to cramp up (of body parts): hlgahl.

cranberry
cranberry: dah (1). *cranberry, lingonberry, twinflower:* sk'ag cháay. *highbush cranberry patch:* hláay gyaawáay. *mountain cranberry, neigoonberry:* neegúun. *squashberry (bush or branch), high-bush cranberry (bush or branch):* hlg̲áay hlk̲'a'áay.

crane
sandhill crane: dal.

crave
to like the taste of O, to like to eat O, to crave O: x̲áwlda.

crawl
to crawl around: tluu'úng.

crayon
marker, pencil, pen, chalk, crayon: kihláaw. *pencil, pen, chalk, crayon, traditional paintbrush made of porcupine quills:* k̲'áalaangw.

craziness
craziness: k̲úunaang. *one's (own) craziness:* k̲úunanggaang, k̲úunanggaay.

crazy
the crazy people: k̲úunanggaay. *to become, go crazy:* k̲úunanggahl. *to be crazy:* k̲úunanggalaa. *to be crazy, foolish:* k̲úunang. *to have become somewhat retarded; to have gone somewhat crazy (pl):* xak'iyáa. *to have become somewhat retarded; to have gone somewhat crazy (sg):* xatl'iyáa.

crazy quilt
patchwork quilt, crazy quilt: tl'íihlaal.

creek
creek: g̲ándl xyáangs.

crest
crest: kuníisii. *crest, object with a representation of a crest on it:* gyáagaa. *Haida crest:* gíihaang, X̲aadas gyáagaa. *one's clan crest:* g̲asíi. *the call of one's crest creature:* k̲'iihlgáangw.

crest hat
wooden crest hat in the shape of a killerwhale: sg̲áan dajáng.

crew
boatcrew: búud ts'ée'ii. *crew, members of a group, inhabitants:* ts'ée'ii. *servant, disciple, crew:*

gíits’aad. *the crew of a boat or canoe:* tlúu ts’ée’ii.

crispy

to have been cooked until crispy, to be crispy fried: xál ḵats’galáa.

crispy fry

to fry O until crispy, to crispy fry O: xál ḵats’gahl.

crochet

to knit, crochet, weave: ta x̱áy. *to weave, knit, crochet O:* x̱áy (2).

crochet hook

crochet hook: ta x̱áayuu, tl’áayuu x̱áayuwaay. *crochet hook, knitting needle:* x̱áayuu.

crook

natural crook in a tree: ináahlgaal.

cross

a cross: sk’áam.

crossbill

red crossbill: s’úuluud.

crossbrace

crossbrace or thwart in a canoe, seat in a rowboat or canoe: tlamad.

cross-eyed

to be cross-eyed: sgahlala.

crotch

one's crotch: ḵ’áay. *one's own crotch:* ḵ’aayáng.

crow

crow: k’áalts’adaa. *to make a small, high-pitched sound (as small animals), twitter, squeak, chatter, sing (of birds), crow:* kingáang.

crowberry

crowberry: x̱a skáawaa.

crowd

a crowd: sk’úulayaay. *to be gathered in a crowd:* sk’úula.

crown

crown of a hat (inside or outside): daják stl’áng.

crown of one's head, summit (of a hill, etc.): tl’angaj. *the crown of one's head:* tl’aaj. *the crown of one's own head:* tl’aajáng, tl’angajáang. *the crown or top of an evergreen tree:* tl’aaj.

crow's nest

crow's nest at the back of one's head: ḵaj t’anuwáay.

crumb

coal crumbs: xálaaw. *crumbs from eating something:* ḵ’úngaaw. *crumbs of something:* ḵ’u kángaaw. *leftover, scrap, crumb of something:* kángwaay.

crunch

to chew hard, stiff O (making a crunching noise): sk’áljaang.

crush

to mash, crush O with one's hands (as berries): tla’úng.

crutch

walking stick, cane, crutch, staff, shaman's baton: t’ask’.

cry

to bawl, cry very loudly: hlgáamgangaang. *to be a crybaby, cry easily:* sg̱aa gut’a. *to cry, weep (pl):* sg̱áyga. *to cry, weep (sg):* sg̱áyhla. *to make O (pl) cry with what one says:* kíl sg̱áyga. *to make O (sg) cry with what one says:* kíl sg̱áyhla.

crybaby
to be a crybaby, cry easily: sg̲aa gut'a.

crying
the (act of) (one person) crying: sg̲ahliyáay. *the (act of) (several people) crying:* sg̲agayáay.

cubit
cubit (distance from knuckle to elbow): xi k'usíid.

cuff
cuff: xi kún. *cuff, hem:* ki tl'asdlahliyáay. *one's own cuff:* xi kunáng. *woolen cuff:* stl'a tl'agáa.

cufflink
cufflink: xi kún guuláangw.

cuirass
breastplate, cuirass (armor): k̲'it'íid.

cup
an empty cup: sk'atl'áangw k̲'áal. *cup, mug, drinking glass, dipper:* sk'atl'áangw.

cupboard
china cabinet, standing cupboard: k'ámaal da'áawaay. *standing cupboard, china cabinet:* k̲íihlaa da'áawaay.

curler
hair curler: k̲aj tla sk'aawnáangwaay, k̲aj tla ts'aláawaay.

curling iron
curling iron: k̲aj xál ts'aláadaaw.

curly
to be curly, frizzy, wavy: ts'aláa.

currant
boiled wild currants thickened with salmon eggs: st'uwúl k̲'áas. *currant (wild or cultivated):* g̲álun. *western black currant:* k̲'íit'gwaang.

currency
currency: k̲ugíin k̲uyáas.

current
current: xyáanggaay. *current (tidal or marine):* júu. *fast current:* júuts'ags. *the current:* kwahyangáay.

curse
to make a cursing hand gesture: kúuda. *to put a curse, spell on O, make O turn bad:* índgang. *to swear, curse:* gyáa 'láanuu. *to swear, curse at O, bawl O out:* 'láanuu.

cursed
to consider, treat as cursed, taboo: índa.

curtain
curtain, drape: g̲adgáats'aaw t'áahl gya'áangwaay, x̲ánjaangw t'áahl gya'áangwaay.

curve
curve: k̲a dláahlahldayaay.

cushion
cushion: g̲u cha'áangw, g̲u k'wa'áangw.

cut
to cut, butcher, clean O (e.g. fish): k̲ada. *to cut (into) X:* k̲'it'ad. *to cut O in two:* k̲'it'ad. *to cut O off, slice off a piece of O (sg) (from X):* k̲'itl'a. *to cut O repeatedly with scissors:* jat'adii. *to cut O; to dress O (an animal); to carve, whittle O:*

k̲'id. *to cut X up with scissors; to shoot X up:* ts'ananáng.

cute

to be short, stubby and cute (pl): k'udala. *to be short, stubby and cute (sg):* k'ujúu.

cut in two

to cut O in two with scissors : jat'ad.

cut off

to cut O off, trim O with scissors: jatl'a.

cut up

to cut X up into pieces: k̲'inanáng.

daddy-longlegs spider

daddy-longlegs spider: k̲áysgwaan (2), stl'i'ílt'gwaang hlkáamdalaas.

dagger

dagger: k̲'aawhl.

dagger's cord

dagger's cord (used to hang it around one's neck): k̲'aawhl dáagal.

Dall porpoise

Dall porpoise: k̲'áang (2).

damaged

to be hurt, damaged: tlagiyáa. *to get hurt, injured, damaged:* tlagáay.

damages

to ask for payment for damages, to seek restitution, to sue: 'wáahlaa ginàng.

dampness

dampness: tántl'adaanggaagaay.

dance

a certain dance performed during the 'Wáahlaal potlatch: K̲'ín Xyáahl. *a dance:* xyáahl. *a Haida dance:* X̲aadas xyáalaa. *entertainment dance for those eating during a potlatch:* gatáa saa xyáahl. *to dance:* xyáahl.

dance apron

apron, breechcloth, dance apron: k̲án gigáa.

dance hall

dance hall: xyáahl náay.

dance hat

dance hat; hat: X̲aadas sadáa.

dance leader's stick

dance leader's stick: kil sg̲agáangw.

dance song

dance song: xyáal sg̲alangáay.

dancing apron

dancing apron: k'ánj hlg̲agáa, k'itl'agáa.

dancing bib

beaded dancing bib: k̲án tl'agáa.

dancing costume

dancing costume, dancing gear: xyáal áaniigaay.

dancing gear

dancing costume, dancing gear: xyáal áaniigaay.

dancing-in song

dancing-in song, entrance song: sg̲adáal sg̲alangáay.

dandruff

dandruff: k̲aj g̲ángwaay. *(one's) dandruff, flake of dried skin:* g̲ánguj. *one's own dandruff, flake of dried skin:* g̲ángujang.

dare
to dare, challenge X: gín sdaláang.

dark
the dark: g̱áalgaaysii. *to be black, dark:* hlg̱ahl. *to become evening, get dark out:* sángyaad. *to be dark, night, nighttime:* g̱áalgaa. *to be evening, dark out:* sángya. *to get dark:* g̱áalgeehl.

dark complexion
for X to have a dark complexion: hlg̱ahlts'iyáa.

darkness
darkness: g̱áalgagaay.

dash
to dash, run away (pl) (from X): ḵa xúusda. *to dash, run away (sg) (from X):* ḵa g̱ad.

daughter
daughter: gid jáadaas. *one's daughter, one's same-sex sibling's daughter:* gujáangaa. *one's own daughter, one's own same-sex sibling's daughter:* gujáangaang. *to be a daughter, same-sex sibling's daughter (to X):* gujáangaa. *to have a daughter, same-sex sibling's daughter:* gujáang da'a. *to have O as one's daughter, same-sex sibling's daughter:* gujáanda.

daughter-in-law
one's daughter-in-law: gid jáa.

dawn
dawn: sáandlaan. *to dawn, for dawn to break:* sáandlaan. *to V all night until dawn:* sáandlaan.

Dawson's caribou
moose, Dawson's caribou: ts'ánhlḵ'al.

day
day, daytime, period of daylight: sáng (1). *in the middle of the day:* sáng yahgw. *night, a 24-hour period of day and night:* g̱áal (2). *the next day:* 'wáa daalíigw.

day before yesterday
the day before yesterday: adaahl daaléesd.

daylight
day, daytime, period of daylight: sáng (1). *light, daylight:* g̱adgáay. *to become daylight:* g̱adgéehl. *to be daylight:* g̱adgáa.

daytime
day, daytime, period of daylight: sáng (1).

deadfall
bear deadfall: k'yúu t'álg. *fall log of a deadfall:* x̱íihl sḵ'ahláanwaay.

deadhead
deadhead, drift log: ts'áamaas.

dead wood
dead wood: kug gun-gáa.

deaf
to be deaf: gyúudana.

dear
dear: dagwáang. *dear! (older person to a younger boy or man):* gunáa. *dear! (to younger females):* k'áangaa. *dear (used by older people toward younger people):* hlḵín. *to be precious, dear, expensive:* ḵuyáa.

dear me!
oh! dear me!: áajádíyáa.

death
a time of death: ga áahljaaw. *death:* k'ut'áal, tiiyáay.

debris
line of debris left by the high tide: gii tíigad.

decay
to decay, rot (of plants, wood): gunsdla. *to rot, decay:* gun-géehl.

decayed
to be rotten, decayed (of plants and wood): gun-gáa.

deck
deck of a boat: tlúu ún. *its deck (of a house), its roof (of a car):* g̲áal (1).

decorate
to decorate a basket: x̲áayhl'ahl.

decorations
basket decorations: x̲áayhl'aal. *Christmas decorations:* Christmas gin-gáay.

dedicate
to dedicate a song: gyáa k'uyáng.

deep
to be deep water: hldaayangáa. *to be deep [water, hole]:* hldiingáa.

deer
deer: k'áad. *deer meat, venison:* k'áad ki'ii.

deer cabbage
deer cabbage: g̲asáa.

deer fern
deer fern, spiney wood fern, small plants of sword fern: sanáal jáad.

deer-fly
mosquito, no-see-um, deer fly: stl'i'ílt'gwaang.

deerksin stretching frame
deerksin stretching frame: k'áad k̲'ál dáng g̲asgíit'uwaay.

deer sinew thread
deer sinew thread: k'áad k'asíi.

deerskin shirt
men's deerskin shirt: k̲'ahl k'uudáats'aay.

defecate
to poop, defecate (pl): k'wáadang. *to poop, defecate (sg):* k'wáawa. *to strain, struggle to defecate:* g̲ínjuu.

definitely
surely, certainly, definitely, so very, how, quite, quite a bit: tlíi.

delay
to put off, postpone, delay O; to slacken, loosen O: tlat'a.

deliberate
to be mentally slow, deliberate: gud x̲uláang.

delicious
to be delicious, taste good, be sweet: x̲áwla.

delta
dried-up river delta: t'áay chaa k̲'aawdayáay.

demijohn
demijohn, carboy (a large bottle with a narrow neck, often encased in wicker): Cháalamaan k'úug.

den
bear den: táan náay. *one's den, burrow:* náa (2). *one's own den, burrow:* náang (2).

place where many bear dens are located: táan ’láanaa.

denim

canvas, denim: xwáasdaa.

dense

to be thick, densely numerous (as berries): k’uts’galáa.

dentalium shell

dentalium shell: g̲uts’áng, k̲uhlts’áng.

dentist

dentist: ts’áng tlaawhláa ’la’áay. *to be a dentist:* ts’áng tlaawhláa ’la’áaygaa.

dentures

false teeth, dentures: ts’áng k̲’álaad.

depart

to leave, depart, go, start off (pl): ist’iid. *to leave, depart, go, start off (sg):* k̲áayd.

dependable

for X to be reliable, dependable, be able to be counted on: kwáagadaa.

deplete

to use up, deplete, waste O: tla híiluu.

depleted

to become all gone, depleted, used up: g̲íihl. *to vanish, pass out of existence, become all gone, used up, depleted:* híiluu.

deposit

white deposit in one's mouth after sleep: x̲ahlíi k̲’áa’awaay.

depressed

to feel very bad, deeply depressed (pl): x̲ujáang. *to feel very bad, deeply depressed (sg):* x̲usda.

descend

to go down, come down, climb down, descend (sg): k̲at’a’éehl.

design

a certain design woven into mats: ts’áagwaal. *a drawing, a traditional design:* k̲’áalang níijangaay. *a drawing of a brown bear, a traditional brown bear design:* xúujg k̲’áalang níijangaay. *a figure or design of a person:* x̲aad da’áang. *a killerhale design, the figure of a killerwhale:* sg̲áan da’áang. *design, figure, representation of something:* da’áang.

desire

as one wishes, wants, desires: gudáagw. *to one's heart's content, as much as one desires:* gudáagwhlaan.

desperate

to be in a bind, stuck, desperate: hlkusgad.

despise

to see, look at O: k̲íng.

despite

in spite of, despite what someone said: kihl t’álg.

despondent

to be despondent, discouraged, lack hope: k̲ayáng.

destitute

to be poor, destitute: k̲’angasgidáaygaa. *to have hardship, hard times, be destitute:* chaagut’áang.

detained

to be detained, tied down (by X), be busy (with X): k̲’íiwaa.

determined
to be brave, determined, courageous, strong-minded: tláats'gaa.

devil
the devil, Satan: X̱idgwáa 'Láanaa.

devil's club
devil's club: ts'íihlanjaaw. *remains of a stick of devil's club after the bark has been chewed off in a particular way:* skusál.

diameter
its width, its diameter: g̱áahlii (1).

diaper
diaper: gid g̱ut'íisk'w, g̱ud gihláalw, g̱ud git'íisk'w, g̱ud g̱adúusii. *rag, diaper, scrap of cloth:* sáalii.

diaphragm
one's diaphragm: ḵ'ahl hlk'únk'aay.

diarrhea
diarrhea: sk'áluu. *to have diarrhea:* sk'álaaw.

die
to die (pl): k'ut'ahlga. *to die (sg):* k'ut'ahl. *to lose one's life, die:* hl'áansdla.

die down
to die down, become calm (of wind, weather): dláayeehl.

diety
the name of the highest power, diety: Sángs Ḵ'áangal Sg̱áanuwaay.

different
different from, apart from: iláa. *other, another, something different, something else, someone else:* ḵ'álaad.

difficult
for X to have difficulty, a hard time (with X2), have trouble (over X2): 'wáajaaganda. *to be difficult, hard, challenging:* sángiits'a, sángiits'gaa. *to make O hard, difficult:* tla sángiits'a. *to make O sound difficult, hard:* kíl sángiits'a.

difficulty
trouble, difficulty: 'wáajaagangaay.

dig
to dig (for clams): 'wáana. *to dig O up:* hlg̱áy. *to finish digging up O:* hlg̱ig̱íihlda.

digging stick
digging stick, spade: dlagw.

dime
dime: bíid.

dining room
dining room: dáayang náay.

dinner
a dinner, a feast: dáawgaay. *dinner, supper:* sángyaahlgaay, sángyaaygaay.

dip
to dip for O with a net: chatl'a.

dipnet
dipnet: xáad.

dipper
cup, mug, drinking glass, dipper: sk'atl'áangw. *dipper:* sk'atl'áangw gigwáa. *dipper, water ouzel:* hlkyáang k'usk'áay, ts'ajwáay. *mosquito wriggler, dipper, water ouzel:* g̱ándl ts'úujuudgaa. *water dipper:* g̱ándl sk'atl'áangwaay. *water*

glass, tumbler, dipper: g̲anéelw.

direct

to advise O, give advice, direction, supervision to O (about X): kíl dla'a.

dirt

grime, dirt, dust, filth: sk̲'íl. *one's own grime, dirt, dust, filth:* sk̲'íilang. *soil, earth, ground, dirt:* k̲'wíi. *to be dirty, to have dirt or soil on it:* k̲'wiyáa.

dirty

dirty!: ís. *to be dirty:* sk̲'íilaa. *to be dirty, to have dirt or soil on it:* k̲'wiyáa.

disappoint

to disappoint, let O down with what one says: kíl kwáahla.

disaster

for there to be a calamity, disaster: ta hlg̲awíi.

disciple

servant, disciple, crew: gíits'aad.

discouraged

to be despondent, discouraged, lack hope: k̲ayáng.

discuss

to plan, make a plan, discuss future actions: gakílhla. *to talk, converse, chat, discuss loudly (pl):* ta k̲aaguda. *to talk, converse, chat, discuss (pl):* k̲aagwa.

disease

sickness, illness, disease: st'íi.

disgrace

to bring up a past disgrace, taunt X; to throw something in X's face (metaphorically): g̲as'áada. *to disgrace oneself:* g̲a'áaw.

disgusting

to frown upon, show dislike, distaste for X, to find X disgusting, revolting: sk'ínggaang.

dish

carved dish made from mountain sheep horn: skuj k̲íihlaa. *carved wooden dish in the shape of a brown bear:* xúuj k'áagaan. *carved wooden dish with faces on each end:* k̲uhl k'áagaan. *ceramic dish:* k̲'ámaal k̲íihlaa. *dish for serving grease:* táw táawaay. *dish in the shape of a brown bear:* xúuj k̲íihlaa. *dish, plate:* k̲íihlaa. *large dish made from a dug-out log, used at feasts for serving sea mammal meat:* sk'ad. *large dish made from a dugout log, used at feasts for serving sea mammal meat:* t'áwk'. *wooden dish (either steamed, bent or carved):* k'áagaan.

dishtowel

dishtowel, tea towel: k̲íihlaa gisáawaay. *dishtowel, tea towel, other rag or cloth used for wiping:* gisáaw.

dishwasher

dishwasher (machine): k̲íihlaa agán dláanwaay.

disinterested

to be naive, disinterested, oblivious: k̲'áawunaa.

disk

saucer; wooden disk supporting a hat or basket that's being woven: stl'ang g̲at'íis.

dislike

to dislike O: gu dag̲anga. *to frown upon, show dislike, distaste for X, to find X disgusting, revolting:* sk'ínggaang.

dismay

dismay, displeasure: hadáaw.

disobedient

to be disobedient, stubborn, bullheaded, obstinate, to not listen: gyúuts'iya.

displeasure

dismay, displeasure: hadáaw.

dispute

to argue, have a dispute over O: kíl gúusuwaa.

dissolve

to chew O (as snuff), let O dissolve in mouth: ts'a k̲'íigang.

distant

to become distant, far away (from X); for a long time to pass: jíingeehl. *to be distant, far away (from X):* jíingaa.

distaste

to frown upon, show dislike, distaste for X, to find X disgusting, revolting: sk'ínggaang.

ditch

ditch, excavation: hlg̲ist'áa.

divide

to divide O up (into approximately equal parts): tlaadíi.

divorce

to throw O away; leave, divorce O: dáang.

do

to do that, do so, do thus: 'wáa (2). *to do; to take, put, give, get O:* isda.

do away with

to do away with O: tláng ánts'a.

dock

dock (plant): stladáalsgyaan, tl'áak̲'uuj, X̲aadas tl'áak̲'ujaa.

doctor

doctor: st'íi k̲éeng 'la'áay. *to be a doctor:* st'íi k̲éeng 'la'áaygaa. *to doctor, treat O:* xílda.

dog

dog: x̲a.

dogfish

dogfish, shark: k̲'aad.

dog louse

dog louse: x̲a t'amíi.

dog salmon

dog salmon, chum salmon: sk'ag. *soaked dried fillet, usually dog salmon:* tl'ag. *the last run of dog salmon (in October or November):* k̲'ask'ud chíinaay. *whole female dog salmon dried for soaking:* k̲án-gw.

dog salmon season

dog salmon season, fall, autumn: sk'ag núud.

dogwood

red osier dogwood: sg̲id x̲áadaal.

doing

to give a feast, put on a doing, host a social event: hála (1).

doings

a doings: gin-g áahljaaw. *potlatch or doings where formal payment is made to the opposite moiety:* gyáa isáaw.

doll

doll: gid. *doll head carved from limestone or marble:* hlg̲a hlk̲'áats' gid.

dollar

dollar, money, silver: dáalaa.

Dolly Varden char

Dolly Varden char: táatl'aad.

done

to finish, complete O. get O done: tla g̲íihlda. *to have been finished, completed, gotten done:* tla g̲íihldiyaa.

donkey

donkey: múuluu.

don't

don't do that: amahl amahl.

don't know

I don't know: áyaa.

door

door, doorway, gate, gateway, entrance or exit to a building: k'yúu. *slope of a mountain; area above a door; the wooden plaque mounted on the front of a ceremonial headdress; the top edge of a housepit:* k̲úl. *wooden door hanging inside the doorway theough the housefront pole of a traditional house:* kyaa.

doorknob

a doorknob: k'yúu 'wáa aa k̲'íit'as, k'yúu 'wáa aa skáat'as. *doorknob:* k'yúu 'wíi skáajuwaay.

doormat

doormat: st'áang t'a gisáawaay, t'a k̲'íiyaaw.

doorway

door, doorway, gate, gateway, entrance or exit to a building: k'yúu. *oval doorway through the front of the house and the housefront pole:* ki x̲áal.

dorsal fin

dorsal fin of a whale, dolphin, porpoise or fish (other than flatfish): ts'ál. *one's own dorsal fin:* ts'íilang. *the base of a dorsal fin:* ts'íil k̲'úl. *whale's dorsal fin:* hlg̲án.

double-barreled shotgun

double-barreled shotgun: jagw k̲'áay sk'asdáng.

double-bitted ax

double-bitted ax: kyúutl'jaaw gud íi tl'a'áaw.

double-crested cormorant

double-crested cormorant: sgúusuu.

double-finned killer whale

double-finned killer whale: sg̲áan ts'ál tl'asdáng.

double-head eagle

double-head eagle: ts'áak' k̲aj sdáng.

Douglas fir

Douglas fir (tree or wood): ts'áamaas k̲'íidaay. *Douglas fir wood:* hlk'yáan k̲'ats'áa, k̲íid k̲'ats'áa.

down

down, downward, downstairs, to the ground, to the floor: x̲íidg. *down, downwards:* x̲idgáang. *down, on the floor, on the ground, below, underneath:* x̲iid.

down from above

down, from above, from the air, out of the sky, downstairs: sáasd.

down from the woods

down from the woods, down on the beach; out to sea, offshore: k̲'ad.

downhearted

to feel bad, be downhearted: tada.

down (n)

bird down: g̲ínuu. *its small feather, its down (of a bird):* hltánuu.

down on the beach

down from the woods, down on the beach; out to sea, offshore: k̲'ad.

downstairs

area under, below, downstairs from something: x̲idsíi. *below, under, downstairs of:* x̲idgw. *down, downward, downstairs, to the ground, to the floor:* x̲íidg. *down, from above, from the air, out of the sky, downstairs:* sáasd.

downward

down, downward, downstairs, to the ground, to the floor: x̲íidg.

draft

draft on a stove: án xudáaw.

drag

to run dragging O along, jerk O around: dáng g̲áydang.

dragonfly

a particular dragonfly design used in spruceroot weaving: máamaats'ak'ii. *dragonfly:* díi gwaa t'amíi, dúuduu'aayaangaa.

drama

playing, game, drama: náang (1).

drape

curtain, drape: g̲adgáats'aaw t'áahl gya'áangwaay, x̲ánjaangw t'áahl gya'áangwaay.

draw

to draw, copy, imitate, take a picture of X1 (on X2): níijang. *to draw, do some drawing:* ta k̲'áalang níijang.

drawer

bureau, chest of drawers: dáng gwaaytl'a'áaw. *drawer:* dáng gust'áaw, dáng ts'asdlatl'a'áaw.

drawing

a drawing, a traditional design: k̲'áalang níijangaay. *a drawing of a brown bear, a traditional brown bear design:* xúujg k̲'áalang níijangaay.

drawknife

drawknife: sínggals k̲'iidaangwaay, sínggals yaats'áay.

drawn

for X1 to be drawn (on X2): k̲'áalang níijangaa.

drawstring

drawstring on a kh'áaduu basket: k̲'áaduu yáangwaay.

dream

to dream: k̲ánga.

dress

deerskin dress: k̲'ahl hlk'idgáay. *dress:* hlk'idgáa. *old-fashioned dress:* tladlúu hlk'idgáay. *to cut O; to dress O (an animal); to carve, whittle O:* k̲'id.

dress goods

dress goods: gya'áangw da sk̲'asgadáa.

dressing song

dressing song: agán tlaawhláa sg̲alangáay.

dribble

to dribble O (liquid) from one's mouth: k̲'u kwaayáang.

dried berries

dried berries: g̲áan xiláadaa.

dried fish

dried fish: chíin xiláa. *piece of dried fish:* sgyaadáay.

dried peach

dried peach: tl' k̲'iyáa gyúu.

dried peas

dried peas; beach peas: yáahl tluwáa k̲áahlii.

drift

to drift fast: dáal g̲ad.

drift log

deadhead, drift log: ts'áamaas.

driftlog

driftlog, large piece of driftwood: g̲áyn.

driftwood

driftlog, large piece of driftwood: g̲áyn. *small piece of driftwood:* t'áws'waal.

drill

drill: hlkyaahlgáaw. *hand drill, gimlet, brace (tool):* tlaahlgáaw.

drill bit

drill bit: daahlgáaw k̲'áay, hlkyaahlgáaw k̲'áay.

drink

to drink, have a drink (of water): g̲aníihl. *to drink O:* níihl. *to take a drink, sip of O:* xutl'a.

drip

for water to drip: chiya.

drive around

to ride, drive around (sg) [in a fast-moving vehicle]: xál g̲áydanggwaang.

drizzle

rain, drizzle: dál (2).

drop

to lose, drop O after catching it: tla k̲agán.

drown

to drown, suffocate, be unable to breathe (pl): g̲a k̲'íit'uuga. *to drown, suffocate, be unable to breathe (sg):* g̲a k̲'íidas.

drugstore

phramacy, drugstore: xíl náay.

drum

drum: gáwjaaw. *Haida drum:* X̲aadas gáwjaawaa. *skin drum:* k'íis gáwjaaw.

drum skin

drum skin: gáwjaaw.

drumstick

drumstick: gáwjaaw sgidáangwaay. *drumstick, whip:* sgidáangw.

drunk

to become intoxicated, get drunk: láamgeehl. *to be half-drunk:* skáajuulaang. *to be intoxicated, drunk:* láamgaa.

drunkard

a drunkard, alcoholic: gin néel sg̲áanuwaay. *drunkard:* láam 'la'áay. *to be a drunkard:* láam 'la'áaygaa.

dry
to become dry, dry out: xílgahl. *to be dry:* xila. *to dry O:* xiláada.

dry fish
suspenders-style dry fish (usually humpback salmon): ts'ask'áak'w.

dry up
to go out, run dry, dry up (pl): k'ihlga. *to go out, run dry, dry up (sg):* k'ihl.

duck
bufflehead duck, harlequin duck: k̲'ask'ud. *common goldeneye duck, Barrow's goldeneye duck:* k̲áahlii sgunáa. *harlequin duck:* k̲'idáa k'ujáaw, sasáa k̲'iigáay. *mallard duck:* x̲aa. *old squaw duck:* aang'aang'ii. *pintail duck:* t'áawal x̲it'adáa, x̲íl jáng. *small springtime ducks:* a'aaníi. *unidentified species of duck (probably American widgeon):* jáas dáanggaa.

dugout canoe
dugout canoe: tlúu in.

dull
to be dull, not sharp: wuna.

dulse
dulse: ngáal sg̲id. *dulse, ribbon seaweed:* k̲'áats'.

dump
to pour, dump out O (into X): gyahsdla.

dumpling
flour dumplings with a sugar center: sablíi ts'íi súgagaa.

dune
sandhill, sand dune: táas tladaawáay.

dunegrass
American dunegrass: k̲'án tl'ángandaa.

dunlin
dunlin, western sandpiper: k'ya'ált'gwaang.

durable
to become stronger, more durable, sturdier: tláats'geehl. *to be strong, firm, durable:* tláats'gaa. *to make, keep O strong, firm, durable:* tláats'gaada.

during
behind, after, during: t'áahl. *during, in the time of:* núud.

dust
grime, dirt, dust, filth: sk̲'íl. *one's own grime, dirt, dust, filth:* sk̲'íilang.

duster
feather duster: sk̲'íl hlk'unáanwaay.

dutch oven
dutch oven: sablíi ts'asláangwaay.

dwell
to dwell, reside, live somewhere: náa (1). *to live, dwell, reside (pl):* na'áang.

dwelling
house, dwelling, building, hut, cabin, shack, shelter, establishment: na. *one's house, dwelling, building, hut, shack, cabin, shelter, establishment:* náa (2). *one's own house, dwelling, building, hut, shack, cabin, shelter, establishment:* náa'ang.

dye
black dye used for weaving materials: hlg̲álg. *dye:* hlg̲áalgahl.

dynamite
blasting powder, dynamite: tlag k̲'wáandaawaay.

each one
anyone, each one: nángan.

each other
each other, one another: gu ~ gud.

each other's one another's
each other's one another's: gud.

each time
after, according to; each time: tláaguud.

eagle
double-head eagle: ts'áak' k̲aj sdáng. *juvenile bald eagle:* g̲úud. *mature bald eagle:* ts'áak'.

ear
one's ear: gyúu (2). *one's own ear:* gyuwáng. *the upper part of one's ear, one's pinna:* gyúu hlk̲ún. *to listen (for X), keep an ear out (for X):* gyúujuu.

earlier
before, earlier: kúnaa.

earlobe
hole in one's earlobe: gyúu x̲íilayaay. *one's earlobe:* gyúu st'áay. *one's own earlobe:* gyuwáng st'áay.

early
early in the morning: sáng áayaan.

earring
earring: gyúu sdajáaw, gyúugaa. *long earrings made from pieces of abalone shell:* gúlaa tl'áanii.

earth
soil, earth, ground, dirt: k̲'wíi. *the earth:* hlan-gwáay tlagáay. *the world, the earth:* hlan-gwáay.

earthquake
earthquake: tlag híldangs.

earthworm
earthworm: k̲'wii sg̲a'áay.

east
east, eastward, toward the east: sáa tlagáa gwii. *east, from the east:* sáa tlagáasd.

easy
to be easy: 'yáangala. *to be easy to get, nearby, close at hand:* duwúng. *to be easy to get, to be nearby, to be close at hand:* dawúnggahl.

easy chair
couch, easy chair, bench: k̲'áwaadaan. *easy chair:* g̲u hlga'áangw hltanáa.

eat
to be starving, have nothing to eat, for there to be a famine: k̲'udaláa. *to eat:* gahldanúu, gatáa. *to eat a small amount of O (sg):* ts'úu'aats'a. *to eat O:* hldanúu, táa. *to eat O greedily and fast, bolt O down:* xabdajáang. *to fast, go without eating:* k̲íisaal.

eating
the eating: hldanuwáay.

eat one's fill
to eat one's fill, make oneself full from eating (X): sk'ishlda.

eat without teeth

to gum O, eat O without teeth: hámdajaang.

eavetrough

eavetrough: chiyáa da'áawaay.

echo

one's echo: kihl x̱ánj. *one's own echo:* kíilang x̱ánj.

eddy

eddy: júuhlalaang.

edge

bottom edge of a woven object (clothing, net, tablecloth, etc.): k'i kún. *edge:* ján. *edge, margin, boundary:* gyáaw. *edge, rim, brim of something:* ḵ'ún. *on the edge of it, beside it:* ján-gw. *table edge:* tíibal ḵ'ún. *the bottom edge of a basket that is being woven:* stl'áng dáaw. *the bottom edge of a mat that is being woven:* ḵ'ún dáaw. *the edge of the fire:* ts'áanuus ján. *the edge of the sea:* gáayangaay. *the edge of the water:* g̱ándlaay tláay. *the fit at the edges:* gudg g̱a gyáawt'ajaay. *the side edges of a mat that is being woven:* gyáaw dáaw. *the upper edge of a mat that is being woven:* sa dáaw. *the working edge of an item that is being woven:* dáaw.

educated

to get smart, become educated, become clever (at X): k'adangéehl.

eel

blenny, gunnel, wolf eel, species of prickleback, species of lamprey: g̱asang.

eelgrass

eelgrass: t'anúu.

effervescing salts

effervescing salts: xíl sk'aldasdláas.

egg

a bird's egg; one's testicle: ḵáw. *a bird's own egg; one's own testicle:* ḵawáng. *eggs of an unidentified species of fish, laid in crevices of rocks in the intertidal zone:* ḵ'íik'. *halibut eggs, red snapper eggs:* dláad. *herring eggs:* k'áaw.

egg cup

egg cup: ḵáw táawaay.

eggshell

eggshell: ḵáw ḵ'áal.

egg white

egg white, white's of one's eyes: ts'íi g̱adayáay.

egg yolk

an egg yolk: ḵáw ts'íi sg̱idgáay.

eight

eight, 8: sdáansaangaa. *to be eight in number:* sdáansaangaa.

eighteen

eighteen, 18: tláahl 'wáag sdáansaangaa. *to be eighteen in number:* tláahl 'wáag sdáansaangaa. *to V eighteen times:* tláahl 'wáag sdáansaangaa.

eight o'clock

to be eight o'clock, 8:00: k'asgad sdáansaangaa.

eighty

eighty, 80: tláalaay sdáansaangaa. *to be eighty in number:* tláalaay sdáansaangaa. *to V eighty times:* tláalaay sdáansaangaa.

elastic

elastic: k’aayst’áa.

elbow

one's elbow: xi k’usíi. *one's elbow joint:* xyáay k’u’úldangaay. *one's own elbow:* xi k’usáang.

elderberry

elderberry: jatl’. *elderberry bush or wood:* stíid. *rotten elderberry wood:* stíid gun-gáay.

elderly

to be middle-aged; to be old, elderly: k̲wahsgadáa.

elders

the old people, the elders: k̲’iigáay.

electric mixer

electric mixer: kígs tlaawhláawaay.

electricty

lamp, light, torch, electricty: k̲’áas g̲udáaw.

elephant

elephant: gin ts’áng jándaas.

elephant seal

elephant seal: x̲udgún.

eleven

eleven, 11: tláahl ’wáag sg̲wáansang. *to be eleven in number:* tláahl ’wáag sg̲wáansang. *to V eleven times:* tláahl ’wáag sg̲wáansang.

eleven o'clock

to be eleven o'clock, 11:00: k’asgad tláahl ’wáag sg̲wáansang.

elkhide

elkhide: hlamál.

else

other, another, something different, something else, someone else: k̲’álaad.

embarrassed

to be ashamed, embarrassed: dángyaang. *to be ashamed, embarrassed (of X):* g̲íit’aang.

ember

ember, burning coal, spark: dáas.

embrace

to embrace, hug X: sk̲’u dlasgad.

empty

to be empty: k̲’áalaa.

empty container

empty container: k̲’áal (1). *one's own empty container:* k̲’áalang (1).

enamelware

china, ceramicware, enamelware: k’ámaal.

end

at the point, end of: kún-gw. *butt end of a spear:* kit’uu kún. *end of a piece of a rope or string:* k̲wáay kún. *end (small side) of a rectangular box:* g̲ud kún. *end, tip, point:* kún (2). *to end, come to an end, finish at some location (pl):* kúnaaw. *to end, come to an end, finish at some location (sg):* kúnjuu.

end a relationship

to separate from X, end a relationship with X, break up with X: is.

endurance
the endurance or agility of one's feet: st'áawul. *the endurance or agility of one's own feet:* st'áawulang.

English
English language: Yáats' X̲aat'áay kíl.

enjoy
to like, enjoy O: guláa.

enjoyable
to be enjoyable, full of fun: gulgáa.

enough
that's enough! quit it! stop!: háwsdluwaan. *to be lacking, insufficient, not enough:* gáwad, gáwadaa. *to be not enough, insufficient:* gúu xajúu.

entance
the entrance to an enclosed space, mouth (of a river, bay): k̲'íw.

enter
to go in, come in, enter (pl): ists'a. *to go in, come in, enter (sg):* k̲ats'a.

enter one by one
to file in, enter one by one: sg̲adáalts'a.

entertain
to amuse, entertain, take care of O (as children): tla k̲'íiya.

entire
whole, entire (of bodies): dlask'w. *whole, entire (of boxy objects):* ts'ask'w. *whole, entire (of cylindrical objects):* sk'ask'w. *whole, entire (of flat object):* g̲ask'w. *whole, entire (of large, chunky 3D object):* k̲'íisk'w. *whole, entire (of sça class objects):* sg̲ask'w.

entrance
door, doorway, gate, gateway, entrance or exit to a building: k'yúu.

entrance-song
dancing-in song, entrance song: sg̲adáal sg̲alangáay.

envelope
(empty) envelope: k̲ugíin k̲'áal.

envious
to be envious, jealous: gu sdahla.

epsom salts
epsom salts: xíl k̲'alángudaas.

equal
the same as, equal to, even with: dlúu.

eraser
eraser: gisáaw.

ermine
(brown) weasel, ermine: daayáats'. *weasel, ermine:* tlag (1).

escape
to escape, be saved: k̲agán (2).

Eskimo
the Eskimo people, the Inuit people: K'udáagws X̲aat'áay. *to be an Eskimo, Inuit:* K'udáagws x̲aat'áa.

esophagus
the upper part of one's stomach, the lower part of one's espohagus: k'isáng sk̲'íw.

establishment
house, dwelling, building, hut, cabin, shack, shelter, establishment: na. *one's house,*

dwelling, building, hut, shack, cabin, shelter, establishment: náa (2). *one's own house, dwelling, building, hut, shack, cabin, shelter, establishment:* náa'ang.

eucalyptus

eucalyptus wood: hlk'yáan sgúnulaas.

Eureka Pass

Eureka Pass: Sáahlaang K'áahlandaas.

evaluation

results of an evaluation, considered opinion: gudahldiyáay.

even

even: g̲áadii, hân. *indeed, even:* gwaa (1). *the same as, equal to, even with:* dlúu.

evening

evening: sángyaa. *in the evening:* sáng x̲idgw. *to become evening, get dark out:* sángyaad. *to be evening:* sáng x̲idguláa. *to be evening, dark out:* sángya.

even so

anyway, just, nevertheless, even so: hak'wáan. *nevertheless, even so, anyway:* 'wáask'yaan.

eventually

eventually, at last, finally: g̲aat'áangaan.

evergreen

spruce or evergreen (tree or wood): k̲íid (2). *the crown or top of an evergreen tree:* tl'aaj.

evergreen branch

new growth on the end of an evergreen branchlet: kún hltanagáay.

evergreen needle

evergreen needle: sk̲'aa, stl'áamaalaa.

everything

everything: gin 'wáadluwaan.

everytime

everytime: k'yáahlg.

everywhere

anywhere, everywhere, all over the place: tlíijiidaan.

evil

to be bad, evil: dag̲anga.

evil spirit

evil spirit: kagan. *one's evil spirit(s):* kagáanaa. *one's own evil spirit(s):* kagáanaang.

exactly

specifically, exactly, just, right: hik'ii.

exaggerate

to exaggerate X1 (talking to X2), to stretch the truth about X1 (talking to X2): kílsiid.

excavation

ditch, excavation: hlg̲ist'áa. *the excavated area:* hlg̲eeláay.

exceedingly

to V exceedingly, too much: jahlíi.

excel

to excel, be outstanding: sajúu.

excess

to be left over, be an excess amount: k̲'awad.

exchange

in exchange for; past, in the opposite direction from: sg̲áwdg. *to change, exchange O:* tlajuuhlda.

exhausted
to be exhausted, weary, worn out: hlg̱ínsahlda. *to be verbally exhausted, to get tired of talking:* kílsda.

exist
to be, exist: is.

exit
door, doorway, gate, gateway, entrance or exit to a building: k'yúu.

expect
to expect (X), watch (for X), be on the lookout (for X): ḵehjúu.

expensive
to be precious, dear, expensive: ḵuyáa. *to get cheaper, go down in price, become less expensive:* nangéehl.

explode
to explode: ḵ'wáang. *to explode, make an exploding noise:* ḵ'at'úuga. *to fire at O with explosives, to make O explode, to bomb O:* ḵ'wáanda.

expression
one's facial expression: x̱ángul.

extinguish
to extinguish, put out a fire: tla k'ihl.

extremely
very much, extremely, way: g̱agwíi.

eye
eye end of a needle: stlán k'usíi. *in front of, in the presence of, to one's eyes:* x̱áng aa. *inside of one's eye:* x̱áng ḵáahlii. *one's eye:* x̱ángii (2). *one's own eye:* x̱ángaang. *the outer corner of one's eye:* x̱áng g̱ud. *the outer corner of one's own eye:* x̱áng g̱udáng. *to have one's eyes closed:* g̱wíiwula. *to have one's eyes open:* ḵehsíid. *to keep one's eyes closed:* g̱wíiwulda. *to open one's eyes:* ḵehsasdla. *white of the eye:* x̱áng ts'íi.

eyeball
one's eyeball(s): x̱áng 'wáa aa skáagangaay.

eyebrow
eyebrow: x̱áng sk'yáaj. *one's eyebrow:* sk'yáaj. *one's own eyebrow:* x̱ángaang sk'yáaj, sk'yáajang.

eyedropper
eyedropper: gi ts'ángwaalw, tl'a ts'ángwaalw.

eyeglasses
eyeglasses: x̱áng ḵálgaay.

eyelash
one's eyelash: x̱áng hlt'áaguj. *one's own eyelash:* x̱áng hlt'áagujang.

eyelid
one's eyelid: x̱áng g̱áal, x̱áng ún. *one's own eyelid:* x̱áng úunang. *the edge of one's eyelid:* x̱áng ḵ'ún.

eye medicine
eye medicine: x̱áng xiláay.

eye of a needle
eye of a needle: stlán k'usíi.

eye socket
eye socket: x̱áng k'wáa'ul. *orbit of eye, eye socket:* x̱ángs k'úl.

face
face of a mountain: x̱áng. *one's face:* x̱ángii (1). *one's own face:* x̱ángaang.

face paint
black face paint: x̱áas. *face paint:* x̱ángii majáay.

face powder
face powder: x̱áng tla g̱adahldáaw.

face towel
(face) towel: x̱áng gisáaw.

facial expression
one's facial expression: x̱ánguhljuu, x̱ángul.

facial hair
one's own whisker, facial hair: sḵ'íwang. *one's whisker, facial hair:* sḵ'íwii.

facing
opposite from, facing: x̱ánhlaa.

faint
to faint: saagáa, ḵ'íisgad.

fairly
to V fairly, somewhat: áahlgang.

Fair Weather Woman
Northeast Wind Woman, Fair Weather Woman: Tl'áa Jáad.

falcon
peregrine falcon: jajáad.

fall
to fall down (pl): x̱adahlda. *to fall (sg person):* dlawíi.

fall apart
for X to fall apart, go to pieces, break apart into many pieces, get wrecked, get busted up: ts'ahlad. *for X to to fall apart, to break:* g̱at'ad. *to get raggedy, fall apart (of clothes):* ts'áaliigeehl.

fallen tree
fallen tree: ḵ'a'áaw.

fall in a pile
to fall in a pile, tumble down, collapse: x̱únwii.

falling star
falling star: k'aayhlt'áa sk'awíi.

fall in love
to be in love with X: gwáalgaa. *to fall in love:* jaagúuhl.

fall (n)
dog salmon season, fall, autumn: sk'ag núud. *fall, autumn (lit. mud season):* cháanuud. *salmon-drying season, fall, autumn:* táanuud. *the mud season, fall, autumn of the preceding year:* k'wáay cháanuud. *the salmon-drying season, fall, autumn of the preceding year:* k'wáay táanuud. *to become fall, autumn:* cháanuudgeehl. *to be fall, autumn:* cháanuudgaa.

fall over
to fall, topple over (pl): ḵ'ándaal. *to fall, topple over (sg):* ḵ'áa.

fall overboard
to fall overboard: dlawíiga.

fall (v)
to fall down from a standing position (sg): dladahlda. *to fall (of a small object):* xawíi.

false azalea
false azalea: ḵ'as.

false teeth
false teeth: ts'áng 'wíi da hlgahliyáa. *false teeth, dentures:* ts'áng ḵ'álaad.

famine

starvation, famine: k̲'udáal. *to be starving, have nothing to eat, for there to be a famine:* k̲'udaláa.

fan

a hand-held fan: xi tadáaw.

fang

one's own tooth, fang, tusk, claw (of crab), beak (of octopus): ts'angáng. *one's tooth, fang, tusk, claw (of crab), beak (of octopus):* ts'áng.

far

across to the far, opposite shore: in-gwíi. *that much, that far:* háw tlíisdluu. *the far, opposite shore:* in-gúusii.

far away

to become distant, far away (from X); for a long time to pass: jíingeehl. *to be distant, far away (from X):* jíingaa.

farm

garden, farm, cultivated field: táwk'aan.

farmer

farmer, gardener: táwk'aa 'la'áay. *to be a farmer, gardener:* táwk'aa 'la'áaygaa.

far side

around on the other side of, on the far side of: in-gwéed.

fart

to fart, pass gas multiple times: kusadáng. *to fart, pass gas once:* kusad. *to fart, pass gas very loudly multiple times:* tl'úusadang. *to fart, pass gas very loudly once:* tl'úusad. *to let out a single high-pitched fart:* t'ámsad. *to let out a single loud fart, to pass gas loudly once:* tl'áamsad. *to let out multiple high-pitched farts:* t'ámsadang. *to let out multiple loud farts, to pass gas loudly multiple times:* tl'áamsadang. *to let out multiple very small farts, pass a tiny amount of gas multiple times:* ts'úusadang. *to let out one very small fart, pass a tiny amount of gas:* ts'úusad.

fast

quickly, fast, so soon: tlíits'guusd. *to be fast, quick, speedy:* xangala. *to be quick, speedy, fast:* sgingula. *to fast, go without eating:* k̲íisaal. *to hurry, go fast:* xangahlda.

fasten

to tie O, fasten O, tie a knot on O: ts'at'as.

fasting

fasting: k̲íisalaay.

fat

hard fat around the kidneys and stomach of an animal, used to make tallow: gyáay. *hard fat around the stomach of a deer or cow:* t'álii. *lump of fat on the rump of a goose:* k'asíi k̲iidgaa. *(non-rendered) fat, fatty tissue:* k'ats'ál. *one's fat, blubber:* g̲áay. *one's own fat, blubber:* g̲áayang. *to be big and fat, pudgy (pl):* dabdala. *to be big and fat, pudgy (sg):* dabjúu. *to be stout, fat:* g̲áayaa (1).

father

father! paternal uncle (father's brother)! husband of maternal aunt (mother's sister)!: hadáa, g̲ungáa. *one's father, one's paternal uncle (father's brother), husband of one's maternal aunt (mother's sister):* g̲ung, x̲áad. *one's own father, one's own father's male clanmate, husband of one's own mother's sister (of a female):* x̲áadang. *one's own father, one's own paternal uncle (father's brother), husband of one's maternal aunt (mother's sister):* g̲úngaang. *to be a father, paternal uncle (father's brother), husband of maternal aunt (mother's sister) (to X):* g̲ungáa, x̲áat'aa. *to become a father, paternal uncle (father's brother), husband of a maternal aunt (mother's sister):* g̲ungéehl, x̲áat'eehl. *to have a father, paternal uncle (father's brother), husband of a maternal aunt (mother's sister):* g̲ung da'a, x̲áad da'a. *to have O as one's father, paternal uncle (father's brother), husband of a maternal aunt (mother's sister):* x̲áat'a. *to have O as one's father, paternal uncle (father's brother), husband of maternal aunt (mother's sister):* g̲únda.

father-in-law

one's own spouse's father (father-in-law), one's own spouse's paternal uncle (uncle-in-law), one's own spouse's mother's father (grandfather-in-law), one's own daughter's husband (son-in-law), one's own same-sex-sibling's daughter's husband (nephew-in-law), one's own daughter's daughter's husband (grandson-in-law): k̲unáang. *one's spouse's father (father-in-law), one's spouse's paternal uncle (uncle-in-law), one's spouse's mother's father (grandfather-in-law), one's daughter's husband (son-in-law), one's same-sex-sibling's daughter's husband (nephew-in-law), one's daughter's daughter's husband (grandson-in-law):* k̲unaa. *to be a spouse's father (father-in-law), spouse's paternal uncle (uncle-in-law), spouse's mother's father (grandfather-in-law), daughter's husband (son-in-law), same-sex-sibling's daughter's husband (nephew-in-law), daughter's daughter's husband (grandson-in-law) (to X):* k̲unáa. *to have a spouse's father (father-in-law), a spouse's paternal uncle (uncle-in-law), a spouse's mother's father (grandfather-in-law), a daughter's husband (son-in-law), a same-sex-sibling's daughter's husband (nephew-in-law), a daughter's daughter's husband (grandson-in-law):* k̲unaa da'a. *to have O as one's spouse's father (father-in-law), one's spouse's paternal uncle (uncle-in-law), one's spouse's mother's father (grandfather-in-law), one's daughter's husband (son-in-law), one's same-sex-sibling's daughter's husband (nephew-in-law), one's daughter's daughter's husband (grandson-in-law):* k̲unaada.

fathom

fathom: xi g̲agíid. *yard, fathom (of measurement):* da sk̲'asgad.

fawcet
tap, fawcet: g̱ándl tla kwahyáangwaay.

fear
fear: hlg̱wáagaa.

fearful
to be fearful, afraid of X, shy around X: xált'as.

fearsome
for X to be fearsome, frightening, scary: hlg̱ugiigáa.

feast
a dinner, a feast: dáawgaay. *feast:* 'láaganangaay. *to give a feast, put on a doing, host a social event:* hála (1). *to have a party, feast:* 'láaganang.

feastgoers
feastgoers, guests at a feast: 'láaganang ḵagáay.

feather
a bird's (large) feather, plume, quill: t'áa'un. *a bird's own (large) feather:* t'áa'unang. *flicker feather:* sg̱áahlts'iid t'áa'un. *its small feather, its down (of a bird):* hltánuu.

feather bed
feather bed, feather mattress: hltánuu.

feather duster
feather duster: sḵ'íl hlk'unáanwaay.

feather mattress
feather bed, feather mattress: hltánuu. *feather mattress, feather bed:* hltánuu ún cháangwaay.

feather pillow
feather pillow: ts'ahl hltánuu, hlt'ánuu ts'ahláay.

feces
one's feces: nag̱áa. *one's own feces:* nag̱áang.

feed
to feed O: gatáada, gíida. *to feed O1 to O2:* táada.

feel
to feel, sense by touch: g̱áandang. *to feel, test O out with one's hands:* tlagwdáng.

feel bad
to feel bad, be downhearted: tada. *to feel very bad, deeply depressed (pl):* x̱ujáang. *to feel very bad, deeply depressed (sg):* x̱usda.

feeling
physical feeling: g̱áandaang, g̱áandangaay.

feelings
feelings: sg̱at'ajáay. *mind, thoughts, feelings:* gudáang. *one's mind, thoughts, feelings:* gudangáay. *one's own mind, thoughts, feelings:* gudangáang.

feel pity
to feel pity, feel sorry for X: gudáng.

feel sorry
to feel pity, feel sorry for X: gudáng.

feet
the endurance or agility of one's feet: st'áawul.

female
to be a girl, woman, female (sg): jáadaa. *to be girls, women, female (pl):* jaadáa.

fence
fence: ḵ'aláax̂an.

fence board

fence board, picket: k̲'aláax̂an.

fern

bracken fern: ts'áagwaal hlk̲'a'áay. *deer fern, spiney wood fern, small plants of sword fern:* sanáal jáad. *lady fern, spiney wood fern:* sáagwaal. *licorice fern:* dláamaal. *sword fern, maidenhair fern, male fern:* ts'áagwaal.

fertile

to be fertile (of female), have many children: k̲igáa.

fertilizer

fertilizer: chán x̲aa. *rotted bladder wrack used as fertilizer:* t'ál x̲a'áa.

fetch water

to fetch water: gajíi.

feud

fight, feud, raid, war: g̲aayhldáa. *fight, feud, war:* gáalaang. *warfare, feud, raiding:* k̲íidaaw. *war, fight, feud:* gu isdáa.

fever

to be sick with a fever: k'íin ijgáa.

few

just, simply, a little bit, a few, somewhat: hlangáan.

fiancée

one's fiancée, sweetheart, lover, boyfriend, girlfriend: k̲'a táayaa. *one's own fiancée, sweetheart, lover, boyfriend, girlfriend:* k̲'a táayang. *to have O as one's fiancée, sweetheart, lover, boyfriend, girlfriend:* k̲'a táayda.

fiddle

fiddle, violin, or any string instrument played with a bow: x̲i kingáangw. *to be tired of working (on X), fiddling (with X):* x̲ánsda.

fidget

to stir, move, twitch, fidget: hihlda. *to stir, move, twitch, fidget repeatedly; to shake, squirm, writhe:* híldang.

field

garden, farm, cultivated field: táwk'aan.

fifteen

fifteen, 15: tláahl 'wáag tléehl. *to be fifteen in number:* tláahl 'wáag tléehl. *to V fifteen times:* tláahl 'wáag tléehl.

fifty

fifty, 50: tláalaay tléehl. *to be fifty in number:* tláalaay tléehl. *to V fifty times:* tláalaay tléehl.

fifty cent piece

half-dollar, fifty cent piece: dáalaa in'wáay.

fig

fig: ts'áng k̲'uhlíi.

fight

fight, feud, raid, war: g̲aayhldáa. *fight, feud, war:* gáalaang. *to fight:* g̲aayhlda. *war, fight, feud:* gu isdáa.

fighting gear

fighting gear, kit of weapons: tláawaa áaniigaay. *war clothes, fighting gear:* sg̲ats' gin-gáay.

figure
a figure in the string figure game: x̱úud. *a figure in the string game:* xíid, yáanii k'agwáa. *a figure or design of a person:* x̱aad da'áang. *a killerhale design, the figure of a killerwhale:* sg̱áan da'áang. *design, figure, representation of something:* da'áang. *figure, body shape:* hlúuyangaay. *figure in the string game:* ḵ'uhl chiyáang, st'álaa.

figure out
to look O over and figure out what to do with it or about it: ḵehg̱íihlda.

file
file (tool): tla xahldáaw.

file in
to file in, enter one by one: sg̱adáalts'a.

fill
to eat one's fill, make oneself full from eating (X): sk'ishlda. *to fill O up:* st'ahda.

filled
to be full, filled: st'ah.

fillet
dried fillet that is good for soaking: tl'ag hláng. *soaked dried fillet, usually dog salmon:* tl'ag. *very thin dried or smoked fillet of salmon, halibut or lingcod:* ts'álj.

filter
strainer, filter: dáalt'iis'uu.

filth
filth: s'ál. *grime, dirt, dust, filth:* sḵ'íl. *one's own grime, dirt, dust, filth:* sḵ'íilang.

fin
adipose fin (of a salmon): hlg̱wáa'agaalaa. *anal fin and bone in salmon:* ḵ'uhlíi. *anal fin of a salmon:* yámgal. *dorsal fin of a whale, dolphin, porpoise or fish (other than flatfish):* ts'ál. *fin of a fish:* xamsk'ál. *one's own dorsal fin:* ts'íilang. *one's own sleeve; one's own pectoral fin; a seal or sea lion's own front flipper:* xyáang. *one's sleeve; one's pectoral fin; a seal or sea lion's front flipper:* xyáay. *whale's dorsal fin:* hlg̱án.

finally
eventually, at last, finally: g̱aat'áangaan. *finally, after a long time:* tlíiyaan. *someday, one of these days, sometime in the future, finally, in the end:* tlíisdluwaan.

financial status
one's living conditions, financial status: chaagáay.

find
to find O: ḵíiya. *to search out, find and gather O (pl); to choose, select, pick out O:* ḵínst'a.

find out
to find out X, come to know X: únsadgahl.

fine
to be fine, good, well: 'láa (2).

fine-toothed
to be fine-toothed, finely stitched: ts'áng síidala.

finger
one's finger; a starfish's arm; a crab's leg: stla ḵ'ángii. *one's little finger, pinky:* stla g̱ud.

one's middle finger: stla k̲'ángii sk'a k̲úunaa. *one's own finger; a starfish's own arm; a crab's own leg:* stláang k̲'ángaang. *one's own little finger, pinky:* stla g̲udáng.

fingernail

one's fingernail: stl'a k'ún. *one's own fingernail:* stl'a k'unáng.

fingerprint

one's handprint, fingerprint: stláasal. *one's own handprint, fingerprint:* stláasalang.

fingerspan

fingerspan: stla, stla sk'áamaa.

fingertip

one's fingertip; a crab's claw: stla kún. *one's own fingertip; a crab's own claw:* stla kunáng.

finish

no more, that's all; stop, finish: tláan. *to end, come to an end, finish at some location (pl):* kúnaaw. *to end, come to an end, finish at some location (sg):* kúnjuu. *to finish, complete O. get O done:* tla g̲íihlda. *to finish digging up O:* hlg̲ig̲íihlda. *to get O ready, complete, finish O up:* tla g̲íihlgii. *to work hard and finish, complete O:* dagwg̲íihlda.

finish combing

to finish combing O: hlk̲'ag̲íihlda.

finished

to have been finished, completed, gotten done: tla g̲íihldiyaa.

finish line

goal line, finish line: k̲aaláay.

fir

Douglas fir (tree or wood): ts'áamaas k̲'íidaay. *Douglas fir wood:* k̲íid k̲'ats'áa.

fire

fire, firewood: ts'áanuu. *flint or quartz used for starting a fire:* k'a stl'uwíiw. *large evening fire around which stories are told:* gyaahláang ts'áanuwaay. *the bottom of the fire:* ts'áanuwaay g̲ud. *the edge of the fire:* ts'áanuus ján. *to build a fire:* ts'áanuu. *to catch on fire, start to burn:* g̲ugahl. *to extinguish, put out a fire:* tla k'ihl. *winter fire:* sánggaa ts'áanuwaay.

firearm

gun, pistol, rifle, shotgun, revolver, firearm of any kind: jagw.

fire at

to fire at O with explosives, to make O explode, to bomb O: k̲'wáanda.

firedrill

firedrill: hlki stl'uwáayuu. *firedrill, pushdrill:* hlkyáak'.

fireplace

stove, fireplace: ts'áanuudaan.

fireweed

fireweed: tl'ii'aal. *net made of fireweed fiber:* tl'ii'aal aad. *one's hair; the top of a tree; fuzz of a fireweed; flower of a cow parsnip:* k̲aj. *the fuzz of a fireweed plant:* tl'ii'aal hltánuwaay.

firewood
firewood: kug.

firm
to be strong, firm, durable: tláats'gaa. *to make, keep O strong, firm, durable:* tláats'gaada.

first
to do sth. first: tláagaang.

first stomach
appendix, first stomach (of animals such as cows and deer): k'ís dúunaa.

fish
dried fish: chíin xiláa. *edible scrap parts of a fish (e.g. head, tail, collarbone, etc.):* áanii. *fish (including cetaceans), sea creatures that swim:* sḵ'ahlang. *fish, particularly salmon:* chíin. *the fish are jumping!:* áayóo. *to clean fish:* táa ḵada. *to troll, fish with a hook:* x̱áw (2).

fish basket
container woven from wide strips of cedar bark, fish basket: ḵ'áaduu.

fish brailer
fish brailer: chíin dáng gyaat'áawaay.

fish camp
campground for smoking salmon, fish camp: táanaadaan.

fish chowder
fish chowder: jam.

fish dressed with the spine out
fish dressed with the spine out: chíin ts'uu'unáa.

fish-drying rack
outdoor fish-drying rack: ts'ajáaw.

fish-drying stick
short stick for drying fish: ts'úuts' sḵ'áangwaay. *stick on which fish are threaded for drying:* ts'úuts'.

fish eggs
fish eggs, fish roe: cha (1).

fisherman
fisherman, fishermen: x̱áawgaay. *sport fisherman:* x̱áaw 'la'áay. *to be a seine fisherman:* aadáa 'la'áaygaa. *to be a sport fisherman:* x̱áaw 'la'áaygaa.

fish flesh
fish flesh: chíin táawaay. *food (in general), staple (fish) foods in the traditional diet, fish flesh:* táaw (1).

fishhook
a fishhook made from a spruce knot: ḵ'ín t'áawal. *black cod hook:* sḵíl t'áawal. *fishhook:* t'áawal. *Haida fishhook, Indian fishhook:* X̱aadas t'áawalaa.

fishing bank
fishing bank, fishing ground: gyúu (1).

fishing gear
fishing gear: x̱áaw áaniigaay.

fishing ground
black cod fishing ground: sḵíl gyuwáay. *fishing bank, fishing ground:* gyúu (1). *fishing ground, trolling ground:* x̱áawdanaay. *halibut fishing ground:* x̱agw gyuwáay, x̱agwg x̱áawdanaay.

fishing license
fishing license: x̱áaw ḵugíinay.

fishing line
fishing line: tl'agiyáay, x̱áaw ḵwáayaay, x̱áaw tl'agáay.

fishing rake
fishing rake (used for herring, ooligans): hlk'iyíid.

fishing reel
fishing reel: ḵwáay gyuunáangwaay.

fishing rod
fishing rod: x̱áaw sḵ'áangwaay.

fish nose
grizzle, fish nose: chíin kún.

fish pitch
fish pitch: chíin ki dáangwaay.

fish roe
fish eggs, fish roe: cha (1).

fish scale
fish scale(s): x̱áal.

fish tail
fish tail: kwáay.

fish trap
a certain part of the large box type of fish trap: kún x̱íilaas. *basket-like cylindrical fish trap:* sk'a'áangw. *fish trap:* chíin sḵam. *funnel mouth for a large box-type fish trap:* kwah sk'ajáaw. *grid-type fish trap:* aad g̱ahlán. *horizontal poles making up the frame of a large fish trap:* gíiyaaw sḵ'áangwaay. *large triangular or square fish trap:* gíiyaaw. *small cylindrical fish trap:* sk'a'áaw. *tunnel-type fish trap (below falls):* chánhlk'aa tl'úwaan. *upright sticks making up the frame for a large fish trap:* x̱áy sḵ'at'íisgw. *v-shaped rock pile fish trap:* k'a ḵ'íidaal.

fist
for one's hand to be closed, in a fist; to grasp, grip O in one's hand or fist: tlawula.

fit
the fit at the edges: gudg g̱a gyáawt'ajaay.

five
five, 5: tléehl. *to be five in number:* tléehl. *to V five times:* tléehl.

five-gallon tin
square five-gallon tin: xahl táwt'.

five o'clock
to be five o'clock, 5:00: k'asgad tléehl.

fix
to make, build, fix, repair O (out of, from X): tlaawhla.

fixed
to be made, fixed, built (in some way): tlaawhlgáa. *to have been made, fixed, built (in some way):* tlaawhliyáa.

flag
flag: dáayaangw. *the flag of X:* dáayaangwaa.

flashlight
flashlight: ḵaḵ'út'iis, stl'a g̱ugáalw.

flat
to be straight, level, flat: ya'a. *to pound O flat:* k'a tl'asgad.

flatfish
unidentified species of flatfish (probably sole): t'at'a.

flavorless

to become flavorless, bland due to a lack of salt: k̲úunaansdla. *to be flavorless, bland due to a lack of salt:* k̲úunaaw.

flea

louse, lice, flea: t'am. *one's own louse, lice, flea:* t'amáang. *sand flea, bedbug:* sgáy. *sandhopper, beachhopper, sand fleas:* kúnt'gwaang.

flesh

fish flesh: chíin táawaay. *meat, flesh:* kyaa. *one's meat, flesh:* ki'ii. *the flesh of a fish or deer:* g̲áw.

flicker

flicker: sg̲áahlts'iid.

flicker feather

flicker feather: sg̲áahlts'iid t'áa'un.

flint

flint: dlíi'aa. *flint or quartz used for starting a fire:* k'a stl'uwíiw. *flint used for starting a fire:* hlg̲a hlkyáak'. *gun flint:* k̲'u k̲'íigaangw.

flintlock gun

flintlock gun: jagw k̲'íigaangaa.

flipper

hind flipper of a seal after it has been removed from the body: imáa (1). *one's own paw, one's own back paw (of a bear), one's own hind flipper (of a seal or sea lion):* st'áang. *one's own sleeve; one's own pectoral fin; a seal or sea lion's own front flipper:* xyáang. *one's paw; one's back paw (of a bear), one's hind flipper (of seal or sea lion):* st'áay. *one's sleeve; one's pectoral fin; a seal or sea lion's front flipper:* xyáay.

flirtatious

to be promiscuous, flirtatious: sg̲áan k̲'aldáa.

flirty

to be flirty (with X), promiscuous, to try to sleep with X: ja'áang.

float

a small wooden float used with a halibut hook: stl'ajáaw. *bladder or float of fucus, seawrack:* t'ál k̲áw. *float and fronds of bull kelp:* k̲aj. *float or cork of a net:* gigáangw. *large float (e.g. halibut float); life preserver, life jacket, lifering:* gíijaaw. *large float used in halibut fishing:* ga chíisd. *to float:* dlagáng.

floating snow

floating snow: s'ám.

floor

down, downward, downstairs, to the ground, to the floor: x̲íidg. *floor:* náay stl'áng.

flounder

flounder, various species of sole: t'ál tl'uugwáang. *starry flounder:* st'áw t'ál tl'uugwáang. *turbot (arrowtooth flounder):* x̲agw x̲áldaangaa.

flour

bread, flour, biscuit, pie crust: sablii. *flour:* sablíi k'anáa.

flour dumplings

flour dumplings with a sugar center: sablíi ts'íi sūgagaa.

flour sack
(empty) flour sack, (empty) flour bag: sablii k̲'áal.

flour scoop
flour scoop: sablíi kitl'áawaay.

flour sifter
flour sifter: sablíi xi skúnaawaay.

flow
flow (of a stream): xyáang'awaay. *to flow, leak:* xyáang. *to run, flow (of liquid):* kwaayáang.

flower
blossom, flower: x̲iláay. *male flower of a spruce tree:* sáa k̲iidaawaa. *one's hair; the top of a tree; fuzz of a fireweed; flower of a cow parsnip:* k̲aj.

flu
flu, influenza: ij. *to have the flu:* ijgáa.

fluff
to make O soft, to soften O, to fluff O: tla hltana.

fluke
a bird's own tail, a whale's own fluke: k'idáng. *fluke of a whale, dolphin or porpoise:* hlk'yáad. *tail of a bird, fluke of a whale:* k'id.

fly along
to fly along (pl) (in a flock): ngáadaal. *to take off and fly along (pl) (in a flock):* ngáat'iid.

fly away
to fly, fly away (pl) (in a flock): ngáahlang. *to fly, fly away (sg):* xid.

fly eggs
bluebottle fly eggs: k̲'íisk'aal.

fly (n)
bluefly, bluebottle fly, blowfly: díidaan. *unidentified species of fly:* sgunáa hlgijáaw.

fly (v)
to fly, fly away (pl) (in a flock): ngáahlang. *to fly, fly away (sg):* xid.

foam
foam, bubbles, froth: sg̲ulúu.

foamy
to be foamy, bubbly, frothy: sg̲uluwáa.

<focus marker>
<focus marker>: uu.

fog
fog, clouds: yáanaang. *surrounding fog:* g̲ahlaláay. *wisps of fog, steam, smoke, etc.:* k̲'áahlts'aawd.

foggy
for it to be foggy, cloudy: yáanangaa.

follicle
hair follicle: k̲aj g̲ángii.

following
after, following: sahl, salíid. *behind, after, following (esp. in a row):* dlaa.

food
boiled food: táaw ts'aslangáa. *food:* gin táa hlangaa. *food (in general), staple (fish) foods in the traditional diet, fish flesh:* táaw (1). *food, provisions taken along on a trip:* táwhlk'. *food taken home from a party by guests:* k̲áwk'aal. *Haida food, foods from the traditional Haida*

diet (esp. fish): X̱aadas táawaa. *one's own giving out of food:* gijáawaang. *raw food:* táaw k'anáa. *to give out food:* gíida. *to take O (food) along (as on a trip):* táwhlk'ada.

fool
a fool, a person with no sense: sgáadii (1).

foolish
to be crazy, foolish: ḵúunang.

foot
a foot (measurement): st'a. *foot of a chiton:* t'áangal. *foot (of a cockle):* st'áay. *foot of a trail (where it enters or leaves the woods):* t'áay. *foot (of measurement):* st'a ḵ'íigad, t'adahldáa. *one's foot:* st'áay. *one's own foot:* st'áang. *one's own foot (of a cockle):* st'áang. *one's whole body, its carcass (of a whale), its foot and body (of a razor clam):* hlúu. *the top of one's foot, one's instep:* st'a ún. *the top of one's own foot, one's own instep:* st'a úunang. *to have cold feet:* st'aaláng.

foot of the bed
foot of the bed: t'áay.

footprint
one's footprint, track: st'áasal. *one's own footprint, tracks:* st'áasalang.

foot rest
board in a rowboat to push one's feet against while rowing; foot rest in a rowboat: t'asgíit'uu.

for
for it, about it, to it (a town): g̱án. *for, on behalf of:* k'yúusd. *for oneself:* ḵináng, x̱ahláang. *for, to:* an (1). *waiting for, in preparation for:* k'yuu.

forbid
to reprimand, forbid, tell O not to do sth.: st'ida.

forbidden
to be taboo, forbidden: g̱ánaa.

forcefully
hard, forcefully, (not) at all, (not) too much: ḵún.

forecast
to forecast the weather: sángaang.

forehead
one's forehead, one's bangs: ḵúl. *one's own forehead, one's own bangs:* ḵuláng.

forepaw
one's hand plus wrist, one's clawed forepaw: stláawul.

foreshaft
foreshaft of a harpoon: ki hlg̱ast'áaw.

foreskin
one's foreskin: xándiis.

forest
forest: ḵíidaay ḵáahlii. *woods, forest:* adíidsii.

forest creatures
forest creatures: hlk'yáan gin-gáay.

Forest People
the Forest People: Hlk'yáans X̱aat'áay.

forget
to forget what one was going to say: ts'a ḵ'íisgad, kihldáang ḵ'íisgad. *to forget X:* ḵ'íisgad.

forgetful person
a very forgetful person: k̲'iisgiid sg̲áanuwaay.

forgive
to make up (with X), make peace (with X), forgive (X): galaada.

fork
fork: gatáaw. *garden fork:* sgúusiid tli'íit'uwaay.

Forrester Island
Forrester Island: Gask̲úu.

Forrester Island song
Forrester Island song: Gask̲úu sg̲alangáay.

fort
fort: t'áwts'. *residents of a fort:* t'áwts'.

for the sake of
for one's own sake: sanhlgáang. *for the sake of:* sang. *for the sake of, in place of, instead of:* g̲ánsd.

forty
forty, 40: tláalaay stánsang. *to be forty in number:* tláalaay stánsang. *to V forty times:* tláalaay stánsang.

found
to be absent, lacking, not to be found (with NEG): k̲éengk'aa.

foundation post
foundation post of a house: k̲'ulúu. *foundation posts:* k̲'ulúu k'wa'áawangaay.

four
four, 4: stánsang. *to be four in number:* stánsang. *to V four times:* stánsang.

four o'clock
to be four o'clock, 4:00: k'asgad stánsang.

fourteen
fourteen, 14: tláahl 'wáag stánsang. *to be fourteen in number:* tláahl 'wáag stánsang. *to V fourteen times:* tláahl 'wáag stánsang, tláahl 'wáag stánsang.

fox
fox: naĝats'ii.

fox sparrow
fox sparrow: chaj x̲awáa xayáang x̲it'adáay.

<fragment marker>
fragment marker: aa.

frame
frame in a smokehouse used to support the sticks that the fish are hung on: ts'áan hlg̲agad. *house frame:* náay skusál. *slanting drying frame or rack for fish fillets in a smokehouse:* gits'áaw. *stretching board, tanning frame:* kidáaw. *supporting frame:* skusál.

free
to be a free citizen, person: ak'aanáa.

freight
baggage, cargo, freight: tla'áaw. *baggage, freight, cargo being loaded or unloaded:* ta tla'áaw.

freighter
freighter: tla'áaw tluwáay.

fresh
to be new, fresh: g̲áwtlaa. *to be raw, fresh, uncooked, unripe, green (of berries, fruit, etc.):* k'anáa.

Friday
Friday: Sáng Tléehl.

friend

friend! clan relative!: tawáa. *good friend:* taw 'láa. *one's friend, clan relative:* taw. *one's own friend, clan relative:* taw'áang. *partner! special friend!:* sdáaguhl. *to be a friend, clan relative (to X):* tawáa. *to be good friends:* tawd 'láa. *to have a friend, clan relative:* taw da'a. *to have O as one's friend, clan relative:* tawda.

fright

expression of fright: amiyáa.

frightened

to be afraid, scared, frightened (of X): hlg̲wáaga.

frightening

for X to be fearsome, frightening, scary: hlg̲ugiigáa.

fringe

fringe: dliyáa.

frizzy

to be curly, frizzy, wavy: ts'aláa.

froe

shake spliter, froe (woodworking tool): k'a tl'iist'áaw.

frog

toad, frog: hlk'yáan k̲'ust'áan.

from

away from: tlagwíisd. *from:* -sd. *from (there), away from (there):* dasd. *since, from:* sánsd.

from above

from above, from upstairs: sáasd.

from down on the beach

from down on the beach to up toward the woods, from out at sea toward land: k̲'adgúusd. *from downtown, from down on the beach, from out at sea:* k̲'adsd.

from downtown

from downtown, from down on the beach, from out at sea: k̲'adsd.

from home

from inside, from home, outward: anáasd.

from inside

from inside (a house): náaguusd. *from inside, from home, outward:* anáasd.

from inside of

out from, from inside of: íisd (1).

from now on

after this, from now on: áajii salíid.

from out at sea

from down on the beach to up toward the woods, from out at sea toward land: k̲'adgúusd.

from out to sea

from downtown, from down on the beach, from out at sea: k̲'adsd.

from the beach

out to sea from the beach: k̲'adgw.

from the cove

from the head of the bay, from the cove: k̲áahlguusd.

from the head of the bay

from the head of the bay, from the cove: k̲áahlguusd.

from the woods
away from the woods, toward downtown, down to the beach, out towards the sea: k̲'adg. *from the woods, toward the beach, out to sea:* k̲'adgwíi.

from upstairs
from above, from upstairs: sáasd.

from where
from where?: gíijiisd.

frond
float and fronds of bull kelp: k̲aj. *fronds of giant kelp:* ngáal.

front
front of a box, house: x̲áng. *front part of one's body, one's chest:* k̲án. *one's own chest, the front part of one's own body:* k̲anáng. *the front of something:* x̲áng k'aad.

front flipper
one's own sleeve; one's own pectoral fin; a seal or sea lion's own front flipper: xyáang. *one's sleeve; one's pectoral fin; a seal or sea lion's front flipper:* xyáay.

front of a headdress
carved front of a ceremonial headdress: x̲áng.

front paw
one's own hand, front paw: stláang.

front quarter
an animal's own front quarter: sk̲aláng. *front quarter of an animal:* sk̲ál.

front teeth
front teeth: ts'áng kún.

front yard
the front yard of a house: na k̲'íw.

frost
for there to have been a frost: k̲'aláangadaa. *frost:* k̲'aláangad.

froth
foam, bubbles, froth: sg̲ulúu.

frown
to frown upon, show dislike, distaste for X, to find X disgusting, revolting: sk'ínggaang.

fruit
fruit: g̲áan. *green fruit, unripe fruit:* k'áank'aan.

fruit bowl
fruit bowl, fruit nappy: g̲áan táawaay.

fruit course
fruit course served at a feast: gatáa k̲'wáal.

fruit nappy
fruit bowl, fruit nappy: g̲áan táawaay.

frying pan
frying pan: g̲aaláangw.

fry (n)
salmon fry: chíin gíit'ii. *salmon fry, trout fry, minnow:* maalúud.

fry (v)
to fry flat O: g̲a tl'aaláng. *to fry O:* g̲aaláng. *to fry O until crispy, to crispy fry O:* xál k̲ats'gahl.

fucuous seaweed
bladder wrack, yellow seaweed, fucuous seaweed: t'ál.

fucus

bladder or float of fucus, seawrack: t'ál k̲áw.

full

to be full: st'aagáa. *to be full, filled:* st'ah. *to eat one's fill, make oneself full from eating (X):* sk'ishlda. *to get full from eating (X) (sg):* sk'isdla.

full moon

full moon: k̲úng k̲'íisk'w. *the high tide on the full moon in May:* chaaw an ináas.

fun

to be enjoyable, full of fun: gulgáa. *to make fun of X:* kihl náanslang.

funeral day

funeral day: ta k̲'íisdlaa sangáay.

fungus

bracket fungus: kug gílgaay, k̲íid gílgaay. *bracket fungus having a face drawn on it:* k'ak'w. *pilot bread, cracker, bracket fungus:* gílg.

fur

(one's) fur, body hair, pubic hair, plumage (of a bird): g̲áw. *one's own fur, body hair, pubic hair, plumage (of a bird):* g̲awáng.

fur seal

northern fur seal: k̲'wa'án.

fur stole

wool muffler, fur stole: x̲íihl tíigaa.

further away

further away: wahgwíi.

fuss

to fuss (at X) over O: kíl míits'angaa.

fuzz

one's hair; the top of a tree; fuzz of a fireweed; flower of a cow parsnip: k̲aj.

gable plank

gable plank or plate: tl'aghliyáay.

gaff

gaff (for extending a sail), yard (for a sail): kid yaagáalw.

gaff hook

gaff hook: dánjaaw, x̲aguhldáaw. *gaff hook, prosthetic hook:* x̲aguhl. *long-handled gaff hook:* dánjaaw sk̲'áangwaay.

gaint Pacific scallop

gaint Pacific scallop: gabée.

gain weight

to become heavy, gain weight: k̲inéehl.

gait

one's gait: k̲áa'ungaay.

gall

one's gall, bile, gall bladder: k'yaaj. *one's own gall, bile, gall bladder:* k'yaajáng.

gall bladder

one's bladder, gall bladder, urine (of a female): k'ugánsaan. *one's gall, bile, gall bladder:* k'yaaj. *one's own bladder, gall bladder, urine (of a female):* k'ugánsanang. *one's own gall, bile, gall bladder:* k'yaajáng.

gallstone

gallstone: k̲waa.

gambling stick

gambling stick: sán (2).

game
a game involving throwing rocks: k'a skáawii. *a game involving trying to put a spear inside a ring buried in the sand:* k'uu k̲án kijáaw. *a game in which two sides compete in trying to catch a ring on sticks:* ki sdáangw. *a game of trying to spear pieces of kelp stipe:* hlk̲áam kínhluwaay. *a game played with a number of small sticks:* x̲a hlg̲áyjaaw. *an unidentified counting game:* k'wáayandaaw. *playing, game, drama:* náang (1).

gaper
horse clam, gaper: sk̲áw (2).

garden
garden, farm, cultivated field: táwk'aan. *potato garden:* sgúusiid táwk'aanaay. *to plant a garden (esp potatoes):* táwk'a.

gardener
farmer, gardener: táwk'aa 'la'áay. *to be a farmer, gardener:* táwk'aa 'la'áaygaa.

garden fork
garden fork: sgúusiid tli'íit'uwaay.

garden site
a garden site (former or planned): táwk'aan k̲'áasal.

garden tools
garden tools: táwk'aa áaniigaay, táwk'aa gin-gáay.

garter
garter: gáadas, k̲'uláng k̲'iits'iit'uwaay.

gasoline
oil, grease, gasoline: táw.

gate
door, doorway, gate, gateway, entrance or exit to a building: k'yúu.

gateway
door, doorway, gate, gateway, entrance or exit to a building: k'yúu.

gather
to be gathered in a crowd: sk'úula. *to harvest, gather, go after, go and get X:* hála (2). *to search out, find and gather O (pl); to choose, select, pick out O:* k̲ínst'a.

gather a lot
to gather, get, collect lots of O: tiyaad.

gather berries
to pick, gather (X (berries)): skáadaang.

gear
reverse gear (on boat): t'áas gíisdlaaw. *the parts or pieces of sth., kit, gear or materials for sth.:* áaniigaay.

generation after generation
the last people on earth, all people forever, generation after generation: g̲udgwáa tl'áas x̲aat'áay.

genitals
woman's genitals, one's vulva: káw. *woman's own genitals, one's own vulva:* kawáng.

get
to come to get O: dúutl'aa. *to do; to take, put, give, get O:* isda. *to go and get O; to shake O's hand:* dúu. *to harvest, gather, go after, go and get X:* hála (2).

get a lot
to gather, get, collect lots of O: tiyaad.

get going
come on! get going! hurry! go ahead! get to it!: hágwsdaa.

get on board
to get on board and sit down (pl): ts'áawaandlii. *to get on board and sit down (sg):* ts'áandlii.

get out of the way
move it! get out of the way!: wáanang.

get skunked
to barely get any, have a hard time getting any of O; get skunked (w/ neg): xatl'iid.

get to it
come on! get going! hurry! go ahead! get to it!: hágwsdaa.

get up
to get up from a rest: k̲'áahluu.

get warm
to warm up, get warm: k'inánga.

get well
to heal, recover, get well again: ngíisdla. *to recover, get well:* 'lagahl.

ghost
ghost: k̲'adáan. *ghosts, people of the afterworld:* Sg̱áan Tlagáa X̱aat'áay.

giant kelp
giant kelp (on which herring usually lay their eggs): k'áay.

giant purple urchin
giant purple urchin: gúudiingaay.

giant red chiton
giant red chiton, red gumboot: sg̱íid.

gift
goods, property, gifts given away at a potlatch: gidaag.

gill cover
a fish's gill cover: sg̱áay. *a fish's own gill cover:* sg̱áayang. *one's chin, one's gill cover (of a fish):* hlkáay.

gill net
gill net: aad g̱ii t'agáng.

gills
gills of a fish or crab: ts'a'án. *gills of an octopus:* k̲'uhlíi. *the area between one's chin and one's throat, the area under one's chin; the ventral part of a salmon below and slightly behind the gills:* k̲únggal. *the imaginary line through the gills of a salmon:* x̲ihl k̲'úl.

gilt
gold paint, gilt: gúul x̲áw.

gimlet
hand drill, gimlet, brace (tool): tlaahlgáaw.

girl
to be a girl, woman, female (sg): jáadaa. *to be girls, women, female (pl):* jaadáa.

girlfriend
one's fiancée, sweetheart, lover, boyfriend, girlfriend: k̲'a táayaa. *one's own fiancée, sweetheart, lover, boyfriend, girlfriend:* k̲'a táayang. *to have O as one's fiancée, sweetheart, lover, boyfriend, girlfriend:* k̲'a táayda.

Gitksan

Interior people (Athabaskan, Gitksan, interior Salish, etc.): Ts’aagws X̲aat’áay.

give

give it here! give it to me!: hálaa. *to do; to take, put, give, get O:* isda. *to give, bequeath O:* gyáa isdla. *to give, give away O (boxlike):* ts’asdla.

give advice

to advise O, give advice, direction, supervision to O (about X): kíl dla’a.

give a push

to give O a single push: sk̲usgad.

give away

to give O away in a public presentation (esp. lots of food): gijúu.

give back

to return O, give O back: sdíihlda.

give birth

to give birth, to adopt: k̲áy (2).

give food

to give out food: gíida.

give off heat

to be hot, to give off lots of heat: k̲áwsda.

give up

to concede, give up, call it quits, lose hope: k̲ayánsdla. *to think of X as too old, give up on X because they're taking too long:* gúnsda.

glance

to repeatedly glance nervously (at X) : xayíldang.

glass

cup, mug, drinking glass, dipper: sk’atl’áangw. *glass container, bottle, jar:* k̲álg. *glass (material):* k̲álg. *water glass:* láam sk’atl’áangwaay. *water glass, tumbler:* g̲ándl néelwaay. *water glass, tumbler, dipper:* g̲anéelw.

glasses

eyeglasses: x̲áng k̲álgaay.

glove

glove, mitten: stla hlk’únk’.

glue

glue: ts’ahlsgadáaw.

glug-glug

for air to bubble out from X with a glug-glug sound: walúugdas.

go

to go, come (to X): is. *to go, move, rush (of a crowd, group, flock):* kunhlgijúu. *to go V:* -âa. *to leave, depart, go, start off (pl):* ist’iid. *to leave, depart, go, start off (sg):* k̲áayd. *to walk, go on foot (pl):* isdáal. *to walk, go (sg):* k̲áa (2).

go across

to go across (pl): ist’as. *to go across (sg):* k̲áat’as.

go after

to go after, go to get O (in a single vehicle): táana.

go ahead

come on! get going! hurry! go ahead! get to it!: hágwsdaa. *go ahead and do something even though you know better:* gyaasdáan. *go ahead! start off!:* háay.

Go ahead!

Go ahead! Go do it! Go on! Be on your way!: k̲ádlaa.

goal line

goal line: k'wíidaaw. *goal line, finish line:* k̲aaláay.

go and

to go and V, leave ato V (sg): ín. *to go and V, leave to V (pl):* ín-ga.

goat

mountain goat, domestic goat: k'ímdii. *mountain sheep, mountain goat:* mad.

goatee

one's goatee, one's beard that hangs below the chin: sk̲'íwii k̲'ayáang.

go away mad

to go away mad, leave in a huff (over X): k̲íidad.

go bad

to become spoiled, rotten, go bad: sgadáansdla.

gobble

to eat O greedily and fast, bolt O down: xabdajáang. *to gobble down O (sg):* hlgab'áats'a.

God

God: Sáa Nang Íitl'aagdáas. *God, Jesus:* Saláanaa.

Go do it!

Go ahead! Go do it! Go on! Be on your way!: k̲ádlaa.

go down

to go down, come down, climb down, descend (sg): k̲at'a'éehl.

go down to the beach

to go down to the beach, out to sea: k̲as'a.

go get

to go after, go to get O (in a single vehicle): táana.

go in

to go in, come in, enter (sg): k̲ats'a.

going to

going to V: k̲asa'a.

go in reverse

to go in reverse (pl) [in a vehicle]: t'áas g̲íilaang. *to go in reverse (sg) [in a vehicle]:* t'áas g̲áayang. *to stop and go in reverse (pl) [in a vehicle]:* t'áas g̲íilaansdla. *to stop and go in reverse (sg) [in a vehicle]:* t'áas g̲íisdla.

gold

gold: gúul. *nugget gold:* gúul k'anáa.

gold bracelet

gold bracelet: gúul stlagáa.

golden-crowned kinglet

golden-crowned kinglet: k̲wah ts'áanaawaa.

gold paint

gold paint, gilt: gúul x̲áw.

gold ring

gold ring: gúul stliihl'wáay.

gone

for there to be no more, to be all there is, to be all gone: g̲id. *to become all gone, depleted, used up:* g̲íihl. *to be lost, away, gone from one's expected place:* gúu. *to vanish, pass out of existence, become all gone, used up, depleted:* híiluu.

good

to be delicious, taste good, be sweet: x̲áwla. *to be fine, good, well:* 'láa (2). *to make O good, improve O:* tla ’láa. *to smell good:* sgúnula.

goodbye

to thank, give thanks (to X1) (for X2); to greet, say hello to, say goodbye (to X1): kíl ’láa.

goods

goods, property, gifts given away at a potlatch: gidaag.

Go on!

Go ahead! Go do it! Go on! Be on your way!: k̲ádlaa.

go on board

to go on board X, to board X (pl subj): isdlíi. *to go on board X, to board X (sg subj):* k̲áadlii.

goose

Canada goose: hlgit’ún. *small species of Canada goose:* hlgit’ún x̲áldaangaa. *snow goose:* xíid g̲adáas. *white-fronted goose, brant, laughing goose:* xíid.

gooseberry bush

wild gooseberry bush, swamp gooseberry bush: x̲áayuwaa.

gooseneck

gooseneck (metal rings) on a mast or spar, through which the sail is laced: gya’áangw taláay.

gooseneck barnacle

gooseneck barnacle: tl’ak’áaw (1).

goosetongue

saltgrass, goosetongue: hlgit’ún t’áangal.

go out

to go out, run dry, dry up (pl): k’ihlga.

go out

for the tide to go out: k’ihleed. *to come out, go out, have a bowel movement, go to the bathroom (sg):* k̲áagahl. *to go out, run dry, dry up (sg):* k’ihl.

go out to sea

to go down to the beach, out to sea: k̲as’a.

gorge

canyon, gorge: tl’áadaan.

gorget

gorget (throat armor): k̲’u g̲agáa.

gossip

to make trouble for O by what one says (usually gossip): kíl sángiits’geehl.

go to bed

to lie down, go to bed (pl): tíisdla, tíiyaang. *to lie down, go to bed (sg):* tíi.

go to pieces

for X to fall apart, go to pieces, break apart into many pieces, get wrecked, get busted up: ts’ahlad.

gouge

a gouge (a type of chisel): ki sk’ast’áaw.

go up

to go up, climb up, ascend (pl): ishla. *to go up, climb up, ascend (sg); to rise (e.g. dough):* k̲ahla.

grab

to catch, grab, snag O: gijgíihlda. *to grab, grasp O in one's talons:* t’ajgad. *to grab, snatch O (from X):* x̲a isda.

grab for and miss
to reach, grab for O and miss: x̲asguda.

grader
bulldozer, road grader: tlag kúnsdlaawaay.

grain
the grain of something (e.g. a piece of wood): mats'angáay.

grain of wood
grain of wood: tl'uwáants'adaay.

gramophone
record player, phonograph, gramophone: k'ajáaw g̲udáay. *stereo, record player, gramophone:* tla k'ajáaw.

grandchild
one's grandchild: t'ak'an. *one's own grandchild:* t'ak'anáng. *to be a grandchild (to X):* t'ak'anáa. *to have a grandchild:* t'ak'an da'a. *to have O as one's grandchild:* t'ak'anda.

grandfather
grandfather!: chanáa. *one's grandfather:* chan. *one's own grandfather:* chíinang. *to be a grandfather (to X):* chanáa. *to become a grandfather:* chanéehl. *to have a grandfather:* chan da'a. *to have O as one's grandfather:* chanda.

grandfather-in-law
one's own spouse's father (father-in-law), one's own spouse's paternal uncle (uncle-in-law), one's own spouse's mother's father (grandfather-in-law), one's own daughter's husband (son-in-law), one's own same-sex-sibling's daughter's husband (nephew-in-law), one's own daughter's daughter's husband (grandson-in-law): k̲unáang. *one's spouse's father (father-in-law), one's spouse's paternal uncle (uncle-in-law), one's spouse's mother's father (grandfather-in-law), one's daughter's husband (son-in-law), one's same-sex-sibling's daughter's husband (nephew-in-law), one's daughter's daughter's husband (grandson-in-law):* k̲unaa. *to be a spouse's father (father-in-law), spouse's paternal uncle (uncle-in-law), spouse's mother's father (grandfather-in-law), daughter's husband (son-in-law), same-sex-sibling's daughter's husband (nephew-in-law), daughter's daughter's husband (grandson-in-law) (to X):* k̲unáa. *to have a spouse's father (father-in-law), a spouse's paternal uncle (uncle-in-law), a spouse's mother's father (grandfather-in-law), a daughter's husband (son-in-law), a same-sex-sibling's daughter's husband (nephew-in-law), a daughter's daughter's husband (grandson-in-law):* k̲unaa da'a. *to have O as one's spouse's father (father-in-law), one's spouse's paternal uncle (uncle-in-law), one's spouse's mother's father (grandfather-in-law), one's daughter's husband (son-in-law), one's same-sex-sibling's daughter's husband*

(nephew-in-law), one's daughter's daughter's husband (grandson-in-law): k̲unaada.

grandmother

grandmother!: náanaa. *one's grandmother:* náan. *one's own grandmother:* náanang. *to be a grandmother (to X):* náanaa. *to become a grandmother:* náaneehl. *to have a grandmother:* náan da'a. *to have O as one's grandmother:* náanda.

grandnephew

one's own sister's child, one's own sister's daughter's child: náadang. *one's sister's child, one's sister's daughter's child:* náad. *sister's child! sister's daughter's child!:* náat'aay. *to be a sister's child, sister's daughter's child (to X):* náat'aa. *to have a sister's child, sister's daughter's child:* náad da'a. *to have O as one's sister's child, sister's daughter's child:* náadada.

grandniece

one's own sister's child, one's own sister's daughter's child: náadang. *one's sister's child, one's sister's daughter's child:* náad. *sister's child! sister's daughter's child!:* náat'aay. *to be a sister's child, sister's daughter's child (to X):* náat'aa. *to have a sister's child, sister's daughter's child:* náad da'a. *to have O as one's sister's child, sister's daughter's child:* náadada.

grandson-in-law

one's own spouse's father (father-in-law), one's own spouse's paternal uncle (uncle-in-law), one's own spouse's mother's father (grandfather-in-law), one's own daughter's husband (son-in-law), one's own same-sex-sibling's daughter's husband (nephew-in-law), one's own daughter's daughter's husband (grandson-in-law): k̲unáang. *one's spouse's father (father-in-law), one's spouse's paternal uncle (uncle-in-law), one's spouse's mother's father (grandfather-in-law), one's daughter's husband (son-in-law), one's same-sex-sibling's daughter's husband (nephew-in-law), one's daughter's daughter's husband (grandson-in-law):* k̲unaa. *to be a spouse's father (father-in-law), spouse's paternal uncle (uncle-in-law), spouse's mother's father (grandfather-in-law), daughter's husband (son-in-law), same-sex-sibling's daughter's husband (nephew-in-law), daughter's daughter's husband (grandson-in-law) (to X):* k̲unáa. *to have a spouse's father (father-in-law), a spouse's paternal uncle (uncle-in-law), a spouse's mother's father (grandfather-in-law), a daughter's husband (son-in-law), a same-sex-sibling's daughter's husband (nephew-in-law), a daughter's daughter's husband (grandson-in-law):* k̲unaa da'a. *to have O as one's spouse's father (father-in-law), one's spouse's paternal uncle (uncle-in-law), one's spouse's mother's father (grandfather-in-law), one's daughter's husband (son-in-law), one's same-sex-sibling's daughter's husband (nephew-in-law), one's daughter's daughter's husband (grandson-in-law):* k̲unaada.

granite
granite: sk̲'ín k̲awáa.

grape
grape: galíibs.

grasp
for one's hand to be closed, in a fist; to grasp, grip O in one's hand or fist: tlawula. *one's grip, grasp:* tláawul. *to grab, grasp O in one's talons:* t'ajgad.

grass
grass, sedge: k̲'án.

grass stem
grass stem: k̲'án chaj.

grateful
to care about X, to think X is important, to be grateful for X: g̲ayuwa.

gravehouse
gravehouse, mortuary hut: sáahlaang náay.

gravel
gravel: hlg̲áa k'áldaang. *sand, gravel:* táas.

graveyard
cemetery, graveyard: hlg̲iwáadaan.

grease
oil, grease, gasoline: táw. *ooligan grease:* satáw. *seal oil, seal grease:* x̲utáw.

grease dish
dish for serving grease: táw táawaay.

great blue heron
great blue heron: hlg̲u.

great horned owl
great horned owl: gudguníis.

greave
legging, greave (shin armor): x̲áat'ask'w.

grebe
horned grebe: chaan tl'ánts'uud, gyúugdaagaa.

greedy
to be greedy: hlgáwjuu .

green
to be green: sg̲inuwáa, sg̲ináawgaa. *to be raw, fresh, uncooked, unripe, green (of berries, fruit, etc.):* k'anáa. *to be yellow, green, yellow-green:* k'ánhlahl. *to turn green, yellow, yellow-green:* k'ánhlahlda.

green algae
green algae: sg̲ináaw.

green fruit
green fruit, unripe fruit: k'áank'aan.

greenling
kelp greenling: kij.

green-winged teal
green-winged teal: k'ut'anúudgaa, x̲aa x̲áldaangaa.

greet
to thank, give thanks (to X1) (for X2); to greet, say hello to, say goodbye (to X1): kíl 'láa.

grill
to question O intensely, ask O a lot of questions, to interrogate O, to grill O with questions: kíl súu dluunáang.

grime
grime, dirt, dust, filth: sk̲'íl. *one's own grime, dirt, dust, filth:* sk̲'íilang.

Grindal Island
Grindal Island: K̲'agdáa G̲áad.

grinder
meat grinder: kyaa íi x̲inanáangwaay, kyaa x̲i'wáay.

grindstone
grindstone (turned by a crank): tl'ak' aa xínjuulangaa.

grip
for one's hand to be closed, in a fist; to grasp, grip O in one's hand or fist: tlawula. *knob, grip:* gijgad (1). *knob, grip, handle (of the type on the end of a box or trunk):* gijgíit'uu. *one's grip, grasp:* tláawul.

gristle
one's blood vessel, vein, artery, tendon, sinew, gristle: x̲áy (1).

grit
its texture, grit, mesh: ts'áng.

grizzle
grizzle, fish nose: chíin kún.

grizzly bear
brown bear, grizzly bear: xúuj.

groan
to groan, moan: hlangáang.

ground
down, downward, downstairs, to the ground, to the floor: x̲íidg. *fishing bank, fishing ground:* gyúu (1). *patch of ground:* g̲áasil. *place, area, village, region, land, territory, country, ground:* tlag (2). *soil, earth, ground, dirt:* k̲'wíi.

groundhog
groundhog, hoary marmot, raccoon: gwíigw.

grounds
grounds (for coffee or tea): g̲ángk'an hlk'u'wíi.

group
crew, members of a group, inhabitants: ts'ée'ii. *group or collection of things lying on the floor or ground:* x̲aawdiyáay.

grouse
blue grouse: núugd. *grouse, ptarmigan, chicken:* sk̲áw (1).

grow
to grow, grow up: ináasdla.

grown up
to be grown up, adult (pl): dla k̲ida. *to be grown up, adult (sg):* dla k̲úunaa.

grow up
to grow up, become a grown up, adult (sg): dla k̲úuneehl. *to grow up, become grown ups, adults (pl):* dla k̲id'íihl.

grub
snake, grub, caterpillar, worm: sag.

grudge
to be angry with, hold a grudge against X: sg̲anuwáa.

guard
to keep a lookout, keep watch, guard: sáan hlg̲ats'a.

guess
to presume, speculate, guess (at X): xúnda.

guests
feastgoers, guests at a feast: 'láaganang k̲agáay.

guillemot
pigeon guillemot: sgaaduwáay.

guitar
guitar, banjo, any string instrument played by plucking: stl’a kingáangw.

gull
Bonaparte's gull: sḵ’iinaa g̱ak’áldaangaa. *gull, seagull:* sḵ’ín.

Gull People
town of the Gull People: Sḵ’ín ’Láanaa.

gum
pink pitch from woodpecker holes, used as chewing gum: ḵ’áas ḵúlts’aadaang. *pink pitch used as chewing gum:* Ts’aagws ḵ’áajaa. *pitch, tar, wax, (chewing) gum, pitchwood, sap:* ḵ’áas. *pitch used as chewing gum, collected by setting fire to the tree:* ḵ’áas g̱ugahldiyáa. *spruce chewing gum:* X̱aadas ḵ’áajaa. *to gum O, eat O without teeth:* hámdajaang.

gumboot
giant red chiton, red gumboot: sg̱íid. *species of gumboots, chiton:* t’a.

gums
gums: ts’áng ḵ’úl.

gun
butt of a gun: jagw k’usii. *flintlock gun:* jagw ḵ’iigaangaa. *gun, pistol, rifle, shotgun, revolver, firearm of any kind:* jagw.

gun barrel
gun barrel, gun muzzle: jagw ḵ’áay.

gun-cleaning rod
gun-cleaning rod: jagw dáng skúnaawaay.

gun flint
gun flint: ḵ’u ḵ’iigaangw.

gun muzzle
gun barrel, gun muzzle: jagw ḵ’áay.

gunnel
blenny, gunnel, wolf eel, species of prickleback, species of lamprey: g̱asang.

gunny sack
gunny sack, burlap bag, sack: xwáasdaa gwáahl. *sack, gunny sack, burlap bag:* xwáasdaa.

gun powder
gun powder: g̱ugahldáaw.

gunpowder measure
gunpowder measure: gyahsdláaw.

gunsight
gunsight: gihláaw.

gunwale
a boat's gunwale (the top edge of the side of the boat): búud ján.

gurdie
gurdie, winch, block and tackle: gin dángiit’uwaay.

gussy up
to put makeup on, primp up, gussy up: tla x̱áng ángk’a.

gusty
to be very windy, gusty: ts’a.

guts
guts, internal organs of something: ḵáahlii. *one's intestines, guts, bowel:* sdláan. *one's own intestines, guts, bowel:* sdláanang.

habit
a habit: áalgaay.

Haida
in Haida: X̲aad kihl. *person, people; Haida:* x̲aat'áay. *to be a Haida, person:* X̲aat'áa.

Haida canoe
Haida canoe: X̲aadas tluwáa.

Haida country
Haida country, Haida village, Haida lands: X̲aadas tlagáa.

Haida crest
Haida crest: X̲aadas gyáagaa.

Haida dance
a Haida dance: X̲aadas xyáalaa.

Haida drum
Haida drum: X̲aadas gáwjaawaa.

Haida food
Haida food, foods from the traditional Haida diet (esp. fish): X̲aadas táawaa.

Haida Gwaii
Haida Gwaii: Didgwáa Gwáayaay, X̲aadláa Gwáayaay. *in the direction of Haida Gwaii:* x̲aadláa.

Haida hat
a Haida style hat (spruce root or cedar bark): X̲aadas dajáangaa.

Haida house
traditional Haida house: X̲aadas náay.

Haida lands
Haida country, Haida village, Haida lands: X̲aadas tlagáa.

Haida language
Haida language: X̲aad kíl.

Haida mask
Haida mask: X̲aadas níijaangwaa.

Haida name
Haida name: X̲aadas ki'íi.

Haida paddle
Haida paddle: X̲aadas áalaa.

Haida people
Alaskan Haida people, Kaigani Haida people: K̲'íis X̲aat'áay. *Canadian Haida people, Haida people living on Haida Gwaii:* X̲aadláa X̲aat'áay. *Haida person, Haida people:* X̲aadas. *the Masset Haida people:* G̲aw X̲aat'áay. *the Skidegate Haida people:* Hlg̲ayúu X̲aat'áay.

Haida pole
Haida pole: X̲aadas gyáa'angaa.

Haida potato
Haida potato (long and skinny): X̲aadas sgúusadaa.

Haida sharpening stone
Haida sharpening stone: X̲aadas tl'ak'áa.

Haida song
Haida song, Haida music: X̲aadas sg̲aláangaa.

Haida things
Haida things, Haida possessions, Haida ceremonies: X̲aadas gin-gáay.

Haida tobacco
Haida tobacco: X̲aadas guláa.

Haida village
Haida country, Haida village, Haida lands: X̲aadas tlagáa.

hail
hail, hailstone: k'ats'aláang. *to hail:* gwa'áaw.

hailstone
hail, hailstone: k'ats'aláang.

hair
hair roots: k̲aj k̲'úl. *(one's) fur, body hair, pubic hair, plumage (of a bird):* g̲áw. *one's hair; the top of a tree; fuzz of a fireweed; flower of a cow parsnip:* k̲aj. *one's own fur, body hair, pubic hair, plumage (of a bird):* g̲awáng. *one's own hair:* k̲ajáng. *tangled hair of a shaman:* sk'ats'gáal.

hairbrush
hairbrush: k̲aj hlk'unáanwaay.

hair combings
hair combings: k̲as hlk̲'íitl'.

hair curler
hair curler: k̲aj tla sk'aawnáangwaay, k̲aj tla ts'aláawaay.

hair follicle
hair follicle: k̲aj g̲ángii.

hairline
hairline: k̲uhl tl'ajuwáay.

hair oil
hair oil: g̲ánduu, k̲as táwdaaw.

hairpin
hairpin: k̲aj íi gisk'áalw.

half
in half: gud g̲aad.

half-dead
to be paralyzed, half-dead: k̲'úudangaa.

half-dollar
half-dollar, fifty cent piece: dáalaa in'wáay.

half-dry salmon
half-dry salmon: sg̲its'gáal.

half-hour
half-hour: k'asgad in'wáay.

half moon
half moon: k̲úng gu dlúu sg̲aawéehl.

halibut
halibut: x̲agw. *the part of a dried salmon or halibut next to the tail, including the anal fin:* sdagál. *the white underside of a halibut:* x̲agwáay k̲a'án g̲adáay. *very large halibut:* guudagíi.

halibut bait
halibut bait: x̲agw jaláay.

halibut boat
halibut boat: x̲agw tluwáay.

halibut eggs
halibut eggs, red snapper eggs: dláad.

halibut fishing ground
halibut fishing ground: x̲agw gyuwáay, x̲agwg x̲áawdanaay.

halibut hook
steel halibut hook: sgáat'agaang, x̲agw t'áawalaay. *traditional-style halibut hook made of iron instead of wood:* ya'áats' táaw. *traditional wooden halibut hook:* x̲agw táawaay. *traditional wood halibut hook:* táaw (2). *wooden halibut hook:* x̲agw t'áawal.

halibut jig
halibut jig: tlag (3).

halibut skate
halibut or black cod skate: xid sg̲a'áaw.

halibut spine
end portion of halibut spine and ribs, removed from the fish: t'amál. *halibut spine with the meat on:* k̲'uhlts'áng.

halibut tail
halibut tail: st'áay g̲adg.

hammer
hammer, mallet: tl'ahl. *hammer of a firearm:* gyúu (2). *rock hammer:* k̲waa tl'ahláa. *to throw a rock at O and miss; to swing a hammer at O and miss; to take a shot miss O [basket]:* k'asguda.

hammock
baby's cradle, baby's hammock: g̲a sk'aaysláangw. *(baby's) hammock:* g̲a sk'ayáangw.

hand
back of one's hand: stla ún. *one's hand, one's front paw:* stláay. *one's hand plus wrist, one's clawed forepaw:* stláawul. *one's own hand, front paw:* stláang. *the back of one's hand:* stláay sgwáay. *the back of one's own hand:* stla úunang. *the hand(s) of a clock or watch:* stl'a k'ún. *to have cold hands:* stlaaláng.

handbag
bag, sack, handbag, purse, wallet: gwáahl. *handbag:* dáng k'ugáa. *purse, handbag:* dáalaa gwaaláay.

handcuffs
handcuffs: xyáay 'wáa aa ki gusgiit'uwaay.

hand drill
hand drill, gimlet, brace (tool): tlaahlgáaw.

handful
a handful: stláang.

hand game
hand game: laháal.

hand gesture
to make a cursing hand gesture: kúuda.

handiwork
one's handiwork: tláasal. *one's hands, handiwork:* tláay. *one's own handiwork:* tláasalang. *one's own hands, handiwork:* tláang.

handkerchief
handkerchief: hlkúnst'an gisáaw, hlkúnt'ajaaw, kún gisáaw.

handle
an object's butt or handle end: k'usíi. *bail handle on a basket or can, trigger guard:* sdajáaw. *ear-like handles on a baking dish:* gyúu skáa'awaay. *handle made from a loop of rope tied around a box, barrel or basket:* g̲ajáaw. *handle (of any type other than a knob):* gigw. *its curved handle that joins on both sides, its bail handle, its carrying strap, its string, its chain:* hlt'aj. *knob, grip, handle (of the type on the end of a box or trunk):* gijgiit'uu. *the handles of a pair of scissors:* ts'i'iit'uu gijgiit'uwaay.

handprint
one's handprint, fingerprint: stláasal. *one's own handprint, fingerprint:* stláasalang.

hand pump
hand pump: g̲ándl dáng kwahyáangwaay.

handrail
handrail, bannister: k̲u hlk̲'at'íis.

hands
one's hands, handiwork: tláay. *one's own hands, handiwork:* tláang.

hand towel
hand towel, bath towel: stláang gisáaw.

handy
to be nearvt, close by, handy, easily accessible: duungáa.

hang
to hang, be hung up (pl) (from X): k'yáagaa.

hang down
to hang down from a peg or stick: ki chiyáang, ki giyuwa.

hanger
coat hanger, clothes hanger: k'uudáats' ki chiiyáawaay.

hang up
to hang O (pl) up: k'yáada.

happy
to be happy: k'íina, 'láa (2). *to be happy, pleased, honored with X:* x̲ángahl.

happy song
a happy song: gudáang 'láa sg̲alangáay.

harbor
harbor, bay, inlet, channel: g̲aw. *the bay, the harbor:* g̲adalayáay.

harbor porpoise
harbor porpoise: sk̲úl.

harbor seal
harbor seal: x̲úud.

harbor seal pup
harbor seal pup: tladán.

hard
hard, forcefully, (not) at all, (not) too much: k̲ún. *to be difficult, hard, challenging:* sángiits'a, sángiits'gaa. *to be hard:* k̲'ats'a. *to make O hard, difficult:* tla sángiits'a. *to make O sound difficult, hard:* kíl sángiits'a. *to V hard, very much, a lot:* g̲usdla. *to V much, a lot, hard:* í'waan.

harden
to harden, get hard: k̲'ats'gahl.

hard liquor
hard liquor: gin dadgáa, gin néelgaa.

hardship
to have hardship, hard times, be destitute: chaagut'áang.

hard time
for X to have difficulty, a hard time (with X2), have trouble (over X2): 'wáajaaganda. *to barely get any, have a hard time getting any of O; get skunked (w/ neg):* xatl'íid. *to have hardship, hard times, be destitute:* chaagut'áang.

harlequin duck
bufflehead duck, harlequin duck: k̲'ask'ud. *harlequin duck:* k̲'idáa k'ujáaw, sasáa k̲'iigáay.

harpoon
foreshaft of a harpoon: ki hlg̲ast'áaw. *gut line attached to a harpoon handle:* júug. *harpoon (for a seal, sea lion or salmon):* k̲'a. *salmon harpoon:* chíin kit'uwáay. *spear,*

harpoon: kit'uu. *to harpoon, spear, lance O (sg) (in X):* kid.

harpoon point
bone (seal) harpoon point: skuj k̲'a. *compound point of a salmon harpoon:* tlat'uu.

harpoon's lanyard
a harpoon's lanyard: kit'uu dáagal.

harrow
harrow: tlag g̲álts'aalwaay. *harrow, plow:* tlag ii g̲álnanaangwaay.

harvest
to harvest, gather, go after, go and get X: hála (2). *to harvest O:* ta tliid.

hat
a Haida style hat (spruce root or cedar bark): X̲aadas dajáangaa. *bowler hat:* daján g sgabjúu. *cedar bark hat:* giid dajáangaa. *dance hat; hat:* X̲aadas sadáa. *hat, cap, hood:* daján g. *rain hat, slicker hat:* daján g k̲'áajaa. *spruce root hat with one or more potlatch rings:* daján g sgíilaa, sgíl daján g. *stovepipe hat, top hat:* íitl'aagíid dajáangaa. *the (outside) crown of a hat:* tl'aaj. *without a hat:* k̲aj sg̲únaan. *wooden crest hat in the shape of a killerwhale:* sg̲áan daján g.

hatchet
hatchet: kyúutl'jaaw xajúu, kyúutl'jaaw k̲ámjuu.

have
to have, own O: da'a.

have for sale
to sell X, to have X for sale: 'wáadaa.

have one's eye on
to look at, watch, have one's eye on O: k̲ehjgad.

have one's period
to menstruate, have one's period: ináa.

have the flu
to have the flu: ijgáa.

Hawaii
Hawaii: Waahúu.

Hawaiian
the Hawaiian people: Kanáagaa X̲aat'áay. *to be Hawaiian:* Kanáagaa.

hawk
unidentified species of hawk: st'álaa táa.

he
he, she, him, her, they, them: 'láa (1). *he, she, they:* hal.

head
back of head: k̲aj ts'ak'ii. *head (inside):* k̲aj k̲áahlii. *head of a bay, inlet:* g̲aw stl'áng. *head of a river:* g̲ándl k̲aj. *head of a river, stream or inlet; top part of a traditional-style wedge; nut for a screw or bolt; top of a spoon handle:* k̲aj. *one's boss, master, head, leader, chief:* 'la'áay. *one's head:* k̲aj. *one's own boss, master, head, leader, chief:* 'laayáng. *one's own head:* k̲ajáng. *the side of one's head, one's temple:* k̲'ánts'ad. *the side of one's own head, one's own temple:* k̲'ánts'adang. *to be the head, leader (of X), to take the lead (in X), be in charge (of X):* k̲ajáa. *to raise, lift one's head:* ánst'ahla.

headband
headband inside a wooden helmet: k̲as gut'íisk'w. *headband woven into a spruce root hat:* k̲ast'as.

headdress
ceremonial headdress: jahlk', sakíid. *slope of a mountain; area above a door; the wooden plaque mounted on the front of a ceremonial headdress; the top edge of a housepit:* k̲úl.

headland
a point of land, headland: kúnjaaw. *point of land, headland, spit, cape:* kún (2). *points of lands, headlands:* kúnaaw.

headscarf
headscarf: k̲wah gigáangw, k̲wah sk'agáangw. *headscarf, kerchief:* k̲an tíigaa.

headstone
tombstone, headstone: k̲waa k̲uyáas.

heal
to heal, recover, get well again: ngíisdla.

health
one's state of health: k̲'ahljúu. *one's temperament, one's apparent state of health:* x̲ángusul.

heap
to be a big pile, heap: k̲úljuuda. *to be in a large pile, heap:* k̲'íijuwa.

hear
to listen; to hear, understand O: gudáng.

heart
heart of a tree: ts'úuwii. *one's heart:* k'úug. *one's own heart:* k'úugang. *to not have the heart to do X:* g̲a'a.

heart's content
to one's heart's content, as much as one desires: gudáagwhlaan.

heat
to apply heat to X: k̲ajúuda. *to heat O over a fire:* skida. *to warm, heat O:* k'índa.

heated up
to have been heated, warmed up: tla k'íinasdliyaa.

heat up
to heat up: k̲áwsd'eehl. *to warm, heat O up:* tla k'íinasdla.

Heaven
Heaven: Sáa Tlagáay.

heavy
to become heavy: k̲in-gahl. *to become heavy, gain weight:* k̲inéehl. *to be heavy:* k̲ina. *to be too heavy, to weigh too much:* k̲in'ad. *to make O heavy:* k̲inda.

Hecate Strait
Hecate Strait: Síigaay.

hedge nettle
hedge nettle: x̲udáan.

heel
heel of one's foot or shoe: st'a k'usíi. *heel of one's own foot or shoe:* st'a k'usáang.

height
length, height (of a person): gyaad.

Hell
Hell: X̲íid Tlagáay.

hellebore
Indian hellebore (root or plant), skukum roots: gwáayk'aa.

hello
to thank, give thanks (to X1) (for X2); to greet, say hello to, say goodbye (to X1): kíl 'láa.

helmet
helmet (armour): sk̲ahl dajáng. *war helmet:* sg̲ats' dajangáay. *wooden helmet (armor):* g̲aayhldáa dajangáay.

help
help, aid, assistance: da tleed. *to bring luck to, help, assist X1 (with X2):* k̲'áng. *to help X:* tlaayd.

hem
cuff, hem: ki tl'asdlahliyáay. *hem, bottom edge of a woven object (clothing, net, tablecloth, etc.):* k'yáay. *one's own hem, bottom edge of one's own woven object (such as clothing, net or tablecloth):* k'yáang.

hemlock
hemlock (wood or tree): k̲'áang (1).

hemlock bast
hemlock bast, spruce bast (phloem): xig.

hemlock-parsley
hemlock-parsley: hlk'yáan sgúusadaay.

her
he, she, him, her, they, them: 'láa (1). *his, her, their:* hal. *his, her, their, hers, theirs:* 'láa (1), 'láa gyaa.

here
around here: áajgwaa. *here, right here:* áatl'an. *over this way, nearby, close, here:* hahlgwáa.

hermit crab
hermit crab: skats'gw, skáy ts'ii.

heron
great blue heron: hlg̲u.

herring
herring: íinaang.

herring eggs
herring eggs: k'áaw.

herring egg season
herring egg season: k'áaw núud.

hers
his, her, their, hers, theirs: 'láa (1), 'láa gyaa.

hey!
say! you there! hey!: jáa (2).

hiccup
to hiccup once: skáak'ahlda. *to hiccup repeatedly:* skáak'adaang.

hidden
to keep O hidden: sg̲áalgaada.

hide armor shirt
hide armor shirt: k̲'a k̲'áy.

hide body armor
hide body armor: chat'íisk'w.

hide (n)
tanned skin or hide, leather: sgat'áal.

hide scraper
hide scraper: gin k̲'ál ki hltánaawaay, ki hltánaaw.

hide (v)
to hide O: sg̲ál.

high
up above, high, in the sky, in the air: asáa.

highbush cranberries
highbush cranberries mixed with ooligan grease: hláay k̲ayúudaa.

high-bush cranberry
high-bush cranberry, squashberry: hláay. *squashberry (bush or branch), high-bush cranberry (bush or branch):* hlg̲áay hlk̲'a'áay.

highbush cranberry
highbush cranberry patch: hláay gyaawáay.

high caste
to act or feel high caste, to live piously: sáalaa gudgáng.

high class
to be high class, high caste: yah g̲id.

highest power
the name of the highest power, diety: Sángs K̲'áangal Sg̲áanuwaay.

highmindedness
highmindedness: sáa gudáang.

high part of the land
the interior or high part of a land mass: úunaay.

high-pitched voice
thin, high-pitched voice: kíl t'ímjuu.

high rank
person of high rank: yah g̲íid.

high tide
line of debris left by the high tide: gíi tíigad. *the high tide on the full moon in May:* chaaw an ináas.

high tide line
the high tide, high tide line, the incoming tide at shoreline, the beach covered by the incoming tide: sk'wáay.

high water mark
tide line, high water mark: sk'wáay tláay.

high water's edge
the high water's edge: sk'waas ján.

hill
the hill, the pile: k̲'íijuuyaay.

him
he, she, him, her, they, them: 'láa (1).

hind flipper
hind flipper of a seal after it has been removed from the body: imáa (1). *one's own paw, one's own back paw (of a bear), one's own hind flipper (of a seal or sea lion):* st'áang. *one's paw; one's back paw (of a bear), one's hind flipper (of seal or sea lion):* st'áay.

hindquarter
one's hindquarter (of an animal): tíl. *one's own hindquarter (of an animal):* tíilang.

hinge
hinge: da g̲asdláaw. *hinge of door of stockade:* k'yúu ki g̲ayáangw.

hip
one's hip region: k̲'ahl'úl. *one's own hip region:* k̲'ahl'uláng. *spot on the hip that touches the side of the canoe when paddling:* g̲ut'íisaa. *the surface of one's hip region:* tíl. *the surface of one's own hip region:* tíilang.

hipboots
hipboots, hip waders: st'a sk'agáa tíilaa.

hip joint
hip joint: k̲'ahl'úl 'wáa aa kúnt'as.

hips
buttocks, behind, rear end, hips: kwáay. *one's buttocks, behind, rear end, hips:* kwáayang. *one's buttocks, rump, rear end, hips:* k'as. *one's own buttocks, rump, rear end, hips:* k'asáang.

hip waders
hipboots, hip waders: st'a sk'agáa tíilaa.

his
his, her, their: hal. *his, her, their, hers, theirs:* 'láa (1), 'láa gyaa.

history
story, news, history, background information, context: gyaahláang.

hit
to hit, strike O: k'ad. *to hit, strike O (as with an ax, stick):* sg̲asgad. *to hit, strike O using a hammer or rock held in the hand:* k'asgad.

hoary marmot
groundhog, hoary marmot, raccoon: gwíigw.

hockey
to play hockey, shinny: sgi skáawnang.

hoe
hoe: k̲'wíi dánsdlaawaay.

hog
pig, hog: gwáasaaw.

hold
to hold, carry O (sg) (person) (sg subj): dlagáng. *to hold O:* gijgad (2).

hold a grudge
to be angry with, hold a grudge against X: sg̲anuwáa.

holder
a keeper, holder (for something): da'áaw.

hold on
wait, hold on, please: k'wáay (1).

hole
deep pool or hole in the bottom of a river: gíl. *hole in one's lower lip:* k'ud x̲íilayaay. *holes in one's lower lip:* k'ud x̲íilaangaay. *the holes:* x̲íilaangaay. *the hole (sg):* x̲íilaay. *to have a hole, for there to be a hole in S:* x̲íila. *to have a hole (going) inside, for there to be a hole (going) inside of S:* x̲íilts'a. *to have several holes, for there to be several holes in S:* x̲íilaang.

hole in earlobe
hole in one's earlobe: gyúu x̲íilayaay.

hole through septum
hole through one's septum: kún x̲íilayaay.

holler
to give a loud shout, holler loudly (to X1) (at X2): hlgáamsda. *to shout, holler loudly and repeatedly (to X1) (at X2):* hlgáamjaang.

Holy Spirit
Holy spirit: dagwiig. *the Holy Spirit, peace:* X̲ánj 'Láas.

home
into, to the inside, (to) home: anáag.

homesick
to be homesick: náa gut'áang.

honest
to be honest, trustworthy, upstanding: ya'a.

Honorable Ones
Honorable Ones: Kwaawáay.

honored
to be happy, pleased, honored with X: x̲ángahl.

hood
hat, cap, hood: dajáng.

hoof
a bird's claw or talon, a deer's hoof: st'a k'ún. *bird's own claw or talon, deer's own hoof:* st'a k'unáng. *one's hoof:* st'áay. *one's own hoof:* st'áang.

hook
clothes hook, coat hook: ki hlgayáangw. *crochet hook:* ta x̲áayuu, tl'áayuu x̲áayuwaay. *crochet hook, knitting needle:* x̲áayuu. *gaff hook:* x̲aguhldáaw. *gaff hook, prosthetic hook:* x̲aguhl. *octopus stick, octopus hook:* núut'gwaangw. *to troll, fish with a hook:* x̲áw (2). *wooden halibut hook:* ínahlgaal, x̲agw t'áawal.

hooker
prostitutes, hookers: ja'áang janáas. *to be a prostitute, hooker:* ja'áang jan-gáa.

hook wallet
hook wallet made of cedar bark: tl'úuwaan.

hoop
basketball hoop: k̲aaláay. *hoop:* tál. *hoop (toy):* tál sdaawnáangw.

hope
hope: k'ánggwdaang. *I hope that..., hopefully:* gíijgwaa. *to be despondent, discouraged, lack hope:* k̲ayáng. *to concede, give up, call it quits, lose hope:* k̲ayánsdla. *to hope (for X), be hopeful:* k'ánggwdang.

hopeful
to hope (for X), be hopeful: k'ánggwdang.

hopefully
I hope that..., hopefully: gíijgwaa.

hopelessness
hopelessness: k̲ayáang.

hops
hops: háabs.

horizon
horizon: síisgwii g̲agadáay.

horn
(animal) horn, antler: k'ím. *(any) wind instrument, (musical) horn:* xu kingáangw. *cow horn:* masmúus nasáangaa. *one's antlers, horns:* nasáang. *to have antlers, horns:* nasáangaa.

horned grebe
horned grebe: chaan tl'ánts'uud, gyúugdaagaa.

horse
horse: gyuudáan.

horse clam
horse clam, gaper: sk̲áw (2).

horse mussel
horse mussel: sg̲áw (2).

horseshoe
horseshoe: gyuudáan st'áay.

horsetail
species of horsetail: dál x̲aw.

horsewhip
horsewhip: gyuudáan sgidáangwaay.

hose
(water) hose: g̲ándl kwahyáandaawaay.

hospital
hospital: st'ii náay.

host
to give a feast, put on a doing, host a social event: hála (1).

hot
to be hot, to give off lots of heat: k̲áwsda. *to be hot, warm:* k'íina. *to get hot, warm:* k'íinasdla.

hotel
hotel, bunkhouse: k̲'adáa náay.

hot springs
hot springs: g̲ándl k'íinaas.

hot water bottle
hot water bottle: g̲ándl k'íinaa da'áawaay, g̲ándl k'íinaa gwáalaay.

hour
an hour and a half: k'asgad sg̲wáansang in'wáay. *for the time, hour to approach X1, for the time to be nearly X1, for the time to be just after X2:* sk̲'adáal. *half-hour:* k'asgad in'wáay. *hour:* k'asgad.

house
a mythical house in which the salmon lived before Raven put them in the rivers: Ta Ináang Náay. *brick or stone house:* k̲waa náay. *house, dwelling, building, hut, cabin, shack, shelter, establishment:* na. *one's house, dwelling, building, hut, shack, cabin, shelter, establishment:* náa (2). *one's own house, dwelling, building, hut, shack, cabin, shelter, establishment:* náa'ang. *to play house:* k̲igwdáang.

house-building potlatch
house-building potlatch: 'wáahlaal.

house chief
house chief: na 'la'áay. *to be house chief:* na 'la'áaygaa.

house frame
house frame: náay skusál.

housefront pole
housefront pole with a doorway through it: k'yúu. *totem pole, housefront pole:* gyáa'aang.

household
members of a household: na ts'ée'ii.

housepit
slope of a mountain; area above a door; the wooden plaque mounted on the front of a ceremonial headdress; the top edge of a housepit: k̲úl.

houseplant
houseplant; any plant cultivated for its flowers: xíl k̲uyáas.

housepost
inside housepost of traditional house: k̲'íits'aangw. *outside corner housepost of traditional house:* k̲'u hlgats'áangw.

house site
a house site (former or planned): na k̲'áasal.

how
how: tlagw. *how?:* sán (1). *surely, certainly, definitely, so very, how, quite, quite a bit:* tlíi.

how ever
no matter what, in any way, whatever, how ever: tlagún.

however
but, however: tl'aa. *but, however, though:* k'yáan.

how many
how many?, how much?: gíisdluu.

how much
how many?, how much?: gíisdluu.

how strange!
how strange! weird!: 'yáa.

huckleberry
Alaskan huckleberry: hldáan k̲idg. *blueberry, blue huckleberry:* hldáan. *ovalleaf huckleberry:* hldáan g̲adg. *red huckleberry:* sg̲idluu.

huckleberry bush
blue huckleberry bush: hldánhl.

Hudson Bay tea
Hudson Bay tea, Labrador tea, swamp laurel: xíl k̲agan.

Hudson's Bay blanket
blue Hudson's Bay blanket: g̲uhl gijáaw. *Hudson's Bay blanket:* g̲áahldaaw. *Hudson's Bay blanket with multi-colored stripes:* gínt'as sk'agáas. *light brown Hudson's Bay trade blanket:* sgánsgwaan. *red Hudson's Bay blanket:* sg̲id gijáaw. *white Hudson's Bay blanket or potlatch blanket:* g̲a hlk'ujáaw.

hug
to embrace, hug X: sk̲'u dlasgad.

hull
hull (of boat, canoe): tluwáay hlúu. *its hull (of a boat):* hlúu.

human being
human being, person, people: X̲aadas.

humble
to be humble, not think highly of oneself: gudáng. *to be humble; to be of low status:* g̲id.

hummingbird
rufous hummingbird: dagdagdiyáa, hldánts'iid.

hump
hump, solid projection: k̲'íijuu.

humpback salmon
humpback salmon, pink salmon: ts'at'áan.

hundred
hundred: hándad. *one hundred, 100:* tláalaay tláahl. *to be one hundred in number:* tláalaay tláahl. *to V one hundred times:* tláalaay tláahl.

hunger
hunger: k̲'wíid.

hungry
to be hungry: k̲'ud. *to starve, go hungry, desperately need food:* k̲'udahl. *to want, be hungry for X:* gudáng.

hung up
to hang, be hung up (pl) (from X): k'yáagaa.

hunt
to hunt on land (for X, usually deer): k̲áajuu. *to hunt on water:* sáaya.

hunter
hunter: k̲áajaaw 'la'áay. *to be a hunter:* k̲áajaaw 'la'áaygaa.

hunting clothes
hunting clothes, hunting gear: k̲áajaaw gin-gáay.

hunting gear
hunting clothes, hunting gear: k̲áajaaw gin-gáay.

hurry
come on! get going! hurry! go ahead! get to it!: hágwsdaa. *in a hurry:* hlg̲ayk'yúust. *quickly, in an hurry:* hawíidaan. *to be in a hurry to get to something else:* x̲aayda. *to hurry along, be in a hurry:* hlkwiida. *to hurry, go fast:* xangahlda.

hurt
to be hurt, damaged: tlagiyáa. *to get hurt, injured, damaged:* tlagáay. *to get hurt, injured (sg):* dlánsda. *to have gotten hurt, injured:* dlánsdayaa.

husband
one's husband: tláal. *one's own husband:* tláalang. *slave husband:* tláal x̲áldangaay. *to be a husband (to X):* tláalaa. *to have a husband:* tláal da'a. *to have O as one's husband:* tláalda.

hut
house, dwelling, building, hut, cabin, shack, shelter, establishment: na. *one's house, dwelling, building, hut, shack, cabin, shelter, establishment:* náa (2). *one's own house, dwelling, building, hut, shack, cabin, shelter, establishment:* náa'ang.

I
I: Hl, hláa. *I, me:* díi.

ice
ice: k̲álg.

ice cream
Indian ice cream: g̲áan k̲ayúudaa. *snow mixed with sugar and ooligan grease, Indian ice cream:* t'a'áaw dáayuusdaa.

icicle
icicle: tad stl'a k'ún.

if
so then, when, if: dluu.

ignorant
to be ignorant of, unfamiliar with, not know X: k̲'íit'as.

ignore
to have one's head turned toward X; to ignore, not pay any attention to X (w/ neg).: ánjuu.

ill
to be sick, ill: st'i.

illness
sickness, illness, disease: st'íi.

imitate
to draw, copy, imitate, take a picture of X1 (on X2): níijang.

important
for X to be necessary, required, needed, important: kílgang. *to care about X, to think X is important, to be grateful for X:* g̲ayuwa.

imprint
trace, imprint, track left after something has gone: salíi.

improve
to make O good, improve O: tla 'láa.

in
around in, around inside of, around among, around through: k̲áahlguud. *through it, in it, into it:* g̲íi. *to it, at it, in it, there:* g̲áa. *to, toward, in, at:* âa.

in addition
also, in addition, as well: asíis.

in charge
to be one who V's habitually or as an occupation; to be in charge, the boss, master,: 'la'áaygaa. *to be the boss, the leader, in charge (of X):* k̲'uláa. *to be the head, leader (of X), to take the lead (in X), be in charge (of X):* k̲ajáa.

incoming tide
the high tide, high tide line, the incoming tide at shoreline, the beach covered by the incoming tide: sk'wáay.

in contact with
to be located close by, adjacent, next to, in contact with X (each other): tíit'as.

incredible
amazing! incredible!: áa.

indeed
indeed, even: gwaa (1).

Indian bread
pan bread, Indian bread: sablíi skid tl'ajuwáa.

Indian cheese
Indian cheese, stink eggs (dog salmon eggs smoked in the skein, mashed, packed tightly in a wooden box or seal stomach, and aged): cha k'adáang.

Indian hellebore
Indian hellebore (root or plant), skukum roots: gwáayk'aa.

Indian ice cream
Indian ice cream: g̲áan k̲ayúudaa. *snow mixed with sugar and ooligan grease, Indian ice cream:* t'a'áaw dáayuusdaa.

Indian rice
bulb of rice root, Indian rice: stla k̲'íist'aa.

industrious
to be willing to work, industrious, ambitious: gulga.

in exchange for
in exchange for; past, in the opposite direction from: sg̲áwdg.

inexpensive
to be cheap, inexpensive: nangáa.

infected
to be sore, infected: k̲'asaláa.

inflate
to blow up, inflate X; to blow on, at X: xusgad.

influenza
flu, influenza: ij.

inform
to tell (X1) the news (about X2), tell (X1) a story (about X2), inform (X1) (of X2): gyaahlánda.

information
story, news, history, background information, context: gyaahláang.

in front of

area in front of something: x̱ánggwsii. *in front of, before:* x̱ánggw. *in front of, in the presence of, to one's eyes:* x̱áng aa.

ingredients

ingredients in a medicine: xíl ḵ'wáalgad.

inhabitants

crew, members of a group, inhabitants: ts'ée'ii.

in half

in half: gud g̱aad.

injured

to get hurt, injured, damaged: tlagáay. *to get hurt, injured (sg):* dlánsda. *to have gotten hurt, injured:* dlánsdayaa.

ink

octopus ink: k'usk'úl.

inksac

octopus inksac: k'usk'úl.

inlet

entrance to an inlet: g̱aw ḵ'íw. *harbor, bay, inlet, channel:* g̱aw. *middle of a stream of a narrow inlet:* g̱ándl ts'úuwii. *mouth of an inlet, slough:* ḵ'íiwaatl'aagaay. *narrow channel, slough, inlet:* sk'ayáang. *outside of an inlet; west:* jagwáa. *wide stretch of sea, wide inlet, ocean:* síi.

in line

in line with, in a straight line towards: yâa.

inner bark

inner bark or cambium of a good-sized cedar: g̱áay.

inner part

the inner part, the inside of something: náaguusii.

in place of

for the sake of, in place of, instead of: g̱ánsd. *in place of, after:* salíi aa.

inside

the inner part, the inside of something: náaguusii.

inside a house

inside a house or building, at home: anáa. *the area inside a house or building:* anáasii.

inside area

inside surface or area of something: ḵáahlii. *the inside surface or area of one's own something:* ḵáahlaang.

inside front of clothes

the inside front of one's clothes: g̱uláang. *the inside of the front of one's clothes:* g̱uláang ḵáahlii.

inside of a house

the area inside of house: náay ḵáahlii.

insides

center (of the eyes), pit (of fruit), insides (of eggs, oranges, baked goods): ts'íi.

insignia

necktie, scarf, insignia, anything hanging from the neck: x̱íihl tl'agangáa.

in spite of

in spite of, despite what someone said: kihl t'álg.

instead of

for the sake of, in place of, instead of: g̱ánsd.

instep

instep: st'a k̲a'án sgast'áay. *the top of one's foot, one's instep:* st'a ún. *the top of one's own foot, one's own instep:* st'a úunang.

instruct

to give orders, instructions to O; to tell O to do (X), to give O (X) to work on: x̲áldaang. *to instruct O; to receive a message, get word, hear the news:* kínggwdang.

instrument

(any) wind instrument, (musical) horn: xu kingáangw. *fiddle, violin, or any string instrument played with a bow:* x̲i kingáangw. *guitar, banjo, any string instrument played by plucking:* stl'a kingáangw. *to play a wind instrument:* xu kingáang.

insufficient

not enough, an insufficient amount: gin gíits'aa hlangaay. *to be lacking, insufficient, not enough:* gáwad, gáwadaa. *to be not enough, insufficient:* gúu xajúu.

insult

to speak harshly, make insulting remarks to O: súud hlgitl'a.

intelligence

wisdom, intelligence: k'adáang.

intelligent

to be wise, intelligent, smart, clever (at X): k'adangáa.

interior

the interior or high part of a land mass: úunaay.

Interior

the Interior: Únsgw Tlagáay.

Interior people

Interior people (Athabaskan, Gitksan, interior Salish, etc.): Ts'aagws X̲aat'áay.

interment

interment: sáahlang.

internal organs

guts, internal organs of something: k̲áahlii.

interrogate

to question, interrogate O: gín kílslang. *to question O intensely, ask O a lot of questions, to interrogate O, to grill O with questions:* kíl súu dluunáang.

intertidal zone

beach, intertidal zone, beach area that is exposed at low tide: chaaw salíi.

intestinal worm

(one's) stomach worm, intestinal worm: dahl sg̲a'áay.

intestines

braided seal intestines: sdláan k̲'ándiyaa. *one's intestines, guts, bowel:* sdláan. *one's own intestines, guts, bowel:* sdláanang.

in that way

thus, like that, in that way: hak'ún.

in the end

someday, one of these days, sometime in the future, finally, in the end: tlíisdluwaan.

in the future

someday, one of these days, sometime in the future, finally, in the end: tlíisdluwaan.

in the language of
  in the language of: kihl.
in the midst of
  around among, in the midst of, with: suwíid.
in the presence of
  in front of, in the presence of, to one's eyes: x̱áng aa.
in the way
  to get in O's way, bother O: k̲'íida.
in this way
  thus, like that, in this way: hín.
into
  into: íi. *into it:* g̱íig. *into, to the inside, (to) home:* anáag. *through it, in it, into it:* g̱íi.
into the woods
  to go up from shore, into the woods (sg): k̲ak'ahl.
intoxicated
  to become intoxicated, get drunk: láamgeehl. *to be intoxicated, drunk:* láamgaa.
Inuit
  the Eskimo people, the Inuit people: K'udáagws X̱aat'áay. *to be an Eskimo, Inuit:* K'udáagws x̱aat'áa.
invitation
  an invitation: dáawgaay.
invite
  to invite X: dúu.
involve
  to be X's business, to concern, involve X: g̱id.
irascible
  to be mean, bad-tempered, violent, irascible: sg̱ats'a.

iris
  one's iris: x̱áng ts'íi 'wáa aa skáagangaay. *one's iris (of the eye):* x̱ángii 'wáa aa hlg̱ahl skáagangaay.
iron (1)
  (clothes) iron: k̲'íinaanw. *to iron O:* k̲'íinaan.
iron (2)
  iron, steel: ya'áats'.
iron wire
  iron wire: ya'áats' tl'agáay. *iron wire on a roll:* sk'ahlgáalw.
island
  a group of small islands: gwáayts'aa. *island:* gwáay. *the part of an island nearest to a larger landmass:* g̱ujúugalaay. *the part of an island nearest to other land:* g̱ud.
isopod
  species of isopod: x̱agw lagúusaa.
it
  that, it: 'wáa (1).
itchy
  to be itchy: k'uts'íiga. *to get itchy:* k'uts'íigasdla.
ivory
  ivory: k̲uhláak̲'waa ts'áng.
jack
  jack, jackscrew: hit'áadaaw. *jackscrew, jack, screwdriver:* g̱wíihlgaalw.
jacket
  coat, jacket: k'uudáats'.
jackscrew
  jack, jackscrew: hit'áadaaw. *jackscrew, jack, screwdriver:* g̱wíihlgaalw.

jack spring salmon
jack spring salmon: k̲aj g̲ajáaw.

Jacobberry
bunchberry, Jacobberry: ts'íik'ab.

jail
jail, jailhouse: k̲'íits'ad náay, k̲'íits'iid náay. *to be in jail (sg):* k̲'íijguwaa. *to be in jail, to have been put in jail (pl):* k̲'íits'adaa. *to put O (pl) in jail:* k̲'íits'ad.

jailhouse
jail, jailhouse: k̲'íits'ad náay.

jailkeeper
policeman, jailkeeper: k̲'íits'iid 'la'áay. *to be a jailkeeper, policeman:* k̲'íits'ad 'la'áaygaa.

jam
jam: jáam.

jam dish
jam dish: jáam táawaay.

jam jar
jam jar: jáam táawaay.

Japanese
Japanese people: Jáabnii.

jar
glass container, bottle, jar: k̲álg.

jaw
one's jaw joint: sg̲áay k'u'úldangaay.

jay
Stellar's jay: tl'ánts'uud.

jay trap
4-sided conical trap for jays: tl'ánts'uud sk̲amáay.

jealous
to be envious, jealous: gu sdahla. *to be jealous:* st'íigang. *to be jealous of X:* ts'áng sda'áang.

jeans
(a pair of) jeans: Cháalamaan k'úunaay. *jeans:* xwáasdaa k'ún. *overalls, jeans:* jámbas.

jellyfish
jellyfish: g̲áayuu ts'ahwáldaangaa.

jerk
to jerk O around: tál g̲áydang. *to jerk O away:* dáng k'áat'a. *to run dragging O along, jerk O around:* dáng g̲áydang.

Jesus
God, Jesus: Saláanaa.

Jewish
Jews, Jewish people: Júus X̲aat'áay.

Jews
Jews, Jewish people: Júus X̲aat'áay.

jibsail
jibsail: sk̲'iw tl'ajáaw.

jig
halibut jig: tlag (3).

jingle
for there to be loud ringing, jingling noise: hldáldgaa.

job
work, job: hlg̲ánggulaa.

joint
one's ankle joint: st'áay k'u'úldangaay. *one's elbow joint:* xyáay k'u'úldangaay. *one's jaw joint:* sg̲áay k'u'úldangaay. *one's knee joint:* k̲'ulúu k̲aj k'u'úldangaay. *to have*

aching joint, sharp pains: g̲u sg̲ak'áa.

joke

to joke (with X); to tease, kid (X): ihlíidang. *to make fun of X, joke around with X:* kihl náang.

joy

joy: gudáang 'láa.

judge

judge: ta gíng kílislaang 'la'áay. *to be a judge:* ta gíng kílislaang 'la'áaygaa.

juice

berry juice, fruit juice: g̲áan x̲áw. *carrot juice:* ts'ats' x̲áw. *its juice, broth:* x̲áw (1). *pulp, the remains of berries, bast, etc. after the juice has been extracted:* hlk'uwíi.

jump

the fish are jumping!: áayóo. *to jump (over X1) (away from X2) (sg. subject):* t'asgad. *to jump up and down (pl):* g̲adiyáang.

junco

Oregon junco: t'adgw.

juniper

juniper: k̲'álaa ts'aláa. *juniper tree:* hlk̲'ámaal gin gyáa'alaas, k̲'álaa hlk̲'ámalaay. *needle-bearing branch of an evergreen tree, attached to a limb but not to the trunk; juniper tree:* hlk̲'ámaal.

juniper berry

juniper berry: g̲áay'angwaal.

junk

all kinds of miscellaneous junk: gin k̲'wa'áa han.

Juskatla Slough

Juskatla Slough: Júus K̲áahlii.

just

anyway, just, nevertheless, even so: hak'wáan. *just, simply, a little bit, a few, somewhat:* hlangáan. *just, simply, nothing but, without doing anything:* hingáan. *specifically, exactly, just, right:* hik'ii.

just in case

just in case: sáng gudáagw.

just now

just now: tlasnúud.

Kaigani Haida people

Alaskan Haida people, Kaigani Haida people: K̲'íis X̲aat'áay.

Kasaan

Kasaan: Gasa'áan. *New Kasaan:* Gasa'áan G̲áwtlaa.

keel

keel: stl'áng sk'aawáay.

keep

to do sth. constantly, keep on doing sth.: sg̲wáanang.

keep an eye on

to watch, observe O, keep an eye on O: hlg̲ats'a.

keeper

a keeper, holder (for something): da'áaw.

keep in mind

to keep O in one's mind, take notice of O: gudgáng. *to remember, recall X, keep X in mind:* gudjúu.

kelp

bull kelp: hlk̲áam. *float and fronds of bull kelp:* k̲aj. *fronds of giant kelp:* ngáal. *giant kelp (on which herring usually lay their eggs):* k'áay.

kelp greenling

kelp greenling: kij.

kelp stipe

a kelp's stipe: hlk̲áam dáagal. *bivalve mantle (a thin membrane that surrounds the body of the bivalve), kelp stipe:* dáagal. *kelp stipe:* hlk̲áam sdláan, hlk̲áam sdláan.

kerchief

headscarf, kerchief: k̲an tíigaa. *kerchief:* k̲wah gigáng. *triangular kerchief (either knitted or crocheted):* k̲wah tíigaa.

kernel

corn kernel: tl' k̲'iyáa ts'áng.

kerosene

kerosene, coal oil: k̲'áas g̲udáaw táw.

kestrel

kestrel, sparrow hawk: sgyáamsuu.

Ketchikan

Ketchikan: Gijx̂áan.

kettle

canning kettle: kyáan tláng g̲aláangwaay, kyáandaaw. *tea kettle:* g̲an, g̲an k'udáa, g̲ándl ts'asláangwaay, ts'asláangw k'udáa, x̲áw ts'asláangwaay.

key

key; winder on a clock: ki gusdláaw. *musical key:* sg̲adaláay. *passkey:* ki gusdláaw hlkajúu.

kick

to kick O: sda k̲'íist'a. *to kick O, test O by giving it a kick:* sdagwdáng.

kick along

to slowly kick O along: sda k̲'íidaal, sda xadáal. *to slowly kick O along, to kick over a pile of O:* sda x̲úndaal.

kick and miss

to kick at O and miss: sdasguda.

kicker

kicker, outboard motor: tlúu gwaa gin hlga'áaws.

kid

to joke (with X); to tease, kid (X): ihlíidang.

kidney

kidney of a salmon: g̲áy (2). *one's kidney:* cháay. *one's own kidney:* cháayang.

kill

to kill O (pl): tl'ada. *to kill O (sg):* tiya. *to kill O with a stick, to club O to death:* sgi k'ut'ahl. *to kill O with stones, to stone O to death:* k'a k'ut'ahl. *to shoot (and kill) O; to sting O (as a bee):* ts'a.

killer whale

double-finned killer whale: sg̲áan ts'ál tl'asdáng.

killerwhale

a killerhale design, the figure of a killerwhale: sg̲áan da'áang. *killerwhale, orca:* sg̲áan (2). *wooden crest hat in the shape of a killerwhale:* sg̲áan daján g.

Killerwhale People

town of the Killerwhale People: Sg̲áan 'Láanaa.

killerwhale skin
killerwhale skin: sg̲áan k̲'aláay.

kind
to be kind: k̲'ánggwdanga.

kindling
kindling: k̲áahlaangw. *red cedar kindling:* ts'úu k̲áahlaangwaay.

kindness
kindness: k̲'ánggwdaang.

kind of
somewhat, kind of, partly: gudúu.

king crab
king crab: húugaa.

kingfisher
kingfisher: k'ut'ún.

kinglet
golden-crowned kinglet: k̲wah ts'áanaawaa.

king salmon
a large variety of spring salmon found south of Haida Gwaii: sg̲áawahl. *spring salmon, king salmon, chinook salmon:* táa'un.

king salmon stream
king/spring salmon stream: táa'un g̲ándlaay.

kinnikinnick berry
kinnikinnick berry: dinax̂.

kiss
to kiss O: skúntl'a.

kit
the parts or pieces of sth., kit, gear or materials for sth.: áaniigaay.

kitchen
kitchen: tláng g̲aláang náay.

kitchen box
kitchen box (used in camping): táaw g̲udáay.

kitchen sink
kitchen sink: k̲íihlaa dláanwaay.

Kitkatla people
Kitkatla people, Southern Tsimshian people: Gidg̲áahlaas.

kitten
kitten: dúus gíit'ii.

Klinkwaan
Klinkwaan: Hlank̲wa'áan.

knapsack
backpack, knapsack: ún chagáangw. *totebag, knapsack:* g̲ál chagáangw.

knee
one's knee: k̲'ulúu k̲aj. *one's knee joint:* k̲'ulúu k̲aj k'u'úldangaay. *one's own knee:* k̲'uláng k̲ajáng. *the back of one's knee:* k̲'ulúu k̲aj k̲a'án.

kneecap
kneecap: k̲'ulúu k̲aj g̲áal.

knife
a long-handled knife used in canoe making: tlúu sk'at'íis kist'áawaay. *any kind of sharp knife:* k̲'it'uhl 'la'áaw. *curved knife used for carving:* k̲'uhláalw. *drawknife:* sínggals yaats'áay. *knife:* ya'áats'. *knife with a homemade wooden handle:* ya'áats' kyúu g̲ajuwáa. *mussel shell knife used in making net fiber from fireweed:* tl'ii'aal taháaw. *pocket knife:* ya'áats' k̲'udgungáa. *the cutting edge of a knife:* ya'áats'

k̲'ún. *traditional semi-circular knife for fish slicing:* táa k̲adáaw.

knit
to knit, crochet, weave: ta x̲áy. *to weave, knit, crochet O:* x̲áy (2).

knitting needle
crochet hook, knitting needle: x̲áayuu. *knitting needle:* ki x̲áay stlíinaay, wál x̲áayuwaay.

knob
knob, grip: gijgad (1). *knob, grip, handle (of the type on the end of a box or trunk):* gijgíit'uu.

knot
a knot: kyúu k̲'íisgadaay, kyúu k̲'íit'ajaay. *hemlock knot from a rotten log:* k̲'ín (2). *knot at the base of a tree limb:* tláas k̲'úl. *knot in wood:* tláaj. *knot; the tying (of O):* kyáawgaay. *limb butt remaining after a tree rots, knot rotted out of a tree:* t'án (1). *to tie O, fasten O, tie a knot on O:* ts'at'as.

knothole
knothole: skáyts'aangw.

know
I don't know: áyaa. *to be suspicious of, not know O:* k̲'ala. *to find out X, come to know X:* únsadgahl. *to know X:* únsad.

know how
to know how to V, be able to V, be skilled at V-ing: g̲áayaa (2). *to not know how to V:* k̲'ala.

know, unfamiliar
to be ignorant of, unfamiliar with, not know X: k̲'íit'as.

knuckle
one's knuckles: stla k̲'ángii k'u'úldangaay.

Kumdis Slough
Kumdis Slough (part of Masset Inlet): Yaht'áahl K̲áahlii.

Kwakiutl
Kwakiutl, Nootka, Salish: Git'áwyaas.

Kyusta
Kyusta: K'yúust'aa.

Labrador tea
Hudson Bay tea, Labrador tea, swamp laurel: xíl k̲agan. *leaves of Labrador tea:* g̲agán xil, g̲awáa sk'ajáaw.

labret
labret: stíidgaa.

lace
lace: k'i kún aadáay. *net, netting, web, lace:* aad.

lacking
in the absence of, lacking: x̲ánjgw. *in the absence of oneself, lacking oneself:* x̲ánjgwhlaang. *to be absent, lacking, not to be found (with NEG):* k̲éengk'aa. *to be lacking, insufficient, not enough:* gáwad, gáwadaa.

lack salt
to become flavorless, bland due to a lack of salt: k̲úunaansdla. *to be flavorless, bland due to a lack of salt:* k̲úunaaw.

ladder
ladder: hlajáaw, k'yúu, k'yúu hlg̲agad, k'yúu

hlg̲agadáaw. *ladder made from a log by chopping out steps:* t'a g̲ahláanw.

ladle

ladle: g̲atl'áaw, ta dagáalw. *soup ladle:* súub dagáalwaay, súub sk'atl'áangwaay.

lady fern

lady fern, spiney wood fern: sáagwaal.

ladyslipper orchid

flower of a ladyslipper orchid: sk̲íl táw.

lake

lake, pond, pool, puddle, body of water: súu (2).

lake basin

lake basin: súu k̲áahlii.

lamp

lamp, light, torch, electricty: k̲'áas g̲udáaw.

lamprey

blenny, gunnel, wolf eel, species of prickleback, species of lamprey: g̲asang.

lance

sword, lance, lance point, bayonet: chaatl'. *to harpoon, spear, lance O (sg) (in X):* kid.

lance point

sword, lance, lance point, bayonet: chaatl'.

lancet

lancet: k̲'íit'uu.

land

Haida country, Haida village, Haida lands: X̲aadas tlagáa. *one's own place, area, region, land, territory, country:* tlag'áang. *one's place, area, region, land, territory, country:* tlagáa. *place, area, village, region, land, territory, country, ground:* tlag (2).

land mammal

animals (esp. land mammals): gin tiigáa.

land otter

land otter, river otter: sdlagw.

Land Otter People

(the) Land Otter People: Sdlagws X̲aat'áay. *town of the Land Otter People:* Sdlagw 'Láanaa.

land otter scent gland

land otter scent gland: kusíidaa.

land otter stretching board

land otter stretching board: sdlagw kidáawaay.

Langara Island

Langara Island: K̲'íis Gwáayaay.

language

language, voice, speech, words: kíl. *one's own language, voice, speech, words:* kíilang.

lantern

lantern: k̲'áas g̲udáaw dáng sk'agangáa.

lanyard

a harpoon's lanyard: kit'uu dáagal.

lap

one's lap: k̲'ulúu. *one's own lap:* k̲'uláng (2).

lard

lard: gwáasaaw táw, láad.

large

to be large, big (pl): í'waanda. *to be large, big (sg):* í'waan.

last
the last (final) one: g̱udgwáa 'láanaa. *the last (of a food or resource collected from nature):* g̱udíisii. *the last one(s) of something, the last of something:* tláan g̱éelgaay. *the very last one:* g̱udgwáa g̱agwíi 'láanaa.

last night
last night: g̱áalgwaa.

last people on earth
the last people on earth, all people forever, generation after generation: g̱udgwáa tl'áas x̱aat'áay.

last summer
last summer: aḵ'ín-gahl.

last winter
last winter: asangáa.

last year
last year: anuu.

lately
just now, lately, recently: hat'án.

later on
after a while, later on: áa sánggweehls dlaa. *later on:* áa sánggwaays dluu.

laugh
to laugh: k'ah.

laughing goose
white-fronted goose, brant, laughing goose: xíid.

laughter
laughter: k'aa.

launder
to wash, launder O (clothes): t'ánsgad.

laundromat
a laundry, laundromat: ta t'ánsgiid náay.

laundry
a laundry, laundromat: ta t'ánsgiid náay. *to wash clothes, do some laundry:* ta t'ánsgad.

laundry starch
laundry starch: sdáaj.

laurel
bog laurel, swamp laurel: sagáang ḵ'áawhlaa.

laver
black seaweed (laver): sg̱íw. *black seaweed (laver) dried in a flat cake for storage in a box:* sg̱íw tl'ángandaa. *winter seaweed (laver):* sángg sg̱íiwaay.

lawyer
lawyer: láayaa.

layer
layer, row: tl'uwáants'adaay.

laziness
laziness: skánts'alaang.

lazy
a lazy person: skánts'aals. *to be lazy:* guuga. *to be lazy; to refuse X, not want to do X:* gwáawa.

lead
lead (metal): ḵ'áas ḵ'ats'áa. *to lead O (pl):* g̱ál isdáal. *to lead O (sg):* g̱ál ḵáa.

lead a song
to lead O (song): kihl sg̱agáng.

lead away
to lead O away: g̱ál ḵáayd.

leader
leader on a fishline: gyáasuu. *one's boss, leader:* ḵ'ul. *one's boss, master, head, leader, chief:* 'la'áay. *one's own boss, leader:*

k̲'uláng (1). *one's own boss, master, head, leader, chief:* 'laayáng. *to be the boss, the leader, in charge (of X):* k̲'uláa. *to be the head, leader (of X), to take the lead (in X), be in charge (of X):* k̲ajáa.

lead in
to lead, bring in O (sg): g̲ál k̲ats'a, g̲ál ists'a.

lead line
lead line (for attaching sinkers to a net): aad k'yáay k̲wáayaay.

leaf
(its) leaf, petal: xíl. *its own leaf, petal:* xíilang. *leaves of lingonberry or twinflower:* sk'angíid.

leak
to flow, leak: xyáang.

lean-to
lean-to addition to a house, a covered porch: na 'wíi tl'ajuwáay. *lean-to made of branches laid over a log that had fallen across a stream:* hlk̲'adl. *lean-to shelter made of cedar bark or a sail stretched over a frame:* na tl'ajúu.

learn
to learn a lesson: ún sk̲'at'a. *to learn O:* sk̲'at'a. *to start, discover, learn how to do O:* tla k̲íiya.

learn a lesson
people who can't learn their lesson: ún sk̲'at'áa k̲'aláay.

leather
to be made of leather: sgat'aláa.

leave
to leave, depart, go, start off (pl): ist'iid. *to leave, depart, go, start off (sg):* k̲áayd. *to prepare to leave, to get ready to go:* k̲asa'a. *to throw O away; leave, divorce O:* dáang.

leave and
to go and V, leave to V (pl): ín-ga.

leave behind
to leave O (person, sg) behind: t'a dlasdla. *to leave O (pl) behind:* t'asdla.

leave in a huff
to go away mad, leave in a huff (over X): k̲iidad.

leave in a will
to bequeath O to X, to leave O for X in one's will, to will O to X: t'asdla.

leave to
to go and V, leave ato V (sg): ín.

ledge
ledge around a housepit: dáa'aa.

left
on the left side, left-handed: stl'áan-guusd.

left-handed
on the left side, left-handed: stl'áan-guusd. *to be left-handed:* stl'áanaa.

left over
to be left over, be an excess amount: k̲'awad.

leftover
leftover, scrap, crumb of something: kángwaay.

leg
base of one's leg, where it joins the torso: tihl k̲'úl. *leg of a*

piece of furniture: k̲'ulúu. *one's finger; a starfish's arm; a crab's leg:* stla k̲'ángii. *one's leg:* k̲'ulúu. *one's own finger; a starfish's own arm; a crab's own leg:* stláang k̲'ángaang. *one's own leg:* k̲'uláng (2). *the base of one's own leg, where it joins the torso:* tihl k̲'uláng. *to have one leg shorter than the other:* in'wáay k'wa'án.

legging

legging: k'ihlgáa. *legging, greave (shin armor):* x̲áat'ask'w.

lemon

lemon: láaman.

length

length, height (of a person): gyaad.

Lepas Bay

Lepas Bay: T'áalan Stl'áng.

lesson

to learn a lesson: ún sk̲'at'a.

less than

less than: x̲angáasd.

let

to let be: g̲idda.

let down

to disappoint, let O down with what one says: kíl kwáahla.

let go

to be unwilling, reluctant to let X go: gud g̲a'a.

let's

let's: ts'an.

letter

paper, letter, page, written document, license, map, chart: k̲ugíin.

lettuce

miner's lettuce root: hlk'úngiid.

level

to be straight, level, flat: ya'a.

liar

a liar: kihlgadáang x̲úuts'. *liar:* kihlgadáang 'la'áay. *to be a habitual liar:* kihlgadanga. *to be a liar:* kihlgadáang 'la'áaygaa.

library

library: k̲ugíin náay.

lice

louse, lice, flea: t'am. *one's louse, lice, flea:* t'amíi. *one's own louse, lice, flea:* t'amáang.

license

fishing license: x̲áaw k̲ugíinay. *paper, letter, page, written document, license, map, chart:* k̲ugíin.

lichen

littoral lichen species: k'uu ts'áanaawaa. *species of lichen:* xíl k̲'wíiyawaa, xíl tl'a'áng. *unidentified species of lichen:* hlk̲'ámaal k̲aj. *usnea, "old man's beard" lichen on trees:* k'áalts'adaa líijaa.

lick

to lick, lick up O: t'áang.

licorice fern

licorice fern: dláamaal.

lid

a jar lid: k̲álg k̲'íw. *basket lid:* k̲igw g̲áal. *lid, cover:* g̲áal (1). *threaded lid:* skáy. *to have a lid, be lidded:* g̲áalaa.

lidded

to have a lid, be lidded: g̲áalaa.

lie

a lie: k'wa'áydaang. *lying, telling lies:* kihlgadangáay. *to lie, tell a lie:* kihlgadáng.

lie down

to be lying down: tíi xaawda. *to lie down, go to bed (pl):* tíisdla, tíiyaang. *to lie down, go to bed (sg):* tíi. *to lie down (of a large person):* tíi káludaa. *to lie down (of a large, stout person):* tíi íhlwuda. *to lie down (of a small person):* tíi k'uuda. *to lie down (sg):* tíida, dla'áaw.

life

life, one's life: x̲íinaang. *one's own life:* x̲íinanggaang. *to come alive, come to life:* x̲íinaansdla.

life jacket

large float (e.g. halibut float); life preserver, life jacket, lifering: gíijaaw.

life preserver

large float (e.g. halibut float); life preserver, life jacket, lifering: gíijaaw.

lifering

large float (e.g. halibut float); life preserver, life jacket, lifering: gíijaaw.

lift

to raise, lift one's head: ánst'ahla.

light

lamp, light, torch, electricty: k̲'áas g̲udáaw. *to be light, lightweight:* kiya. *to burn O, light O (lamp):* g̲uda. *to light O on fire:* g̲ugahlda.

lightning

lightning: sg̲i k̲'ajáang.

lightweight

to be light, lightweight: kiya.

like that

thus, like that, in that way: hak'ún. *thus, like that, in this way:* hín.

like the taste of

to like the taste of O, to like to eat O, to crave O: x̲áwlda.

like to eat

to like the taste of O, to like to eat O, to crave O: x̲áwlda. *to start to like eating O, to discover that one likes to eat O:* k'u k̲íya.

like (v)

to like, enjoy O: guláa.

lily

yellow pond lily: xíl gíi dlagáng.

lily-of-the-valley

wild lily-of-the-valley (plant or leaf): sk'angíid.

limb

knot at the base of a tree limb: tláas k̲'úl. *one's limb:* tláas. *tree limb, branch:* tláas.

limb butt

limb butt remaining after a tree rots, knot rotted out of a tree: t'án (1).

limpet

species of limpet, periwinkle: yáahl dajáangaa.

line

fishing line: x̲áaw k̲wáayaay. *goal line, finish line:* k̲aaláay. *gut line attached to a harpoon handle:* júug. *line drawn on something:* kihliyáasii. *line for stringing fish:* k̲áay'uu. *line, mark written or drawn on something:* kihliyáay. *line of standing people:* gya'áang sg̱agadáay. *needle and line for stringing fish:* ḵáaygaaw. *string, rope, cord, line (of rope):* ḵwáay.

lingcod

lingcod: skáynaan.

lingonberry

cranberry, lingonberry, twinflower: sk'ag cháay. *leaves of lingonberry or twinflower:* sk'angíid.

liniment

liniment: xíl tlananangáas.

lip

hole in one's lower lip: k'ud x̱íilayaay. *holes in one's lower lip:* k'ud x̱íilaangaay. *lip:* k'ud síiyun. *one's lips, the outside of one's mouth (of fish and mammals):* k'ud. *one's own lips, the outside of one's own mouth (of fish and mammals):* k'udáng.

lipstick

lipstick: k'udáng k'udláanwaay.

liquor

hard liquor: gin dadgáa, gin néelgaa, láam.

listen

listen!: hágw. *to be disobedient, stubborn, bullheaded, obstinate, to not listen:* gyúuts'iya. *to listen (for X), keep an ear out (for X):* gyúujuu. *to listen; to hear, understand O:* gudáng. *to listen to X:* gyúuwulaang.

Little Dipper

Little Dipper, Ursa Minor: Táan Ḵ'ál Ki G̱at'ajáa, Táan Ḵ'ál Ki G̱at'as.

little finger

one's little finger, pinky: stla g̱ud. *one's own little finger, pinky:* stla g̱udáng.

littleneck clam

littleneck clam, butterclam: ḵ'áag.

little people

"little people": stl'áas k'ámaal x̱aat'áay.

little toe

one's little toe: st'a g̱ud. *one's own little toe:* st'a g̱udáng.

little while

for a little while, for a short time: saanáa.

live

to be well-off, live comfortably: chaagáay 'láa. *to dwell, reside, live somewhere:* náa (1). *to live, be alive:* x̱íinangaa. *to live, dwell, reside (pl):* na'áang.

liver

liver of a shark: tl'íihlk'al. *one's liver (of mammals and birds):* tl'ak'úl. *one's own liver (of mammals and birds):* tl'ak'uláang.

liverwort

species of liverwort: x̱u t'áangal.

living conditions

one's living conditions, financial status: chaagáay.

living room
living room: sáanaa náay. *the sitting room, the living room:* k̲'adgúusdgaay náay.

located
to be situated, located (sg) (as a house): tíiwda.

lock
barrel lock on a door: sk̲'asgíit'uu. *to lock O:* sk̲'asgad.

lodgepole pine
lodgepole pine, bullpine (tree or wood): ts'ahl (1).

log jam
log jam: ts'íingajgaang.

log ladder
ladder made from a log by chopping out steps: t'a g̲ahláanw.

lonesome
to be lovesick, lonesome: g̲ugáa.

long
to be long (pl): jánda. *to be long (sg):* jáng.

long ago
long ago: awáahl, tladlúu.

longjohns
long underwear, longjohns: k'ún náaguusii jáng.

long-lived
to be long-lived, be tough and strong into old age: nats'a.

long time
a long time: jíingaa, tla'áa. *finally, after a long time:* tlíiyaan. *to become distant, far away (from X); for a long time to pass:* jíingeehl. *to V for a long time:* x̲ánsgad, jíingaa.

look
to be tired of looking (at X): k̲ehsda. *to look, appear a certain way:* x̲angáa. *to look at, watch, have one's eye on O:* k̲ehjgad. *to look downward:* k̲ínt'eehl. *to look good:* k̲ehjgad 'láa. *to look in (X):* k̲ínts'a. *to look upward:* k̲ínhla.

look after
to care for, take care of, look after, tend to X: tla'áanda.

look at
to see, look at O: k̲íng.

looked up to
to be well-respected, looked up to, well-known (among X): k'wíidangaa.

look for
to search, look (for X): diyáng.

looking glass
window, mirror, looking glass, watch crystal: x̲ánjaangw.

look like
to resemble, look like O: gyáa'alaa.

look nice
to make X look nice: tlagdáng.

lookout
bow lookout: ki dlajuwáa. *to expect (X), watch (for X), be on the lookout (for X):* k̲ehjúu. *to keep a lookout, keep watch, guard:* sáan hlg̲ats'a.

look outwards
to look outwards: k̲íng'waa.

look over
to compare O, size O up, look O over: k̲yaa'a. *to look O over and figure out what to do with it or about it:* k̲ehg̲íihlda.

looks
style, manner, appearance, looks: áahljuwaay.

look up
to be confident in, proud of, look up to, count on, admire X: kwáagad.

loon
arctic loon: x̱aasdláa. *loon:* ḵ'ahlgáaw. *species of loon:* tadl.

loosen
to put off, postpone, delay O; to slacken, loosen O: tlat'a.

lose
to lose, drop O after catching it: tla ḵagán. *to lose O:* gúuda. *to lose O (bet, argument, debate, etc.):* kíl ḵaahl.

lose life
to lose one's life, die: hl'áansdla.

lose one's hair
to go bald, to lose one's hair: sgaajéehl.

loss for words
to be at a loss for words, withdrawn, shy, bashful (around X), to feel unworthy (for X): ḵáada.

lost
to be lost, absent, missing: gáawgaa. *to be lost, away, gone from one's expected place:* gúu.

lot
lot, parcel of land, (land) claim: g̱ánsaal.

lots of
many, lots of, a lot of: ḵwáan.

loud
to be clearly audible, loud: gyúuwula. *to make a loud, thumping, clanging noise:* gáwdga.

loud noise
for there to be loud ringing, jingling noise: hldáldgaa.

loud ring
to make a loud ring (such as a telephone or alarm clock): hldáldgasdla.

louse
dog louse: x̱a t'amíi. *louse, lice, flea:* t'am. *one's louse, lice, flea:* t'amíi. *one's own louse, lice, flea:* t'amáang. *sea louse:* x̱agw t'amíi.

love
love: ḵuyáadiyaay. *to be in love:* jaagwáalgaa. *to be in love with X:* gwáalgaa. *to fall in love:* jaagúuhl. *to love O:* ḵuyáada. *to love X romantically, be in love with X:* k'úugaa.

lover
one's fiancée, sweetheart, lover, boyfriend, girlfriend: ḵ'a táayaa. *one's own fiancée, sweetheart, lover, boyfriend, girlfriend:* ḵ'a táayang. *to have O as one's fiancée, sweetheart, lover, boyfriend, girlfriend:* ḵ'a táayda.

lovesick
to be lovesick, lonesome: g̱ugáa.

love song
love song: sg̱aláang x̱áwlaa.

Lower 48
the Lower 48: T'áagwaa Tlagáay.

lower back
one's lower back: k'án skuj. *one's lower back, sacral region, lumbar region:* sk'ánts'al. *one's own lower back:* k'án skuját. *one's own lower back, sacral region, lumbar region:* sk'ánts'alang. *one's own spine, one's own lower back:* gínggudang. *one's spine, one's lower back:* gínggud.

lower jaw
one's lower jaw, mandible: sg̱áay. *one's own lower jaw, mandible:* sg̱áayang. *the lower jaw of a whale:* kún sg̱áay.

lower leg
one's lower leg, calf: k'yáal. *one's own lower leg, one's own calf:* k'yáalang.

low status
to be humble; to be of low status: g̱id.

low tide
for the tide to be low or out: chaawáa. *for the tide to get low, go out:* chaawéehl. *the smell of the beach at low tide:* chaaw ḵ'áahlaandaay.

LP
record, LP: tla k'ajáaw g̱ángandaay. *vinyl record, LP:* g̱aawnáangw.

luck
to bring luck to, help, assist X1 (with X2): ḵ'áng.

lukewarm
to become lukewarm: stáw k'íinasdla. *to be lukewarm:* stáw k'íina.

lullaby
lullaby: gid g̱agáan, gid g̱agáandaaw, gid ḵagáan. *to sing a lullaby:* gid g̱agáanda.

lumbar region
one's lower back, sacral region, lumbar region: sk'ánts'al. *one's own lower back, sacral region, lumbar region:* sk'ánts'alang.

lumber
plank, board, lumber: ḵ'aw. *sawn plank, sawn board, sawn lumber:* x̱i tl'iist'áa.

lung
one's lung: hlkuxwíi.

lung power
one's lung power, the strength and endurance of one's voice: x̱ínul. *one's own lung power, the strength and endurance of one's own voice:* x̱ínulang.

lupine
root of the Nootka lupine: gúnduu.

lupine root
place for gathering lupine roots: taansk'yáawdaan. *roots of beach lupine:* taansk'yáaw.

lying
lying, telling lies: kihlgadangáay.

lying down
to be lying down: dluuda.

machine
machine: masíin.

mad
to be mad, angry, upset (at X) (over X2): ḵáahlii híldang. *to get angry, mad, upset (at X1) (over X2):* ḵáahlii hihlda.

made
to be made, fixed, built (in some way): tlaawhlgáa. *to have been made, fixed, built (in some way):* tlaawhliyáa.

maggot
maggot: k̲'íisk'aal. *maggot, worm:* k̲'áanuu.

magnifying glass
magnifying glass: t'amg k̲éengwaay.

Maianthemum berry
mixture of boiled salalberries and fresh Maianthemum berries: stl'ánhlaal.

maidenhair fern
sword fern, maidenhair fern, male fern: ts'áagwaal.

mainland
Bella Bella, the mainland coast south of Tsimshian territory: Tlajáng. *the mainland:* k̲'ad tlagáay, k̲'adgwáa gwáayaay, tlag t'isdgáansii.

make
to cause O to be (thus), make O (thus): tla g̲id. *to make, build, fix, repair O (out of, from X):* tlaawhla.

make cry
to make O (pl) cry with what one says: kíl sg̲áyga. *to make O (sg) cry with what one says:* kíl sg̲áyhla.

make fun
to make fun of X: kihl náanslang. *to tease, make fun of, mock X (physically):* náanslang.

make fun of
to make fun of X, joke around with X: kihl náang.

make peace
to make up (with X), make peace (with X), forgive (X): galaada.

make sound difficult
to make O sound difficult, hard: kíl sángiits'a.

make up
to apologize, make up, try and be nice: kíl stl'agáng. *to make up (with X), make peace (with X), forgive (X):* galaada.

makeup
to put makeup on, primp up, gussy up: tla x̲áng ángk'a.

male
a man, a male: íihlaang. *to be a man, boy, male (sg):* íihlangaa. *to become a man, become male (sg):* íihlangeehl. *to become men, become male (pl):* íihlaants'deehl. *to be men, boys, male (pl):* íihlaants'daa.

male fern
sword fern, maidenhair fern, male fern: ts'áagwaal.

mallard
rattle in the image of a mallard: x̲aag níijangaay sasáa.

mallard duck
mallard duck: x̲aa.

mallet
hammer, mallet: tl'ahl. *wooden mallet:* hlk'yáan tl'ahláay.

mammal
animals (esp. land mammals): gin tiigáa.

man
a man, a male: íihlaang. *the men, the boys:* íihlaants'daay. *to be a man, boy, male (sg):* íihlangaa. *to become a man,*

become male (sg): íihlangeehl. *to become men, become male (pl):* íihlaants'deehl. *to be men, boys, male (pl):* íihlaants'daa.

mandible

one's lower jaw, mandible: sg̲áay. *one's own lower jaw, mandible:* sg̲áayang.

manner

style, manner, appearance, looks: áahljuwaay.

man-of-war

man-of-war (warship): wáanuwaa.

mantle

bivalve mantle (a thin membrane that surrounds the body of the bivalve), kelp stipe: dáagal. *butterclam mantle:* k'yúu dáagal.

manual ability

one's manual ability: tláajuu.

many

many, lots of, a lot of: k̲wáan. *to be many, much, a lot:* inánq.

map

a picture, photograph, map of something: níijangaay. *map, chart:* tlagg níijangaay. *paper, letter, page, written document, license, map, chart:* k̲ugíin.

maple

maple (tree or wood): sán (2).

marble

a certain game of marbles: k̲'wáandabs. *marble (rock):* k̲waa k̲uyáas. *marble (toy):* stl'a skáawnaangw.

marbled murrelet

marbled murrelet: ts'alám.

marbles

to play marbles: stl'a skáawnang.

mark

line, mark written or drawn on something: kihliyáay. *sign, mark, marker, badge, uniform or other identifying piece of clothing:* sk̲'adgáaw. *to mark O:* sk̲'adgáada.

marked

to be marked: sk̲'adgáa.

marker

marker (e.g. a float on a crab pot): k̲éenguts'ad. *marker, pencil, pen, chalk, crayon:* kihláaw. *sign, mark, marker, badge, uniform or other identifying piece of clothing:* sk̲'adgáaw.

marmot

groundhog, hoary marmot, raccoon: gwíigw. *marmot mountain (a mountain where marmots live):* gwíigw tlat'aawáay.

married

to be married: jáat'anaa, 'láanaa (1). *to be married to O, to marry O:* íinaa. *to get married:* 'láaneehl, jáat'aneehl. *to get married to O:* íineehl.

marrow

marrow: skuj gyáay, skuj k̲áahlii.

marry

to be married to O, to marry O: íinaa.

marten

marten (animal or skin): k'uu.

marten skin robe

marten skin robe: k'uu gyáat'aad.

mash

to mash, crush O with one's hands (as berries): tla'úng.

masher

masher (for vegetables, fruits, salmon eggs, etc.): ki k̲'adáalw.

mask

Haida mask: X̲aadas níijaangwaa. *mask:* níijaangw.

Masset

Masset Village: G̲aw Tlagáay. *the land at Masset:* G̲awaasíi. *the Masset one(s) (ref. to things, not people):* G̲awgáay.

Masset Haida people

the Masset Haida people: G̲aw X̲aat'áay.

mast

a ship's mast: gya'áangw sk̲'áangwaay.

master

one's boss, master, head, leader, chief: 'la'áay. *one's own boss, master, head, leader, chief:* 'laayáng. *to be one who V's habitually or as an occupation; to be in charge, the boss, master,:* 'la'áaygaa.

mast step

mast step (the block in the bottom of a canoe or a boat to hold the heel of the mast): ki k̲'íidlaanw.

mat

finely woven waterproof mat worn around the waist while in a canoe: g̲id gihláalw. *mat:* lagúus. *mat cover for a canoe:* tlask'udáaw. *mat used to cover a pit for steaming food:* hltálg. *tarp, large waterproof mat used to cover cargo or persons aboard a canoe:* t'éel g̲anuu. *the bottom edge of a mat that is being woven:* k̲'ún dáaw. *the side edges of a mat that is being woven:* gyáaw dáaw. *the upper edge of a mat that is being woven:* sa dáaw.

match

match: da kúnhlaaw.

material

cloth, material, sail: gya'áangw.

materials

the parts or pieces of sth., kit, gear or materials for sth.: áaniigaay.

maternal aunt

mother! maternal aunt (mother's sister)! wife of my paternal uncle (father's brother)!: awáa. *one's mother, one's maternal aunt (mother's sister), wife of one's paternal uncle (father's brother):* aw. *one's own mother, maternal aunt (mother's sister), wife of one's paternal uncle (father's brother):* awáng. *to be a mother, maternal aunt (mother's sister), wife of one's paternal uncle (father's brother) (to X):* awáa. *to become a mother, maternal aunt (mother's sister), wife of one's paternal uncle (father's brother):* awéehl. *to have a mother, maternal aunt (mother's sister), wife of one's paternal uncle (father's brother):* aw da'a. *to have O as one's mother, maternal aunt (mother's sister), wife of one's paternal uncle (father's brother):* awda.

maternal uncle

maternal uncle (mother's brother)!: gáagaa. *one's maternal uncle (mother's brother):* k̲áa (1). *one's own maternal uncle (mother's brother):* k̲áa'ang. *to be a maternal uncle (mother's brother) (to X):* k̲áa'aa. *to have a maternal uncle (mother's brother):* k̲áa da'a. *to have O as one's maternal uncle (mother's brother):* k̲áada.

mattock

a pick, mattock: k̲'wíi sgidáangw.

mattress

feather bed, feather mattress: hltánuu. *feather mattress, feather bed:* hltánuu ún cháangwaay. *mattress:* ún cha'áangw. *narrow mattress:* ún cha'áangw chabjuwáay.

mattress case

empty mattress case: ún cha'áangw k̲'áal.

maybe

maybe, possibly, might: 'wáaduwaans.

mayor

to be town chief, village chief, mayor: 'láanaa 'la'áaygaa. *town chief, village chief, mayor:* 'láanaa 'la'áay.

me

I, me: díi.

meal

a meal, meal time: hldanáaw.

meal time

a meal, meal time: hldanáaw.

mean, bad-tempered

to be mean, bad-tempered, violent, irascible: sg̲ats'a.

measure

to measure, weigh, count O: k'wíida.

measurement

measurement: k'wíidaaw. *unit of measurement:* k'wíidaaw.

measuring device

measuring device (of any kind): k'wíidaaw.

measuring stick

measuring stick: k'wíidaaw sk̲'áangwaay.

meat

meat, flesh: kyaa. *one's meat, flesh:* ki'íi.

meat grinder

meat grinder: kyaa íi x̲inanáangwaay, kyaa x̲i'wáay.

meat saw

meat saw: kyaa x̲igwáay.

medic alert bracelet

medic alert bracelet: da tleed stlagáay.

medicine

a certain medicine for discovering a witch who is causing sickness: skyáanaa xyáal. *contraceptive medicine:* k̲ée k̲'aláa xiláay. *eye medicine:* x̲áng xiláay. *ingredients in a medicine:* xíl k̲'wáalgad. *medicine:* xíl. *medicine for being a good shot, sharpshooter:* skaláa xiláay. *medicine for being quick at learning:* sk̲'at'gáa xiláay. *medicine for bringing someone back from the dead:* k'ut'áalsd k̲'áahlaaw xiláay. *medicine for getting rich:* íitl'aagíid xiláay. *medicine for long life:* nats'áa xiláay. *medicine for making one good at working with one's hands:* stlánlaa xyáal. *medicine for making people think one is graceful and good-looking:* sajáaw xiláay. *medicine for skill as a composer:* sg̲alang xiláay. *medicine for sores:* k̲'asáal xiláay. *medicine or power used in sorcery:* sg̲áanuug. *medicine to make someone who hates you change their mind:* k̲'asánd gudáang xiláay.

meet

to meet O: k̲áajgad.

megaphone

megaphone: gúusaaw.

melody

melody, rhythm of a song: ts'úuwii.

members

crew, members of a group, inhabitants: ts'ée'ii.

memorial pole

memorial column, memorial pole: k̲'áal (1).

mend

to mend O: tl'íits'aa.

menstrual cloth

sanitary napkin, menstrual cloth: ínt'aask'w.

menstruate

to menstruate, have one's period: ináa. *to menstruate, have one's period (particularly, for the first time):* taguna.

mental ability

one's mind, mental ability, wits: gudúl.

mention

to say, tell, mention O: súuda.

merganser

male red-breasted merganser: k̲'áax̂uu. *red-breasted merganser:* s'áay.

mesh

its texture, grit, mesh: ts'áng. *the mesh of a net:* aad x̲ánggaay.

message

to give, send, bring a message, news, word (of X1) (to X2): kínda. *to instruct O; to receive a message, get word, hear the news:* kínggwdang.

messed up

be messed up, mixed up, out of order : tlasg̲wáan-gaa.

mess hall

restaurant, mess hall: gatáa náay.

metal

sheet metal: xahl tl'ajáaw. *tin, sheet metal:* g̲a tl'ajáaw.

metal polish

metal polish: tla xahldáaw.

middle

at the middle of, in the middle of: yahgw. *in the middle of the day:* sáng yahgw. *the center, middle of something:* yahgwsíi.

middle-aged

to be middle-aged; to be old, elderly: k̲wahsgadáa.

middle finger

one's middle finger: stla k̲'ángii sk'a k̲úunaa.

midnight

midnight: g̲áal yahgw.

might
maybe, possibly, might: 'wáaduwaans. *might:* gayéed. *might, must, perhaps:* háng.

might as well
might as well: gyáagwaahlaang.

migrate
to move, migrate from place to place (of people): ts'uunáng.

milk
cow's milk: masmúus tl'ánuwaay. *one's milk:* tl'ánuu.

milk pitcher
milk pitcher: tl'ánuu gyaat'áawaay.

milky
to be milky with herring spawn: sg̲únggaa.

millipede
species of millipede: g̲úud t'amíi.

milt
salmon milt: k̲'ats' (1), tl'ahlk'áa, tl'íihlk'al.

mind
mind, thoughts, feelings: gudáang. *one's mind, mental ability, wits:* gudúl. *one's mind, thoughts, feelings:* gudangáay. *one's own mind, thoughts, feelings:* gudangáang. *one's own power of reason, mind; one's own physical being:* k̲'áangalang. *one's power of reason, mind; one's physical being:* k̲'áangal. *to be in one's right mind, conscious, sober:* gudjúu.

mine
my, mine: díinaa.

miner's lettuce
miner's lettuce root: hlk'úngiid.

minister
minister, priest, preacher, pastor: lableed. *to be a minister, priest, preacher, pastor:* lableedgáa.

mink
mink, mink skin: ts'uwúlgw.

mink stole
mink stole: ts'uwúlgw t'adgáa.

minnow
salmon fry, trout fry, minnow: maalúud.

minute
minute: mánad.

mirror
window, mirror, looking glass, watch crystal: x̲ánjaangw.

misbehavior
to speak critically (to X1) (about X2), tell about (X2's) misbehavior (to X1), tattle (on X2) (to X1): kíng gyaahlánda.

miss
to kick at O and miss: sdasguda. *to reach, grab for O and miss:* x̲asguda. *to shoot at and miss O:* g̲adláaw. *to take a shot at O and miss:* ts'asguda. *to throw a rock at O and miss; to swing a hammer at O and miss; to take a shot miss O [basket]:* k'asguda.

missing
to be lost, absent, missing: gáawgaa.

misspeak
to make a verbal mistake, to misspeak: kílsguda.

mist
steam, mist, fine rain, fine snow: skíi.

mistake
to make a mistake with O: tlasguda. *to make a verbal mistake, to misspeak:* kílsguda.

mistreat
to abuse, mistreat, do wrong by O: isd gut'áang.

mitten
glove, mitten: stla hlk'únk'.

mix
to mix, stir O together: gínhlahl. *to stir, mix X repeatedly with a spoon:* sk̲'ánjuulaang.

mixed up
be messed up, mixed up, out of order : tlasg̲wáan-gaa.

mixer
bread mixer: sablíi tlaawhláawaay. *electric mixer:* kígs tlaawhláawaay.

moan
to groan, moan: hlangáang.

mocassin top
mocassin top: st'a hlk'únk' úngkwsii.

moccasin
moccasin: st'a hlk'únk'.

mock
to tease, make fun of, mock X (physically): náanslang.

model
model (e.g. for boat-building): g̲agasdláaw (2).

moiety
one's moiety: k̲'wáal. *one's own moiety:* gúusdgaang k̲'wáalgaay, k̲'wáalang.

mold
bullet mold: jagw hlg̲áay xálwiidaawaay. *mold:* k̲'álud. *spoon mold:* sdláagwaal k̲íihlgaay. *to mold, be moldy:* k̲'álud.

moldy
to have gotten moldy: k̲'áludaa.

mole
wart, mole: g̲úud skáalaa.

Monday
Monday: Sáng Sg̲wáansang.

money
blood money: 'wáahlaaw. *dollar, money, silver:* dáalaa.

monkey
monkey: chagúu, jagúu, mánggii.

monster
sea monster: chaan sg̲áanuwaay.

month
month: k̲úng.

moon
full moon: k̲úng k̲'íisk'w. *half moon:* k̲úng gu dlúu sg̲aawéehl. *moon:* k̲úng. *new moon:* k̲úng k̲íiyatl'a'aa.

moonlight
for there to be moonlight: k̲úndlaan. *moonlight:* k̲úndlaan.

moonrise
to rise [sun, moon]: k̲a k̲'íidaaltl'aa.

moonsnail
moonsnail: gyúudaanaa.

mooring line

mooring line: t'áahl.

mooring spot

anchorage, mooring spot: t'áahldaan.

moose

moose, Dawson's caribou: ts'ánhlk̲'al. *moose, moosehide:* chask'w.

moosehide

moose, moosehide: chask'w.

more than

more than, over : t'álg. *to be more than X (in degree, quantity, quality, etc.):* g̲id.

morning

early in the morning: sáng áayaan. *to be morning:* sáng áaygaa.

mortuary column

mortuary column(s): sáahlang x̲áad.

mortuary hut

gravehouse, mortuary hut: sáahlaang náay. *mortuary hut:* sáal náay (1).

mosquito

mosquitoes: stl'i'ílt'gwaang hlkáamdalaa. *mosquito, no-see-um, deer fly:* stl'i'ílt'gwaang. *species of mosquito the ends of whose legs are white:* stl'i'ílt'gwaang stl'a kún g̲ad hlgadaláa.

mosquito wriggler

mosquito wriggler, dipper, water ouzel: g̲ándl ts'úujuudgaa.

moss

club moss: k'áad dlajgáaw. *moss:* k'ínaan. *sphagnum moss:* k̲'álaa k'ínanaay.

moth

butterfly, moth: stl'ak̲am.

mother

mother! maternal aunt (mother's sister)! wife of my paternal uncle (father's brother)!: awáa. *one's mother, one's maternal aunt (mother's sister), wife of one's paternal uncle (father's brother):* aw. *one's own mother, maternal aunt (mother's sister), wife of one's paternal uncle (father's brother):* awáng. *to be a mother, maternal aunt (mother's sister), wife of one's paternal uncle (father's brother) (to X):* awáa. *to become a mother, maternal aunt (mother's sister), wife of one's paternal uncle (father's brother):* awéehl. *to have a mother, maternal aunt (mother's sister), wife of one's paternal uncle (father's brother):* aw da'a. *to have O as one's mother, maternal aunt (mother's sister), wife of one's paternal uncle (father's brother):* awda.

mother-in-law

one's husband's mother (mother-in-law), one's husband's maternal aunt (aunt-in-law): juunáan. *one's own husband's mother (mother-in-law), one's own husband's maternal aunt (aunt-in-law):* juunáng. *to be a husband's mother (mother-in-law), a husband's maternal aunt (aunt-in-law) (to X):* juunáanaa. *to have a husband's mother (mother-in-law), a husband's maternal aunt (aunt-in-law):* juunáan da'a. *to have O as one's husband's mother (mother-in-law), one's husband's maternal aunt (aunt-in-law):* juunáanda.

motionless

still, motionless: ya’áang.

motor vehicle

car, truck, automobile, motor vehicle: káa.

mountain

marmot mountain (a mountain where marmots live): gwíigw tlat’aawáay. *mountain:* tlat’a’áaw.

mountain ash fruit

mountain ash fruit: x̱a k’ayáa.

mountain cranberry

mountain cranberry, neigoonberry: neegúun.

mountain goat

mountain goat, domestic goat: k’ímdii. *mountain sheep, mountain goat:* mad.

mountain goat wool

mountain goat wool or yarn: líis.

mountain sheep

mountain sheep, mountain goat: mad.

mourning

expression of pain, mourning: ananiyáa.

mourning song

mourning song: kíihljaaw, kíihljaaw ḵagáan.

mouse

mouse, rat, muskrat: kagan.

mouse bait

mouse bait, rat bait: kagan jaláay.

mousetrap

mousetrap, rat trap: kagan sḵamáay.

mouth

inside of one's mouth: x̱ahlíi ḵáahlii. *mouth of a river or inlet:* t’áay. *mouth of a sea urchin; adductor muscle of a bivalve:* x̱ángii (3). *one's mouth:* x̱ahlíi. *one's own mouth:* x̱ahláang. *the entrance to an enclosed space, mouth (of a river, bay):* ḵ’íw.

mouth of an inlet

mouth of an inlet, slough: ḵ’íiwaatl’aagaay.

mouth of a river

mouth of a river: g̱ándl t’áay.

move

to go, move, rush (of a crowd, group, flock): kunhlgijúu. *to move about (pl) (of people):* x̱ashlgáng. *to move along slowly in a mass (as a school of fish):* kúndaal. *to move, migrate from place to place (of people):* ts’uunáng. *to move, relocate from one place to another:* ts’aaga. *to stir, move, twitch, fidget:* hihlda. *to stir, move, twitch, fidget repeatedly; to shake, squirm, writhe:* híldang.

move along

to swim along, move along the surface of the water (pl): x̱agaláandaal. *to swim along, move along the surface of the water (sg):* dlagadáal, dlagándaal.

move around
to swim around, move around on the surface of the water (sg): dlagánggwaang.

move in a large group
to move in a large group through the air or water: chan hlgijúu.

move it
move it! get out of the way!: wáanang.

move on the water
to be going, moving on the water (pl): isgíng. *to be going, moving on the water (sg):* ḵáaging.

much
that much?: háw gw tlíi. *that much; at that time:* wáasdluu. *that much, that far:* háw tlíisdluu. *to be many, much, a lot:* inńg. *to V hard, very much, a lot:* g̱usdla. *to V much, a lot, hard:* íʼwaan.

mucus
mucus that drips or runs from one's nose: kún x̱áw. *one's own snot, mucus:* hlkúnstʼanang. *one's snot, mucus:* hlkúnstʼan.

mud
mud, soil: cháan.

muddy place
a muddy place: cháantlʼadaang.

mud season
fall, autumn (lit. mud season): cháanuud. *the mud season, fall, autumn of the preceding year:* kʼwáay cháanuud.

muffler
wool muffler, fur stole: x̱íihl tíigaa.

mug
cup, mug, drinking glass, dipper: skʼatlʼáangw.

murderer
murderer: tiyáa ʼlaʼáay, ʼláadiyaa ʼlaʼáay. *to be a murderer:* tiyáa ʼlaʼáaygaa, ʼláadiyaa ʼlaʼáaygaa.

murre
common murre: g̱waa.

murrelet
ancient murrelet: sg̱idaanáa. *marbled murrelet:* tsʼalám.

mushroom
mushroom, toadstool: kagan dajáangaa, stʼáw dajáangaa.

music
Haida song, Haida music: X̱aadas sg̱aláangaa.

muskeg
muskeg, bog, swamp: ḵʼálaa.

muskrat
mouse, rat, muskrat: kagan. *muskrat:* tsʼáng x̱áldaangaa.

mussel
blue mussel: g̱ál. *blue mussels attached to driftwood:* tsʼúu g̱aláay. *blue mussels attached to gravel:* tlag g̱aláay. *California mussel:* taháaw. *horse mussel:* sg̱áw (2).

must
might, must, perhaps: háng.

mustache
one's beard, mustache: sḵʼíwii. *one's own beard, mustache:* sḵʼíwang.

mustard
mustard: máasdas.

mustard jar
mustard jar: máasdas táawaay.

mute
to be mute, unable to speak: kíl gúu.

mutter
to mutter, speak softly: gándga, gánt'uuga.

muzzle
gun barrel, gun muzzle: jagw k̲'áay. *nose, snout, muzzle; beak (of puffin):* kún (2). *one's own nose, snout, muzzle; (puffin's) own beak:* kunáng.

my
my: gyáagan, díi.

my!
my! how nice!: úu.

my goodness
my goodness!: gin isgyáan uu.

myth
myth, story: k̲'íigaang. *to tell stories, myths (about X):* k̲'íigaang.

mythical creature
sea grizzly bear (mythical creature): chaan xúujaay.

nail
boat nail: búud sangíinaay, tlúu sangíinaay. *copper nail:* xáal sangíinaay. *nail, spike:* sangíin. *to nail O on:* jat'uwa.

nail puller
nail puller, wrecking bar: sangíin dánst'aawaay.

naive
to be naive, disinterested, oblivious: k̲'áawunaa.

naked
nude, naked: k̲'ahl g̲unáan.

name
Haida name: X̲aadas ki'íi. *name, term:* kyaa. *one's name, namesake:* ki'íi. *one's own name:* kya'áang. *to give O (pl) a name, to name O (pl):* kyah k'wíiwa. *to give O (sg) a name, to name O (sg):* kyah k'wíi. *to name O, call O (by some name):* kyaada.

named
to be named: kya'a.

namesake
one's name, namesake: ki'íi.

nape
the nape of one's neck: ts'ak'íi. *the nape of one's own neck:* ts'ak'áang.

napkin
napkin: k'ud gisáaw. *paper napkin:* k'ud gisáaw k̲ugíinaa.

nappy
fruit bowl, fruit nappy: g̲áan táawaay.

narrow
to be narrow (pl): t'ámdala. *to be narrow (sg):* t'ámjuu.

narwhal
narwhal: taawhlgwáay.

Nass country
Nass country: Sáaw Tlagáa.

Native
Native person, Native people: X̲aadas.

naughty
to be naughty: dlaa gut'a.

navel

one's navel, bellybutton: sgíl. *one's own navel, bellybutton:* sgíilang.

near

to become close, draw near, approach, become accessible: duungéehl. *with, near, by:* ḵ'uhl.

nearby

around nearby towards the sea: ḵ'adgwéed. *nearby, close by:* anáanaa. *over this way, nearby, close, here:* hahlgwáa. *to be easy to get, nearby, close at hand:* duwúng. *to be easy to get, to be nearby, to be close at hand:* dawúnggahl. *to be nearvt, close by, handy, easily accessible:* duungáa.

nearly

to almost, nearly do sth.: dáal (1). *to almost, nearly V:* -sga.

necessary

for X to be necessary, required, needed, important: kílgang.

neck

back of one's neck: x̱íl ts'ak'ii. *neck of a bottle:* ḵálg ḵ'íw. *necktie, scarf, insignia, anything hanging from the neck:* x̱iihl tl'agangáa. *one's neck:* x̱íl. *one's own neck:* x̱íilang. *the base of one's neck:* x̱ihl ḵ'úl. *the base of one's own neck:* x̱ihl ḵ'uláng.

necklace

necklace: gin ḵán x̱ugangáa, ḵán xudáangw, x̱iihl t'agáng, x̱íihl sg̱agáangaa, x̱iihl t'agáa. *shaman's bone-charm necklace:* ḵan jagáa. *shaman's bone necklace:* skuj x̱íihl jagáay. *to put on O (sg):* ḵán x̱ugíi. *to put on O (sg) (necklace):* t'agíi. *to wear O (sg):* ḵán x̱ugáng. *to wear O (sg) (necklace):* t'agáng.

neck scarf

neck scarf: x̱íihl tíigangaa.

necktie

necktie: ḵán tl'agáa, nágtaay, x̱íihl tl'agáa. *necktie, scarf, insignia, anything hanging from the neck:* x̱íihl tl'agangáa. *to put on O (sg) [necktie]:* ḵán tl'agíi. *to wear O (sg) [necktie]:* ḵán tl'agáng.

need

to need, require X: kílgang.

needed

for X to be necessary, required, needed, important: kílgang.

needle

beading needle: gawíid stlíinaay. *crochet hook, knitting needle:* x̱áayuu. *evergreen needle:* sḵ'aa, stl'áamaalaa. *eye end of a needle:* stlán k'usíi. *eye of a needle:* stlán k'usíi. *knitting needle:* ki x̱áay stlíinaay, wál x̱áayuwaay. *needle:* stlán. *needle and line for stringing fish:* ḵáaygaaw. *needle for leather:* sgat'áal stlíinaay. *pine needles:* ts'ahl stlíinaay. *spruce needle:* ḵ'áang stlíinaay, ḵíid sḵ'a'ii. *spruce needle, pine needle:* hlḵ'amáldaaw. *the point of a needle:* stlán ḵ'áay. *three-cornered needle used to sew leather:* stlán k'yúuwaa, tl'aḵ'ii'aaw.

needlefish

needlefish, sandlance: g̱áwjaaw. *pipefish, pinfish, needlefish:* g̱áw x̱áng t'álg ts'a sk'asíid. *sandlance, needlefish:* s'íinaang.

neigoonberry

mountain cranberry, neigoonberry: neegúun.

nephew

brother's child!: was'unáay. *man's sister's child (a man's nephew, niece):* ḵáa gid. *one's brother's child:* was'un. *one's child, one's same-sex sibling's child:* gid. *one's own brother's child:* was'unáng. *one's own child, one's own same-sex sibling's child:* git'áang. *one's own sister's child, one's own sister's daughter's child:* náadang. *one's sister's child, one's sister's daughter's child:* náad. *sister's child! sister's daughter's child!:* náat'aay. *to be a brother's child (to x):* was'unáa. *to be a child, a same-sex sibling's child (to X):* gidáa. *to be a sister's child, sister's daughter's child (to X):* náat'aa. *to have a brother's child:* was'un da'a. *to have a child, same-sex sibling's child:* git'iyáa. *to have a sister's child, sister's daughter's child:* náad da'a. *to have O as one's brother's child:* was'unda. *to have O as one's sister's child, sister's daughter's child:* náadada.

nephew-in-law

one's own spouse's father (father-in-law), one's own spouse's paternal uncle (uncle-in-law), one's own spouse's mother's father (grandfather-in-law), one's own daughter's husband (son-in-law), one's own same-sex-sibling's daughter's husband (nephew-in-law), one's own daughter's daughter's husband (grandson-in-law): ḵunáang. *one's spouse's father (father-in-law), one's spouse's paternal uncle (uncle-in-law), one's spouse's mother's father (grandfather-in-law), one's daughter's husband (son-in-law), one's same-sex-sibling's daughter's husband (nephew-in-law), one's daughter's daughter's husband (grandson-in-law):* ḵunaa. *to be a spouse's father (father-in-law), spouse's paternal uncle (uncle-in-law), spouse's mother's father (grandfather-in-law), daughter's husband (son-in-law), same-sex-sibling's daughter's husband (nephew-in-law), daughter's daughter's husband (grandson-in-law) (to X):* ḵunáa. *to have a spouse's father (father-in-law), a spouse's paternal uncle (uncle-in-law), a spouse's mother's father (grandfather-in-law), a daughter's husband (son-in-law), a same-sex-sibling's daughter's husband (nephew-in-law), a daughter's daughter's husband (grandson-in-law):* ḵunaa da'a. *to have O as one's spouse's father (father-in-law), one's spouse's paternal uncle (uncle-in-law), one's spouse's mother's father (grandfather-in-law), one's daughter's husband (son-in-law), one's same-sex-sibling's daughter's husband (nephew-in-law), one's daughter's daughter's husband (grandson-in-law):* k̲unaada.

nervous

to repeatedly glance nervously (at X) : xayíldang.

nervy

to be nervy, brazen: x̲ánts'iya.

nest

its nest; its packing material, packaging: hltálg. *one's own nest:* hltálgaang.

net

gill net: aad gíi t'agáng. *net (for soccer, hockey, lacrosse, etc.):* k̲aaláay. *net made of fireweed fiber:* tl'ii'aal aad. *net made of nettle fiber:* g̲udángaal aad. *net, netting, web, lace:* aad. *sea urchin net:* stáw xáadaay. *to dip for O with a net:* chatl'a.

net block

net block, net reel: aad dángiit'uwaay.

net cork

float or cork of a net: gigáangw.

net float

float or cork of a net: gigáangw.

net gauge

net gauge (used to make net mesh a uniform size): aad x̲ángii k'wíidaawaay.

net needle

net needle: aad stlíinaay.

net reel

net block, net reel: aad dángiit'uwaay.

net sinker

net sinker: aad g̲agyáaw ts'ahláay.

netting

net, netting, web, lace: aad.

nettle

hedge nettle: x̲udáan. *net made of nettle fiber:* g̲udángaal aad. *stinging nettle:* g̲udángaal, k'úntl'aaw. *stinging nettle root:* kúnaan.

nevertheless

anyway, just, nevertheless, even so: hak'wáan. *nevertheless:* íik'waan. *nevertheless, but, on the contrary:* hiik'waan. *nevertheless, even so, anyway:* 'wáask'yaan.

new

to be new, fresh: g̲áwtlaa.

New Kasaan

New Kasaan: Gasa'áan G̲áwtlaa.

new moon

new moon: k̲úng k̲íiyatl'a'aa.

news

news: kíng. *story, news, history, background information, context:* gyaahláang. *to give, send, bring a message, news, word (of X1) (to X2):* kínda. *to instruct O; to receive a message, get word, hear the news:* kínggwdang.

newspaper

newspaper: gyaahláang k̲ugíinaay.

next day

after, the next day: daalíigw.

next door

next door, in the next room: áanaa.

next to

to be located close by, adjacent, next to, in contact with X (each other): tíit'as.

nice

my! how nice!: úu. *to apologize, make up, try and be nice:* kíl stl'agáng.

nickle

nickle (coin): bíid in'wáay.

niece

brother's child!: was'unáay. *man's sister's child (a man's nephew, niece):* ḵáa gid. *one's brother's child:* was'un. *one's child, one's same-sex sibling's child:* gid. *one's daughter, one's same-sex sibling's daughter:* gujáangaa. *one's own brother's child:* was'unáng. *one's own child, one's own same-sex sibling's child:* git'áang. *one's own daughter, one's own same-sex sibling's daughter:* gujáangaang. *one's own sister's child, one's own sister's daughter's child:* náadang. *one's sister's child, one's sister's daughter's child:* náad. *sister's child! sister's daughter's child!:* náat'aay. *to be a brother's child (to x):* was'unáa. *to be a child, a same-sex sibling's child (to X):* gidáa. *to be a daughter, same-sex sibling's daughter (to X):* gujáangaa. *to be a sister's child, sister's daughter's child (to X):* náat'aa. *to have a brother's child:* was'un da'a. *to have a child, same-sex sibling's child:* git'iyáa. *to have a daughter, same-sex sibling's daughter:* gujáang da'a. *to have a sister's child, sister's daughter's child:* náad da'a. *to have O as one's brother's child:* was'unda. *to have O as one's daughter, same-sex sibling's daughter:* gujáanda. *to have O as one's sister's child, sister's daughter's child:* náadada.

night

last night: g̱áalgwaa. *night, a 24-hour period of day and night:* g̱áal (2). *the nighttime:* g̱áalgaay. *to be dark, night, nighttime:* g̱áalgaa.

nightgown

nightgown: ḵ'adáa hlk'idgáay.

nightmare

to have a nightmare: ḵáng gwáada.

nighttime

to be dark, night, nighttime: g̱áalgaa.

nine

nine, 9: tláahl sg̱wáansang gúu. *to be nine in number:* tláahl sg̱wáansang gúu. *to V nine times:* tláahl sg̱wáansang gúu.

nine o'clock

to be nine o'clock, 9:00: k'asgad tláahl sg̱wáansang gúu.

nineteen

nineteen, 19: tláahl 'wáag tláahl sg̱wáansang gúu. *to*

be nineteen in number: tláahl ’wáag tláahl sg̱wáansang gúu. *to V nineteen times:* tláahl ’wáag tláahl sg̱wáansang gúu.

ninety

ninety, 90: tláalaay tláahl sg̱wáansang gúu. *to be ninety in number:* tláalaay tláahl sg̱wáansang gúu. *to V ninety times:* tláalaay tláahl sg̱wáansang gúu.

nipple

nipple, teat: tl’ánuu kún.

nits

nits: jáas (2).

no

no: ge’é. *no!:* gáa’anuu.

nobility

one who does a favor, a benefactor, member of the nobility: íitl’gaay.

nobody

no one, nobody: gám nang tl’aa.

nod

to nod one's head, bow (once): k̲wahk’ahlda. *to nod one's head, bow repeatedly:* k̲wahk’aláng.

noise

to explode, make an exploding noise: k̲’at’úuga. *to make a loud, thumping, clanging noise:* gáwdga.

noisy

to be noisy: dámdga, jáadga. *to make a noisy racket:* jáaluudgaa.

no matter

no matter what, in any way, whatever, how ever: tlagún.

no more

for there to be no more, to be all there is, to be all gone: g̱id. *no more, that's all; stop, finish:* tláan.

noon

at noon: sántajaa. *before noon:* sántajaa kunáasd.

no one

no one, nobody: gám nang tl’aa.

noose

noose: xáandaaw.

Nootka

Kwakiutl, Nootka, Salish: Git’áwyaas.

Nootka lupine

root of the Nootka lupine: gúnduu.

north

from the north: x̲áaysd. *north:* sahgúusd, sahgwíi. *up north:* sahgwáa.

northeast wind

northeast wind: xaaw.

Northeast Wind Woman

Northeast Wind Woman, Fair Weather Woman: Tl’áa Jáad.

Northern Lights

Northern Lights, Aurora Borealis: Hlats’ux̂.

northern pharalope

northern pharalope: g̱áayuu k̲’uk’áldaangaa.

nose

mucus that drips or runs from one's nose: kún x̲áw. *nose, snout, muzzle; beak (of puffin):* kún (2). *one's own nose, snout, muzzle; (puffin's) own beak:* kunáng. *the bridge of one's nose:* kún hlk̲ún. *to blow one's nose:* hlkúnst'as. *whole nose:* kún jiingáay.

no-see-um

mosquito, no-see-um, deer fly: stl'i'íit'gwaang. *no-see-ums:* stl'i'íit'gwaang síidalaa.

nose ring

copper nose ring: xáal kún sdagáa. *nose ring:* kún sdagáa, kún sdajáaw.

nostril

nostril: kún k̲áahlii, kúnts'ul. *one's nostrils:* kún x̲íilaangs. *one's own nostril:* kúnts'ulang.

not

not: gám.

not at all

not at all: gám hlangáan.

notch

notch end of an arrow: ts'at'aláng k'usíi.

not enough

not enough, an insufficient amount: gin gíits'aa hlangaay.

nothing

in vain, for nothing, over nothing: gínggaangaan. *just, simply, nothing but, without doing anything:* hingáan. *nothing:* gám gin tl'aa.

notice

to keep O in one's mind, take notice of O: gudgáng.

not yet

not yet: gáawaan.

now

just now: tlasnúud. *just now, lately, recently:* hat'án. *now:* wáayaad.

no way

of course not! no way!: ja uláang.

no wonder

no wonder!: g̲idanhl.

nude

nude, naked: k̲'ahl g̲unáan.

nugget gold

nugget gold: gúul k'anáa.

numerous

to be thick, densely numerous (as berries): k'uts'galáa.

nurse

nurse: ga st'igagáa aa ga tla'ándaas, st'íi aa tla'áandaa 'la'áay. *to be a nurse:* st'íi aa tla'áandaa 'la'áaygaa. *to breastfeed, nurse O:* tl'ánda. *to nurse (as a baby):* tl'án.

nut

head of a river, stream or inlet; top part of a traditional-style wedge; nut for a screw or bolt; top of a spoon handle: k̲aj. *nuts:* náaj.

nutcracker

nutcracker: náaj k̲'u k̲'agwdáangwaay.

oakum

caulking cotton, caulking oakum, caulking wedge: ja sg̲at'íisk'w.

oar

oar: áalaangw, gíinaangw, x̲ángg gíinaangw. *oar, paddle:* áal (1).

oarlock

oarlock: gíinaangw k'yuusíi, x̲ángg gíinaangw k'yuusíi.

oblivious

to be naive, disinterested, oblivious: k̲'áawunaa.

observe
to watch, observe O, keep an eye on O: hlg̱ats'a.

obstinate
to be disobedient, stubborn, bullheaded, obstinate, to not listen: gyúuts'iya.

occasionally
sometimes, occasionally: gyáaḵ'id.

occipital bone
the area of one's occipital bone: gyúu ts'ak'ii.

occupation
one who V's habitually or as an occupation: 'la'áay. *to be one who V's habitually or as an occupation; to be in charge, the boss, master,:* 'la'áaygaa.

ocean
area in the ocean near shore: chaansíi. *off the ocean:* síisguusd. *on the ocean:* síisgw. *wide stretch of sea, wide inlet, ocean:* síi.

ochre
ochre: X̱aad majáa. *red ochre:* sg̱íid.

o'clock
to be eight o'clock, 8:00: k'asgad sdáansaangaa. *to be eleven o'clock, 11:00:* k'asgad tláahl 'wáag sg̱wáansang. *to be five o'clock, 5:00:* k'asgad tléehl. *to be four o'clock, 4:00:* k'asgad stánsang. *to be nine o'clock, 9:00:* k'asgad tláahl sg̱wáansang gúu. *to be one o'clock, 1:00:* k'asgad sg̱wáansang. *to be seven o'clock, 7:00:* k'asgad jagwaa. *to be six o'clock, 6:00:* k'asgad tla'únhl. *to be ten o'clock, 10:00:* k'asgad tláahl. *to be three o'clock, 3:00:* k'asgad hlg̱únahl. *to be twelve o'clock, 12:00:* k'asgad tláahl 'wáag sdáng. *to be two o'clock, 2:00:* k'asgad sdáng.

octopus
arm or tentacle of an octopus: dlán (1). *octopus:* núu.

octopus ink
octopus ink: k'usk'úl.

octopus inksac
octopus inksac: k'usk'úl.

octopus rock
rock that an octopus lives under: núu ḵwa'áay.

octopus skin
an octopus's skin: núu ín.

octopus stick
octopus stick, octopus hook: núut'gwaangw.

odd
to be a stranger, strange, odd, queer: ak'aayáa.

of course not
of course not! no way!: ja uláang.

offend
to offend O verbally, make O angry with what one says: kíl st'i.

offended
to feel offended: kíl sangáa. *to feel slighted, offended by X:* gudlasdla.

offer
to offer O (to X): kíngwa.

offshore
down from the woods, down on the beach; out to sea, offshore: ḵ'ad.

offspring

an animal's offspring, young: gíit'ii. *an animal's own offspring, young:* gíit'aang.

often

to have already done sth; to always, often do sth.: gíi.

oh!

oh! dear me!: áajádíyáa.

oil

black cod oil: sk̲íl táw. *hair oil:* g̲ánduu. *oil, grease, gasoline:* táw. *oil or grease typically stored in a large storage box:* gáayaang. *seal oil, seal grease:* x̲utáw.

oil coat

raincoat, slicker coat, oil coat: k'uudáats' k̲'áajaa.

okay

to okay, approve, agree to O: 'láada.

old

to be middle-aged; to be old, elderly: k̲wahsgadáa. *to be old (inan):* k̲'íigaa. *to be old (said of people and animals only):* k̲'ayáa. *to get very old:* x̲aat'áa jiingeehl. *to grow old, get old, age:* k̲'ayéehl. *to think of X as too old, give up on X because they're taking too long:* gúnsda.

old age

old age: k̲'íi.

older brother

older same-sex sibling! older same-sex parallel cousin!: gwáayaay. *one's older same-sex sibling, one's older same-sex parallel cousin:* k'wáay (2). *one's own older same-sex sibling, one's own older same-sex parallel cousin:* k'wáayang. *to be an older same-sex sibling, older same-sex parallel cousin (to X):* k'wáayaa. *to become an older same-sex sibling, older same-sex parallel cousin:* k'wáayeehl. *to have an older same-sex sibling, older same-sex parallel cousin:* k'wáay da'a. *to have O as one's older same-sex sibling, one's older same-sex parallel cousin:* k'wáayda.

older sibling

older same-sex sibling! older same-sex parallel cousin!: gwáayaay. *one's older opposite-sex sibling:* kunáasd 'láanaa. *one's older same-sex sibling, one's older same-sex parallel cousin:* k'wáay (2). *one's older siblings:* kunáasdgaay. *one's own older same-sex sibling, one's own older same-sex parallel cousin:* k'wáayang. *to be an older same-sex sibling, older same-sex parallel cousin (to X):* k'wáayaa. *to become an older same-sex sibling, older same-sex parallel cousin:* k'wáayeehl. *to have an older same-sex sibling, older same-sex parallel cousin:* k'wáay da'a. *to have O as one's older same-sex sibling, one's older same-sex parallel cousin:* k'wáayda.

older sister

older same-sex sibling! older same-sex parallel cousin!: gwáayaay. *one's older same-sex sibling, one's older same-sex parallel cousin:* k'wáay (2). *one's own older same-sex sibling, one's own older same-sex parallel cousin:* k'wáayang. *to be an older same-sex sibling, older same-sex parallel cousin (to X):* k'wáayaa. *to become an older same-sex sibling, older same-sex parallel cousin:* k'wáayeehl. *to have an older same-sex sibling, older same-sex parallel cousin:* k'wáay da'a. *to have O as one's older same-sex sibling, one's older same-sex parallel cousin:* k'wáayda.

oldest sibling

to be the oldest one of a group of siblings: k'wáayaa.

old man's beard lichen

usnea, "old man's beard" lichen on trees: k'áalts'adaa líijaa.

old people

the old people, the elders: k̲'iigáay.

old squaw duck

old squaw duck: aang'aang'ii.

ominous

to be ominous: tlat'as.

on account of

on account of, beside: t'isd.

once

to V once: sg̲wáansang.

one

one, 1: sg̲wáansang. *one chunky 3D object:* k̲'íiswaansang. *one, other:* sg̲wáan. *one small:* xaswáan. *someone, one (of those):* nang. *to be one in number:* sg̲wáansang.

one another

each other, one another: gu ~ gud.

one-flowered wintergreen

single delight, one-flowered wintergreen, St. Olaf's candlestick: x̲iláawg.

one o'clock

to be one o'clock, 1:00: k'asgad sg̲wáansang.

one of these days

someday, one of these days, sometime in the future, finally, in the end: tlíisdluwaan.

ones

some, any, ones, things, people : ga.

oneself

by oneself: sg̲wáansanggaang. *oneself:* án. *on one's own, by oneself:* k'udáan. *with oneself:* k̲'adáng.

onion

onion: áaniyaas.

only

only: ik'aa, sg̲ún.

on one's own

on one's own, by oneself: k'udáan.

on the beach

around down on the beach, around down by the water: k̲'adéed.

on the contrary

nevertheless, but, on the contrary: híik'waan.

on the floor

down, on the floor, on the ground, below, underneath: x̲íid.

on the ground

down, on the floor, on the ground, below, underneath: x̲íid.

onto

onto (of ships, boats), aboard: gwée.

on top of

around on top of, over: íngguud. *on the surface of, on the top of,:* ínggw.

ooligan

ooligan, candlefish: sáaw.

ooligan grease

berries mixed with whipped ooligan grease: k̲ayúudaa. *crabapples stored in whipped ooligan grease:* k'áy k̲ayúudaa. *highbush cranberries mixed with ooligan grease:* hláay k̲ayúudaa. *ooligan grease:* satáw. *snow mixed with sugar and ooligan grease, Indian ice cream:* t'a'áaw dáayuusdaa. *snow, ooligan grease and sugar mixed with aged smoked salmon eggs:* chanhúus. *soup made from rotten potatoes, ooligan grease and sugar:* sgúusiid s'áalgaay.

ooligan season

ooligan season: sáaw núud.

open

to have one's eyes open: k̲ehsíid. *to open one's eyes:* k̲ehsasdla. *to open O (pl):* da g̲asúu. *to open O (sg):* da g̲asdla.

open sea

the open sea: táng'waan.

operculum

operculum of the red turban: guhlgadáang.

opinion

results of an evaluation, considered opinion: gudahldiyáay. *to have no respect for, have a low opinion of, not think well of X:* nangáa.

opposite

across to the far, opposite shore: in-gwíi. *in exchange for; past, in the opposite direction from:* sg̲áwdg. *opposite from, facing:* x̲ánhlaa. *the area opposite something:* x̲ánhlaasii. *the far, opposite shore:* in-gúusii. *the ones or place on the opposite side:* x̲ánhlaagaay.

orange

orange: áanjans, gin k̲'ál sgunáas, k̲'ál sgunáa.

orange-crowned warbler

orange-crowned warbler: k̲wah ts'áanaawaa.

orbit of eye

orbit of eye, eye socket: x̲ángs k'úl.

orca

killerwhale, orca: sg̲áan (2).

orchid

flower of a ladyslipper orchid: sk̲íl táw.

order

to give orders, instructions to O; to tell O to do (X), to give O (X) to work on: x̲áldaang. *to order, send for (X):* ta kínggwgang. *to order X, send away for X:* 'wáa x̲ánjuuda.

Oregon junco

Oregon junco: t'adgw.

organ

piano, organ: stla kingáangw.

originate

to begin, start, originate: kúnst'a.

orphan
orphans: hlk'ín-giid. *to be an orphan:* hlk'ín-gadaa. *to become an orphan:* hlk'ín-gadeehl.

osprey
osprey: st'ask'ún.

other
one, other: sg̲wáan. *other, another, something different, something else, someone else:* k̲'álaad.

other side
around on the other side of, on the far side of: in-gwéed. *at, on the other side of, across from:* in-gúusd.

otter
land otter, river otter: sdlagw. *place where otters roll around to dry off their fur:* k̲uunáanggaay.

otter-hunting canoe
otter-hunting canoe: k̲u tlúu.

our
our: íitl'. *our, ours:* íitl'aa, íitl' gyaa.

ours
our, ours: íitl'aa, íitl' gyaa.

outboard motor
kicker, outboard motor: tlúu gwaa gin hlga'áaws.

outcropping rock
large rock sticking out of the water or ground, outcropping rock: t'íis.

outer bark
outer bark of a large old red cedar: gahld. *the outer bark or skin of a plant or fruit:* k̲'ál. *thick outer bark:* k̲'uj.

outer surface
the outer surface of a hard object (e.g. rock, boat, shoe, etc.): k̲'ál.

out from
out from, from inside of: íisd (1). *out of it, out from it:* g̲íisd.

outhouse
outhouse: k'wáawaa náay, k̲áagaal náay.

out into the open
out into the open: tl'aalgwíi.

out of order
be messed up, mixed up, out of order : tlasg̲wáan-gaa.

out of the air air
down, from above, from the air, out of the sky, downstairs: sáasd.

out of the sky
down, from above, from the air, out of the sky, downstairs: sáasd.

outside
around outside: kyáaguud. *on the outside:* tl'aalgúusd. *outside:* akyáa. *the area outside; the outside surface:* kyáaguusii. *the area outside, the yard:* akyáasii. *to the outside:* akyáag.

outside of an inlet
outside of an inlet; west: jagwáa.

outside of one's mouth
one's lips, the outside of one's mouth (of fish and mammals): k'ud. *one's own lips, the outside of one's own mouth (of fish and mammals):* k'udáng.

outstanding
to excel, be outstanding: sajúu.

out to sea

away from the woods, toward downtown, down to the beach, out towards the sea: k̲'adg. *down from the woods, down on the beach; out to sea, offshore:* k̲'ad. *from the woods, toward the beach, out to sea:* k̲'adgwíi. *out to sea from the beach:* k̲'adgw. *way out to sea:* síiguusd, síisgwii.

outward

from inside, from home, outward: anáasd.

ovalleaf huckleberry

ovalleaf huckleberry: hldáan g̲adg.

over

around on top of, over: íngguud. *more than, over :* t'álg.

over again

to V over again, re-V: 'la'a.

overalls

overalls, jeans: jámbas.

overboard

to fall overboard: dlawíiga.

overcoat

overcoat: k'uudáats' jáng.

oversleep

to oversleep, sleep in: k̲'agáangad.

over there

way over there: wáajgwii. *way over there (away from me and you):* wáatl'an.

owl

great horned owl: gudguníis. *saw-whet owl:* k'agw, st'áw. *snowy owl:* k̲uyánhl. *unidentified species of owl:* sdúugal.

own (p)

one's own: áa.

own (v)

to acquire, come to own O: da'éehl. *to have, own O:* da'a. *to own possessions:* ta da'a.

oyster

oyster: tl'ux̂tl'ux̂.

oystercatcher

black oystercatcher, sea pigeon: sgadang.

Pacific cod

Pacific cod: kyáan (2). *young Pacific cod:* sk'ad.

pacifier

pacifier: k'u sk'agáangw.

pack

to pack one's belongings: t'ats'gáng. *to pack, pile O (pl):* júuga. *to pack, stuff, cram O (into X):* t'ats'gáng.

packaging

flexible cover, wrapping, packaging: k̲'ahl hlk'únk'aay. *its nest; its packing material, packaging:* hltálg. *the bundling, packaging:* k'ujguwagáay.

packing material

its nest; its packing material, packaging: hltálg.

paddle

Haida paddle: X̲aadas áalaa. *oar, paddle:* áal (1). *steering paddle:* sgíndaaw. *to paddle:* áalang. *to paddle O:* sgi k̲'íidaal. *to paddle, row, go by canoe (sg):* tlúu k̲áa.

paddle blade

paddle blade: áal k̲'áay.

paddling song
canoe song, paddling song: tlúu k̲agáan.

padlock
padlock: k'yúu ki gusgíit'uwaay.

page
paper, letter, page, written document, license, map, chart: k̲ugíin.

pail
bucket, water bucket, pail: g̲an.

pain
exclamation said of sth. unusual, e.g. exceptionally big; also used when tired or in pain: hóhóhó. *expression of pain, mourning:* ananiyáa. *to ache, suffer from aches and pains:* g̲waagáng. *to have aching joint, sharp pains:* g̲u sg̲ak'áa. *to stiffen up; to have intense pain:* sk'ats'gahl. *to throb in pain:* dángwuldang.

pain killer
pain killer: bén kílaa.

paint
black face paint: x̲áas. *black paint:* hlg̲ahldáaw. *face paint:* x̲ángii majáay. *gold paint, gilt:* gúul x̲áw. *paint:* k'udláanw. *to paint a picture, do some picture painting:* ta k'udlán níijang. *to paint, do some painting:* ta k'udlán. *to paint O:* k'udlán. *to paint X [image, picture]:* k'udlán níijang. *traditional blue-green paint:* g̲uhláal.

paintbrush
paintbrush: k'udláanw hlk'unáanwaay. *pencil, pen, chalk, crayon, traditional paintbrush made of porcupine quills:* k̲'áalaangw.

painting
(job of) painting: k'udlán-gaay.

pair
a pair: x̲aadáa. *half of sth., one of a pair of sth.:* in'wáay.

palate
one's own palate: sángajang. *one's palate:* sángaj. *palate:* st'ast'aangáa.

pale
to be pale: dláajaa. *to turn white, pale:* g̲adgahl.

pallisade
stockade, pallisade, wall made of stone, brick or logs: xas.

palm
one's own palm: stláang k̲aanáng. *one's palm:* stla k̲a'án.

pan
baking pan (of any kind, cake pan, cookie sheet, etc.): g̲asdlats'áaw. *broiling pan:* chíin g̲asdlats'áawaay. *cake pan:* kígs g̲asdlats'áawaay. *frying pan:* g̲aaláangw. *kneading pan used for setting bread overnight:* sablíi g̲aawhldáawaay.

pan bread
pan bread, Indian bread: sablíi skid tl'ajuwáa.

pants
canvas pants: k'ún xwáasdaa. *pants, trousers:* k'ún. *Sunday pants:* Sándii k'úunaay. *to wear pants:* k'únda. *work pants:* hlg̲ánggulaa k'úunaay.

paper

paper, letter, page, written document, license, map, chart: k̲ugíin.

paper bag

(empty) paper bag: k̲ugíin k̲'áal. *paper bag:* gwáahl k̲ugíinaa, k̲ugíin gwáahl.

paper napkin

paper napkin: k'ud gisáaw k̲ugíinaa.

paper plate

paper plates: k̲íihlaa k̲ugíinaa.

papoose board

papoose board: g̲a sk'at'íisk'w.

parallel cosuin

to become a sister, female parallel cousin: jáaseehl.

parallel cousin

brother! male parallel cousin!: dáa'aay. *older same-sex sibling! older same-sex parallel cousin!:* gwáayaay. *one's brother, one's male parallel cousin:* dáa (1). *one's older same-sex sibling, one's older same-sex parallel cousin:* k'wáay (2). *one's own brother, one's own male parallel cousin:* dáa'ang. *one's own older same-sex sibling, one's own older same-sex parallel cousin:* k'wáayang. *one's own sister, one's own female parallel cousin:* jáasang. *one's own younger same-sex sibling, one's own younger same-sex parallel cousin:* dúunang. *one's sister, one's female parallel cousin:* jáas (1). *one's younger same-sex sibling, one's younger same-sex parallel cousin:* dúun. *sister! female parallel cousin!:* jáasaay. *to be a brother, male parallel cousin (to X):* dáa'aa. *to be an older same-sex sibling, older same-sex parallel cousin (to X):* k'wáayaa. *to be a sister, female parallel cousin (to X):* jáasaa. *to be a younger same-sex sibling, younger same-sex parallel cousin (to X):* dúunaa. *to become an older same-sex sibling, older same-sex parallel cousin:* k'wáayeehl. *to have a brother, male parallel cousin:* dáa da'a. *to have an older same-sex sibling, older same-sex parallel cousin:* k'wáay da'a. *to have a sister, female parallel cousin:* jáas da'a. *to have a younger same-sex sibling, younger same-sex parallel cousin:* dúun da'a. *to have O as one's brother, male parallel cousin:* dáada. *to have O as one's older same-sex sibling, one's older same-sex parallel cousin:* k'wáayda. *to have O as one's sister, female parallel cousin:* jáasda. *to have O as one's younger same-sex sibling, younger same-sex parallel cousin:* dúunda. *younger same-sex sibling! younger same-sex parallel cousin!:* dúunaay.

paralyzed

to be paralyzed, half-dead: k̲'úudangaa. *to be paralyzed, unconscious:* k'ut'aláa.

parcel
lot, parcel of land, (land) claim: g̲ánsaal.

parent
one's own parent: yáa'ang. *one's parent:* yáa'ii. *to be a parent (to X):* yáa'aa. *to have a parent:* yáa da'a. *to have O as one's parent:* yáada.

part
one's part (in hair): stl'ak'uyáay. *part of, some of:* t'íij. *the part in such-and-such direction:* g̲idgáay. *the parts or pieces of sth., kit, gear or materials for sth.:* áaniigaay.

partly
somewhat, kind of, partly: gudúu.

partner
partner! special friend!: sdáaguhl.

part with
to be stingy with, possessive of, not want to part with X: k̲'íigdalaa.

party
to have a party, feast: 'láaganang. *to serve food, to have a party:* dáayang.

passenger ship
passenger ship: stáwjaaw tluwáay.

pass gas
to fart, pass gas multiple times: kusadáng. *to fart, pass gas once:* kusad. *to fart, pass gas very loudly multiple times:* tl'úusadang. *to fart, pass gas very loudly once:* tl'úusad. *to let out a single high-pitched fart:* t'ámsad. *to let out a single loud fart, to pass gas loudly once:* tl'áamsad. *to let out multiple high-pitched farts:* t'ámsadang. *to let out multiple loud farts, to pass gas loudly multiple times:* tl'áamsadang. *to let out multiple very small farts, pass a tiny amount of gas multiple times:* ts'úusadang. *to let out one very small fart, pass a tiny amount of gas:* ts'úusad.

passkey
passkey: ki gusdláaw hlkajúu.

past
in exchange for; past, in the opposite direction from: sg̲áwdg.

pastor
minister, priest, preacher, pastor: lableed. *to be a minister, priest, preacher, pastor:* lableedgáa.

patch
patch (of berries): k̲idg. *patch of ground:* g̲áasil.

patchwork quilt
patchwork quilt, crazy quilt: tl'íihlaal.

paternal aunt
one's own paternal aunt (father's sister): sk̲áanang. *one's paternal aunt (father's sister):* sk̲áan. *paternal aunt (father's sister)!:* k̲aníi. *to be a paternal aunt (father's sister) (to X):* sk̲áanaa. *to have a paternal aunt (father's sister):* sk̲áan da'a. *to have O as one's paternal aunt (father's sister):* sk̲áanda.

paternal uncle

father! paternal uncle (father's brother)! husband of maternal aunt (mother's sister)!: hadáa, g̲ungáa. *one's father, one's paternal uncle (father's brother), husband of one's maternal aunt (mother's sister):* g̲ung, x̲áad. *one's own father, one's own father's male clanmate, husband of one's own mother's sister (of a female):* x̲áadang. *one's own father, one's own paternal uncle (father's brother), husband of one's maternal aunt (mother's sister):* g̲úngaang. *to be a father, paternal uncle (father's brother), husband of maternal aunt (mother's sister) (to X):* g̲ungáa, x̲áat'aa. *to become a father, paternal uncle (father's brother), husband of a maternal aunt (mother's sister):* g̲ungéehl, x̲áat'eehl. *to have a father, paternal uncle (father's brother), husband of a maternal aunt (mother's sister):* g̲ung da'a, x̲áad da'a. *to have O as one's father, paternal uncle (father's brother), husband of a maternal aunt (mother's sister):* x̲áat'a. *to have O as one's father, paternal uncle (father's brother), husband of maternal aunt (mother's sister):* g̲únda.

path

trail, path, road, street, sidewalk: k'yúu.

pattern

sewing pattern: jat'uhl 'la'áaw. *template or pattern for traditional design elements (e.g. ovoids):* g̲agasdláaw (2).

paw

one's hand, one's front paw: stláay. *one's own hand, front paw:* stláang. *one's own paw, one's own back paw (of a bear), one's own hind flipper (of a seal or sea lion):* st'áang. *one's paw; one's back paw (of a bear), one's hind flipper (of seal or sea lion):* st'áay.

pay attention

to have one's head turned toward X; to ignore, not pay any attention to X (w/ neg).: ánjuu.

payment

payment to a shaman: sg̲aa dli'íit'uu. *potlatch or doings where formal payment is made to the opposite moiety:* gyáa isáaw. *to ask for payment for damages, to seek restitution, to sue:* 'wáahlaa gináng.

pay (n)

pay, receipts, proceeds from, price of the sale of something: sg̲áaw.

pay (v)

to pay X: gyáa sg̲áw. *to pay (X) for O:* sg̲áw (3).

pea

dried peas; beach peas: yáahl tluwáa k̲áahlii. *pea pod, sea pea pod, giant vetch pod:* yáahl tluwáay.

peace

the Holy Spirit, peace: X̲ánj 'Láas. *to make up (with X), make peace (with X), forgive (X):* galaada.

peaceful

to be peaceful, calm: dláaya.

peace-making canoe
peace-making canoe: ga ’la’áa tluwáay.

peach
dried peach: tl’ k̲’iyáa gyúu. *peach:* gin k̲’ál g̲awáas, píichas.

peak
peak of a roof: na ún tl’ajuuyáay.

peaked cap
peaked cap: sadáa.

pear
pear: k’áy sk’yáawaa.

peavey
peavey: ki dlajuuláangw, ki hlgínjuulaangw, kihljuuláangw. *peavey (a tool used in logging operations to move timber):* dáng hlgijuuláangw.

pebble
rock, stone, pebble, boulder: k̲waa.

pectoral fin
one's own sleeve; one's own pectoral fin; a seal or sea lion's own front flipper: xyáang. *one's sleeve; one's pectoral fin; a seal or sea lion's front flipper:* xyáay.

peculiarities
to have certain traits, peculiarities, characteristics; to have a certain price: áalaa.

peek
to peek at O: k̲íng k̲’uhlda.

peepot
chamber pot, peepot: chagánsaan.

peer
to squint, peer: tl’ánsiid.

peg
stick, wooden rod, pole, staff, peg, splinter: sk̲’áangw.

pelagic cormorant
shag, pelagic cormorant: k’yáalaaw.

pelt
an animal's pelt: k̲’ál. *sea otter pelt:* náak’.

pelvic bone
one-half of one's pelvis, one's pelvic bone: skuj tl’ajuwáay. *one's own pelvic bone:* g̲udáng skuj, kwáayang skuj. *one's pelvic bone:* g̲ud skuj, kwáay skuj.

pelvis
one-half of one's pelvis, one's pelvic bone: skuj tl’ajuwáay. *one's pelvis:* skuj tl’aawáay. *pelvis:* kwáay gudg hlg̲at’as.

pen
marker, pencil, pen, chalk, crayon: kihláaw. *pencil, pen, chalk, crayon, traditional paintbrush made of porcupine quills:* k̲’áalaangw.

pencil
marker, pencil, pen, chalk, crayon: kihláaw. *pencil, pen, chalk, crayon, traditional paintbrush made of porcupine quills:* k̲’áalaangw.

pencil eraser
pencil eraser (on the end of the pencil): k̲’áalaangw k’usíi gisáawaay.

pencil tip
pencil tip: k̲’áalaangwaay k̲’áay.

penis

one's own penis: chajáng. *one's penis:* chaj. *penis (babytalk):* jagíi, jaĝál.

people

all the people generation after generation: g̱udgwáa tl'áas. *ancient people:* tladlúu x̱aat'áay. *human being, person, people:* X̱aadas. *modern people:* wéed x̱aat'áay. *person, people; Haida:* x̱aat'áay. *some, any, ones, things, people :* ga. *the last people on earth, all people forever, generation after generation:* g̱udgwáa tl'áas x̱aat'áay. *them, people:* tl'áa. *the people:* x̱aat'gáay. *the people of a particular clan:* X̱aat'áay. *they, people:* tl'.

people's

their, people's: tl'. *their, theirs, people's:* tl'áa, tl'áa gyaa.

pepper

black pepper: páabaa.

peppermint

peppermint: xíl sgúnulaa. *peppermint, root of cow parsnip:* sdlagw sk'yáaw.

pepper shaker

pepper shaker: páabaa gyaat'áawaay, páabaa táawaay.

perch

perch, shiner: g̱ad (1).

peregrine falcon

peregrine falcon: jajáad.

perfume

perfume: sgúnulaaw.

perhaps

might, must, perhaps: háng.

perineum

one's own perineum, the space between one's own legs: nuwuláng. *one's perineum, the space between one's legs, the space between the roots of a tree:* nuwúl.

period

to menstruate, have one's period: ináa. *to menstruate, have one's period (particularly, for the first time):* taguna.

peritoneum

one's peritoneum (thin membraneous sac around the internal organs): ḵ'ahl hlk'únk'aay.

periwinkle

species of limpet, periwinkle: yáahl dajáangaa.

permission

permission, authority: dagwiigáay.

person

a figure or design of a person: x̱aad da'áang. *human being, person, people:* X̱aadas. *person, people; Haida:* x̱aat'áay. *to be a Haida, person:* X̱aat'áa.

pestle

pestle: dáaw tl'ahl, ts'áng. *tobacco pestle:* gúl k'adáangw.

pet

to pet, play with, show affection for O (e.g. baby, animal): dlánggalang.

petal

(its) leaf, petal: xíl. *its own leaf, petal:* xíilang.

petrel
species of storm petrel: sdagwaanáa.

petticoat
petticoat, slip: hlk'idgáa náaguusii, kwáag chagáa náaguusii.

pharalope
northern pharalope: g̲áayuu k̲'uk'áldaangaa.

phlegm
one's own saliva, spit, phlegm: hl'áanang. *one's saliva, spit, phlegm:* hl'áan.

phloem
alder phloem: k̲ál k̲'ál chíihluu. *hemlock bast, spruce bast (phloem):* xig. *layer between the bast (phloem) and tree:* xi k̲áahlii. *spruce bast's phloem:* xigáay chíihluu.

phonograph
phonograph: sg̲aláang g̲udáay. *record player, phonograph, gramophone:* k'ajáaw g̲udáay.

phosphorescence
shooting sparks, phosphorescence in ocean: sg̲áaluud.

photograph
a picture, photograph, map of something: níijangaay. *one's own photograph:* x̲ánjang. *one's photograph:* x̲ánj.

phramacy
phramacy, drugstore: xíl náay.

physical being
one's own power of reason, mind; one's own physical being: k̲'áangalang. *one's power of reason, mind; one's physical being:* k̲'áangal.

piano
piano, organ: stla kingáangw.

pick
a pick, mattock: k̲'wíi sgidáangw.

pick berries
to pick, gather (X (berries)): skáadaang.

picket
fence board, picket: k̲'aláax̂an.

pick out
to search out, find and gather O (pl); to choose, select, pick out O: k̲ínst'a.

picture
a picture, photograph, map of something: níijangaay. *to draw, copy, imitate, take a picture of X1 (on X2):* níijang. *to paint a picture, do some picture painting:* ta k'udlán níijang.

piddock
piddock: k'udáa sk'ajáaw.

piece
the parts or pieces of sth., kit, gear or materials for sth.: áaniigaay.

pie crust
bread, flour, biscuit, pie crust: sablíi.

pig
pig, hog: gwáasaaw.

pigeon
black oystercatcher, sea pigeon: sgadang.

pigeon guillemot
pigeon guillemot: sgaaduwáay.

pile
the hill, the pile: ḵ'íijuuyaay. *to be a big pile, heap:* ḵúljuuda. *to be in a big pile:* tl'áajuuda. *to be in a huge pile:* sdáajuuda. *to be in a large pile, heap:* ḵ'íijuwa. *to pack, pile O (pl):* júuga. *to slowly kick O along, to kick over a pile of O:* sda x̱úndaal.

pillow
feather pillow: ts'ahl hltánuu, hlt'ánuu ts'ahláay. *pillow:* ts'ahl (2).

pillow case
pillow case: ts'ahl ḵ'áal.

pills
pills: xíl skáat'angaa.

pilot bread
pilot bread, cracker, bracket fungus: gílg.

pilot house
wheelhouse, pilot house on a boat: sgíndaaw náay.

pilot whale
short-finned pilot whale, fin-back whale: sgagúud.

pimple
(one's) pimple: ḵ'áanuu.

pin
pin, straight pin: ts'ánhlgadaangw. *safety pin:* ḵán hlgajáaw.

pinch
to pinch O: stl'iid.

pin cushion
pin cushion: ts'ánhlgadaangw da'áawaay.

pine
lodgepole pine, bullpine (tree or wood): ts'ahl (1). *spruce needle, pine needle:* hlḵ'amáldaaw.

pine cone
cone from an evergreen or alder: stl'áas k'ámaal.

pine needle
pine needles: ts'ahl stlíinaay.

pinfish
pipefish, pinfish, needlefish: g̱áw x̱áng t'álg ts'a sk'asíid.

pink
to be rosy, pink: ḵ'únhlahl.

pink salmon
humpback salmon, pink salmon: ts'at'áan.

pinky
one's little finger, pinky: stla g̱ud. *one's own little finger, pinky:* stla g̱udáng.

pinna
the upper part of one's ear, one's pinna: gyúu hlḵún.

pins and needles
to go numb from lack of circulation (as a hand or foot); to have pins and needles, tingling sensation due to renewed circulation: st'asdánggusdla.

pintail duck
pintail duck: angaangíi, t'áawal x̱it'adáa, x̱íl jáng.

pious
to act or feel high caste, to live piously: sáalaa gudgáng.

pipe
pipe (for smoking): k'u chajáangw, x̱ahlg̱íidaaw. *to smoke O in a pipe:* k'u chajáang.

pipefish
pipefish, pinfish, needlefish: g̱áw x̱áng t'álg ts'a sk'asíid.

pistol
gun, pistol, rifle, shotgun, revolver, firearm of any kind: jagw. *pistol:* jagw k'ujúu.

pit
center (of the eyes), pit (of fruit), insides (of eggs, oranges, baked goods): ts'íi. *seed or pit of a fruit:* k̲'ángk'ii. *steaming pit (in which food is cooked):* sáaldaan. *to steam, cook O in a pit; to barbecue O:* sahlguda.

pitch
fish pitch: chíin ki dáangwaay. *pink pitch from woodpecker holes, used as chewing gum:* k̲'áas k̲últs'aadaang. *pink pitch used as chewing gum:* Ts'aagws k̲'áajaa. *pitch gathered from the sides of trees, pitch torch:* k̲'áas x̲asáa. *pitch, tar, wax, (chewing) gum, pitchwood, sap:* k̲'áas. *pitch used as chewing gum, collected by setting fire to the tree:* k̲'áas g̲ugahldiyáa.

pitcher
pitcher: sk'atl'áangw k'udáa. *pitcher-shaped measure in which molasses and syrup were sold:* k'wíid gyaat'áawaay. *syrup pitcher:* salab gyaat'áawaay. *water pitcher:* g̲ándl gyaat'áawaay.

pitchfork
a four-pronged tool like a pitchfork: ki hlg̲ast'áaw.

pitch torch
pitch gathered from the sides of trees, pitch torch: k̲'áas x̲asáa.

pitchwood
pitch, tar, wax, (chewing) gum, pitchwood, sap: k̲'áas.

pitiful
for X to be unsightly, look pitiful: k̲'ahljuwáa.

pity
out of pity for: k̲'asánd. *to feel pity, feel sorry for X:* gudáng.

place
all together, in one place: sáahlaangaan. *a place ashore of sth.:* tláa. *for the sake of, in place of, instead of:* g̲ánsd. *one's own place, area, region, land, territory, country:* tlag'áang. *one's place, area, region, land, territory, country:* tlagáa. *place, area, village, region, land, territory, country, ground:* tlag (2). *place for oneself:* k'yuuhlgáansii. *place for something or someone:* k'yuusíi.

plan
to get X to agree to a plan to do O: kihlg̲íihlda. *to plan, make a plan, discuss future actions:* gakílhla.

plane
plane (tool): sk'ánhlaaw.

plank
cedar plank: ts'úu k̲'awáay. *centerline of a board or plank:* k̲'aw ts'úuwii. *plank, board, lumber:* k̲'aw. *sawn plank, sawn board, sawn lumber:* x̲i tl'iist'áa. *wall plank, wall board in a traditional house:* k'ad g̲at'íis.

planking
boat planking: búud k̲'awáay.

plan out
to plan out O: kihlg̲íihlda.

plantain
plantain: 'láanaa hlgún.

planting stick
planting stick: tl'ats'áaw.

plant (n)
any plant with a single stem: xíl. *houseplant; any plant cultivated for its flowers:* xíl k̲uyáas. *unknown species of plant:* dánhlaa xiláay, sg̲áan xiláa, sk̲'áw k̲'úl dláamalaay.

plant (v)
to plant a garden (esp potatoes): táwk'a. *to plant O:* tlats'a.

plaque
flat, open, berry-winnowing basket or plaque: k̲'agdáahl. *slope of a mountain; area above a door; the wooden plaque mounted on the front of a ceremonial headdress; the top edge of a housepit:* k̲úl.

plate
argilite plate: k̲waa k̲íihlaa. *dish, plate:* k̲íihlaa. *paper plates:* k̲íihlaa k̲ugíinaa. *the edge of a plate:* k̲íihlaa k̲'ún.

platform
platform: g̲ahlándaaw. *platform around the side of a house used for sleeping, sitting, etc.:* jad hlg̲ahláan. *porch, platform extending in front of a traditional house, traditional-style toilet:* jad hlg̲agán.

platter
platter: kyaa k̲íihlgaay, kyaa táawaay, k̲íihlaa tluwáa.

play
to pet, play with, show affection for O (e.g. baby, animal): dlánggalang. *to play:* náang (1). *to play a wind instrument:* xu kingáang.

play a record
to play O [phonograph, record player]: ki k'ajúu, tla k'ajúu.

player
player (in a game): náanggaay.

play house
to play house: k̲igwdáang.

playing
playing, game, drama: náang (1).

plaything
toy, plaything: gin eehl náanggaa.

please
wait, hold on, please: k'wáay (1).

pleased
to be happy, pleased, honored with X: x̲ángahl.

Pleiades
the Pleiades: Xut'uu.

plentiful
to be plentiful, abundant; for there to be a lot: k̲wáan. *to be plenty, plentiful:* hlangáa.

plenty
to be plenty, plentiful: hlangáa.

pliers
pliers: tla k̲'udwahldáaw, ts'ijgíit'uu. *pliers, scissors:* jat'íid.

plow
harrow, plow: tlag íi g̲álnanaangwaay.

plug
plug: tlask'wíit'uu.

plum
plum: pláms.

plumage
(one's) fur, body hair, pubic hair, plumage (of a bird): g̲áw. *one's own fur, body hair, pubic hair, plumage (of a bird):* g̲awáng.

plume
a bird's (large) feather, plume, quill: t'áa'un.

plunder
booty, spoils, plunder, anything that is seized against a debt: ta gíigaay.

pocket
one's own pocket: gwáalang. *one's pocket:* gwáalaay.

pocket knife
pocket knife: ya'áats' k̲'udgungáa.

point
a point of land, headland: kúnjaaw. *at the point, end of:* kún-gw. *end, tip, point:* kún (2). *point, beginning of sth.:* kúnsii. *points of lands, headlands:* kúnaaw.

point at
to point at X (pl subj): stla'áaw. *to point at X (sg subj):* stlajúu.

point of land
point of land, headland, spit, cape: kún (2).

poison
poison: páaysan.

poke
to poke, spear, stick O repeatedly: kínhluu.

poke apart
to break X apart by giving it a single poke with a stick, to poke X apart with just one poke: kihla. *to break X apart by repeatedly poking with a stick, to poke X apart:* kinanáng.

poker
(fireplace) poker: kisláangw.

pole
argilite pole: k̲waa gyáa'angaa. *board or pole for skidding a canoe over in order to ease friction while transporting it over land:* dáayuw. *Haida pole:* X̲aadas gyáa'angaa. *horizontal poles making up the frame of a large fish trap:* gíiyaaw sk̲'áangwaay. *housefront pole with a doorway through it:* k'yúu. *large beam or pole resting on top of the inside houseposts of a traditional house:* ts'áan sk'agad. *memorial column, memorial pole:* k̲'áal (1). *pole for pushing boats:* kid g̲a'áangw. *pole, post (plain, not carved):* hlk'yáan. *poles laid front to back across rafter poles to support the roof in a traditional ceader bark shack:* kyúu x̲áagad. *rafter poles:* sagáang sk̲'agíidaanhliyaay. *stick, wooden rod, pole, staff, peg, splinter:* sk̲'áangw. *totem pole, housefront pole:* gyáa'aang. *wooden carved pole:* hlk'yáan gyáa'angaa.

policeman
policeman, jailkeeper: k̲'íits'iid 'la'áay. *to be a jailkeeper,*

policeman: k̲'íits'ad 'la'áaygaa.

polish

metal polish: tla xahldáaw. *shoe polish:* st'a sk'agáa k'udláanwaay, st'a sk'agáa tla xahldáawaay. *silver polish:* gatáaw tla xahldáawaay. *to shine, polish O up:* tla xahlda.

pond

a long saltwater pond on the beach: íidanaay. *lake, pond, pool, puddle, body of water:* súu (2).

pool

bear fishing pool: táan x̲unáanaa. *coho pool:* táay gíilaay. *deep pool or hole in the bottom of a river:* gíl. *lake, pond, pool, puddle, body of water:* súu (2).

pool ball

billiard ball, pool ball: ki skáajaaw.

pool cue

pool cue, pool stick: ki skáawnaang sk̲'áangwaay.

pool stick

pool cue, pool stick: ki skáawnaang sk̲'áangwaay.

poop

to poop, defecate (pl): k'wáadang. *to poop, defecate (sg):* k'wáawa.

poor

poor thing!: angasgidée. *to be poor, destitute:* k̲'angasgidáaygaa.

poor thing

poor thing!: k̲'ahngáa.

population

town, village, city, settlement, row of houses, population of a community: 'láanaa (2).

porch

lean-to addition to a house, a covered porch: na 'wíi tl'ajuwáay. *porch:* náay x̲ánsii. *porch, platform extending in front of a traditional house, traditional-style toilet:* jad hlg̲agán.

porcupine

porcupine: x̲ahlk'ats'.

porcupine quill

porcupine quill: im, x̲ahlk'ats' stlíin.

porpoise

Dall porpoise: k̲'áang (2). *harbor porpoise:* sk̲úl.

portage

trail, portage across to the other side of something: k̲'uhlgwáasgyaan.

possessions

one's things, property, possessions, stuff: gináa. *possessions, property:* gin-gáay. *things, possessions:* íigdas.

possessive

to be stingy with, possessive of, not want to part with X: k̲'íigdalaa.

<possessive marker>

<possessive marker>: gyaa.

possibly

maybe, possibly, might: 'wáaduwaans.

post

foundation post of a house: k̲'ulúu. *foundation posts:*

k̲'ulúu k'wa'áawangaay. *house post:* gáats'. *pole, post (plain, not carved):* hlk'yáan.

postpone

to put off, postpone, delay O; to slacken, loosen O: tlat'a.

pot

cooking pot: ts'asláangw. *three-legged cauldron, pot with three legs:* ts'asláangw stlíinaa. *tin can, tin pot with a bail handle:* xahl sk'ajáaw.

potato

Haida potato (long and skinny): X̲aadas sgúusadaa. *potato:* sgúusiid. *raised bed of earth for planting potatoes:* k̲wah sk'agahláay. *soup made from rotten potatoes, ooligan grease and sugar:* sgúusiid s'áalgaay. *the remains of a potato after the eyes are cut out:* stl'uwúl.

potato chips

potato chips: sgúusiid xál k̲ats'galáa.

potato garden

potato garden: sgúusiid táwk'aanaay.

potato sack

(empty) potato sack: sgúusiid k̲'áal. *potato sack:* sgúusiid k̲'áaduwaay.

pot holder

pot holder: tla gánt'iisgw.

potlatch

a type of potlatch: sanáagad. *goods, property, gifts given away at a potlatch:* gidaag. *house-building potlatch:* 'wáahlaal. *memorial potlatch including the putting up of a grave totem:* sak'áa. *potlatch or doings where formal payment is made to the opposite moiety:* gyáa isáaw. *the first day of a 'Wáahlaal potlatch:* chánaang. *to give a potlatch:* 'wáahlahl.

potlatch blanket

white Hudson's Bay blanket or potlatch blanket: g̲a hlk'ujáaw.

potlatch ring

potlatch ring: sgíl. *spruce root hat with one or more potlatch rings:* dajáng sgíilaa, sgíl dajáng.

pots and pans

collection of pots and pans (new or old): sk'áasdangaal.

poultice

poltice made of spruce pitch and salmonberry thorns: kíisd kit'agúng. *poultice:* xíl da tl'asgadáa.

pound

pound: páawan. *pound (of weight):* k'a sk̲'ast'ahláa. *to pound O:* ta k̲'id. *to pound O flat:* k'a tl'asgad.

pour

to pour, dump out O (into X): gyahsdla.

pout

to get stubborn, pouty, sulky: k̲íidgasdla. *to pout, sulk, act stubborn:* k̲íidga.

pouty

to be pouty: k̲udguwáa.

poverty

poverty: íisaaniyaa.

powder horn

powder horn: g̲ál sk'agáangw.

power
medicine or power used in sorcery: sg̱áanuug.

practice
to practice: ta sḵ'at'a.

Prairie people
Prairie people: Tlagadáad X̱aat'áay.

praise
to praise, boast about, say nice things about O: kínslang.

pray
to pray for X: gúusuu.

prayer
prayer: sanhlgáang gúusaaw.

preacher
minister, priest, preacher, pastor: lableed. *to be a minister, priest, preacher, pastor:* lableedgáa.

preceding
before, preceding: kunáasd.

precious
to be precious, dear, expensive: ḵuyáa.

pregnant
to be pregnant: dahlgiyáa. *to carry a child in one's arms, to be pregnant:* dahlgáng.

prepare
to get ready, prepare oneself: tlag̱íihlda. *to prepare to leave, to get ready to go:* ḵasa'a.

presume
to presume, speculate, guess (at X): xúnda.

pretend
to pretend to be sick, to make oneself sick by thinking that one is sick: gu st'i.

price
pay, receipts, proceeds from, price of the sale of something: sg̱áaw. *price of something:* áal (2). *to charge (amount X1) for O (to buyer X2), to set a price (of X1) on O (for X2) :* kílsgad. *to get cheaper, go down in price, become less expensive:* nangéehl. *to have certain traits, peculiarities, characteristics; to have a certain price:* áalaa. *to repeatedly charge (amount X1) for O (to buyer X2), to repeatedly set a price (of X1) on O (for X2):* kílk'adaang.

prickleback
blenny, gunnel, wolf eel, species of prickleback, species of lamprey: g̱asang.

pride
one's own pride: saa sangáang. *one's pride:* saa sangáay.

priest
minister, priest, preacher, pastor: lableed. *to be a minister, priest, preacher, pastor:* lableedgáa.

primer
shell primer: ḵ'u ḵ'íigaangw.

primp up
to put makeup on, primp up, gussy up: tla x̱áng ángk'a.

print
writing, print, script: ḵ'áalangaay.

proceeds
pay, receipts, proceeds from, price of the sale of something: sg̱áaw.

projection
hump, solid projection: k̲'iijuu.

promiscuous
to be flirty (with X), promiscuous, to try to sleep with X: ja'áang. *to be promiscuous, flirtatious:* sg̲áan k̲'aldáa.

prop
prop in a dance or dramatic performance (e.g. mask, puppet, etc.): ishláalw.

propeller
propeller: áal (1), áal g̲adáang g̲a hlgajuuláangs, áalaangw.

properly
well, carefully, properly, correctly: dámaan.

property
goods, property, gifts given away at a potlatch: gidaag. *one's things, property, possessions, stuff:* ginàa. *possessions, property:* gin-gáay.

property song
property song: gidaag sg̲alangáay.

prosthetic hook
gaff hook, prosthetic hook: x̲aguhl.

prostitute
prostitutes, hookers: ja'áang janáas. *to be a prostitute, hooker:* ja'áang jan-gáa.

proud
to be confident in, proud of, look up to, count on, admire X: kwáagad.

provisions
food, provisions taken along on a trip: táwhlk'.

prune
prune: k̲'ángk'ii chuwáa sk'adaláas, pláms xiláa.

psychotic
a type of psychotic person: sg̲ánggw.

ptarmigan
grouse, ptarmigan, chicken: sk̲áw (1). *ptarmigan:* hlk'yáan sk̲áw.

pubic hair
(one's) fur, body hair, pubic hair, plumage (of a bird): g̲áw. *one's own fur, body hair, pubic hair, plumage (of a bird):* g̲awáng.

puddle
lake, pond, pool, puddle, body of water: súu (2).

pudgy
to be big and fat, pudgy (pl): dabdala. *to be big and fat, pudgy (sg):* dabjúu.

puffball
puffball: k̲áw chagud.

puffed up
for X to be puffed up, swollen up, bloated: xuts'iyáa.

puffin
tufted puffin: k̲waanáa.

puffin beak
puffin beak: k̲waanáa kún.

puff up
for X to puff up, swell up, become bloated: xuts'a.

pull down
to pull O down: dángwii.

pulley
block, pulley: dáng k̲'iihlaalw.

pull on
to pull on O (e.g. rope): dánjuu. *to pull, yank on O:* hlk̲'ínad.

pull out
to pull O out: dánsda.

pulp
pulp, the remains of berries, bast, etc. after the juice has been extracted: hlk'uwíi.

pump
hand pump: g̲ándl dáng kwahyáangwaay.

punch (n)
awl, punch: kidahlgáaw, kusahlgáaw. *punch for tin cans:* kyáan kidahlgáawaay.

punch (v)
to punch O: sk̲uda.

pup
harbor seal pup: tladán.

pupil
one's pupil (of the eye): x̲ángii ts'íi. *pupil of the eye:* x̲áng k'igáay.

purple crab
small purple crab: ts'a'ám.

purse
bag, sack, handbag, purse, wallet: gwáahl. *purse, handbag:* dáalaa gwaaláay.

pus
pus, abcess: kíij. *watery pus:* kis x̲áwgandaay.

push
to give O a single push: sk̲usgad. *to push O repeatedly:* sk̲uk'adáang.

push along
to push O (sg) along slowly: sk̲u k̲'íidaal, sk̲u xadáal, sk̲u x̲úndaal, sk̲u hlg̲adáal, sk̲u tíidaal. *to push, roll O (sg) along slowly:* sk̲u skáadaal.

push along with a stick
to push O (sg) along slowly with a stick: ki k̲'íidaal.

pushdrill
firedrill, pushdrill: hlkyáak'.

push out
to push O (pl) out: da xáwsd'waa. *to push O (sg) out:* da g̲adáa.

push with one's nose
to push O, give O a push with one's nose: kúnsgad.

put
to do; to take, put, give, get O: isda.

put a spell on
to put a curse, spell on O, make O turn bad: índgang.

put away
to put O away, store O away: tlánsguhl, tlat'uhl.

put off
to put off, postpone, delay O; to slacken, loosen O: tlat'a.

put on
to put on, step into X (pants, underwear, boots, etc) (pl subj): t'aláang. *to put on, step into X (pants, underwear, boots, etc.) (sg subj):* t'ahla.

put on clothing
to put on X (clothing) (pl subj): ists'a. *to put on X (clothing) (sg subj):* k̲ats'a.

put on gloves
to put on X (gloves) (pl subj), to put one's hands in X (pl subj): tlaláang. *to put on X (gloves) (sg subj), to put one's hands in X (sg subj):* tlahla.

put on hat
to put on O (hat): gusguhl.

put on necklace
to put on O (sg): k̲án x̲ugíi. *to put on O (sg) (necklace):* t'agíi.

put on necktie
to put on O (sg) [necktie]: k̲án tl'agíi.

put on scarf
to put O (sg) on: k̲án gigíi.

put on skirt
to put on O (sg) [skirt]: kwah chagíi.

put out
to extinguish, put out a fire: tla k'ihl.

putty
putty: k̲'awáangw, tla sk'úuhlgaalw.

quarrel
to quarrel, argue (with X): sk̲'íwt'aang.

quarter
quarter (25 cents): kwáadaa. *to be a quarter, be worth a quarter:* kwáadaa.

quartz
agate, quartz: hlg̲a hlk̲'áats'. *flint or quartz used for starting a fire:* k'a stl'uwíiw.

Queen Charlotte Islands
Haida Gwaii: Didgwáa Gwáayaay, X̲aadláa Gwáayaay.

queer
to be a stranger, strange, odd, queer: ak'aayáa.

question
to question, interrogate O: gín kílslang. *to question O intensely, ask O a lot of questions, to interrogate O, to grill O with questions:* kíl súu dluunáang.

questioning
questioning: gíng kílislangaay.

quick
to be quick, speedy, fast: sgingula.

quickly
quickly: t'ángaasgaang. *quickly, fast, so soon:* tlíits'guusd. *quickly, in an hurry:* hawíidaan. *quickly, so soon:* x̲ángasdgaang.

quick, speedy
to be fast, quick, speedy: xangala.

quill
a bird's (large) feather, plume, quill: t'áa'un. *one's thorn, spine, quill:* stlíin. *porcupine quill:* im, x̲ahlk'ats' stlíin.

quilt
patchwork quilt, crazy quilt: tl'íihlaal.

quit
that's enough! quit it! stop!: háwsdluwaan. *to concede, give up, call it quits, lose hope:* k̲ayánsdla.

quite
surely, certainly, definitely, so very, how, quite, quite a bit: tlíi.

quite a bit
surely, certainly, definitely, so very, how, quite, quite a bit: tlíi.

quiver
quiver: ts'at'aláng da'áawaay.

raccoon
groundhog, hoary marmot, raccoon: gwíigw.

raceme
stem, spike or raceme of a berry bush: x̱áayhlwaa.

rack
indoor fish rack: ts'ats'áaw (2). *outdoor fish-drying rack:* k'ijáaw x̱áad, ts'ajáaw, ts'ajáaw x̱áad. *rack for smoking or drying fish outside:* hlɢ̱ajáaw. *slanting drying frame or rack for fish fillets in a smokehouse:* gits'áaw. *smoking rack:* hlɢ̱ats'áaw.

racket
to make a noisy racket: jáaluudgaa.

raft
raft: gin jat'úu hlɢ̱asdliyáa, hlɢ̱agíi.

rafter pole
rafter poles: sagáang sḵ'agíidaanhliyaay.

rafters
rafters: k'ungid.

rag
dishtowel, tea towel, other rag or cloth used for wiping: gisáaw. *rag, diaper, scrap of cloth:* sáalii.

ragged
to be ragged, shabby: ts'áaliigaa.

raggedy
to get raggedy, fall apart (of clothes): ts'áaliigeehl.

raid
fight, feud, raid, war: ɢ̱aayhldáa.

raider
one's warriors, war party, raiders: ḵíidaawaa. *warriors, war party, raiders:* ḵíidaaw.

raiding
warfare, feud, raiding: ḵíidaaw.

raiding canoe
war canoe, raiding canoe: ḵíidaaw tluwáay.

railing
railing, banister: k'yúu ḵ'aláax̂an-gaay.

railroad track
railroad track: léelwaad k'yuwáay.

rain
a place where it rains a lot: ts'íig tlagáa. *rain and wind:* ts'íig. *steam, mist, fine rain, fine snow:* skíi. *to rain:* gwa'áaw, ts'íiga. *to rain on X:* gwa'áaw.

rain barrel
rain barrel: chiyáa da'áawaay.

rainbow
rainbow: tawál.

rain coat
rain coat, slicker coat: t'éel ɢ̱anuu.

raincoat
raincoat, slicker coat, oil coat: k'uudáats' ḵ'áajaa.

raingear
suit of raingear: t'éel ɢ̱anuu.

rain hat
rain hat, slicker hat: dajáng ḵ'áajaa.

rainwater
rainwater (dripping from the roof): chiyáa x̱áw.

raise
to make O (pl) stand up, raise O (pl) (e.g. totem poles): tla gya'áansdla. *to make O (sg)*

stand up, raise O (sg) (e.g. totem pole): tla gyáa'a. *to raise, bring up O:* gín ináa. *to raise, lift one's head:* ánst'ahla.

rake

fishing rake (used for herring, ooligans): hlk'iyíid. *rake:* tlag dáng skúnaawaay, tlag hlk̲'íitl'anggaay.

ramrod

ramrod: kits'gáangw.

raspberry

domestic raspberry: sk̲'áwaan gíit'ii. *wild raspberry:* tl'ánts'uud g̲áanaa.

rat

mouse, rat, muskrat: kagan.

rat bait

mouse bait, rat bait: kagan jaláay.

ratfish

ratfish: sgagwíid.

rattle

(generic) rattle: sasáa. *rattle (for dancing, or as used by traditional doctors):* giidáaw. *rattle in the image of a mallard:* x̲aag níijangaay sasáa. *raven rattle:* sasáa.

rat trap

mousetrap, rat trap: kagan sk̲amáay.

raven

raven: yáahl. *to be Raven:* Yáalaa.

Raven

Raven: Húuyee, Yáahl.

raven rattle

raven rattle: sasáa.

raw

raw food: táaw k'anáa. *to be raw, fresh, uncooked, unripe, green (of berries, fruit, etc.):* k'anáa.

ray

speices of skate or ray: ts'íit'aa. *sunbeam, rays of the sun breaking through the clouds:* juuyáay x̲áng hlt'áaguj.

razor

razor: sk̲'íwang g̲ahláaw. *razor, scraper:* g̲ahldáaw.

razor blade

razor blade: sk̲'íwang g̲ahláaw yaats'áay.

razor clam

razor clam: k̲'amahl.

reach and miss

to reach, grab for O and miss: x̲asguda.

read

to read, do some reading: ta líidada. *to read O:* líidada.

ready

to get O ready, complete, finish O up: tla g̲íihlgii. *to get ready, prepare oneself:* tlag̲íihlda. *to prepare to leave, to get ready to go:* k̲asa'a.

real

the truth, a real or true instance of something: yahk'ii. *to be true, right, correct, real:* yahk'iyáa.

really

one that is really V, the very V-est one(s): g̲usdliyée. *really, truthfully:* yáangk'yaan.

rear end

buttocks, behind, rear end, hips: kwáay. *one's buttocks, behind, rear end, hips:* kwáayang. *one's buttocks, rump, rear end, hips:* k'as. *one's own buttocks, rump, rear end, hips:* k'asáang.

reason

one's own power of reason, mind; one's own physical being: k̲'áangalang. *one's power of reason, mind; one's physical being:* k̲'áangal.

receipts

pay, receipts, proceeds from, price of the sale of something: sg̲áaw.

recently

just now, lately, recently: hat'án.

recognize

to recognize O: sk̲'ad.

record

record, LP: tla k'ajáaw g̲ángandaay, tla k'ajáaw g̲ángandaay. *vinyl record, LP:* g̲aawnáangw.

record player

record player, phonograph, gramophone: k'ajáaw g̲udáay. *stereo, record player, gramophone:* tla k'ajáaw.

recover

to heal, recover, get well again: ngíisdla. *to recover, get well:* 'lagahl.

red

to be red: sg̲id. *to turn red:* sg̲idahlda.

red alder

red alder (tree or wood): k̲ál.

red-breasted merganser

male red-breasted merganser: k̲'áax̂uu. *red-breasted merganser:* s'áay.

red cedar

medium-sized red cedar tree; cambium or inner bark of a medium-sized red cedar tree, typically used for weaving: giid. *red cedar board, plank, stick:* ts'úu. *red cedar kindling:* ts'úu k̲áahlaangwaay. *red cedar (wood or tree):* ts'úu.

red cedar bark

medium-sized red cedar tree; cambium or inner bark of a medium-sized red cedar tree, typically used for weaving: giid. *outer bark of a large old red cedar:* gahld.

red cedar cambium

place for gathering red cedar cambium: giidáandanaay. *shredded red cedar cambium, objects made from shredded red cedar cambium:* hltánhlk'aa.

red cedar roots

long, fine roots of a medium-sized red cedar tree: giid hlíing.

red cedar sapling

red cedar sapling: tl'a.

red crab

red crab: k̲'ust'áan sg̲ids.

red crossbill

red crossbill: s'úuluud.

red gumboot

giant red chiton, red gumboot: sg̲íid.

red huckleberry

red huckleberry: sg̲idluu.

red ochre

red ochre: sg̲íid.

red osier dogwood

red osier dogwood: sg̲id x̲áadaal.

red snapper
red snapper: sg̲án.

red snapper eggs
halibut eggs, red snapper eggs: dláad.

red squirrel
red squirrel: dasĝaa.

red turban
operculum of the red turban: guhlgadáang.

reed
rush, reed: k̲'án.

reef
a spit (of land), sandbar, reef, shallow area: k'uk'áal. *reef, small off-shore rock:* k̲adl.

reel
fishing reel: k̲wáay gyuunáangwaay. *handmade wooden trolling reel used on a rowboat:* dáng skáajuulaangw.

reflection
one's own reflection; one's own reincarnated spirit: x̲ánjang. *one's reflection; one's reincarnated spirit:* x̲ánj.

refreshingly cold
to be refreshingly cold: k̲aganáa. *to get refreshingly cold:* k̲aganéehl.

refrigerator
refrigerator: gwáandaaw.

refuse
no! I refuse!: uláang. *to be lazy; to refuse X, not want to do X:* gwáawa.

regain consciousness
to return to one's senses, regain consciousness, sober up: gudjáawsdla.

region
one's own place, area, region, land, territory, country: tlag'áang. *one's place, area, region, land, territory, country:* tlagáa. *place, area, village, region, land, territory, country, ground:* tlag (2).

regret
to regret X: gudáng.

reincarnated spirit
one's own reflection; one's own reincarnated spirit: x̲ánjang. *one's reflection; one's reincarnated spirit:* x̲ánj.

reins
reins: dáng ánsdlagaangw, gyuudáan dáng ánsdlaawaay.

related to
to be related to X: k̲iiwaa.

relax
to relax, sit and rest, take a break: sáana. *to rest, relax:* sáanjuuda.

reliable
for X to be reliable, dependable, be able to be counted on: kwáagadaa.

relic
antique, artifact, relic: tladlúu gin-gáay.

relocate
to move, relocate from one place to another: ts'aaga.

reluctant
to be reluctant to get cold (as going out in bad weather, or washing one's face in cold water): k̲'ahlts'ángga. *to be reluctant to share:* g̲aláang

sk̲'áada. *to be unwilling, reluctant to let X go:* gud g̲a'a.

reluctant to leave

to want to stay; to be unwilling, reluctant to leave X alone: gud k̲'ála.

remains

remains of an object: k̲'wa'áay.

remark

to speak harshly, make insulting remarks to O: súud hlgitl'a.

remember

remember O: k̲'íyiid.

remember, recall

to remember, recall X, keep X in mind: gudjúu.

repair

to make, build, fix, repair O (out of, from X): tlaawhla.

repeat

to V over again, re-V: 'la'a.

representation

design, figure, representation of something: da'áang.

reprimand

to reprimand, forbid, tell O not to do sth.: st'ida. *to warn, caution, reprimand (X), tell (X) not to do something:* st'agad.

request

to advise, make a request (of X), ask that (X) do something while one is away: ta kínggwgang.

require

to need, require X: kílgang.

required

for X to be necessary, required, needed, important: kílgang.

rescue

to save, rescue O: k̲agánda.

resemble

to resemble, look like O: gyáa'alaa.

reserved

to be withdrawn, reserved, backward, awkward: sáal k̲áada.

reside

to dwell, reside, live somewhere: náa (1). *to live, dwell, reside (pl):* na'áang.

respect

for X to be respected, thought highly of: yahgwdangáa. *to have no respect for, have a low opinion of, not think well of X:* nangáa. *to respect, think highly of X:* yahgwdáng.

respected

to be well-respected, looked up to, well-known (among X): k'wíidangaa.

rest

to relax, sit and rest, take a break: sáana. *to rest, relax:* sáanjuuda.

restaurant

restaurant: hldanáaw náay. *restaurant, mess hall:* gatáa náay.

rest home

rest home: án sáanjuudaa náay.

restitution

to ask for payment for damages, to seek restitution, to sue: 'wáahlaa gináng.

results

results of an evaluation, considered opinion: gudahldiyáay.

retarded
to have become somewhat retarded; to have gone somewhat crazy (pl): xak'iyáa. *to have become somewhat retarded; to have gone somewhat crazy (sg):* xatl'iyáa.

return
back, returning: sahlgáang. *to make O return, turn back:* gín sdíihl. *to return, arrive back:* sdíihltl'aa. *to return O, give O back:* sdíihlda. *to turn back, return, come back:* sdíihl.

return from
to return from V-ing, to come back from V-ing (pl): ín-gajuu. *to return from V-ing, to come back from V-ing (sg):* ínjuu.

return to one's senses
to return to one's senses, regain consciousness, sober up: gudjáawsdla.

reverse
to go in reverse (pl) [in a vehicle]: t'áas g̱íilaang. *to go in reverse (sg) [in a vehicle]:* t'áas g̱áayang. *to stop and go in reverse (pl) [in a vehicle]:* t'áas g̱íilaansdla. *to stop and go in reverse (sg) [in a vehicle]:* t'áas g̱íisdla.

reverse gear
reverse gear (on boat): t'áas g̱íisdlaaw.

revolting
to frown upon, show dislike, distaste for X, to find X disgusting, revolting: sk'ínggaang.

revolver
gun, pistol, rifle, shotgun, revolver, firearm of any kind: jagw. *six-chambered revolver:* jagw k̲'áal tla'únhl.

rheumatism
rheumatism: límantiisan, ts'iig st'iigaa.

rhinocerous auklet
rhinocerous auklet: hlagwáats'.

rhubarb
rhubarb: tl'áak̲'uuj.

rhythm
melody, rhythm of a song: ts'úuwii.

rib
one's own rib: x̲íwaang. *one's rib:* x̲íwii. *spine and ribs of a salmon or halibut that has been removed during filleting:* táats'uu.

ribbon
ribbon, (non-sticky) tape: g̱áam.

ribbon seaweed
dulse, ribbon seaweed: k̲'áats'.

rice
bulb of rice root, Indian rice: stla k̲'iist'aa.

rich
to be a rich woman: itl'gajdáa. *to be rich, a chief (of a man):* íitl'aagdáa.

riches
riches, wealth: íitl'aagíid.

rich man
a rich man, a chief: íitl'aagíid. *the rich men, the chiefs:* íitl'aagdáay.

rich woman
a rich woman: itl'gajáad. *the rich women:* itl'gajdǵáay.

ride a bike
to bike, ride a bike: t'a hlg̲ayáandaal.

ride around
to ride, drive around (sg) [in a fast-moving vehicle]: xál g̲áydanggwaang.

ridge
summit (of a hill, etc.), ridge (of a roof): tl'aaj.

rifle
gun, pistol, rifle, shotgun, revolver, firearm of any kind: jagw.

right
on the right side of: sg̲ulgúusd. *right?:* hánggwaa. *specifically, exactly, just, right:* hik'íi. *to be true, right, correct, real:* yahk'iyáa.

right here
here, right here: áatl'an.

rim
edge, rim, brim of something: k̲'ún. *the rim of a box:* g̲ud k̲'ún. *the rim or brim of a cup:* sk'atl'áangw k̲'ún.

ring a bell
to strike, ring O (e.g. bell) repeatedly: k'ak'adáang.

ring (n)
(finger) ring: stliihluu. *gold ring:* gúul stliihl'wáay. *gooseneck (metal rings) on a mast or spar, through which the sail is laced:* gya'áangw taláay. *nose ring:* kún sdagáa, kún sdajáaw. *shredded cedar bark dyed red with alder bark, twisted into cords and made into rings or sashes used for ceremonial purposes:* hltánhlk' k̲ahldáa. *silver ring:* dáalaa stliihl'wáay.

ring (v)
for there to be loud ringing, jingling noise: hldáldgaa. *to make a loud ring (such as a telephone or alarm clock):* hldáldgasdla.

ripe
to be cooked, turn ripe: g̲alánsdla.

rise
to go up, climb up, ascend (sg); to rise (e.g. dough): k̲ahla. *to rise (of dough):* k̲ahlda. *to rise [sun, moon]:* k̲a k̲'íidaaltl'aa.

river
water, stream, river: g̲ándl.

river otter
land otter, river otter: sdlagw.

river valley
river valley: g̲ándl k̲áahlii.

road
road out of the woods: k'yuwáatl'aagaay. *trail, path, road, street, sidewalk:* k'yúu.

road grader
bulldozer, road grader: tlag kúnsdlaawaay.

roast
to roast O on a stick, skewer: kits'a. *to roast O over an open fire, or in an oven:* k'at'úu.

roasting stick
roasting stick: kits'áaw.

robe
ceremonial robe: xyáahl gin-gáay. *ceremonial robe or blanket:* gyáat'aad.

robin
robin: k̲án sg̲id, sk'ayúu. *song sparrow, robin:* k'uts'gw.

rock chisel
rock chisel: k̲waa jadahldáaw, k̲waa jadahlgáaw.

rock cod
black rockfish, rock cod: k̲'ats' (2).

rockfish
black rockfish: x̲asáa. *black rockfish, rock cod:* k̲'ats' (2). *species of rockfish (probably canary rockfish):* chaan táayaay.

rock hammer
rock hammer: k̲waa tl'ahláa.

rock in a rocking chair
to rock in a rocking chair: g̲u k̲'aaysláng.

rocking chair
rocking chair: g̲u hlga'áangw g̲u k̲'aayslangáa. *to rock in a rocking chair:* g̲u k̲'aaysláng.

rock (n)
a type of rock which is easily fragmented, and said to be a potent anti-witch medicine: hlg̲a x̲úus. *large rock sticking out of the water or ground, outcropping rock:* t'íis. *reef, small off-shore rock:* k̲adl. *rock, stone, pebble, boulder:* k̲waa. *rock that an octopus lives under:* núu k̲wa'áay.

rock scallop
rock scallop: hlk̲'uyáng k̲'ats'áa, tl'ux̲̂tl'ux̲̂.

rock tunnel
cave, rock tunnel: díin.

rod
fishing rod: x̲áaw sk̲'áangwaay. *gun-cleaning rod:* jagw dáng skúnaawaay. *stick, wooden rod, pole, staff, peg, splinter:* sk̲'áangw.

roe
chiton roe: t'a ts'íi.

roll
to roll around (of a bowl-like object): g̲aawnáng. *to roll O (kál class):* sk̲u kálwunang. *to roll O (sk'a class):* sk̲u sk'aawnáng.

roll along
to push, roll O (sg) along slowly: sk̲u skáadaal.

rollerskate
rollerskate: t'a skáawnaangw.

rolling pin
rolling pin: sk̲u sk'aawnáangw.

roof
its deck (of a house), its roof (of a car): g̲áal (1). *roof:* náay ínggwsii. *roof of a house:* na ún.

roof of one's mouth
velum, soft palate, roof of one's mouth: sángiij k̲a'án.

rookery
sea lion rookery: k̲íid k̲adláay, k̲íid tíidanaay. *seal rookery:* x̲úud k̲adláay, x̲úud tigáay, x̲úud tíidanaay.

room
next door, in the next room: áanaa. *room of a house:* lúum.

roomy
to be roomy, spacious: t'áalaa. *to be roomy, spacious, have a large capacity (of containers):* k̲íit'ala.

rooster
rooster: sk̲áw íihlangaa.

root
cinquefoil root: k̲'wíi ts'aaláay. *exposed roots end of an uprooted or blown over tree or stump:* jiiwaal. *peppermint, root of cow parsnip:* sdlagw sk'yáaw. *root (non-tuberous):* skusáangw. *root of an unidentified plant:* hlk'yáan kúnaan, X̲aadas ts'ats'áa. *root of sword fern or spiny wood fern, sweet potato:* sk'yáaw. *roots:* k̲'úl. *stinging nettle root:* kúnaan.

rope
a rope tied around a box, basket or barrel to keep the lid on: yáangw. *cedar rope, cedar withes:* sgisgál. *cord, string, rope attached to something:* dáagal. *end of a piece of a rope or string:* k̲wáay kún. *rope or yarn made of mountain goat hair:* x̲adagáahl. *string, rope, cord, line (of rope):* k̲wáay. *trip rope for a deadfall:* 'wáanaaw.

rose blossom
rose blossom: k̲'únhl x̲iláay.

rosebush
rosebushes: k̲'únhl hlk̲'a'áay.

rose hip
rose hip: k̲úunaay, k̲'únhl.

rosy
to be rosy, pink: k̲'únhlahl.

rot
to decay, rot (of plants, wood): gunsdla. *to rot, decay:* gun-géehl.

rotten
to become spoiled, rotten, go bad: sgadáansdla. *to be rotten, decayed (of plants and wood):* gun-gáa. *to be rotten, spoiled (of food):* sgadáanggaa.

rotten wood
dry punky rotten wood or tree: sgánsgwaan. *rotten alder wood:* k̲ál gun-gáay. *rotten elderberry wood:* stíid gun-gáay. *rotten wood:* kug g̲aláanggaa.

round
to be round (sg): skáajuu.

row
layer, row: tl'uwáants'adaay. *row of weaving, knitting or crocheting:* sg̲ajúudaal. *to paddle, row, go by canoe (sg):* tlúu k̲áa. *to row:* gíinang. *to row by pushing:* sk̲uk'adáang.

rowboat
board in a rowboat to push one's feet against while rowing; foot rest in a rowboat: t'asgíit'uu.

row of houses
the middle of the front row of houses in a traditional village: k̲'áay. *town, village, city, settlement, row of houses, population of a community:* 'láanaa (2).

rub
to rub O (bag-like): da chanáan. *to rub small O (on

X): da xanáan. *to rub X:* tlánjuulaang.

rubber
rubber: sgat'áal k'aayst'áa, sk̲úl k̲'ál.

rubber boot
rubber boot: sk̲úl k̲'ál st'a sk'agáa, st'a sk'agáa k̲'áajaa.

rudder
rudder: sgíndaaw.

ruffled
to be ruffled: dáng k'úntl'iyaa.

rufous hummingbird
rufous hummingbird: dagdagdiyáa, hldánts'iid.

rug
rug, carpet, mat, linoleum: t'a gya'áangw.

rump
one's buttocks, rump, rear end, hips: k'as. *one's own buttocks, rump, rear end, hips:* k'asáang.

run
to come, arrive running (sg): g̲atl'aa. *to run dragging O along, jerk O around:* dáng g̲áydang. *to run, flow (of liquid):* kwaayáang. *to run out (from somewhere):* g̲adáa. *to run (pl):* x̲ayáandaal. *to run, run off (pl):* xúusda. *to run, run off (sg):* g̲ad (2). *to run (sg):* dlayáandaal.

run along
to run, walk along quickly: gíi kályaandaal.

run away
to dash, run away (pl) (from X): k̲a xúusda. *to dash, run away (sg) (from X):* k̲a g̲ad.

run dry
to go out, run dry, dry up (pl): k'ihlga. *to go out, run dry, dry up (sg):* k'ihl.

run into
to strike, bump into, run into, collide with X : g̲at'uwa.

run off
to run, run off (pl): xúusda. *to run, run off (sg):* g̲ad (2).

rush
rush, reed: k̲'án. *to go, move, rush (of a crowd, group, flock):* kunhlgijúu.

Russian
Russian people: Lúusan X̲aat'áay.

rust
rust: xwaadúu nag̲áay. *to rust, be rusty:* xwaadúu nag̲áa. *to rust, get rusty:* xwaadúu nag̲éehl.

rusty
to rust, be rusty: xwaadúu nag̲áa. *to rust, get rusty:* xwaadúu nag̲éehl.

rutabaga
rutabaga, turnip: inúu.

sablefish
young sablefish, young black cod: sk̲ihldg.

sack
bag, sack, handbag, purse, wallet: gwáahl. *gunny sack, burlap bag, sack:* xwáasdaa gwáahl. *potato sack:* sgúusiid k̲'áaduwaay. *sack, gunny sack, burlap bag:* xwáasdaa.

sacral region
one's lower back, sacral region, lumbar region: sk'ánts'al.

one's own lower back, sacral region, lumbar region: sk'ánts'alang.

sad

to be sad: st'i.

saddle

saddle: g̲u hlgahláanw.

sadness

sadness: gudáang st'i.

safety pin

safety pin: k̲án hlgajáaw, k̲án ii gits'áaw.

sail

cloth, material, sail: gya'áangw. *sails:* tlúu gya'áangw. *to sail, go by sailboat:* xu k̲áa.

sailboat

to sail, go by sailboat: xu k̲áa.

sailor

sailors: sélaman. *the sailors:* ga sk̲ál k'ats'aláasgaay.

sailor collar

sailor collar: sk̲ahl g̲agáa.

sake

for one's own sake: sanhlgáang. *for the sake of:* sang. *for the sake of, in place of, instead of:* g̲ánsd.

salal

salal (plant or leaf): sk'íihl.

salalberry

mixture of boiled salalberries and fresh Maianthemum berries: stl'ánhlaal. *salalberry:* sk'it'áan.

salamander

species of salamander: k̲'áang k̲áahlii.

Salish

Interior people (Athabaskan, Gitksan, interior Salish, etc.): Ts'aagws X̲aat'áay. *Kwakiutl, Nootka, Salish:* Git'áwyaas.

saliva

one's own saliva, spit, phlegm: hl'áanang. *one's saliva, spit, phlegm:* hl'áan.

salivate

to salivate: hl'áan kwaayáang.

salmon

a mythical house in which the salmon lived before Raven put them in the rivers: Ta Ináang Náay. *campground for smoking salmon, fish camp:* táanaadaan. *fish, particularly salmon:* chíin. *freshwater sockeye salmon:* k̲'áagw. *half-dry salmon:* sg̲its'gáal. *jack spring salmon:* k̲aj g̲ajáaw. *place where one easily catches salmon:* chíin danáay. *spawned-out salmon:* ts'íing. *the part of a dried salmon or halibut next to the tail, including the anal fin:* sdagál. *unidentified species of salmon:* chíin tluwáa.

salmonberry

dark or red salmonberry: sk̲'áwaan x̲áng k̲'áadaawaa, x̲áng k̲'áadaawaa. *salmonberry:* sk̲'áwaan.

salmonberry blossom

salmonberry blossom: sg̲idáng g̲áangaalaa.

salmonberry bush

salmonberry bush: sk̲'áw.

salmonberry sprout

salmonberry sprout: ts'a'áal.

salmonberry thorn
salmonberry thorn: sk̲'áw stlíin.

salmon-drying season
salmon-drying season, fall, autumn: táanuud. *the salmon-drying season, fall, autumn of the preceding year:* k'wáay táanuud.

salmon eggs
aged loosed salmon eggs mixed with mashed potato soup: g̲uhláal. *boiled berries thickened with salmon eggs or flour:* g̲áan x̲wáahldaa. *boiled wild currants thickened with salmon eggs:* st'uwúl k̲'áas. *Indian cheese, stink eggs (dog salmon eggs smoked in the skein, mashed, packed tightly in a wooden box or seal stomach, and aged):* cha k'adáang. *loose aged salmon eggs:* cha sgunáa, cha skáangandaa. *loose aged salmon eggs mixed with a few fresh cooked ones:* g̲ad skáadaal, g̲ad skáahlaaw. *loose salmon eggs put in a seal stomach (or skunk cabbage leaves) and allowed to smoke and age:* g̲waadúu. *snow, ooligan grease and sugar mixed with aged smoked salmon eggs:* chanhúus. *whole salmon eggs washed in fresh water till they turn white:* íl. *whole salmon eggs washed in fresh water until they turn white:* g̲wáay.

salmon fry
salmon fry: chíin gíit'ii. *salmon fry, trout fry, minnow:* maalúud.

salmon harpoon
salmon harpoon: chíin kit'uwáay.

salmon head
pickled and aged salmon head, stinkhead: k'íngk'.

salmon milt
salmon milt: k̲'ats' (1), tl'ahlk'áa, tl'íihlk'al.

salmon season
salmon season, spring: chíin núud.

salmon spear
salmon spear: chíin kínhlaawaay.

salmon stream
coho stream: táay g̲ándlaay. *king/spring salmon stream:* táa'un g̲ándlaay. *salmon stream:* táa g̲ándlaay.

saloon
saloon, bar: láam náay.

salt
coarse salt: táng hlk̲ám k̲idáa. *salt:* tang xiláa. *seawater, saltwater, the sea, salt:* tang.

saltgrass
saltgrass: k̲'án sk'ángandaa. *saltgrass, goosetongue:* hlgit'ún t'áangal.

salt shaker
salt shaker: tang gyaat'áawaay, tang táawaay.

salt slough
salt slough: tang xyáangatl'aa.

saltwater
seawater, saltwater: chaan tangáay. *seawater, saltwater, the sea, salt:* tang.

same
the same as, equal to, even with: dlúu.

sand
sand, gravel: táas. *to put sand somewhere, make somewhere sandy:* táajaada.

sandbar
a spit (of land), sandbar, reef, shallow area: k'uk'áal. *sandbar:* k'uk'áal táajaa, táajaa sk̲'at'as.

sanddab
sanddab species: x̲adlán.

sand dune
sandhill, sand dune: táas tladaawáay.

sand flat
tidal flat, sand flat: k̲'at'áan.

sand flea
sand flea, bedbug: sgáy. *sandhopper, beachhopper, sand fleas:* kúnt'gwaang.

sandhill
sandhill, sand dune: táas tladaawáay.

sandhill crane
sandhill crane: dal.

sandhopper
sandhopper, beachhopper, sand fleas: kúnt'gwaang.

sandlance
needlefish, sandlance: g̲áwjaaw. *sandlance, needlefish:* s'íinaang.

sandpaper
sandpaper: sk'ín.

sandpiper
dunlin, western sandpiper: k'ya'ált'gwaang. *sandpiper:* hlk'yáan k̲'iskáang. *spotted sandpiper:* k'yáang k̲'ask'áang.

sandwort
seabeach sandwort: yáahl guláay.

sanitary napkin
sanitary napkin, menstrual cloth: ínt'aask'w.

sap
pitch, tar, wax, (chewing) gum, pitchwood, sap: k̲'áas.

sapling
red cedar sapling: tl'a. *spruce sapling (up to one foot in diameter):* k̲íit'aal. *spruce tree sapling:* k̲íid hlg̲wáay.

sapwood
sapwood: gín, gíndaaw.

sash
shredded cedar bark dyed red with alder bark, twisted into cords and made into rings or sashes used for ceremonial purposes: hltánhlk' k̲ahldáa.

Saskatoon berry
bog blueberry, Saskatoon berry: g̲áan x̲áwlaa.

Satan
the devil, Satan: X̲idgwáa 'Láanaa.

saucepan
saucepan: ts'asláangw gigwáa.

saucer
saucer: sáasaa, x̲idgw g̲at'as. *saucer; wooden disk supporting a hat or basket that's being woven:* stl'ang g̲at'íis.

save
to save, rescue O: k̲agánda. *to save, store O up:* k̲'íida.

saved
to escape, be saved: ḵagán (2).

save food
to save O (e.g. food) and take it home: ḵáwk'ahl.

saw
meat saw: kyaa x̱igwáay.
saw: x̱igw, x̱i'íit'uu. *to saw O:* x̱i. *to saw X up into pieces:* x̱inanáng.

sawdust
sawdust: x̱i kángaaw.

sawmill
sawmill: múulaa.

saw-whet owl
saw-whet owl: k'agw, st'áw.

say
to forget what one was going to say: kihldáang ḵ'íisgad. *to say, tell, mention O:* súuda. *to speak, talk (to X):* kihlgula. *to speak, to say O:* súu (1).

say!
say! you there! hey!: jáa (2).

say nice things
to praise, boast about, say nice things about O: kínslang.

say the right thing
to say the right thing: kihl yahda.

scab
one's own scab: snáalang. *(one's) scab:* snál. *(one's) small scab:* snál g̱ánguj.

scabies
scabies: k'uts'íigaa.

scale
fish scale(s): x̱áal.

scallop
gaint Pacific scallop: gabée.
rock scallop: hlḵ'uyáng ḵ'ats'áa, tl'ux̂tl'ux̂.

scalp
scalp: ḵaj ḵ'ál.

scapula
shoulder blade, scapula: sḵál g̱at'agangáay.

scar
one's own scar: súudang.
one's scar: súud. *scar on a tree:* ngáay dángulaay.

scarce
to become scarce: g̱aayt'asdla.
to be scarce: g̱aayt'a.

scared
to be afraid, scared, frightened (of X): hlg̱wáaga.

scarf
headscarf: ḵwah gigáangw, ḵwah sk'agáangw.
headscarf, kerchief: ḵan tíigaa.
neck scarf: x̱íihl tíigangaa.
necktie, scarf, insignia, anything hanging from the neck: x̱íihl tl'agangáa. *scarf:* ḵwah tl'agáa.

scarfed-on bow
bow or stern scarfed on a canoe: ḵ'iihlandaay. *scarfed-on bow of a canoe:* sḵ'íw ínggw ḵ'iihlaanwaay.

scarfed-on-bow
bows or sterns scarfed on canoes: ḵ'iihlán-giyaay.

scarfed-on stern
bow or stern scarfed on a canoe: ḵ'iihlandaay. *bows or sterns scarfed on canoes:* ḵ'iihlán-giyaay.

scary
for X to be fearsome, frightening, scary: hlg̲ugiigáa.

scent
smell, scent of something: sánjgad.

scent gland
land otter scent gland: kusíidaa.

school
school: sk̲'at'áa náay, sgúul.

schoolhouse
schoolhouse: sgúul náay.

schooner
schooner: sgúunaa. *seal-hunting schooner:* sáayaa tluwáay.

scissors
pliers, scissors: jat'íid. *scissors:* ts'i'íit'uu. *the handles of a pair of scissors:* ts'i'íit'uu gijgíit'uwaay.

scold
to scold, snap at X: sáaw isdla.

scoop
flour scoop: sablíi kitl'áawaay. *scoop:* gin kitl'áawaay.

scoot
to scoot along: sguyáandaal.

scorch
to burn, scorch O (pl): k'únk'da. *to burn, scorch O (sg):* k'úntl'da.

scorched
to get burned, scorched (pl): k'únk'a. *to get burned, scorched (sg):* k'úntl'a.

scoter
species of scoter: gáawx̂. *surf scoter:* ts'ak'íi g̲adáas. *white-winged scoter:* sg̲íl.

scow
scow: sgáaw.

scram
scram! beat it! let me see it!: híndaa.

scrap
cut-up scraps of something: ts'a kángaaw. *leftover, scrap, crumb of something:* kángwaay. *rag, diaper, scrap of cloth:* sáalii. *scrap from eating fish or meat:* ts'álaaw. *scrap of salmon:* chíin ts'álawaay. *scraps from slicing something:* k̲'ínaaw.

scrape
to scrape O: g̲ahlda. *to scrape, shave O:* g̲ahla.

scraper
hide scraper: gin k̲'ál ki hltánaawaay, ki hltánaaw. *razor, scraper:* g̲ahldáaw. *scraper:* g̲ahláaw. *scraper for removing salmon kidney:* ta g̲áyst'aaw. *scraper for spruce or hemlock bast:* xi sg̲áw.

screech
to screech, yowl: jíigangaang.

screw
screw, bolt: skayáaw, skáy.

screwdriver
jackscrew, jack, screwdriver: g̲wíihlgaalw. *screwdriver:* ki k'uhláalw, skáy ki k'uhláalwaay.

scriber
scriber used in making canoes: dánhlaalw.

script
writing, print, script: k̲'áalangaay.

scrotum
one's own scrotum: k̲'uhláang. *one's scrotum:* k̲'uhlíi.

scrubbrush
scrubbrush: na k̲áahlii hlk'unáanwaay.

sculpin
sculpin, bullhead: k'áal. *unidentified sculpin species:* k'wahk'.

scythe
scythe, sickle: k̲'án k̲'it'íit'uwaay.

sea
area down on the beach, area out to sea: k̲'adsíi. *around nearby towards the sea:* k̲'adgwéed. *a stretch of sea:* síiyis tlagáay. *seawater, saltwater, the sea, salt:* tang. *the open sea:* táng'waan. *way out to sea:* síiguusd, síisgwii. *wide stretch of sea, wide inlet, ocean:* síi.

sea anemone
sea anemone: tl'at'áan, x̲áng sk'úuluud, x̲áng tl'adáan. *species of sea anemone:* x̲áng sg̲id.

seabeach sandwort
seabeach sandwort: yáahl guláay.

sea creature
fish (including cetaceans), sea creatures that swim: sk̲'ahlang. *sea organism, sea creature, or the remains thereof:* chaan gin-gáay.

sea cucumber
sea cucumber: yáanuu.

sea dog
sea dog (mythical creature): chaan x̲áay.

sea floor
the sea floor: tangáay stl'áng.

seafood
seafood gathered from the intertidal zone: chaaw.

seafood spear
seafood spear: hlkujíid.

sea grizzly bear
sea grizzly bear (mythical creature): chaan xúujaay.

seagull
gull, seagull: sk̲'ín.

sea-hunter's kit box
sea-hunter's kit box: sáayaa g̲udáay.

seal
elephant seal: x̲udgún. *harbor seal:* x̲úud. *northern fur seal:* k̲'wa'án. *seal meat:* x̲úud ki'íi.

seal cave
seal cave: x̲úud x̲unanáay.

seal-hunting schooner
seal-hunting schooner: sáayaa tluwáay.

sea lion
sea lion: k̲íid (1).

sea lion rookery
sea lion rookery: k̲íid k̲adláay, k̲íid tíidanaay.

seal oil
seal oil, seal grease: x̲utáw.

sea louse
sea louse: x̲agw t'amíi.

seal rookery
seal rookery: x̲úud k̲adláay, x̲úud tigáay, x̲úud tíidanaay.

sealskin stretching frame
sealskin stretching frame: x̲úud k̲'ál dáng g̲asgíit'uwaay.

seam
the sewing, seam: tl'áaygaay.

sea monster
sea monster: chaan sg̲áanuwaay.

sea organism
sea organism, sea creature, or the remains thereof: chaan gin-gáay.

sea otter
sea otter: k̲u.

sea otter pelt
sea otter pelt: náak'.

sea pea
pea pod, sea pea pod, giant vetch pod: yáahl tluwáay.

sea pigeon
black oystercatcher, sea pigeon: sgadang.

search
to search, look (for X): diyáng.

searchlight
spotlight, searchlight: k̲a k̲'íit'iisk'w.

search out
to search out, find and gather O (pl); to choose, select, pick out O: k̲ínst'a.

sea squirt
species of sea squirt: chaan k̲áw.

sea star
starfish, sea star: sk'áam.

seat
crossbrace or thwart in a canoe, seat in a rowboat or canoe: tlamad. *ranked seating position at a doings:* k̲'áwkwaan. *small seat built into the stern of a canoe:* g̲ut'íisaa. *surface of a chair's seat:* g̲u hlga'áangw ún.

sea turtle
sea turtle: Waahúu k̲'ust'anáay.

sea urchin
a place with lots of sea urchins: stáw tlagáa. *giant red/purple sea urchin:* stáw x̲asáa. *mouth of a sea urchin; adductor muscle of a bivalve:* x̲ángii (3). *small sea urchin:* stáw.

sea urchin net
sea urchin net: stáw xáadaay.

sea urchin spine
sea urchin spine: stáw stlíin.

seaward side
west or seaward side of an island: jaagúusd.

seawater
seawater container: tang g̲an. *seawater, saltwater:* chaan tangáay. *seawater, saltwater, the sea, salt:* tang.

seaweed
black seaweed (laver): sg̲íw. *bladder wrack, yellow seaweed, fucuous seaweed:* t'ál. *spcies of seaweed:* gab. *species of seaweed:* jáaw, k̲aj jánd, sdlagw tliidáangwaay, sk'áang k'íij, ts'aalts'adáa. *unidentified species of seaweed:* hlk̲áam sg̲íiwaay. *winter seaweed (laver):* sángg sg̲íiwaay.

seaweed basket
clam basket, seaweed basket: káadii.

seaweed chopping block
seaweed chopping block: sg̲íw sgit'íit'uwaay.

seaweed season
seaweed season: sg̲íw núud.

seawrack
bladder or float of fucus, seawrack: t'ál k̲áw.

secret
to keep O secret (from X): k̲'úlganda. *to V in secret, stealthily, sneakily:* k̲'uhlda.

secretary
to be a writer, secretary: ta k̲'áalang 'la'áaygaa. *writer, secretary:* ta k̲'áalang 'la'áay.

sedge
grass, sedge: k̲'án.

see
scram! beat it! let me see it!: híndaa. *to come and see O, to visit O:* k̲íntl'aa. *to see, look at O:* k̲íng.

seed
carrot seed: ts'ats' máahlaay. *seed (not from inside a fleshy fruit):* máahl. *seed or pit of a fruit:* k̲'ángk'ii.

seesaw
teeter-totter, seesaw: táa káak'alaangw. *to go up and down on a seesaw:* tam káak'alang.

seine
to seine: aada.

seine boat
seine boat: aadáa tluwáay.

seine fisherman
seine fisherman: aadáa 'la'áay. *to be a seine fisherman:* aadáa 'la'áaygaa.

seining spot
seining spot: aadáadaan.

select
to search out, find and gather O (pl); to choose, select, pick out O: k̲ínst'a.

sell
to sell X, to have X for sale: 'wáadaa. *to spend X1, sell, trade away X1 (to X2):* gyáa dah.

semen
semen: k̲'íik'w.

send
to send O : x̲ánjuuda.

send away for
to order X, send away for X: 'wáa x̲ánjuuda.

send for
to order, send for (X): ta kínggwgang.

sense
one's own wisdom, one's own sense: k'adanggáang. *to feel, sense by touch:* g̲áandang. *wisdom, sense:* k'adanggáay.

sense of smell
one's own sense of smell: sánulang. *one's sense of smell:* síin. *sense of smell:* sánul.

separate
to separate from X, end a relationship with X, break up with X: is.

septum
hole through one's septum: kún x̲íilayaay. *one's septum:* kún hlt'aj.

servant
servant, disciple, crew: gíits'aad.

serve
to serve food, to have a party: dáayang.

set
to set [sun]: k̲a k̲'iihla.

set a price
to charge (amount X1) for O (to buyer X2), to set a price (of X1) on O (for X2) : kílsgad. *to repeatedly charge (amount X1) for O (to buyer X2), to repeatedly set a price (of X1) on O (for X2):* kílk'adaang.

settlement
town, village, city, settlement, row of houses, population of a community: 'láanaa (2).

seven
seven, 7: jagwaa. *to be seven in number:* jagwaa. *to V seven times:* jagwaa.

seven o'clock
to be seven o'clock, 7:00: k'asgad jagwaa.

seventeen
seventeen, 17: tláahl 'wáag jagwaa. *to be seventeen in number:* tláahl 'wáag jagwaa. *to V seventeen times:* tláahl 'wáag jagwaa.

seventy
seventy, 70: tláalaay jagwaa. *to be seventy in number:* tláalaay jagwaa. *to V seventy times:* tláalaay jagwaa.

sew
to sew O: tl'ii.

sewing
job of sewing: gyáa tl'áaygaay. *the sewing, seam:* tl'áaygaay.

sewing pattern
sewing pattern: jat'uhl 'la'áaw.

sexual arousal
sexual arousal: k'íng.

shabby
to be ragged, shabby: ts'áaliigaa.

shack
house, dwelling, building, hut, cabin, shack, shelter, establishment: na. *one's house, dwelling, building, hut, shack, cabin, shelter, establishment:* náa (2). *one's own house, dwelling, building, hut, shack, cabin, shelter, establishment:* náa'ang. *shack made of thick cedar bark:* g̲áay na.

shade
the shade: hlk̲yeewjáa.

shaded
to be shady, shaded: hlk̲yeewjáa.

shadow
one's own shadow: x̲ánjang. *one's shadow:* x̲ánj.

shady
to be shady, shaded: hlk̲yeewjáa.

shaft
shaft of an arrow; stem plus core of certain berries (thimbleberries, salmonberries, strawberries): stl'uuj.

shag
shag, pelagic cormorant: k'yáalaaw.

shake
to begin to shake, tremble, shiver (sg): dliidasdla. *to shake O:* giyíldang. *to shake O once,*

give O a shake, shake O out (rug): giida. *to shake, tremble, shiver (sg):* dliida. *to split O into shakes:* sgi tl'iist'a. *to stir, move, twitch, fidget repeatedly; to shake, squirm, writhe:* híldang.

shake hands
to go and get O; to shake O's hand: dúu.

shaker
pepper shaker: páabaa gyaat'áawaay. *salt shaker:* tang gyaat'áawaay.

shake splitter
shake spliter, froe (woodworking tool): k'a tl'iist'áaw.

shallow
a spit (of land), sandbar, reef, shallow area: k'uk'áal. *to become shallow:* chaasdla. *to be shallow [water]:* cha'a.

shallows
the shallows: tlagáay chaagáay.

shaman
payment to a shaman: sg̲aa dli'iit'uu.

shamanic familiar
one's own supernatural power, spirit, shamanic familiar: sg̲áanaang. *spirit, shamanic familiar, shamanic power:* sg̲áa. *supernatural power, spirit, shamanic familiar:* sg̲áan (1).

shamanic power
shamanic ability, shamanic power: sg̲áagagaay. *spirit, shamanic familiar, shamanic power:* sg̲áa.

shamanic spirit
shamanic spirit, power or familiar: dagwiig.

shaman's baton
shaman's baton: sg̲áa t'ask'áay. *walking stick, cane, crutch, staff, shaman's baton:* t'ask'.

shaman's beating board
shaman's beating board: sgi tl'áangw.

shaman's box
shaman's paraphernalia box; a box containing paraphernalia for 'secret society' spirit performances: sg̲áa g̲udáay.

shaman's paraphernalia
shaman's paraphernalia: sg̲áa áaniigaay.

shame
shame on you!: aawáay.

shape
to be sound, in good shape: ahláng.

share
to be reluctant to share: g̲aláang sk̲'áada. *to be reluctant to share, stingy:* sk̲'áada.

shark
a species of shark: tl'ats'gálgaang. *dogfish, shark:* k̲'aad. *shark (any species other than dogfish):* k̲'aad aw.

shark liver
liver of a shark: tl'íihlk'al.

sharp
to be sharp: k'i. *to have aching joint, sharp pains:* g̲u sg̲ak'áa.

sharpen
to sharpen O (esp. with a whetstone): tl'ak'a.

sharpening stone

Haida sharpening stone: X̲aadas tl'ak'áa. *whetstone, sharpening stone:* tl'ak', tl'ak'áaw (2).

sharpshooter

medicine for being a good shot, sharpshooter: skaláa xiláay. *to be a sharpshooter:* skala.

shatter

to break apart, shatter (pl): x̲ujáang. *to break apart, shatter (sg):* x̲usda.

shavings

wood shavings: g̲ámaal, hláaw g̲ámaal, hláawad.

shawl

black wool shawl with silk tassles: k̲án tíigaa gyáat'aad. *cloth shawl:* nasáal. *something worn over the shoulders like a cape or shawl:* gin t'adgáa.

she

he, she, him, her, they, them: 'láa (1). *he, she, they:* hal.

shearwater

sooty shearwater: sáangg.

shed blood

to bleed, shed blood: kwaayáang.

sheep

(domestic) sheep: lamdúu. *mountain sheep, mountain goat:* mad.

sheet metal

sheet metal: xahl tl'ajáaw. *tin, sheet metal:* g̲a tl'ajáaw.

shell

a clam shell: k'yúu k̲'áal. *a crab shell:* k̲'ust'áan k̲'áal. *dentalium shell:* g̲uts'áng, k̲uhlts'áng. *empty shellfish shell:* chaaw k̲'áal. *half of an empty shell of a bivalve:* k'ámaal. *loaded shell (of a gun):* jagw hlg̲áay. *shell, shell casing (for a firearm):* k̲'u sk'aawnáangw. *whorled univalve shell:* skáy.

shellfish

a large amount of shellfish that has washed ashore: kún hlgits'agahl.

shell primer

shell primer: k̲'u k̲'íigaangw.

shelter

a place sheltered from the wind: k̲'uhláaw. *branch shelter:* hlk̲'agíid, hlk̲'ámaal náay. *house, dwelling, building, hut, cabin, shack, shelter, establishment:* na. *in a sheltered place:* k̲'uhlgwáa. *lean-to shelter made of cedar bark or a sail stretched over a frame:* na tl'ajúu. *one's house, dwelling, building, hut, shack, cabin, shelter, establishment:* náa (2). *one's own house, dwelling, building, hut, shack, cabin, shelter, establishment:* náa'ang. *sheltered place:* tlak'aláa. *shelter, sheltered spot:* tlak'áal. *the shelter of a tree:* tlak'aláang. *to shelter O:* tlak'áalda.

shield

shield (armor): xi g̲agáa.

shin

one's shin: skuj tl'ajuwáay.

shine

for the sun to be shining: xayáa. *to shine, be shiny:* xahl. *to shine on X (sg subj):*

k̲a k̲'iit'as. *to shine, polish O up:* tla xahlda.

shine on
to come to shine on X (sg subj): k̲a k̲'iisgad.

shiner
perch, shiner: g̲ad (1).

shinny
to play hockey, shinny: sgi skáawnang.

shinny ball
shinny ball: sgi skáawnaangw.

shinny stick
shinny stick: sgi skáawnaang sk̲'áangwaay.

shiny
to shine, be shiny: xahl.

ship
boat, ship, canoe: tlúu. *passenger ship:* stáwjaaw tluwáay.

ship's boat
ship's boat; any medium-sized wooden boat: k̲'áang tlúu.

shirt
hide armor shirt: k̲'a k̲'áy. *men's deerskin shirt:* k̲'ahl k'uudáats'aay. *shirt:* k'uudáats' k̲áahlii. *war shirt:* k̲íi.

shiver
to begin to shake, tremble, shiver (sg): dliidasdla. *to shake, tremble, shiver (sg):* dliida.

shoe
button shoe: st'a sk'agáa duwúl stl'a k̲'iit'ajaa. *shoe, boot:* st'a sk'agáa.

shoelace
shoelace: st'a sk'agáa dánts'iit'uwaay.

shoe polish
shoe polish: st'a sk'agáa k'udláanwaay, st'a sk'agáa tla xahldáawaay.

shoot
new shoot of skunk cabbage: k'ud. *to cut X up with scissors; to shoot X up:* ts'ananáng. *to shoot (and kill) O; to sting O (as a bee):* ts'a. *to shoot at and miss O:* g̲adláaw. *to shoot (at X):* jat'gúng.

shoot and miss
to take a shot at O and miss: ts'asguda.

shoot pool
to shoot pool, play billiards: ki skáawnang.

shore
across to the far, opposite shore: in-gwíi. *along the beach, coast, shore:* tlagwáad. *area in the ocean near shore:* chaansíi. *closer to shore:* díinang. *in the ocean near shore, in water:* chaan. *the far, opposite shore:* in-gúusii.

short
for a little while, for a short time: saanáa. *to be short (pl):* k'wa'áanda. *to be short (sg):* k'wa'áan. *to be short, stubby and cute (pl):* k'udala. *to be short, stubby and cute (sg):* k'ujúu. *to be too short (sg):* k'wa'án'ad. *to have one leg shorter than the other:* in'wáay k'wa'án.

shortcut
shortcut: ki k'waanáay.

shorts
shorts: k'ún i hlk̲ámjuu.

shotgun

double-barreled shotgun: jagw k̲'áay sk'asdáng. *gun, pistol, rifle, shotgun, revolver, firearm of any kind:* jagw.

shotgun pellet

bullet, buckshot, shotgun pellet: jagw hlg̲áay.

shoulder

one's own shoulder: skyuwáng, sk̲aláng. *one's shoulder:* skyúu, sk̲ál. *the top surface of one's shoulder:* sk̲ál ún. *to carry O on one's shoulder:* skyúugang. *to carry O on one's upper arm or shoulder:* skyúu'ad. *to wear O over one's shoulders (e.g. blanket):* t'ad. *whale shoulder:* skyúudii.

shoulder blade

one's shoulder blade: skuj tl'ajuwáay. *shoulder blade, scapula:* sk̲ál g̲at'agangáay.

shout

to give a loud shout, holler loudly (to X1) (at X2): hlgáamsda. *to shout, holler loudly and repeatedly (to X1) (at X2):* hlgáamjaang.

shovel

clam shovel: 'wáanaa g̲asdláawaay. *shovel, spade:* g̲asdláaw.

shovel blade

shovel blade: g̲asdláaw k̲'áay.

show

to show O1 to O2: k̲índa.

shower

for there to be a shower, squalls: x̲as k̲áa.

show off

to show off: k'uyáng. *to show off, strut (pl):* x̲ats'aláng. *to show off, strut (sg):* dlats'aláng.

shredder

cedar bark shredder: hlt'ánhlk' sgidáangwaay.

shrew

shrew: jagúl'aw, ts'agúlaaw.

shrimp

shrimp: dag.

shrub

bush, shrub, branch of a deciduous bush, shrub or tree, stem of berries or blossoms growing on a bush, long stem of a flower: hlk̲'áay.

shrug-the-shoulders song

shrug-the-shoulders song: g̲a hlg̲ak'adáang sg̲alangáay.

shut

to slam O shut: da k'absgad.

shy

to be ashamed, embarrassed: dángyaang. *to be at a loss for words, withdrawn, shy, bashful (around X), to feel unworthy (for X):* k̲áada. *to be fearful, afraid of X, shy around X:* xált'as.

sibling

older same-sex sibling! older same-sex parallel cousin!: gwáayaay. *one's older opposite-sex sibling:* kunáasd 'láanaa. *one's older same-sex sibling, one's older same-sex parallel cousin:* k'wáay (2). *one's older siblings:* kunáasdgaay. *one's own older same-sex sibling, one's own older same-sex parallel cousin:* k'wáayang. *one's own younger same-sex sibling, one's own younger same-sex parallel cousin:* dúunang. *one's younger same-sex sibling, one's younger same-sex parallel cousin:* dúun. *to be an older same-sex sibling, older same-sex parallel cousin (to X):* k'wáayaa. *to be a younger same-sex sibling, younger same-sex parallel cousin (to X):* dúunaa. *to become an older same-sex sibling, older same-sex parallel cousin:* k'wáayeehl. *to have an older same-sex sibling, older same-sex parallel cousin:* k'wáay da'a. *to have a younger same-sex sibling, younger same-sex parallel cousin:* dúun da'a. *to have O as one's older same-sex sibling, one's older same-sex parallel cousin:* k'wáayda. *to have O as one's younger same-sex sibling, younger same-sex parallel cousin:* dúunda. *younger same-sex sibling! younger same-sex parallel cousin!:* dúunaay.

sick

to be sick, ill: st'i. *to let O be sick:* st'ida. *to pretend to be sick, to make oneself sick by thinking that one is sick:* gu st'i.

sickle

scythe, sickle: k̲'án k̲'it'íit'uwaay.

sickness

sickness, illness, disease: st'íi.

side

at, on, from this side (of): hahlgúusd. *end (small side) of a rectangular box:* g̲ud kún. *on both sides:* gu hláasd. *on the other side of sth.:* in-gúu. *on the side of:* tláaguusd. *on the side of, from the same tribe as:* gúusd. *side of sth.:* dawúlsii. *the right, correct side:* 'lagáay. *to the other side of something:* ínggwii.

side of body

side of body: hlúu dawúl.

side of the head

the side of one's head, one's temple: k̲'ánts'ad. *the side of one's own head, one's own temple:* k̲'ánts'adang.

sidewalk

trail, path, road, street, sidewalk: k'yúu.

sifter

flour sifter: sablíi xi skúnaawaay.

sign

sign, mark, marker, badge, uniform or other identifying piece of clothing: sk̲'adgáaw.

signal

to signal to X with one's hands: ak'aayáada.

silk

silk: sálg.

silver

dollar, money, silver: dáalaa.

silver bracelet

silver bracelet: dáalaa stlagáa.

silver polish

silver polish: gatáaw tla xahldáawaay.

silver ring

silver ring: dáalaa stliihl'wáay.

silversmith

silversmith: ta k̲'iid 'la'áay. *to be a silversmith:* ta k̲'iid 'la'áaygaa.

similar

like, similar to: gingáan.

simmer

for X to warm up slowly, simmer, brew: k̲adáal. *to slowly warm, simmer, brew X:* k̲adáalda.

simply

just, simply, a little bit, a few, somewhat: hlangáan. *just, simply, nothing but, without doing anything:* hingáan.

since

since, from: sánsd.

sinew

one's blood vessel, vein, artery, tendon, sinew, gristle: x̲áy (1).

sing

to make a small, high-pitched sound (as small animals), twitter, squeak, chatter, sing (of birds), crow: kingáang. *to sing a lullaby:* gid g̲agáanda. *to sing as if one knows the tune or words, when one actually doesn't:* k'ajúu kihlgadáng. *to sing (X):* k'ajúu.

singing

(the act of) singing: k'ajáaw.

single

to be single, unmarried: dliyáang.

single delight

single delight, one-flowered wintergreen, St. Olaf's candlestick: x̲iláawg.

sink

bathroom sink, wash basin: x̲ángaang dláanwaay. *kitchen sink:* k̲íihlaa dláanwaay. *to sink (of a boat):* chah k̲'iid.

sinker

lead sinker: ts'ahl (3). *net sinker:* aad g̲agyáaw ts'ahláay. *net sinker made of perforated stone:* k'yée sdayáangw. *sinker on a fishline:* x̲áaw ts'ahláay.

sip

to repeatedly sip O, take sips of O: xu xak'a. *to take a drink, sip of O:* xutl'a. *to tiny a small sip of O (sg):* xu ts'úu'aats'a.

siphon

siphon of a bivalve: skánts'al.

sister

a sister: gyáahluwaay. *older same-sex sibling! older same-sex parallel cousin!:* gwáayaay. *one's older same-sex sibling, one's older same-sex parallel cousin:* k'wáay (2). *one's own older same-sex sibling, one's own older same-sex parallel cousin:* k'wáayang. *one's own sister, one's own female parallel cousin:* jáasang. *one's own younger same-sex sibling, one's own younger same-sex parallel cousin:* dúunang. *one's sister, one's female parallel cousin:* jáas (1). *one's younger same-sex sibling, one's younger same-sex parallel cousin:* dúun. *sister! female parallel cousin!:* jáasaay. *to be an older same-sex sibling, older same-sex parallel cousin (to X):* k'wáayaa. *to be a sister, female parallel cousin (to X):* jáasaa. *to be a younger same-sex sibling, younger same-sex parallel cousin (to X):* dúunaa. *to become an older same-sex sibling, older same-sex parallel cousin:* k'wáayeehl. *to become a sister, female parallel cousin:* jáaseehl. *to have an older same-sex sibling, older same-sex parallel cousin:* k'wáay da'a. *to have a sister, female parallel cousin:* jáas da'a. *to have a younger same-sex sibling, younger same-sex parallel cousin:* dúun da'a. *to have O as one's older same-sex sibling, one's older same-sex parallel cousin:* k'wáayda. *to have O as one's sister, female parallel cousin:* jáasda. *to have O as one's younger same-sex sibling, younger same-sex parallel cousin:* dúunda. *younger same-sex sibling! younger same-sex parallel cousin!:* dúunaay.

sister-in-law

one's own same-sex sibling's spouse: hlanuwáng. *one's own spouse's same-sex sibling's spouse:* sg̲wáanaang. *one's same-sex sibling's spouse:* hlanuu. *one's spouse's same-sex sibling's spouse:* sg̲wáanaa. *same-sex sibling's spouse!:* hlanuwáay. *to be a same-sex sibling's spouse (to X):* hlanuwáa. *to be a spouse's same-sex sibling's spouse (to X):* sg̲wáanaa. *to have a same-sex sibling's spouse:* hlanuu da'a. *to have a spouse's same-sex sibling's spouse:* sg̲wáanaa da'a. *to have O as one's same-sex sibling's spouse:* hlanuuda. *to have O as one's spouse's same-sex sibling's spouse:* sg̲wáanaada.

sit

to be sitting: k̲'áwa. *to break X by sitting on it:* g̲ut'ad. *to sit down (sg):* k̲'áaw.

sit down

to sit down, be sitting (of plural): tl'a'áaw.

Sitka alder

Sitka alder (tree or wood): kaas.

sit on board

to get on board and sit down (pl): ts'áawaandlii. *to sit on board (pl):* ts'a'áang. *to sit on board (sg):* ts'áang.

sit on board

to get on board and sit down (sg): ts'áandlii.

sitting room

the sitting room, the living room: k̲'adgúusdgaay náay.

situated

to be situated, located (sg) (as a house): tíiwda.

six

six, 6: tla'únhl. *to be six in number:* tla'únhl. *to V six times:* tla'únhl.

six-chambered revolver

six-chambered revolver: jagw k̲'áal tla'únhl.

six o'clock

to be six o'clock, 6:00: k'asgad tla'únhl.

sixteen

sixteen, 16: tláahl 'wáag tla'únhl. *to be sixteen in number:* tláahl 'wáag tla'únhl. *to V sixteen times:* tláahl 'wáag tla'únhl.

sixty

sixty, 60: tláalaay tla’únhl. *to be sixty in number:* tláalaay tla’únhl. *to V sixty times:* tláalaay tla’únhl.

size up

to compare O, size O up, look O over: k̲yaa’a.

skate

halibut or black cod skate: xid sg̲a’áaw. *speices of skate or ray:* ts’íit’aa.

skeleton

sponge skeleton: gin gíi hlk’uuwáansdlagangs.

skewer

skewer, stick for roasting fish over an open fire: gyáal ts’úu. *to roast O on a stick, skewer:* kits’a.

Skidegate Haida people

the Skidegate Haida people: Hlg̲ayúu X̲aat’áay.

skilled at

to know how to V, be able to V, be skilled at V-ing: g̲áayaa (2).

skin

an octopus's skin: núu ín. *killerwhale skin:* sg̲áan k̲’aláay. *one's own skin:* k̲’aláng. *one's skin:* k̲’ál. *tanned skin or hide, leather:* sgat’áal. *the outer bark or skin of a plant or fruit:* k̲’ál. *the skin of one's abdomen:* dahl k̲’ál.

skin drum

skin drum: k’íis gáwjaaw.

skin flake

(one's) dandruff, flake of dried skin: g̲ánguj. *one's own dandruff, flake of dried skin:* g̲ángujang.

skinny

to be thin, skinny (of people): ts’íiyaa.

skirt

skirt: kwáag chagáa. *to put on O (sg) [skirt]:* kwah chagíi. *to wear O (sg) [skirt]:* kwah chagáng.

skukum roots

Indian hellebore (root or plant), skukum roots: gwáayk’aa.

skull

skull: k̲aj skuj. *the base of the back of one's skull:* k̲aj x̲idáasaa. *the bump at the back of one's skull:* k̲aj ’wíi hlgámjuwaay.

skunk cabbage

new shoot of skunk cabbage: k’ud. *skunk cabbage (plant or leaf):* hlgún. *skunk cabbage root:* hlgún k̲’úl.

skunk cabbge

central stalk of skunk cabbage: hlgún cháay.

skunked

to barely get any, have a hard time getting any of O; get skunked (w/ neg): xatl’iid.

sky

sky: k̲wíi, yáan (1). *the sky:* yáanaay k̲a’án. *up above, high, in the sky, in the air:* asáa. *up, upwards, upstairs, into the air, into the sky:* sáag.

slacken

to put off, postpone, delay O; to slacken, loosen O: tlat’a.

slam

to slam O shut: da k’absgad.

slave

(first generation) slave: x̱áldaang. *one's (first generation) slave:* x̱áldaangaa. *slave:* kíl dlahláalw. *the slaves:* x̱áldaants'gaay. *to be a slave:* x̱áldangaa.

slave husband

slave husband: tláal x̱áldangaay.

slave wife

slave wife: jáa x̱áldangaay.

sled

sled, sleigh, child's wagon: g̱ál hlg̱aawnáangw.

sledgehammer

sledgehammer for splitting wood: kug tl'ahláay, tl'úu tl'ahláay, ts'áanuu tl'ahláay. *stone sledgehammer:* ḵwaa tl'ahláay.

sled (v)

to coast, to sled: g̱u chándaal.

sleep

sleep: ḵáng. *to be a sleepyhead, enjoy sleeping:* ḵáng x̱áwlda. *to go to sleep (pl):* ḵ'asdla. *to go to sleep (sg):* ḵ'adíi. *to oversleep, sleep in:* ḵ'agáangad. *to sleep, be asleep:* ḵ'ada.

sleep with

to be flirty (with X), promiscuous, to try to sleep with X: ja'áang.

sleepy

to be sleepy: ḵangáa.

sleepyhead

to be a sleepyhead, enjoy sleeping: ḵáng x̱áwlda.

sleet

sleet: s'áahlaang.

sleeve

one's own sleeve; one's own pectoral fin; a seal or sea lion's own front flipper: xyáang. *one's sleeve; one's pectoral fin; a seal or sea lion's front flipper:* xyáay.

sleigh

sled, sleigh, child's wagon: g̱ál hlg̱aawnáangw.

slice

to cut O off, slice off a piece of O (sg) (from X): ḵ'itl'a.

slicker coat

rain coat, slicker coat: t'éel g̱anuu. *raincoat, slicker coat, oil coat:* k'uudáats' ḵ'áajaa.

slicker hat

rain hat, slicker hat: dajáng ḵ'áajaa.

slighted

to feel slighted, offended by X: gudlasdla.

slime

secreted slime (of a fish, octopus, sea cucumber, etc): hlḵ'ut'úu.

slimy

to be slimy: hlḵ'ut'uwáa.

sling

sling: suwáang.

slip

petticoat, slip: hlk'idgáa náaguusii, kwáag chagáa náaguusii. *to slip:* t'a tl'ahla.

sloop

sloop: sdlúub.

slope

slope, cliff: sdál. *slope of a mountain; area above a door;*

the wooden plaque mounted on the front of a ceremonial headdress; the top edge of a housepit: k̲úl.

slough

mouth of an inlet, slough: k̲'íiwaatl'aagaay. *narrow channel, slough, inlet:* sk'ayáang. *salt slough:* tang xyáangatl'aa.

slow

to be mentally slow, deliberate: gud x̲uláang. *to be slow-moving, awkward, clumsy, unsteady on one's feet:* dlaajáa.

slowly

slowly, softly: gúustl'aasaan.

slug

slug: st'álaa.

small

to be small (pl): xadala. *to be small (pl) (inan):* síidala. *to be small (sg):* xajúu. *to be small, tiny (pl):* ts'úudala. *to be small, tiny (sg):* ts'úujuu.

smart

to be wise, intelligent, smart, clever (at X): k'adangáa. *to get smart, become educated, become clever (at X):* k'adangéehl.

smell

one's own sense of smell: sánulang. *one's sense of smell:* síin. *<reaction to a strong smell>:* g̲á. *sense of smell:* sánul. *smell, scent of something:* sánjgad. *the smell of stale urine:* chánsgwaan. *the smell of the beach at low tide:* chaaw k̲'áahlaandaay. *to catch a whiff, smell of O:* sánsgad. *to smell good:* sgúnula.

smelling salts

smelling salts: xíl sántl'iyaas.

smelly

to be smelly, stinky: sgunáa.

smelt

smelt: sáats'. *surf smelt, capelin:* k̲áyn.

smile

to smile: dánggad.

smoke

campground for smoking salmon, fish camp: táanaadaan. *smoke:* g̲ayáaw, g̲áayuu (1). *to smoke O (e.g. cigarettes):* k'u xajáang. *to smoke O (food):* skíida. *to smoke O in a pipe:* k'u chajáang. *wisps of fog, steam, smoke, etc.:* k̲'áahlts'aawd.

smoke fish

to smoke fish: táana.

smokehole

smokehole: náay x̲íilaas. *smokehole and screen in the roof of a traditional house or smokiehouse:* ginad. *the edge of a smokehole:* ginad k̲'ún.

smokehole windscreen

smokehole windscreen: ginad g̲aujuwáay.

smokehouse

smokehouse: ta k'its'anáaw náay, táanaa náay.

smoking rack

smoking rack: hlg̲ats'áaw.

snag

to catch, grab, snag O: gijgíihlda.

snake
snake, grub, caterpillar, worm: sag.

snap
to snap, break (as a rope): t'ap'ad.

snap at
to scold, snap at X: sáaw isdla.

snare
floating bird snare made of a noose on a wooden frame: g̲agasdláaw (1). *snare:* kisgayáang, kisgayáaw. *spring stick of a snare:* tál sgidíit'uu.

snatch
to grab, snatch O (from X): x̲a isda.

sneakily
to V in secret, stealthily, sneakily: k̲'uhlda.

sneaky
to pay close attention (to X), to act sneaky (around X), to spy (on X): g̲úudangaada.

sneeze
to sneeze: hats'asáa.

sniff
to sniff: sánjuu, sánt'gung.

snipe
snipe: k'ii'ílt'gwaang, k̲'álaa sgadang.

snore
to snore: k̲'a x̲úugaang.

snoring
snoring: k̲'a x̲ugangáay.

snot
one's own snot, mucus: hlkúnst'anang. *one's snot, mucus:* hlkúnst'an.

snout
nose, snout, muzzle; beak (of puffin): kún (2). *one's own nose, snout, muzzle; (puffin's) own beak:* kunáng.

snow
floating snow: s'ám. *for there to be snow:* t'aawáa. *snow:* t'a'áaw. *snow mixed with sugar and ooligan grease, Indian ice cream:* t'a'áaw dáayuusdaa. *snow, ooligan grease and sugar mixed with aged smoked salmon eggs:* chanhúus. *steam, mist, fine rain, fine snow:* skíi. *to snow:* gwa'áaw.

snow goose
snow goose: xíid g̲adáas.

snowshoes
snowshoes: jáajii.

snowy owl
snowy owl: k̲uyánhl.

snuff
snuff: dawaakúu. *whole loose leaves of native tobacco, snuff (tobacco mixed with cedar bark ashes and chewed):* gúl x̲áa'and.

so
then, so: 'wáadluu.

soak
to soak, be soaked (as fish): tl'agáa. *to soak O:* chada, tl'agda.

soaked
for X to get soaked through: jatl'aa.

so-and-so
so-and-so, what's-his-name: ahl'áanaa.

soap

soap: stláandlaanw.

soapberry

soapberries dried in cakes: xabtl'íid k̲'íingandaa. *soapberry:* xabtl'íid.

soapberry spoon

soapberry spoon: xabtl'íid sdláagulaay.

sober

to be in one's right mind, conscious, sober: gudjúu.

sober up

to return to one's senses, regain consciousness, sober up: gudjáawsdla.

soccer

to play soccer: sda skáawnang.

soccer ball

soccer ball: sda skáawnaangw.

social event

to give a feast, put on a doing, host a social event: hála (1).

sock

sock, stocking: st'áad xildáaw.

sockeye

blueback sockeye salmon: tahíid. *freshwater sockeye salmon:* k̲'áagw. *sockeye salmon:* sg̲wáagaan.

sockeye stream

sockeye stream: sg̲wáagaan g̲ándlaay.

soda cracker

square cracker, soda cracker: gílg kún-gadaa.

sofa

sofa, chesterfield: g̲u hlga'áangw jáng.

soft

to be soft, tender: hltana. *to make O soft, to soften O, to fluff O:* tla hltana.

soften

to make O soft, to soften O, to fluff O: tla hltana. *to soften, tan O with a stick:* ki hltána.

soft-hearted

to be soft-hearted, tender-hearted: hltana.

softly

slowly, softly: gúustl'aasaan.

soft palate

velum, soft palate, roof of one's mouth: sángiij k̲a'án.

soft wet mass

soft wet mass: st'án.

soil

mud, soil: cháan. *soil, earth, ground, dirt:* k̲'wíi. *to be dirty, to have dirt or soil on it:* k̲'wiyáa.

soldier

to be a warrior, soldier: g̲aayhldáa 'la'áaygaa. *warrior, soldier:* g̲aayhldáa 'la'áay.

soldiers

soldiers: súljuus x̲aat'áay.

sole

flounder, various species of sole: t'ál tl'uugwáang. *sole of a shoe:* st'a sk'agáa k̲a'án. *sole of one's foot:* st'a k̲a'án. *the sole of one's own foot:* st'áang k̲aanáng. *unidentified species of flatfish (probably sole):* t'at'a. *various species of sole:* t'áal.

some

part of, some of: t'íij. *some, any, ones, things, people :* ga. *some, some of:* ihlíi.

someday

someday, one of these days, sometime in the future, finally, in the end: tlíisdluwaan.

someone

someone, one (of those): nang. *who, which one, someone:* gíisd.

something

something, things (singular or plural): gin.

sometimes

at times, sometimes, from time to time: sán g̲ids dluu. *sometimes, occasionally:* gyáak̲'id.

somewhat

just, simply, a little bit, a few, somewhat: hlangáan. *somewhat, kind of, partly:* gudúu. *to V fairly, somewhat:* áahlgang.

somewhere

somewhere, anywhere, wherever: tlíits'aan.

son

son: gid íihlangaas.

song

a happy song: gudáang 'láa sg̲alangáay. *bear song:* táan sg̲alangáay. *canoe song, paddling song:* tlúu k̲agáan. *clan-owned song:* k̲agáan. *dance song:* xyáal sg̲alangáay. *dancing-in song, entrance song:* sg̲adáal sg̲alangáay. *dressing song:* agán tlaawhláa sg̲alangáay. *Forrester Island song:* Gask̲úu sg̲alangáay. *Haida song, Haida music:* X̲aadas sg̲aláangaa. *love song:* sg̲aláang x̲áwlaa. *mourning song:* kíihljaaw, kíihljaaw k̲agáan. *property song:* gidaag sg̲alangáay. *shrug-the-shoulders song:* g̲a hlg̲ak'adáang sg̲alangáay. *song:* sg̲aláang. *song sung as food is served to guests at a potlatch:* gatáa sg̲alangáay. *speaking-in-a-trance song:* kílislang sg̲alangáay. *spirit song:* sg̲áa sg̲alangáay. *summer song:* k̲'ín sg̲alangáay. *to dedicate a song:* gyáa k'uyáng. *war song:* gu isdáa sg̲alangáay.

songbird

any small songbird: ts'ahts'áa.

song sparrow

song sparrow, robin: k'uts'gw.

son-in-law

one's own spouse's father (father-in-law), one's own spouse's paternal uncle (uncle-in-law), one's own spouse's mother's father (grandfather-in-law), one's own daughter's husband (son-in-law), one's own same-sex-sibling's daughter's husband (nephew-in-law), one's own daughter's daughter's husband (grandson-in-law): k̲unáang. *one's spouse's father (father-in-law), one's spouse's paternal uncle (uncle-in-law), one's spouse's mother's father (grandfather-in-law), one's daughter's husband (son-in-law), one's same-sex-sibling's daughter's husband (nephew-in-law), one's daughter's daughter's husband (grandson-in-law):* k̲unaa. *to be a spouse's father (father-in-law), spouse's paternal uncle (uncle-in-law), spouse's mother's father (grandfather-in-law), daughter's husband (son-in-law), same-sex-sibling's daughter's husband (nephew-in-law), daughter's daughter's husband (grandson-in-law) (to X):* k̲unáa. *to have a spouse's father (father-in-law), a spouse's paternal uncle (uncle-in-law), a spouse's mother's father (grandfather-in-law), a daughter's husband (son-in-law), a same-sex-sibling's daughter's husband (nephew-in-law), a daughter's daughter's husband (grandson-in-law):* k̲unaa da'a. *to have O as one's spouse's father (father-in-law), one's spouse's paternal uncle (uncle-in-law), one's spouse's mother's father (grandfather-in-law), one's daughter's husband (son-in-law), one's same-sex-sibling's daughter's husband (nephew-in-law), one's daughter's daughter's husband (grandson-in-law):* k̲unaada.

soon

quickly, fast, so soon: tlíits'guusd. *quickly, so soon:* x̲ángasdgaang.

soot

ash, soot: hldáamad.

sooty shearwater

sooty shearwater: sáangg.

sorcery

medicine or power used in sorcery: sg̲áanuug.

sore

medicine for sores: k̲'asáal xiláay. *(one's) sore:* k̲'asál. *to be sore, infected:* k̲'asaláa.

sorry

to feel pity, feel sorry for X: gudáng.

soul

conscious spirit, soul: g̲áahlaand. *one's conscious spirit, soul:* g̲áahlaandaay. *one's own conscious spirit, soul:* g̲áahlaandaang.

sound

to make a small, high-pitched sound (as small animals), twitter, squeak, chatter, sing (of birds), crow: kingáang.

sound good

to sound good: gyúujgad 'láa.

soup

soup: súub. *soup made from mashed potatoes and/or turnips with ooligan grease:* ki k̲'adáal. *soup made from rotten potatoes, ooligan grease and sugar:* sgúusiid s'áalgaay.

soup bowl

soup bowl: súub k̲íihlaa, súub táawaay.

soup ladle

soup ladle: súub dagáalwaay, súub sk'atl'áangwaay.

sour

to become, turn, go sour: k'áywahl'iihl. *to be sour:* k'áywahl.

south
down south: t'áagwaa. *south:* t'áaguusd, x̱aadláaguusd. *southward, toward the south:* t'áagwii.

southeast
from the southeast: x̱íwgw.

so very
surely, certainly, definitely, so very, how, quite, quite a bit: tlíi.

space between
one's own perineum, the space between one's own legs: nuwuláng. *one's perineum, the space between one's legs, the space between the roots of a tree:* nuwúl.

spacious
to be roomy, spacious: t'áalaa. *to be roomy, spacious, have a large capacity (of containers):* ḵíit'ala.

spade
digging stick, spade: dlagw. *shovel, spade:* g̱asdláaw.

spank
to spank O, beat O with a stick: sgidáng.

spark
ember, burning coal, spark: dáas. *shooting sparks, phosphorescence in ocean:* sg̱áaluud. *spark:* sg̱áahld.

sparkplug
sparkplug: g̱u ḵ'ajáangw.

sparrow
fox sparrow: chaj x̱awáa xayáang x̱it'adáay. *song sparrow, robin:* k'uts'gw.

sparrow hawk
kestrel, sparrow hawk: sgyáamsuu.

spatula
spatula: ki tl'ajuuláangw.

spawn
to be milky with herring spawn: sg̱únggaa. *to spawn:* chíigang.

spawned-out salmon
spawned-out salmon: ts'íing.

speak
to be mute, unable to speak: kíl gúu. *to be speaking, to be able to speak:* kíilaa. *to mutter, speak softly:* gándga, gánt'uuga. *to speak harshly, make insulting remarks to O:* súud hlgitl'a. *to speak, talk (to X):* kihlgula. *to speak, to say O:* súu (1). *to talk, speak (to X):* gúusuu.

speak about
to be unable to speak about X: kíl g̱isga.

speak critically
to speak critically (to X1) (about X2), tell about (X2's) misbehavior (to X1), tattle (on X2) (to X1): kíng gyaahlánda.

speaking-in-a-trance song
speaking-in-a-trance song: kílislang sg̱alangáay.

speak loudly
to speak in a loud booming voice: hlgáamt'uuga.

spear
butt end of a spear: kit'uu kún. *salmon spear:* chíin kínhlaawaay. *seafood spear:* hlkujíid. *spear:* kit'áaw, kínhlaaw. *spear, harpoon:* kit'uu. *to harpoon, spear, lance O (sg) (in X):* kid. *to poke, spear, stick O repeatedly:*

kínhluu. *water-logged wood which becomes very hard and is used for spears:* chaan sk’áawaay.

specifically

specifically, exactly, just, right: hik’ii.

speculate

to presume, speculate, guess (at X): xúnda.

speech

language, voice, speech, words: kíl. *one's own language, voice, speech, words:* kíilang. *one's own speech, one's own words:* sáawang. *one's voice, speech:* kihljúu. *word, formal speech, utterance:* gúusaaw.

speedy

to be quick, speedy, fast: sgingula.

spell

to bewitch, put a spell on O: st’áwda. *to put a curse, spell on O, make O turn bad:* índgang.

sperm whale

sperm whale: kún k̲aj g̲ajáaw.

sphagnum moss

sphagnum moss: k̲’álaa k’ínanaay.

spider

spider: k̲’uhl chiyáang.

spider web

spider web: k̲’uhl chiyáang aadáay.

spike

nail, spike: sangíin. *stem, spike or raceme of a berry bush:* x̲áayhlwaa.

spindle whorl

(spinning toy) top, spindle whorl: hlk̲éelaangw.

spine

one's backbone, spine: sgwáay sk’agad. *one's own spine, backbone:* ts’úuwaang. *one's own spine, one's own lower back:* gínggudang. *one's spine, backbone:* ts’úuwii. *one's spine, one's lower back:* gínggud. *one's thorn, spine, quill:* stlíin. *sea urchin spine:* stáw stlíin. *spine and ribs of a salmon or halibut that has been removed during filleting:* táats’uu. *the base of one's spine:* hlg̲ún.

spiney wood fern

deer fern, spiney wood fern, small plants of sword fern: sanáal jáad. *lady fern, spiney wood fern:* sáagwaal. *root of sword fern or spiny wood fern, sweet potato:* sk’yáaw.

spirit

Arousal Spirit: K’íng Sg̲áanuwaay, Stl’a K’ún Xáalaay. *a type patron spirit:* sg̲ánggw. *Cannibal Spirit appearing during the 'Wáahlaal potlatch:* ’Wiilaalaa. *conscious spirit, soul:* g̲áahlaand. *dog-eating spirit appearing during the 'Wáahlaal potlatch:* ’Wiihlam. *evil spirit:* kagan. *Holy spirit:* dagwiig. *one's conscious spirit, soul:* g̲áahlaandaay. *one's evil spirit(s):* kagáanaa. *one's own conscious spirit, soul:* g̲áahlaandaang. *one's own evil spirit(s):* kagáanaang. *one's own reflection; one's own reincarnated spirit:* x̲ánjang. *one's own supernatural power, spirit, shamanic familiar:* sg̲áanaang. *one's reflection; one's reincarnated spirit:* x̲ánj. *shamanic spirit, power or familiar:* dagwiig. *spirit:* sg̲áanuwaay. *Spirit of the Atmosphere:* Sángs Sg̲áanuwaay. *spirit, shamanic familiar, shamanic power:* sg̲áa. *supernatural power, spirit, shamanic familiar:* sg̲áan (1). *Wealth Spirit:* Skíl Jáadaay.

Spirit of the Atmosphere
Spirit of the Atmosphere: Sángs Sg̲áanuwaay.

spirit song
spirit song: sg̲áa sg̲alangáay.

spit
a spit (of land), sandbar, reef, shallow area: k'uk'áal. *one's own saliva, spit, phlegm:* hl'áanang. *one's saliva, spit, phlegm:* hl'áan. *point of land, headland, spit, cape:* kún (2). *to spit:* hltah. *to spit out O:* hltah k'áat'a.

splatter
to splatter: ts'ahlusda.

splinter
stick, wooden rod, pole, staff, peg, splinter: sk̲'áangw.

split
to crack, split open O (pl) with one's hands: tla k'idlán. *to crack, split open O (sg) with one's hands:* tla k'it'a. *to split O (as fish):* ts'awáan. *to split O into shakes:* sgi tl'iist'a.

spoil
to go bad, spoil, break down, get worse: dáag̲angad.

spoiled
to become spoiled, rotten, go bad: sgadáansdla. *to be rotten, spoiled (of food):* sgadáanggaa.

spoils
booty, spoils, plunder, anything that is seized against a debt: ta g̃iigaay.

sponge
(scrubbing) sponge: hlk'únk'aalw.

sponge skeleton
sponge skeleton: gin gíi hlk'uuwáansdlagangs.

spool
empty spool of thread: tl'áayuu k̲'áal.

spoon
cow horn or alder spoon: X̲aadas sdláagwaalaa. *large ceremonial spoon:* sdláagwaal g̲anéelw. *metal spoon:* k̲'áas sdláagwaal. *small black spoon made from mountain goat horn:* sdláagwaal x̲asáa. *soapberry spoon:* xabtl'íid sdláagulaay. *spoon:* sdláagwaal.

spoon bag
bag in which carved spoons are kept: sdláagwaal da'áawaay.

spoon basket
basket for storing spoons: sdláagwaal káadii.

spoon handle
head of a river, stream or inlet; top part of a traditional-style

wedge; nut for a screw or bolt; top of a spoon handle: k̲aj.

spoon mold
spoon mold: sdláagwaal k̲íihlgaay.

spoon molding tool
tool for pressing a steamed horn into a spoon mold: sdláagwaal kijuuláangwaay.

sport fisherman
sport fisherman: x̲áaw 'la'áay. *to be a sport fisherman:* x̲áaw 'la'áaygaa.

spot
spot: g̲ad skáat'iijaa.

spotlight
spotlight, searchlight: k̲a k̲'íit'iisk'w.

spotted sandpiper
spotted sandpiper: k'yáang k̲'ask'áang.

spring (1)
salmon season, spring: chíin núud. *spring (season):* k̲'íntl'eehl. *to become spring:* k̲'íntl'eehl.

spring (2)
freshwater spring, spring water: xwaadúu. *waterhole, spring, well:* g̲ándl x̲íilaa.

springboard
springboard (for falling a large tree): t'adahldáadanaay.

springs
hot springs: g̲ándl k'íinaas.

spring salmon
a large variety of spring salmon found south of Haida Gwaii: sg̲áawahl. *spring salmon, king salmon, chinook salmon:* táa'un.

spring salmon stream
king/spring salmon stream: táa'un g̲ándlaay.

spring stick
spring stick of a snare: tál sgidíit'uu.

spring water
freshwater spring, spring water: xwaadúu. *spring water:* xwaadúu g̲ándlaay.

sprout
salmonberry sprout: ts'a'áal.

spruce
male flower of a spruce tree: sáa k̲íidaawaa. *spruce needle, pine needle:* hlk̲'amáldaaw. *spruce or evergreen (tree or wood):* k̲íid (2). *spruce tree sapling:* k̲íid hlg̲wáay. *young spruce trees growing thickly together:* gyahgdáang.

spruce bast
hemlock bast, spruce bast (phloem): xig.

spruce bast's phloem
spruce bast's phloem: xigáay chíihluu.

spruce branch
dead spruce branch: gyáa (1).

spruce cambium
spruce cambium: sg̲áalaak'uu ts'íi.

spruce gum
spruce chewing gum: X̲aadas k̲'áajaa.

spruce needle
spruce needle: k̲'áang stlíinaay, k̲íid sk̲'a'íi.

spruce pitch extract
extract of spruce pitch made by chewing and spitting out juice: k̲'áaj x̲áw.

spruce root
long, fine spruce or evergreen root: hlíing.

spruce root basket
(a type of) spruce root basket: k̲igw.

spruce root woof
spruce root woof: hlíing dúu.

spruce sapling
spruce sapling (up to one foot in diameter): k̲íit'aal.

spy
to pay close attention (to X), to act sneaky (around X), to spy (on X): g̲úudangaada.

squall
for there to be a shower, squalls: x̲as k̲áa. *for there to be a storm, bad weather, squalls:* hlg̲ahluu k̲áa.

squashberry
high-bush cranberry, squashberry: hláay. *squashberry (bush or branch), high-bush cranberry (bush or branch):* hlg̲áay hlk̲'a'áay.

squeak
to make a small, high-pitched sound (as small animals), twitter, squeak, chatter, sing (of birds), crow: kingáang.

squid
squid: sk'ats'gálgaang.

squint
to squint, peer: tl'ánsiid.

squirm
to stir, move, twitch, fidget repeatedly; to shake, squirm, writhe: híldang.

squirrel
red squirrel: dasĝaa, gahlts'áagw.

squirt
to squirt once: ts'ángwuhlda. *to squirt repeatedly:* ts'ángwuldang.

sruce root
scraping of spruce root: hlíing t'anuwáay.

stab
to stab O once: kus.

stacked
to be stacked up: tl'áats'aa.

staff
stick, wooden rod, pole, staff, peg, splinter: sk̲'áangw. *walking stick, cane, crutch, staff, shaman's baton:* t'ask'.

stairs
steps, stairs: k'yuwáahlaay.

stairway
stairway: síig k'yuwáahliyaay.

stale urine
one's stale urine: chagánsaanaa.

standing
line of standing people: gya'áang sg̲agadáay. *to be standing (sg):* gyáa'ang. *to stand, be standing (pl):* tl'ajúugya'aang.

stand up
to make O (pl) stand up, raise O (pl) (e.g. totem poles): tla gya'áansdla. *to make O (sg) stand up, raise O (sg) (e.g. totem*

pole): tla gyáa'a. *to stand up (pl):* tl'ajúugyaa'a. *to stand up (sg):* gyáa'a.

staple

food (in general), staple (fish) foods in the traditional diet, fish flesh: táaw (1). *staple (fish) foods in the traditional diet:* táaw yahk'ii.

star

falling star: k'aayhlt'áa sk'awíi. *star:* k'aayhlt'áa.

starch

laundry starch: sdáaj.

starfish

starfish, sea star: sk'áam. *sunflower starfish:* sk'áam i hlt'ahldaláa, sk'áam stla k̲'ángii k̲wáan.

starfish arm

one's finger; a starfish's arm; a crab's leg: stla k̲'ángii. *one's own finger; a starfish's own arm; a crab's own leg:* stláang k̲'ángaang.

starry flounder

starry flounder: st'áw t'ál tl'uugwáang.

start

to begin, start, originate: kúnst'a. *to begin, start to V:* -hid.

startle

to startle O: tla x̲ahla.

startled

to be startled: x̲ahla.

start off

go ahead! start off!: háay. *to leave, depart, go, start off (pl):* ist'iid. *to leave, depart, go, start off (sg):* k̲áayd.

starvation

starvation, famine: k̲'udáal.

starve

to be starving, have nothing to eat, for there to be a famine: k̲'udaláa. *to starve:* dluuhla. *to starve, go hungry, desperately need food:* k̲'udahl. *to starve to death:* k̲'ud k'ut'ahl.

steal

to steal O (from X): k̲'uhlda.

stealthily

to V in secret, stealthily, sneakily: k̲'uhlda.

steam

steam, mist, fine rain, fine snow: skíi. *to steam, cook O in a pit; to barbecue O:* sahlguda. *to steam O (e.g. food):* sahl. *wisps of fog, steam, smoke, etc.:* k̲'áahlts'aawd.

steambath

steambath house: sáal náay (2). *to take a steambath:* sahl.

steamboat

steamboat, steamer: sdíimbood. *steamboat, steamer, steamship:* ts'áan tluwáa.

steamer

steamboat, steamer: sdíimbood. *steamboat, steamer, steamship:* ts'áan tluwáa.

steaming pit

steaming pit (in which food is cooked): sáaldaan.

steamship

steamboat, steamer, steamship: ts'áan tluwáa.

steel

iron, steel: ya'áats'. *steel:* sdíil.

steelhead trout

steelhead trout: tayáng.

steelyard balance

steelyard balance: k'a sk̲'ast'ahláaw.

steep

to be steep: sdaláa.

steer

cow, steer, bull: masmúus. *to steer O:* sgínda.

steering paddle

steering paddle: sgíndaaw.

steersman

to be a steersman: t'áangad.

Stellar's jay

Stellar's jay: tl'ánts'uud.

stem

bush, shrub, branch of a deciduous bush, shrub or tree, stem of berries or blossoms growing on a bush, long stem of a flower: hlk̲'áay. *shaft of an arrow; stem plus core of certain berries (thimbleberries, salmonberries, strawberries):* stl'uuj. *stem of an apple:* k'áy k'usíi. *stem, spike or raceme of a berry bush:* x̲áayhlwaa. *yarrow stem:* k̲'u kam.

step

to step on, step in X: t'adahlda.

step into

to put on, step into X (pants, underwear, boots, etc) (pl subj): t'aláang. *to put on, step into X (pants, underwear, boots, etc.) (sg subj):* t'ahla.

steps

steps, stairs: k'yuwáahlaay.

stereo

stereo, record player, gramophone: tla k'ajáaw.

sterile

to be sterile, barren, unable to bear children (of female): k̲i k̲'ala.

stern

bow or stern scarfed on a canoe: k̲'íihlandaay. *bows or sterns scarfed on canoes:* k̲'iihlán-giyaay. *stern of a boat:* tlúu t'áang, g̲ud, t'áang. *the angles inside the bow and stern of a canoe where the sides join:* sk'at'íis.

sternum

one's own chest, torso, sternum: k̲án skujáng. *one's sternum:* hl'án skuj.

stick

a pair of upright sticks supporting a mat or net while it is being woven: kid kúnts'aangw. *a particular set of three sticks used in the stick game:* máag̲an. *dance leader's stick:* kil sg̲agáangw. *digging stick, spade:* dlagw. *forked stick used as a support:* hlgats'áangw. *measuring stick:* k'wíidaaw sk̲'áangwaay. *octopus stick, octopus hook:* núut'gwaangw. *planting stick:* tl'ats'áaw. *roasting stick:* kits'áaw. *short stick for drying fish:* ts'úuts' sk̲'áangwaay. *skewer, stick for roasting fish over an open fire:* gyáal ts'úu. *small stick poked through split fish (two sticks per fish) to keep it straight:* chíin kit'íisk'waay. *spring stick of a snare:* tál sgidíit'uu.

stick from which a mat is suspended while being woven: síid sk̲'agíid. *stick on which fish are threaded for drying:* ts'úuts'. *stick on which fish fillets are hung to dry:* g̲ánts'iid, g̲ánts'iid sk̲'áangwaay. *stick used in skinning spruce roots:* dánhlaaw. *stick, wooden rod, pole, staff, peg, splinter:* sk̲'áangw. *the pointed end of a stick:* sk̲'áangw k̲'áay. *to kill O with a stick, to club O to death:* sgi k'ut'ahl. *to poke, spear, stick O repeatedly:* kínhluu. *to roast O on a stick, skewer:* kits'a. *trip stick, trigger stick of a deadfall or snare:* t'a hlg̲adahldáawaay. *upright sticks making up the frame for a large fish trap:* x̲áy sk̲'at'íisgw. *walking stick, cane, crutch, staff, shaman's baton:* t'ask'.

stick game

certain sticks used in the stick game: sg̲áal cháay. *the trump (lucky) stick in the stick game:* jál (2).

stickleback

stickleback: káw stlán, stl'ak'áak'aanaa.

sticky

to be sticky: ts'ahlt'as.

stiff

to be stiff: sk'ats'a.

stiffen

to stiffen up; to have intense pain: sk'ats'gahl.

Stikine

Stikine, Wrangell: Sdak'án.

still

still: hawáan. *still, motionless:* ya'áang.

sting

to shoot (and kill) O; to sting O (as a bee): ts'a.

stinging nettle

stinging nettle: g̲udángaal, k'úntl'aaw.

stinging nettle root

stinging nettle root: kúnaan.

stingy

to be reluctant to share, stingy: sk̲'áada. *to be stingy:* sg̲íwdga. *to be stingy with, possessive of, not want to part with X:* k̲'íigdalaa. *to be stingy (with X1) (towards X2):* x̲áagaa.

stink eggs

Indian cheese, stink eggs (dog salmon eggs smoked in the skein, mashed, packed tightly in a wooden box or seal stomach, and aged): cha k'adáang. *water mixed with the dregs of stink eggs:* gwaa tl'ánuwaay.

stinkhead

pickled and aged salmon head, stinkhead: k'íngk'.

stinky

to be smelly, stinky: sgunáa.

stipe

a kelp's stipe: hlk̲áam dáagal. *bivalve mantle (a thin membrane that surrounds the body of the bivalve), kelp stipe:* dáagal.

stir

to mix, stir O together: gínhlahl. *to stir, mix X repeatedly with a spoon:* sk̲'ánjuulaang. *to stir, move, twitch, fidget:* hihlda. *to stir, move, twitch, fidget repeatedly; to shake, squirm, writhe:* híldang. *to stir O repeatedly with one's hands:* x̲ánjuulaang. *to stir X once with a spoon, give X a stir:* sk̲'ánjuuhlda.

stitched

to be fine-toothed, finely stitched: ts'áng síidala.

stockade

beams forming the top edge of a stockade: náag sk̲'agíid, síid sk̲'agíid. *stockade, pallisade, wall made of stone, brick or logs:* xas.

stocking

sock, stocking: st'áad xildáaw.

stockings

stockings: sdáagins.

St. Olaf's candlestick

single delight, one-flowered wintergreen, St. Olaf's candlestick: x̲iláawg.

stole

mink stole: ts'uwúlgw t'adgáa. *wool muffler, fur stole:* x̲íihl tíigaa.

stomach

appendix, first stomach (of animals such as cows and deer): k'ís dúunaa. *one's abdomen, belly, stomach (organ):* dál (1). *one's own stomach:* dahljuwáng. *one's own stomach, abdomen:* k'íijang. *one's stomach, abdomen:* k'íij. *the upper part of one's stomach, the lower part of one's espohagus:* k'isáng sk̲'íw. *upper part of one's stomach:* dahl k̲wa'áay.

stomach worm

(one's) stomach worm, intestinal worm: dahl sg̲a'áay.

stone

rock, stone, pebble, boulder: k̲waa. *to kill O with stones, to stone O to death:* k'a k'ut'ahl.

stone anchor

stone anchor fastened to the stern of a canoe: k̲'íyaaw.

stone ax

stone ax: hlg̲a tl'úu.

stonecrop

leaves of stonecrop: sáad g̲áanaa.

stone house

brick or stone house: k̲waa náay.

stone tray

stone tray: t'íis k̲íihlaa.

stoneware wash basin

stoneware wash basin: k'ámaal k̲'íijuu.

stool

chair, stool, chesterfield: g̲u hlga'áangw.

stop

no more, that's all; stop, finish: tláan. *that's enough! quit it! stop!:* háwsdluwaan.

stopping place

overnight campsite, a stopping place during a journey: ijdáan.

storage box

bentwood box, storage box: táwt'. *tool box, storage box:* tla g̲asdláaw.

store

store: 'wáadaa náay. *to save, store O up:* k̲'íida.

store away
to put O away, store O away: tlánsguhl, tlat'uhl.

storehouse
cellar, storehouse: hlg̱ist'áa náay. *storehouse:* da'áaw náay.

storekeeper
storekeeper: 'wáadaa 'la'áay. *to be a storekeeper:* 'wáadaa 'la'áaygaa.

storm
for there to be a storm, bad weather, squalls: hlg̱ahluu ḵáa.

storm petrel
species of storm petrel: sdagwaanáa.

stormy
to be stormy: g̱at'uwáa.

story
clan history story: ḵ'iyáagaang. *myth, story:* ḵ'íigaang. *story, news, history, background information, context:* gyaahláang. *to tell stories, myths (about X):* ḵ'íigaang. *to tell (X1) the news (about X2), tell (X1) a story (about X2), inform (X1) (of X2):* gyaahlánda.

stout
to be stout, fat: g̱áayaa (1).

stove
'Star' brand cookstove: ts'áanuudaan stíidgaa. *stove, fireplace:* ts'áanuudaan.

stovepipe
chimney, stovepipe: g̱ayáa dáaw, g̱ayáaw.

stovepipe hat
stovepipe hat, top hat: íitl'aagíid dajáangaa.

straight
to be straight, level, flat: ya'a. *upright, straight up:* yáanggwhlaan.

straight pin
pin, straight pin: ts'ánhlgadaangw.

strainer
strainer, filter: dáalt'iis'uu.

strain to defecate
to strain, struggle to defecate: g̱ínjuu.

strange
how strange! weird!: 'yáa. *to be a stranger, strange, odd, queer:* ak'aayáa.

stranger
to be a stranger, strange, odd, queer: ak'aayáa.

strap
breast strap for carrying a basket: ḵand g̱ahláalw. *its curved handle that joins on both sides, its bail handle, its carrying strap, its string, its chain:* hlt'aj. *stap made from braided cedar bark, used for holding a climbing stick to a tree:* ḵ'índ t'ahláalw.

strawberry
strawberry: hildag̱áang.

stream
middle of a stream of a narrow inlet: g̱ándl ts'úuwii. *sockeye stream:* sg̱wáagaan g̱ándlaay. *water, stream, river:* g̱ándl.

street
trail, path, road, street, sidewalk: k'yúu.

strength
one's own strength: dagwiigáang. *one's strength:* dagwiigáay, dagwíi. *strength:* dagw.

stretching board
land otter stretching board: sdlagw kidáawaay. *sea otter stretching board:* k̲u kidáaw. *stretching board, tanning frame:* kidáaw.

stretching frame
deerksin stretching frame: k'áad k̲'ál dáng g̲asgíit'uwaay. *sealskin stretching frame:* x̲úud k̲'ál dáng g̲asgíit'uwaay.

stretch of coastline
the coast, stretch of coastline: g̲agadáay.

stretch the truth
to exaggerate X1 (talking to X2), to stretch the truth about X1 (talking to X2): kílsiid.

strike
to hit, strike O: k'ad. *to hit, strike O (as with an ax, stick):* sg̲asgad. *to hit, strike O using a hammer or rock held in the hand:* k'asgad. *to strike, bump into, run into, collide with X :* g̲at'uwa.

strike a bell
to strike, ring O (e.g. bell) repeatedly: k'ak'adáang.

string
cord, string, rope attached to something: dáagal. *end of a piece of a rope or string:* k̲wáay kún. *its curved handle that joins on both sides, its bail handle, its carrying strap, its string, its chain:* hlt'aj. *string, rope, cord, line (of rope):* k̲wáay.

string game
a figure in the string figure game: x̲úud. *a figure in the string game:* sgyáamsuu, xíid, yáanii k'agwáa. *figure in the string game:* hlgit'ún, hlgit'ún, k̲'uhl chiyáang aadáay, sk̲áw (1), st'álaa.

string instrument
fiddle, violin, or any string instrument played with a bow: x̲i kingáangw. *guitar, banjo, any string instrument played by plucking:* stl'a kingáangw.

strip
the strip of skin along the spine of a salmon having a layer of fat under it; the part of a dried salmon fillet that comes from the back (spine) of the fish: g̲as g̲awíitl'aa.

strip bark
to strip bark, pull off bark in long strips: giidáang.

stroll
to visit, stroll: stáwjuu. *to walk slowly, stroll (sg):* dladáal.

stroller
wheelbarrow, stroller: ki hlg̲aawnáangw.

strong
to be ambitious, very capable, strong, willing to act: k̲'alaagáa. *to become strong:* daguyéehl. *to be long-lived, be tough and strong into old age:* nats'a. *to be physically strong:* daguyáa. *to be strong, firm, durable:* tláats'gaa. *to make,*

keep O strong, firm, durable: tláats'gaada.

stronger

to become stronger, more durable, sturdier: tláats'geehl.

strong-minded

to be brave, determined, courageous, strong-minded: tláats'gaa.

strut

to show off, strut (pl): x̲ats'aláng. *to show off, strut (sg):* dlats'aláng.

stubborn

to be disobedient, stubborn, bullheaded, obstinate, to not listen: gyúuts'iya. *to get stubborn, pouty, sulky:* k̲íidgasdla. *to pout, sulk, act stubborn:* k̲íidga.

stubby

to be short, stubby and cute (pl): k'udala. *to be short, stubby and cute (sg):* k'ujúu.

stuck

to be in a bind, stuck, desperate: hlkusgad.

stuff

one's things, property, possessions, stuff: ginàa. *to pack, stuff, cram O (into X):* t'ats'gáng.

stumble

to trip, stumble: st'a skas.

stump

exposed roots end of an uprooted or blown over tree or stump: jíiwaal. *stump:* k̲'úl k'ujúu. *stumps:* k̲'uláang k'wa'áaw. *stump (sg.):* k̲'uláang k'ujuwáa.

sturdier

to become stronger, more durable, sturdier: tláats'geehl.

stutter

to stutter: k̲'u sk'at'as.

style

style, manner, appearance, looks: áahljuwaay.

sucker

sucker of an octopus or squid: skánts'al, sk'ángii.

sue

to ask for payment for damages, to seek restitution, to sue: 'wáahlaa ginάng.

suet

tallow, suet: gyáa (2).

suffocate, breathe

to drown, suffocate, be unable to breathe (pl): g̲a k̲'íit'uuga. *to drown, suffocate, be unable to breathe (sg):* g̲a k̲'íidas.

sugar

brown sugar: súgaa sg̲id. *flour dumplings with a sugar center:* sablíi ts'íi súgagaa. *snow mixed with sugar and ooligan grease, Indian ice cream:* t'a'áaw dáayuusdaa. *snow, ooligan grease and sugar mixed with aged smoked salmon eggs:* chanhúus. *soup made from rotten potatoes, ooligan grease and sugar:* sgúusiid s'áalgaay. *sugar:* súgaa.

sugar bowl

sugar bowl: súgaa táawaay.

suit

suit of clothes: k'uudáats'.

sulk
to get stubborn, pouty, sulky: k̲íidgasdla. *to pout, sulk, act stubborn:* k̲íidga.

summer
a bountiful summer, said to occur every four years: k̲'id g̲it'iis k̲'íinaay. *beginning of summer:* k̲'ínad. *last summer:* ak̲'ín-gahl. *summer (from early April to late September):* k̲'ín (1). *the ones from last summer:* k̲'ín-gahlgaay. *to become summer:* k̲'ínad.

summer song
summer song: k̲'ín sg̲alangáay.

summit
crown of one's head, summit (of a hill, etc.): tl'angaj. *summit (of a hill, etc.), ridge (of a roof):* tl'aaj.

summons
a summons: sáamiis.

sun
for the sun to be shining: xayáa. *(the) sun:* juuyáay.

sunbeam
sunbeam, rays of the sun breaking through the clouds: juuyáay x̲áng hlt'áaguj.

Sunday
Sunday: Án Sáanjuudaa Sangáay, Sándiigaay, Sáng Jagwaa.

Sunday pants
Sunday pants: Sándii k'úunaay.

sundew
sundew: ta ináang k'úug.

sunflower starfish
sunflower starfish: sk'áam i hlt'ahldaláa, sk'áam stla k̲'ángii k̲wáan.

sunny
to get sunny, for the sun to come out: xayéehl.

sunrise
sunrise: juuyáay k̲áatl'aahliyaay. *to rise [sun, moon]:* k̲a k̲'íidaaltl'aa.

sunset
to set [sun]: k̲a k̲'íihla.

sunset shell
sunset shell: sáa sgyáalaay.

sunshine
sunshine: xáy.

supernatural
to be terrifying, awesome; to be a wild beast, supernatural being: sg̲áanuwaa.

supernatural power
one's own supernatural power, spirit, shamanic familiar: sg̲áanaang. *supernatural power, spirit, shamanic familiar:* sg̲áan (1).

supervise
to advise O, give advice, direction, supervision to O (about X): kíl dla'a.

supper
dinner, supper: sángyaahlgaay, sángyaaygaay.

supporting frame
frame in a smokehouse used to support the sticks that the fish are hung on: ts'áan hlg̲agad. *supporting frame:* skusál.

surely

surely, certainly, definitely, so very, how, quite, quite a bit: tlii.

surf

surf, breaker on shore, wave, swell: lúu. *wave (onshore or offshore), surf, swell:* g̲áayuu (2).

surface

area on top of something, surface of something: ínggwsii. *the area outside; the outside surface:* kyáaguusii. *the outer surface of a hard object (e.g. rock, boat, shoe, etc.):* k̲'ál. *the surface of the waves:* k̲'ál.

surf scoter

surf scoter: ts'ak'íi g̲adáas.

surf smelt

surf smelt, capelin: k̲áyn.

surprising

for X to be amazing, surprising, a wonderment: k̲'aldangáa.

surveyor

surveyor: tlag k'wíidaa 'la'áay. *to be surveyor:* tlag k'wíidaa 'la'áaygaa.

suspenders

suspenders: skyúu t'álg g̲agíit'uwaay. *suspenders, braces (clothing):* skyúu t'álgaaw, skyúut'algaangw. *suspenders-style dry fish (usually humpback salmon):* ts'ask'áak'w.

suspicious

to be suspicious of, not know O: k̲'ala.

Swainson's thrush

Swainson's thrush: wíid.

swallow

a swallow: sg̲wáagaan k̲aj. *to swallow O:* g̲úntl'aats'a.

swamp

muskeg, bog, swamp: k̲'álaa.

swampberry

swampberry; cloudberry: k̲'áa ts'aláangaa.

swamp gooseberry bush

wild gooseberry bush, swamp gooseberry bush: x̲áayuwaa.

swamp laurel

bog laurel, swamp laurel: sagáang k̲'áawhlaa. *Hudson Bay tea, Labrador tea, swamp laurel:* xíl k̲agan.

swan

species of swan: tihl'ún.

sway

to sway, be unsteady: dlaajúu.

swear

to swear, curse: gyáa 'láanuu. *to swear, curse at O, bawl O out:* 'láanuu.

sweat

one's own sweat: dangáldgaang. *one's sweat:* dangáldgaay. *to sweat:* dangahlda. *to sweat from the heat:* xál dangahlda.

sweater

sweater: k'aayst'áa, k'uudáats' k'aayst'áa, swédaa. *turtleneck sweater:* k'aayst'áa ii x̲íihliyaa.

sweathouse

sweathouse: án sáal náay.

sweep

to sweep O (an area): hlk'yáawdaal.

sweet
to be delicious, taste good, be sweet: x̱áwla.

sweetheart
one's fiancée, sweetheart, lover, boyfriend, girlfriend: ḵ'a táayaa. *one's own fiancée, sweetheart, lover, boyfriend, girlfriend:* ḵ'a táayang. *to have O as one's fiancée, sweetheart, lover, boyfriend, girlfriend:* ḵ'a táayda.

sweet potato
root of sword fern or spiny wood fern, sweet potato: sk'yáaw.

swell
surf, breaker on shore, wave, swell: lúu. *tide rip swell:* g̱ak'áay. *wave (onshore or offshore), surf, swell:* g̱áayuu (2).

swell up
for X to puff up, swell up, become bloated: xuts'a. *to swell up:* dánhla.

swim along
to swim along, move along the surface of the water (pl): x̱agaláandaal. *to swim along, move along the surface of the water (sg):* dlagadáal, dlagándaal.

swim around
to swim around in a big school: kun hlgijuuláang. *to swim around, move around on the surface of the water (sg):* dlagánggwaang.

swim bladder
swim bladder of a salmon: sk'áang k'íij.

swing
a swing: táanaa k'wiisláangw.

swollen up
to be swollen up: dánhliyaa.

swollen up, bloated
for X to be puffed up, swollen up, bloated: xuts'iyáa.

sword
club, sword: saj. *sword, lance, lance point, bayonet:* chaatl'.

sword fern
deer fern, spiney wood fern, small plants of sword fern: sanáal jáad. *root of sword fern or spiny wood fern, sweet potato:* sk'yáaw. *sword fern, maidenhair fern, male fern:* ts'áagwaal.

syrup
syrup: salab.

syrup pitcher
syrup pitcher: salab gyaat'áawaay.

table
table: gin ínggws gatáagang, gatáadaan, tíibal.

tablecloth
tablecloth: tíibal ínggw gihláanw.

table edge
table edge: tíibal ḵ'ún.

taboo
to be taboo, forbidden: g̱ánaa. *to consider, treat as cursed, taboo:* índa.

tack
tack: st'a sk'agáa ḵa'án sangíinaay.

tail
a bird's own tail, a whale's own fluke: k'idáng. *a fish's tail:*

st'a. *fish tail:* kwáay. *halibut tail:* st'áay g̱adg. *one's own tail:* sk'yáawang. *one's own tail (of a fish):* st'áang. *one's tail:* sk'yáaw. *tail of a bird, fluke of a whale:* k'id. *tail of a fish:* st'áay.

tailbone
one's coccyx, tailbone: sk'yáaw. *one's own coccyx, tailbone:* sk'yáawang.

take
to do; to take, put, give, get O: isda. *to take O (food) along (as on a trip):* táwhlk'ada.

take a drink
to take a drink, sip of O: xutl'a.

take care
to care for, take care of, look after, tend to X: tla'áanda.

take care of
to amuse, entertain, take care of O (as children): tla ḵ'íiya. *to watch over, take care of, babysit O:* ḵíits'ad.

take food home
to save O (e.g. food) and take it home: ḵáwk'ahl.

take notice
to keep O in one's mind, take notice of O: gudgáng.

take off
to take off and fly along (pl) (in a flock): ngáat'iid.

take sips
to repeatedly sip O, take sips of O: xu xak'a.

take the lead
to be the head, leader (of X), to take the lead (in X), be in charge (of X): ḵajáa.

talk
to be verbally exhausted, to get tired of talking: kílsda. *to repeatedly annoy O with talk:* kíl géehl. *to talk at length, go on and on, babble (to X):* x̱ínislang. *to talk, converse, chat, discuss loudly (pl):* ta ḵaaguda. *to talk, converse, chat, discuss (pl):* ḵaagwa. *to talk, speak (to X):* gúusuu.

talkative
to be talkative, a chatterbox: gusuwa.

tallow
deer tallow used as a cosmetic: x̱áng gyáadaaw. *last year's deer tallow:* tladlúu gyáay. *tallow, suet:* gyáa (2).

tall tale
to make up a cover story, tell a tall tale, try to apologize (to X): kíl x̱ángislang.

talon
a bird's claw or talon: t'a k'ún. *a bird's claw or talon, a deer's hoof:* st'a k'ún. *a bird's own claw or talon:* t'a k'unáng. *bird's own claw or talon, deer's own hoof:* st'a k'unáng. *talon:* t'asg.

tan
to soften, tan O with a stick: ki hltána.

tangle
a tangle: hlḵ'áan-gaay. *to tangle, become tangled:* hlḵ'án. *to tangle O up, get O tangled up:* tla hlḵ'án.

tanned hide
tanned skin or hide, leather: sgat'áal.

tanning frame
stretching board, tanning frame: kidáaw.

tap
tap, fawcet: g̱ándl tla kwahyáangwaay.

tape
ribbon, (non-sticky) tape: g̱áam.

tar
pitch, tar, wax, (chewing) gum, pitchwood, sap: ḵ'áas.

tarp
tarp: gin tlánsgwaalwaay. *tarp, large waterproof mat used to cover cargo or persons aboard a canoe:* t'éel g̱anuu.

Táas 'Láanaas
the people of the Táas 'Láanaas clan: Táas X̱aat'áay.

taste
a bitter or acrid taste: dadgayáay (2). *to be delicious, taste good, be sweet:* x̱áwla. *to taste (a certain way):* x̱awáa. *to taste good:* k'ujgad 'láa. *to taste O, give O a taste:* k'ugwdáng.

taste bad
to taste bad: x̱áw gut'a.

tattle
to speak critically (to X1) (about X2), tell about (X2's) misbehavior (to X1), tattle (on X2) (to X1): kíng gyaahlánda.

tattoo
to have been tattooed (on X), to have a tattoo (on X): kidáa. *to tattoo, do some tattooing:* ta kid. *to tattoo O (on X):* kid.

taunt
to bring up a past disgrace, taunt X; to throw something in X's face (metaphorically): g̱as'áada.

tea
coffee, tea: g̱ángk'an. *grounds (for coffee or tea):* g̱ángk'an hlk'u'wii. *Hudson Bay tea, Labrador tea, swamp laurel:* xíl ḵagan. *leaves of Labrador tea:* g̱agán xil, g̱awáa sk'ajáaw.

teach
to teach (about) O1 to O2: sḵ'at'ada.

teacher
teacher: gin sḵ'at'adáa 'la'áay. *to be a teacher:* gin sḵ'at'adáa 'la'áaygaa.

teacup
teacup: x̱áw néelwaay, x̱áw sk'atl'áangwaay.

tea kettle
tea kettle: g̱an, g̱an k'udáa, g̱ándl ts'asláangwaay, ts'asláangw k'udáa, x̱áw ts'asláangwaay.

teal
green-winged teal: k'ut'anúudgaa, x̱aa x̱áldaangaa.

teapot
teapot, coffee pot: x̱áw gyaat'áawaay.

tear
one's own tear(s): x̱áng x̱awáng. *one's own tears running off one's nose:* hlkúnsk'unang. *one's tear(s):* x̱áng x̱áw. *tears running off one's nose:* hlkúnsk'un.

tear off
to tear O off: dántl'a.

tease
to joke (with X); to tease, kid (X): ihlíidang. *to tease, make fun of, mock X (physically):* náanslang.

teat
nipple, teat: tl'ánuu kún. *one's breast, teat, udder:* tl'ánuwaay.

tea towel
dishtowel, tea towel: ḵíihlaa gisáawaay. *dishtowel, tea towel, other rag or cloth used for wiping:* gisáaw.

teeter-totter
teeter-totter, seesaw: táa káak'alaangw.

teeth
false teeth: ts'áng 'wíi da hlgahliyáa. *false teeth, dentures:* ts'áng ḵ'álaad.

telephone
telephone: gyaahláang sg̱agads.

tell
to give orders, instructions to O; to tell O to do (X), to give O (X) to work on: x̱áldaang. *to say, tell, mention O:* súuda. *to tell, ask someone to V:* -hahl. *to tell sb. that one will do sth.:* sáng (2). *to tell stories, myths (about X):* ḵ'íigaang. *to tell (X1) the news (about X2), tell (X1) a story (about X2), inform (X1) (of X2):* gyaahlánda.

tell a story
to tell (X1) the news (about X2), tell (X1) a story (about X2), inform (X1) (of X2): gyaahlánda.

temperament
one's temperament, one's apparent state of health: x̱ángusul.

template
template or pattern for traditional design elements (e.g. ovoids): g̱agasdláaw (2).

temple
one's temple: sk'yáaj g̱ud. *the side of one's head, one's temple:* ḵ'ánts'ad. *the side of one's own head, one's own temple:* ḵ'ánts'adang.

ten
ten, 10: tláahl, tláalaay sg̱wáansang. *to be ten in number:* tláahl. *to V ten times:* tláahl.

Ten Commandments
the Ten Commandments: Kínggwgaang Tláahl.

tend
to care for, take care of, look after, tend to X: tla'áanda.

tender
to be soft, tender: hltana.

tender-hearted
to be soft-hearted, tender-hearted: hltana.

tendon
one's blood vessel, vein, artery, tendon, sinew, gristle: x̱áy (1). *one's own sinew, tendon:* x̱ayáng.

ten o'clock
to be ten o'clock, 10:00: k'asgad tláahl.

tent
tent: gya'áangw náay.

tentacle
arm or tentacle of an octopus: dlán (1).

tentpole
tentpole: gya'áangw nagáay sk̲'áangw.

term
name, term: kyaa.

terrifying
to be terrifying, awesome; to be a wild beast, supernatural being: sg̲áanuwaa.

territory
one's own place, area, region, land, territory, country: tlag'áang. *one's place, area, region, land, territory, country:* tlagáa. *place, area, village, region, land, territory, country, ground:* tlag (2).

testicle
a bird's egg; one's testicle: k̲áw. *a bird's own egg; one's own testicle:* k̲awáng.

test with one's hands
to feel, test O out with one's hands: tlagwdáng.

texture
its texture, grit, mesh: ts'áng. *the texture of something (e.g. bread):* mats'angáay.

thank
to thank, give thanks (to X1) (for X2); to greet, say hello to, say goodbye (to X1): kíl 'láa.

thank you
thank you: háw'aa. *thank you (pl):* háw'aa'uu. *thank you very much:* ja háw'aa.

that
that, it: 'wáa (1). *that one (near you):* húujii. *that, that one:* ahljíi. *that, those (near you):* húusgaay.

that kind
those, that kind: wáasgaay.

that much
that much?: háw gw tlíi. *that much; at that time:* wáasdluu. *that much, that time:* húusdluu.

that one
that one (near you): húnas. *that one yonder, those ones yonder:* wáajii. *that, that one:* ahljíi.

that's all
no more, that's all; stop, finish: tláan.

that thing
that thing, those things: húuk'uus.

that time
that much, that time: húusdluu.

that way
way over that way: wáajgwiig.

theater
theater: k'ah náay, náang náay.

their
his, her, their: hal. *his, her, their, hers, theirs:* 'láa (1), 'láa gyaa. *their, people's:* tl'. *their, theirs, people's:* tl'áa, tl'áa gyaa.

theirs
his, her, their, hers, theirs: 'láa (1), 'láa gyaa. *their, theirs, people's:* tl'áa, tl'áa gyaa.

them
he, she, him, her, they, them: 'láa (1). *them, people:* tl'áa.

then

and then: 'wáagyaan. *then, so:* 'wáadluu.

The Otter

The Otter (Hudson's Bay Company steamer from the 19th century): Sdlagw Tlúus.

there

over there: wáajgwaa. *there:* gu, gyáagw. *there (at the place previously mentioned):* asgáaygw. *there (near you):* húutl'an. *there near you:* húu. *to it, at it, in it, there:* g̱áa.

therefore

therefore, and so: 'weehlán. *therefore, because of that:* ahljíihl.

thermometer

barometer, (air temperature) thermometer: sáng ḵéengwaay. *(medical) thermometer:* st'ii ḵéengwaay.

these

this, these: asgáay.

these people

these people: áatl'daas.

they

he, she, him, her, they, them: 'láa (1). *he, she, they:* hal. *they, people:* tl'.

thick

to be thick, densely numerous (as berries): k'uts'galáa. *to be thick (either in dimension, or quantity, as hair):* gangáa.

thicket

place overgrown with brush, underbrush, thicket: hlk'yáants'ganggaay.

thief

a thief: ḵ'uhld x̱úuts', ḵ'uhldáa sg̱áanuwaay. *thief:* ḵ'uhldáa 'la'áay. *to be a thief:* ḵ'uhldáa 'la'áaygaa.

thigh

line where the thigh meets the torso: ḵ'áa ḵ'wáalwaay.

thimble

thimble: stla kún skáajaaw.

thimbleberry

thimbleberry: stl'a gudíis. *thimbleberry plant, thimbleberry leaf:* madaláaw.

thimbleberry shoot

thimbleberry shoot: dangáldgaa.

thin

to be thin (of material): sdáaya. *to be thin, skinny (of people):* ts'íiyaa.

thing

something, things (singular or plural): gin.

things

one's things, property, possessions, stuff: gináa. *some, any, ones, things, people :* ga.

think

to have no respect for, have a low opinion of, not think well of X: nangáa. *to think:* gut'gúng.

think highly

to be humble, not think highly of oneself: gudáng. *to respect, think highly of X:* yahgwdáng.

thirsty

to be thirsty: ḵat'úu.

thirteen

thirteen, 13: tláahl 'wáag hlg̱únahl. *to be thirteen in*

number: tláahl ’wáag hlg̲únahl. *to V thirteen times:* tláahl ’wáag hlg̲únahl.

thirty

thirty, 30: tláalaay hlg̲únahl. *to be thirty in number:* tláalaay hlg̲únahl. *to V thirty times:* tláalaay hlg̲únahl.

this

this: a ~ áa. *this, these:* asgáay. *this, this one near me:* áajii.

this much

this much; at this time: áasdluu.

this one

this one: ánas.

this side

at, on, from this side (of): hahlgúusd.

this time

this much; at this time: áasdluu.

this way

over this way, nearby, close, here: hahlgwáa. *this way, in this direction:* hahlgwíi.

thorn

one's thorn, spine, quill: stlíin. *salmonberry thorn:* sk̲’áw stlíin.

those

that, those (near you): húusgaay. *those, that kind:* wáasgaay.

those ones

that one yonder, those ones yonder: wáajii.

those people

those people (near you): húutl’daas. *those people over there:* wáatl’daas.

those things

that thing, those things: húuk’uus.

though

but, however, though: k’yáan.

thought

one's mind, thoughts, feelings: gudangáay. *one's own mind, thoughts, feelings:* gudangáang.

thought highly of

for X to be respected, thought highly of: yahgwdangáa.

thoughts

mind, thoughts, feelings: gudáang.

thousand

thousand: táawsan.

thread

bare threads of material after the nap has worn off: cha (2). *deer sinew thread:* k’áad k’asíi. *thread:* tl’áayuu.

threaded lid

threaded lid: skáy.

three

three, 3: hlg̲únahl. *to be three:* hlg̲únahl.

three o'clock

to be three o'clock, 3:00: k’asgad hlg̲únahl.

throat

one's own throat, one's own breath: k̲agánjuwang. *one's throat, one's breath:* k̲agánjuu. *the area between one's chin and one's throat, the area under one's chin; the ventral part of a salmon below and slightly behind the gills:* k̲únggal. *the area between one's own chin and one's own throat, the area under one's own chin:* k̲únggalang.

throb
to throb in pain: dángwuldang.

through
around in, around inside of, around among, around through: k̲áahlguud. *through it, in it, into it:* g̲íi.

throw
to throw, toss O: k'áat'a. *to throw, toss O from pan:* g̲aawsda. *to throw, toss O with a pitchfork, etc.:* ki k'áat'a. *to toss, throw O from a pan repeatedly:* g̲agwjáang.

throw and miss
to throw a rock at O and miss; to swing a hammer at O and miss; to take a shot miss O [basket]: k'asguda.

throw a rock
to throw a rock at O and miss; to swing a hammer at O and miss; to take a shot miss O [basket]: k'asguda.

throw away
to throw O away; leave, divorce O: dáang.

throw from back
to throw, toss O from one's back: ún k'áat'a.

throw up
to vomit, throw up: tlagáng.

thrush
Swainson's thrush: wíid. *varied thrush:* t'án (2).

thumb
one's own thumb: stla k'wáayang. *one's thumb:* stla k'wáayaa.

thumb protector
leather thumb protector for handtrolling: dáng tl'anáanw. *thumb protector for an archer:* tla guhljáaw.

thump
to make a loud, thumping, clanging noise: gáwdga.

thunder
thunder: híilaang. *to thunder:* híilaang.

thunderbird
thunderbird: híilang, xyáahl.

Thursday
Thursday: Sáng Stánsang, Sáng Tla'únhl.

thus
thus, like that, in that way: hak'ún. *thus, like that, in this way:* hín.

thwart
crossbrace or thwart in a canoe, seat in a rowboat or canoe: tlamad.

tidal flat
tidal flat, sand flat: k̲'at'áan.

tide
for the tide to be low or out: chaawáa. *for the tide to get low, go out:* chaawéehl. *for the tide to go out:* k'ihleed. *tide, beach exposed by the outgoing tide:* chaaw. *to come in, up (of tide):* gíihliid. *with the tide:* dáal (2).

tide line
tide line, high water mark: sk'wáay tláay.

tide rip swell
tide rip swell: g̲ak'áay.

tide table
tide table: sk'wáay k̲ugíinaay.

tied down
to be detained, tied down (by X), be busy (with X): k̲'íiwaa.

tie (n)
necktie: k̲án tl'agáa, x̲íihl tl'agáa.

tie (v)
to tie O, fasten O, tie a knot on O: ts'at'as. *to tie O (to X):* kyúu.

time
a long time: tla'áa. *at times, sometimes, from time to time:* sán g̲ids dluu. *during, in the time of:* núud. *finally, after a long time:* tlíiyaan. *for a little while, for a short time:* saanáa. *for the time, hour to approach X1, for the time to be nearly X1, for the time to be just after X2:* sk̲'adáal.

tin
square five-gallon tin: xahl táwt'. *tin, sheet metal:* g̲a tl'ajáaw.

tin can
tin can: kyáan (1). *tin can, tin pot with a bail handle:* xahl sk'ajáaw.

tingle
to go numb from lack of circulation (as a hand or foot); to have pins and needles, tingling sensation due to renewed circulation: st'asdánggusdla.

tin pan
tin pan: xahl g̲ajáaw k̲íihlaa.

tin pot
tin can, tin pot with a bail handle: xahl sk'ajáaw.

tinsnips
tinsnips: xahl tl'ajáaw ts'i'íit'uwaay.

tiny
to be small, tiny (pl): ts'úudala. *to be small, tiny (sg):* ts'úujuu.

tip
end, tip, point: kún (2).

tired
exclamation said of sth. unusual, e.g. exceptionally big; also used when tired or in pain: hóhóhó. *to be, become tired:* g̲ahgahl. *to be tired of looking (at X):* k̲ehsda. *to be verbally exhausted, to get tired of talking:* kílsda. *to get tired:* g̲ahgaléehl.

tired of
to be tired of working (on X), fiddling (with X): x̲ánsda.

tire out
to tire self out walking around: k̲a g̲ahgahl.

tissue
tissue protruding from a wound: s'íibaa.

Tlak'aas
Tlak'aas: Tlak'áas.

Tlingit
in Tlingit: Hlanggadáa kihl. *to be Tlingit:* Hlanggadáa.

Tlingit people
the Tlingit people: Hlanggas X̲aat'áay. *Tlingit people:* Hlanggas.

to
for it, about it, to it (a town): g̱án. *for, to:* an (1). *to:* -d, -g. *to it, at it, in it, there:* g̱áa. *to oneself:* g̱íigaang, dagáangg. *to, toward, in, at:* âa.

toad
toad, frog: hlk'yáan ḵ'ust'áan.

toadstool
mushroom, toadstool: kagan dajáangaa, k'ak'w dajáangaa, st'áw dajáangaa. *toadstool:* k'agw dajáangaa.

tobacco
chewing tobacco: gúl ts'a ḵ'íigangaa, gúl x̱áwlaa. *Haida tobacco:* X̱aadas guláa. *tobacco:* gúl. *whole dried plants of native tobacco:* gúl hlḵ'a'áng. *whole loose leaves of native tobacco, snuff (tobacco mixed with cedar bark ashes and chewed):* gúl x̱áa'and.

tobacco pestle
tobacco pestle: gúl k'adáangw.

today
today: áayaad.

toe
big toe: st'a k'wáayaa. *one's big toe:* st'a ḵ'ángii sk'a ḵúunaa, st'áay sk'a ḵúunagaay. *one's little toe:* st'a g̱ud. *one's own big toe:* st'a k'wáayang, st'áang sk'a ḵúunagaay. *one's own little toe:* st'a g̱udáng. *one's own toe:* st'áang ḵ'ángaang. *one's toe:* st'a ḵ'ángii.

toenail
one's own toenail: st'a k'unáng. *one's toenail:* st'a k'ún.

toetip
one's own toetip: st'a kunáng. *one's toetip:* st'a kún.

together
all together, in one place: sáahlaangaan. *together with:* dángahl.

toil
to work a long time, toil (pl): x̱aaysláng. *to work a long time, toil (sg):* dliisláng.

toilet
porch, platform extending in front of a traditional house, traditional-style toilet: jad hlg̱agán. *traditional toilet built over a stream:* k'wáaw hlg̱agáan.

toilet paper
toilet paper: stl'áanjaaw.

tombstone
base of a tombstone: ḵwaa x̱idgw ḵ'íiyaangw, ḵ'íiyaangw. *tombstone:* ḵwaa, ḵ'áal (1). *tombstone, headstone:* ḵwaa ḵuyáas.

tomorrow
day after tomorrow: adaahl daalíigw. *tomorrow:* adaahl.

tongs
cedar tongs for picking up hot rocks: hlg̱ats'úu.

tongue
one's own tongue: t'áangalang. *one's tongue:* t'áangal.

tonight
tonight: wéed g̱áalgwaa.

too

too, also, as well: háns.

too bad

too bad, unfortunately: gíijiitl'aa.

tool

flat, pointed bone tool used in weaving to push woof strands together: ki sg̱at'íisk'w. *garden tools:* táwk'aa gin-gáay. *tool:* isdáaw. *tool for pressing a steamed horn into a spoon mold:* sdláagwaal kijuuláangwaay. *tool made of sea lion rib used to pierce thick sheets of cedar bark:* g̱áay chast'áaw.

tool box

tool box: isdáaw áaniigaay g̱udáay, isdáaw g̱udáay. *tool box, storage box:* tla g̱asdláaw.

tool kit

tool kit, set of tools: isdáaw áanii.

tools

garden tools: táwk'aa áaniigaay.

too much

hard, forcefully, (not) at all, (not) too much: ḵún. *to V exceedingly, too much:* jahlíi.

tooth

front teeth: ts'áng kún. *one's back teeth, wisdom tooth:* ts'áng g̱ud. *one's own tooth, fang, tusk, claw (of crab), beak (of octopus):* ts'angáng. *one's tooth, fang, tusk, claw (of crab), beak (of octopus):* ts'áng.

toothbrush

toothbrush: ts'áng hlk'unáanwaay.

toothmark

toothmark: ts'ánsal.

toothpaste

toothpaste: ts'áng dláanwaay.

toothpick

toothpick: ts'angáng ii kit'gwáangw.

top

area on top of something, surface of something: ínggwsii. *one's hair; the top of a tree; fuzz of a fireweed; flower of a cow parsnip:* ḵaj. *on top of:* ḵúlgw. *(spinning toy) top, spindle whorl:* hlḵéelaangw.

top hat

stovepipe hat, top hat: íitl'aagíid dajáangaa.

topple

to fall, topple over (pl): ḵ'ándaal. *to fall, topple over (sg):* ḵ'áa.

torch

lamp, light, torch, electricty: ḵ'áas g̱udáaw. *pitch gathered from the sides of trees, pitch torch:* ḵ'áas x̱asáa.

torso

line where the thigh meets the torso: ḵ'áa ḵ'wáalwaay. *one's chest, torso, sternum:* ḵán skuj. *one's own chest, torso, sternum:* ḵán skujáng.

toss

for the wind to toss O: xu k'áat'a. *to throw, toss O:* k'áat'a. *to throw, toss O from pan:* g̱aawsda. *to throw, toss O with a pitchfork, etc.:* ki k'áat'a. *to toss, throw O from a pan repeatedly:* g̱agwjáang.

toss from back
to throw, toss O from one's back: ún k'áat'a.

totebag
totebag: g̱ál tl'agáa. *totebag, knapsack:* g̱ál chagáangw.

totem
memorial potlatch including the putting up of a grave totem: sak'áa.

totem pole
totem pole, housefront pole: gyáa'aang.

to the bay
to the cove, to the bay: ḵáahlgwii.

to the cove
to the cove, to the bay: ḵáahlgwii.

to the inside
into, to the inside, (to) home: anáag.

touch
to feel, sense by touch: g̱áandang.

tough
to be long-lived, be tough and strong into old age: nats'a.

toward
in line with, in a straight line towards: yâa. *to, toward, in, at:* âa. *toward:* gwíi. *toward, in the direction of:* gwíig.

toward downtown
away from the woods, toward downtown, down to the beach, out towards the sea: ḵ'adg.

toward land
from down on the beach to up toward the woods, from out at sea toward land: ḵ'adgúusd.

toward shore
up in the woods from, farther up the beach from, towards shore from: didgw.

towards shore
away from the beach and towards the woods, away from the water and towards shore: adíid, adíidg.

towards the beach
from the woods, toward the beach, out to sea: ḵ'adgwíi.

towards the woods
away from the beach and towards the woods, away from the water and towards shore: adíid, adíidg.

toward the beach
away from the woods, toward downtown, down to the beach, out towards the sea: ḵ'adg.

toward the woods
from down on the beach to up toward the woods, from out at sea toward land: ḵ'adgúusd.

towel
dishtowel, tea towel: ḵíihlaa gisáawaay. *dishtowel, tea towel, other rag or cloth used for wiping:* gisáaw. *(face) towel:* x̱áng gisáaw. *hand towel, bath towel:* stláang gisáaw.

town
an empty or abandoned town: 'láanaa ḵ'áal. *town, village, city, settlement, row of houses, population of a community:* 'láanaa (2).

town chief
to be town chief, village chief, mayor: 'láanaa 'la'áaygaa. *town chief:* 'láanaa aw. *town*

chief, village chief, mayor: 'láanaa 'la'áay.

toy

toy, plaything: gin eehl náanggaa.

trace

trace, imprint, track left after something has gone: salíi.

trachea

one's trachea: k̲agán (1). *trachea:* k̲agánjuu 'wáa aa sk'at'as.

track

one's footprint, track: st'áasal. *one's own footprint, tracks:* st'áasalang. *railroad track:* léelwaad k'yuwáay. *trace, imprint, track left after something has gone:* salíi.

trail

foot of a trail (where it enters or leaves the woods): t'áay. *trail going across a point, spit or island:* k̲'uhlgwáay. *trail in the woods (parallel to the beach):* díideed k'yuwáay. *trail, path, road, street, sidewalk:* k'yúu. *trail, portage across to the other side of something:* k̲'uhlgwáasgyaan.

train

railroad train: léelwaad.

traits

to have certain traits, peculiarities, characteristics; to have a certain price: áalaa.

trap

baited trap (for mink, weasel, marten or bear): sk̲am jaláa. *beaver trap:* ts'áng k̲'ujáawaay. *fish trap:* chíin sk̲am. *mousetrap, rat trap:* kagan sk̲amáay. *4-sided conical trap for jays:* tl'ánts'uud sk̲amáay. *(steel) trap:* k̲'ujáaw. *to trap, set traps:* sk̲amda. *trap (of any type, excluding snares):* sk̲am. *tunnel-type fish trap (below falls):* chánhlk'aa tl'úwaan. *v-shaped rock pile fish trap:* k'a k̲'íidaal.

trapline

trapline: tliigáandanaay.

trapper

to be a trapper: sk̲amdáa 'la'áaygaa. *trapper:* sk̲amdáa 'la'áay.

travel

to travel: x̲ánjuu.

tray

stone tray: t'íis k̲íihlaa. *tray:* k̲íihlaa.

treasurer

banker, treasurer: dáalaa 'la'áay. *to be a banker, treasurer:* dáalaa 'la'áaygaa.

treat

to doctor, treat O: xílda.

tree

dead tree: k̲íid gun-gáa. *exposed roots end of an uprooted or blown over tree or stump:* jíiwaal. *fallen tree:* k̲'a'áaw. *the part of a tree facing the water:* k̲án. *the shelter of a tree:* tlak'aláang. *tree branch:* k̲íid hlk̲'áay.

tree limb

tree limb, branch: tláas.

treetop

one's hair; the top of a tree; fuzz of a fireweed; flower of a cow parsnip: k̲aj.

tremble
to begin to shake, tremble, shiver (sg): dliidasdla. *to shake, tremble, shiver (sg):* dliida.

tribe
on the side of, from the same tribe as: gúusd.

trigger
trigger of a firearm: jagw stla k̲'adáalwaay, jagw stlagíit'uwaay, ts'ál. *trigger of a firearm, barb on a traditional halibut hook:* sdast'aangáa.

trigger guard
bail handle on a basket or can, trigger guard: sdajáaw.

trigger stick
trip stick, trigger stick of a deadfall or snare: t'a hlg̲adahldáawaay.

trim
to cut O off, trim O with scissors: jatl'a.

trimming
trimming: gyáaw tl'áaygaa.

trip
to trip, stumble: st'a skas.

trip rope
trip rope for a deadfall: 'wáanaaw.

trip stick
trip stick, trigger stick of a deadfall or snare: t'a hlg̲adahldáawaay.

troll
to troll, fish with a hook: x̲áw (2).

troller
troller: x̲áaw tluwáay.

trolling ground
fishing ground, trolling ground: x̲áawdanaay.

trouble
to be the cause of trouble, conflict (over X), to be to blame (for X): kunáa. *to be to blame (for X), be the source of trouble (for X):* kunéehl. *to make trouble for O by what one says (usually gossip):* kíl sángiits'geehl. *trouble, difficulty:* 'wáajaagangaay.

troubled
to be upset, troubled: hldán gut'a.

trousers
pants, trousers: k'ún.

trout
species of trout: tak'áal. *steelhead trout:* tayáng.

trout fry
salmon fry, trout fry, minnow: maalúud.

truck
car, truck, automobile, motor vehicle: káa. *truck:* tla'áaw káagaay.

true
the truth, a real or true instance of something: yahk'íi. *to be true, right, correct, real:* yahk'iyáa.

truly
correctly, truly: gwáahlaang.

trunk
box, trunk, coffin: g̲ud. *old-fashioned Chinese-made trunk with leather and brass trim:* g̲ud skáa'alaangwaa. *tree trunk:* k̲íid hlúu.

trust
to believe, trust O: yahda.

trustworthy
to be honest, trustworthy, upstanding: ya'a.

truth
the truth, a real or true instance of something: yahk'íi. *to exaggerate X1 (talking to X2), to stretch the truth about X1 (talking to X2):* kílsiid.

truthfully
really, truthfully: yáangk'yaan.

try
to try to V: sánsdla.

Ts'eehl 'Láanaas
Ts'eehl 'Láanaas (clan): Ts'eehl 'Láanaas.

Tsimshian
to be Tsimshian: Kíldaa. *Tsimshian people:* Kílaad.

Tsimshian people
Kitkatla people, Southern Tsimshian people: Gidg̱áahlaas. *the Tsimshians:* Kiladáay. *Tsimshian people:* Kílaad X̱aat'áay.

tuberculosis
tuberculosis: k̲'usáang.

Tuesday
Tuesday: Sáng Sdáng.

tufted puffin
tufted puffin: k̲waanáa.

tumble down
to fall in a pile, tumble down, collapse: x̱únwii.

tumbler
water glass, tumbler: g̱ándl néelwaay. *water glass, tumbler, dipper:* g̱anéelw.

tunnel
cave, rock tunnel: díin. *tunnel-type fish trap (below falls):* chánhlk'aa tl'úwaan.

turbot
turbot (arrowtooth flounder): x̱agw x̱áldaangaa.

turn
to turn and face in some direction: dlasdla. *to turn slowly (of a boat):* ándaal.

turn around
to turn around (of someone large) (sg): da k̲áljuuhlda. *to turn around (pl):* dajuuláang. *to turn around (sg):* da dlajuuhlda.

turn back
to make O return, turn back: gín sdíihl. *to turn back, return, come back:* sdíihl.

turn bad
to put a curse, spell on O, make O turn bad: índgang.

turn black
to turn black: hlg̱ahlda.

turnip
rutabaga, turnip: inúu. *turnip:* kat'úu k̲'uhláa.

turn one's head
to have one's head turned toward X; to ignore, not pay any attention to X (w/ neg): ánjuu.

turtle
sea turtle: Waahúu k̲'ust'anáay.

turtleneck sweater
turtleneck sweater: k'aayst'áa ii x̱íihliyaa.

tusk
one's own tooth, fang, tusk, claw (of crab), beak (of octopus):

ts'angáng. *one's tooth, fang, tusk, claw (of crab), beak (of octopus):* ts'áng.

tweasers

tweasers: sk'yáaj dáng gadáawaay.

tweezers

tweezers: k'iw.

twelve

to be twelve in number: tláahl 'wáag sdáng. *to V twelve times:* tláahl 'wáag sdáng. *twelve, 12:* tláahl 'wáag sdáng.

twelve o'clock

to be twelve o'clock, 12:00: k'asgad tláahl 'wáag sdáng.

twenty

to be twenty in number: tláalaay sdáng. *to V twenty times:* tláalaay sdáng. *twenty, 20:* tláalaay sdáng.

twice

to V twice, two times: sdáng.

twinberry

fruit of black twinberry: yáahl g̲áanaa.

twinflower

cranberry, lingonberry, twinflower: sk'ag cháay. *leaves of lingonberry or twinflower:* sk'angíid.

twitch

to stir, move, twitch, fidget: hihlda. *to stir, move, twitch, fidget repeatedly; to shake, squirm, writhe:* híldang.

twitter

to make a small, high-pitched sound (as small animals), twitter, squeak, chatter, sing (of birds), crow: kingáang.

two

to be two in number: sdáng. *to V twice, two times:* sdáng. *two, 2:* sdáng.

two minds

to be of two minds, undecided: sdáng.

two o'clock

to be two o'clock, 2:00: k'asgad sdáng.

two years ago

the year before last, two years ago: k'wáay anuu.

tying

knot; the tying (of O): kyáawgaay.

tying up

the tying up of the mouth (of a bag, etc.): sk̲'íwjgawaay.

typewriter

typewriter: stla k̲'áalaangw.

udder

one's breast, teat, udder: tl'ánuwaay.

ugly

to be ugly, unattractive: g̲íliyaa.

ulcer

ulcer: áalsaa. *ulcer on one's skin:* híiluwiid.

umbilical cord

one's own umbilical cord: sgíilang. *one's umbilical cord:* sgíl.

umbrella

umbrella: daján̲g kid yaagaláa.

unable

to be unable to X, can't do X: jagíiya.

unable to speak

to be unable to speak about X: kíl g̲isga.

unattractive
to be ugly, unattractive: g̲íliyaa.

unbeknownst
unbeknownst to, unobserved by, without the knowledge of: x̲áng iláa.

uncle
father! paternal uncle (father's brother)! husband of maternal aunt (mother's sister)!: hadáa, g̲ungáa. *maternal uncle (mother's brother)!:* gáagaa. *one's father, one's paternal uncle (father's brother), husband of one's maternal aunt (mother's sister):* g̲ung, x̲áad. *one's maternal uncle (mother's brother):* k̲áa (1). *one's own father, one's own father's male clanmate, husband of one's own mother's sister (of a female):* x̲áadang. *one's own father, one's own paternal uncle (father's brother), husband of one's maternal aunt (mother's sister):* g̲úngaang. *one's own maternal uncle (mother's brother):* k̲áa'ang. *to be a father, paternal uncle (father's brother), husband of maternal aunt (mother's sister) (to X):* g̲ungáa, x̲áat'aa. *to be a maternal uncle (mother's brother) (to X):* k̲áa'aa. *to become a father, paternal uncle (father's brother), husband of a maternal aunt (mother's sister):* g̲ungéehl, x̲áat'eehl. *to have a father, paternal uncle (father's brother), husband of a maternal aunt (mother's sister):* g̲ung da'a, x̲áad da'a. *to have a maternal uncle (mother's brother):* k̲áa da'a. *to have O as one's father, paternal uncle (father's brother), husband of a maternal aunt (mother's sister):* x̲áat'a. *to have O as one's father, paternal uncle (father's brother), husband of maternal aunt (mother's sister):* g̲únda. *to have O as one's maternal uncle (mother's brother):* k̲áada.

uncle-in-law
one's own sister's husband (brother-in-law), one's own wife's brother (brother-in-law), one's own wife's maternal uncle (uncle-in-law): k̲éeyeng. *one's own spouse's father (father-in-law), one's own spouse's paternal uncle (uncle-in-law), one's own spouse's mother's father (grandfather-in-law), one's own daughter's husband (son-in-law), one's own same-sex-sibling's daughter's husband (nephew-in-law), one's own daughter's daughter's husband (grandson-in-law):* k̲unáang. *one's sister's husband (brother-in-law), one's wife's brother (brother-in-law), one's wife's maternal uncle (uncle-in-law):* k̲ée. *one's spouse's father (father-in-law), one's spouse's paternal uncle (uncle-in-law), one's spouse's mother's father (grandfather-in-law), one's daughter's husband (son-in-law), one's same-sex-sibling's daughter's husband (nephew-in-law), one's daughter's daughter's husband (grandson-in-law):* k̲unaa. *sister's husband*

(brother-in-law)! wife's brother (brother-in-law)! wife's maternal uncle (uncle-in-law)!: k̲ée'ii. *to be a sister's husband (brother-in-law), a wife's brother (brother-in-law), a wife's maternal uncle (uncle-in-law) (to X):* k̲ée'ee. *to be a spouse's father (father-in-law), spouse's paternal uncle (uncle-in-law), spouse's mother's father (grandfather-in-law), daughter's husband (son-in-law), same-sex-sibling's daughter's husband (nephew-in-law), daughter's daughter's husband (grandson-in-law) (to X):* k̲unáa. *to have a sister's husband (brother-in-law), a wife's brother (brother-in-law), a wife's maternal uncle (uncle-in-law):* k̲ée da'a. *to have a spouse's father (father-in-law), a spouse's paternal uncle (uncle-in-law), a spouse's mother's father (grandfather-in-law), a daughter's husband (son-in-law), a same-sex-sibling's daughter's husband (nephew-in-law), a daughter's daughter's husband (grandson-in-law):* k̲unaa da'a. *to have O as one's sister's husband (brother-in-law), one's wife's brother (brother-in-law), one's wife's maternal uncle (uncle-in-law):* k̲éeda. *to have O as one's spouse's father (father-in-law), one's spouse's paternal uncle (uncle-in-law), one's spouse's mother's father (grandfather-in-law), one's daughter's husband (son-in-law), one's same-sex-sibling's daughter's husband (nephew-in-law), one's daughter's daughter's husband (grandson-in-law):* k̲unaada.

unconscious

to be paralyzed, unconscious: k'ut'aláa.

uncooked

to be raw, fresh, uncooked, unripe, green (of berries, fruit, etc.): k'anáa.

undecided

to be of two minds, undecided: sdáng.

under

along, under: x̲ideed. *area under, below, downstairs from something:* x̲idsii. *below, under, downstairs of:* x̲idgw. *under:* k̲a'án-gw.

underbrush

place overgrown with brush, underbrush, thicket: hlk'yáants'ganggaay. *underbrush, the bush, wilderness:* hlk'yáan.

underneath

area below, underneath something: x̲íidsii. *down, on the floor, on the ground, below, underneath:* x̲íid.

underpants

underpants, underwear: k'ún náaguusii.

undershirt

undershirt: k'uudáats' k̲áahlii náaguusii, k'uudáats' náaguusii.

underside

the white underside of a halibut: x̲agwáay k̲a'án g̲adáay. *underside:* k̲a'án.

understand
to listen; to hear, understand O: gudáng.

underwear
long underwear, longjohns: k'ún náaguusii jáng. *underpants, underwear:* k'ún náaguusii.

uneasy mind
to be worried, anxious, agitated, have an uneasy mind (about X): hlkwiida.

unfortunately
too bad, unfortunately: gíijiitl'aa.

uniform
sign, mark, marker, badge, uniform or other identifying piece of clothing: sk̲'adgáaw.

unit of measurement
unit of measurement: k'wíidaaw.

unlock
to unlock O (pl) with a key: ki gisúu. *to unlock O (sg) with a key:* ki gusdla.

unmarried
to be single, unmarried: dliyáang.

unobserved
unbeknownst to, unobserved by, without the knowledge of: x̲áng iláa.

unripe
green fruit, unripe fruit: k'áank'aan. *to be raw, fresh, uncooked, unripe, green (of berries, fruit, etc.):* k'anáa.

unsightly
for X to be unsightly, look pitiful: k̲'ahljuwáa.

unsociable
to be wild, unsociable, not good around people: hlk'yáan x̲áagaa.

unsteady
to be slow-moving, awkward, clumsy, unsteady on one's feet: dlaajáa. *to sway, be unsteady:* dlaajúu.

unusual
exclamation said of sth. unusual, e.g. exceptionally big; also used when tired or in pain: hóhóhó.

unwilling
to be unwilling, reluctant to let X go: gud g̲a'a.

unwilling to leave
to want to stay; to be unwilling, reluctant to leave X alone: gud k̲'ála.

unworthy
to be at a loss for words, withdrawn, shy, bashful (around X), to feel unworthy (for X): k̲áada.

up
up, upwards, upstairs, into the air, into the sky: sáag.

up above
up above, high, in the sky, in the air: asáa.

up from the shore
to go up from shore, into the woods (sg): k̲ak'ahl.

up in the woods
up in the woods from, farther up the beach from, towards shore from: didgw.

upright
upright, straight up: yáanggwhlaan.

upset
to be mad, angry, upset (at X) (over X2): k̲áahlii híldang. *to be upset, ache:* hldán gut'a. *to be upset, troubled:* hldán gut'a. *to get angry, mad, upset (at X1) (over X2):* k̲áahlii hihlda.

upstairs
the area above, upstairs: asáasii. *up, upwards, upstairs, into the air, into the sky:* sáag.

upstanding
to be honest, trustworthy, upstanding: ya'a.

upwards
up, upwards, upstairs, into the air, into the sky: sáag.

urchin
giant purple urchin: gúudiingaay.

urinate
to urinate (of a female): k'ugánsanaa. *to urinate (typically of a male):* chíigang.

urine
fresh urine: chíigang x̲áw. *male urine; stale urine:* chagánsaan. *one's bladder, gall bladder, urine (of a female):* k'ugánsaan. *one's own bladder, gall bladder, urine (of a female):* k'ugánsanang. *one's stale urine:* chagánsaanaa. *stale urine:* chagánsaan x̲áw. *the smell of stale urine:* chánsgwaan.

Ursa Major
Big Dipper, Ursa Major: K̲u Kidáaw.

Ursa Minor
Little Dipper, Ursa Minor: Táan K̲'ál Ki G̲at'ajáa, Táan K̲'ál Ki G̲at'as.

us
we, us: íitl'.

use
to wear, use O: gya'ánda.

used to
to get used to X: k̲'áahlsgad.

used up
to become all gone, depleted, used up: g̲íihl. *to vanish, pass out of existence, become all gone, used up, depleted:* híiluu.

use up
to use up, deplete, waste O: tla híiluu.

usnea
usnea, "old man's beard" lichen on trees: k'áalts'adaa líijaa.

utterance
word, formal speech, utterance: gúusaaw.

uvula
one's own uvula: sdast'aangáang. *one's uvula:* sdast'aangáa.

valley
river valley: g̲ándl k̲áahlii.

valuables
valuables hidden in the forest: gyáa sg̲aláang.

valve
chiton valve: gúngal.

vanish
to vanish, pass out of existence, become all gone, used up, depleted: híiluu.

varied thrush
varied thrush: t'án (2).

veil

veil: x̲áng aadáaw.

vein

blood vessel, vein, artery: g̲ayáng sk'i'ii. *one's blood vessel, vein, artery:* g̲ayánsk'yaaw. *one's blood vessel, vein, artery, tendon, sinew, gristle:* x̲áy (1).

velum

velum, soft palate, roof of one's mouth: sángiij k̲a'án.

velvet

velvet, corduroy: bálbad.

venereal disease

venereal disease: st'ii dag̲angáa.

venison

deer meat, venison: k'áad ki'ii.

vermillion

vermillion: mas.

vermin

unidentified small white vermin (found on dried fish and cheese): k'áam.

verse

verse of a song: gyáak'uyangaay.

vertebrae

individual vertebrae: ts'úuwii gudgw skáahlanaay. *one's individual vertebrae:* ts'úuwii. *one's own individual vertebrae:* ts'úuwaang.

very

one that is really V, the very V-est one(s): g̲usdliyée. *to V a lot, to be very V:* áwyaa. *to V hard, very much, a lot:* g̲usdla. *very much, extremely, way:* g̲agwii.

vest

vest: sk̲'ut'iisdaa. *vest, waistcoat, bra:* sk̲'ust'áa.

village

Haida country, Haida village, Haida lands: X̲aadas tlagáa. *place, area, village, region, land, territory, country, ground:* tlag (2). *town, village, city, settlement, row of houses, population of a community:* 'láanaa (2).

village chief

to be town chief, village chief, mayor: 'láanaa 'la'áaygaa. *town chief, village chief, mayor:* 'láanaa 'la'áay.

vinyl record

vinyl record, LP: g̲aawnáangw.

violent

to be mean, bad-tempered, violent, irascible: sg̲ats'a.

violin

fiddle, violin, or any string instrument played with a bow: x̲i kingáangw.

visible

to be clearly visible, easily seen: k̲éengwula. *to be visible:* k̲éenggaa.

visit

to come and see O, to visit O: k̲íntl'aa. *to visit, stroll:* stáwjuu.

voice

language, voice, speech, words: kíl. *one's lung power, the strength and endurance of one's voice:* x̲ínul. *one's own language, voice, speech, words:* kíilang. *one's own lung power, the strength and endurance of one's own voice:* x̱ínulang. *one's voice, speech:* kihljúu.

vomit

to vomit, throw up: tlagáng.

vulva

one's own vulva: chuwáng. *one's vulva:* chúu. *woman's genitals, one's vulva:* káw. *woman's own genitals, one's own vulva:* kawáng.

wagon

hand-drawn wagon: dáng hlg̱aawnáangw. *sled, sleigh, child's wagon:* g̱ál hlg̱aawnáangw. *wagon:* ts'agts'ag.

waist

one's waist: yahgwsíi. *the side of one's abdomen or waist:* sdáaygaay.

waistcoat

vest, waistcoat, bra: sḵ'ust'áa.

wait

to wait for X: g̱id. *wait, hold on, please:* k'wáay (1). *waiting for, in preparation for:* k'yuu.

waiting for

waiting for what someone will say, waiting to hear from someone: kihl k'yuu.

wake

to wake O by pushing, shaking, punching, etc.: sḵu skína.

wake up

to wake O up (physically): tla skína. *to wake up (pl):* skináng. *to wake up (sg):* skína.

walk

to be walking along (sg): ḵáagya'ang. *to walk around with a cane:* kidáal'unggwaang. *to walk, go on foot (pl):* isdáal. *to walk, go (sg):* ḵáa (2). *to walk slowly, stroll (sg):* dladáal.

walk along

to run, walk along quickly: gíi kályaandaal.

walk around

to tire self out walking around: ḵa g̱ahgahl. *to walk around (sg):* ḵáa'ung, ḵáa'unggwaang.

walking stick

walking stick, cane, crutch, staff, shaman's baton: t'ask'.

wall

stockade, pallisade, wall made of stone, brick or logs: xas. *wall:* ḵ'ulangáay. *wall of a building:* náay ḵ'ulangáay.

wall board

wall plank, wall board in a traditional house: k'ad g̱at'íis.

wallet

bag, sack, handbag, purse, wallet: gwáahl. *wallet:* dáalaa gwaaláay.

wallpaper

wallpaper: na ḵáahlii ḵugíinaay.

wall plank

wall plank, wall board in a traditional house: k'ad g̱at'íis.

walrus

walrus: ḵuhláaḵ'waa.

want

as one wishes, wants, desires: gudáagw. *to be lazy; to refuse X, not want to do X:* gwáawa. *to want, be hungry for X:*

gudáng. *to want to do X:* gudáng. *to want X:* sdahla.

want to stay

to want to stay; to be unwilling, reluctant to leave X alone: gud k̲'ála.

war

fight, feud, raid, war: g̲aayhldáa. *fight, feud, war:* gáalaang. *to make war (on X):* k̲íiduu. *war, fight, feud:* gu isdáa.

warbler

orange-crowned warbler: k̲wah ts'áanaawaa.

war canoe

war canoe: sg̲ats' tluwáay. *war canoe, raiding canoe:* k̲íidaaw tluwáay.

war clothes

war clothes: k̲iidaaw gin-gáay. *war clothes, fighting gear:* sg̲ats' gin-gáay.

warclub

warclub with an antler head: skuj hlg̲a tl'úu.

warfare

warfare, feud, raiding: k̲íidaaw.

war helmet

war helmet: sg̲ats' dajangáay.

warm

for X to warm up slowly, simmer, brew: k̲adáal. *to be hot, warm:* k'íina. *to get hot, warm:* k'íinasdla. *to slowly warm, simmer, brew X:* k̲adáalda. *to warm, heat O:* k'índa.

warmed up

to have been heated, warmed up: tla k'íinasdliyaa.

warm up

to warm, heat O up: tla k'íinasdla. *to warm O up:* tla k'inánga. *to warm up, get warm:* k'inánga.

warn

to warn, caution, reprimand (X), tell (X) not to do something: st'agad.

warp

spruce roots' warp: hlíing ts'úuwii.

war party

one's warriors, war party, raiders: k̲íidaawaa. *warriors, war party, raiders:* k̲íidaaw.

warrior

one's warriors, war party, raiders: k̲íidaawaa. *to be a warrior, soldier:* g̲aayhldáa 'la'áaygaa. *warrior, soldier:* g̲aayhldáa 'la'áay. *warriors, war party, raiders:* k̲íidaaw.

warship

man-of-war (warship): wáanuwaa. *warship:* wáanuwaa tluwáay.

war shirt

war shirt: k̲íi.

war song

war song: gu isdáa sg̲alangáay.

wart

wart, mole: g̲úud skáalaa.

wash

to wash clothes, do some laundry: ta t'ánsgad. *to wash, launder O (clothes):* t'ánsgad. *to wash O:* dlán (2). *to wash O with a washboard:* t'a hlg̲anáan.

wash basin

a wash basin: stláandlaanw. *bathroom sink, wash basin:* x̲ángaang dláanwaay. *stoneware wash basin:* k'ámaal k̲'íijuu.

washboard

to wash O with a washboard: t'a hlg̲anáan. *washboard:* t'a hlg̲anáanw.

wash boiler

wash boiler: tl'úulaangw.

washing machine

washing machine: ta t'ánsgiit'uu.

washtub

washtub: x̲i g̲atl'áa.

wasp

bee, paper-making wasp: sg̲áal. *various species of large wasps:* x̲áahlun.

waste

to be careful with, try not to waste X: k̲áahliyaa. *to use up, deplete, waste O:* tla híiluu.

watch crystal

window, mirror, looking glass, watch crystal: x̲ánjaangw.

watch hand

the hand(s) of a clock or watch: stl'a k'ún.

watchman

to be a watchman: skyáanaa 'la'áaygaa. *watchman:* skyáanaa 'la'áay. *watchman on top of a carved pole:* sgíl.

watch (n)

clock, watch: k'asgad. *watch:* wáaj.

watch (v)

to expect (X), watch (for X), be on the lookout (for X): k̲ehjúu. *to keep a lookout, keep watch, guard:* sáan hlg̲ats'a. *to look at, watch, have one's eye on O:* k̲ehjgad. *to watch O:* g̲atl'áang. *to watch, observe O, keep an eye on O:* hlg̲ats'a. *to watch over, take care of, babysit O:* k̲íits'ad. *to watch X:* k̲eewláang.

water

around down on the beach, around down by the water: k̲'adéed. *container of water used to keep hands wet while weaving:* tlasadáangw. *freshwater spring, spring water:* xwaadúu. *in the ocean near shore, in water:* chaan. *lake, pond, pool, puddle, body of water:* súu (2). *rainwater (dripping from the roof):* chiyáa x̲áw. *spring water:* xwaadúu g̲ándlaay. *the edge of the water:* g̲ándlaay tláay. *to drink, have a drink (of water):* g̲aníihl. *to fetch water:* gajíi. *water, stream, river:* g̲ándl.

water bucket

bucket, water bucket, pail: g̲an.

water dipper

water dipper: g̲ándl sk'atl'áangwaay.

waterfall

to have a waterfall (as a river): k̲úugaa. *waterfall:* k̲úugaay.

Waterfall cannery

Waterfall cannery: K̲'áax̂ T'áay.

water glass

water glass: láam sk'atl'áangwaay. *water glass, tumbler:* g̲ándl néelwaay. *water glass, tumbler, dipper:* g̱anéelw.

waterhole

waterhole, spring, well: g̱ándl x̱íilaa.

water lily

water lily root: xíl gíi dlagángs ḵ'úl.

water-logged

water-logged wood which becomes very hard and is used for spears: chaan sk'áawaay.

watermelon berries

watermelon berries: st'áw g̱áanaa.

water ouzel

dipper, water ouzel: hlkyáang k'usk'áay, ts'ajwáay. *mosquito wriggler, dipper, water ouzel:* g̱ándl ts'úujuudgaa. *water ouzel:* sk'ats'áangw gigwáa.

water pitcher

water pitcher: g̱ándl gyaat'áawaay.

wave

for there to be big waves: g̱áayuwaa. *for waves to break on shore:* luuda. *surface of waves:* g̱áayaaw ún. *surf, breaker on shore, wave, swell:* lúu. *to beckon, wave to O:* x̱asláng. *to wave O:* da giisdláng. *wave (onshore or offshore), surf, swell:* g̱áayuu (2).

wavy

to be curly, frizzy, wavy: ts'aláa.

wax

pitch, tar, wax, (chewing) gum, pitchwood, sap: ḵ'áas.

way

on, in, via, by way of (vehicle): gwaa (2). *over this way, nearby, close, here:* hahlgwáa. *to get in O's way, bother O:* ḵ'iida. *very much, extremely, way:* g̱agwii.

way over that way

way over that way: wáajgwiig.

way over there

way over there: wáajgwii. *way over there (away from me and you):* wáatl'an.

we

we: t'aláng. *we, us:* íitl'.

weak

to be weak: g̱aagáa.

wealth

riches, wealth: íitl'aagíid.

Wealth Spirit

Wealth Spirit: Skíl Jáadaay.

weapon

club, weapon: tláawaa. *fighting gear, kit of weapons:* tláawaa áaniigaay.

wear

to have a belt on, be wearing a belt: dlajguwáa. *to wear O (hat):* gut'as. *to wear O over one's shoulders (e.g. blanket):* t'ad. *to wear, use O:* gya'ánda. *to wear X (e.g. pants, shoes):* t'at'as. *to wear X on the upper body:* chat'as.

wear necklace

to wear O (sg): ḵán x̱ugáng. *to wear O (sg) (necklace):* t'agáng.

wear necktie

to wear O (sg) [necktie]: ḵán tl'agáng.

wear pants
to wear pants: k'únda.

wear scarf
to wear O (sg): ḵán gigáng.

wear skirt
to wear O (sg) [skirt]: kwah chagáng.

weary, worn out
to be exhausted, weary, worn out: hlg̱ínsahlda.

weasel
(brown) weasel, ermine: daayáats'. *weasel, ermine:* tlag (1).

weather
air, weather: sáng (1). *to forecast the weather:* sángaang.

weave
the weave of something (e.g. a basket): mats'angáay. *to knit, crochet, weave:* ta x̱áy. *to weave, knit, crochet O:* x̱áy (2).

weaving material
colored weaving materials (roots, grass, bark, etc.): x̱áyhlaal.

weaving stand
weaving support stand for hats and baskets (consisting of a horizontal disk supported on a vertical stick): daják ki ḵ'íiyaawaay.

weaving tool
flat, pointed bone tool used in weaving to push woof strands together: ki sg̱at'íisk'w.

web
net, netting, web, lace: aad. *spider web:* ḵ'uhl chiyáang aadáay.

wedding cake
wedding cake: máalii kígs.

wedge
caulking cotton, caulking oakum, caulking wedge: ja sg̱at'íisk'w. *head of a river, stream or inlet; top part of a traditional-style wedge; nut for a screw or bolt; top of a spoon handle:* ḵaj. *wedge:* tl'úu.

Wednesday
Wednesday: Sáng Hlg̱únahl.

weed
to weed O (an area): íngk'a. *weed:* ín.

week
the week: sándiigaay. *week:* sándiigaa.

weep
to cry, weep (pl): sg̱áyga. *to cry, weep (sg):* sg̱áyhla.

weigh
to measure, weigh, count O: k'wíida.

weight
to become heavy, gain weight: ḵinéehl.

weigh too much
to be too heavy, to weigh too much: ḵin'ad.

weir
a fish trap's weir: xyáay.

weird
how strange! weird!: 'yáa.

well (a)
to be fine, good, well: 'láa (2). *to V well:* 'láa (2). *well, carefully, properly, correctly:* dámaan.

well-known
to be well-respected, looked up to, well-known (among X): k'wíidangaa.

well (n)
waterhole, spring, well: g̲ándl x̲íilaa. *well:* g̲ándl hlg̲eeláa.

well-off
to be well-off, live comfortably: chaagáay 'láa.

west
from the west: jagúusd. *in a westerly direction:* k̲'adgwáa. *outside of an inlet; west:* jagwáa.

western black currant
western black currant: k̲'íit'gwaang.

western buttercup
western buttercup: dáagda xiláay.

west side
west or seaward side of an island: jaagúusd.

west wind
west wind: jaagúusdgaa.

wet
to be wet: t'íihla. *to get soaking wet:* t'íihl dlasdla.

whale
fish (including cetaceans), sea creatures that swim: sk̲'ahlang. *sperm whale:* kún k̲aj g̲ajáaw. *unidentified small whale:* tl'ats'agáal. *unidentified species of whale:* g̲adagáal. *whale (other than killer whale):* kún (1).

whalebone club
whalebone club: kún sajáay.

what
what?: gúus, gúusgyaa. *yes? what?:* áay.

whatever
no matter what, in any way, whatever, how ever: tlagún.

what kind
which? what kind?: gíisgaay.

what's-his-name
so-and-so, what's-his-name: ahl'áanaa.

wheel
boat wheel: sgíndaaw, sgíndaaw da k̲'íiyunangaa. *wheel:* k̲án k̲'íiyunaangw.

wheelbarrow
wheelbarrow, stroller: ki hlg̲aawnáangw.

wheelhouse
wheelhouse, pilot house on a boat: sgíndaaw náay.

when
when?: gíisand.

where
where: gyáa (3). *where?:* tl'áan. *where to?:* tl'áan-g.

wherever
anywhere, anyplace, wherever: tlagw tlagáay. *somewhere, anywhere, wherever:* tlíits'aan.

whetstone
whetstone, sharpening stone: tl'ak', tl'ak'áaw (2).

which
which? what kind?: gíisgaay.

which one
which one?: gínas. *which part? which one?:* gíijii.

which part
which part? which one?: gíijii.

whiff
to catch a whiff, smell of O: sánsgad.

while
after V-ing for a while: k̲áwd. *presently, soon, after a little while:* ámts'uwaan. *while:* dáan.

whip
drumstick, whip: sgidáangw.

whip up
to whip X up into a froth, foam: xit'as.

whisker
a sea lion's own whisker: sk̲'íwang. *a sea lion's whisker:* sk̲'íwii. *one's own whisker, facial hair:* sk̲'íwang. *one's whisker, facial hair:* sk̲'íwii.

whisper
to whisper: sgadga.

whistle
sacred whistle (voice of a spirit): sg̲áan (1). *to whistle:* xu sk'ajúu. *to whistle loudly [kettle, boat]:* xál hlgáamsda. *to whistle (of a boat):* xál kingáang. *to whistle (said of fire):* xu kingáang.

white
egg white, white's of one's eyes: ts'ii g̲adayáay. *to be white:* g̲ada. *to turn white, pale:* g̲adgahl. *white of the eye:* x̲áng ts'ii.

White
to be White: Yáats' X̲aat'áa.

white-fronted goose
white-fronted goose, brant, laughing goose: xiid.

whiteout
whiteout: k̲'uk̲'as.

White people
(the) White people: Yáats' X̲aat'áay. *White people:* Wáasdan X̲aat'áay.

white-winged scoter
white-winged scoter: sg̲íl.

White woman
to be a White woman: Wáasdan jan-gáa.

White women
White women: Wáasdan Janáas.

whittle
to cut O; to dress O (an animal); to carve, whittle O: k̲'id. *to whittle O:* hláaw.

who
who (plural)?: gíitl'daas.

whole
whole, entire (of bodies): dlask'w. *whole, entire (of boxy objects):* ts'ask'w. *whole, entire (of cylindrical objects):* sk'ask'w. *whole, entire (of flat object):* g̲ask'w. *whole, entire (of large, chunky 3D object):* k̲'íisk'w. *whole, entire (of sça class objects):* sg̲ask'w.

whooping cough
whooping cough: k̲'usang xáahlt'i'iid.

whorled shell
whorled univalve shell: skáy.

whose
whose?: gíisd gyaa.

why?
why?: sán tl'aa.

widgeon
unidentified species of duck (probably American widgeon): jáas dáanggaa.

widow
to be a widow, be widowed: juuhlán-gaa. *to become a widow:* juuhlán-geehl.

width
its width, its diameter: g̲áahlii (1). *the width of a stretch of water:* k̲'áay.

wife
one's own wife: jáa'ang. *one's wife:* jáa (1). *slave wife:* jáa x̲áldangaay.

wig
wig: k̲aj k̲'álaad.

wild
to be terrifying, awesome; to be a wild beast, supernatural being: sg̲áanuwaa. *to be wild, unsociable, not good around people:* hlk'yáan x̲áagaa.

wild celery
cow parsnip, wild celery: hlk'íid.

wilderness
underbrush, the bush, wilderness: hlk'yáan.

wild lily-of-the-valley berry
wild lily-of-the-valley berry: sa'áan.

wild man
wild man: gagiid.

wild raspberry
wild raspberry: tl'ánts'uud g̲áanaa.

will
to bequeath O to X, to leave O for X in one's will, to will O to X: t'asdla.

willing
to be ambitious, very capable, strong, willing to act: k̲'alaagáa.

willow
species of willow: sg̲íisg.

win
for X to win S: k̲aahl.

winch
gurdie, winch, block and tackle: gin dángiit'uwaay.

wind
a place sheltered from the wind: k̲'uhláaw. *for the wind to toss O:* xu k'áat'a. *northeast wind:* xaaw. *rain and wind:* ts'íig. *southeast wind:* x̲íw. *to play a wind instrument:* xu kingáang. *west-southwest wind:* k̲'íidgiyaa. *west wind:* jaagúusdgaa. *wind, air:* tajáaw.

winder
key; winder on a clock: ki gusdláaw.

windfall
blowdown of trees, tangled windfall: k̲'ánt'iid.

wind instrument
(any) wind instrument, (musical) horn: xu kingáangw.

window
window: g̲adgáats'aaw. *window, mirror, looking glass, watch crystal:* x̲ánjaangw.

window frame
window frame, windowsill: x̲ánjaangw k̲'ún.

windowsill
window frame, windowsill: x̲ánjaangw k̲'ún.

windpipe
breath, windpipe: g̲agánjaaw.

windy
to be very windy, gusty: ts'a. *to be windy:* tajúu.

wine
wine: wáayn.

wing
one's own wing: xyáang. *one's wing:* xyáay. *wings (of a bird):* ts'ahts'áa xyáay.

wink
to close one's eyes, blink, wink once: g̲wíiwuhlda. *to wink; to blink repeatedly:* g̲wíiwuldang.

winter
last winter: asangáa. *(the beginning of) winter:* sánggaadaay. *the season from early November to early February, winter, year:* sángg. *to become winter, for winter to come:* sánggeehl. *to be winter:* sánggaa. *to be winter now:* sánggaad. *winter, year:* tadáa.

winter fire
winter fire: sánggaa ts'áanuwaay.

wintergreen
single delight, one-flowered wintergreen, St. Olaf's candlestick: x̲iláawg.

winter seaweed
winter seaweed (laver): sángg sg̲íiwaay.

winter wren
winter wren: dáats'.

wipe
to wipe O: gisúu.

wipe bottom
to wipe O's bottom: stl'áanjuu.

wire
iron wire: ya'áats' tl'agáay. *iron wire on a roll:* sk'ahlgáalw. *steel cable, wire:* k̲wáay yaats'áa.

wisdom
one's own wisdom, one's own sense: k'adanggáang. *wisdom, intelligence:* k'adáang. *wisdom, sense:* k'adanggáay.

wisdom tooth
one's back teeth, wisdom tooth: ts'áng g̲ud.

wise
the wise ones, wise people: k'adanggáay. *to be wise, intelligent, smart, clever (at X):* k'adangáa.

wish
as one wishes, wants, desires: gudáagw. *to be envious, jealous:* gu sdahla. *to bum; to beg, wish (for X1 (esp. food)) (from X2):* k̲'ut'áang.

wish for
to wish for X: gudáng.

wisp
wisps of fog, steam, smoke, etc.: k̲'áahlts'aawd.

witch
(the) witches: st'áws x̲aat'áay. *to be a witch:* st'awáa. *witch:* st'áw.

with
around among, in the midst of, with: suwíid. *with, because of:* eehl. *with it:* g̲ahl. *with, near, by:* k̲'uhl. *with oneself:* k̲'adáng.

withdrawn
to be at a loss for words, withdrawn, shy, bashful (around X), to feel unworthy (for X): k̲áada. *to be withdrawn,*

reserved, backward, awkward: sáal k̲áada.

withes

cedar rope, cedar withes: sgisgál.

without

just, simply, nothing but, without doing anything: hingáan. *without:* g̲áadaan.

without a hat

without a hat: k̲aj sg̲únaan.

wits

one's mind, mental ability, wits: gudúl.

wolf

wolf: g̲úuj.

wolf eel

blenny, gunnel, wolf eel, species of prickleback, species of lamprey: g̲asang.

wolverine

wolverine: kyáagaang (2), núusg.

woman

a rich woman: itl'gajáad. *the rich women:* itl'gajdägáay. *the women:* jaadgáay. *to be a girl, woman, female (sg):* jáadaa. *to be a woman belonging to a particular group:* jan-gáa. *to be girls, women, female (pl):* jaadáa.

womb

womb: gid dlat'íisaa.

women

women belonging to a particular group: janáas.

wonder

no wonder!: g̲idanhl. *to amaze O, fill O with awe, wonder:* gu sg̲áanuwaa.

wonderment

for X to be amazing, surprising, a wonderment: k̲'aldangáa.

wood

dead wood: kug gun-gáa. *Douglas fir wood:* k̲íid k̲'ats'áa. *dry punky rotten wood or tree:* sgánsgwaan. *rotten wood:* kug g̲aláanggaa. *water-logged wood which becomes very hard and is used for spears:* chaan sk'áawaay. *water-soaked wood lying underwater:* chaan sk'aawáay, chaan sk'a'áangwaay. *wood (material):* hlk'yáan.

wood chip

wood chip: k̲'íiyaaw, sgi káng'aaw.

wooden dish

carved wooden dish in the shape of a brown bear: xúuj k'áagaan. *carved wooden dish with faces on each end:* k̲uhl k'áagaan. *wooden dish (either steamed, bent or carved):* k'áagaan.

woodpecker

woodpecker: dagdag, stlúuts'aadaangaa.

woods

area back towards the woods: didgwsíi. *around up in the woods:* didgwéed. *up in the woods:* adíideed. *up into the wood:* díid. *up towards the woods:* didgwíi. *woods, forest:* adíidsii.

wood shavings

wood shavings: g̲ámaal, hláaw g̲ámaal, hláawad.

woodshed
woodshed: ts'áanuu náay.

woof
cedar bark woof: giid dúu.
spruce root woof: hlíing dúu.

wool
mountain goat wool or yarn: líis. *wool, yarn:* wál.

wool muffler
wool muffler, fur stole: x̲íihl tíigaa.

word
language, voice, speech, words: kíl. *one's own language, voice, speech, words:* kíilang. *one's own speech, one's own words:* sáawang. *to give, send, bring a message, news, word (of X1) (to X2):* kínda. *to instruct O; to receive a message, get word, hear the news:* kínggwdang. *word, formal speech, utterance:* gúusaaw.

words
to be at a loss for words, withdrawn, shy, bashful (around X), to feel unworthy (for X): k̲áada.

work
to be tired of working (on X), fiddling (with X): x̲ánsda. *to be willing to work, industrious, ambitious:* gulga. *to work a long time, toil (pl):* x̲aaysláng. *to work a long time, toil (sg):* dliisláng. *to work (on X):* hlg̲ánggula. *work, job:* hlg̲ánggulaa.

worker
to be a worker: hlg̲ánggulaa 'la'áaygaa. *worker:* hlg̲ánggulaa 'la'áay.

work hard
to work hard and finish, complete O: dagwg̲íihlda.

work pants
work pants: hlg̲ánggulaa k'úunaay.

world
the world, the earth: hlan-gwáay.

worm
long red worms found on the beach: st'áwdalaang. *maggot, worm:* k̲'áanuu. *(one's) stomach worm, intestinal worm:* dahl sg̲a'áay. *relatively long and thin, smooth worm:* sg̲aa. *snake, grub, caterpillar, worm:* sag.

worried
to be worried, anxious, agitated, have an uneasy mind (about X): hlkwiida. *to be worried, concerned (about X):* gudasláng.

worse
to go bad, spoil, break down, get worse: dáag̲angad.

wound
bullet wound: ja tl'at'ayáagaay. *(one's) wound:* k̲'asál. *tissue protruding from a wound:* s'íibaa.

Wrangell
Stikine, Wrangell: Sdak'án.

wrap
to wrap O (sg) around X: gihlahlda.

wrapping
flexible cover, wrapping, packaging: k̲'ahl hlk'únk'aay.

wrecked
for X to fall apart, go to pieces, break apart into many pieces, get wrecked, get busted up: ts'ahlad.

wrecking bar
nail puller, wrecking bar: sangíin dánst'aawaay.

wren
winter wren: dáats'.

wrench
wrench: skáy dáng k'uhláalwaay, skáy tla tláajgaalwaay.

wrestle
to wrestle O: gigwdáng.

wriggler
mosquito wriggler, dipper, water ouzel: g̲ándl ts'úujuudgaa.

wringer
wringer on a washing machine: t'ánsgad sk'ahláalwaay.

wrinkle
(one's) wrinkle: sk'álj.

wrinkled
to be wrinkled: sk'áljaa.

wrist
one's wrist: stláay k'u'úldangaay.

wrist bone
wrist bone: stláay damíi.

wrist bone bump
one's own wrist bone bump: stláang damáay. *one's wrist bone bump:* stla damáay.

wrist joint
one's own wrist joint: stláang k̲'íits'aad. *one's wrist joint:* stláay k̲'íits'aad.

write
to write, do some writing: ta k̲'áalang. *to write O:* k̲'áalang (2).

writer
to be a writer, secretary: ta k̲'áalang 'la'áaygaa. *writer, secretary:* ta k̲'áalang 'la'áay.

writhe
to stir, move, twitch, fidget repeatedly; to shake, squirm, writhe: híldang.

writing
writing, print, script: k̲'áalangaay.

written document
paper, letter, page, written document, license, map, chart: k̲ugíin.

wrong
go ahead and do something even though you know better: gyaasdáan. *to abuse, mistreat, do wrong by O:* isd gut'áang.

Yahgw 'Láanaas
the people of the Yahgw 'Láanaas clan: Yahgw X̲aat'áay. *to be a male member of the Yahgw 'Láanaas clan:* Yahgw 'Lan-gáa.

Yahgw 'Láanaas clan
Yahgw 'Láanaas clan: Yahgw 'Láanaas.

Yáahl K'áyg
Yáahl K'áyg: Yáahl K'áyg.

yank on
to pull, yank on O: hlk̲'ínad.

yard
gaff (for extending a sail), yard (for a sail): kid yaagáalw. *the area outside, the yard:*

akyáasii. *the front yard of a house:* na ḵ'íw. *yard, fathom (of measurement):* da sḵ'asgad.

yarn
mountain goat wool or yarn: líis. *rope or yarn made of mountain goat hair:* x̱adagáahl. *wool, yarn:* wál. *yarn:* ta x̱áaywaay, yáan (2).

yarrow
yarrow: kám kam.

yarrow stem
stem of yarrow: ts'ats' ḵ'u kam. *yarrow stem:* ḵ'u kam.

yawn
to yawn: sg̱áay g̱awíi.

year
last year: anuu. *the season from early November to early February, winter, year:* sángg. *winter, year:* tadáa. *year:* an (2).

year before last
the year before last, two years ago: k'wáay anuu.

yeast
yeast: íisd (2).

yellow
to be yellow, green, yellow-green: k'ánhlahl. *to turn green, yellow, yellow-green:* k'ánhlahlda.

yellow cedar
cambium or inner bark of a yellow cedar tree: sg̱ahláan giidáay. *yellow cedar (tree or wood):* sg̱ahláan.

yellow cedar bark cape
yellow cedar bark cape: yáalaang.

yellow-green
to be yellow, green, yellow-green: k'ánhlahl. *to turn green, yellow, yellow-green:* k'ánhlahlda.

yellow pond lily
yellow pond lily: xíl g̱íi dlagáng.

yellow seaweed
bladder wrack, yellow seaweed, fucuous seaweed: t'ál.

yes
yes: áang.

<yes/no question marker>
<yes/no question marker>: gw.

yesterday
the day before yesterday: adaahl daaléesd. *yesterday:* adaahl.

yew
yew (tree or wood): hlg̱íid.

yoke
yoke: x̱ihl hlgihláanw.

yolk
an egg yolk: ḵáw ts'íi sg̱idgáay.

you
you (plural), you guys, you folks: daláng. *you (singular):* dáa (2), dáng.

you folks
you (plural), you guys, you folks: daláng.

you folks'
your (plural), you folks', you guys', yours (plural): daláng gyaa. *your (plural), yours (plural), you folks', you guys':* daláa.

you guys
you (plural), you guys, you folks: daláng.

you guys'

your (plural), you folks', you guys', yours (plural): daláng gyaa. *your (plural), yours (plural), you folks', you guys':* daláa.

young

an animal's offspring, young: gíit'ii. *an animal's own offspring, young:* gíit'aang. *be young:* hat'án ináa. *to be young, adolescent:* dláay 'láa.

younger brother

one's own younger same-sex sibling, one's own younger same-sex parallel cousin: dúunang. *one's younger same-sex sibling, one's younger same-sex parallel cousin:* dúun. *to be a younger same-sex sibling, younger same-sex parallel cousin (to X):* dúunaa. *to have a younger same-sex sibling, younger same-sex parallel cousin:* dúun da'a. *to have O as one's younger same-sex sibling, younger same-sex parallel cousin:* dúunda. *younger same-sex sibling! younger same-sex parallel cousin!:* dúunaay.

younger sibling

one's own younger same-sex sibling, one's own younger same-sex parallel cousin: dúunang. *one's younger same-sex sibling, one's younger same-sex parallel cousin:* dúun. *to be a younger same-sex sibling, younger same-sex parallel cousin (to X):* dúunaa. *to have a younger same-sex sibling, younger same-sex parallel cousin:* dúun da'a. *to have O as one's younger same-sex sibling, younger same-sex parallel cousin:* dúunda. *younger same-sex sibling! younger same-sex parallel cousin!:* dúunaay.

younger sister

one's own younger same-sex sibling, one's own younger same-sex parallel cousin: dúunang. *one's younger same-sex sibling, one's younger same-sex parallel cousin:* dúun. *to be a younger same-sex sibling, younger same-sex parallel cousin (to X):* dúunaa. *to have a younger same-sex sibling, younger same-sex parallel cousin:* dúun da'a. *to have O as one's younger same-sex sibling, younger same-sex parallel cousin:* dúunda. *younger same-sex sibling! younger same-sex parallel cousin!:* dúunaay.

youngest parallel cousin

to be the youngest one of a group of siblings or parallel cousins: dúunaa.

youngest sibling

to be the youngest one of a group of siblings or parallel cousins: dúunaa.

young people

the young people: dláay 'lagáay, hat'án in-gáay.

your

your (plural), you folks', you guys', yours (plural): daláng gyaa. *your (plural), yours (plural):* daláng. *your (plural), yours (plural), you folks', you guys':* daláa. *your, yours (singular):* dáa, dáng, dáng gyaa.

yours

your (plural), you folks', you guys', yours (plural): daláng gyaa. *your (plural), yours (plural):* daláng. *your (plural), yours (plural), you folks', you guys':* daláa. *your, yours (singular):* dáa, dáng, dáng gyaa.

you there!

say! you there! hey!: jáa (2).

yowl

to screech, yowl: jíigangaang.

~

www.ingramcontent.com/pod-product-compliance
Lightning Source LLC
Chambersburg PA
CBHW081212170426
43198CB00017B/2591
* 9 7 8 0 9 8 2 5 7 8 6 5 0 *